番禺吳道鎔原稿
番禺張學華增補
順德李棪改編

廣東文徵編印委員會校刊

廣東文徵

第三册

卷十一至卷十四

南方出版傳媒
廣東人民出版社
·廣州·

廣東文徵改編本第三册目次

卷十一　頁次

明六

馮彬

卷十二

明七

海瑞

卷十三

明八

歐大任

卷十四

明九

李一廸

廣東文徵

改編本卷十一

番禺吳道鎔原稿

明 六

林大典 字秉彝・番禺人・嘉靖壬午舉人・知浙江開化縣・開化民氣悍戾・四方亡命嘯聚八千餘人・盜開銀礦肆抄掠・大典率民兵捕之・盜拒捕・戕及門隸・不爲動・卒平盜・踰年値積雨・平地水深四五丈・漂沒民舍・旣百計拯溺・復繼以大旱・民益惶懼・因上疏自劾・且乞免租稅・又倣宋人救荒法・導利緩征・省刑弭盜・城垣衝塌者捐俸修之・礦盜乘荒復集・密部勒兵民盡覆之・士民感其德・立祠以祀・會有忌之者・遂乞老歸・從湛若水遊・卒於家・

乞免開化縣租稅並自劾疏

爲地方極重災傷・乞請蠲恤・幷賜罷黜・以懲不職・以蘇民困・據開化縣里老蔡允祥等呈稱・本縣自初春入夏・連雨不止・至六月初五・忽然山源漲發・衝崩城垣・浸入本縣・頃刻之間・平地水高四丈・將縣治學宮布按分司倉庫廨舍卷冊・幷沿溪一帶民居房屋田地・悉皆堆塞・漂溺人口不計其數・或一處千烟僅存數屋・或一家數十口止餘一二丁・或夫在而婦亡・或父存而子沒・室廬田產・蕩析無遺・近水者水衝爲淵・近山者山崩爲埠・死極可哀・生猶無告・等因・

惟照本縣介於萬山之中・地瘠民貧・粤自正德八年兵亂之後・死亡相屬・乃今陰雨作沴・屢月不息・三衢正當浙水上游・而縣又屬源口・靑山對峙蜿蜒・夾溪容受無多・蓄洩不易・是日暴漲初生・登城四顧・浮屍敗屋・轉流蔽江・寃號之聲・播聞水上・當卽重募居民・儘力撈救・橫流浩勢・莫何可隨・迨臣率僚屬親自蹈勘・但見溪流易故・邑里爲墟・沙積滿前・田疇失處・然此特沿溪一帶・庶幾災傷都分・輕重有無・或可相通・奈何潦後繼以大旱・禾稼黃萎・濕熱交蒸・瘟疫更作・煙火幾絕・雞犬不聞・老少提携・環臣呼泣・臣對之唯有涕淚長潛而已・詢之土著・僉謂有縣以來・未嘗有此大變・臣經申達上司・乞加賑濟・竊思水旱疾疫・三者有一・已爲不支・矧今日田廬漂沒・家已無歸・疾疫相仍・身又無計・若重傷之後・不廢追征・則飢困之逼・轉爲盜賊・又其勢所必致者也・只今最急・惟有免糧・

臣查正德年間・湖州水災・該本布政司議・將本府幷金華等府官折借派・俟豐熟之年・照舊派還・後該金華府永康等縣奏行本布政司・已經查明發還原借官折四千有奇・獨本府原倡官折久假不歸・遂成故事・見該老人蔡允祥等奏行查處・如蒙聖慈曲加憫念・乞勅戶部將本府該本年歲糧特加蠲免・仍行浙江巡按御史查撥湖州府借派官折・歸還本縣・將

各淤塞田地・酌量輕免其差科分派折色・庶民有更生之望・地有再闢之時・不然・則虧賠無歸・逃移必衆・追征愈急・消乏轉加・一邑之民・將來無復生之會矣・況湖之與衢・腴瘠不同・貧富遠甚・彼時借派・蓋爲權宜・就使不災・猶須收復・況今重傷之後・取其所固有者乎・再照臣非材僨事・積愆致災・平時既失消弭・臨事但知陳乞・庸妄之罪・自分無所於逃・伏望皇上將臣罷黜・以爲不職之戒・別選賢能・以蘇民困・庶幾災變可弭・地方亦永賴矣・除將被災緣由申呈巡按衙門委官覆勘分數另行奏報外・臣不勝激切爲事戰慄待罪之至・

李義壯 字稚大・號三洲・番禺人・嘉靖癸未進士・授仁和縣知縣・擢戶部主事・禮部郎中・官至左僉都御史・巡撫貴州・與總制張岳牴牾乞歸・義壯遊甘泉之門・兼工古文詞・官禮部時・同官田汝成王愼中屠應峻王煒等皆負宿望・與義壯雅相引重・既罷官・杜門著書・所學益進・著有三洲初稿十五卷・阮藝文志三洲集二十卷・未見・

贈侍御青田陳公還朝序

自古宏毅博達之士・仁義中正・足以振綱維・綜名實・定國是・外若無所見・而中莫得窺其際者・世不恒有・間有以一節嘵嘵自炫・若彼才智技能簡抗刻覈之士・非不足以冒事功・躐名寵・而動人之耳目・然終不出於宏毅範圍之外・即所厝注・亦揭索而無餘光・何也・爲其詳於小事而畧於大道・察其近物而闇於遠圖也・不謂一二年間・得見我大侍御青田陳公焉・公閩長樂人也・閩多衣冠世族・莫勝於長樂・尤莫盛於我公・公家自侍講贊善以來・科第凡若而人・登臺諫有聲又若而人・而我公最傑然者・蓋其得諸家庭素深・不俟策名・而所以康濟天下者則夙具矣・故隨用輒能・所至必效・似若無所事事然者・而不知其優優有餘裕焉・往讞金華・按雲中・未暇論・頃甲子春・奉璽書・乘驄車・代天子巡狩吾廣・初至城下・民尚苦叛兵・洶洶未已・即疏奏曰・臣初至廣東境・地廣民稀・寇歲劻勷・必借援他軍・歲援歲費・倉帑已虛・而害未息・非計也・況廣多巨賈・率聚郭外・莫若京師創外城・便卽寇至・不得直犯・可省調集供奉之煩・且便貿墻處者倚而賣價・無患侵掠・是一勞永逸長計也・已而雷州瓊州並創外城・如公議云・公又以爲創殘之民・無用密法繩之・乃舍禁弛力・薄征緩刑・扶傷舉仆・與百姓復始・久之定・迺始明法令・振綱維・掊邪佞・延英雋・察風俗・明好惡・平寃滯・救貧窮・廣人大安・既八月・卽監試事・往見監試者・品式條格・精覈多不如公・卽以掄士考藝察辭稽文展事・殆若與鬼神合者・既揭曉・一時俊傑・幷收得人・於此稱盛焉・公有知慮・多聞識而又好善・間視各學校侈剩・重加修治而訓齊之・又大拓貢院之南・直達觀文街・以待後之學者・益惓惓也・其他歲時建白・隨事納忠・剷百年之積蠹・完萬世之洪圖・其任重・其道遠・其用藏・其仁顯・非有言語可能指述者・

嗟乎・自天子不巡狩而典禮缺・列國不采風而治教乖・予廣不復見先王之德澤亦久矣・迺今始得予青田公赫然代而行之・以宣天子之威命・以起諸侯之聾聵・實千載一時也・可不謂至盛至盛者乎・士大夫傳其事・謂公德業文章・恢恢

霍霍・焜燿當世・固人所共見也・至謨畧泯於無言・治理顯於有象・使斯世斯人出水火・登衽席・油油於仁義禮樂之中・則非人所可知也・公固負才・然性溫克・不欲居人右・聞人譽則引身謙抑・如恐弗勝・士大夫以此益賢之・視彼以才智技能・簡抗刻覈・嘵嘵自炫・持體隘而恃威嚴・抱智淺而恣聰察・錙銖而較・至兩必差・寸寸而度・至丈必謬者・何如哉・此宏毅博達之士所以世難其人・而今始見於公也・故人人稱公・不曰青田・皆曰青天云・噫嘻・若公者豈不誠眞御史哉・

雖然・史一也・有內史・有外史・有一世之史・有萬世之史・太史氏・內史也・定萬世之是非者也・使其所欲則加譽・所惡則加毀・舉世必以爲穢史・況萬世乎・御史職兼外內・雖以定一時之是非・然實萬世所由以觀者・則又當如何哉・余竊觀公仁義中正・獨秉天下之公・不以好惡爲取舍・不以順逆爲從違・不以毀譽爲進退・不以顯晦爲重輕・凡所舉措嚅咨之間・往往得於形器標格之外・即以推之天下・無不畏且格者・況吾廣乎・況及門之士乎・故吾子成性與諸門下士心誠服公・眞如七十子之服孔子也・公將還朝・因來問予贈言・予老矣・猶幸與被德教中・故不辭而具述之如此・

宋史新篇序

宋史新篇・遼金二史附焉・不書・獨書宋史者何・尊正統也・何以尊正統也・蓋中國帝王所自立・必聖賢之君而後可以統之也・夷狄而主中國・則其統有時而變矣・況未必能一天下者乎・余嘗讀宋史本紀志表列傳世家・爲帙總四百九十有二・而病其太繁・又嘗讀遼金二史本紀志表列傳論贊・例於宋史・並列爲三・而病其太僭・皆出元丞相脫脫阿魯圖・翰林學士承旨歐陽元等一時之所載筆・夫遼與金・特宋一外夷如西夏云耳・迺今進與宋等・何也・進遼金所以進元也・何以進元也・元與遼金一黨也・此元臣之詭謀也・豈孔子春秋之旨哉・春秋者正名之分而作者也・上上下下・內內外外・如天冠地履・不可踰焉者也・當周之衰・諸侯寖盛・王宇甲兵・不及吳楚・然而必曰天王天王・吳楚雖已稱王・與周無異・而斥之・人曰・子往往抑彼進此者何・尊正統也・尊正統者何・爲天下後世慮焉耳・宋視遼金・何以異此・作史者輒迺進而同之・其亦不察乎春秋之旨・而忘其身之爲夷也已・賢者之慮事・嘗先於衆人・而預憂於後世・使其可繼・使後世有聖人出・則將在所進乎・在所抑乎・

吾同年柯戶部奇純氏・暇日合三史而釐正之・創爲此編・獨揭宋爲正統・而遼金則因事附見・如所謂西夏然者・且刪其蕪累・補其闕遺・或核實以稽疑・或闡幽以顯微・或究終以明始・異以統同・綱舉目隨・事詳文省・是誠賢者之慮・而春秋之旨也・其所以立爲天下後世之防者・功豈其微哉・

侍御以申陳公出按吾廣・偶得善本・屬在轄杜子民公翻刊之・而問序於予・夫自古帝王所以自立爲中國而尊且貴焉者・以其有名分之等・異於夷狄也・無名分則入於夷狄・入夷狄則與禽獸奚擇焉・子朱子有憂之・因溫公資治通鑑而創爲綱目・瓊臺邱文莊公因綱目而創爲世史正綱・奇純又因史綱而創爲此篇・嗚呼・其皆憂世之志乎・宋至淳熙・國非其國矣・遼亡金興・金亡元興・雖與宋相爲終始・然卒不與之

統・而獨一統於宋・君臣華夷之辨・凜凜乎若不肯少假借者何・所以正名分尊正統而立天下後世之防焉耳・夫豈以其跡之强弱大小論哉・如以其跡而已矣・則遼金可加於宋・吳楚可加於周・此管仲敬仲魯仲連之所不爲也・而謂賢者爲之乎・二公翻刋之心・蓋先有得乎此・其所慮天下後世之防者・遠且切矣・豈但嘉惠後學已哉・奇純名維騏・號希齊・福建莆田人・以申名道基・號我渡・同安人・子民名拯・號晴江・江西豐城人・皆嘉靖名進士云・

雲巢子序

雲巢子者・駕部青霞李子之所著也・青霞自謝駕部而歸・即從甘泉先生於羅浮而問學焉・退而體驗於青霞者凡若干年・達視遠覽・洞聽潛聞・其志必求優入於聖人而後已・嗟乎・自夫子沒・七十子散・微言絕・大義乖・而聖人之道衰・學士大夫各工於樹名・而勇於立論・論立而矛起・時則有若老聃・莊周・列禦寇・楊朱・墨翟・田駢・愼到・環淵・接子・申不害・韓非・騶衍之徒・或言道德・或言性命・或言仁義禮樂・或言刑名・或言堅白同異・或言縱橫捭闔・各持其私說・甘義繁辭・交馳鶩於天下・其無一二合於聖人者・然本撥而外蹩・氣索而中竭・其如聖人之道何哉・廼今觀雲巢子一編・離爲十則・纚纚殷殷・動數千萬言・何其戚然有感於余心耶・觀天之文・察地之理・凡性命道德之原・禮樂名物之紀・王霸盛衰之畧・華夷出入之防・古今理論之微・邪正得失之辨・農圃術技之末・元怪幽幻之迹・窮簷委巷謠歌之語・罔不提取缺遺・摘摭蘊奧・以摧同異之宜・以探天人之秘・其文麗務巨・言眇而趨深也・求其所不合於聖人者・蓋亦鮮矣・嗟乎・青霞所得於先生・一至是哉・

夫所貴乎爲士者・無志於斯世則已・夫苟有志於斯世・若不提兵萬里・立功海外・則當佐天子賞罰於明堂・苟皆不用・則絕榮寵・遺世俗・而摛筆立言・以表襮於天下・安能毀觚斲琱・而卑節下士以求也・若青霞子者・非斯人之徒與・所可惜者・獨想其才而不究於用耳・然余猶幸其用而未究・而得以肆力於此・以信今而傳後・雖長老邱壑無憾也・太史公曰・俶儻非常之人・意有所鬱結・則退論書策以紓其憤・思垂空文以自見・將無謂是耶・余於是有以窺見青霞之志矣・夫學至於辨疑而解惑以蓄其德・斯亦聖學之所由入者・百人趨市・各以貨還・而精粗美惡貴賤・或相十百千萬・資於市者異・而所獲隨之矣・故君子必愼其所志・青霞才高勤學・不舍而去・敢以爲足・又遊於四方・求有道而正之・尤見其有近裏著己之志焉・其剛健篤實輝光者耶・充其志極其所往・日新其德而續入於聖學也・孰能禦之・青霞名時行・字少階・辛丑進士・廣番禺人・所注書無論數百焉・別有文集二十卷・或曰・五侯之鯖・此特其一臠云・

理數或問序

理數或問・何爲而作也・吾友素川劉子眞見夫理數之不可相離・而人之離之者之失眞而作也・夫理也者・太虛之實義也・數也者・太虛之定分也・予觀天地之間・不越乎斯二者而已矣・夫洪濛未判之前・因理而後有數・因數而後有象・而天地之機洩・及混沌既分之後・因象而後推數・因數

而後推理・而天地之奧闈・夫豈可以執一論哉・昔之善言天者・莫有辨于邵子・以六十四卦而包括天地之終始・若有一定相因而自然不可移易者・夫自然者理也・故曰數之爲言・理之謂也・今學邵者一主乎數・是亦數而已矣・其何足以與此哉・劉子潛心于此三十餘年・一旦著爲此編・誠所謂夢寐康節而若有得者・不亦可以爲難乎・抑予嘗聞之・研幾揲卦・用名不同・其用卦者則曰・元會運世起于泰・歲月日辰起于升・其不用卦者則曰・何由而起于泰・何由而起于升・其將何所適從邪・且予山中亦嘗從事于斯矣・彼漢書律曆志・上元至伐桀之年・止一十四萬一千四百八十餘歲耳・列子楊朱又云・伏羲至今・三十餘萬歲・何若是之不同也・而路史及外紀之年代・又復與二家互有不同者・至邵子皇極・則斷以天地終始・止十二萬八千年・夫以邵子之言・而參之漢書列子・則天地終始・當爲兩番矣・其又將何適從耶・夫漢書列子之言・則誠荒唐矣・其亦安知其的然以否也・善乎・莊子曰・宇宙之外・聖人存而不論・宇宙之內・聖人論而不議・斯非所謂反其至也・雖聖人有所不知不能者耶・予於是而知理數之不可相離也有如此・

寓越詩序

嘉靖己亥・余視學於桂林・踰年庚子・前峯戴君以諫議謫桂林・同時以諫議謫桂林者三人・前峯尉臨桂・朝夕得相親也・臨桂多奇山峭巖幽洞・昔人謂甲於天下・前峯好遊・游必有詩・詩必示余・大則珠含璞蘊・小則玉屑金薤・渢渢乎有詩人之遺焉・迄今三十餘年矣・始得見迺弟白泉君於此・恍如見前峯焉・將不戚戚於余心哉・白泉爲吾廣法曹參軍三年・晉爲兵曹參軍又四年・服勤守恪・用克樹其家聲・曹局淸曠・不廢吟誦・感時觸事・弔古悲今・一寓於詩・渢渢乎又何其似前峯也・

白泉樂友天下士・凡越縉紳大夫士號能詩者・皆得與之游・賡章疊韻・比響聯辭・白泉一一裒爲巨帙・幷掇其所自得者共若干首・類題曰・寓越稿・一日以示余・余得而誦之・不覺嘆曰・夫詩之爲道・其大矣哉・本人之情・而成於聲・情不能以自見・必因聲以達・故曰言者心之聲也・所以表物理・名人倫・紀名實・而是非得失之跡・禽豸草木之名・亦罔不具・而非可以徒爲者也・余讀寓越之詩・其知此道乎・可以見其敬承之思焉・可以見其篤愛之光焉・可以見其主信之雅焉・可以見其宏物之量焉・可以見其樂善之誠焉・其情思者其聲肅雍而雋永・其情篤者其聲純比而交孚・其情信者其聲和平而有終・其情宏者其聲廣大而不肆・其情樂者其聲鏗訇而有餘韻焉・約而博・微而顯・邇而可遠・詩之爲道・其可以技藝之小而視之哉・吾聞白泉自爲秀才時・即學詩於家庭者三十餘年・其所自得者亦深矣・故說者謂白泉受之諫議前峯・前峯受之春官郎竹菴・竹菴受之明府宏齋・宏齋受之潛軒進士・潛軒進士受之濬魁槐溪・其所由來亦遠矣・夫觀海者必先大壑・觀木者必自由蘖・孰謂觀詩之無其本哉・

督撫奏議序

督撫新刻奏疏七十一首・鄖臺疏附焉・共十卷・案議三十七首・共二卷・通類一十二卷・豫章自湖吳公督軍二廣所

撰者・刻成・間以示予・予得而通讀之・則未嘗不嘆其憂深言切慮遠而說詳也・若公者其誠古任天下之重者哉・夫天下者・勢與時而已矣・觀任天下者・亦觀之勢與時・而其任之重輕可見・何者・勢有難易・時有緩急・不可以執一而例論也・

予廣自昔號稱治平・自壬戌以來・寇盜倭夷・劻勷交斥・潮陽告亟・而柘林叛卒朋煽以興・外猘內訌・居人蓋岌岌矣・甲子春・公奉璽書涖鎮・才一月卽移鎮惠州・謂制敵如搏獸然・不閑其出入而欲執其往來・則未可以得志・故莫先於據阨塞・於是建立參將一・游擊二・人各屬兵三千・巡徼境內・擇所要害地據之・以杜其入・至於閱才武・籌兵食・拔驍雄・時訓練・築城郭・闢山谷・別功罪・明賞罰・攻嚴守・密防禦・更海防・別器使・凡所開塞通變・蹈機握杼・則皆動中機宜・行可底績・而本之身者・尤莫先於節省・所至攬采謠俗・徵萃謀夫・明所興除振廢・亦足以彰偉烈・流卓耀矣・夫天下有卒然之變・而無卒然之功・有卒然之功者・必其謀嘗先定・物嘗素辨者也・我公守嶺西時・蓋嘗籌咨經畫・如指之掌・夫豈俟今日而後然哉・予嘗卽廣今日觀之・譬之巨艦行渤海中・欻然颶風怒濤・帆舷傾簸・使非長年三老相風捩舵・則固未有安流之期也・廣之藉公・何以異此・

夫二廣論督府之賢・必以葉文莊韓襄毅爲稱首・二公不可謂無社稷之功・然二公者・率值國家饒洽・倉廥羨溢・兵軍堅銳・而所當者又不過山谿之獞猺・其孰易歟・而其任固易稱也・廼今揭竿斬木・未息潢池・加以逆夷淩盪・飈馳雲散・至厪皇上北狄南倭之諭・其重且大何如者・我公毅然以一身當之・而又值兵餉空乏百不一二之時・回視二公・孰難孰易・孰緩孰急・此其功又豈直如昔日之所裨已哉・吾儒有志任天下・談古兵法・孰無鳴劍抵掌・排山倒海之雄・一遇利害・卽奉首縮朒・非特其智之不足以達時而審勢・亦由其無一體之心也・故尙書論治・如恫瘝廼身・伊尹以此心而視天下・故匹夫匹婦不被堯舜之澤者・則若推之溝中・必措諸衽席・而後其心始慰・此其所爲任天下之重也・公有伊尹之心・而又當救民之任・故其心益切而謀益精・而後發之論議・見諸設施・無一不酬其心而立取其效・嘗以爲公之所當者時勢之難・而公之才・非時勢之難無以見・此固疏議之所不能盡・而自疏議觀之・亦可得其三四已・蓋奕者一枰之上・方罫之間・動靜闔闢・森然在譜・固人之共見者・至於窺敵變化・神而明之・則存乎其人・故曰・秋無奕譜・良無兵法・讀斯疏者・其尙以是求之・

周易或問序

天下之道・正而已矣・天下之正・中而已矣・中正也者・所以貫天下之道也・易也者易也・隨時變易以從道也・道也者中正之謂也・古今之學易者・率皆以陰陽各得其位爲正・而二五爲中・一三四六則非中也・陽而之陰・陰而之陽・則非正也・噫嘻・其言豈其然哉・夫進退存亡・位不同也・吉凶悔吝・時不同也・盈虛消息・道不同也・膠於道則有病於時・膠於時則有病於位・膠於位則有病於易・故聖人精義致用・變通隨時・凡求其所謂中正者・從之而已・不然・其

何以爲易哉·予嘗有志于此·沉潛反覆·四十餘年而未之有得·一日讀至小畜·卦一道也·彖又一道也·象一道也·爻又一道也·恍然若有悟焉·然後知孔子之易·非周公之易·周公之易·非文王之易·文王之易·非伏羲之易·數聖人者·其所以爲天下後世慮·其將各有攸當乎·故讀伏羲者·如未嘗知有文王也·讀文王者·如未嘗知有周公也·讀周公者·如未嘗知有孔子也·此善學易者也·彼不知者·乃欲求中正於二五陰陽之間·則其執一亦甚矣·其又何以爲言哉·故曰·所惡執一者·爲其賊道也·舉一而廢百也·間嘗執此求之·天下不姍笑而置疑者亦鮮矣·未有脫然以爲是者·乃退而求諸先儒之緒言·或有契焉·積之歲月·類以成書·其間微辭隱義·訓釋明備·可以擴四聖所未發者·亦幷從而錄之·惟求以極斯理之所至·盡吾心之所知·以不背于中正之歸則已·他非所敢知也·若以爲法之天下·傳之後世·則用意之狹·爲惠之私·抑又甚矣·又豈聖賢明道之初心哉·讀者其尚以是求之·

越望樓記

五嶺以南·二廣未分東西之時·皆古百粵地·自先王畫野分州·然後由湖廣衡永以西·曰廣之西·由郴桂以東·曰廣之東·區域雖列爲二·而吾廣實則百越之望也·藩省開治於廣州·去越秀山不二百武而近·省後舊有越望樓·所由來遠矣·嘉靖壬戌之冬十月·豐城晴江杜公來視左藩伯事·一日晉于征蠻幕府·時則總制進賢百川張公曰·予初備兵嶺西時·猶及見省後一樓巋然·榜曰越望·昨諗剝落已甚·此一省之屏障也·其亟新之·時則侍御泉州我渡陳公曰·夫君子之爲政也·堂隍樓觀宮室之制·非以崇侈也·所以寓政而示觀也·故先王不敢詭儉於公也·詭儉就陋·是墮王章而瀆民視也·其亟成之·晴江公乃以謀于右伯心泉林公·參伯六溪陳公·崑東鄭公·峒峯曹公·議以克合·於是鳩工庀材·卒作興事·經始于癸亥春正月旣望·越今二月初吉而訖功·財出於官·節不費也·役出於官·勞不怨也·樓成五楹三疊·不儉不侈·不僭於素·晴江公乃大合羣公而落之·乃屬記于予·

予適于洛城之野·遙望藩省·危樓魁壘·如出雲表·俯視闤闠·皆在履舄·重簷複閣·呑吐日月·雕墄鏤礎·旁薄霄漢·則已儼然有畏望之意·何敢復贅一辭·然願竊有請也·夫名山大川·一國之望也·山川之有嶽瀆·天下之望也·予廣之勝狀·所以爲望於一國者·莫不曰·由潮惠可以引閩越·由韶連可以控荆吳·由英雄可以向江浙·由高廉可以制交桂·背負雲山·不知幾千萬里·蜿蜒而峻·發於越秀之前·面瞰重溟·海外蠻夷之國以百十數·然皆效琛而奉贄·商颿海舶·日夕往來於煙波浩汗之外·登樓四矚·眞有招來八荒·鞭撻四夷之象·榜曰越望·其孰曰不宜·然予之所謂望·尤有出於此者·夫重樓傑閣·所以望於山川者·以形勝也·名賢碩德·所以望於家邦者·以人勝也·故賢于一國·一國之望也·賢於天下·天下之望也·賢于萬世·萬世之望也·春秋之賢者·若隨之季梁·鄭之子產·是一國之望也·立乎中·而亂臣賊子不敢竊發于外·如漢大將軍出將入相·天下恃爲安危·如唐中書令·是天下之望也·虞廷岳

牧・若皐夔稷契之儔・謨明弼諧・以端百揆・敦德允元・以熙百工・流風餘韻・至今猶有存者・是萬世之望也・故山川樓觀與名賢君子・三者嘗相待以爲勝・山川雖勝・使無樓觀以張之・且不足以爲重・況無君子乎・乃今晴江諸公者・宏正守中・敦廉敇法・振舊章於既墮・厲明作以有功・則固一國天下之望也・過此以往・訏謨宏畧・可以揉庶邦而域四海・使萬世有攸賴焉・則斯樓之作也・庶可以相望於異世而勿壞・

康州東西二山刊木記

甲子春・豫章胡公先生以司馬兼御史大夫來兼制二廣軍務・閱今丙寅・三載獻績・聖天子謂公有德功理行・就加寵秩・詔命至・賓僚將校・黧老童孺・塡溢公門・舞躍歡忭・願建碑紀德・垂千萬禩・公固不許・而相與咨嗟・如有所失・於是康州之人・密以刊山弭盜之事・願刻巖石・告于守巡・使予紀其歲月云・

公初涖鎮・至康州並江・父老巡官戍卒賓旅商賈・嗷嗷控于瀕岸・若不欲生・公慰遣之・令曰・終當爲汝等除之耳・無何・仗劍東下・丕揚厥武・用蕩妖氛・露布上聞・四方無事・即以旋師端州・康州之人・復理前事・於是檄分守程君珦・分巡吳君紹・暨知府鄒君光祚・議以懸合・公曰・予昔鎭嶺西有年・凡茲土之故・吾能知之・康州有東西二山・中夾一水曰瀧水・合于端江・由西山之羅旁・東至浲水・又東抵新村・驛宿循江・綿亙一百三十里而遙・崇匡幽邃・林箐巖險・羣猺伏莽中・遇有行旅・輒出爲梗・即尊官貴人擁旄節行・猶不能無戒心焉・然蓋千百年於茲矣・予受聖天子命而撫斯人・其可已乎・乃出軍府之緍・以備斧戕・以蓄粮糗・以揀卒徒・以召商旅・既具乃事・遂以乙丑正月之吉・恭遣鄒君致祭開山・守程巡吳君綱領其事・而時省察之・是日即山僦功・僻浲水・劃崩石・披查洞・通道州・薙歐塘・剔逢遠・搗大河・徑南鄉・摧茶坑・平赤土・羣兵過路・萬斧斫林・木拔草披・溪平石泐・隨山易險以均工役・相地緩急以握要樞・妖寇遠竄・侵田皆出・乃搾乃芟・于疆于理・沿江置戍・聯絡十營・列砦興屯・縱橫千畝・守兵宿飽・哨艦迭更・統以裨將・徼以遊兵・霆擊風飈・百里一瞬・於是居者・行者・傳檄者・羽者・旄者・賓者・旅者・或往或來・罔不如志・

嗟乎・以旬月之征徒・褫茲羣醜・致千年之巖險・化爲坦途・我公之功・信乎百世永賴矣・吾人何幸而得見今日耶・矧公之始來・屬當惡歲・東海揚波・四方多難・將士罷羸・府庫空竭・賴公制節謹度・省費裕財・操縱有權・張弛以道・克明克類・足食足兵・公命出師・萬寇咸克・公命築城・百堵皆興・休兵除器・用戒不虞・講學育材・以彰有德・傳舘以飭・賓至如歸・杠梁斯成・利有攸往・若是者皆以師暇率士而爲之・周思曲防・愼微慮遠・凡有可以安利平人者・行之堅勇・不俟終日・是故積懋有成・宜如此其大且著也・昔之謀國者・烈山澤而禽獸逃・驅海隅而犀象遠・平淮夷而辟南海・鑿度嶺以通南北・烈烈也・由今我公觀之・不知孰爲遠邇・又孰爲先後耶・勳猷有勞於國・惠澤允彰於人・不可益也・是用不揣蕪詞・勒而存之・與山同永・公名甡芳・自湖其別號云・

廣東新築子城記

　廣州舊有三城．其來尚已．國朝洪武初始合爲一．自昔稱險固焉．正統己巳．黃賊之變．城多不守．惟廣州屹然．踰年而後克之．以迄於今．治久玩生．弊積亂作．嘉靖甲子．疆埸不戒．戍卒外訌．居人大恐．惟時撫台自湖吳公桂芳．以兵部侍郎自惠州平倭至．肆彰天討．欻爾底平．巡台青田陳公聯芳．以監察御史繼至．大肅憲綱．思輯益密．一日會登城上．睠而嘆曰．斯信五嶺之會．百越之雄也．然尚有慮．夫郭以輔城．城以輔郭．古也無城．斯無民矣．無郭．斯無城矣．無城者危．無郭者弱．將何以守國．茲非今之所當急務者乎．惟時布政使萬君士和．陳君暹．按察使張君淵．閫帥盧君琦．合三司諸君．議以懸合．既得請．即檄廣州知府陳侯復升．躬率番南知縣侯伯輪．郭侯夢得．開斥其址基．營度其涂軌．損益其章程．擬議其工庸．而尤以惠州府通判陳侯子芳董其役．於是鳩材徵傭．營表稱畚．攻位授方．品式其詳．鼛鼓既鳴．烝徒競勸．裒睢勿窪．披棼剔類．稽以匠人之法．考以宮隅之制．而參政郭君應聘．副使莫君仰文．日省月試．會其成焉．城成．弁雉堞共計二丈有四尺．基廣一丈四尺．上殺三之一．自東徂西．延袤共計一千二百有二丈．署門三．南東以西各一．門上樓櫓咸具．又署小門五．署水門二．東西各一．重墉疊雉．映帶山海．駢峙夾輔．屹成巨防．載始于嘉靖乙丑二月初吉．越丙寅正月既望而訖工．雇役於官．而不以勞民之力．經費於官．而不以傷民之財．章程簡易．期以不愆邦人．父老遠近胥慶曰．予何幸乎垂老而獲免于兵．又何幸乎而獲貽子弟以千百世之利也．兩台二公．大合三司諸君而落之．屬使予記其日月．

　予聞古諸侯之爲國．有本末焉．政貴人和．不以險塞爲固．時平備弛．弁其末者亡之．斯民所爲懔懔也．在昔黃賊之變．使非乘城拒守．何以克有今日．豈可謂末弗治也．故善謀國者．先其事必備．以待變之未萌．故常豫而不至于急．惟豫也．恒忽視而弗之切．惟急也．故懷懼而多所懲．懲而爲之．就所欲．違所惡．其誰忍後．若今之子城是已．雖然．玁狁伐而城朔方．徐淮興而築費邑．豈聖人亦有弗豫乎．惟其善懲．則爲之疾者．乃所以豫乎其後．而事之不可逆覩者．亦不先時以喩諸人也．嗚呼．今之役民者何限．彼之民之所急何哉．予悲善懲者之難其人．數百年不一遇．乃今得遇二公．功德於吾廣久遠矣．二公方且宏其謨畧．振其紀綱．明習其陣．簡其師帥．作其禮敎．所爲吾廣慮者．又罔弗至此．豈徒治末者也．銘曰．

　巖巖廣管．五嶺具瞻．中樞握要．爰鎭東南．自古爲邦．實墉實壑．其在于今．孰增式廓．匪郭曷城．匪城曷民．如彼行道．則靡所臻．顯允二公．職競思力．操此一方．聞於四國．乃埤我城．乃濬我池．厥功有成．下民其依．昔城朔方．用剔玁狁．亦築費邑．徐戎攸遁．誰其嗣之．百堵皆興．乃是弗寢．於何其承．以經國程．以軌民則．匪棘匪徐．伊淢伊匹．禮爾築郭．書戒勤墉．雲山珠海．世執其功．矧惟二公．允文允武．秩秩其音．淵淵其度．克順克比．克類克明．保人爾後．實國長城．堅彼一心．屈茲羣醜．遠格邇懷．咸歸中囿．是用作歌．永言斯

藏・以奠百世・俾也不忘・

右刻在□□□・碑石已佚・今從任志錄之・文云・載始于嘉靖乙丑二月初吉・越丙寅正月而訖工・則立石當即在嘉靖四十五年・撰人則李中丞義壯・

捍海堤記

雷之爲郡・濱海不十里・而近郡東洋田頃以萬計・歲苦颶風不時・挾潮斥鹵・損稼穫・郡西有湖・諸山之水・咸滙于湖・舊澌爲二渠・迤邐南出・折而東合・特侶諸水・以灌東洋備旱熯・然歲海鹵不入・湖泉不出・而後可獲有年之利・是故堤防不可以已也・數年以來・相承樂歲・莫有一爲注視者・嘉靖壬子・岐陽羅敏夫以度支中郎來知郡事・無何而海溢颶作・蕩拆東洋田廬者半・斯民憧憧赴愬・大夫憮然曰・此邦之故・吾知之矣・今日之政・尙有急於此乎・乃率諸令長行海上・視决堤・與民共約・度田會粟・聚口賦庸・四境忻如・罔不趨赴・已乃斬牲釁海神・乃作興事・經始於癸丑春二月初吉・越秋八月而訖工・完鬐凸凹・甃甓嵌石・神沛淵歸・不僭於素・海康黃君復初輩・一日詣余・再拜使紀其成・以紓闔郡士民喁喁之思・余問其長短廣狹之度・則對曰・當揆度土功之初・我大夫緣號以分域・比丈以省工・余縣南度之・北岸由院度之・此至於東洋以抵北角・爲號三十有六・爲丈一萬二千一百五十有二・爲舖三十有九・南岸由苻村至于西洋以抵調排・爲號四十有六・爲丈一萬三百四十有四・爲舖六十・遂溪由大村至余之東洋・爲號視余北岸四之一・爲丈三之一・爲舖六之一・其高或半雉・低且尋直・其濶下一丈六尺・上殺三之二・用人之力・海康二萬四千八百有奇・遂溪一萬六千二百有奇・此其大凡・余聞而謂曰・此萬世永賴之績也・可無紀乎・

余嘗讀稻人掌稼下地・以瀦蓄水・以坊止水・以溝蕩水・以遂均水・以列舍水・以澮瀉水・爲法至備・爲利至溥・而後知堤坊之不可以已也・蓋有如此・又嘗至蜀入青城觀離堆・入閩之莆陽觀蘭陂焉・以究古人用心之勤審・然離堆止於鑿山導江・以避沫水之害・而無捍海之勞・蘭陂雖兼二者而有之・然爲丈僅三十有五而止・南北相望・一目可盡・孰若大夫今日之績・上瀦泉水・使不得出・下遏斥鹵・使不得入・而爲丈以萬千計・其艱易巨細緩急輕重爲何如哉・雖然・事難莫於慮始・尤不易於成終・古之有志利民者・雖不言所利・未嘗不欲久存勿壞以宣惠於無窮・而繼者往往自騁私見・以墮成績・如郡西湖者・灌白沙諸田何限・乃假兌佃以肆紛更者凡幾・可痛也已・後之爲郡者・使常體大夫今日之用心・而較若畫一・雖千萬世永賴可也・雷之郡豈復有遺利哉・大夫精義致用・涖郡才踰年・而捍患興利之政・殆非一端・此特其大者耳・余間得大夫先難後獲之文而誦之・涵泳累日・然後知防民之有本・非徒然者・故特紀之・大夫名某・字某・閩中人・甲辰進士・岐陽其別號云・

泌沖鄒氏始祖宋承德郎墓碑

自封建之典不行於天下・而宗子之法廢・宗子之法廢・則宗人莫以爲宗・而尊祖敬宗之意於是泯然矣・惟知禮之家・歲時祠祀墓祭・或合族而會食焉・雖其親愛之情・藹然於一

日飲食之開・然尊卑親疏之殺・至有莫知所以爲禮・其將如親愛何哉・余觀於海嶼鄒君之爲宗子也・其知禮乎・鄒氏世爲晉陵人・宋元符間吏兵二部侍郎贈寶文閣直學士忠公爲右正言時・以諫立后削官・羈管余廣之新州・公三子既召還・以其季子諱相者・居于雄州・相亦三子・相卒・其中承德郎諱繼孔者・遇亂・始徙于南海之泌沖鄉居・卒葬于獅子嶺乾向之原・而南海鄒氏之祖・實肇於此・承德公生承事郎師禹・師禹生養直・養直生仕麒・仕麒生元吉・元吉生賢孫・賢孫生觀驢・觀驢生文廣・文廣生鳳・鳳生琳・而海嶼君承嗣焉・則君實爲承德公之宗子・而有紀綱人倫之責矣・君以壬子進士選知閩之建陽而歸・慨祖宗之未報・念祠基之當葺・於是以其俸餘修其祠廟・增置左右廊廡凡若干楹・幷餘店若干楹・貸人取直・以蒇歲事・又增置祭田凡若干畝・合宗族葬而無題識者・皆樹之碣・已而重修譜牒・又創爲永詵祠訓以詔諭其宗人・監察御史福安郭公文周・長樂陳公聯芳・郡守侯官陳公復升・皆有文言旌焉・則既章章顯矣・獨念承德公之墓原宋制也・一仍其八角葺之而已・不敢有所更革・以存古人不修之意・一日再拜於余曰・張實不類・不能顯大・而墓碑至今無辭以刻・惟先祖勤儉朴直・式克至于今日・十有二世矣・合族子姓庶幾無大過者・未必非其風範之力・願先生其表之・以假寵於鄒氏・而勗其子孫・嗟乎・若君者・誠今之知禮也哉・夫人之肇於祖也・一本也・至其末流餘裔・往往有莫知其所自出者・歷年之多・遷徙之靡常・墓兆荒蕪而文獻不足徵也・蒼梧九嶷・史亦竝載・流衢五父・過者興哀・即以聖人之隴且猶如此・而況東南西北之人乎・鄒君束修好學・用拓其宗・仰承先志・表章塋域・使子孫知本支之所由來・愈久而不忘夫禮・禮也者・不忘其所由生也・君子謂君于是乎知禮矣・案鄒氏之先・常微未顯・及至正間・承德承事始聞于世・而其後又晦・復四百八十餘年・而至於君・夫顯晦常相反覆・而世德之積者久・則其發也・宜非一二世而止・況君之有不得盡施於當時・則其所以遺休於後世者・當源源未艾也・爲鄒氏之子孫者・尙其敬承之哉・遠鑒正言座右之銘・近守建陽永詵之訓・暢其枝益培其根・衍其流益濬其源・則鄒氏之興・雖百世可知也・

明湖廣按察使吳公墓表

予南海有孝廉懿德之士號竹廬先生・姓吳氏・名璉・以進士爲令尹・乞歸養母・遂不出・朝高其清風・鄉稱其峻節云・先生四子・長訥齋允徵進士・仕至廣西參政・公其中子也・名允祿・號九嵒・次少嵒允裕貢士・仕至寧波通判・次允祉・俱束修自好・宛有竹廬之流風焉・公與予同舉嘉靖癸未進士・是年予廣同舉者二十有一人・惟公於予爲同志・予性頗以宏肆倜儻自喜・公獨退然・左繩右墨・恂恂如也・予讀書務大旨・不屑治章句・而爲文亦數逸於尺度之外・公獨句而比之・字而櫛之・以劘切其間・人曰・予兩人者・宮商不同調・然其音節之鏗然以響・而凄然以至・則喤喤無間也・雖予兩人亦不自知之者已・而公丁竹廬之喪以歸・而予出令杭之仁和・既予入爲儀部主事・而公亦以服闋適爲武選主事・先是正德間・逆瑾擅權中官・熏灼勢傾中外・先後傳旨陞錦衣衛官・凡若干員・世宗踐阼・臺諫首以爲兵書

王公時中謂非吳主事不可．仍奏差給事黎子良御史周子在幷領其事．而錦衣千戶聶子能遷亦附焉．衆謂能遷黨比．奏罷之．獨以屬公幷給事御史．給事御史顧曰．此該司事也．予輩監其成耳．各諉而退．公憤然曰．予又將推諉乎．輒以故所守墨繩以從事．窮搜博訪．不踰月．循例削籍者一千六百餘員．卽中官如谷大用張永弟姪亦不得免．一時黨類朋姍．中公下詔獄．幾日而事白．復原官．以賢調爲吏部稽勳主事．調考功主事．晉文選員外郎．晉驗封郎中．當是時爲吏部者所當進退紬天下之賢不肖．其權歸于執政者十之六七．而聽吏部所自得爲者十之三四．諸郎署不得不共爲婞澒阿涊．以相浮沉．間有守其職以齬者．輒以罪去．公歎曰．是尚可以行其志乎．卽日辭外補．吏書汪公鋐留之．公力辭乃出．爲湖廣布政司參政．屬歲凶．四境嗷嗷望救日急．公奉檄拊循所至．悉出庾粟以貸民．且曰凶豐甚必復．使豐而歸諸庾．是化吾朽積而爲新．乃兩利也．部使以爲然．因使益貸諸州．後歲豐．饑民德公．粟歸諸庾無後者．蓋類而活者數十萬家．是時．予方以僉事視學于桂林．而高公叔嗣亦適爲湖廣按察使．一夕夢公代己．而己不知所之．無何高公卒．公果代爲按察使．是時楚府有儀賓十惡之誣．六年矣．往長憲者．引嫌置不問．公又輒引故所守繩墨以勅法．一日竟辨其誣．王德焉．壽以千金．却之．丰裁凜然．闔省恃以爲重．工侍兼都御史潘公以督木至．奉勅凡地方官皆有分責．公議曰．瀕年所以不得大木者．價皆旁落．工商不得實惠耳．可召衆商詮議．矩度價直而預給之．仍溢原沽若千金．則商人咸悅以趍役．潘公如議行之．不數月．大木悉至．遂上公功爲第一．有白金文綺之賜．公至是凡七八薦剡矣．銓部一擬光祿卿．兩擬布政使．皆不報．歲己亥．聖駕南巡．萬務棼集．公與布政徐公乾．先期事事有備．天顏甚悅．予是時．亦奉檄迎駕出桂林．踰衡州．將抵長沙．忽聞駕還．幷逮二公以往．不覺驚怖而返．蓋導駕胡御史守中．憸人也．挾威怙寵．貪索凶殘．徐畏而謀於公．公不可．徐私贄以百金．幷套公名．守中謂其不成享也．徑以上聞．下詔獄．或有勸公自明者．公不可．曰．徐公初意本欲同免於禍．今顧忍使獨受其禍乎．竟不辨而歸．人皆服公長者．公歸．而守中戮于市．於是事益白．名益顯．人人無不知公之誣．而且知其賢也．監察御史姚公虞以廉明介節薦公於朝．將期以大用．而公不待矣．嗚呼．予不能爲公繩墨以游於世．故動而竊譽．而毀亦隨之．公能爲繩墨以游於世矣．而其所罹乃卒若此．豈予兩人者志同氣誼同．而其坎壈不偶也又同．故置之崩沙罊谷之湍．而不及以一試之明堂榱楝之末．謂之何哉．人有言曰．今湖湘中兩介士．徐西溪氏吳九巖氏並著時名．乃皆以鴻漸之翼墮于燕雀．或曰忌才．又曰數屯．此兩言者．皆然也．九巖挺皭然之操．鮮阿俗之行．以是人言相及．嗚呼．金惟堅故鑠．玉惟完故微瑕．得指也．詎不信哉．詎不信哉．西溪爲乾別號．

柔箴

靜觀乾坤．陰陽雜揉．渾渾淪淪．惟悠思久．知剛知柔．是惟樞紐．文以順行．雄以雌守．與其佩韋．不離左右．孰若反身．八荒我囿．爾舌何存．爾齒何朽．念念不忘・豈監在口・呼馬呼牛・於予何有・合弘如春・誰飛誰走・終惠且温・一忿不又・忘身及親・亦孔之醜・無疾人先・無耻我後・遇祖遇妣・其永無咎・

剛箴

太極無朕・陰陽儲靈・大哉乾元・剛與性生・維剛乃健・維健乃誠・維中維正・純粹以精・要以終始・匪剛弗成・一日未見・如何弗思・至哉孔子・萬世攸師・勇以不懼・知以不疑・一誅正卯・再却萊夷・行行仲由・似是而非・慾也申棖・彼惡知之・沉潛克剛・厥維學始・剛而弗學・狂而已矣・雍之見賓・顏之克己・視聽言動・常若在此・彼何人哉・希之則是・大壯有辭・非禮弗履・

薛僑　揭陽人・嘉靖癸未進士・官春坊司直・案海陽志載薛侃自贛州師事王守仁歸語其兄俊・俊大喜・率其羣子弟往學・自是王氏之學盛行嶺南・僑爲俊之弟・疑亦宗王學者也・

程鄉縣志序

伊古之治・易結繩以書契・而文斯作・迨其季也・罷侯置守・史廢而志興・夫志者仰稽乾象・俯表坤輿・中綰人紘・而三極之道備・損益互因・可以觀時・紀綱迭運・可以觀政・美醜並形・可以觀俗・經緯交錯・可以觀化・筆削成章・可以觀變・而六籍之用昭・是故銓其實而無所靡於文焉之謂質・綜其事而無所眩其眞焉之謂核・抵諸理而無所徇乎私焉之謂眞・是故戾實者誕・炫詞者誇・襲舛者陋・志豈易言哉・昔者聖人之纘文籍明王道也・經世軌物・萬民攸崇・凡以成夫庖犧唐虞夏殷之志焉耳・說者謂經載道・史記事・是辨而二之也・夫志・史之流也・史記事而道寓焉・六經載道之文而事該焉・雖謂之志可也・後之作者・誕耶・誇耶・陋耶・吾無取爾矣・周禮・外史掌四方之志・今之郡邑志・固外史也・

明興百八十餘年・理道熙治・人文蓋彬彬焉・四方有一統志・列省有通志・而吾潮又有郡志・昭往信來・夐乎邈矣・程爲潮屬邑・山川毓靈・代有英獻・廼故志殘逸而無以徵也・三山陳君應奎來尹・慨焉・政通人和・爰屬學諭賴君存業纂修之・志成・使來請序・吾觀之・犂然其文質矣・確然其事核矣・秩然其象眞矣・信而傳也・其可哉・是故圖之輿地・以辨方也・陳之規矩・以昭政也・紀之版籍・以重本也・別之官守・以樹牧也・作之人物・以章才也・彙之詞翰・以徵訓也・通之雜志・以盡變也・是故方辨而民居可奠矣・政昭而民澤可究矣・本重而民生可厚矣・牧樹而民志可一矣・才章而民行可興矣・訓徵盡變而民治可恒矣・是志也・暢於化理・達於邦國・訂而治之・神而明之・存乎其人・豈徒耀觀也哉・故曰・可以信而傳矣・

袁鄄　字伯高・號温溪・東莞人・友信之後・嘉靖甲申歲貢・廣西慶遠教授・師事湛甘泉・講學天關・其弟子黎養眞黃愼齋吳藤川・皆年逾八十・稱爲三皓・鄄年七十餘・與黃愼齋同注甘泉心性圖・一堂之上・龐眉鶴髮・好事者合繪爲圖・曰師弟六皓・著有温溪集・

岳飛奉詔班師還鄂論

甘泉子論岳飛班師事曰・若眞見得・則雖執閫外之義・

矢心滅賊．束身待罪．以明其心可也．嗚呼．是果可明耶．夫君將將．將將兵．閫以外將軍主之．細柳軍令曰．軍中聞將軍令．不聞天子詔．軍中兵者也．不聞天子詔可也．若將軍天子所將．豈不聞乎．飛一日奉十二金字牌．閫外之義誠何執．世之論者．止見兀朮幾擒．恨復縱逸．遂不諒理勢．專責飛以知經不知權．能不爲飛感激哉．雖覩當日虜將密受旗榜．兀朮技窮大慟．賊檜乞連下詔．民遮馬泣．誠堪飲恨．不知兀朮初敗朱仙．已欲棄汴而去．飛雖違詔．克復舊都．金虜未必即滅．而二聖未還．斯時奸臣謀蘖．吾恐不止獄成三字也．是奉詔獲罪．寃尙易明．違詔獲罪．寃愈莫白．吾甚怪世之論者．止爲宋計．不爲飛計也．

讀大學衍義補

讀大學一書．必觀衍義．然後不泥章句．而得貫通之道焉．通是書者．似莫如瓊山矣．否則焉能補之也．然不知是書者．又莫如瓊山．衍義詳修齊而開治平．其義精深．蓋經言．自天子以至於庶人．一是皆以修身爲本．而三代下稱治平者貞觀．夫貞觀之治盛矣．然骨肉相殘．宮闈濁穢．汚青史而禍子孫．衍義詳彼畧此．意在斯乎．瓊山以審幾補誠正．義非不善．但畧君心而詳幾事．數十萬言．半三代下陳迹．故瓊山曰．衍義者修齊之書也．余曰．治平書也．瓊山曰．衍義補者治平書也．余則曰．淹通博洽致知書也．體可該用．用必根體．然衍義一書．補亦可．不補亦可．故讀衍義補．而瓊山所學可想矣．

翁萬達　字仁夫．揭陽人．嘉靖丙戌進士．授戶部主事．遷郎中．出知梧州．助毛伯溫討安南莫登庸．功第一．遷四川按察使．累擢兵部侍郎．總督宣大山西保定軍務．疏請修築邊牆．兵部撓其議．帝不聽．工成．晉都御史．萬達歷事久．帝倚任之．所請無不從．惟俺答貢事與帝意左．是時曾銑有復套議．夏言主之．力詆貢議．萬達條陳利害甚悉．皆不省．會俺答內犯．萬達馳剿之．帝偵得其督戰狀．大喜．晉兵部尙書．以父憂歸．明年大同失事．起萬達代總督．郭宗臯疏請終制．未達而俺答犯都城．萬達自潮倍道行四十日．抵近京．帝久待不至．入嚴嵩譖．遂舍萬達而用王邦瑞．萬達至．自陳狀．帝責其欺慢．降兵部侍郎．尋免歸．瀕行疏謝．復摘疏中譌字爲不敬．斥爲民．隆慶中．賜謚襄敏．萬達通曉邊事．而好談性命之學．與歐陽德．羅洪光．唐順之．魏良政等數書辨論．復往千言．爲人剛介．勇往任事．尤善御將士．得其死力．嘉靖中．邊臣行事適機宜．章奏中肯綮者．萬達稱首．所著有翁襄敏集．存．

陳宣大事宜疏

形勢者．設險之所必固．而時勢者．兵家之所必不能違也．兵不審時．險不度地．未免於泛然而舉．倏然而罷．非所以揆事體而弭寇仇之道也．山西起保德州黃河岸．逶迤而東．歷偏關抵老營堡盡境．實二百二十五里．大同起西路丫角山．逶迤而北．東歷中北二路．抵東路之東陽河鎭口臺．實六百四十七里．宣府起西路西陽河．逶迤而東北．歷中北二路．抵東路之永寧四海沿．實一千二十五里．共一千九百二十四里．皆逼臨胡虜．險在外者也．所謂極邊也．山西老營堡轉南而東．歷寧北雁門北樓平形關盡境．約八百里．又轉南而東．爲保定之界．歷龍泉倒馬紫荆之吳王口．插箭嶺浮圖峪至沿河口・約一千七百餘里・又東北爲順天之界・歷高崖白羊至居庸關・約一百八十餘里・共二千五十餘里・皆峻山層岡・險在內者也・所謂次邊也・我國家雖不守東勝・棄大寧・然重險天設・固猶在我也・外邊西連延綏・東距薊州・勢相犄角・至於爲京師屏蔽・則宣大爲特重・非他鎮可比・卽宣大山西外邊之地・有彝險迂直・合而言之・則大同最稱難守・次宣府・次山西之偏老・分而言之・則大同最難守者北路也・次中路・次西路東路・宣府之最難守者西路也・次中路・次北路・次東路・而山西偏關以西百五十里・恃河爲險・無待防秋・偏關以東之百有四十里・則畧與大同之西路同焉・內邊可通大舉・惟紫荆寧雁・次居庸倒馬龍泉平刑諸關・隘要之內外・二邊皆所以捍蔽燕晉・保障黔黎・然外之不禦・內安可度・故論者有唇齒之喻・又有門戶堂奧之語・理所易曉也・邇年以來・大虜屢寇山西・必自大同入・侵犯紫荆・必自宣府入・事所可徵也・蓋形勢之大畧有如此・

古稱夷狄之衆・不能當中國數大郡・若智與謀及戈盾火器之屬・長短相較・又萬萬不侔・然所以能爲中國患者・氈裘之族・鷙忿而雄捷・出于風氣・異我漢人・又彼以騎射爲本業・抄掠爲生理・專精於此・無待於敎・戰鬥之事・人人能也・而我事隸於羣牧・業分於四民・百一爲兵・勞於訓習・習且弗專・故亦多弗精也・彼聚寡爲衆・乘時而攻人・我散衆爲寡・畫地而自保・攻無定勢・所資必銳卒征騎而運之・飄忽如風雷・守有定形・遇賊必齎粮貫甲而隨之・瞻顧而狼狽・彼去文字・簡號令・進無所馳・退無所攝・而我則議論多端・號令多門・進退由人・上下牽制・故彼拙日巧・我巧日拙・又國初之時・我太祖成祖抗稜遠斥・夷狄勢衰・竄伏榛莽・僅存喘息・正統以後・則生齒漸繁・種類日盛・近且併海賊・吞屬番・掠耕民居・爲彼捍隸・諸酋所部約可二三十萬衆・視國初何啻倍蓰・沿邊戍卒・較以舊額・未嘗加多・彼醜往年秋高入寇・控弦不滿數千・掠境不能百里・我兵臨時調遣・緩急仍收勝算・頃者每一大舉・動稱十餘萬・蹂躪關南・侵駭京郡・尋常師旅・莫敢遮邀・蓋時勢之大畧有如此者・夫度形勢之便・則詳於外防・正以捍內・量爲內備・所以資外・揆時勢之難・則今所經畧・當異於昔・而後所經畧・當始於今・併力以守要・益兵以防秋・要皆事勢之不得不然者也・

乞錄毛伯温疏

臣近因防秋廵邊・至大同宏賜五堡・見其雄視屹然・環以垣塹・居者晏如・未嘗不慨歎今昔・揆悟廢興・仰嘆我皇上拓土開疆・制禦夷狄・謨烈爲至宏遠也・何者・五堡爲雲中腹背之地・北逼沙漠・南翼鎭城・東亘陽和・西連左衞・昔年虜衆・嘗駐牧其中・揮鞭縱橫・咫尺爲患・嘉靖三年・都御史張文錦創議修堡・爲計稍疎・工役甫興・內變遽作・後來當事之臣・不揣其本・重以爲戒・嘉靖十七年・故兵部尚書毛伯温・乃復極言建堡之便・力排羣疑・毅然獨任・皇上可其議・伯温得成玆舉・倚地召軍・三面開耕・一面禦敵・自是大同始有重藩・而邊人始有寧宇矣・

夫覩河洛者思禹功・環五堡者歌帝德・其事同也・而五

堡之築·向微伯温之週旋·其不爲文錦者幾希·邊鄙之民·最頑梗難感·然猶爲伯温私立祠於祁皇山·祀而報之·聞其死·搥胸頓足·泫泣隕涕·謂其能獻謀天子而再造斯人也·又曩者安南不庭·廟議征之·屬伯温以師往·當時忌者好爲流言·傖人深於投穽·薏苡未聞·蘘菲先構·伯温不遑自恤·慷慨當之·鞠瘁於嵐烟瘴水之間·凡所措注經畧·皆夫人之所甚難·而臣愚之所目擊者·卒之不勞再役·不費一矢·面縛降王·禔福百粤·粤人到今思之·陛下亦既嘉其丕績·增秩祿蔭·尋復使掌本兵·統理邦政·乃偶因誤主撫臣之議·疏防致寇·上干宸怒·奪其官而賜之環·葢伯温所自取也·伯温家居·無何病死·聞者咸以人惟求舊·伯温陛下之舊臣也·被廢之後·使能感悟懲創·追溯平生·猶當爲陛下追念·不終棄置·乃遽身先朝露·不獲蒙宥過之恩·徒以編民布衣·易簀而斂·聚僂不飾·殘魄無光·倘得聞之陛下·能不愴然恤其後事耶·

夫國家制律·有議功議能之條·伯温自爲御史·已知名於陛下·爲陛下所才·而北築五堡·南定交州·大有裨於中興之業·皇稜天抗·四隩既同·文德武功·卓鑠輝煌·五堡之建·視周人之城彼朔方·交趾之降·比虞舜之有苗來格·伯温此宣力·顧不得終爲陛下錄哉·衣裳在笥·愛及絲麻·珠玉爲珍·不棄筐櫝·故唐宗起魏徵之碑·宋帝釋黨人之罪·皆足以慴慰當時·傳美後世·而况聖人在上·澤及枯骨者耶·所宜宥過復官·畀以祭葬·及敕該部查議請謚·則伯温之生也·罪不得幸免·而其死也·功猶得以追錄·先後亙施·恩威並用·而勸戒之機寓矣·

論併守後疏

臣闇陋不明於當世之故·獨頗能爲苦思劇聞·嘗自昔年·則聽聞中外談邊者·間有犂然會於其心·以爲必可於其事及躬自任之·輒大謬不然·語曰·耕當問奴·織當問婢·謂必身親其事而後知也·乃亦有駭婢狂奴·不諳耕織·亂之於其前·後之人欲更其理·而復有襲其亂以眩聽者·雖主者不疑·而聽者滋惑矣·夫詳内而畧外者·治國撫民之道也·詳外而畧内者·禦邊防秋之道也·察形勢·擇要言·以愼防也·

大同古雲中地·扼匈奴·捍中夏·爲甯雁諸關所倚重·葢甚要焉·祖宗以來·山西有兩班官軍·分番協大同而守·歲以爲常·爲慮至深矣·嘉靖十九·二十·二十一年·大虜屢潰大同·軼山西·蹂躪流毒·山西守臣不得推原其故·遽議掣回班軍·專守甯雁·並多增參遊兵馬·添設民壯·亦如宣大·紛紛擺邊·關務之繁·公私之費·倍往昔矣·意豈以大同爲可餌虜也·故一變而幾棄大同·坐困全晉·不思大同不守·全晉單危·當日諫官·亦嘗殫論·臣始受閫·欲言未言·重成事耳·會廵撫楊守謙者·倡言併守·臣心壯之·乃於缺乏錢糧疏中·載其語而未及致其詳·既奉明旨·撫鎭集議·守謙語臣·欲盡掣甯雁防秋之兵·而併力大同·臣曰·近年增設者當量掣·第未宜太驟·先年額設者當盡留·第不必擺邊·量移於彼·而不失乎此·内外均而詳畧異也·守謙弗聽·持論甚堅·而一二藩臬輒言既守大同·又顧雁甯·設有不測·將兩其辜·臣曰·臣子志在國家·既無分彼此·又安

論利害哉．守謙竟弗聽．別去．臣仍作書十數往還．極言關隘額兵．與增設不同．不當概掣以空雁甯，使後之議今．猶今之議昔也．守謙至是始能諒臣．慨然許可．臣幸一得之愚．得附於僉議之後．其言掣者．掣所增也．遇秋暫分兵於大同．主客之名．自當有辨．其言併守者．因守謙之舊文也．而師徒之數．視昔班軍多寡．雖不必盡同．要不失爲便宜．不失爲復舊也．聖諭有云．聚兵守要．乃防邊至計．臣仰而思之．聚兵守要之一言者．眞可以俟之百世而不易者也．事已舉行．俱頗就緒．賴無他虞．而臣猶皇皇然若未能愜於其心者．誠見廵撫孫繼魯不詳臣等原議．而徒襲先年守臣之謬見也．疏有煩言．雖蒙重斥．然中外傳聞．疑信相半．蓋以其有甯雁不可棄之語．而不知臣初與守謙虛心商榷．往還折衷．正慮及此．使當其時一惟守謙之請．而盡掣甯雁額戍之兵．則幸有遺論．幸而臣愚未嘗不拳拳於甯雁也．甯雁之守．止可例於紫荊居庸諸內地．而特重大同者．慮棄大同．且守大同守山西也．宋人失山後雲中郡．不得不退守諸關．然終宋之世．陵夷衰弱．其道何由．今有雲中．顧謂其不當重者．誤矣．臣不量力．經營聚守之役而重以邊工．其始也衆咸危臣．且言俟畢防秋．倘無禍害．議方可行．臣惟天下之事．有的然而是．的然而非者．有偶然而成．偶然而敗者．使其議果未當．卽幸而無他．猶當改之．其議果當．卽不幸而有他．猶當守之．故謀國者不以成敗定是非．況任事者敢以異同爲前却耶．臣本南人．體弱病侵．終難任重．自分當乞死首邱矣．將來或者倘搖於疑信之間．利害之說．輕動成議．則臣有隱憂焉．夫聚守之議．隨時潤澤．存乎其人．無弗可者．但不宜有所變更也．

復河套議

蓋聞智者必待時而舉事．君子不昧勢以圖功．是故理有所當盡．而機有所宜審．志有所必奮．而謀有所不可略者．是之不備．難與慮終矣．河套本中國故壤．界以黃河．固天之所以限華夷也．詎宜棄而不守．藉寇齎盜．然揆以今之時勢．則有當復之理．而無可乘之機．多必奮之志．而鮮萬全之算．是故不能不爲圖事者深長思也．

河套自周秦以來．爲國爲郡．漢置朔方．唐城受降．據險扼胡．往跡俱在．我太祖以神武定天下．成祖躬御六飛．三犂虜庭．其虜既殘破．我亦未暇．舍黃河而衞東勝．計則偏矣．後又撤東勝以就延綏．套地遂淪之犬羊矣．然正統宏治之間．我雖未守．彼亦未取．不見可欲．其心不動．不奪所恃．其爭不力．取之可也．乃竟因循畫地．自捐天設之險．失沃野之利．此邊疆之臣所宜臥薪嘗膽．而有志之士所以阨腕而攘袂者也．先廵撫余肅敏公置鎮榆林．想亦有志斯舉．而套卒未復．鎮則空設．開墾無聞．轉輸難繼．孤懸獨立．沙磧爲墟．外之不足恃爲藩籬．內之無所資其賦役．不有其利．而益處其勞．豈豪賢固略於遠謀．抑其時或亦有掣肘而未終其志邪．然弘治之間．我軍猶歲常搜套．搗其巢穴．嗣是我謀日疎．任其往來．涉流履水．揮鞭近塞．蔑所顧忌．今且盤據其中．任其畜牧．遂其生養．譬之爲家．成業久矣．又今昔異時．强弱異勢．事體利害之緩急．人情好惡之向背．萬有不齊．不可以不慮也．欲一舉而復之．無迺難乎．故曰．有當復之理．而無可乘之機．多必奮之志．而鮮萬全之算也．請極言之以干於天聽．

夫敵有盛衰．我有强弱．僅足相當．以弱值强．是爲無策．漢武雄斷天啓．衞霍不世之將也．絕幕四出．不能一屈單于之膝．成哀短祚．內釁且生．而呼韓稽顙．願保蕃北．此何也．漢武値其盛强．而成哀際其衰弱也．馬步矢刄．各有所宜．主客勞逸．徒步異狀．韓信背水置陣．死地以生．魏武舍鞍馬．與吳越爭於舟楫之間．鳥林削跡．是何也．韓信以死地爲生．而得其逸．魏武舍中國之長．而困於所短也．人情莫不愛其親．然負米以致其養．與遇變而捍其患．緩急自有不同．人情莫不愛其身．然一勞以永其逸．與暫息以休其體．向背亦爲殊等．喪先王之乘舟．不如死．則取艅艎者必濟．義兵謳歌思歸．則定三秦者易爲力也．我國家拯天下於胡元．天威所及．雷擊風掃．遺虜遊魂．僅存喘息．年來收養殘穢．兼之虜我生口．日滋月息．卽今小王子吉囊俺答諸部落．可三四十萬．視昔之奔命窮荒．不見馬矢者．盛邪．衰耶．强耶．弱耶．而我承平日久．軍政多偷．三五年來．雖賴廊廟注意．邊防漸次振舉．而其竭籌慮．耗財用．其功業也不少矣．回視二祖之時．其强弱盈縮．又何如邪．

河套久淪虜中．間諜罕至．虜又屋居．畜牧其內．山川之險易．途路之紆直．水草之有無．我不可必知也．提軍深入其境．能無虞乎．夫塞以內．我中國地也．將領講求其形勢．卒伍諳記其要害．尚未能悉．而況塞以外乎．今我勞而往．彼逸而待．我馬出塞．三日而疲．彼騎遍野．一呼而集．得有小利．歸途尚難．倘失鄉導．全軍何賴．數萬之衆．緩行持重．則虜備益嚴．疾行趨利．則輜重在後．且克日有定期．裹糧有定數．虜遷徙靡常．則戰無定地．遠近不測．則戰無定期．一戰之後．虜或保聚．或佯爲逃遯．笳角時聞．壁壘相待．已離復合．終不渡河．而我軍於此．戰耶．退耶．兩相守耶．數萬之衆出塞．亦必有數萬之衆援之否耶．有驍將以通糧道否耶．保無抄掠不至匱乏否耶．是皆至難而不可任者也．夫馳擊者虜之所長也．守險者我之所便也．弓矢利于馳擊．而火器利于守險者也．舍火器守險．而與之馳射突擊于黃沙白草之間．得耶．失耶．今塞下兵卽塞下人也．墳墓廬舍．先人之所營．妻孥眷屬．骨肉之所居．禾黍桑麻．業產之所具．牛馬牲畜．身養之所供．迫于兵刄．怵于生死．尚每每退怯以煩上人之督責．今驅之於無人跡之地．限之以可立盡之食．要之以難必成之功．苦之以不卽罷之役．恐之以將徙之禍．而欲得人之死力．可乎．

議者欲整六萬之衆．爲三歲之期．春夏馬瘦．爲虜弱而我利于征．秋冬馬肥．爲虜强而我利于守．春蒐于套．秋守于邊．三年三舉．虜必難支．待其遠遁．拒河爲守．是固一說矣．然天時物性．不甚相遠也．秋冬者馬肥矣．而我馬不亦肥乎．迺止利于守耶．春夏虜馬瘦矣．而我馬不亦瘦乎．乃獨利于征邪．夫春夏馬瘦．而虜弱不能入寇．然坐以待我．誠懼其擾擊我也．秋冬馬肥．而虜强既能爲寇．則多方設謀．誠懼其報復我也．六萬之衆．非所以襲人．千里之途．非所以自逸．轉盼之間．情態異致．歲一爲之．以俟三舉．其可得乎．兵家勝敗．本難預期．一舉失利．士傷馬耗．議論蜂起．則將已之乎．竭天下之力．排天下之議．以俟其成乎．三年三舉．或可得志．虜敗而守．我去復來．終不渡河．版築難舉．則將何時已乎．蓋議者見近時搗巢之舉．恒獲首功．昔年大同五堡之邊．虜亦不來．深競以爲套地易復．然復套與是二者實有不同．蓋搗巢因其近塞．乘其不備．勝則倏忽而歸．敗亦支持以退．舉足南嚮．便是家門．壕塹城堡．爲援可恃．復套則深入虜境．後援不繼．勝固艱難．敗虞陷沒．事勢異也．夫必勝之兵．有限之矢．此李陵所以失也．今我之將士．能爲陵之所不能爲者乎．往城諸邊．實近我土．又沿邊之地．虜原不以爲利．故雖城邊築垣．少有侵取．虜不恤也．套地則自火篩入寇以來．據以爲家．四時之間．不離住牧．一旦欲取而有之．彼肯晏然不有爭乎．事體異也．故曰．殺虎者易．奪虎子者難．奪虎子者易．奪虎穴而居者難．今未能殺虎而奪其子．欲處其穴得乎．夫據北山．將勇者勝．趙奢之所以得也．今我之將士．能爲趙奢之所爲者乎．若曰伺虜出套．拒河爲守．先將渡口及可以履冰道路．亟築牆垣．以次移置邊堡于沿河．如昔年王晉溪近年張南川及總兵官周尚文所論．似若可爲．而不知今日諸酋各有分地．套地爲吉囊四子所居．控弦者當不下十餘萬．豈有空套以出之理．沿河計二千餘里．築垣爲限．豈時日可完．移置邊堡．非百數十不相聯絡．堡置兵非千人不可．而遊徼瞭望哨者不與．當三十萬衆不止也．誠恐布置未定．而爭穴之虎至矣．況我邊去河．動輒千里．一年之食．爲數億萬．沿邊所出．僅足自供．益以此數．必仰內地．由內地輸之邊．遠者二千里．近亦不下千里．乃又自邊而輸之於河．即糧道可通．飛輓實難．此尤所當攄慮而殫思者也．

然則套中之地．其終不可復乎．曰．事變之來．至無常也．要之君子不可有徼倖之心．夫秦之所慮者胡．而終秦無北邊之警．漢之所備者胡．而中葉有欵塞之順．事變之來．孰能逆覩．我皇上以聖德建極．元老以上知作輔．天心助順．將來虜之盛衰强弱．虜能保邪．自相攻擊．如匈奴之南北．薦遭疾疫．如先零之殄滅．豈無期邪．彼有其隙．我乘其弊．套地之復．此其時乎．謹我塞障．飭我戎備．和我行伍．固我元氣．以俟其隙．計之得也．故曰知彼知己．百勝之道也．若不察虜勢之强弱．不審事情之難易．不揆我力之有餘不足．使塞下之民．迫于備邊者喘息不獲定．沿邊之卒．傷于鋒刃者瘡痍不獲起．而復橫挑强寇以事非常．則愚所不解者也．謹議．

與唐荆川書

海外交遊貽我書札．多相標題及起居温寒之間．即不敢厭斁．然於心無當也．乃今何幸得聞君子之教．灑練胸臆．從之無由．時事雲輪．未可方正．臥龍躍馬．孰是孰非．不爲縮朒．不戀死鼠．僕固有生平也．安能易心肝．麻面目．自貽世人觀嘆邪．曩昔與二三君子抵掌談邊．若將頸繫氈裘君長．懸之藁街．以摧薄其雄憤．乃不意果眞使之鑿凶門．制閫外．如昔人之沐冠者．深懼不免．損辱聽聞．待罪半年．敢忘慷慨．理繩有慚．易轍斯行．羣志未同．百謀未備．遲以年月．或尚可爲．然所以扼腕拊胸．不能攄慮而直遂者．足下其亦知之耶．大官門下．函刺喧闐．榮辱去留．視貨輕重．活變宛轉．遂成風流．僕死不能也．有偉朋儔．

每相養勸・致曲旁行・而孰能以進退之說敎不肖耶・法曰・將能而君不馭者勝・今僕非能將・而又從中馭駑馬・繫蹄欲使之走路・且死矣・受命之初・曾以此意上書・皇上果欲其仔肩圖難・樹建戎績・自當不策近功・不適小嗇・今之廊廟・何嘗不知・雖此朔方・亦多智勇・僕來茲土・注意良勳・昔人有言・用者未必賢・而賢者未必用・行者未必當・而當者未必行・僕以爲賢且用矣・當且行矣・而未必其能專且久・此邊事之所以日非・而達人之所以興嗟也・

陝西三邊近地・多砂磧・乏水草・若宣大偏保四鎭・則水草可依・瀰延千里・虜騎大舉・可長驅而入者・非止數路・近日擺邊・乃自困之道・非長策也・簡百一之士・練技擊之兵・卽不必似漢武之窮追・但當如周宣之薄伐・狂虜縱有大志・度無能爲・往過平凉會浚谷・相與極言邊事大較・有必勝之旅・則可攻也・有必攻之謀・則可守也・若我不自定而欲以制人・安可得耶・九邊圖頗多・俱不甚較一・宣大三關舊圖・尤多舛亂・不足據・別具一幅・乃僕近所更定者・僅能脫稿・欲旁爲之說・而敂勤未遑・藤峽圖・曾寄浙江一山人胡姓者・乃竟未徹呈耶・南國材士・詭弱不潑耐・誠如來敎・向循故牒・率爾有行・旋已知其不可・俟畢防秋・當議停止・邊機幕議・言人人殊・僕有窮思・未能條刺・嗣當質之・有當道者在關中時・偶見足下爲仇將軍賦南征・甚愛之・珍重抄錄・畀之蒼頭・以時吟誦・足下視僕何如仇將軍・乃獨靳之耶・相見無由・言念向往・

與黃泰泉書

頃奉瑤函・誨旨勤厚・三復卒業・與心俱藏也・佳刻琅然風雅・布之几案・以時誦觀・疏豁塵慮・我公獨擅明德・海內委心・黃閣指日・無容多贊・顧所望於公者・當今天下事勢・如所目擊・將促膝更僕・彈劍抵掌・縷縷而莫之能盡・不有君子・其何能國・吾廣人應不弱・泰泉人傑・尤比之一夔・足耀桑梓・某也經術行能・蔑可稱述・徒以資質之近似者・酬酢斯人・冀立尺寸・時事日殊・世局難改・從委曲則辱理道・行直道則躋顚危・攬衣中夜・恆自詑嗟・謬和吹竽・受知君相・黽勉扳附・烱有愚心・祇以烏鳥之私・每迫方寸・長林豐草・實係夢思・眞不知所爲處也・典邊三年・拙勞無補・獨有頃者併力守要之議・頗當於心・偶有異同・致煩詰辨・諒在存擇・懸之鏡林也・茲役已極意經營・將告成事・得免匏落・不爲禍始・幸矣幸矣・計部追發邊餉・責在撫臣・其誠任嫌任怨任勞・勾稽出納・其興革之端・節縮之要・畢吾心力已耳・修邊比之往者・費省十之六七・按跡可知・乃不能自達於蒲老・亦遂泛然視鄙人也・願公會間一爲陳說・鄙人有區區平生・豈敢專甲兵而藐錢穀・卽往日曾爲計部郎・輒殷憂度支・今遽亡羊哉・恃愛喋喋・起居常禮不敢瀆陳・惟台慈照之・

上毛東塘尙書書

至誠之道・可行於蠻貊・用兵之法・須達乎機權・所謂

機者．如弩之機也．其發也至速．而所以發之也者我也．所謂權者．如物之權也．其用也至平．而所以用之也者我也．故進退遲速在我．如機如權．而始可以言兵矣．夫兵者聖王所不能免也．故曰．以此毒天下而民從之．益有道存焉耳．今日所以處莫賊者．其策有三．

以天朝威德之盛．布之文告之辭．震如洊雷．掃如欃槍．使千里之國．折以咫書．萬人之命．全於一檄．登庯皎然獻誠．頓首待命．以全我聖天子大造之仁．而二三執事可以垂槖端委．揖讓而告成功焉．此上策也．

若彼以奸宄之心．逆我大信．猶豫之狀．撓我寬仁．必將提兵百萬．大震天威．譬之泰山臨於累卵．洪濤沃於一爝．而慑之以不敢不從．則猶幸兵不血刃．以戢烈焰於崑岡．此中策也．

倘彼以義問爲要切．以至誠爲可紿．迷復怙終．奸我皇命．則徒繁辯駁之書．反傷尊大之體．於是乎三署訓兵．五申誓衆．靈旗直指．雲騎長驅．取鯨鯢以爲大戮．雖僵屍蔽野．腥血灑途．芟夷絕滅．所不惜也．執事者將馳露布以告捷．繫俘酋而獻廟．皇靈燀赫．震於九埏．威則威矣．而聖天子好生惡殺．非其所先．此下策也．

今宜總衆長．兼群策．臨之以懼．終之以謀．集兵糧．倡勇敢．俾機權在我．動出萬全．縱不得其上．而可得其中．必不得已就其下．亦將舉之裕如．不至於從事失時也．若徒煒燿以馳聲．眩鶩以騰說．夷情狡譎．豈謂無知．惟臺下圖之．

與黃芹岡按察書

牢籠塞下．寤寐如常．五羊旌幢．動搖心目．執事曩見兩閣翁爲僕求息肩．至以峻辭相激．若有所爭然．益發於道情．其以燠咻小子者至矣盡矣．華顛紛白．舊植荒蕪．得歸蔽廬．必有事焉．或又以爲不必爾爾．念老親衰病．萬里相懸．時事反覆．險危驚骨．昔人所謂以日爲年者．殆又過之．築垣守要之役．頗有徵應．今秋諜報．大敵聚十餘萬人．欲有加於大同山西．然每洶洶言墻高兵多．仰攻爲難．異於往昔．倘過此月．或無他也．孫松山以多言殺身．於人何預．有罪我者竟不深察．君子貴定心觀理．察惡强善．皆取之於我．豈敢從人向背．反鑑面墻．執事亮之．法星照曜．我東粵士當得見昭明之治．甚盛．其可爲宣揚大道．光益時化．若何古林．黃泰泉．王青蘿二三子者．想已鑒別敝郡．蕭鐵峰內翰．陳石塘道長．超然有忘世之志．然觀風者能獨遺之．萬達近來懷况．執事所知也．潮海可漁．倘未速死．來春當長嘯磯上．戀戀簑衣．即故人當道．不敢往見也．所願崇德．無勞簿書．

情法論

人皆曰居官之道惟情與法．而不知情者．法也．不可分爲二也．且如某事當行．我從而嚴其法．夫誰謂不可．然稽之人情．或未得通融之說．則法之當而嚴．嚴而不可犯者．終歸於苛．又如某事便民也．我從而通其情．夫誰謂不可．然律之法守·或未得正中之防·則情之順而達·而達不可禦者·終歸於流苛與流就之過也·故法用情·通之以就規也·情麗法·約之以就矩也·規至圓·矩至方·方圓之至·仁義而已矣·仁義之道·互爲其根·故曰·情與法不可分爲二也·

主靜說

或問主靜·曰·主靜者恒定焉爾矣·恆定者·恆知也·知屬念也·夫既有念矣·則謂之動亦可也·曷偏言之·曰·主靜所以一動靜也·然則主靜之靜·與動之靜·有以異乎·曰·動靜以時·言謂其感與未感耳·主靜之靜·以心言·心無動靜·而動靜之理·出道之所以時中也·是故以動靜之靜心爲靜·非也·而諸子之陋則又曰靜非有也·曰·靜非無也·若是則果在有無之間乎·是不免啓學者捉摸之弊而無所於止·吾惑焉·今夫天·以其有專一直遂也·故有動靜之名·而天之所以恆久而不已者·不曰乾以易知乎·人心之妙與天同·吾固不能外知而言靜也·不遠曰知·良知也·此道以良知爲有外乎·此學以滅念去智爲得其本體乎·心之本體無內外·無終始·而虛通明覺之自然者·固未嘗不在學·惟其精焉而已矣·不離乎物·亦不蔽於物·不外乎聞見·亦不牾於聞見·精之也·日緝熙焉·念念皆天理矣·寂然不動·感而遂通·動亦定·靜亦定矣·合內外始終而一貫之·夫是之謂主靜·故曰·主靜者恆定焉爾矣·恆定者·恆知也·非予言之也·易曰·天下何思何慮·經曰·知止而后有定·定而後能靜·夫何思何慮·非不思不慮也·知止而后有定靜·非截然爲二也·聖學也·而耳者支離·虛空者謬幻·默而成之·存乎其人耳·河西退署舊顏其堂曰主靜·因書所見如此·

宣大等處邊關圖說

臣萬達謹按右所圖形勢·起宣府東路之四海沿·迤邐而西·歷北中二路·抵西路之西陽河·爲大同界·大同東路之東陽河·迤邐而西·歷北中二路·抵西路之丫角山·爲山西界·山西之老營堡·迤邐而西·歷水泉·偏關·抵保德州·爲黃河岸界而止·計一千九百二十里有奇·皆迫臨敵巢·所謂外險也·又老營堡轉南·迤邐東·歷龍武雁門·北樓·抵平型關·又迤邐而南而東·爲保定界·歷貨泉倒馬·紫荊之吳王口·插箭嶺·浮圖谷·沿河口·又東北爲順天界·歷高岸·白羊·抵居庸而止·計二千五十里有奇·皆峻嶺層岡·所謂內險也·兩險截然·固天之所以限華夷者·然自正統以來·敵人窺兵·屢次干擾·邇且結陣長驅·遠薄汾沁·全晋爲潰·邊議日興·豈其險固不足恃耶·潰廢大防·由來者漸·有險不設·同於無險·故設險云因地形·而經紀之以人力者也·內倚諸關·間設崇垣·長遮絕漠·綿堞百萬·諸美攸賴·比之金湯·我皇上今之所宏創者·皆前玆所未有者也·邊臣自是始可以言守矣·是故善守者·不戰而屈人之兵者也·遇秋分·遣內卒協戍外邊·備寡力全·彼此受益·豈特變通·是爲善經·廼若禦冬防河·成規俱在·又差緩矣·臣慮險設而不守·雖守而無其便也·臣今小疏剖列欵目·期於可久·蓋亦頗詳·俟之將來·脫有不虞·當在意外·天下之事·多成於其始而廢於其終·邊工動費帑金·役勞大衆·其成之亦云難矣·臣愚·欲責宣大山西撫鎮諸臣以

交代法・巡撫按御史以閱視進圖法・則茲垣也庶乎其有永矣・雖然・重關叠障・險在地者也・謀臣猛士・險在人者也・慄慄危懼・毋流循玩・險在心者也・攄探本之思・延却顧之策・此臣所侈望於億萬年者未已也・

宣大增築長墻圖說

臣萬達謹按右所圖說・外邊墻詳矣・而畧於內・諸關者以外邊特重・又墻肇完・而諸關不與也・三鎮邊墻・互連一道・其居然而內布者・城堡也・雜然而外環者・塹與窖也・亭然者墩・而穴通者台與隧也・增舊爲新・缺一不可・必視而後可守者・我軍視敵聚散衆寡疲逸勇怯疾遲之勢・不相當也・敵人多食少・工格鬥・喜抄掠・復以爲生之道在是也・大戰則大利・小戰則小利・不戰則不利・較得算者・戰十一而敵什九也・是故我必以守爲勝・而匪墻焉・氈幕隣邇・揮鞭山陵・結陣用擁・朝發夕至・倏如雷風・前無抵拒・後難追襲・豈不戰守失據哉・今墻完而戍者偵者田而食者備秋林會而墻立・而營屯而首尾相應者・敵不得而輕視也・設虜以數萬來侵・必塞窖填塹・而後及墻・而仰攻亦難矣・墻台我專・披堅鱗集・矢石並發・炮火遠及・敵亦豈能飛渡哉・臣故曰・自是始可以言守也・而又不能不却顧而長慮者・傳曰・地利不如人和・又曰・在德不在險・斯二言者至言也・

渼陂續集序

渼陂續集者・渼陂先生垂老之作也・先生有集・傳且久矣・日就月將・老而彌篤・門人集其近作稱續焉・於戲・去而不返者時也・無所息肩者學也・日愼一日・振於力而莫之休者志也・其先生之謂乎・序曰・

說者謂文能窮人・而又曰人窮則文工・謂耄期倦勤・而又曰・老廼詩律細也・是二者將何所取衷哉・墳典之文・至文也・其人卒皆在位・游夏之窮・不加於顏原・而顧以文學稱・郊島寒瘦・根於所賦・雖不苦吟遐思・要之不能通顯・故以窮咎文者・誣文者也・司馬子長遍歷名山異境・而其文益奇・柳柳州不摧踣困鬱・亦不能辭理極到・則窮而工者・蓋一說也・有初靡終・進銳退速・此志不帥氣者之事・衞武公克自抑畏・九十自警・今觀賓筵諸詩・所謂有德之言也・唐詩人杜子美夔州以後之作・讀者更爲括目矣・則老而細者・亦一說也・渼陂先生遭際敬皇帝・賜第大廷・不可謂不遇・而立朝在郡・爲日可數・至其蘊而大者・舉天下莫之識也・窮與不窮・當有定論・今初集與續集具在・其耄細與否・亦夫人可按而知也・要之・正大以敦體・悲壯以措辭・冲澹以入格・簡嚴以復古・謂耄者能之乎・而亦不無所自也・

夫國朝有作・莫盛於敬皇帝時・時則李何首倡・徐鄭繼蹤・邊殷王薛・翩翩羽翼・今數雄已沒・先生獨振逸響・碩果不食・時有所出・爲世大觀・不亦大幸也哉・予讀是集・更有慨焉・先生齒德既高・踐履純篤・諸所酬應・罔不協

道・若集中嘆禹夫之貨殖・善鶴夫之主農・惜瀛也之宦成・戒渼也之土木・施于有政者・槪可見矣・外則論學論師諸書・牝晨孤兒諸吟・隕霜警火諸賦・蓋拳拳於希聖學古・移風易俗之意也・則所謂大而未識者・其所可槪・不旣多邪・予不學・得先生是集・敬爲梓之・使天下知今日有先生・亦以知先生有今日也・而先生書寄來・則曰是不宜無序者・故叙說其端如此・若曰・究其學以窺立言之本・論其世以極取善之公・則非所敢也・

送陳宏感之福州節推序

節推陳君宏感將之福・不鄙問余所以爲推者・僭告之曰・推・司刑也・刑用以懲・君子畏其成・重民命也・余爲童子時・見王官之笞杖人也・驚且走・不敢正視・弱冠則但能隱之而已・比其壯也・卽之不懼・而用之不疑矣・夫心一也・少而畏・壯而不畏・其故謂何・曰畏者本體也・不畏者習於見也・習則翫・翫則無畏・無畏則肆・刑斯邪矣・是故道離其經・政撓其俗・不能敕法以明人・且不反也・而固罹元元之弗逮・刻意深文・弗居其厚・習相比況・何以壽民・陳君其尙監茲哉・民苦於刑久矣・君行當有事・罔或無畏可也・

余聞之・致理之道・純用德以廸者上也・不得已而刑者次也・不畏刑而任其敢者・殆其下矣・君子得其上・弗居其次・而下者無之・故師聽五辭・大吾公也・熟審出入・昭吾明也・大赦非終・示吾恕也・丕蔽弗疑・張吾威也・居之無倦・勵吾勤也・公以始之・明以悉之・恕以行之・威以濟之・勤以終之・合五者以成仁・則畏之道盡矣・舍是而用是

謂罔・刑非君子之所愼矣乎・畏非君子所履矣乎・雖然・君子無弗畏也者・無弗養也・可爲難矣・苟得其養・雖曰邇庖廚・而其性固不搖・法固不濫・民固可以無戕・故善養吾畏者・所以養吾民之脈也・陳君之養豫矣・福之民其將蘇也乎・若夫聞當道・陟臺省・以大顯於天下・此固陳君之所必至・而非所以相期也・

賀桐溪公陟留都大司徒序

某爲童子時・卽已知有公・比釋褐京師・得博觀諸名卿大夫貞亮端慤・不闇啓物・求如公者誠不易得・後歸伏桑梓・適公以少司馬秉中丞節鉞來鎭我兩廣・又得與邦人奉約令・及見公長者・拊循之治甚善・踰年・公晋拜今官・藩諸司而下百執事・咸侈公盛美・頌往證來曰・惟天子不私南粤人・其就以潤澤於天下也・梧守翁子某爰暨厥僚・亦以是語云・某云・某野人不佞・又不達于務・然以所聞見及所思計慮・方今天下事所需乎我公輩・將借箸終日・不諱言之・冀能盡也・司徒掌錢穀出納盈縮・以阜上下・古今明治體論議博達君子・要孳孳所以爲理・率此焉已矣・我國家財賦稱東南・所輸入帝京及轉輸西北邊・度支歲以數百萬計・又未足也・東南今且病矣・留都爲東南重地・兩廣其支藩也・公去兩廣・處留都・天下望公者甚厚・公能無意於東南事耶・

近聞議者欲自以開邊拓地爲功・蓋輿自滇廣・此無異割體裂膚・亟往救鄉鄰之鬥者・吾不知其故也・兩廣自建閫以來・歷時久遠・亦卓有聞人・然未聞拓地之說・如今茲所云・愼固封陲・無事遠討・帖席安枕・粤之人士・是天地之

賜也・枹鼓或警・張皇我師・猶慮朘削公私・侵駭近地・如往年思田之役・薄伐但境內爾・府庫之財・十已去八九・萬一不罷・則兩廣之事・不慮可知・而東南之財賦・亦不但漏巵於西北已也・夫地中有水・雨於雲・則膏澤自上施也・瀆於坤・則旁順自下流也・注于斥鹵・莫之詰而竭矣・今欲廣斥鹵以受注・吾懼其竭也已・況中國之慮・固不在于南夷・是公所用兢兢者・粵人知公・公不忘粵人・他日所從事於留都・計無易此・謇謇之慮・粵人慕之・東南亦有瘳哉・諸君委贈言於某・其意顧不在茲耶・其意顧不在茲耶・

贈陳郡守入覲序

太守之於民・近而責重・至易知也・其在治朝・人主不易視此官・輒嘗問姓名・察所治狀・賜車蓋黃金・降璽書褒譽・或召入爲公卿・爲御史中丞・至顯榮矣・顧豈非賢者任耶・太守誠果賢・樂有其民・而因以爲政・誠又如古者得專制・事事攷鏡・屬邑吏亦咸知太守意・相與以子民爲功・是興理之道・而太平之基耶・乃今視昔何如哉・藩臬長貳若臺臣監者雜然以簿領相煩・文法相稽・牽泥日甚・關白少踈・則大訾而小譏・什九齟齬・蓋其勢易撓・而其過易求也・設復有恣睢可駭・如近所聽聞・雖屛不敢信・然何嘗有毫髮利愛斯人之心・賢者不敢貪漁獵・徇風指・彼能不潛忿瑣摘・昧其腹心・矧於屬邑吏何恤哉・時事驚人・非特太守之事輕也・然人亦有言・變觀時・定觀理・賢者顧獨可以理定・而或幸所治之郡・僻遠在一隅・監者行部不數至・以擾我之隙・猶可得與若屬修百之急・宣上恩德・孜孜舉其職・豈難哉・潮固粵之截壤・陳君又博大仁人也・懷千里之印・而不以潮人爲陋・和保而噢咻之・壓棄機術・屛絕游談・無事於操切摘抉探迎跂附之爲・定於性則然・其勉嚴諸屬吏・用情附實抑揚・皆德風也・以故屬吏亦樂戴・咸相戒言無忍負長者・長者今且以述職行矣・天子異日儻親問太守治民事勤勞・何以爲對・將陳說閭閻疾苦・時事得失・太守得爲不得爲之故・冀有所感動・即不車蓋黃金璽書之賜・而名重當時・致位卿丞・可日待也・太守可他官視者哉・余辱陳君知最深・不宜無一言以贈・會揭陽鄭君暨其僚友以文見屬・遂發其所欲云如此・

雙節婦傳

雙節婦者・陳與李二氏・陳氏高梁里人・年十九歸蕭某・李氏梧桐里人・年十八歸蕭某某兄弟・陳李皆副室也・陳歸甫七年・某與其妻相繼卒・陳無子・嫡有子世延・方童幼・陳子之甚恩・或勸其改適・輒涕言・吾不忍其孤・況貳其夫・垢也・志益硜硜定・教世延業儒・爲邑庠生・世延子蘅・幼亦失母・陳又撫之・教之如世延・咸賴以成立・又恩禮於其姑・即事事無不中姑意者・攻苦食淡・治內循整・今且四十年・壽六十三・先是有司扁其門曰貞節門云・

李歸十一年・生某・甫九歲而某卒・姑吳・顧語李曰・汝弟視汝孤奈何・李愴頭謝泣且言曰・嗟嗟・子生而舍之・不可言慈・夫死而倍之・不可言義・嫡在而去之・不可言恭・吾甯死不復羞・于是事吳日益謹・相恩戚篤甚・又事其姑如陳氏之姑・經紀家政・斬斬善也・蕭故巨族・歲嘗大歉・即

貧窶食力・口無齎咨・婚姻葬祭・靡所匱闕・教子登進士・爲名御史・歸然負公輔之望・李卒年五十六・贈孺人・於是人以陳李稱雙節云・

有司今方以狀聞・下禮官議・翁萬達曰：范史有言・節婦隆家人之道・貞女亮明白之節・憤激慷慨・以身殉夫・如吾丈夫成仁取義之爲者・固世所稱烈・乃自譬其死於鴻毛・身百憔悴・若負重不釋・歷時歲久遠・堅瑩無瑕垢可指・視憤激慷慨烈烈死一旦者・其難易何如哉・常變緣其時・行義在所存・擇操殊科・均足垂憲・故圖生者志存孤・行在弛情・孝存致養・澤在裕後・皆人之所甚難・若陳李二氏者・分卑而年又俱未也・卑不踰嫡・美不秧妬・賢可知已・不幸抱荼毒之大哀・罹人道之至艱・又卒守其誓不踰・顧尤人之所甚難甚難者・豈儉一死哉・即記載所稱・古今碩媛有節行・然出自副室・又姊姒並美・蓋僅僅見也・語曰・足於性者天殞不能入・貞於期者時累不能淫・其兩節婦之謂也・今陳以壽顯・李以子榮・禮官又方議表章矣・假使憚拮据之難・出一語・易他姓・死且敗瓿・又安有今日哉・又曰・予嘗親風川蜀・即己所睹聞・內江爲冠裳・嗚珮之夫・翩翩求自異於世・未嘗不停車式閭也・然士日稱說仁義・其所表見・固宜爾爾・至聞兩節婦之事・則爲之泫然擊節久之・嗟乎・彼豈有父兄詩書指授訓廸耶・

岑萬

字體一・順德人・嘉靖丙戌進士・授戶部主事・歷官至河南右布政使・忤直指使者・以年老致仕・其時萬甫五十六也・

懷德祠集序

邑之有頌言何也・以宣民情而達之政理・不可强也・亦不可抑・故太古之治・使人忘之・其次使人懷之・其次使人歌之・康衢擊壤之歌曰・日出而作・日入而息・鑿井而飲・耕田而食・帝力何有於我哉・忘之至也・周公居東將歸・留之曰・鴻飛遵陸・公歸不復・於汝信宿・從征之士曰・既破我斧・又缺我斨・周公東征・四國是皇・哀我人斯・亦孔之將・其所以懷而歌之者・不既深乎・故民有心也・抑之而不能止・民而怨也・不能强之悅・予觀於懷德之篇・而知大羅之功可頌也・

夫四會爲邑・東連韶連・西接梧賀・北通郴桂・蓋三廣之交・中多大山林麓・綜亘五百餘里・而大羅山又特深險・峒猺盤據其間・恒嘯聚爲患・屬者暴戾恣睢・執人之父兄子弟求贖金・稍不稱意・即縛殺投之溪潭中・故沿山深谷間・無人敢晝行・先是提督十山談公・謀之藩鎮諸司・僉曰直剿・疏聞・上可其奏・乃聚兵食・相機宜・刻日致師・大參王龍皋公會諸道兵・並進肇慶・郡貳呂湘泉公實矢心協謀・以共武事・丁巳春・兵抵賊巢・賊披靡無敢拒我師・蓋俘獲斬首凡三千有奇・厥功懋焉・邑之士氏・繼自今始有寧宇・乃侈其聲歌爲頌・裒之盈帙・且建祠懷德・肖十山公之象禮焉・配以龍皋湘泉榮公也・　邑令尹張君三吳白郭守盧公連城刻石

爲記・舉人蔡子希尹數百里來請予文弁詩歌之首・將鋟梓焉・

予惟天子撫有萬邦・仁育義正・雖我海濱・亦罔不率俾・而蠢諸蠻猺・敢或鴟張姦宄・奪攘矯虔・以干法典・一時率作興事之臣・乃能戮力同心・請命討賊・凡厥士民・孚于肝膈・播之話言・可謂知本・然茲役也・固廟堂之成算・聖天子威靈・而邑之士民・若罔聞知・蓋忘之也・予所謂康衢擊壤而歌者非歟・談公之去也・遠近胥慼焉・其西歸而懷袞衣者歟・茲之頌也・其破斧缺戕而皇四國者歟・或曰・頌言繁興・何居・予曰・民之情也・凡音之起・由人心生・是故盛世之民樂・其詞昌以達・衰世之民偷・其詞淫以詖・亂世之民憂・其詞危而深・怨而怒・故君子以觀民風焉・孔子删詩明王敎・雖孺子婦人之歌不廢・並載列國・意可推也・

謝邦信 字瑜卿・東莞人・嘉靖丙進士・建寧府同知・

北龍橋記

東莞澤國也・潮汐達於淢・淢周於城・北城有關焉・其淢亘中・路斷於淢・城之內・故爲石梁・城之外・榷焉爾矣・不可以車馬・久則腐而阽于危・先是蕭山孫公學古尹茲邑・梁石龍・東人利之・抵於北關・復病涉・乃梁侯則梁北關之口・易榷焉以石・北人東人咸利之・北城臺門之外・其地爲牟利者所據・致艤舟無隙地・歲癸丑・巡察郭公文周令拓之。得隟地八尋有奇。梁侯乃卽其隟地爲梁・去舊榷・亦八尋・爰謀爰卜吉於癸丑之冬・其捷其捷・其救其度・其礱其錯・縮板以載・陝陝薨薨・周爰執事・厥石庸四千四百有奇・厥工庸八百八十・事竣而臨桂安明府欽適至・適觀厥成而落之・高之得尋有六尺・長之得八尋有二尺・廣之得尋有五尺・砥如砐如・行道兌矣・梁侯名瑩・字德華・廣西平南人・

陳 建 字廷肇・號淸瀾・東莞人・嘉靖戊子舉人・選侯官教諭・擢陽信知縣・以母老告養歸・建所學在究心因革治亂之迹・及道術邪正之分・旣解官・益覃思著述・輯洪武以來迄於正德・爲皇明通紀三十卷・又著學蔀通辨十二卷・破王氏朱子晚年定論之說・歷七年書成・顧亭林所稱爲今日之中流砥柱者也・

按明史志皇明通紀廿七卷續明通紀十卷・今所稱三十卷與史志稍不合・學蔀通辨十二卷今刻正誼堂全書中・其後吳鼎所復撰東莞學案相詰難・四庫提要指爲門戶之見・皇明通紀楊升菴謂爲梁文康公弟億所撰・篤名於建・則以紀通載不草大將勅事・歸功文康・爲新都慙德・故造此不根之論耳・

任官十議

嘗讀胡氏管見曰・後世治不及古者・人君之取士用人任官・不師先王也・取士莫善于鄉舉里選・莫不善于程其詞章也・用人莫善於因人任職・莫不善於用非其所長也・任官莫善于久居不徙・莫不善于轉易無方也・莫善焉者・古皆行之・莫不善焉者・後世皆蹈之・廉恥道喪・愚不肖居人上・爲斯民病・豈有量哉・必也畧法先王・盡濁宿弊・明君賢相・斷而行之・其庶幾乎・徧得賢才・森布中外・致君堯舜而措俗成康乎・杜氏通典曰・凡爲國之本資乎人・甿人之利害繫乎官・政欲求其理・在久其任・欲久其任・在少等級・欲少等級・在精選擇・欲精選擇・在減貢舉名目・俾士寡而農工商衆・始可以省吏員・可以安黎庶矣・誠宜斟酌理亂・詳覽古今・推仗至公・矯正前失・或許辟召・或令薦延・舉有

臧否・論其誅賞・課績以考之・升黜以勵之・拯斯刓弊・其效甚速・實爲大政・可不務乎・愚因二氏之言・有慨于中・酌古鑒今・爲議有十・以俟經世君子考焉・一曰選舉之始・不可輕取浮文也・二曰小官之選・不可不歸本省也・三曰入仕之途・不可傷於冗濫也・四曰冗官之員・不可不加省併也・五曰初選之職・不宜驟貴也・六曰遷轉之期・不宜太速也・七曰資級之遷・不宜太限也・八曰推讓之風・不可不興也・九曰考察之行・不可不愼也・十曰小官之祿・不宜折減也・

夫何謂選舉之始不可輕取浮文也・唐楊綰上疏曰・古之選士・必取行實・自隋煬帝始置進士之科・專事文辭・從此積弊轉而成俗・又舉人皆令投牒・自應欲其返淳朴・崇廉讓・何可得也・請依古察孝廉令・縣令取行著鄉閭・孝友信義廉耻而通經術者・縣薦之州・刺史考試・升之于省・自縣至省・皆勿自投牒・任各占一經・朝廷擇儒學之士・問經義十條・對策三道・上第卽注官・中第得出身・下第罷歸・按唐書本傳・謂楊綰此議・事雖不行・識者是之・温公通鑑・朱子綱目・皆備著之・以俟後之君子・愚謂宜倣此意・特設孝廉一科・許郡守縣令正官皆得薦舉・取行著鄉閭・學通經史者・薦之于省・亦三年一舉・大縣舉三人・中縣舉二人・小縣舉一人・州與縣同・府倍之・大府六人・中府四人・小府二人・其荒僻郡縣・人才既稀・慮間一舉・須限年三十以上・學行成立者・方舉府州縣・舉同者聽・至期・巡按御史會藩臬官考之・問經書義共六條・條以三百字爲率・如講義式・不必用破承結尾藻飾・策一道・內問鑑史或先儒議論・其十事以一千字爲率・考試只作一日・不必分場・試卷唯彌封姓名・不必謄錄・其經義全通・策能答八事以上・爲上等・經義通四以上・策能答六事以上・爲中等・不及此者爲下等・閱卷不必遠聘考官・煩擾考試・次日・巡按卽會同藩臬官・公同校閱去取・合省所舉・多不過二百人・一日可畢・上等續薦於朝廷・策試之第一人・授以京秩・餘悉授縣令・中等就令巡撫官注授本省府幕縣佐署試之職・以准古者辟署之意・注授畢・然後奏聞・付吏部爲據・三年無過・而後實授・其治行卓異才堪任重者・撫按藩憲保奏之・不次擢用・下等遣歸學問・以俟再舉府州縣・舉同者除文理全不通外・下等陞中等・中等陞上等・如守令徇私・謬舉徒文無行者・撫按藩憲覺察劾免之・其誤舉寡學無文致考下者・守令無罰・所舉人士・守令終身保任・他日有犯贓私干行止者・降舉主官二級・庶乎守令知愼而不敢輕舉濫薦矣・朱子嘗與門人論當時之弊・謂朝廷只有兩般法・一是排連法・今銓部是也・一是信采法・今科舉是也・嗚呼・非孝廉之科與・難乎免於是世者之病矣・

夫何謂小官之選不可不歸本省也・馬端臨曰・兩漢二千石長吏皆得自辟曹僚・而所辟大槩多取官屬賢士之有才能操守者・蓋必是乃能知閭里之奸邪・黔庶之休戚・故治狀之顯者・恒必由之・杜氏通典曰・隋文帝素非學術・盜有天下・不欲權分・罷州郡之辟・廢鄉里之舉・內外一命・悉歸吏曹・纔厠班列・皆由執政・銓綜失序・授任多濫・豈有萬里封域・九流叢湊・掄材受職・仰成司銓・以俄頃之周旋・定才能之優劣・尊賢先乎文華・鑒別擇乎書判・求其無失・不亦謬歟・觀二氏之言・則前代得失・居焉可見・而隋文一時之

權制・後世固未可襲爲百王不易之令典矣・嘗考唐宋諸君・間亦有畧知其弊而少改其轍者・唐制・嶺南五管・黔中都督府得卽任士人・高宗時・乃遣郞官御史爲選補使・謂之南選・其後江南淮南福建・因歲水旱・皆遣選補使・卽選其人・宋神宗詔出陝福建湖南廣南等八路之官・令轉運司立格就注・免其赴選・著爲令・二君所行・是皆使其選歸各省・而未嘗拘拘於辟文必欲專總吏部之制矣・愚謂小官遣歸本省・有五利・今日遠方士人・數千里之京候選・踰年囘家挈妻孥・又數千里之任・日月歷二三載・盤費不啻百金・士人家裕者有幾・率多倍息稱貸・抵任償還・皆未免取諸民也・欲責其廉介無侵漁百姓固難・今若選歸本省・則此費十省七八・其利一也・京師之地・天下之人所輳集焉・薪米踴貴・恒倍於南方・唐太宗嘗分選人集於洛州・緣此・今若選歸本省・則京師米價可稍平・其利二也・四方官職有缺・類季報上・候選補到任・多至踰歲・甚至數載者有之・曠官廢事日久・今若還歸本省・隨缺隨補・其利三也・四方之人・情僞剛柔異俗・南北水土異齊・非本省附近之人・則無由於安其水土・而諳其情僞・以展布其志・故胡端敏奏議・亦謂有司等官・宜於本省相近人員陞遷之說・云知府知州知縣幷方面有司等官陞遷・俱合注于原籍相近地方・雲貴兩廣有司・只宜於本省人員內陞遷・庶免其不服水土・且得到任便宜・不致地方曠官日久耳・其利四也・人情所深願者・莫大於祿養其親・故毛義捧檄・喜動顏色・然任遠途遙・則近親尤難・久宦違親・于義又不可・今若選歸本省・則士人奉親之念易遂・而忠君報國之念愈篤・其利五也・愚謂外官初選・八品以下・宜委各巡按都御使銓注・冊報於朝・付吏部爲據・此後遷轉黜陟・皆吏部主之・巡撫無與焉・夫取士用人・察擧於守令・考試於巡按・銓注於巡撫・陞黜於吏曹・參酌古今法制之善・似亦可行・

夫何謂入仕之途不可傷於冗濫也・攷之前代・唐黃門侍郞知選事劉祥道上疏曰・今之選士司取士・傷多且濫・每年入流・數過一千四百人・是傷多也・雜色入流・不加銓揀・是傷濫也・古之選者・爲官擇人・不聞取人多而官員少也・今官員有數・入流無限・以有數供無限・遂令九流繁總・人隨歲積・爲政之弊也・蘇軾言于上曰・近歲以來・吏多而闕少・率一官而三人共之・居者一人・去者一人・而伺之者又一人・是一官而有二人者無事而食也・且其涖官之日淺・而閑居之日長・以其涖官之所得・而爲閑居仰給之資・是以貪利常多而不可禁・此用人之大弊也・胡寅曰・善爲天下者・減省吏員・而賢才是擇・惟恐其壅于上聞也・專顧己私者不爲宜擇人・入仕者數倍於員缺・以收其虛譽・于是服膺官使・新故更代・往往恣睢嵬瑣之流・而天下之禍亂起矣・丘文莊公曰・吏多而缺少・在宋猶一官而三人共之・今待一官又不止三人矣・洪武永樂間・入仕之途・科擧有定額・歲貢有常數・學校歲擧與吏選調・其數適相當・當時選用者未聞乏人・而需選者未聞淹滯・近因言者憫士子之在學校者多衰老・乃增開貢例・其後又因國計不足・立納粟上馬入監等名目於科貢之外・別開歧徑・選調止於此數・而入仕之路比舊加多・日積月累・遂致人才數倍於前・給假家居・有需次十年不得選者・臣恐積愈久而愈多・往往衰老於選調而不得

及時以進用・衰老之人・昏眊消沮・布滿天下・而欲事理民安・難矣・愚按古今入仕多途・選調淹滯之弊・多起于中葉・非惟不便於士・其爲蠹政殃民・不既深乎・夫取士任官・以爲民也・而至反爲民病・其弊可革而不能革者・咎在上下因循玩愒・而廟堂無憂國任事不惜流俗之臣也・蘇軾言・天下之學者・莫不欲貴・如從其欲・則舉天下皆貴而後可・惟其不可從也・是故仕不可輕得・而貴不可以易致・蘇氏斯言・灼知流俗之情之不可恤也・嗚呼・必廟堂之上・有憂國任事不恤流俗之臣・而後胡氏所謂減省吏員惟賢才是擇之言可行也・而後丘文莊所謂科貢之外別開歧徑之途可塞也・而後國初貢舉與選調人數相當之制可復也・而後天下可幾而理矣・

夫何謂冗官之員不可不加省併也・唐虞稽古・建官惟百長・商官倍・亦克用・又隆古之制・邈乎不可復矣・成周兩漢內外之官・員數雖衆・然皆官治一事・未有無事而徒食於民上者也・唐選舉志・太宗謂房玄齡曰・官在得人・不在員多・令玄齡省併・留文武總六百四十餘員・又百官志・謂太宗初・省內外官員・定制爲七百三十員・曰・吾以此待天下賢才足矣・高宗而後・日增歲益之・玄宗開元末・官自三師以下・至一萬七千餘員・其冗甚矣・李吉甫謂自漢至隋・設官之多・無如唐者・請敕有司詳定省吏員・併州縣・減入仕之途・定俸給之數・於是官併八百餘員・諸色流外千七百餘人・亦一法也・宋朝曾鞏議經費言・景德・官一萬餘員・治平中・增至二萬四千餘・朝野雜記言・祖宗時・內外文武官員一萬三千餘員・至寧宗初・增至二萬四千有奇・宋朝官冗・又甚於唐矣・胡寅目擊其弊・亟稱劉晏官多民擾之言爲名言・蘇轍曾鞏輩議國家財用・皆惓惓以省冗官爲急・可謂有見・我太祖平一天下・定有定員・至今垂二百年・官職日增・幾倍于舊・冗員可省者甚多・如各府首須官共四員・府學官制五員・州縣學亦三四員・皆冗閑無事・可省其半・其附郭縣學宜省・併入府學・如順天應天及江西南安府及湖廣漢陽府之例・蓋一城中止宜設一學・一孔子廟・今乃一城至有三學四學三廟四廟者・甚煩褻無謂也・至如遞運所・亦宜省所歸驛・其各道右布政使無職掌・今祇爲充資養望候陞之官・皆在任數月而遷・甚至有未及抵任而遷者・此尤可省・其各道兵備分巡・宜合爲一官・屯田職事・亦宜併歸分巡・庶不致十羊九牧・今京朝官如翰林・編修・檢討・六科給事中・尚寶司丞・中書舍人・行人司行人之類・皆職清事簡・不宜多設至數十人・謂裁省使有定額・至如大理寺副及各部員外郎之類亦可省・雖然・省冗官有本焉・如杜佑所謂欲求其理・在精選擇・欲精選擇・在省貢舉名目・俾士寡而農工商衆・始可以省吏員・可以安黎庶矣・朱子語錄曰・商鞅論人・不可多崇爲士人・廢了耕戰・此無道之言・然以今觀之・士人千人萬人・不知理會甚事・眞所謂游手恁地底人・一旦得高官厚祿・只是爲害朝廷・何望其濟事・眞是可憂・朱子此言・憂士人之多・而欲其寡・卽與杜氏同意・朱子又嘗與門人云・今士人所聚多處・風俗便不好・大學眞無益于國家・敎化之意何在・向見陳魏公・亦以爲可罷・又曰・今敎授之職・只敎人做科舉時文・若科舉時文・他心心念念要爭功名・若不敎他・你道他自做不做・何待設官置吏・費廩祿敎他做・愚謂自古以設學養士爲美談・而朱子乃以爲冗

費糜祿・無益可罷省・其所感也深矣・嗚呼・安得朱子杜氏十數輩・生于今時・得時行政・罄其施爲・以復古帝王之治之盛也哉・

夫何謂初選之職不宜驟貴也・昔唐虞用人・必歷試諸艱・孔門高弟初仕・皆爲邑宰・漢宣帝所用・皆吏治民以考功・以蕭望之在平原日淺・復試之於三輔・唐宋進士・初授皆主簿縣尉之職・雖狀元初授・亦止外州僉判・蓋試之民事・以觀其才能・察其操守・閱其功勞・然後漸遷以至京秩・不遽然輕畀以清望華要之官也・我朝之制・進士惟一甲徑除翰林・第二甲出身從七品・第三甲出身正八品・故洪武初年・進士皆授縣丞・蓋即與唐宋同意・永樂而後・二甲以下・進士始徑由庶吉士入翰林・徑選科道與吏部主事之華要・而以各部主事爲尋常・以推官知縣爲不屑矣・胡端敏奏議曰・我祖宗朝・立賢無方・故能得其實才用・今則清要之官・專取一途・百官叙轉・惟憑初選・進士初選美官・則雖循資・可立登要地・故今士人初入仕途・即有夤緣求得美選之心・既得美除・即爲持循保守祿位之計・近年進士之掄選者・聞有南京之缺而即避・近侍之該陞者・遇有京堂之缺而即爭・養成此等士風・而欲與圖新政理・難矣・古者刺史入爲三公・郎官出宰百里・唐宋所取狀元進士・皆先歷試民事・而後召試館職・或令再試他官・而後擢居臺諫・上寄朝廷耳目之司・下儲公卿宰輔之職・不敢輕試以新進之士也・我聖祖論人之姦良・亦言試之以事而後見・今豈可以新進六職之人・而槩居耳目股肱之任也・又曰・洪武初年・取中進士・多選縣官・徵至天下賢才・悉授守令・乞今後百官陞授・畧倣李唐・均調內外・不歷刺史・不得任侍郎列卿・不歷縣令・不得任臺郎給舍之制・進士出身・不得徑選科道部屬・舉人出身・不得徑選同知知州・京官外補・不得徑陞參政副使・而惟推訪知府知州知縣之久任卓異者而遞遷之・則守令知重・而凡善政可行・生民蒙福矣・愚謂胡端敏此議・通達國體・今日可行・

夫何謂遷轉之期不宜太速也・漢王嘉上疏曰・孝文時・居官者長子孫・至以官爲氏・二千石亦安官樂職・然後上下相望・莫有苟且之意・其後稍稍變易・公卿以下・轉相促急・或居官數月而退・送故迎新・交錯道路・中材苟容求全・下材懷危內顧・一切營私者多・黃霸曰・數易長吏・送故迎新之費・及姦吏因緣・絕簿書・盜財物・公私耗費甚多・所易新吏・又未必賢・或不知其故・徒相益爲亂・二子皆漢賢臣・其言深識治體矣・漢宣帝以爲太守吏民之本・數變易則下不安業・民知其將久・不可欺罔・乃服其教化・故二千石有治理效能・以璽書勉勵・增秩賜金・或爵至關內侯・公卿缺・則選諸所表・以次用之・是故漢世良吏・於是爲盛・稱中興焉・史又稱宋文帝元嘉之政・百官皆久於其職・守宰以六期爲斷・吏不苟免・民有所係・三十年間・四境之內・晏安無事・戶口蕃息・士敦操尚・鄉耻輕薄・江左風俗・於斯爲美・二君久任之效・明著史冊・班班可考矣・丘文莊公曰・按九載黜陟之典・始于唐虞・後世任人・惟西漢爲最久・黃霸在潁川至于八年・然宋有一定之制・惟我聖祖稽古定制・始復有虞之典・官皆三年一考・六年再考・九年通考・中有善政著聞者・即行旌異之典・其秩滿者則又增

秩加官・仍其舊任・是以官安其職・民安其生・仕者無奔走道路之勞・居者無送舊迎新之費・百年率循是道・近自選法淹滯以來・乃行一切苟且之政・數有變更・甚非祖宗立法之初意矣・胡端敏奏議曰・藩臬守令皆久任而責成功・宏治以前皆然也・今則遷徙不常矣・是故春爲知府或僉事于南・秋陞副使或參議于北・來春則又陞參政或憲使於東西矣・甚者初陞右布政使・憚遠不行・在家稍候・二三月即改左而之近矣・到任不及三二月・即望轉而京堂矣・由是一歲之間・往來道路如織・月日過半・其能在任幾何・至於進士爲知縣者・亦惟僅及三年即擢・中間朝見・科塲・差委・參謁・奔走・曠廢歲月居半・事上承上・而不恤下也・故今藩臬守令・皆過客也・其視地方之凋弊・若見驛舍之損壞・誰爲之修也・視生民之困苦・若見驛馬之疲瘠・誰爲之卹也・愚按二公・一言國初久任之善・一言近日速遷之弊・何國家法制・多善於初年・而敝於承平之世也・愚親見近一仕人・先任江西參政・不半歲・即陞廣東憲使・又僅半歲・遂陞廣西右方伯・抵任未二月・又陞福建左方伯・不半歲・又轉應天府尹・抵任未幾・又陞甘肅巡撫都憲・遂遷侍郎・不三載間・凡六七遷・携挈妻孥・往來道路・所至坐席未煖・而行李又戒途矣・如此遷轉頻數・不遑寧居・雖其人亦不願也・雖使聖賢居此・亦無由以安官行志・而使民被其澤也・嗚呼・使其人果才堪大用・則前時如楊信民・猶以參議徑陞都憲・葉盛自參政徑陞都憲・亦何不可・如何文淵猶以知府徑陞侍郎・陸瑜以布政徑陞尚書・亦不爲過・何必使之輾轉繁促・僕僕道途・重煩郡縣夫馬供頓・勞費不貲乎・近日有爲策議者曰・子產爲政・累年而後化成・伯禽治魯・三年而後報政・今之人未皆聖賢也・聰明得于簡冊之陳言・志力奪于舉業之舊習・其奮翼策步・必一二年・治乃有緒焉・而旁視同列・超遷內拜者屢矣・於是而速進之念生・速進之念生・則爲民之意短・而求上之意急・謀身之術巧・而取民之計多・百姓何利於是哉・下之人知其意欲速也・吏胥得以肆其謾・豪滑得以窺其弊・上下之間・一切苟且而已・有志者拜一命之寄・亦欲展布以爲永圖・而速進者得以惑其意・是使天下無誠心爲民者矣・愚按天順以前・官多久任・而致績效・如周忱之巡撫蘇松・自侍郎至尚書・凡二十九年・王翶之提督遼東・自僉都歷陞副都左右都・凡十一年・于謙之兼鎮河南山西・凡一十八年・此撫臣久任見於名臣錄者可稽也・如吾東莞知縣盧秉安・任至一十九年・而清操不易・臨行惟受士民之詩・吾鄉前輩陳璉・知滁州垂十年・而異政著聞當時・亟來褒擢之典・此守令久任見于郡邑志者可考也・以此方之今日・其爲是非得失・不待智者而較然矣・然而今日乃不能行此者・以恒情慕榮速化・世習成風・而司銓衡者不敢違衆以召怨謗・寧爲身謀而不敢爲國謀也・故愚以爲此事・今日惟朝廷主張于上而已・明詔天下・自今斷行久任・如巡撫守令・皆以九載爲滿・以六期爲限・非踰六載・不得遷轉・其貪殘不職者・歲按黜如今法・其政事卓異者・璽書旌奬・增秩賜金・起遷大拜・如漢世及我朝天順以前何文淵陳璉諸人之例・如此而不政善民安者・未之有也・

夫何謂資級之遷不宜太限也・如知縣陞主事・主事陞員外郎・員外郎陞僉事・僉事陞參議・參議陞副使・副使陞參

政・參政歷陞按察使・右布政使・又轉左布政使・復擢府尹或光祿太僕卿・然後陞巡撫都憲・遷侍郎至尚書・此近日陞遷資格也・國初無是也・天順以前・亦不如是也・夫超遷之法・與久任之法・相爲流通補助・若非行超遷・則久任不可得而行・何也・蓋循資而遷・躡級而擢・則自知縣至尚書・階級繁多・其勢不得不速遷・而況司銓衡又務爲循資速遷以弭謗怨乎・此久任之所以不能行也・且循資之說・止可以待常才・而非所以鼓舞豪傑・止可以酬年勞・而非所以振厲事功・雖欲言治・皆苟而已・考之天順以前・仕之賢者・或先超遷而後使之久任・或先久任而後超遷以補之・如周忱由長史徑陞侍郎・于謙由御史徑陞侍郎・王翺由御史徑陞都憲・所謂先超遷而後使之久任也・如陸瑜由布政徑陞尚書・何文淵由知府徑陞侍郎・陳璉由知州徑陞知府・知府徑陞按察使・又徑陞通政使・所謂先久任而後加以超遷也・愚謂循資而速遷・與久任而超遷・此正朝四暮三・朝三暮四之說・總而較之・其爲遲速・乘除適均・無分毫損益・雖於仕者無分毫損益・而於國民・則所損益天淵矣・即使少損于仕者而利民利國・猶當爲之・況於仕者無分毫損・何憚而不爲・近日胡端敏奏議・謂府尹布政使稱職者・宜留久任・選陞六部侍郎・不必更陞巡撫都御史・以致遷徙不常・不得盡心民事・又曰・在外布政二司官・宜照弘治以前事例・僉事徑陞副使・副使徑陞按察使・參議徑陞參政・參政徑陞布政使・不必如今逐級挨陞・南北遠調・以致往來不常・虛曠歲月・地方常致缺官誤事・愚謂此議・鑿鑿可行・杜氏通典所謂欲久其任・在少等級・即此意也・

夫何謂推讓之風不可不興也・昔舜帝九官・濟濟相讓・禹讓稷契暨臯陶・益讓熊羆・伯夷讓於夔龍・唐虞之時・任官莫不皆讓也・周成王訓廸百官曰・推賢讓能・庶官乃和・不和政庬・舉能其官・惟爾之能・稱匪其人・惟爾不任・三代之世・莫不以推讓爲美也・下逮春秋・晉悼公擇帥・范宣子讓其下・韓厥輩亦皆讓焉・是以民和而諸侯睦・數世賴之・讓之效也・秦漢而降・古道不興・至魏晉時・士人益務趨趨・廉遜道缺・劉寔乃著崇讓論以諷之・其畧曰・古聖王之化・天下所以貴讓者・欲其出賢才・息爭競也・夫人情莫不欲己之賢・故勸令讓賢以自明・故讓道興・賢能之人不求而自至矣・至公之舉立矣・百官俱任・爲百官之副亦先具矣・一官缺・擇衆官所讓最多者而用之・審之道也・在朝之士相讓於上・下皆化之・推賢讓能之風・從此生矣・人臣初除・通表上聞・名之謝章・原謝章之本意・欲進賢能以謝國恩也・季代不能讓賢・虛謝見用之恩而已・夫人情・爭則欲毀己所不如・讓則競推於勝己・推讓之風行・則賢不肖殊矣・愚按劉寔所論崇讓之美・深切著明・有國者能舉而行之・其有益於人才風俗政治不少矣・至宋眞宗令內外七品以上清望官・授訖三日內・上表讓一人以自代・其表付中書門下・每官缺・則以見舉多者量而授之・此制卽本劉寔之論也・近日尚書霍文敏公韜・嘗疏請令在京堂上官到任半年後・各舉一人以自代・胡端敏公世寧・爲兵部侍郎・亦嘗上因疾讓賢疏・亟稱李承勛何孟春二人之才・而舉以自代焉・二公所陳・無非欲薦賢爲國・欲遜讓成風也・嗚呼・使今日制典・許人人如此・持以必行・其無舉與謬舉者皆有罰・何古

之治之不可復也哉・或曰・賢愚各從其類・如使舉官自代・則許敬宗必薦李義府・王安石必薦呂惠卿・則將奈何・曰・實論固云・擇所讓最多者用之・宋制亦云・以多舉者授之・不賢之人・其所讓者必有限・其見舉者必不多矣・固無可慮也・

夫何謂考察之行不可慎也・我朝之法・百官自按罪問黜之外・內有科道之糾彈・外有撫按之舉劾・貪惩者無不去・當黜者無不黜・每歲通計不下數百員・法已嚴矣・後來又立爲考察之法・京朝官五年一考察・外省官三年一考察・每次考察・黜退老疾罷軟貪酷不謹等項・兩京至二三百員・在外至三四千員・此則法外意矣・法網太繁密矣・前代未嘗有是也・我國初亦未有是也・丘文莊曰・仰惟本朝三年一朝覲・天下司府州縣官吏・各齎須知文冊來朝・六部都察院行查其所行事件・有未完報者・當廷劾奏之・以行黜陟・近歲爲因選調積滯・設法以疏通之・輒憑巡撫按御史問其揭帖・以進退天下官僚・不復稽其實跡・錄其罪狀・立爲老疾罷軟貪酷素行不謹等名・以黜退之・殊非祖宗初意・按舊制官員考滿・給由到部・考得平常及不稱職者・亦皆復任・必待九年之久・三考之終・然後黜降施焉・其有因事降職降者・亦許其伸理・其愛惜人才・不輕棄絕之如此・可謂仁之至義之盡也・彼哉何人・立爲此等名目・其所謂素行不謹者・尤爲無謂・夫人所行・安能事事盡善・事事合人哉・不仕則已・一履外任・稍爲人所憎嫉・則雖有顏閔之行・有所不免矣・竊觀漢時・長吏不任位者・三公遣椽吏案驗・然後黜退・其後不任三公・而權歸刺舉之吏・朱浮謂有罪者心不厭服・無罪者坐被空文・意謂當時長吏・雖心不厭服・然猶有罪可名・雖被空文・然猶有文可考・今則加以空名・受此曖昧不明之惡聲・以至於沒齒齎恨・禁錮人於聖世・謂之何哉・後文莊召入內閣・適當考察・吏部上大小庶官當黜者幾千百人・文莊遂言于孝宗皇帝・勅凡歷官未及三載者・俱復其任・雖經一考・非有貪暴實跡者亦勿黜・文莊非徒言之・復施行之・可謂忠厚之至・慎之至矣・愚按考察之法・原其初意・蓋以補按問糾劾之所遺・以疏通選調之積滯・使先進之士・不得以久據祿位而壅閼仕途・使後來之士・皆得以均沾一命不至老死牖下也・今仕途惟進士出身者不限・其舉人監生・每榜所選・初一考察・即黜去二三矣・經再考察・十已黜去六七矣・經三考察・不去者十一而已・況雜流乎・聞之何文肅公喬新云・洪武永樂以來・凡百司朝覲・命部院考其尤不職者乃黜之・不過數十人・其後吏部患人言・務以多黜爲公・方岳而下・少有微瑕輒黜之・至弘治初・幾二千人矣・至近來所黜・遂踰三千・幾至四千・視國初不啻百倍矣・是何國初禁網之闊疏・而近來嚴密若是也・是何國初禁網闊疎而治・至近年嚴密百倍而反不足以懲姦也・其得失之故・可考而知矣・按此之行・利一而害三・利小而害大・此法止便疏通選調而已・所利者小也・而三弊不可勝言矣・一起上恣私喜怒陰除異己之弊・一起下司阿諛承迎祈免下考之弊・一起在位亟圖囊篋以防速退之弊・此法不罷・此弊不去・太平未有期也・夫是己非人・好諛惡逆・人之常情・上官所行・或偏或私・勢所不免・僚屬或一言不合・或一事違拂・則喜怒愛惡從之・而攷語之賢否因之矣・一州官員之賢否・繫於

知州一人・一府官員之賢否・繫於知府一人・愛惡出於一人之口・而撫按藩臬守巡之考語・莫不因據附和・同然一辭矣・司考察者・只見撫按藩臬守巡之皆同然一辭・而知其初起於一人之私愛惡也・今之考察去任・如此者大半也・胡端敏奏議・謂嘉靖初年・朝覲考察・多將剛正有爲不肯逢迎交結之人黜退・致令人才缺乏・謂此也・夫是之謂起恣私喜怒陰除異己之弊・夫上官既以從違爲喜怒・以喜怒爲賢否・於是爲僚屬者・不論事之是非・理之可否・專務承順・一意逢迎・以圖免下考・以冀免考黜・其有不便於民者・仰屋竊嘆而已・不敢言也・胡端敏奏議・謂今守令各官・惟撫按批問詞狀・或委勘事情・則稜其意而亟爲之・虛實輕重・惟彼所欲聞而報上耳・誣罔固不恤也・正此意也・夫是之謂起阿順承迎之弊・夫既入仕數年・寧能免一事之無違咈於上・轉瞬居諸・考察之期將至・而罷黜懷虞矣・自非天性不移者・能不起囊篋之計・爲好官不過多得錢之想耶・胡端敏奏議・謂今之爲仕・上焉者・惟事奉承・取名以求早陞・下焉者・惟圖取覓得錢・以防速退・斯言盡今日仕人之情矣・夫是之謂起亟圖囊篋之弊・嗚呼・考察之行・莫不以小懲大戒・廉頑立懦之風・莫踰於是也・而不知適所以長恣私・益阿諛・速貪計・莫不以爲除舊布新・後來者庶幾愈於前日也・而不知考察不除・三弊如故・三年之後・考察之數未嘗減於三年之前・賢否實無大相遠・正昔人所謂徒相益爲亂也・法繁而弊愈滋・法久而人愈玩・國家生民何賴焉・孰若返國初之舊・而爲愛惜人才之計耶・朝廷愛惜之・則士必自加愛惜・士既自加愛惜・則必爲國家愛惜生民・而宗社生靈長久之計・終必賴之矣・或曰・久不考察・則耄者・疾者・才不勝者・坐視其隳政貪暴・不謹者・坐視其肆於民上耶・曰・今巡撫巡按・歲一考劾・知縣以上・疏於朝而黜罷之・但未及於司府首領州縣佐貳與雜職爾・宜令撫按・幷雜職以上歲會藩臬面考覈之・年老者必明註其紀若干・疾者必明註其有某疾・貪者酷者必明註其所貪酷之實跡・素不謹者必明註其不謹何事・冊報於朝・罷黜如法・如此庶乎被黜者心服・而不坐被空文・而不致受此曖昧不明之惡聲・而齎恨於沒齒矣・

夫何謂小官之祿不宜折減也・嘗稽之經訓矣・中庸曰・忠信重祿・所以勸士・而朱子釋之曰・盡其誠而恤其私・則士無仰事俯畜之累・而樂趨事功・洪範曰・凡厥正人・既富方穀・汝弗能使有好於而家・時人斯其辜・蔡沈釋之曰・在官之人・有祿可仰・然後可責其爲善・廩祿不繼・衣食不給・不能使其和好於而家・則是人將陷於罪戾矣・此聖經之言・昭乎萬世君人之軌範・攷之歷代・能知此而行之者三君・漢宣帝詔曰・吏不廉平則治道衰・今小吏皆勤事・而俸祿薄・欲其無侵漁百姓難矣・其益吏百石以下俸十五・後漢光武亦詔百官俸千石以上減於西京舊制・六百石以下增於舊秩・宋太祖詔曰・吏員冗多・難以求其治・俸祿鮮薄・未可責以廉・與其冗員而重費・不若省官而益俸・州縣宜以口數爲率・差減其員・舊俸外增給五千・三君所行・誠有得於勸士體臣之道矣・我朝洪武定制・於百官祿・皆無甚厚薄・雖九品卑秩・亦月支俸五石・不知始自何年方行折鈔之例・京官三分本色・七分折鈔・外官二分本色・八分折鈔・大官俸多・折鈔猶可・小官俸少・折鈔愈少矣・以縣官言之・西漢

縣令秩六百石・今知縣七品・原定月俸七石五斗・歲止八十石・已多寡不侔・況今折鈔例行・一歲實支之數・猶不及西漢一月之半乎・今士受職之官・必推挈父母妻孥十餘口・有終歲温飽之需・有往返道途之費・又有推其餘以仁三族之望・此皆爲士者俯仰之私・不可不恤也・今祿薄如是・誠不足以恤其私・於勸士之道・固有未盡・漢蕭望之言於君曰・倉廩實而知禮節・衣食足而知榮辱・今小吏俸率不足・常有憂父母妻子之心・雖欲潔身爲廉・其勢不能・宋夏竦亦曰・爲國者皆患吏之貪・而不知去貪之道也・皆欲吏之清・而不知致清之本也・去貪致清之本・在乎厚其祿均其俸而已・夫衣食缺於家・雖嚴父不能制其子・況人君能撿其臣乎・凍餒切於身・雖巢由夷齊不能固其節・凡人能守清白乎・二子之言與三君之詔一轍・今日朝廷欲體臣興化・責廉求理・誠不可不察乎此矣・然則如之何而可・其即以今制從九品月支五石爲準・等而上之・每品皆加一石・至正七品・則爲俸十石・至正二品・則爲俸二十石・皆不必折鈔・少倣漢宣光武之詔之意・益卑不益尊・其庶乎・

制兵議

夫兵者生民之大命・國家之盛衰興亡・恒必由之・故曰・天生五材・誰能去兵・兵固有國者之所不可已也・然制兵之法・莫善乎兵寓於農・莫不善乎兵養於官・愚請詳陳前代得失之故・而後及於今日之事・成周井田之法・邈乎尚矣・周官小司徒・乃會萬民之卒伍而用之・五人爲伍・五伍爲兩・四兩爲卒・五卒爲旅・五旅爲師・五師爲軍・以起軍旅・以作田役・以令貢賦・此先王所因農事而定軍令者也・居則比閭族黨州鄉之民・行則爲伍兩卒旅軍師之衆・欲其恩足相與・義足相救・容服相別・聲音相識也・兵農無彼此也・周衰・王制壞而不復・至唐府兵之法・始一寓之於農・史稱其居處敎養・畜材持事・動作休息・皆有節目・居無事時耕於野・其番上者宿衛京師而已・若四方有事・則命將以出・事解輒罷・兵散於府・將歸於朝・故士不失業・而將帥無握兵之重・所以防微杜漸・絕禍亂之萌・此唐初之所以盛・由兵寓於農也・至開元中・承平日久・府兵法壞・張說・李林甫始奏募人爲長征兵卒・啓方鎮跋扈之禍・李泌謂其兵不土著・又無宗族・不自重惜・忘身殉利・禍亂遂生・下陵上替・不可救止・歐陽修唐史謂・置兵所以止亂・及其弊也・適足以爲亂・及其甚也・至困天下以養亂・而遂至於亡焉・此唐室後來之禍・皆源於輕變府兵之法・而兵農爲二也・蘇軾論宋兵之弊・嘗曰・唐府兵之法・無事則力耕而積穀・是以兵雖聚於京師・而天下不至於弊者・未嘗無事而食也・今天下之兵・不耕而聚於畿輔者以數十萬計・皆仰給於縣官・天下之財・近自淮甸・而遠至於吳楚・凡舟車所至・人力所及・莫不盡取以歸於京師・而三師之用・猶苦其不給・其弊皆起於不耕之兵聚于內・而食四方之貢賦也・葉適曰・康定以後・謀國日誤・召募日廣・而後天下有百萬之兵・弱天下以奉兵・而其治無可爲者矣・則又爲之僉首以事驕虜・而使之自安於營伍之中・將兵之官・充滿天下・坐糜厚祿・而未嘗有一日之用・政和以後・軍制大壞・而士卒不能披甲荷戈・幹離不始挾兵萬餘・長驅而至・莫有敵者・倉

卒召天下兵以勤王．京師不守．而勤王之人．潰散爲盜．寇掠遍天下矣．嗚呼痛哉．養兵以自困．多兵以自禍．不用兵以自敗．未有甚於本朝者也．觀二公之言．則宋室之禍．未始不起於養兵之弊也明矣．羅大經鶴林玉露曰．五代前．兵寓於農．素習戰鬬．一呼卽集．本朝兵費最多．兵力最弱．皆緣官自養兵．乾道初．陳福公獻民兵之策．兩淮荆襄皆用其策．開禧用兵．禁旅多敗．而兩淮山水寨萬弩手率有功．丙寅．虜大舉南牧．圍安襄宣司．檄召諸郡兵與湖北義勇俱往救．諸郡兵不待見敵而潰．所過鈔掠．甚於戎寇．獨義勇隨其師進退．不敢有秋毫犯．蓋顧其室家門戶故也．觀此．則兵寓於農．與兵養於官．其爲得失利害較然矣．

昔唐李抱眞節度澤潞．荒亂之餘．土瘠民困．無以贍軍．乃籍民．三丁選一壯者．免其租傜．使農隙習射．歲暮都試．行其賞罰．比三年．得精兵二萬．旣不費廩給．府庫充實．遂雄視山東．宋張方平曰．昔太宗籍兩河强壯爲兵．使之捍邊．壯者入籍．衰者出役．不衣庫帛．不食廩粟．邊不缺戍．民不去農．何在乎蓄之營堡而後爲官軍也．此二者所行．蓋彷彿寓於農之遺意矣．范仲淹曰．戎狄建官置兵．不用祿食．每舉衆犯邊．一毫之物．皆出其下．風集雲散．未嘗聚養．滕甫曰．中國夷狄之兵．嘗患多寡不敵．蓋中國兵有定數．至於平民．則素不知戰．夷狄之俗．人人能戰．舉國皆兵．此其所以多勝也．觀此．則夷敵猶合於兵農不分之意．得寓兵於農之利．中國何獨不然也．馬端臨曰．周官小司徒伍兩卒旅軍師之法．此敎練之數也．司馬井邑丘甸之法．此調發之數也．敎練則不厭其多．家家使之爲兵．人人使之知兵．故雖至小之國．勝兵數萬．可指顧而集也．調發則不厭其簡．甸六十四井．家可任者一千二百八十人．而所調者止七十五人．是十六次方調發一人也．敎練必多．則人皆習於兵革．調發必簡．則人不疲於征戰．此古者用兵制勝之道也．蘇軾曰．三代之兵．不待擇而精．蓋兵出於農．有常數而無常人．國有事．要以一家而備一正卒．民各推其家之壯者以爲兵．使之足輕險阻．而手易器械．聰明足以赴旗鼓之節．强銳足以犯死傷之地．千乘之衆．而人人足以自捍．故殺人少而成功多．費用省而兵卒强．後世兵民既分．兵不得復還爲民．於是始有老弱之卒徒．爲無益之費．而不可使戰．由此言之．寓兵於農之制誠行．則兵可强．費可省．無將帥專兵之虞．無募兵潰亂之禍．永世保民之道．莫加於此．有國者何憚而不爲乎．

我太祖平一天下．設置衞所．分布內外．爲衞者四百九十有三．爲守衞所者三百一十有七．每衞旗軍以五千六百名爲率．每所以一千一百餘名爲率．可謂盛矣．然承平日久．武備廢弛．軍士逃亡．故絕者過半．甚至十無二三者．其存者率多懦弱不堪．雖每歲無差御史淸勾．司府州縣．常設官淸理．然亦徒有其名．無益於事．近閱長州府武衞志．謂承平百七十年．法網日疎．武衞尸其職．而兵不敎戰．流竄逋徒．十亡六七．其存者率柔脆．聞枹鼓格鬬聲．畏怖欲死．正德間．葉林嘯聚反．寧濠所集．皆烏合耳．平時佩虎紓金．糜廩食粟者．不能被介冑．挾弓矢一戰．顧鼓勇而陣．盡市井民兵．國家所獲衞力．僅河漕歲千人耳．嗚呼．此言確盡當今軍衞之病．觀袁州一衞．而天下可知矣．今雖逃亡耗缺之餘・總計天下實在兵帳・猶逾九十四萬・而西北邊兵且四十萬・然近年達虜深入我幷汾・虔劉我畿甸・如蹈無人之境・諸衞之兵・曾不能向一虜・發一矢・交一戰・今縱淸勾充滿衞伍・亦徒耗國儲・而何益於勝負之算・保障之功也哉・語云・養兵千日・用在一朝・今國家竭帑庾以供軍・而實何嘗得一朝之用・如此・雖有衞・猶無衞也・雖有軍・猶無軍也・朱子嘗曰・今朝廷盡力養兵・而兵嘗有不足之患・自兵農既分之後・計其所費・却是無日不用兵也・觀之今事・實然實然・近胡端敏奏議曰・今天下衞所原額軍士・逃絕者多・實在者少・以逃絕者言・則遠年丁盡或埋沒者・歲歲淸查・既無根影・近日病故或逃亡者・年年勾解・隨復逃回・空累里甲造冊勞費・貼解艱難・以見在者言・今養軍雖多・能戰無幾・在邊遇敵・則嬰城固守・而坐視鄕民之被掠・在內有警・則奏聞後遣・而先累民壯之被傷・此民間空出力以養軍・而又先代軍死・甚可痛也・況今東南力薄之人・充軍西北・既不得用・西北近邊之人・充軍東南・亦嘗逃回・尤爲無益・ 愚嘗因胡端敏此言推之・竊見近年每解一軍・卽累里甲盤費數十金・長解方回・逃軍繼踵・每一軍逃・卽遺棄所買充妻小・流落乞丐・凍餒而死・今天下每歲軍逃・何啻數千・是卽每歲累窮里甲數千戶・累死軍妻數千人也・其可憐憫甚矣・

抑尤有異焉者・近年大同宣府以至遼東福建諸軍・每給粮稍不如期・動輒詬噪・羣起思欲爲亂・甚至戕脅主帥者有之・此風豈盛世所宜有也・使兵寓於農・詎至此乎・近日胡參政松奏疏曰・大同兵・自頃年鎭廵諸臣・失於撫馭・致其悖逆驕慢・偃蹇日甚一日・邇來敎塲鞠爲蓬藋・金鼓幾於絕響・每邊境交馳・烽火四照・將或躬先出城・彼悍夫驕卒・方抱其愛子若孫・熟寐以寢・苟稍稍繩縛・則羣起而噪呼・脫巾而詬詈・事勢至此・豈不可爲之痛哭也哉・馬端臨謂宋兵雖多・劣弱而不可用・唐兵雖多・驕悍而不爲用・今日兼有其弊矣・竊謂今日承平玩愒・百度懈弛・百弊叢積・天下之事・莫不皆然・而軍衞一事爲尤甚・邇者有事交南・因衞兵不足・而行募兵之令矣・然兵方集而刼掠已肆・沿途騷然・有司不敢詰・將領不能禁・彼寇未平・而吾民已先受禍・募兵益寇・古今天下同一揆也・嗚呼・淸軍無益・勾軍無益・解軍無益・謫發罪人充軍無益・養兵於預無益・募兵於暫無益・非惟無益・而害反有甚焉・盍亦反其本而求其善矣・董仲舒曰・琴瑟不調・甚者必解而更張之・乃可皷也・爲政不行・甚者必改而更化之・乃可理也・丘文莊曰・天下之事・譬如器用・有舊而壞矣・必又爲之新製・則其用不窮矣・今日之軍伍・可謂舊而壞矣・失今而不爲之更制・吾恐日甚一日・一旦有事・倉卒之際・其將噬臍無及矣・

愚於此有策焉・不煩淸解・不煩謫充・不煩預養・不煩召募・不至大更張駭世・而兵自足・民自安・則有民壯一事・因今法而稍加損益焉・俾合於人情・宜於土俗・而不失乎寓兵於農之意・足爲經久可行之法矣・何以言之・今日州縣民壯朋丁均粮・十年一編・聽差操捕・無衞所處・卽用以守城・亦彷彿寓兵於農之意・愚嘗備員臨江府・原無衞所・附郭淸江縣・止編有機兵八百餘名・亦設置敎塲・四時操練・一如軍制・或有寇警・則督捕官卽率以往・無養兵之

費・而亦足以遏寇安民・但今民壯貼戶・皆是朋合・別圖丁粮・雇募頂役・亦未盡善・又十年一另編・分合不常・亦非畫一・不若各隨其里甲編定・如一圖十甲一百戶・即編民壯一百名・圖甲內人戶有多寡大小者・隨爲增減・不拘一律・大率以中戶爲準・一戶編一名・大戶丁衆粮多者・一戶編二三名・小戶丁單粮寡者・二三戶朋編一名・就如里甲之制・十一次・輪班聽役・縣小兵少者・二班合爲一班・五年一次聽役・除有非常大寇警・方盡起用之・次警則酌量起用・以次一二班・周而復始・小警則用本班・至十年一届造冊・圖甲內人戶丁糧・或有消長・民壯之數・亦隨增減・每戶必推擇戶丁正身精壯者出當・其或糧多而丁不足者・方許令義男應當・不許雇募代替生弊・推行如此・則雖不必拘拘於井田府兵之既往・稍損益今之法・而即得寓兵於農之意・有國制兵・簡易經久・百世可行之法・無過于此矣・

若夫今日一時補偏救弊之權宜・則又有可言者・在於調停衛軍之制耳・何也・國初衛軍籍充垜集・大縣至數千名・分發天下衛所・多至百餘衛・數千里之遠者・近來東南充軍・亦多發西北・西北充軍・亦多發東南・然四方風土不同・南人病北方之苦寒・北人病南方之暑濕・逃亡故絕・莫不由斯・道里既遠・勾解遂難・謂宜更制・各歸土著・除國初編發・子孫已數世・慣彼風土・不願回原籍衛所補伍・以後充軍・俱即編本省附近衛所・庶鮮逃亡・易爲勾解・雖然・法雖善・要不過補偏救弊・一時權宜之政而已・終不若隨圖里編民兵之爲經久無弊・何也・蓋軍隨土著・祇省清理勾解之煩・小利而已・他弊固自若也・若兵隨里甲・則可省養兵之費・可省募兵之害・可無逃亡缺伍之虞・可無孱弱充數與夫驕兵悍肆之患・凡昔之所謂弊者・一掃而空之・而所謂利者・悉兼而有之矣・不井田・不府兵・而自得寓兵於農之利・迂疏一得・妄謂聖人復起・或有取於吾言而潤澤之矣・

屯田經畧議

夫狄騎利在平曠・易爲馳突・今邊塞之地・多平原曠野・一望極目・險阻實希・宜固屯田・定其經界・開其溝洫・就用田者之力・每一里共濬一溝・畧如古者井田之制・一可以息爭端・二可以備旱潦・三可以阻狄騎・四者我兵車禦虜・即可依此爲營陣・免臨時掘塹之勞・草木子曰・井田之法・非獨爲田□□□□・蓋所以陰寓設險守國之意・中原平衍・設立許多溝澮・許多阡陌・使車不得方其軌・騎不得騁其足故也・豈非寓至險於大順之中者乎・觀晉郤克乃使齊人盡東其畝・以便戎車・吳玠在蜀・於天水軍作地網・以阻金兵之騎・於此可驗矣・宋太宗時・議者謂順安軍至北平二百里・地平廣・無隔閡・每歲胡騎多由此而入・宜度地形高下・因水陸之便・建阡陌・浚溝洫・益樹五穀・所以實倉廩而限戎馬・愚謂古今智謀之士・所見畧同・

宗藩議

自古有天下者・莫不以親親爲先務・然求其協恩義之中・盡法制之善・而不啓禍亂之階者鮮矣・蓋家難而天下易・親者難處而疏者易裁・自三代成周而已然・是以故成王

爲君・而輔以周公之聖・猶不能無管蔡之亂・而況春秋叔季衰微之際・其尙能制藩侯之恣横・而不來繻葛之倒懸耶・嬴秦懲羹吹虀・公族惟食租衣税・遂至孤立・而亡不旋踵・漢興・鑒之秦失・封同姓・王三庶孽・分天下半・卒來驕横・逆節萌起・七國之禍・漢室幾危・曹衞過爲防制・畧同嬴秦・是致百足不僵之諷・西晋則諸王擅兵搆亂・畧同漢代・遂啓五胡亂華之禍・益無足言矣・唐宋天潢・雖皆封王封公・然亦止食租衣税・又且聚處京師・不之藩國・是以祿山朱泚爲孽・而諸王駢首就戮・女眞陷汴・而趙氏舉族北遷・禍斯烈焉・然二代之法亦有可稱者・疎屬皆得隨才授官・有累遷至卿相者・宋中葉又立中學・教養科舉・選用一視進士・使宗室得盡其才・斯又法制之善也・

我太祖有天下・親親之道尤隆・大封親王・分處藩國・歲祿萬石・不典兵民・一切鑒前代之失而爲之制・親王之子・則爲郡王・歲祿二千石・親王郡王・皆世世襲封焉・郡王之子・則爲鎭國將軍・歲祿一千石・郡王之孫・則爲輔國將軍・歲祿八百石・郡王曾孫・則爲奉國將軍・歲祿六百石・玄孫則爲鎭國中尉・歲祿四百焉・五世孫・則爲輔國中尉・歲祿三百焉・六世孫而下・則世世封奉國中尉・而其祿米亦二百石焉・若親王郡王將軍中尉之女・則又有郡主縣主郡君縣君鄉君之封・而其祿米・亦有八百六百四百三百二百之差焉・又有冊封及宮室婚姻喪葬諸費・皆給於官焉・又有厨役齋郎校尉鋪排等役・皆編於民焉・我朝親親之恩・可謂無所不用其厚・遠過前代矣・

但天下之事貴中・固不可過於薄而鮮恩・亦不可過於厚而無節・則難乎其爲繼・而其弊復因之而起・何也・國家財賦・止有此數・今日貢税所入・視國初不加多也・而宗室之生生無極・以一王府計之・國初止親王一人・今則分封郡王・多至數十府・分封將軍中尉・多至數百千府矣・至於郡主縣主郡君縣君之封・亦且數百矣・近大學士桂蕚輿地圖紀・河南歲賦二百餘萬・而宗室糧祿且至百萬・他省可知矣・夫國初至今・猶未二百年・僅及五六世也・而已繁衍昌熾至此・況繼此更數十年數百年之久・更十世數十世之遙乎・將盡天下之財・不足以給之矣・且郡王將軍府第・規制宏鉅・每一冊封・即併遷居民數十家・費用官銀數十兩・宗室分封・日繁月盛・民之愁苦・不可言喩・今藩封之處・城郎半爲紅牆・若更數十百年・將盡城郭不足以容之矣・況利之所在・人爭趨之・如水之就下・不可止也・宗室年生十歲・仰受封支祿・如生一鎭國將軍・即得祿千石・生十將軍・即得祿萬石矣・生一鎭國中尉・即得祿四百石・生十中尉・而得祿四千石矣・利祿之厚如此・於是莫不廣收妾媵・以圖則百斯男・甚至花生螟育・房第微曖・莫可究詰・此近日豐林王所以有定子女以杜宗室之詐之請・蓋宗藩中有識者亦已深嫉此弊・而懼其流之不可遏・觀近日言官之疏可知矣・嘉靖壬辰・給事中秦鰲上言・臣備員言官・日閱章奏・近見戶部題・奉欽依・以太倉銀三萬兩補給襄陵等府祿糧・又以河東運鹽銀萬兩補給代府祿糧・臣竊見太常俸糧於光祿借給・論者猶以爲非・況太倉係上供之需・鹽銀係解邊之用・一旦捐之以給藩封・司國計者豈不知其端之不可啓・而其終之不可繼耶・蓋邇來宗室之困極矣・郡王祿米有經年不

得關支者・將軍祿米有三年不得關支者・如成鋼之率衆出城・毆傷吏卒・奇澓之驀越來京・擅自奏擾・夫宗室日繁・祿米日益・其勢必至此也・今地方之困亦甚矣・山西因祿米不足・科聚商人引銀・河南因祿米不足・借用仁壽宮木料・陝西當累年饑饉之餘・加以三邊師旅之擾・所在之存留既少・則各府之供饋難繼・其勢亦必至此也・戶部請以太倉運司之積・補祿米不足之數・豈得已然哉・臣愚以爲挹盈注虛・爲一時計則可矣・非更化善治・終不可爲萬世法也・

臣嘗爲行人・奉詔河南・聞宗室不知自愛者・往往下偶賤娼・至有花生殿下之號・伏見嘉靖九年豐林王台瀚題爲前事・內開・定子女以杜宗社之詐一節・已經該部具題・奉聖旨・這事情待朕從容審處・臣獲覩德意・不勝喜躍・側耳二年・未蒙聖斷・淺見識薄・固不足以窺聖意之所在・竊以爲豐林王之言・非特爲天下計・亦爲宗室計也・陛下豈不諒其心哉・特以我朝封建之典・不宜輕變焉耳・臣以爲聖祖之神明・豈不知末流之必至此耶・意謂歷世百年之後・自當因時損益・臣恐聖祖在天之靈・不能無望於今日也・若漢高帝封三庶孽半天下・其後文帝用賈誼之言・遂衆建諸侯・以分其力・光武中興・封國甚廣・至明帝諸子・食邑大儉・曰・吾子安得與先帝子等乎・此漢之文明・所以爲善守法也・蓋事所當革・時所當改・而祖宗有未暇者・子孫能體而行之・遇變而通之・正古人所謂達孝也・見今河南以旱暵奏請・則周府等府不免於匱乏矣・大倉之積貯・鹽引之羨餘・不足以供各府之奏討・亦明矣・陛下試取戶部錢粮出入之數而計之・山西河南陝西歲入若干・各府祿米歲用若干・合災傷蠲免之外・存留若干・一覽之間・則宗室難計之由・斯民坐困之弊・陛下必有不忍不亟爲之處者矣・臣按此疏・深切著明・勸勉懇懇・臣子愛君憂國・不當如是耶・然疏內亦止言時宜於變通・而導君以自爲變通・而終不敢明言所以變通之策・若有所難言・故爲是引而不發者・集朝廷有旨・該部看了來說・而終亦不聞有所施行者何哉・嗚呼・聖王必爲可久可繼之治・易・窮則變・變則通・通則久・今日宗室祿米之弊・上下窮困已極・其變通損益・更化善治・誠猶厝火積薪・救之有不容少緩矣・然而事體重大・天下之人皆知之而不敢議・雖朝臣工皆憂之而不敢議・雖朝廷亦以重遺祖訓・重咈宗藩・遲回猶豫・而不欲遽然有處矣・

天下之事・未知所終・朱子嘗言・漢法惟天子之子・則裂地而王之・其王之子・則嫡者一人繼王・庶子則皆封侯・侯惟嫡子繼侯・而其餘諸子皆無封・故數世之後・皆與庶人無異・不免躬農畝之事・如光武初年自販米是也・朱子所言漢法・卽與成周封建之法・大抵相同・蓋聖王立爲五服之制・定爲五世之澤・實天理人情事勢之不容已・五服既盡・則恩澤不容於不斬・雖欲懷無已之情・其如理勢之難何哉・朱子於宋事・亦嘗有憂焉・謂宗室俸給・一年多一年・駸駸四五十年後・何以當之・事極必有變・如宗室生下・便有孤遺請給・頃在漳州・因登極恩・宗室量試出官者・一日之間・凡六十餘人・州郡頓添許多俸給・幾無以支吾・朝廷不慮久遠・宗室日盛・爲州郡之患・今已有一二州郡倒了・嗚呼・宋世孤遺之給・量試之恩・比今祿米・猶不及十一也・而朱子已不勝其隱憂深慮・使朱子生今之世・覩今之事・其

爲憂慮・又當若何・區區私憂過計・謂宜限其妾媵・別其嫡庶・宗室年非四十無子者・不得置妾・有妻之子・妾之子不得封・嫡妻子・封不過三人・庶妾子・封不過一人・庶乎所謂定子女以杜宗室之詐・以絕其冒濫覬覦之奸・此最首策也・宋制雖親王亦不襲封・今郡王獨不可除襲封之制乎・宋宗室多同居一院・今將軍而下・獨不可爲同門異室之制乎・我明祖訓・襲封郡王・減半支給・今襲封親王・獨不可從此例乎・祖訓・靖江王府減正支子孫・不封郡王・今以初封親王之子・方許封郡王・其襲封親王之子・盍止可將軍乎・今制・郡王將軍祿米・皆中半折鈔・百官俸給・則至有二三分實支・而七八分折鈔者・今郡主儀官而下・獨不可同百官之例乎・宋制有孤遺俸給・以待袒免而下之親・今宗室自鎮國中尉而下・皆與親王無服・與朝廷疏遠・盍止月給孤遺俸三四石・斯亦足以贍其生乎・宋制又設爲宗學・選疎屬資實明敏者敎之・使竝得從事科舉・今盍倣行其法・而稍寬其取中之數・庶宗室有才者・皆爲國家之用・而不至虛生虛死乎・凡此皆所謂親親之殺・尊賢之等・天理人情・事勢之不容已者・私慮過計・經世之君子試思之・

修車戰議

夫兵制用車・其來尚矣・然古今異宜・古兵車之制・不可復矣・今當師其意不師其制・其必斟酌損益今民間獨輪小車而用之乎・蓋大車難行・而小車易運・大車之造費多・而小車費省・大車用騾畜費芻・而小車一二人可推挽・大車重滯・難於前却・而小車開合周旋・易爲布陣・大車難越險阻・溝塍難踰・而小車遇險・即可舁以度・是故今欲車戰・酌用小車便矣・宋李綱論用兵・謂步不足以勝騎・而騎不足以勝車・吳淑請復車戰之法・謂匈奴所長者騎兵・苟非連車以制之・則何以禦其奔突哉・戰之用車・一陣之鎧甲也・故可以行止爲營陣・賊至則斂兵拊車以拒之・賊退則乘勝出兵以擊之・出則藉此爲所歸之地・入則以此爲所居之宅・故人心有依・不懼胡虜之陵突也・二子所言・其達車戰之利乎・

自漢以下・備邊禦狄・用車不一而足・衞青出塞擊胡・以武剛車自環爲營・光武造戰車・上作樓櫓・置塞上以拒匈奴・隋禦突厥・皆戎車步騎相參・與鹿角爲方陣・哥舒翰節度隴右・嘗造戰車以收黃河九曲・是數者・皆知戰車之利而用之也・不特此也・馬隆擊鮮卑・作偏箱車・爲木屋施於車上・轉戰千餘里・殺傷甚衆・遂平涼州・劉裕伐秦・爲魏軍所遏・命將軍朱超石等以車七百乘渡河北岸・爲却月陣・以大弩及矟千餘禦之・魏師奔潰・後魏攻鍾離・梁武帝遣豫州刺史韋叡救之・魏將軍楊大眼勇冠軍中・將萬餘騎來戰・所向披靡・叡結車爲陣・以强弩二千一時俱發・殺傷甚衆・矢貫大眼右臂・大眼退走・唐馬燧鎭河東・造戰車・冒以狻猊・行以載兵・止則爲陣・遇險以車當衝・討田悅・大破之・歷代名將用車取勝・往往如此・況於今日・而何不可行之有・

若夫戰車制度・則往籍所載不一・今姑舉其可行者著之・宋魏□□創爲如意戰車弩車砲車矣・近日何燕泉餘冬序錄載今寧夏戰車之制矣・大明會典雙槐歲抄・皆嘗錄及當時戰車矣・邱文莊亦嘗言小車之制・著於大學衍義補・尤詳可

考．而近日邊臣亦嘗言輕車之利矣．今誠欲舉行．但參攷三者斟酌行之．斯善矣．抑守邊用車．尤有説焉．亦時焉而已．蓋承平之世．與開國創業時勢．霄壤不侔．開國利於戰．承平利於守．開國之初．藉百勝之餘威．士馬精强．將臣彪武．有不戰．戰必勝．斯時也．車固爲□也．不用可也．若夫承平恬熙之餘．百不如前．胡寇內侵．非守何以爲策．非車何以爲守．不暇遠引．即以我國朝言之．國初兵勢．視今日何如也．高皇命將四征．而漠南肅清．文皇親駕六征．而豺踪遠遁．皆無敢螳臂當轍．請降恐後．斯時也．守在四夷．邊雖不備．無警也．而何談於車．至後來則有不然者．正統己巳之役．王師二十萬騎．覆於土木．近日邊臣搜套．亦以數萬騎敗於花馬池．是皆不知承平時勢之宜守而不宜於戰．不知禦狄之宜車而不宜於騎．以我所短．角彼所長．一敗塗地．無惑也．使二役也．有車爲拒．長短兵挾輔之．虜馬豈能近．驅車以衝之．虜馬將退走．豈有此禍哉．悲夫．一時謀臣不知出此也．愚備徵今古．而灼知車戰爲守邊禦狄之長策．不容於已．故首陳之．

強弩議

按自古用兵．以弩爲尙．自戰國秦漢以來．多以弩取勝．廼今日朝廷官軍．北方兵器．並未見有用弩者．惟南方民兵或用之．惟西南夷獠專用之．何古今南北之不同哉．考之前代．周官有六弓四弩八矢之法．荀子謂魏武卒操十二石之弩．晁錯謂勁弩長戟爲國之長技．漢制．將軍有强弩積弩之名．唐書．擇宿衛勇者爲番頭．習弩射．宋有弓弩院．造牀子弩．虎翼弩．馬黃弩．從前有國．未有不尙弩者也．至於歷代以弩取勝．則尤可稽．孫臏抵魏馬陵．萬弩齊發而龐涓死．漢高帝平城之圍．陳平請强弩傅兩矢外向．而匈奴却．虞詡禦武都羌．使二十强弩共射一人．而發無不勝．盧耽節度西川．爲大艙連弩．而南詔憚之．宋師討李繼遷．非萬弩齊發．賊未易破走也．景德澶淵之役．非伏弩射殺撻凜．契丹未易服也．以至劉裕敗魏河上之師．韋叡走楊大眼之衆．則又無非以弩輔車之效也．邱文莊曰．昔人謂弩爲中國之勁兵．四夷所畏服．蓋射堅及遠．爭險守隘．怒聲勁勢．遏衝制突．非弩弗克．自古用兵．以弩取勝．見於史傳者．不可勝紀．今世則惟用弓矢．而所謂弩者．隊伍之間．不復用矣．意者有神機火鎗之用以代之．故不復置歟．愚謂弓弩火鎗．三者雖同爲長兵．然而弦木爲弩．削竹爲矢．價廉而工省．其製造甚易．而爲用甚速．有國者何憚而不爲．歷代弩制．人各不同．古有連弩．諸葛孔明損益爲催山弩．一弩十矢俱發．唐有代遠弩．自能弛張．縱矢三百步．宋有牀子弩．矢及七百步．又有千步弩．矢及三百里．又有李宏獻神臂弓．韓世忠獻克敵弓．皆弩也．皆能射遠攻堅．今日守邊．誠能每軍造車數千輛．勁弩數千張．何胡虜足畏．

繁植林木扼伏議

夫戎騎慓悍．不可輕敵．在乎多方以阻之制之而已．林木叢密．則敵騎不能入．非惟不能入．且不敢入．非惟不敢入．且不敢近．何也．彼懼有伏焉故也．夫林木之中．小車可由也．步卒可屯也．騎不可騁也．兵伏焉．則莫測其多寡也。此敵人之所甚畏也。古之智將。鮮不以伏兵而勝。兵無伏。是無謀而浪戰也。無叢林深箐。兵難埋伏也。是故繁植林木者。所以便伏兵而拒狄騎之上策也。蓋窮邊曠土。空而棄之。不若植林木之有益於備禦也。今宜於邊界二三十里之內。皆厚植樹木。如榆柳之類。皆易生之物。如棗柿之類。皆北土之宜。廣植成林。則不惟大可以收扼胡之效。而小亦可以收薪槁之利。有益於官民日用之資。夫邊塞之內。而有數十里叢林。叢林之內。而繼以屯田溝洫。阻前扼後。狄騎雖强何施。雖招之使來。且不敢矣。烽堠居叢林之外。兵車伏叢林之中。屯田居叢林之內。則田者得安於耕耨而無虞。農益勸而田疇益闢。而兵食益有賴矣。

夫繁植林木。其勞費省於築長城。而功倍于長城。其勢壯於十萬師。其險踰於山川邱陵。有國患在因循玩愒而不爲耳。爲無不成。成無不效。一勞而永利矣。邱文莊謂今京師切近邊塞。所恃渾蔚等州。西來一帶。重岡複嶺。蹊徑狹隘。林株茂密。以限虜騎馳突。不知何人。始於何時。乃以薪炭之故。營繕之用。伐木取材。折枝爲薪。燒柴爲炭。致使林木日稀。蹊徑日通。險隘日夷。不幸一旦有風塵之警。將何以扼其來而拒其入乎。請於邊關一帶。東起山海。以次而西。沿山種樹。遇有罪犯應罰贖者。隨其輕重。定爲則例。專責栽種。以必成爲效。其所種之木。必相去丈許。列行破縫。參錯蔽虧。使虜馬不得直馳。官軍可以設伏。仍嚴督官司巡視看守。不許作踐砍伐。待其五七年茂盛之後。歲一遣官採取枝條。以充朝廷薪炭之用。而邊防亦因之以壯固矣。文莊此議。鑿鑿可行。

學蔀通辯自序

天下莫大於學術。學術之患。莫大於蔀障。近世學者所以儒釋混淆而朱陸莫辨者。以異說重爲之蔀障。而其底裏。是非之實不白也。易曰。豐其蔀。日中見斗深。言掩蔽之害也。夫佛學近似惑人。其爲蔀已非一日。有宋象山陸氏者出。假其似以亂吾儒之眞。援儒言以掩佛學之實。於是改頭換面。陽儒陰釋之蔀熾矣。幸而朱子生於同時。深察其弊而終身立排之。其言昭如也。不意近世一種造爲早晚之說。乃謂朱子初年。所見未定。誤疑象山。而晚年始悔悞。而與象山合。其說蓋萌於趙東山之對江右六君子策。而成於程篁墩之道一篇。至近日王陽明因之。又集爲朱子晚年定論。自此說既成。後人不暇復考一切。據信而不知其顚倒早晚。矯誣朱子。以彌縫陸學也。其爲蔀益以甚矣。語曰。一指蔽目。泰山弗見。由佛學至今。三重蔀障。無惑乎朱陸儒佛混淆而莫辨也。建爲此懼。乃竊不自揆。慨然發憤。究心通辯。專明一實以抉三蔀。前編明朱陸早同晚與之實。後編明象山陽儒陰釋之實。續編明佛學近似惑人之實。而以聖賢正學不可妄議之實終焉。區區淺陋。豈敢自謂摧陷廓淸。斷數百年未了底大公案。而朱陸儒佛之辨。庶幾由此無蔀障混淆之患。禪佛之似。庶乎不亂孔孟之眞。未必不爲明學術之一助云。其卷目一序列於左。

學蔀通辯提綱

一。朱陸早同晚異之實。二家譜集。具載甚明。近世東山趙汸氏對江右六君子策・乃云朱子答項平父書・有去短集長之說・豈鵝湖之論・至是而有合耶・使其合併於晚歲・則其微言精義・必有契焉・而子靜則既往矣・此朱陸早異晚同之說所由萌也・程篁墩因之・乃著道一編・分朱陸異同爲三節・始焉若冰炭之相反・中焉則疑信之相半・終焉若輔車之相倚・朱陸早異晚同之說・於是乎成矣・王陽明因之・遂有朱子晚年定論之錄・專取朱子議論與象山合者・與道一編輔車之卷・正相倡和矣・凡此皆顚倒早晚以彌縫陸學・而不顧矯誣朱子誑誤後學之深・故今前編編年以辯・而二家早晚之實・近世顚倒之弊・舉昭然矣・

一・自老莊以來・異學宗旨・專是養神・漢書謂佛氏所貴・修練精神・胡敬齋曰・儒者養得一箇道理・釋道只養得一箇精神・此言實學術正異之綱要・陸象山講學・專管歸完養精神一路・具載語錄可攷・其假佛老之似・以亂孔孟之眞・根底在此・而近世學者未之察也・故介補編之辯陸・續編之辯佛・皆明其作弄精神・所以異於吾儒之學・至終編則明吾儒之理學・異於異學之養神・蓋此書樞要只此云・

一・朱子有朱子之定論・象山有象山之定論・不可强同・專務虛靜・完養精神・此象山之定論也・主敬涵養・以立其本・讀書窮理・以致其知・身體力行・以踐其實・三者交修竝盡・此朱子之定論也・觀於後編終篇・可考矣・乃或專言涵養・或專言窮理・或止言力行・則朱子因人之教・因病之藥也・或者乃單指專言涵養者爲定論・以附合於象山・其誣朱子甚矣・故不得不辯・

一・此書本散採諸書・今繩以屬辭比事引伸觸類之法・其文理接續・血脈貫通・句句理會・其言自相發明・

一・此書多剪繁蕪而撮樞要・不敢泛錄・以厭觀覽・

一・採據諸書・朱子文集・朱子語類・朱子年譜・象山文集・象山語錄・象山年譜・程氏遺書・伊洛淵源錄・六子書・四書大全・文獻通考・事文類聚・傳燈錄・大慧語錄（宋僧宗□書）崇正辯・（宋建安胡寅著）慈湖遺書・（宋慈湖楊簡著）鶴林玉露（宋廬陵羅大經著）草木子・（元括蒼葉子奇著）居業錄・（明餘干胡居仁敬齋著）白沙集・（新會陳獻章著）荷亭辯論・（東陽盧格著）篁墩文集・道一編・（竝休寧程敏政著）陽明文錄・傳習錄・（竝餘姚王守仁著）象山學辯・（南海霍韜渭厓著）韜困和記・（泰和羅欽順整庵著・其摘司單言者書目不列・止見本文）謹按朱子未出以前・天下學者・有儒佛異同之辯・朱子既沒之後・又轉爲朱陸異同之辯・此聖學顯晦所由繫・世道升降之大幾也・蓋自周衰降爲戰國・天下雖有異端・而楊墨申韓之屬非一・然其爲說尙淺・未足以深惑乎人也・迨至東漢・而佛學入中國・至南北朝・而達摩西來傳禪・其明心見性之論・足以陷溺高明之士・其本來面目之似・殆足以混中庸未發之眞矣・嗚呼・禪佛之近似・已足以惑人・而況重以象山之改頭換面・假儒書以彌縫佛學・爲說益精益巧乎・又況重以篁墩諸人・又顚倒早晚・假朱子以彌縫象山・爲謀益工益密乎・常觀程子闢佛氏曰・邪誕妖異之

說．塗生民之耳目．塗言蔀也．朱子排陸氏曰．分明被他塗其耳目．至今猶不覺悟．言益蔀也．孰意近年又爲道一編諸書所塗成三重蔀耶．建無似．究心十年．著成此辯．垂十萬言．其大要明正學．不使爲禪學之所亂．尊朱子．不使爲後人之所誣．撤豐蔀．不使塗後學之耳目而已．君子其尙虛心而熟察之哉．

皇明通紀序

臣建往爲皇明啓運錄．述我太祖高皇帝俊德成功．始終次第詳矣．宮端泰泉黃先生見之．諗之曰．昔漢中葉．有司馬遷史記．有班固漢書．有荀悅漢紀．宋中葉．有李燾長編．皆蒐載當時累朝政治之迹．以昭示天下．我朝自太祖開基．聖子神孫．重光繼體．垂二百禩矣．而未有紀者．子纂述是志．盍併圖之．以成昭代不刊之典也．建初辭焉．愧乏三長．何敢僭踰及此．然竊自念．素性有癖焉．有少壯時．癖好博覽多識．解組歸山林．每日繙閱我朝制書．暨邇來諸名公所選次諸書．凡數十餘種．積於胸中．久之不能自制．乃時時拈筆書之．取其有資於治可通鑑者．編而次之．參互攷訂．正其舛疑．又久之．不覺盈帙．雖乏三長．續貂荀李．汗顏班馬．不計也．夫自古國家．莫不有創業垂統焉．亦莫不有持盈守成焉．我朝洪武開國．四十餘年之事．無非所謂創業垂統焉．啓運一錄備矣．繼自永樂．下迄正德．凡八朝一百二十四年之事．無非所謂持盈守戒也．則今通紀具焉．紀成付梓．非敢自謂昭代成史．乃爲後之秉筆君子屬稿云爾．啓運錄舊已梓完．難于再編改刻．然二之又不是．故今併冠以通紀之名．而版刻姑仍舊．合前後共爲一書云．抑嘗因此閱歷世變．尤有感焉．祖宗時士馬精强．邊烽少警．而後來則胡騎往往深入無忌也．祖宗時風俗淳美．眞才輩出．邇來則漸澆漓也．祖宗時財用有餘．而邇來則變易廢弛比比也．推之天下．莫不皆然．是果世變成江河之趨而不可挽歟．抑人事之得失有以致之也．愚間因次錄閱事變．不能自已於懷．輒僭著評議．或采時賢確言．誠欲爲當世借前箸籌之．挽回祖宗之盛．所深願焉．而力莫之能與也．有志於世道者．尙相與商之．

皇明通紀凡例

一．此紀倣資治通鑑而作．凡羣書所載必有資於治者．方采錄之．細故煩文．無資於治者弗錄．

一．紀事多首舉其綱．後乃詳其事目聯書之．倣張光啓通鑑續編例也．不敢顯擬朱子也．

一．朱子修通鑑綱目．例有追言其始者．有遂言其終者．有因始卒而見者．有因拜罷而見者．今此紀亦然．

一．此紀敍載人物之賢否．言行之是非．一皆考據羣籍．直書垂鑑．不敢虛美隱惡以乖史筆．孔子曰．斯民也．三代之所以直道而行也．吾誰毀誰譽．覽者幸鑒．

一．羣書所載評論及諸家碑銘狀傳之類．或有抑揚過當．今皆參伍隱括．歸於公實．不敢苟從．

一．歷代通鑑及綱目．凡除拜．止書以某人爲某官．而不著其舊何官．似欠來歷．今此紀必書擢某官某爲某官．且稽述人物．必著其爲何郡邑人氏．似差明白．便於觀考．

此類視前史稍加詳密焉・

・韓子云・人不通古今・馬牛而襟裾・今學者博古有之・而通今殆鮮・以羣集棼蕪・考索惟艱也・今芟繁會要・統爲此紀・庶士君子通今之畧・工拙不暇計云・

建輯通紀將就梓・或儆曰・我朝國史實錄・皆緘之蘭臺石室・惟翰苑諸公僅僅見之・不傳於天下也・百餘年來・學士大夫無敢及此者・子草莽么麽・職非太史・冒爾欲爲而欲傳之・古有其倫耶・否則涉不韙・愚應曰・稽古有之矣・班固作漢書・未就而沒・和帝詔固女弟曹壽妻昭踵而成之・孫盛作晉春秋・直書其事・雖桓温之權不悚焉・宋知雙流縣李燾・初繼司馬光作宋百官表・編求正史實錄・旁采家集野史・起建隆・迄靖康・凡九十卷・翰林學士周麟之言於高宗皇帝・詔給筆札・錄付史館・既而燾復倣資治通鑑例・隱括前書・爲續通鑑長編・自上之於朝・三氏之作・皆當國家中葉・當時朝廷皆樂覩其成・未嘗以爲嫌也・區區通紀・殆三代之遺矩乎・且我朝國史實錄之不傳於天下也。非不欲傳也・以卷帙繁多・謄寫惟艱・欲傳而不易也・以禁閣嚴邃・外人罕至・欲傳而不能也・雖然・亦有傳之者矣・如大明會典・皇明政要・五倫書・開國功臣錄・殿國詞林記・雙槐歲抄・餘冬錄序・所載皆無非本朝之實錄也・如二朝聖諭錄・天順日錄・名臣言行錄・經濟錄・守溪長語・孤樹裒談之類・則又無非與國史實錄相表裏・而猶或足以補國史之所未備者也・是諸書固已播之天下・但以各爲義例・散出無統・令學者艱于考實・故今此紀・特倣通鑑長編之遺・自國初迄於正德・芟繁會要・萃次成編・於以敍述鋪張我祖宗列聖之峻德神功・訏謨懿法・以昭示天下來世・大意欲奕世聖子神孫・繩祖武・監成憲・振因循玩愒之弊・爲先甲後甲之圖・以保鴻業於億萬斯年之永・斯固國體愛君憂時察治君子之所欲聞・而何不韙之有・或曰・李燾長編嘗進之朝矣・子盍併步其武耶・曰・仕止殊也・燾之上於朝・以當仕也・愚家食久矣・身既隱焉・焉用文之・且年垂耳順・乃旦暮人耳・尙奚以爲・聊記其語・以驗觀者・

潘　梅　字元夫・順德人・嘉靖戊子舉人・卒業太學・官撫州通判・歷官至戶部郎中・

上吏部孫季泉少宰用人議

梅嘗讀書曰・知人則哲・惟帝其難・又曰・官不及私・昵惟其賢・爵罔及惡・德惟其能・今其權屬之於明公矣・梅待罪佐郡・辱明公雅教・明公行復用天下之士矣・詩曰・思皇多士・生此王國・王國克生・爲周之楨・嗟乎・賢才代不乏人・顧用之如何耳・昔鮑叔進管仲・子皮進子產・春秋之季・猶能進賢爲國・況今明盛之世・何任匪人而曠官哉・昔王制・命鄉論秀士・升之於司徒曰選士・司徒論選士之秀者・升之學曰俊士・升於司徒者・不征於鄉・升於學者・不征於司徒曰造士・大樂正論造士之秀者・以告于王・而升諸司馬曰進士・司馬辨論官材。論進士之賢者以告于王・而定其論・論定然後官之・任官而後爵之・位定然後祿之・故忠

良比肩而讒佞遠退·此道不行·而漢之四科·唐之詩賦·宋之文章·雖間或得人·而去古遠矣·

我朝取士·洪永間·天造草昧·士各以所長奮時·蓋有其人而無其格·宣正成宏之世·文教大興·士品廼定·諸服大僚備肺腑者·彬彬然多制科之選矣·而貿奇韞珍之夫·亦間緣他途以起·時蓋有其格而未嘗限其人·嘉靖以來·制科益重·其間長材異能·多束於資不得表見·蓋格愈嚴而人始病·今天下仕者·不過甲科鄉貢歲貢三途而已·天下之美職·則翰林吏部科道數職而已·而陞職者·歲貢不得與鄉貢齒·鄉貢不得與甲科齒·天下雖無通材·而無以格拘可乎·夫翰林重文學·吏部重衡鑑·科道重風裁·國家雖有定制·而請間一破格可乎·國初重歲貢·今則歲貢最下矣·鄉貢亦下矣·自今制舉者·必三途一體論列·而考劾者亦一體黜陟·歲貢鄉貢者·今絕無九卿大僚之望·視國初之公·不免有間矣·徵辟之典·湮廢已久·而取士以文·又非實際·口吻之學·獵取聲華·則安得不三途而均之·不然·下之人既厄於制科·往往應以不肖之心·恣肆而無檢·且曰·上固已限我矣·卽傴僂而趨·繩墨而行·無復之矣·故通籍未幾·輒挂吏議·安得賢才而用之乎·

抑有說焉·今天下惟有權力苞苴二者結歡而已·二者行則皂白不分·朴魯營職者·終成鬱抑下僚·無所表見·而天下何所勸懲·謂宜咨訪·以權力進者·以苞苴進者·則罪其人·並罪其所舉之人·不以豪强·不以彌縫貸·庶幾人心有興乎·齊威王世主也·烹譽言之阿·封積毀之卽墨·公道一明·齊國大治·獨不可倣而行之乎·明公忠烈之後·天下瞻仰·精明大公·梅雖不能補其萬一·或者芻蕘之采焉耳·

弭盜議上總制自湖吳公

國家雖太平無事·未可諱言兵·我太祖高皇帝以聖哲得天下·以文教綏太平·而復建司衞所·繡錯宇內·要害之地·置鎭戍焉·內外之寄·悉屬武臣·昇平既久·法令稍弛·紈袴之子·豢於醒醲甘脆之中·沉於絲管娥姣之習·明節鶩緩·智識鈍眊·挂武夫虛號而已·至仁宗皇帝·命文臣臨鉅·治文書·擬機密·參軍務·理邊餉·改都御史提督總副參遊·分符而理·聽命節制·今明公在上·兩廣吏民·聽受威令·稱乂安矣·至於寇盜·悉嚴律防守·不啻三令五申矣·而猶勞心焦思·爲兩廣銷未然之釁·樹無疆之福·請以本省所目擊者·爲明公陳之·

嶺以內·山海之冠·縱橫出沒·誠爲叵測·然山谷之險固多·而大藤峽瓊黎諸洞則尤爲甚·海島之險固多·而碣石柘林廣海則尤爲甚·山寇之爲巢穴·累數千百計而不可窮·緩則出·急則遁·撫之則陽聽招而陰爲寇掠·海寇負海以爲訌·東借日本之諸島悍夷以爲牙爪·西南則借交趾占城闍婆暹羅以爲逋藪·曾無有建一奇畫一策以釋國家之慮者·夫既不能先事而提防·又不能迎機而料敵·大丈夫當以身報主·揚旌萬里之外·以明中國之威·何至委靡若此·夫一二兇豎·弄兵潢池之上·搏之如咋鼠耳·至於瀰漫蝟毛·而起如敗絮之虱·按於東而出於西·屠戮老少·俘虜子女·巢據田宅·驅奪畜牧·芟夷農功·白骨滿山·赤地千里·此仁人之所憂也·廼各地方官以講武爲不急·以玩寇爲苟安·心非忠

義・志在富貴・其於百姓・不啻胡越也・惴惴然幸不劫庫攻城・自可計日而遷・故郊墟以外・委以啖賊而不顧・則安危之計・豈不以人材・嘗稽之往昔・斬將搴旗・先登陷陣・往往出於應募・起行伍間拜大將・仗鉞登壇・爵通侯而位東第者・先後相望・世胄無聞焉・今惟一參將戚繼光・芟除倭寇・平定閩越・眞封疆之臣也・使介胄之士・皆其權謀勇力・何至陷鋒鏑哉・竊謂方略有四・曰求豪傑以典兵・嚴刑罰以制命・假便宜以重權・愼勦撫以務本・

何謂求豪傑以典兵・禮曰・介胄則有不可犯之色・又曰・勇敢有力者・天下無事・則用之於禮義・有事則用之於戰勝・請決資格以求之・必忠義自許・勇畧素著・期垂名於竹帛者・然後委用・則肝腦塗地・其情必迫・兵食匱乏・其處必周・誓不與賊俱生・滅此而後朝食・禦無不堅・攻無不取・無不以一當十・以十當百・不然・闒茸之子・患失一夫・不敢言兵・不敢任事・不敢動衆・寡謀淺慮・愴惶失措・國家又何賴焉・

何謂嚴刑罰以制命・書曰・威克・厥愛允濟・愛克・厥威允罔功・又曰・用命賞于祖・不用命戮于社・令至嚴也・昔漢作沈命法・盜起不發覺・發覺而捕不滿品者死・今法不如漢・而人皆欺蔽・上下相匿・則寛之過也・甚至借彈劾以脫身・因遷調而膴仕・尙謂之法哉・請不獨敗績者誅・卽奔迫數步・躊躇却顧・玉石俱焚者・皆以法論・然後師旅用命・所向無前矣・

何謂假便宜以重權・昔龔遂一郡守耳・猶曰・治亂民如治亂繩・不可急也・願無拘臣以文法・得一切便宜從事・蓋用人而拘之・是縶騏驥之足而責以千里也・請重委任而去尺幅・使得展布馳驅・市租可以饗士卒・贖金可以充賞勸・先發而不爲專・少衄而不爲挫・所以解苛細而求功實也・不假之權・而制其命・雖有賁育・無能爲矣・

何謂愼勦撫以務本・招撫之說・古蓋有之・所以待脅從・滌舊染・而處服馴・非以媚渠魁而順鷙悍也・況乎勝之而撫・則權在我・不勝而撫・則權在賊・權在我・則部置散合・惟吾之聽・權在賊・則喜怒好惡・惟賊之從・惟吾之聽・則一撫永寧・惟賊之從・則朝撫夕叛・可不愼歟。當事者惟審虛實・量彼己・以制乎賊之命・則一撫以示恩・而寛嚴並濟矣・

要之四者・則選豪傑爲尤急・昔齊景公以穰苴爲將・苴請得公之寵臣莊賈以監軍・賈後時而至・苴曰・將受命之日・則忘其家・臨軍約束・則忘其親・枹鼓之急・則忘其身・今敵國深侵・邦内騷動・士卒暴露於境・君寢不安席・食不甘味・百姓之命皆垂於君・奈何後至・斬賈以徇・三軍之士・靡不震慄・晉師聞・罷兵・苴遂取所亡封内境以歸・今誠得豪傑而用・則嚴賞罰・假事權・誠心而行・相權而動・勦之足以示威・撫之足以爲德・何以尙軫當事之慮哉。

李德貞 吳川人・嘉靖戊子舉人・官天長知縣・

遂溪縣闢學路記

遂之學宮・自宋始建・舊址在縣之西郭三百步・地平而濕・宋乾道四年・遷近縣側・地又復狹・寶慶元年・再遷縣西

登俊坊．後遂因之．臨街面迫．市井環邇．數百年來無有能改作恢闢之者．歲嘉靖乙巳．憲副胡公視學．顧謂長博白君少博黃君曰．學校乃作人之地．門路逼塞若是．其何以樹聲表儀而使多士興乎．盍謀而闢之．二君乃咨議．請於當道．待御陳公實可其議．少參汪公．憲副劉公實贊其成焉．郡守林公躬臨經畫其地．於是鬻其前地之民居者而遷之．治之旬月而路成．橫計三丈有六．直計二十九丈有九．路之南．樹之以匾曰．聖域．路之兩旁．築墻高五尺許．舊街闢之使廣．泮池浚之使深．廟貌深嚴．聿然爲一時鉅觀云．

潘大賓 海陽人．嘉靖己丑進士．官禮科都給事中．

乞竄逐奸欺疏

近該科道等官薛宗鎧等．交章論劾吏部尙書汪鋐．罔上徇私．自陳伏蒙陛下勉留．鋐續自陳兼辨訐．奉聖旨．卿受銓衡重託．又方督理大工．宜照前旨．即出供職．人言不必深辨．欽此．臣惟鋐之奸邪．聖明在上．固已洞察之矣．猶拳拳慰諭．至再至三．不遂屛逐者．非爲鋐惜．暗扶大臣體貌．以全始終之義耳．鋐被論劾．該自陳．乃强辨．且自譽曰．至公無私．從前所未有也．何其大言無恥．臣請爲陛下言之．

往年大同之變．鋐爲元宰．廼遣其子盡歸貨實．空室以觀成敗．則鋐之敗德欺君．從前所未有也．如大學士張孚敬．召入則附．罷黜則背．再召而附之．孚敬惡其反覆．乃私携重寶假名蜜煎而進之．交爲腹心．約爲援扶．同惡以相濟．威勢震中外．鋐之樹權結黨．包藏禍心．從前所未有也．

今河南道御史曾翀等劾奏兵部尙書劉龍等不職．奉欽依．吏部從公看了來說．欽此．隨該吏部尙書汪鋐覆題．則一槩稱譽龍等．一槩非貶翀等．臣聞劉龍前爲南京吏部．考察不公．今爲本京兵部．枉法不職．翀等論之是矣．臣尤恨言有未盡．鋐何褒龍之至．何非翀之深乎．毋乃自爲己地．毋乃箝塞言路乎．鋐之變亂是非．從前所未有也．

考察鋐子納賄私宅．私帖假作公文投遞．乃如布政應良．參政張儉．知府胡效才輩．皆素厚望．惟無私賄．俱被罷黜．鋐之考查不公．從前所未有也．

十二年朝審重囚．公庭大言．馮恩奏請誅我．我今先殺馮恩．遂織成獄．鋐之殺害忠良．從前所未有也．

巡撫等官葉洪等．指摘奸佞．或降其秩．或去其官加罪．鋐之攬威却衆．從前所未有也．

吏科給事中魏良弼等．論鋐奸雄．刑部郎中賈名儒等．勘鋐贓咎．無一不陰爲鋐中傷．鋐之擊鋤善類．從前所未有也．

夫鋐之罪惡．淳龎之前．固未有也．降此而秦．而漢．而唐．而宋．亦未有之．何也．古今之語惡極者．不過曰李斯．趙高．董卓．朱温．賈似道．秦檜流耳．是數奸者．不過處亂世．遇昏主．故敢肆其奸欺僭竊．蠹其國以肥其家．害其人以利其己．而鋐則處承平之世．遇英睿之主．且敢肆其奸欺僭竊．蠹其國以肥其家．害其人以利其己．是自秦漢唐宋之所未有者．而今有之．不知陛下視鋐爲何等人．

留鋐爲何等事也・

臣觀陛下之所以拳拳留鋐至再至三者・想所眷鋐者既隆・所以望鋐者必不淺也・毋乃以在朝之臣・無一如鋐者乎・毋乃以封邦之臣・無一如鋐者乎・毋乃以四海之伏於草莽者・無一如鋐者乎・臣以爲未嘗求之・不可謂世無其人也・陛下誠能折節以求・則在朝之臣・豈無休休之足選者・而鋐則媢嫉者也・守邦之臣・豈無謇謇之足選者・而鋐則逢迎者也・草莽之臣・豈無藹藹之足選者・而鋐則患得患失者也・此銓衡之任・速宜擇賢良以代鋐也・伏望陛下諒臣之衷・擇臣之言・將鋐等竄逐・以爲人臣欺罔者戒・則百官可正・朝廷可清・四海可安・蠻夷可服・唐虞三代之治可舉也・如其不然・將鋐等益加親信・益加寵任・臣恐二世・桓・靈・昭・宣・度・昺・之見惑於李斯・趙高・董卓・賈似道・朱溫・秦檜等奸者・其鑒誠不遠也・可不懼哉・可不懼哉・

鍾　卿　字懋敬・東莞人・嘉靖己丑進士・知許州・擢南兵部員外郎・官至福建左布政使・隆慶初・起耆舊・復出・官至光祿寺卿・致仕・居官所至・以廉介稱・家居貧甚・同官潘季馴巡按至郡・檄府以運鹽官牒給之・卿投之火・諸子駭愕・卿曰・一邑之利・何可專之・火之爲汝曹門戶計也・其守己之介・老而彌篤如此・

平嶺東諸寇碑

炎嶠東惠潮三郡・向稱繁阜・自張璉伍端・蠢動梟呼・東南爲擾・徂征甫畢・餘燼復燃・今巨酋藍一清據馬全寨・賴元爵據螺溪・餘九丫樹・葫蘆輋・峒嶺・黃埔・高潭等地・犯狡相聯・動千萬計・數十年弗征・釀成至此・民不堪命久矣・穆宗南顧・簡命令司馬中丞殷公・提督兩廣軍務・位遇甚重・公祇若・夙夜集思・除器練兵・嚴整以俟・會粵之言官士民・相繼伏闕・以兵爲請・公喟然曰・患誠劇矣・寇盤據・地廣且衆・非盡芟夷之・無以絕亂寧民・誠芟夷之・彼知必併力死守・非計之得者・中惟藍賴二酋最雄・二酋破・餘易圖矣・合聲言止誅二酋・餘若弗問焉者・勝計已定・檄參政唐君九德・監海豐軍・參將沈君思學將之・參政陳君奎・監揭陽軍・參將李君誠立將之・副使蘇君愚・監長樂軍・遊擊王君瑞將之・參議顧君養謙・監歸善永安軍・前參將王君詔將之・居中策應・則副使吳君一介・總兵張君元勳也・誓曰・文武群公・帝命孔嚴・其務和衷・將事毋忽・步伐毋僵・良以功□・刈是積孽・以生粵人・從行有衆・憂悄在前・其食乃食・舍乃舍・整伍以行・余其敢寧居・亟余往□□・諸君遂以十二月二日進攻諸巢・宣猷制變・□□□□・公慮諸君乘勝或驕・餘孽或遺・非一勞永逸之意・乃二月移鎮惠城・重示奬督・務拔其根株方已・諸軍氣益憤懣・極阻爬梳・前後獲大酋六十餘・次酋六百餘・擒斬共一萬二千餘級・巢空穴盡・寸孽不遺・乃始振旅而旋・先奉發帑金八萬佐軍・至是藉降爲兵・搜匿爲糧・兵有餘餉・因錄以歸度支・械藍賴等諸巨酋以俟命・惠之旄倪・遮擁道周・讙呼稽顙・迎公而言・嶺東凜凜屢矣・不圖今日滌氛霾爲昭景・功烈甚著・請歲效尸祝・勒銘貞珉・以昭示無極・公固辭不許・於是諸大夫師儒・僉爾而進曰・激生於感・諸士民

之情・不可奪也・公昔征古田・古田久陷・一鼓殲之・奇矣・今東寇尤非古田之比・兵之以歲・餉師百萬・未易必克・公師才三月・費勒七萬・而狼巢虎穴・數百爲計・摧拉靡遺・磔酋六十餘・皆生擒無一脫者・所殺獲凡一萬二千・謂非神算天符・嶺海之民・宜有再生・何以致此・昔南海疆理・江漢播歌・歸美天子・義胡可已・乃頌曰・

於昭明聖・覆載穆清・曾是赤子・敢爲弄兵・璉乎端乎・塗地一轍・曾是群兇・不鑒愈烈・帝赫斯怒・玉節熊旂・簡命□□・□□東師・文武協心・五道齊發・電掣風馳・傾□□□・□□長慮・仍督戎行・窣窱以空・方舉曰旌・粵人讙呼・向罹毒苦・今師之來・若霆靈雨・動不踰時・人無後患・惟彼兇頑・禍實自鏟・昔糜嬰孩・餉以怒馬・今奚駢戮・尸橫馬下・昔逞淫毒・婦女是俘・今奚殄滅・弗保妻孥・民有土田・弗稅而取・奚食幾時・血膏阡畝・民有室廬・一炬靡存・汝巢險固・如鼠被燻・嗟哉我人・昔任漂徙・自今來歸・履此康泰・實爲司馬・緯武經文・鎭此南邦・拯溺救焚・功有百難・俱出談笑・惟此一隅・尙勞伐吊・今茲底定・四海攸同・司馬之來・伊誰之功・惟賢勿貳・惟斷乃成・惟聖惟明・臻此大慶・鼇瓚揚休・司馬是宜・文德萬年・自天申之・

戴銑 字子聲・東莞人・嘉靖己丑進士・官禮部主事・轉四川道監察御史・劾刑部尙書聶賢兵部尙書劉龍等六人・又劾尙書汪鋐黨庇奸邪・中傷言官・爲當道切忌・罷歸・年四十六卒・銑學於湛甘泉・臨卒神思不亂・曰・修身俟命・無慮可澄・其養之定如此・著有子聲家集十卷・阮志注未見・

裨治疏

臣聞天下有體・猶木之有幹・幹達而後枝葉隨之・今治體之當辨者・莫先於德刑寬猛之論・立天之道曰陰與陽・立人之政曰德與刑・天道無陽不生・無陰不成・然陽布於外・以主歲功・陰伏於下・時出佐陽・蓋陽爲春夏・生育長養・氤氳化醇・無非油然盎然・氣象斂・而秋冬摧頹剝落・薾然焦然耳矣・是故天地之所爲闔闢也・王者爲瑞於天・任德而不任刑・於是乎臨下以簡・御衆以寬・待臣工以禮節・養士大夫以廉恥・以天下之事・日入於詳・而求之畧・以天下之以經・不在於動・而養之以靜・以天下之功・不貫於速・而持之以久・怡神達曠・而操切不以爲切・推忱任理・而形迹不以爲嫌・包荒納垢・而細微不以爲罪・於公聽並觀・而求所謂生奸成亂之弊・於明目達聰・而求所謂垂旒塞纊之義・於制度文爲・而求所謂關睢麟趾之意・使恩澤下究・德化橫被・和氣薰蕩・溢爲太平・所謂不讓而治・禮之至也・無聲而和・樂之極也・昔漢文帝用賈誼之言・恭默臨民・治幾刑措・未幾而晁錯刑名之說售・遂成景帝之刻・尋至始元地節之間・振刷丰采・非不炫然觀美・然綜核太過・鑒別太清・提防太密・刑辟太峻・趙盍韓楊之死・猶不厭衆心・論者謂漢之盛・亦漢之衰也・昔人已試之成規史牒・垂訓之故譜・

我皇上一十四年以德化民之明效大驗．臣必復表而陳之．以爲長治保邦永永無斁之良圖．此臣之所謂辨治體也．

治天下者勢有輕重．有虛實．大抵實常重．而輕曰虛．夫理天下猶理身也．理身者有所謂元氣．有所謂神氣．有所謂穀氣．必穀氣充而後元氣育．元氣固而後神氣强．此虛實輕重之序也．財力．國家之穀氣也．紀綱法度．元氣也．德威武烈．神氣也．其相生相成．有非偶然者．昔唐自至德之後．方鎭不定．士卒逐偏裨．戮將帥．將帥拒朝廷．此元氣不守．而神氣隨之．論者未嘗不致憾於肅代君臣之不競．謂其不能以天下取河北．是則然矣．而不知其所以致此有由也．蓋自天寶之後．變故相仍．天下多事．舉國軍民不暇給者數十載．府庫空虛．倉廩匱竭．漕運不繼．彍騎漸弛．戰勝攻取之具不足．則隨時偏補之計不得不從．使當時國家閒暇．蕭墻無事．君子不勞心．小人不勞力．蕞爾小醜．舉國聽之．直几上肉耳．奚致怙終效尤．延蔓扇焰．終唐之世．莫可如何哉．是故居重馭輕．國之訓也．强幹弱枝．古之戒也．法度不可不修明．綱紀不可不振而理也．然國不富．兵不强．而欲恩威之不倒置．是猶枵腹而欲窮萬里之途也．財．國之本．食．兵之原．豐帑藏．廣儲蓄．寬力役．節浮費．王政之先務也．否則無事不虞．有事無備．小則從安撫招集之策．大則興召募掊斂之謀．招撫行．而桀驁得計．益稔邊鎭之禍．召募聚斂行．騷擾不窮．又重吾本根之慮．此古今有國之通患也．前事不忘．後事之師．我國家盛强．超軼古昔．李唐不足爲論．然邇者邊方重鎭．連年告叛．是豈可盡委之守臣之失策哉．其所以致此之由．與夫處之之術．皆不可不深長思也．此臣所謂治世之當審也．

天地有正氣．而人受之以生．惟士爲能善養而充之．以用之天下．爲忠．爲孝．爲貞．爲廉．爲慷慨大節．爲磊落光明．爲危言激論．爲犯顏敢諫．爲摘伏奸邪．爲觸攝强禦．蓋國家之精神命脉．盡在於是．古興明之世．必扶植而昌達之．俾勿壅勿壞．養之以寬閎博大．導之以延攬訪問．砥礪之以禮義廉恥爵賞名器．蓋重若屬所以重吾國也．故曰．臺諫重則朝廷尊．其有不然者．則目之爲朋黨．指之爲矯激．斥之爲好名．非之爲干進．蓋必有奸雄顓腹之柄．又畏人之擬其後也．是故假是術以眩惑人主之聽．以箝制忠義之口．以庶幾得以自恣其無道之爲．於是摧折頓挫．不遺餘力．而忠臣志士始無以結主知．行所學以自表見於天下後世矣．昔人謂榻前一磚地．係臣子對君父極言天下事處．必上不欺天．中不欺君．下不欺心．乃可免戾．夫竭其忠誠．猶恐得罪．而敢復有行私報怨．反理悖道．如奸權之所籍口哉．

我國家稽古建官．特隆臺諫．以彌縫衮闕．以封駁詞臣．以糾察諸曹．以彈壓百僚．以疏達天下利病休戚．以翊衞我皇明億千萬年無疆之緒．肆我皇上憲天法祖．任賢圖治．求言如渴．納善若流．愛惜人才．責成忠讜．甚善美矣．然而公卿大臣．乃多不能仰體聖衷．保全善類．凡臺諫郎署之官．稍有存心忠懇．立志遠大．不避權貴．有利社稷者．莫不肆其巧機．中以其禍．大者喪身覆家．次者削籍遠戍．幸而少容者．異時亦徐以浮躁不謹之名斥之．俾無所容其辯．又其上者．則假以陞遷轉擢．其實潛消默奪．使之引去・於是擇其罷軟不立氣宇・奄奄復無志節者・謂其謹厚・謂其安靜・則豢養之以馴致華階要職・以陰寓其取此抑彼之意・夫無所因而興者・豪傑之士・中材之性・惟視勸懲・人主以萬鈞之勢臨之・雖使之盡言・猶震慴不前・而況麗之法・孰肯易其貪位固寵全軀保妻子之念・以履鼎鑊之危・貪身後之名哉・於是爭爲循默・互相尸保・以雷同脂刓爲得計・以糾駁彈擊爲駭事・立仗之馬不鳴・朝陽之鳳稀世・國家建置臺諫之官・豈期陵夷廢壞至此哉・是皆臣等不職之過・而其機則亦有自也・

臣觀宋仁宗朝・御史唐介以風聞・劾宣徽使・語侵宰相文彥博・仁宗愈怒・而介奏愈厲・遂落職春州・尋以太重改英州・慮其不測・則復護之以中使・未幾・又以彥博之薦召用・君子曰・仁宗盛德之君也・彥博盛德之相也・我陛下仁聖・不數仁宗・而大臣休休有容・則多有愧於彥博・所以養成諛佞之風・末流之禍可畏也・臣愚・欲乞陛下大闢言路・加獎忠良・申敕臺諫之官・恪修職事・科道之官・其有謇諤敢言與夫一詞莫展者・各識之名・時有勸懲・而又陰驗大臣之取舍愛憎・以杜中傷之弊・陛下亦廓天地父母之量・寬雷霆斧鉞之誅・念其瀝肝入告之言・無非犬馬戀主之意・言之可采者・時加甄錄・其有未切時用・亦賜矜慈・存其禮貌・惜其身體髮膚・一切幽囚拷掠・曲爲寬免・使丰采激昂・臺端振肅・百工信度・庶績允熙・大臣無專僭之罪・小臣無偷惰之習・中國常安・夷狄畏懼・太平之治・豈曰小補・此臣所以言士氣之當養也・是三者・古今之常道・經史之格言・治天下者之指南藥石・而在今日尤所當急者・臣故次第昧死言之・

羅虞臣　字熙載・號華原・自稱原子・順德人・嘉靖己丑進士・補建昌推官・召爲刑部主事・改吏部提牢・時寬假張延齡・爲大猾劉東山所訐・杖斥爲民・卒年三十五・有羅司勳集八卷・今存・

案明史羅虞臣原子集八卷藝文志著錄・

獄中上皇帝書

臣昔爲提牢・因劉東山私脫桎梏・越監戲賭・笞之示戒・後調吏部主事・幾一年・東山近挾奏延齡・誣臣聽屬笞彼・臣常責治各監之奸禁者・誰爲屬耶・其奏延齡屬臣・止爲嗔其坐而不起・獄囚摧折延齡尙衆・人人嗔之・將不勝其屬矣・陛下不肯孰正法赦延齡・延齡不永・惟先皇帝寵幸・深思身中明法・自當伏刑都市・以章其罪・爲外家驕蹇橫恣之戒・當其時提牢官一切以法苦之・萬一防衛不謹・暴死獄中・陛下欲付有司正刀鋸而不可・臣等之罪・又安逃乎・況延齡禁在庫房・業非臣始・自臣提牢・其在庫房・已踰一年・獨以坐臣・豈不錯哉・又誣臣與死囚陳邦憲去刑具・請至提牢廳・高坐飲酒・身爲法官而引囚坐官署飲酒・賤名器・辱淸議甚矣・臣與邦憲雖同郡・平居未識・因其病瘧・白尙書聶賢免押數日耳・小人欺謾激怒・加誣及臣・以報前怨・遂令臣限身幽圄・榜格受辱・法官或不廉臣無驗之罪・竟按空文・不與蠲除・臣恐濤惡相煽・慢由京師・其爲虧損政體不小也・

議禮疏

謹奏・為遵明旨・陳鄙見・以正儀禮・以昭聖德事・近該禮部題・為欽奉聖諭事・奉聖旨・廟建大事・禮之至吉・今既卜吉・宜速奉造・但時非古比・或有以皇兄后喪為不可卽舉行者・爾禮部還行部院司寺翰林科道等官・作急議了來說・不許面從退言・各盡所謂・欽此・臣有以仰見陛下之心之明且虛也・夫有虛明之心者・然後可以語禮・可以事神・臣又有以仰見陛下之治之可以比唐虞三代之盛也・臣愚以為禮官之議・必能上奉明詔・而宣陛下虛明之德於天下也・然昨見邸報・禮官之議・與臣私心相刺謬・始自驚駭・臣妄以為禮官之負陛下多矣・原禮官之意・豈不以為祖尊也・后卑也・建廟重也・而叔嫂之無服・喪輕也・后卑於主・而祭重於喪・明不可以卑廢尊・輕奪重也・

臣竊以為莊肅皇后・母儀天下・名號繫於臣民已久・則尊孰有過於天下母乎・莊肅皇后雖今尚在大行・然自他日而言・將不為宗廟之主乎・陛下於莊肅・雖無服制・然自羣臣而言・將不為斬衰之服乎・禮・為天子之后服齊衰・齊衰者・三年之服也・何以服齊衰・有母道也・則天下之重事・孰有過於三年之喪者乎・莊肅母儀天下・幾三十年・而諸臣受祿食土於武宗之朝者・亦十六年・故諸臣之為斬衰・謂其有君臣之義也・謂其有受祿食土之恩也・義則為之服・恩則為之衰・故服也者・所以飾哀者也・今陛下將建九廟・而行告請之禮・其所執事于太廟・與所董役乎百工者・將非在朝之諸臣乎・在朝諸臣・其將有不以母視莊肅者乎・諸臣以母視莊肅・則新喪未久・哀泣未廢・而使之從宗廟之役・其將以喪服乎・以嘉服乎・凶服不可以入宗廟・以嘉服則非居三年之喪者所忍服也・傳曰・吉凶不同服・歌哭不同聲・臣見諸臣之心・必有赧然而媿・蹙然而不安者者矣・或者又以為營建主自陛下・無妨於舉・臣則曰・陛下以孝教天下者也・陛下之孝・百王之所同也・天下之所式也・後世之所觀也・何不教諸臣以成其孝・而遽為之奪其情・從宗廟之役・以使陛下之朝・有失禮之臣哉・陛下於莊肅・本無服制・禮曰・叔不撫嫂・嫂不撫叔・叔嫂之無服・蓋推而遠之也・然人之情・聞嫂之喪・則未嘗不戚・戚則未嘗不哀・故曰・子思之哭嫂也・為位弗服之者・制也・哀者情也・情不掩義・制不奪恩・陛下於莊肅之喪・既輟朝參矣・撤鐘鼓之鳴矣・又素服而奠矣・則陛下之情・必有慨然之色・愴然之容・表見於儀禮之中・非直循故事為美觀於臣下已也・今去告廟之日僅浹旬耳・臣以為陛下之心志未能卽和・感慨未能卽平・而遽行告請之禮・非所以專致精明而交於神明之義也・

昔者曾子問於孔子曰・天子嘗禘郊社五祀之祭・簠簋既陳・有后之喪・如之何・孔子曰・廢三年之喪・不祭其先・祝取羣主而藏諸祖廟・以待卒哭・所以象生者為凶事而聚也・明哀悲之情・人鬼同也・武王有營洛之志而未遂・周公輔成王・理天下以畢其志・而命召公相宅經營・卻在三年嗣位之後・喪服之外・則何者・以為服未廢・未宜以吉卜也・今皇后之喪・既為天下臣子三年之服・則告請之禮・未可卽行・建造之工・在所當緩・而禮官之議・顧欲舉吉禮於喪服未卒之內・無乃與周公孔子之指為相謬乎・況禮有經變・有

同異．故君子之於禮．據經而審變．合同而流異．是故可以已而已者．禮之常也．不可已而已者．禮之拘也．不可已而不已者．禮之變也．若顧命冕裳之被．伯禽金革之事．皆禮之變也．是不可以已而不已者也．今告請之禮．蓋自陛下之建廟始也．其告典非循舊之制．其日月非不易之期．使再卜日而行．又非後時之慢也．莊肅之喪．既以日易月．則所諱者．不過旬月間耳．而獨不可以改卜乎．與其用喪失禮以求吉．孰若去喪而得禮之爲吉也．是禮之可以已者也．禮官循衆附會．首爲不可緩之說以欺陛下．臣不知其所指矣．

若魯有事於太廟．公子遂卒．及繹．萬入去籥．夫有大夫之喪．而繹已去籥矣．君子猶以爲可以已繹也．可以已而不已．曰猶繹．譏之也．以大夫之喪．而猶廢宗廟之繹．而況於天子之后乎．禮官之議．臣不知其所指矣．夫志敬而節具者．謂之知禮．志哀而居約者．謂之知喪．今禮官忘皇后之喪而從吉禮．謂之知喪可乎．以哀戚之餘．而奉陛下以見太廟之主．謂之知禮可乎．舍哀與敬．而號其禮曰．可以傳天下．觀後世．可以彰陛下虛明之德也．臣則不知矣．臣愚．少不知學．淺見荒識．安敢自謂能與知禮之末．但由臣之說．則考之古而有據．揆諸心而得安．由禮官之說．則事無明徵．而道有强心矣．陛下倘以臣言爲可採擇萬一．收回成命．乃勅禮官待畢喪之後．再擇吉日．相度建工．則天下後世將以陛下之孝於宗廟．厚於莊肅．而優容於小臣也．如此一舉而三善具矣．臣欽誦陛下有各盡所謂之旨．而禮官不能悉心正詞．援引古典以當陛下之意．是以不避斧鉞．冒昧上陳．伏惟陛下嘉納．臣無任戰慄懇祈之至．

上霍相公書

虞臣不肖不肖．不能委曲時體．婞直成性．遂爾墮跡昭憲．名編獄錄．重貽父師痞寐之憂．虞臣誠死罪死罪．被繫以來．每見獄吏咆哮．心魂惕悸．羣與諸囚括髮交手足．闒械帶索坐．鱗蟣蝨．一月之內．僅能再櫛．再念自違杖履．音墨載疎．輒欲作書遺報．然薄命之災．幾成狼戾．氣體虛羸．不任執筆．又服醫家息慮存神收精還吐之言．誤爲過信．竟爾遲疑．乃今削骨．稍能倚凭而眠食．據褥尙類嬰兒．嗟乎嗟乎．今日之事．故未敢一二談也．

虞臣少藉矩範．稍知章句．徒以盜竊文史之間．非有杜偉廊廟之器．阮放淸簡之識．謬膺薦拔．得列淸曹．然長竊慕嵆生之爲人．自以剛腸疾惡．遇事直言．乃辭舉吏部．絕交山濤．斯固哲士之高趣．而雅人之遠圖者也．覩其遺書．昭若發矇．或咄恚時事．便學掛冠．但十口之隸．未去饑寒．所以俛首縮眉．求寄衣食．重慙君子之恩．竟離黨構之禍．命也如此．敢復云云．一自罷官之後．吏持逐禁．來相熬趣．送命僕夫．理奔策仗．孤劍出都門．望指河西．當此時．晨登征途．則受訶關吏．夕托馬首．則諱言逐客．自非識時知命．誰不吁嗟行路之難．隕涕狹斜之曲哉．然而非吾心所懼．仲尼素位之訓．莊生齊物之篇．作者雅志．似吾不少之也．乃若元英徂節．青陽協候．始掛長帆．出淸淵．度淮海．望金陵．伏謁我公都下．侍領言笑．然後遡長江．入彭蠡．訪匡廬．弔白鹿遺跡．遂循東林．上天池．求高皇帝所爲周顚碑讀焉．斯固行道之勞．而實積心之所希慕者也．

若夫歸而誅茅結屋．墳索置前．圖諜陳後．爾廼總括百家．馳騁千載．雖仲舒潭思下帷．嚴平不窺城市．自謂猶似過之．何則．誠以虛生不如營名．而羨古不如自立也．但竊有懷．惟恐聰明易衰．重負我公訓旨．點玷門牆．興言及此．夜不成寐．獄錄一首．附獻左右．諺曰．厚者不毀人以益名．知者不揚默以危身．每服斯言．良增赧愧．然斯獄之成．本自鈎織．亦我公世道之憂也．故首尾具論．疎鹵不文．何勝踈息．

上尚書毛東塘書

明公承休明之策．擁威靈之號．上應台階．下象山岳．爾廼開轅幕府．廣延南士．咸願委心戲下．顚倒衣裳．獨虞臣以削藉丹書．隸名獄錄．望緲轅門．無路操策．寤寐輾轉．流恨胸臆．豈圖明公收諸徒步之列．加以咳唾之恩．未屬窮冬．覩頒新歷．雖嗟老之悲．無裨賤士．懷惠之感．實愈小人．復幸虞臣得長明公之世．與在視聽之末．

邇者伏覩交州之役．瑣夫麽議．多謂峻嶒谿谷．鳥道盤鬱．三江爲防．險不可度．斬木爲械．堅不可入．巷路幽窈．林箐蓊蔚．伏象驅戰．而蒙豹之馬不能禦．瘴霧薰蒸．則防戍之卒不能守．勞逸歧形．主客懸制．狼兵難羈．漕轉多厄．而豈知國家隆盛之福．明公萬全之策．謀成几案．畫定帷幄．可以北畧諒山．南拔清華．東濱宜陽．西循興化．斬那河之險．決車里之堰．據雲口之阻．破鹹子之關．揚艘沱江．飲馬浪泊．其掃除蟻封．若駭鯨之裂細網．奔兕之觸魯縞也．然敵不難取．取而守之則難．功固易成．成而處之不易．昔仲宣有云．馭之有道．可以漸安．守之無法．不免再變．每誦斯言．喟爾長懷．夫南交輕剽．往牒所記．使鎮府無黔國之重．聚落非夷酋之統．則箇定之孽再萌．噢咻稍疎．繩束太驟．則黎利之禍復起．姑息貶削．仍議賓藩．則莫氏之篡猶存．殷鑒不遠．事符先歷．故賢者愼微而制變．旁士鏡幾以設防．明公誠能遠準春秋之義．近徵永宣之轍．詳內畧外．設酋立長．封欵附之徒以安其心．廣建置之典以小其力．則我公於斯役．業類補天．功均柱地．伏波捧轡．晉裴扶轂．此固元老經畧之餘蓄．亦纓緌縉紳之所矚望而歸心者也．虞臣過懷東郭之憂．敢竊負薪之議．因緣奏記．附布中悰．誠死罪死罪．

答夏子中書

人至．辱遠書．詞指慇懃．謬蒙嘉獎．竊計某奔走下吏．卒無一日之間．不能千里致問．愧汗流趾．顧抱咫尺之義．過爲足下所誦．然聞君子不責報而廢施．志士不矜能而伐德．故悲歡隨塲者衆人也．振難赴急．亦海內交遊之徹義耳．奚足多焉．曩僕在盱時．會足下奏．當已成閱獄狀．狀多鈎織．悲夫．寃哉寃哉．未始不推案流涕也．君子負議於下流．賢士繩行於不肖．今世之諐訾足下．昫者倡曰刻薄．妬者目曰賣重．怨者斥曰奸邪．貪者誣曰婪利．論列者曰飾虛名．薦引者曰植黨援．幽黜者曰排善類．鄉人不比者曰好詭異．進士外補者曰破選格．凡以過足下．此而已．雖然．足下何謂無過．比如風之生也．穴焉空積．豫未信於衆人．而徑直不虞其後．何謂足下無過．但念足下才負倜儻．行懷孤獨・靡能循旁保位・卑論儕俗・致身顯耀・獨扞當世之文網・乃予觀往古詞人才士・輒悲其動遭轗軻・仰天墮涕・況今親遘見之如東洲者耶・

僕素喜讀今世士夫文字・而得其人物・武功則康對山・北地則李空同・信陽則何大復・大江以西有足下・然武功北地・俱以誣坐廢・信陽雖不廢・終亦早死・名位不大顯・而足下乃抱不測之罪・眠戈萬里・磧沙塞草・蕭涼異俗・昔人所悲・諺曰・蛾眉貽妬・才美殃侵・今足下得無類是乎・無論北地・且評武功・當逆瑾之時・朝爲張綵・夕履要位・武功以十年・脩撰不得一調・可謂持正君子矣・徒累高名・汚迹同鄉・然終不詭於大雅保身之義・孔子居衞見南子・居魯見陽貨・赴佛肸之召・此何爲者・其道非可與拘儒曲士語也・故子雲留莽・梁公事周・箕子明夷・異世所符・曷磨而磷・曷涅而緇・然後之詆毁子雲・轉深謞舛・每訟斯冤・心孔發熱・嗟夫嗟夫・此固未易與俗人道也・

日者問足下於渭厓・渭厓曰・是在我在我・我其有待乎・姑徐徐・僕且善且難之曰・今夫猥者妬者怨者貪者・行其說而是非顚倒・公道不明矣・先生曰徐徐・他宰執亦曰徐徐・今宰執不愛時體・有如先生者乎・卽有如先生・則亦曰徐徐已耳・民負冤・則直之恐其不早也・乃士夫之冤・則顧曰徐徐爾・如此而煦者妬者怨者貪者之說・卒有能忌憚之者耶・既又退語人曰・冤哉東洲・若率有能白之者然・命也・夫達人不以夷險易操・非美殊志・足下試觀義命之說精矣・敢附以聞・亦欲足下之油然而雝雝・若無與然以待也・則命在我矣・念言有懷・侍坐無緣・北望塞塵・何勝慷慨・

復翁東涯書

與子信次・京國忽復參商・念言蒼梧・轉多勞緒・人至猥惠德音・故人天涯・倏若談面・來教敍陳邊郡之勞・且蒙勸僕以進賢退不肖之指・嘉命損辱・鄙曷能當・吾子振翰天衢・高視上京・塊爾維心・難可比量・已而出吏邊郵・式監蠻長・夫君子不易俗而治民・志士不異標而居險・吾子陋膠東之無奇・卑子康之憤積・是故荒瘴不足爲子惡・繩墨不足爲子拘・僕視子豈濤志於梧哉・顧僕媿無鄉里之行・又寡交遊之譽・曩者曹員詔辟・鄉賢翹俟・當此時・人人自謂清通之裴楷更生・簡約之阮放尚在・譬若爭餅羣兒・惟相競口・除書忽下・首被非任・夫徐生願辭道子之舉・叔夜求絕山濤之交・昔人雅志・良有以也・一入省署・懶受羈束・舊有惡悶心疾・遇囂輒發・卽鎮日之內・呻喚不止・每見揖坐委折・齷齪不能學・且令喉嚨中時抑抑也・良故厭之・夫善宦之巧・進慙司馬・高舉之旁・退謝長公・方欲咏招隱之詩・擬閑居之賦・然華耀中戰・俗累外纏・用方寸之情・喪不訾之德・而子責我以涇渭薦紳・抑揚庶品之道・無乃與僕初心謬乎・

且夫白骨疑象・魚目類珠・言似之能亂眞也・苟非賢哲・孰能參驗・若僕則非其比矣・且子又欲聞僕所交・嗟乎・未易言也・憶在沖[illegible]・靡知檢括・自謂高談可以娛心・綴言可以抗志・玩索可以抑情・單居可以流譽・遂爾閉門學鈍・破偶成奇・視入幕之賓則咄恚・望延賓之閣而屏跡・晚步世途・更嬰宦疹・追念生平・裁深痛抑・然性有所短・

心有所暗・終非可以弦革移也・屬邇以來・時體逼煎・志趣難改・出門無往・處室獨娛・固足下所深悲・而鄙人之用兢兢者也・聲求之叩・無以遺報・不敢懷隱・故畧述其梗槩・歲月不停・山原復隔・子非茂齒・我亦彫容・無緣把臂・願冀努力・

與關德甫道長書

不侍多年・思亦勞止・念昔兩同京國・高談燕會・無乏晨夕・豈悟世事緯繣・風藿飄轉・歧路云眇・殊積愴嘆・竊念鄙人動遭淪擯・枯槁當世・然慙非娥眉・何能秧妬・邇來卜築城東・雖繩樞湫隘・有同晏市・而門徑寂寞・頗類揚居・有園數畝・離披落格之藤・爛熳成叢之菊・對此偃息・饒供清賞・至於農務時閑・濁酒初齊・乃有田父相過・共談稼穀・酒情中酣・仰而賦詩・僕本粵人也・能爲粵歌・畀之蒼頭・以時諷詠・彈劍而和・其音欵欵・當此時・雖安仁閑居之賦・太冲招隱之咏・猶謂未足以比其幽懷也・然尙藉君子・抗論雲臺・揚聲紫微・太平之業・波及遺逸・即飢寒於堯舜之凶年・亦且甘心矣・偶發狂言・恃有惠子・

辯惑論

或問葬有風水之說・何如・曰・邪術惑世以愚民也・今縉紳之士尙崇信而不變・何也・其貪鄙固於求利之爲爾・博士呂才曰・葬者藏也・欲使人不見也・然復土事畢・長爲感慕之所・窀穸禮終・永作魂神之宅・朝市遷變・豈得先測於將來・泉石交侵・不可見知於地下・是以謀及龜筮・庶無後難・斯乃備於愼終之禮・曾無吉凶之義・暨于近代以來・乃有陰陽葬法・或選年月便利・或量墓穴遠近・筮者貪其貨賄・擅興利害・遂令葬書之術・百有餘家・各說吉凶・拘而多忌・夫天地備乾坤之理・剛柔詳消息之義・成於晝夜之道・感於男女之化・斯乃陰陽大經之說也・至喪葬吉凶・乃附此爲妖妄・傳曰・諸侯之葬五月・大夫經時・士則踰月・蓋其貴賤不同・禮亦異數・故先期而葬・謂之不懷・後期不葬・譏之殆禮・此則葬不擇年月可攷也・春秋書・丁巳葬定公・雨不克葬・戊午襄事・孔子善之・今檢葬書・以巳亥之日用葬最凶・謹按春秋之際・此日葬者凡一十餘人・此則葬不擇日可攷也・記曰・周大事用平旦・殷用日中・夏用昏時・鄭元曰・大事者喪葬也・斯但直取當時所尙耳・鄭子產葬簡公・于時司墓大夫室當葬路・壞其室・平明而棚・不壞・則日中而棚・子產不欲壞室・子大叔曰・若待日中・恐久勞諸侯來會葬者・國之大事・無過喪葬・乃不問時之早晚・惟論人事可否・此則葬不擇時可攷也・人之祿位隆熾・多緣厚德・貧賤夭絕・必有惡積・是知獲慶在人・邱壟無與・誕者不然・聞有富貴之人於此・則歸福塋塚・曰・某形某徵・聞有貧賤之人於此・則曰・此葬之罪・信如斯言・多才力足可以肆爲不善・及其死・求善地以能免子孫於禍可矣・古之葬者・同一兆域・靡拘壟脈・故趙氏之葬・並布九原・漢之山陵・散列諸處・上利下利蔑以爾不論・乃其子孫富貴・或與三代同風・或分六國而王五姓之義・大無稽古・吉凶之理・何從而生・且人臣名位進退無常・有初賤而

後貴・或始泰而終否・子文三已令尹・展禽三黜士師・可知卜筮一定・便不囘改・塚墓旣成・曾不革易・野俗無識・皆信葬書・巫者誑其吉凶・愚人因而僥倖・遂使擗踊之際・擇葬地而希官品・荼毒之秋・選葬時以窺財祿・或云辰日不宜哭泣・遂莞爾而受弔・或云同屬忌於臨壙・乃吉服不送其親・而聖人設敎範俗之本義亡矣・盛衰消長之變・唯聖智無能推移・故富貴可遇而不可求・蓋天命之秘・而神功不可測者也・諸氏百子未敢易此・而葬書獨曰・神功可奪・天命可改・世俗溺其言・將謂術能勝天・則凡人事是非得失之細・倒置伏制・以遂其私・鬼域人心・浸淫膠固・殆難言矣・善乎范史之言曰・吳雄葬母・喪事趣辦・不問時日・營人所不封・土人云・當族滅・而雄不顧・乃能致位司徒・慶延孫子・三世廷尉・爲法名家・而陳伯敬持身唯謹・行路聞凶・解駕留止・還觸歸忌・則寄宿鄉亭・終不免於坐法誅死・儒者稱爲格論・自有乘氣受蔭之說・遂以禍福本於枯骨・坯土奪權於造化・故舍人事・任鬼神・求福利而暴親喪・泥於分房・骨肉化爲寇讎・旣葬而遷徙・魂靈忍於搖動・蓋將啓天下以滅倫之禍・甚哉・邪說之毒人過於猛獸・夫君子之葬其親也・得其地・無重斷・無獨缺・無壙折・無汗濕砂礫之凶・以安體魄・猶生而得居室之美・以樂其志・斯其義之大者・乃欲緣之窺利・豈非惑乎・余悲宗人未葬・遠者望三世・近者或十餘年・此非其子孫貪鄙心勝・乃拘於陰陽忌諱之說哉・故採於此篇・謂其文辭頗有所譏刺也・幷論次其卒之年月・庶乎覽者有所感愴云爾・

小宗辯

夫重本始・聯族屬・敍親疎・別嫡庶・莫大乎宗法・傳曰・繼禰爲小宗・夫繼禰之爲小宗何也・小宗別子之庶子也・庶子不得禰父・故以長子繼己爲小宗也・是故繼禰之嫡・諸弟宗之・至二世之嫡・其父之諸弟曰叔・叔之子曰同堂兄弟・共宗之・三世之嫡・其再從之伯叔兄弟共宗之・四世之嫡・其三從之伯叔兄弟亦共宗之・舉三從・而同父同堂再從之伯叔兄弟可知也・是謂小宗・至於五世四從兄弟・視小宗之高祖爲高祖兄弟・無服也・故各祖其祖爲宗・其得各自爲宗可也・謂其爲高祖異也・宗之言尊也・尊無二・明無二嫡也・宗以五世爲限・服盡也・服者先王所用爲宗子聯屬族人之具也・服盡則親盡・親盡則廟毀・故曰・高祖遷于上・宗易於下・此之謂也・

然自漢儒論釋紛如・卒不可解・孔穎達曰・族人一身事四宗・並大宗爲五・考諸禮經・原無四宗之說・假令四宗爲之・宗法視子孫互有異同・族人以一身事之・將誰適從・此決知其不可能行也・四宗之說・起於班固・固之言曰・宗其爲高祖後者・爲高祖宗・宗其爲曾祖後者・爲曾祖宗・宗其爲祖後者・爲祖宗・宗其爲父後者・爲父宗・此固臆說也・夫大宗以始祖爲宗・小宗以高祖爲宗・宗至四世・族人雖各有曾祖及祖禰之親・然視之高祖・彼皆支子・支子不爲宗・得爲宗者・高祖所傳之嫡而已・是宗安有四乎・或曰・禮經所稱曰繼禰・曰繼高祖・何謂也・曰・據其初言・則爲繼禰・自其終言・則爲繼高・禰之傳嫡・下及元孫・推而上及

於禰・然後爲小宗者備矣・夫小宗以五世爲卒・五世內雖父子祖孫相承・然世止一嫡耳・序之以昭穆・別之以禮義・而後族人尊之爲宗・故曰・宗法有君道焉・如固之說・宗有四嫡・廟有三主・喪有二孤・士有三主・甚非古者・所以定名分防僭奪之義・或又曰・人之族類蕃庶・有高祖同而曾祖不同者・有曾祖同而祖不同者・有祖同而禰不同者・吾爲嫡・可以主吾曾祖之祠・不可以主曾祖叔之祠・可以主祖之祠・不可以主祖叔之祠・可以主禰之祠・不可以主諸叔之祠・謂其各有子孫也・則宗安得不分而爲四・曰・夫羣族之有宗子・猶裘之有領也・五世之族無二宗・猶裘之無二領也・故嫡子可以宗父・而支子之嫡不得爲其父宗・嫡孫可以宗祖・而支子之孫不得爲其祖宗・嫡之曾孫可以宗曾祖・而支子之曾孫不得爲其曾祖宗・何也・以義屈也・服屬未斬・則尊不可貳也・五服之外支之嫡・始得爲宗者・謂高祖已遷也・故尊其曾祖爲高祖・可以自宗・尊有所伸也・五世未竭・則高祖在上・曾祖以下皆子孫也・子孫享高廟之廟・統於尊也・祭同廟・享同時・羣族之兄弟同在也・宗之嫡・主高祖及其曾祖祖禰之獻・而兄弟各佐獻其祖禰於同堂之上・是故無奪嫡之嫌・而一廟同享・子孫曷常不各盡其孝思哉・曰・內則有云・夫婦皆齊而宗敬恪事・而後敢私祭・若子之說・庶子無私祭乎・曰・此小宗事大宗之禮也・小宗雖有嫡子・然要諸大宗則庶也・小宗雖奉四代之祭・然要諸大宗則私也・故祭先公而私後・先大宗後小宗・尊卑之義也・非庶子私之謂也・大傳曰・庶子不祭・明其宗也・斯先王所以重嫡庶之分・而謹偪僭之防者也・曰・然則老泉宗法非歟・曰・洵以高曾祖禰之嫡・分爲四項・是惑於四宗之說也・其言曰・繼高祖之嫡・祈死而無子・故其宗亡而虛存・繼曾祖者・曾祖之嫡宗善・宗善之嫡昭圖・繼祖者・祖之嫡序・序之嫡澹夫・洵之曾祖・祖・皆庶也・高祖之嫡祈・死而無子・則當以祈之弟福・福之子宗覔爲宗・以繼高祖・不應自爲其曾祖立宗・既爲曾祖立宗・則洵祖當宗宗善・洵父當宗昭圖・不應復舍曾祖之嫡・而又自爲其祖立宗・令人孰不欲尊祖而私禰・然充洵之說・是率天下亂嫡庶之分也・何者・大宗之嫡・通夫百世・故百世之小宗宗之・小宗之嫡・止夫五世・故五世之羣兄弟宗之・五世之內無二嫡・猶大宗也・故曰・大宗率小宗・小宗率羣族・族人之所事者・此二宗耳・不然・則先王之宗法也・猶官多而令煩也・欲求其致理也得乎・

送祭酒倫白山之南京序

倫公以論德擢南雍祭酒・命下・羅子沾沾耳喜曰・夫倫公眞祭酒哉・已而歎曰・余觀弘治正德中事・嗟乎・士習盛衰之繇・有以也・或問何也・羅子不答・他日則語人曰・自我明興・廣先生爲祭酒三人・三人皆普賢稱于世・若陳公璉者・文皇帝時・初以祭酒起廣中・然余生後・其詳靡可得記已・成化時・文莊丘公亦以祭酒事純皇帝・九歲・遷禮部侍郎・仍領監學之政・蓋任之若斯其專也・當此時・學士景嚮・聞人奮起・儒雅則蔡介夫・羅景鳴・慷慨則馬毅愍・林見素・醇謹則梁文康・蔣敬之・廉介則孫安陸・陶絳州・才畧則新都・太原・文質彬焉・其餘取位卿相者・不可勝選・訖于弘

治・才賢秉固・治格寬裕・海內稱晏然・是故庠序修而教化漸之效也・故今天下莫不誦功文莊云・

正德以後・權臣威劫・公卿鼠竄・士行卑卑無觀・功令廢矣・及今上卽位三歲・詔拜今尙書甘泉公爲祭酒・公卽以古學教天下・天下嚮風・學道寖興・然體局蛻變・渾厚日消・是或繁禮飾貌・亡實用・較之弘治時稍殊矣・語曰・平地注水・去燥就濕・均薪施火・去濕就燥・蓋言類也・斯非有以風之者哉・夫文莊學博而量或隘・故士尙斷截・拘繩墨・甘泉學正而或疑于迂・故士多文采・要之擇行均耳・斯其風也・可不愼歟・今天子崇化勵賢・銳志禮樂・思以興基太平・甚盛・乃公卿率具官抱虛器進・執以求當上意・而損廉集垢之士滿天下・縮朒比於長者・操切疑於刻人・或躂道而采名・或趣巧以離厄・日事請造・探問・拜除・參會・則指屈歲月・守□遷轉・且以天下爲貨弋之・文極而衰・故其變也・

於是天子制詔吏部・祭酒重職選・非天下有學行不可・其比諸撫臣・集公卿議・請奏・蓋慜道之鬱滯・而士習易僻也・今倫公爲天子所材・首被茲命・太息士俗・可不謂甚難甚難者耶・雖然・公學博似文莊・而無其隘・醇正似甘泉・而無其迂・將異日士有名世者出・軼美于成化諸賢矣・

贈宋通判歸高涼序

選舉之制尙矣・王者觀變以理法・察時而立政・進士學貢之設・要斂聚材賢・而待區彙其道・衡則得人・不衡則失人・論議博洽・君子莫之能廢也・語曰・尺材在山・下臨桐梓・尺材非長・桐梓非短・誠非虛言・然世儒多云・學貢之徒不足・吏事太過・夫中材之人・獎之則感慨而奮身・薄之則悔慚而蹈禍・用者或絕其資而堅其蹈禍之志・顧從譏曰・學貢無人・此言治而耳食者也・

迎旭宋子以貢起閩・拜官承德・倅高涼・然有材宋子者・咸曰・其聖主鄉貢用人之道也・明自初興・監胄之士・會蒸變而致青雲者甚衆・尊者位攝公卿・卑者名署臺諫・故師逵起于東阿・金純奮自臨淮・房安舉于汝南・郭璡擢于容城・侍郎宋性・都御史吳斌・以廉謹進少保・吳中尙書盧淵・以營幹顯・一時英能・承風爲烈・訖于宣德正統之間・志義則武定李濬・剛介則棲霞高翼・器度則潁川張春・風流雅伐・可媲名臣・故能媲美當時・而聲施後世也・斯其人豈借榮于進士之科哉・成化後・三原河州之屬・皆用甲科致顯・榮路旣廣・觖望覬裁・中外布列・轉相題拂・大底皆甲科之士・學貢遂庸見絀・由是功令廢而錄年之議起矣・至弘治正德之際・內無臺諫之署・外無府佐之選・於是甲科之士・自詡淸高・蒞職者爲身擇利・銓綜者爲人擇官・政繇賄成・位緣望顯・蓋亦物盈則虧・法昂終弊之著也・

今天子師古崇治・慜學貢不得其人・制詔吏部・蓋聞古者進人以賢・不問資格・今進士之科太隆・而學貢途未聞察廉署右職・甚非所以佐朕長教化厲烝庶之義也・其議有司不察廉者罰・尙書官議・謹按詔書仁義閎深・嘉與海內・崇鄉里之訓・甚盛・臣請下撫按官・舉屬郡國學貢・吏之賢比進士・得召內補・其有壅格明詔・當以不敬論・制曰可・自是學貢之士・相起而彈冠矣・制會行而宋子有高涼之擢・高涼

在廣之圖域爲邊郡・夫士約而庶・委用則患無時・時患無材・故善材者不選地而治・乘時者不擇官而顯・時視其所遭・材視其所厝・以宋子之才且良・當明盛之隆・應察廉之詔・余前所道師逵諸公・宋子而不爲則已・彼如不忍負其時・其將爲諸公之宦業孰禦・又烏論一高州哉・然余觀宋子之攝吾邑也・嚴扃鑰之防・均里甲之役・表貞婦之門・修學宮之廢・其政斑焉可述・又聞文學椽王子曰・宋固閩之世家也・其大父嘗侯藩于浙・有異政・又曰・宋子在諸生而行義修也・夫有名胄・可稱世家・如其言・宋子之爲諸公宦業・孰禦哉・宋子聞之曰・安得長者之言・非鄙人所能幾也・縣簿吳翰請書爲宋子歸高涼序・

送太守約齋張公述職序

今年辛卯當覲期・約齋張公守建昌・應制而行・其僚虞臣子・帥吏屬與國父老從卿士大夫後・祖道章山之野・言曰・

余昔在京時・會有詔起公・因問公爲人・其鄉多道公受性沖淡・不苟與庸俗人容・不干仕進・及余隸選・得補建昌官・遂去京師・踰齊魯之墟・過高唐・知公之嘗守高唐也・訪公高唐之政・民曰・公政廉平而不苛・南陟姑蘇・入嘉禾・道出桐鄉・公初試令桐鄉・復訪公桐鄉之政・民曰・公政簡易而不擾・既而度古杭・下嚴州・又知公之嘗守嚴也・又訪公嚴州之政・民語公政如前・及抵建昌・日眡公政・公省靡費・躬節儉・簡刑罰・止訟獄・公居盱三年・有治理效・顧茲行也・鄉士大夫相語曰・公好樂山水・吏事暇則登賞奇勝・盡日夕歸・吾二三子亦得從公遊・觀樂餘齒・吾何以去公・父老語曰・公德惠民在節儉・公去誰其似之・余聞進而言曰・二三子之言・若有不釋然於公去・然不釋然於公去・孰有重於余者乎・余性疎慵多闕失・賴與公處數月・辱公教不棄余而規正也・公去後孰與教我規正我・則不釋然於公去者・孰有重於余乎・然公今日之行・君事也・余不敢爲私留・乃執盞祝曰・

前年主上屢惻郡守之職・無稱任意・下重守臣之令・公爲司境・民有迫於窮困苦疾而隱莫疏通者乎・有戶口增而滋殖其生者乎・有之・入報天子・吏有暴賦淫刑而不恤其民者乎・有政蠲削煩苛廉平者乎・有之・入報天子・又祝曰・願公遄歸・慰我二三子之思・

壽梁伯充序

同縣人梁伯充者・年六十五矣・先是伯充六十之紀・其壻紹廣氏・余族叔也・繪圖爲伯充壽・或曰・細哉子之壽梁公也・夫壽也・奚而不文・子有宗人者・上稽天符・下識物理・中察往事・古人善敗興衰之際・內若螢星・口若懸河・梁公之壽也・必能爲子文・子盍徵之・紹廣曰諾・於是述其舅姓氏行畧・沐浴再拜・求通於族子司勳・司勳曰・夫伯充何如人・紹廣曰・余舅氏者・固幽僻之產・而任悃樸飾行之夫也・少爲儒者學・亡何棄去・乃畜僮・手指百商・行蒼梧諸郡・他商人寠縷重錢・心計極毫釐・舅氏長者無刻削・然歲占所進貲・卒贏百餘金・他商人富則蓄媵婢・鳴箏竽・策肥烹鮮・玩奇服絟・乃舅氏又獨折節儉約・以詩書禮教・令

其子孫斷斷然．鄉人見而咸舅氏敬也．事輒取平焉．司勳聞之大驚曰．有是哉．夫商治生之術也．伯充其善商哉．然而能壽之道也．夫賤商者以刻削取贏．羨刻削則心易殘．心殘則神耗．神耗則昏眊而形不和．乃生疾疢．故不務仁義．相高以機利者．非衞欲喜生之本也．今伯充無刻削損心之行．而能財積心安．故曰．善商是能壽之道也．抑吾聞之．壽品有三．以形壽者．乃其人筋骨堅礥．貌履矯健．以神壽者．宰思損慮．凝精保眞．以德壽者．力道式族．詒穀翼後．故形罷者蹶．神役者竭．德淳者壽之反也．吾以伯充之行觀之．其務蓄神與務植德．與伯充之壽．何論中形．紹廣曰善．請持斯言．往觴其家．而致篚帛爲司勳子壽．

家子政公傳

子政公者．鄉試錄名獻．字德宗．顯翥公長子也．公貌寢而多慷慨．又好服裎衣．出則整齊．行人望見之．皆謂諸生行無已若．雖諸生亦服．以爲弗及也．是時吾宗無易學．易學自公始．嘗著易論一篇．於陰陽之義．多所發明．公又不惑於生死忌諱之說．里人有病疫死者．公往治其喪．或曰．疫易染人也．公曰．不．生死有命．吉凶由人．其妻兄陳繕部者．爲人有口辯．數欲奪公說．公乃著論以解惑．其畧曰．夫人以陽化氣．以陰成形．故陽氣者．天地之道．而萬物之紀綱也．人惟喜怒傷氣．寒暑傷形．形氣既傷．虛邪易中．而疾疢所由生矣．故曰．陽病則熱．陰病則寒．古之至人．所以奉生而周性命者．亦惟使陰陽之無相摶焉耳已．是故濡筋骨．利關節者．莫大乎經脈．充皮膚．肥腠理者．莫大乎衞氣．適寒温．和喜怒者．莫大乎志意．化水穀．行津液者．莫大乎六府．藏精神．斂魂魄者．莫大乎五臟．人能通其經脈．平其衞氣．比其志意．固其六府．安其五臟．以和陰陽．使吾之形體不敝．精神不越．雖有百病之邪氣．弗襲之矣．又何畏疫之染人乎．今夫日月之蹉無常．而百年之生難致也．乃若縱耳目之欲．恣淹湛之樂．觸犯禁忌．戕賊眞靈．故府種起自支體．大命傾于衽席．雖坐不垂堂．處不離戶．治以扁鵲．祓以巫咸．猶不能旦暮保生也．昔人有言．洞房淸宮．名曰寒熱之媒．皓齒蛾眉．名曰伐性之斧．甘脆肥膿．名曰腐腸之藥．由此觀之．利欲之毒人．何異于疫哉．人知畏疫．而利欲之爲害．則不知畏也．是亦惑之甚矣．世多服其論．

及敬皇帝八年．公以易舉於鄉．明年會試．不第歸．又故病痍瘡．遂不果再試．然公雖在病．未嘗廢學．且有大志．嘗自許曰．士而不與曲江同廟祀者．非夫也．及謁文獻祠．爲詩弔之曰．文字垂青史．瞻容起後思．一生金鑑錄．千載曲江祠．風度曾聞昔．衣冠今若茲．迂愚初入仕．忠藎定公期．自是人咸目之爲狂．又嘗授易于同郡黃生綉．綉以易顯．後數歲病．竟齎志卒．所著詩文百篇．其易論一篇．世多傳有．故弗載．

虞臣曰．山谷有云．明於天地之性．不可惑以神怪．如萬物之情．不可罔以非類．誠哉斯言．余故觀公曠視死亡．不問忌諱．所謂達人．其近之矣．議者咸有庾袞之識云．又聞公在諸生．爲憲學吏所奇．與更名曰獻．用期之．向使天假以年．其所表見．豈貣名哉．豈貣名哉．乃蚤世．志士憐之。

張溪山傳

張翁彩雲者。番禺人也。字伯起。所居里間山水之濱。於是自稱溪山子。翁爲人雍頌有禮。好論說。輒持古先。乃里中於是更稱翁爲張先云。初。張先少頴。嘗受易。即能通易。又能善著。歷學。及博涉乙丙部諸傳記言。弘治中。天下晏平。海內縉紳先生方鄉古學。是時文士蓋斌然矣。即豐林長谷之夫。亦思奮薄自見。張先乃益修文詞學。顧獨于科舉業。不喜習也。人或才張先。說之仕。張先拂然怒曰。嗟乎。而何以仕卑我。自吾先君子。世累隱德。吾去其故。不忍也。且今之所謂貴顯。人生而炫耀鄉閭。其歿而淹滅無聞焉。由此觀之。士之能有自植。豈必仕哉。乃又結廬隱螺山中。而張先故又善詩。詩體多效陳白沙。白沙亦同郡人也。有超逸才。以故張先詩力摹之。然往往亦能入格。有出其爲詩謾人。曰白沙稿。雖善詩人亦弗能辨也。張先所居。其里中諸子弟。多豪酒。擊肥鮮。服紸縠。相奔奢侈。而張先故饒益。所服食獨榻布惡食。然豐爲賓客。會酒酣。用哨爲壽。顧所負勝輒大笑。已自引觴屬客。人召之飲。陳歌戲兒。因佯起更衣去。竟不肯留也。以故頗不爲諸弟子所喜。張先每樂閑居少出。出則嚴冠衣。整步趣。而諸弟子或擊鞠博陸雜劇以自好。望見張先。曰。張先來。匿之。張先至。則又面數諸弟子。侃侃無忌避。諸弟子愧服謝。乃止。人或過其直。張先曰。吾不欲令諸君爲縱行人也。久之。諸弟子亦服張先賢。爭敬事之。乃稍稍自軥錄矣。其儉直亦天性。而郡人鍾御史者。雅善張先。每語人曰。篤行如張先。俗無患偸矣。時以鍾爲知人云。

毅武帝之末年。邑寇大起。所過諸里。剽掠殺人。汚劉婦女。居舍燼。民甚苦之。一日。諸寇艤舟張先居所。張先恐。召語其二女曰。賊來急逃則不能。出鬭則必死。不鬭亦死。我死若無生爲也。且莫夜卽逃。去安之。乃提薪圍其二女。議賊至火之。已又傷曰。吾年四十而未舉子。乃令先君之嗣今絕于予矣。不孝死罪。不孝死罪。語泣數行下。居頃之。賊過。有呼曰。張老多攢財而吝。衆止曰。長者。愼無害之。竟去。乃里中人走相告曰。有天有天。無虧畜善人也。自後里人有爲不善。指相戒曰。獨不可學東頭張先耶。其次女夫羅生某。初。羅生舉進士。張先挈其女來京師。乃東走吳越魯齊間。見諸貴人輒長揖。抗禮或讓不遜。張先曰。渠自貴耳。而諸貴人。亦多偉張先邈言。加敬重之。及抵京師。出笥中北行稿。命羅生編之。又與羅生論析古今。卒鑿鑿得事實。而坐竟日談。邸舍人有邀之遊皇城。觀都會之美。張先謝曰。帝王之居。嶢闕錦宮。青瑣丹墄。吾知其辨華鍔列。條衢市隧之制。吾知其闤闠相屬。旂亭星布。公侯戚里。貴人第宅。吾知其連甍綺構。裏冠縫衣之儒。吾知其揚鞭接軫。交錯道術。商賈販殖之富。聯榻隱展。吾知比埒濁質。都人士女與夫游俠之雄。吾知其威艷豪霍。吾布衣也。彼紛華泰麗之遊。吾厭焉。竟不行。欵留數日。顧謂羅生曰。久客令先君嗣事荒。伏臘遂歸。歸後六歲。張先卒。又二歲。而羅生作斯傳。

論曰。予嘗敍張翁集。及爲誌墓一首。譜其懿行。言頗詳・故弗論・論其軼事・翁不謂質行人道人哉・至其遊京・余從父與之同載云・蓋語余曰・張翁行不流視・坐不俚談・人有言娼妓事・輒恚面斥之・或舟泊故歌舞地・又令梢人徙舟避也・此與囘車朝歌之義何異・非克己守禮之君子・孰能及此・

家顯韶公傳附子永福公

顯韶字九成・公爲人簡默而足智畧・與人立然諾・專用義趨人之緩急・則利無足溷也・當正統己巳時・鄉有黃蕭養之變・公辟兵端州・明年賊伏誅・侍郎揭稽適以節鉞來鎮吾廣・公乃入廣・與鄉人十數人詣軍門・獻書侍郎・其略曰・

韶聞失大小之權者・不可與言智・昧遠近之利者・不可與言謀・故善智者圖見於大・善謀者定計于遠・見大故能察微而知著・計遠故能因亂以成功・韶伏見邇者黃賊之變・起自亡命・擅帝號・攻城邑・潰走王師・禍可謂烈矣・當此時・黃賊梟呼・而數境之民・風靡應援・譬諸禽獸・一個貭矢・百群列俱犇・非其習有懁悍之積・性有樂死惡生之逆也・然而貭不義之名・以犯誅僇者・何也・今夫素之質白・染之涅則黑・失其體也・金之性沉・托之于舟上則浮・勢有所支也・民之從亂・猶素之染涅也・得所恃則治・猶金之托舟也・然近年諸司・諱言實禍・治慕空名・撫字無恩・防禦不肅・以逞欲迂求者・兆爭攘之端也・姑息牧寇者・豐禍亂之道也・任情骫法者・賈苛刻之怨也・是以上無固結之仁・下懷離潰之志・外無城郭之備・內怵脅逼之勢・漢人有言・穿窬不禁・乃致强盜・强盜不斷・乃爲攻盜・蓋成於漸也・此韶所謂著微之機・而治亂之候也・然欲樹長畫而伐禍本・則莫若置縣・昔周王建洛邑・本殷頑而思治・齊桓城楚邱・緣衞難以爲功・故政惠而不費・民勞而不怨・何則・以其圖見于大・而能定計于遠也・今大良・其地遠於南海・然西有排榜之峙・東有迎暉之環・前擁華蓋・後鎮拱北・山原如翼・河流若帶・此澤國之形勢也・因其地而置縣・域以封疆・防以城池・治以官師・聯以戶口・齊以科敎・如此・雖復有黃賊之變・無爲矣・其樹長畫伐禍本之道・計無易此・乃議者或曰・兵荒之費無所出・殘傷之民不可役・是習瑣瑣之細・非可與論於大道也・夫扁鵲治病・以刀刺骨・雖有小痛・而長利在身・君子鎮亂・用民爲役・雖貭時怨・而久福在國・故甚病之體・以忍痛爲利・暫勞之民・以永逸爲福・故曰・前事者後之鑒・惜小者大之費・惟執事者圖之・

於是侍郎嘉納・竟奏行・今八十年・民無兵擾・蓋用公言云・景泰初・有司竟治賊之餘黨・鄉民陳琛等坐誣・將就戮・公曰・夫除盜本以安民・乃用誣以枉誅戮・何哉・詣有司力爭・得釋・公之妻家沒於賊・鄉豪爭藉其產・欲分予公・公曰・乘之衰而利取・吾不爲也・竟不受・周知縣亶治縣・稱廉平・卒于官・貧不能歸・公走哭曰・令有大功德我民・乃稅令十金・由是鄉人以公故・亦各持金爭爲令稅・公之好義・蓋天性也・公常號東澗・人遂稱爲東澗義士・縣大夫過式其閭・或比之龐公焉・及卒・唐璧爲東澗賦弔之・亦郡中高士也・東澗有子曰子房・仕止永福知縣・

虞臣作永福公傳而瞿然三嘆曰・余聞之・優生曰・貪吏

而不可爲·當時有汚名·而可爲·子孫以家成·廉吏而可爲·當時有淸名·而不可爲·子孫貧窮被褐而賣薪·故貪吏苦富·廉吏苦貧·今夫爲廉吏·非止子孫被褐賣薪而已也·雖其廉亦足悲焉·達士有言·何知廉潔·多則而光榮·何用禮義·呢訾而仕宦·常謂詭于儒·論非笑之·乃今觀永福公之遇合·竟如何哉·按公行述曰·

公舉于鄉·蓋成化庚子云·明年試不第·遂遊太學·歸而會母譚安人年老·公曰·不敢以仕遺吾母·乃築臥愚亭·以侍安人爲樂·安人卒·公執喪禮甚是·時古岡陳檢討·江浦莊行人·皆名士也·之二人與公友善·咸爲賦臥愚亭·而尙書吳廷舉·亦廉倨人也·治縣時·聞公賢良·說爲國中令·數諮公·公引是非棘棘言不阿·而識者占公有剖大決難之才矣·縣積疑獄·因乞鞫不已·廷舉無以自決·曰安得宗傑言·可決也·人詣公所請言·公曰不可·奈何用己見奪邑大夫明邪·及廷舉以密部·公復棘棘言如故·人有理于官者·請獻百金爲公壽·公大咤曰·言時未知有子·乃今利而金自汚耶·及孝皇八年·公復入京謁選·吏部或曰·何不再試·公曰·仕不必制科·竟受選·得永福知縣·

永福故近邊地·著瘠苦耗·習猾而俗夷·且盜藪也·公至·則覈徵租·平猺役·招流亡·立城障·戒廵徼·實倉庾·乃葺廢墜·廋疾疫·禁巫禨·伐邪祟禮·興學誨徒·然治多本于內廉·初·大猾張月麒縱其子殺徐姓二子·亡不得·夕有二烏遶公所·徹夜號鳴·公怪之·從走卒行檄國中·廉得其狀·遂下令捕·月麒行間千金爲解·公連治月麒·而張氏子皆得棄市·是時監司咸廉重公·奏治行爲廣西第一·居亡何·遂乞致仕·父老聞公歸·走泣堂下·歸之日·無十金之囊·及卒·子鬻其祖所置產爲喪葬具·

君子曰·此可觀公矣·語曰·文官顯·不愛錢·武功成·不畏死·然予觀公之才·廉可以剸棼錯·顧不內地名邑之畀也·卽不內地名邑之畀也·而又用永福終焉·其功名不著見于春秋·倘所謂才且廉者·于今有不能用耶·人有常言·高樹靡陰·獨木不林·豈永福公之謂哉·今夫好通關節而任刑破律·朘民膏脂自肥·何異斬關禦人之大盜·乃易聲名·都身要耀·其奉職守繩墨·懷行曾史·獨陸沉于下位·不可算也·諺曰·苟有多財·可以役鬼·雖有廉名·不能充腹·顯者竊位·富者竊財·非虛言也·由此觀之·士務爲君子之行·不能致身淸雲而好語修潔者·亦足鄙焉·

虞臣曰·余異世人多有考先之美·其子孫不能揍揚稱述·至歿草莽而無聞·悲夫·今觀顯韶公·故閭巷匹士耳·士耳·及卒·士夫以下皆涕泣傷焉·所爲弔誄·行狀碑銘·皆當世知名士也·豈非其子之賢而傳之·所謂崇孝者歟·語曰·蒼蠅驥尾·其謂是乎·

竹所先生像讚有序

竹所先生者·縣之龍江里人也·初爲縣學諸生·從大司馬湛公受尙書·司馬公喜其誠篤·愛重之·一時同門士號爲高弟·已而久困諸生中·不顯名·乃求罷歸·其常言曰·萬物以適情爲得·至道以無欲自足·故懷道人之行者·保寂而破囂·履殆身之辱者·解命而徇名·何則·名利於我不可必得也·日月易蹉·百年難致·吾惡夫劻劻勷勷以喪元於不可

必得者・於是葺宇家林・灌園舊業・荆扉晝掩・蓬戶夜開・室暗秋華・徑惑春苔・先生止息其區・陳書綴卷・置酒絃琴・撫景而言曰・曠哉斯邱・昔李衡誇橘林於千樹・石崇侈靈菓於萬株・然皆非所以樂吾儉志也・乃種竹數本・春青冬綠・淩漢含霜・瀝滴可我淸簷樾・翦茸可以蔭房櫳・先生又於農隙時閑・濁酒初齊・則有田家野父・共論箱庾・高談稼穀・酒酣耳熱・仰而賦詩・當此時・稽園不足比逸・蔣徑亦爲讓幽・景彼逸韻・豈非忘山澤之憔稿・而譬朝市於桎梏者哉・某通家世好・拜瞻儼像・會先生以讚言見屬・竊抽丹管・用彰緗德・讚曰・

古有喆人・鶡冠羊裘・何如野服・敖睨林邱・夫也粲粲・酡顏渥丹・何如太璞・朗寶中完・元亮嗜酒・南陽潛經・樹彼蒼琅・碩人之廷・昔采魯芾・今求唐逸・會有鶵雛・啄其苞實・

家萬祿公傳 兄子世宏

萬祿公者・廵捕府君第六子・一名廷傑・公爲人喜俠・常養士數十人自隨遊廣・廣中豪傑爭交驩公・富人王媼知公非庸人也・予其女夫公・公遂贅王氏女居廣・元至正中・天下大亂・盜賊麻起・邑民苦之・相與謀推長公以捍鄉患・乃更公稱曰羅元帥・于是羅元帥名蓋郡中矣・公內隱用睚眦・身所殺頗衆・然好施與・有父風・歲貲中千金・卒予人・無奇贏・亦輒借軀爲人報讎・及見人物・初不自喜人爲功也・久之・更折節愛士・士有才名者・力務題拂・由是邑下子弟益慕公行・爭歸附之・而公遂聚子弟至數千餘矣・公有同里人・亦號吳元帥・好殺過公・其俠名雖出公下・然心常忌公也・高皇帝元年・征南大將軍廖永忠來討南越・公約吳率衆詣請軍門降・吳不肯・公說之曰・僕本與足下起里中・因民之請・遂自爲長・非敢有他志・而足下多孤人子・寡人妻・刖黥人頭足・人莫不蓄怨足下久矣・今廖將軍兵且至・皆爭欲剚刄足下腹中・足下能先挺身與僕歸將軍・如此而殘軀可完・不然・僕與足下之禍・猶恐速于流矢也・夫智者先機以保身・愚人昧時而傾禍・惟足下圖之・吳弗聽・一日・大置酒召公飲・伏甲欲擊公・公知其謀・乃遣死士十數人候門外・酒數行・公麾死士縛吳・殺之堂下・遂將其徒數百人・併其部下詣廣州・歸欵廖將軍・廖將軍嘉其忠・乃賜號忠順・故數鄉民皆晏然・無兵刄之遭・人皆謂忠順公功云・後數歲・公坐法・與其家安置揚州興化・竟死・

世宏公者・與高皇帝同時・亦喜俠・自南海以東・人多稱其義・洪武十六年・詔東莞伯何眞以西山右布政使歸廣・收集士豪・是歲江西永新諸寇・數通廣猺爲亂・帝命大將軍申國公鄧鎮往擊之・當此時・帝以廣民新定・多反側・又命眞與其子兵馬指揮貴・從大將軍收藉諸豪・于是世宏召諸豪謂曰・元民不道・天下崩解・今天子驅殘伐暴・志在我民・故賢者宜爲將帥・立功名・不能者宜以身備行伍・擊滅寇賊・如此・而與基太平之道也・諸豪皆應曰・諾・謹受令・及眞至・宏乃率千餘人・因都指揮花茂謁曰・聞將軍有事南土・某等請願出力死諸寇・以盡臣節・眞嘉其義・是時軍中之約曰・能集百人官百戶・能集千人官千戶・宏以約當官千戶・對曰・宏不願爲官・但願諸軍不遠徙・世世爲國家守衛

吾廣．于是眞許焉．多選其徒爲部校士．眞又他集諸郡豪．得九千六百有奇．還上其籍．而以宏所自歸義千餘人．置附近屯衛．其餘皆徙邊．奏可．故諸豪雖在籍中．然以宏故．得不徙．由是人莫不德之．及卒．遣其子弟所自遠方來送喪者蓋千乘．

虞臣曰．長老常言．當元天下大亂．眞人翔翱．惟是時．士之出行伍．委身歸義．皆能雲蒸會合．策名明廷．及余綜萬祿公之跡獨不然．方其以兵屬平章．覩其志念忠矣．竟以前法追坐．弟姪六人．亦連藉戍．士之遇不遇．豈非命哉．乃若宏之願求從君．此又與卜式首奮之義何異．余故並著之列傳焉．

中官傳

原子曰．中官之寵．其來尚矣．浮陽比伊霍之勳．費亭覩良平之畫．自桓靈之際烈矣．唐興．建五局之號．立令丞之職．降于天寶．衣朱紫者動以千數．世主皆昏弱．倚爲捍衛．故尚國以尚殳見顯．充振以援立致奮．及至凶愎參會．黨類殲滅．王室亦夷．跡其盛衰之原．亦國家安危之繫也．然古今之論中官．必曰善佞．曰貪賄．善佞貪賄．二者誠足以誤天下．而誤天下獨不在中官．何也．今善佞貪賄之巧．莫過于士夫．阿順苟容．結納左右．求親媚于主上．及至得意．乃挾主威以阻天下之士氣．誇主威以樹天下之朋黨．窮主欲以盡天下之財貨．蔽主聽以亂天下之是非．是病天下之原也．夫中官固刑餘之人．而掖庭房闥之職也．聲名無耀於門闥．肌膚靡傳于來體．而責以君子之行．非其任矣．何者．中官善佞貪賄．固昏主之所惑也．而明主之所易察也．是故不足誤天下．若士夫善佞貪賄之巧．或明主莫之能辨矣．是故誤天下多由于士夫．士夫實有誤天下之奸．而以其誤天下者歸咎中官．欲起而擊之．此禍亂所由成矣．昔張讓詰何進曰．今天下憒憒．非獨我曹罪也．卿言省內穢濁．公卿以下．清忠爲誰．悲夫．斯言可以愧士夫矣．

明興．高皇帝初定宦官之令．止給宮中之役．置監有十．尚膳．以掌供養．尚寶．掌符璽．尚衣．掌冕服．司設．掌車輦牀褥帳幔．內官．掌成造．婚禮．粧奩．幷諸內使貼黃．宮中器用．司禮．掌冠婚喪祭之禮儀制帛．及御前勘合．御馬．掌廐閑與諸國貢獻．典牧所屬．印綬．掌誥券．貼黃．選簿．驗符．直殿．掌灑掃．神宮．掌守奉園陵．其官級次．有太監．少監．監丞之等．長隨．奉御之號．至鐘鼓．惜薪．兵仗．織染．承運．司鑰諸司局庫之屬．皆用宦者爲之．各令食職于內．無得干政．待之極嚴．始未嘗不憂其漸起．而思壓絕其原也．

逮自文皇永樂以後．增至二十四監．是時詔以李恭等守備邊鎮．然止北路一二要害之地耳．恩寵之任．肇自章皇．中官始盛．內而帷幄論事．外則鎮守諸藩．故使廣以採珠．奉命守邊．以監督見委．司織造于吳杭．通貨物于洋海．買善馬于西北．啣命四出．絡繹道路．斯亦隄塹潰壞之漸矣．然而倖路未啓．大臣尚知據法．劉永成宦者也．有軍功而沒．天子議欲追封伯爵．內閣力爭曰．祖宗成憲具在．誰敢違之．事竟寢不行．然蟒衣玉帶之加．褒亦少濫．迄于毅皇正德之間．爵及家人．勑由內降．賞封之制．可謂不撿矣．

豈非其初略于澄本塞違鑒微識著之義哉・惜乎・故自己巳之變・廷臣議欲遣使迎復・與安面折群臣曰・爾輩故欲答使・且來言孰可行者・孰爲文天祥富弼其人耶・衆莫能達・成化時・帝嘗決事于內・大學士彭華曰・請得如先朝故事・召見面議・遂托諸常侍奏聞・有頃・帝御文華殿・召華等見・華言・昨准御史奏・減京官俸之半・然文官尚可・武官不免鞅鞅・須陛下大發明詔・以慰人心・帝曰・卿即傳旨與該部・華等頓守呼萬歲而退・于是諸常侍笑曰・常言不召見・無一奇謀至論・止呼萬歲・因名華等爲萬歲閣老云・由此觀之・士夫之行・無以服其心・故群譏笑之・余按自宣德以來・表其得寵著惡・與士夫所釀成之者著于篇・蓋亦當世得失之林也・使後之君子得考焉・他無所與成敗則不著・

自文皇時・有孟繼・章皇時・有陳蕪・蕪・交趾人・帝爲太子時・蕪得幸・即位・賜蕪更王姓・名瑾・嘗從征武定累州・還受賞金帛寶楮彖巨萬・又以兩夫人賜瑾・官其養子陳林・亦從瑾姓・曰王椿・及景皇帝立・瑾常有疾・帝遣醫往治・復遣中官遺金帛飲饌・問安否・旁午道路不絕・瑾卒・又命官其奴與其從者一十二人・賜鈔五十萬緡・恩寵之篤莫與比・然瑾性愿謹・睿皇時・則王振・方振未貴・楊榮・楊溥・楊士奇同時秉政・然議懷私便・內互猜忌・遂迭請告展省・振乃乘間摭拾三楊之短・會僉事廖謨杖死・驛丞有司奏治・榮溥曰・謨罪當死・士奇曰・宜論謨因公律・士奇與謨同鄉・故解之・爭久不決・振間言于上曰・三楊皆私・坐死過重・因公過輕・宜對品降調・帝韙之・因信任振・從此奏白・多裁決于振矣・居亡何・振又發楊榮受宗室賄・請覆案之・榮竟憂憤死・振權日重・學士劉球上封事・請因天變削振權・振怒・遂用他事下球獄・殺之・自是公卿畏禍・重足一迹・皆爭附振以免死爲解・振又請征麓川・自將遠討・廣地荒夷・濫費爵賞・九溪苗獠・乘時不靖・中國多釁耗矣・至己巳之變・振死于土木・景帝時・有善增・增恃寵多驕恣・貴幸不及瑾振二人・而聲勢赫畏・頗比于振・是時公卿・皆因關說・增誕日・各奉上珍爲壽・盈門庭矣・純皇時・有汪直・黃賜・譚勤・直爲人便黠得幸・成化十一年・妖賊李子龍坐出入禁中・與宮人亂・伏誅・帝銳意欲知外事・乃任直刺吏西廠・會福建指揮楊畢殺人・事覺・走匿京師・賄大學士商輅等求解・直知其狀・奏捕畢・辭連引其親屬楊仕偉等十餘人・皆被逮下獄・後畢死・直又遣人盡沒入其家・得畢歲所納結諸當道簿・欲入奏・朝士夫聞者半嚙指矣・及直巡邊・又發都御史年俸贓巨萬・下俸獄・坐戍・由是都御史皆鎧甲戎裝・迎直百里外・伏謁・望塵埃過然後敢起・至入館・復易小帽曳撒・趨走唯諾・自治供張上酒食・故京師謠曰・都憲叩頭如搗蒜・侍郎扯腿似燒葱・言卑靡而猥屑也・而尚書尹旻・王越・都御史陳鉞・御史戴縉・王億・皆以倚附得據寵位・後直坐擅啓建州邊釁罷免・獨黃賜・譚勤兩人・皆著謹媚・然其權任不及直・孝皇時・李廣以方技進・貴幸日篤・勢傾中外・大臣多用賄賕・宏治十一年・建育秀亭于萬歲山・適成・會少公主患痘瘡・廣飲以符水・遽殤・宮中多歸咎廣・久之・清甯宮災・或曰亭之建・年月不利・皇太后怒曰・今日李廣・明日李廣・興工動土・致此災禍・廣懼・飲鴆自殺・帝聞廣死・意有奇秘方書・遣

人廣家索．首得其納賄簿．簿載某官送黃米幾百石．某官送白米幾百石．帝曰．廣所食幾何．乃受許多米耶．左右對曰．黃白．金銀也．帝怒．命沒入廣家．于是言官請出簿竟案．與諸名者急甚．昏夜走壽甯侯求救．不期會十三人．由是事得寢．

毅皇時．則有劉瑾．馬永成．谷大用．陸誾．初皆給事太子家．毅皇爲太子．與相愛．及卽位．益親幸．由是日導帝狗馬鷹兔舞唱角觝之好．宴遊無度．尚書韓文等伏闕固諍．諸閹懼．業欲自求南京安置．而大學士劉健．謝遷．持閣議．堅不肯．于是諸閹繞帝前號哭．叩首盡出血．帝爲愴然．瑾曰．左班官敢譁而無忌者．司禮監無人也．帝知瑾有便才．乃立召貴瑾．瑾用事．竟以微文中諸大臣．皆罷免．仍令輸邊粟贖罪．又更改先朝官制法令．悉事苛刻．權牟于人主．內閣取充位而已．先是孝皇朝．政尚寬裕．法網亦疏．故當時士夫日治詩賦．宴遊爲樂．安垢無圖．或通私賄．靡知檢括．及瑾以督責之令見繩．人人危慄．瑾又使使四方．索郡縣官賄．內自尚書郎．治榷諸御史．巡鹽．皆責入賄數千．不盈．輒抵罪下獄．遂自殺者數十人．海內人心鬱憤．共欲誅瑾．瑾後以謀叛事發覺．帝下廷臣議．奏曰．瑾矯托命令．專權賣法．變亂累朝成憲．利入私門．怨歸公府．而又藏蓄兵器．僞造寶印．懷入朝．謀爲不軌．瑾當大逆無道．制曰可．遂族瑾．馬永成．谷大用．陸誾．亦瑾黨也．然馬永成以征甯夏．谷大用．陸誾以征山東河南諸寇．俱用功能進賞．益加祿米四十餘石．兄弟家人皆得拜封伯爵．其傳奉爲錦衣衛官．一門數人．國朝恩澤之封．蓋自茲始焉．是時中官布滿天下．割削黎萌．劇盜緣間．動搖區夏．中官之禍．至正德極矣．

今天子詔定班爵之令．侍中侯封．悉見削黜．九年．詔罷天下鎭守諸邊守備監倉官．潛消國釁．用章中興之治．某謹按天順八年．詔令裁革．止江．浙．關．閩．臨青五地鎭守．其各邊正統前所置．卒如故．今百年未剗之弊．蘊夷殆盡．學士縉紳．莫不喟然興嘆太平之基也．功德施後世．至深長矣．初．上自楚藩習見毅皇．見中官之過．及卽帝位．御之極嚴．左右賞賜．悉從古制．有罪撻之至死．陳尸示戒．又禁天下幾省．不得進閹腐小豎．今給後省殿．視先朝僅十之一二爾．亦天子鑒昔思治之義也．乃若近歲．高忠．麥福之徒．以建造頗見寵任．然取過庸不篤．無足數也．其後五年．禮部請收京內部自腐者一萬餘人．第爲三等．上者給役宮中．次者留應各王府補缺．又其次者海戶．皆得歲食粟錢如令．然而非所以汰冗費杜僥倖之路也．天子重韙其議．詔可之．自此之後．則民多腐身薰子求進用矣．

百歲張氏傳

子鑑妻者．紫泥張友梅愛女也．張于紫泥里爲著姓．而鑑父紫庵公又嘗婚其宗人張稅福女．以故紫庵公與友梅謂郎舅而相愛．會鑒初喪婦．友梅遂許女于鑒．乃鄉人嘉兩家相愛．又世婚也．持果酒走兩家賀．自是張羅相爲好結．倍他姓矣．初鑒之前婦吳．避賊難．卒陷軍中．鑒聞言．輒涕泣數行下．張曰．君勿憂．當使吳不缺子而食也．是時有子婦矣．歲時伏臘忌日．張感其夫意．乃治酒食．張燈神．濯供盞・再拜堂下・祝之曰・姊我享・姊我享・祀罷而欷歔・顧語諸子婦曰・若先姑不幸無子・而及于難・因道夫前所告言・復又欷歔久之曰・老身後誰復有念吾姊耶・後數載・鑒卒・練・當作主・諸子請鑒主祔之廟・張曰・祔必配以吳・諸子曰・無子而母氏又在・何敢祔吳・張讓曰・謂吳不母汝耶・昔者先君子痛其不嗣・輒爲我泣・我寬之曰・勿憂・當使吳不缺子而食・今弗廟配・是傷而父志也・奈何又使我失言于先君・對案不食・于是諸子懼・跪請謝曰・兒子騃・不能承將大人奉先君孝子思・乃今得聞教矣・謹受令・遂以吳主祔于廟・張乃起嘗食・張爲婦・事鑑甚厚・終身不敢提刺・壽逾百而耳目狀無龍鍾・即所飲食・能堅張逾于中年婦・是時天子方成郊禮・詔賜天下民男女八十以上者肉帛有差・由是縣吏用張應詔・幷扁其堂曰百歲堂云・

虞臣曰・余往爲司勳時・見人言侯中丞母夏氏・年百歲・霍少宰曰・夏壽百齡・世所希有・是國家敦大博厚之氣・薰蒸衍溢・鍾爲上壽・乃言于上・以肉帛特賜其家・詔可・今張母年不減于夏氏・而德足將之・亦吾宗數百年來所未有者・故表而出之・

李氏傳

李氏女者・名鳳女・昌期仲之妻也・歸僅歲而期死・期少家貧・常與其弟刈田中薪爲衣食業・一日・弟忽墮水溺・期往救之・亦溺・由是俱死・李氏女聞・走泣江濱・哀聲慘慘不絕・有頃・二屍出浮・李氏女則又解簪珥・爲具棺帛斂之・月餘而李氏女遺腹舉子・因名命之名曰存・其母來視而謂曰・家涼獨・奈何用饑餓自苦・李氏女泣曰・吾夫死於弟・乃爲婦不能死于夫乎・雖然・不死將以引羅氏之嗣也・羅氏有子・豈憂終饑餓哉・且有姑在・去之不可言孝・子生・捨之不可言慈・夫死・倍之不可言婦・乃前謝其母曰・嗟・母知而女耶・吾誓不後羞・于是廣蓄鷄豚・又爲諸先後傭績紡・量粟而舂・拾薪而爨・即穰歲粒米盈溢・亦未嘗一日去糠覈飽也・居則比茅爲屋・弊席而開・僅着膝耳・然李氏女養姑撫幼・口無咨嗟・孀居三十五年・鄰黨諸婦鮮窺其面・故鄉人以蘇李並節云・今歲高涼宋通判來署縣事・始用予言表章之・

虞臣曰・往有所聞于聶豹氏也・（考異曰・聶豹江西永豐人・蘇州知府・）丈夫絕學・學在女子・天下無道・道在婦人・悲哉言乎・人謂太過・余評獨不然・李之貧也・羅之無嗣也・皆無足恃・而卒守其誓不渝・此豈有父兄指誨哉・乃至褒冠鳴佩之夫・翩翩求異于世・其日稱說仁義・所自負初不在婦女下・然竊觀其所以・不逮遠矣・

紀聞贈袁子溥

當毅武帝末年・水村陸公居冢宰・而吳人袁子溥給事陸公門下・是時溥無所顯名・公視之亦未嘗過庸篤也・初・公與嬖臣江彬有郄・方彬未貴・錢甯先用・佞倖進薦・引彬並侍中・後彬益親幸・與帝臥起・甯獨稍疏無寵也・以此數銜彬・兩人遂相傾・會宸濠反・彬劾甯衆反者・購知陸公故善甯・又乘間讒公曰・夫陸完昔主兵柄・受甯濠金・衞兵故易爲反・有詔徵公下吏・藉其家・公母在會逮中・溥適除椽

中尉・乃見陸公泣曰・溥義不宜使公以誣受戮・于是上謁掌詔獄者韓端而說之曰・昔劉賊倡亂・震危北郡・陸公崎馳千里・戮其鯨鯢・有社稷之功・比居冢宰・未聞海內以失德譏・一旦搆會青蠅・乃使抱痛圜門・含憤獄戶・誠非陽秋以功除罪之義也・然上將蒙恥・文臣受辱・所恨從古・何疑今日・但念今有老母・垂年八十・即公被誅・在律不過奴給・萬一暴死獄中・奈何・主君有殺人母之名・溥願以身請釋其母繫・以保殘喘・庶幾其無重陸公萬世之恨・如此則主君之行義高天下・而人人誦說主君無窮也・韓壯其言・乃許釋繫陸公之母華夫人・華夫人出二日・竟死・溥爲經治衣棺・下至飲含之物・賓客來弔者・溥主哭焉・既又代陸公獄中上書・言覆奏草具在・業無與護兵衛也・由是亦得減死謫戍・而江彬亦坐罪棄市・

原子曰・陸公之不及于難也・溥與有力焉・余往年會繫詔獄・有老守卒能道江彬錢甯諸人事甚詳・且曰・吾常守陸公者・乃從守卒問陸公遺事・守卒曰・當征劉六劉七時・陸公爲大將・江彬以遊擊見屬・會彬軍失道・當斬・彬美鬚鬢・陸公偉其狀貌・遂赦勿斬・卒之幾禍宗社・陸公且身不免焉・方其備離叢棘之下・言官閻閎者・疑獄中書有黨人代之上・請下令急捕代上獄中書者・陸公之困窘甚矣・當江彬時・權移主上・貴幸無極・運賞則使餓隸富于季孫・呼噏則令曾史化爲盜跖・陸公身陷大辟・夫人孰敢爲左右者・則溥之不爲利圖・曉矣・昔楊尹伶俜于臨賀・長孺致溺于然灰・余以溥事觀之・何陸公所際・乃有異于古人恒情之外耶・且溥尉吾邑・以幹敏聞・今陞爲鎮南州司錄・前尉何啻十百・卒以罪去・而得還實自溥始・是皆可書也・余重有感于陸公之事・以語好事者觀覽焉・

擬田叔燒梁王獄辭對

臣叔謹奉陛下詔・往案梁事・還至霸昌・廄失火・焚梁王之獄辭・臣叔死罪・景帝問曰・梁有事乎・臣叔對曰・梁王無恙・陛下無以梁事爲也・陛下仁孝・天下所聞・臣伏見太后故鍾愛於梁王・梁王來朝・陛下入與同輦・出同車・梁侍中郎謁者咸著引籍出入殿門・及侍燕飲・陛下時賜以嘉言・梁王以太后陛下故・而又王膏腴地・於是築東苑・作平台・大治宮室・爲複道三十餘里・又欲以天子旌旂誇諸侯・從千乘萬騎・馳驅國中・夫梁王之車旌・陛下所賜也・梁王行多驕蹇・亦陛下所故知也・梁王不自明察・寵任羣小・乃羊勝・公孫詭之徒・浮說相煽・危惑人心・盈惡自誅・不煩有司・陛下使使者案梁相望・索王之反具・竟無跡見・且陛下獨不念梁王吳楚之勞乎・七國反時・自關以東・合從西鄉・惟梁受擊棘壁・梁王輒念太后陛下・在中諸侯擾亂・乃捍兵東界・擊卻吳楚・以故兵不敢西・而卒破亡・臣又聞太后以陛下意梁・食不甘味・寢不安席・梁王素驕貴・萬一摧折不諱・重貽太后憂・陛下爲有殺弟之名・奈何・此憂在陛下矣・夫帝王之道・不以法勝恩・春秋之義・不以罪掩功・臣恐文吏窮本之言・無足據也・倘陛下引其言・則高帝之法不可赦・陛下體太后之心・則梁王之罪或可矜・臣願陛下無以梁事爲・臣不勝欵欵・於是景帝大善・叔對曰・急趨謁太后・

馮　彬　字用先・海康人・嘉靖己丑進士・知平陽上海二縣・徵爲監察御史・出按廣西・尋補松江知府・罷歸・著有桐岡集・阮志未著錄・

莊節婦傳

莊氏者・蓬藿女也・有麗容・嬪于金童氏吳・藉聚于邑之苻洲里・或曰・莊卽麻參里莊・未知是否・成化改元・廣右猺胡公威犯雷地・而苻洲去城二十里・殘尤甚・燕雀巢林・殍餓盈野・吳莫聊生・乃挈莊趁廣州・避難于廣・時持舟者曰劉銘梁狗・俱廣之新會人・見莊色而悅焉・吳因館銘家・銘厚遇之・意屬莊・竊挑莊・莊不動・銘與狗謀曰・婦水性・疑避者夫耳・曷屛諸・銘一日發怒・語吳曰・而就吾舍若幾何・而食吾給若幾何・而貿吾直若幾何・而懶慢守若妻・以玩若日・曷不代吾耕以酬吾貿乎・吳不獲已・耕于畝・銘卽趨莊・莊厲色以拒・銘窘甚・卽逼莊・莊持刅以之決・銘遁去・莊語夫曰・逃難依人而遇暴若是・將奈何・夫曰・姑忍之・徐計歸耳・銘復與狗謀曰・婦水性・猜忌者夫耳・曷謀之・二人乃約金童駕輕舠・乘月夜・出江浦以漁・卽撲殺金童于舟中・投屍于江・歸佯語莊曰・而夫漁・風急溺焉・莊乍信乍疑・抱女孩訊于江干・而哭之哀・銘復托里嫗寬慰以辭・莊漠若無聞・既而潮漲・有尸隨潮蕩及岸・莊訝曰・吾夫也・視之果然・而腦後斧痕・肋間棒跡・手足攣捲・藤束縛焉・慘不可言・莊慟曰・寃哉傷乎・吾以色而陷吾夫耶・吾孤煢・義莫克報・吾其生耶・卽解夫縛・覆以衣・歸遍投里中・疏理畢・抱女至夫所・先投女于江中・乃從容附夫尸而投諸流焉・無何・三尸隨潮進退・遶銘門・若有陰隸之者・里有李逢春者・憫其寃・糾財窆諸尸于石碑都之吳村・銘懼暴跡・暮竊尸而棄于海・邑有生員李槃白是事于邑大夫・轉達于部使者・部使者廉其實・置二兇于法而籍其家・且旌莊氏以烈云・時白沙陳公甫與丁尹積議建貞烈祠于新會之南門・以莊幷韓氏祠焉・當士夫咸輓有詩・雷始聞其事・爭傳之・好事者演爲戲以勸世・世始知雷有莊氏云・

嘉靖丙戌・雷守揚表建亭于阜民橋之南・立碑紀實・余哀之・爲作傳曰・女丈夫義烈茂著・自古有之・曹氏自劓以示貞・王凝之妻斷其臂以明不辱・皆史之表表然者・若莊氏之死・慷慨捐生・從容蹈義・幷女而死焉・其悲慘酷烈・聞之者莫不酸鼻・視夫自殘其軀者爲何如・白沙手書曰・韓莊二節婦・韓固相國休之孫女・莊雷庶民妻・貴賤雖殊・其死義一也・其心如青天白日・皎乎其不可尙・其辭如大冬嚴霜・凛乎其不可犯・是豈嘗學問哉・是豈嘗聞君子之道哉・無亦發其性之自然耳・是論也・稱與之至・而孚人心之公也歟・

王希文　字景純・東莞人・嘉靖己丑進士・授刑科給事中・時稅璫所至・暴斂不法・而粤市舶珠池尤甚・希文奏罷之・以忤輔臣夏言・改南垣・卒以鯁直爲權貴所忌・抗疏歸・家居卒・著有石屛疏草・阮志注存。

重邊防以蘇民命疏

臣竊惟天下之務・莫急於邊防・邊防之害・莫甚於海徼・天下之民・莫困於力役・而力役之竭・莫甚於東南・臣

謹以耳目所見聞者．披瀝言之．且如番舶一節．東南地控夷邦．而暹羅．占城．琉球．爪哇．浡泥五國貢獻．道經於東莞．我祖宗一統無外．萬邦來庭．不過因而羈縻之而已．非利其有也．故來有定期．舟有定數．比對符驗相同．乃爲伴送．附搭貨物．官給鈔買．其載在祖訓．謂自占城以下諸國來朝．貢時多帶行商．陰行詭詐．故阻之．自洪武八年阻至洪武十二年．方且得止．諄諄然垂戒也．

正德年間．佛朗機匿名混進．突至省城．擅違則例．不服抽分．烹食嬰兒．擄掠男婦．設柵自固．火銃橫行．犬羊之勢莫當．虎狼之心叵測．賴有前海道副使汪鋐．併力驅逐．肆我皇上臨御．威振絕域．邊境輯甯．凡俘獲敵酋．悉正極典．民間稽顙稱慶．以爲番舶之害可永絕．而疆圉之防可永固也．何不踰十年．而折俸有缺貨之歎矣．撫按上開復之章矣．雖下廷臣集議．不爲無見．然以祖宗數年難沮之敵．幸爾掃除．守臣百戰克成之功．一朝盡棄．不無可惜．若使果皆傾誠奉貢．則誰不開心懷柔．以布朝廷威德．設有如佛朗機者．冒進爲患．則將何以處之乎．其間守巡按視頻煩．官軍搜索．居民騷擾．耕樵俱廢．束手無爲．魚鹽不通．生理日困．皆不足論．以堂堂天朝．而納此輕瀆之貢．治之不武．不治損威．誠無一可者．臣竊仰陛下控馭西北諸夷．恩威並用．誠若知其跋扈之狀．必不輕從此議也．幸今番舶雖未報至．然守備已先戒嚴．刷櫓民船．海島無變．邊釁重大．誠爲可憂．如蒙皇上重威守信．杜漸防微．乞敕部院轉行巡按．除約束備倭不致侵擾外．仍乞申明祖宗舊制．凡進貢必有金葉表文來者．不過一舟．舟不過百人．附搭貨物．不必抽分．官給鈔買．頑民不許私相接濟．如有人貨兼獲者．全家發遣．則夷貨無售其私．不待沮之而自止矣．番舶一絕．則備倭可以不設．而民以聊生．鹽課可通．而瓊儋之利皆集矣．

又如珠池一節．雷廉二府．雖隸廣東．然地僅一隅．雖設監守．不過防民爭奪而已．非以爲寶也．故採無常期．亦無定數．蓋以非日用之物．而難責於惟正之供．故載在會典．不與物料爲例．不與歲辦同征．班班然可攷．正德年間．逆監用事．毒流海濱．監守漁獵．牙爪助威．誣商船爲盜珠．脅鄉民爲匿寶．傳奉採取．擾害百端．蠶食不堪．致成激變．屢經撫按重臣奏請．我皇上御極．沙汰冗員．珠池少監．亦在裁革．民間踴躍欣幸．以爲中貴之害可永無．而採取之禍可恒免也．何不數年．而革者復矣．採珠數斛．不盈其數．而又採之．一時守臣．不體欽奉．固爲有罪．然驅無辜之民．蹈不測之險．求不可必得之物．而計以斗斛之盈．若人力可爲．則誰不奔走奉承．以供君上之用．設或天產可限．雖舉網竭澤．亦何以足取盈之數乎．其間僱覓夫船．叢累里甲．橫行海島．劫奪客商．服役逾年．荒棄生業．風濤頃刻．呼吸存亡．皆不足論．但以明明盛世．而責此無用之貨．且寒不可襦．饑不可粟．似非甚急者．臣竊仰陛下於一切珍玩．屛斥不好．若誠知其採取之艱難．必不再爲此舉也．今雖經行暫止．然成命尚未收回．領過官銀．刻期追取．船夫畏罪．薄海逃生．地方之患．誠爲可慮．如蒙皇上輕貨重民．計大畧小．乞敕部院轉行巡按．除採取已罷工食停追外．仍乞申明初年詔令．珠池監守．歸併總鎮．責以守巡・多方防範・嚴禁民間不許僭用珠飾・不許私相貿易・盜採獲有贓仗者・從重問擬・則珠池不守・而民自不敢犯矣・監守既革・則侵漁可免・窮髮之民・得以樂業・而邊備無空虛之虞矣・凡此二事・臣素所縈念痛心・爲朝廷惜大體・爲民生惜微命・有不容於不言者・

都轉運使黃公墓志銘

黃都運使景溪公窀穸之明年・厥冢嗣健甫謁予京邸・痛謂先丕顯考・繩先□英・歷中敭外・以彌其性・茲觀化以還・宅兆既秘・孤弗肖・似莫以彰幽潛・虞其日趨湮沉・跣用求銘・以懷永圖・其無固辭・予曰・戚哉・匪遠茲行・固其自盡・人子事親・莫愼惟終・降衷恆性・夫人孰無・而焉有窮・禮不踰分・其以限情・是故生爵有秩・沒墓以差・必德儀里族・功被生民・善詒後昆・無愧而有以卒・夫然後銘・□屬諸史・斯善善惟公・其乃昭垂・予職非其居・敢辭・又明年・予歸省墓・厥仲嗣倧甫・又申前請・而覗前益勤・繼以慟踊・謂先大夫曾不棄齒於鄉邦・能受子知・且治有遺命・必得子銘・須其瞑目・予再拜曰・悼哉・景溪公其不亡・陟降於茲・敢負幽明・其棄捐未悠・耳目在人・又寧俟飾言以諛墓・其□□履歷・生娶卒葬・祁秋曹既述狀・紀核且詳・予茲無贅・其奕葉濟美・郡乘邑祠・藉藉可稽・其宦業□風・聞之京僚・聞之輿言・惟口則碑・予焉敢蒙惜・

昔學圃公植以不落・時乃有秋・愛直公培以能□・雲巖公蔭芳以遠・以迨于景溪公・公能夙夜・以無忝所生・世儒既堂・家集既梓・有開有先・有述有承・夫是謂孝・史外傳心・匪僭匪離・體嚴言華・出左入騷・收名蜚聲・其徒如雲・夫是謂文・署于地曹・鈞量以公・督于邊齎・嬴羨以明・夫是謂襄・中罹內艱・克膺貤封・居容纍纍・言容謇謇・夫是謂莊・朋邪焚玉・羣言鑠金・素往不疑・幽居靡淫・夫是謂安・出典鹺衡・中貴肅欽・豐儲惠商・檄無阿近・夫是謂毅・急流勇休・知幾知微・樂行憂違・無沮無牽・夫是謂睿・洛社以娛・玄局以居・乘化漸盡・體□歸全・夫是謂貞・夫孝以始行・文以章能・襄以廣猷・莊以愼動・安以易安・毅以正志・睿以存身・貞以達命・夫是之謂通儒・夫是之謂全士・是故百行之聚・孝其始矣・四時之代・貞其終矣・貞有始有終・於賢子若孫其基矣・誌墓者・固所以貫始終而定其論者也・是宜銘・銘曰・

學專其宗・普爲世功・沒正其終・斂爲靈鍾・匪竟其躬・惟後之豐・有堂若封・是爲玄宮・

衞邑武坊記

莞邑屬晉爲寶安郡・言寶・得其寶者安・凡以康民也・衞則南海・合全郡而名之・言聲敎四訖・暨海而南・以敉寧武功也・我明肇新寰宇・更城易隍・屹乎金湯・于癸水之旁隙地二百畝・旣溥旣長・環濠一方・爲練武之埸・喬植千章・以肅觀望・歲久日渝・植者菑翳・浚者湮淤・民賈雜居・漫無所稽・久假不歸・失其故規・豈將有待歟・

時蕭山孫大夫春湖公・以名制科筮試邑令・旣至歷覽・謂茲美哉・洋洋負山臨江・固南國之寶也・然入境首觀要邦・馮翊恩命・渙臨按轄・巡歷於斯・將迎時其簡稽・而紛

龐弗紀・曷以言治・吾將易而垣墻・植而封疆・且以囿武・抑以防民焉・昔尙父佐兵周郊・誓旅數言・而千百人惟一心・孔子射于矍相之囿・司馬三揖・而去者踰半・孰謂法之不可以律衆・而令之不可以齊民耶・乃與揮使安橫溪首議剏建・以懷永圖・其僚友馬旗山・焦中山・李右城・柯鳳岡・尹龍橋・韋松山諸元將・詢謀僉同・而掌本衛印後衛楊和山則視篆・經衛趙節菴則參酌・轉邑請于撫按藩臬・諸公咸是之・發帑金百餘兩・闢基鳩工・備物利用・力役則軍隷之餘・番息迭周・而士不告勞・羣材則市肆之積・平值善沽・而商不告損・占恡者釋其往愆・復我官境・而民莫敢吝・方土代甓・貞珉易茨・超尋內尌・防其圮欹・崇六尺・延袤二百五十丈・百堵皆興・聿觀厥成・繪圖刻籍・而安柯二公又欲文言于石・以昭厥垂・乃按圖而觀・巡墻而閱・其制若孫大夫之立政・其通而廣・公而溥・弘任而遠猷・維明徵哉・夫通儒視文武爲一體・故禮義具而干櫓嚴・公物視天下爲一家・故藩垣固而外侮禦・弘毅之見・以千載爲一時・故任勞以逸遺其世・是皆可紀也・

　夫善治者・心欲其法之有所寄・乃示之標望・善兵者必欲其令之有所乘・乃方之以垣・玆皆坊民之所不足者歟・夫民猶水也・兵則隄以防其趨也・武訓文隄之楨幹・以防其潰也・衛以防邑・兵以防衛・紀律以防兵・三者相須而相成・可歧視之哉・故制談之在於據要・治本之在於無私・十二陵之在於肅內以方外握機・二十四勝在於舉近以制遠・折抑藩狂・徙木示信・畫野爲限・斥候爲防・皆以義制命・以言立威云爾・故篤乎近者可以禦乎遠・立其大者可以制其徵・孫大夫之規度弘偉・以此而徵・則異日之邦基持國・郛世囿民・其所以範圍而安堵之者・豈小補哉・旣竣事・而橫溪・鳳岡・皆以征南行右城以督運・和山・松山諸公・皆防於海・節菴分餉于軍門・則所謂赳赳干城・以伐崇墉者徵之矣・孟秋・賓諸庠英・鑿于省會・綵絢鑣聯・丰裁改觀・所謂濟濟多士・維周之楨者又徵之・旣撤棘・而孫大夫又以歲事入覲・則之屏之翰・固百辟之爲憲・至於羣度聿新・庶績維熙・陟明之典・維藩維垣・聖天子不重有所倚毗哉・此大夫通儒之道廣・仁人之利溥・而道遠之任・固攸久無疆・爲斯世之巨防也・作坊記・橫溪公出己貲・購貞石鋟之・以昭不磨云・

却金坊記

　皇明御宇・萬邦攸同・重譯頌聖・島夷獻賓・然來之不拒・則僞者日趨・逐窺壟斷・爰有榷征舶・誌量衡・易官互詰・課三之一・餘許貿遷・叢委兌交・供億頓煩・利害均焉・嘉靖戊戌・惠安李抑齋公前宰番禺・俯臨稽舶・譯究夷狀・察其費浩獲微・而吾之得不償失・咸匪永圖・乃更制設規・聽其自核・敢有詐匿者・抵法則常・甫旬日而竣事・又旬日而化居・犬羊有知・從吏忻戴・且致私覿・以圖報稱・公麾之曰・彼誠夷哉・吾儒有席上之聘・大夫無境外之交・王民恥邊氓之德・玆奚其至我・夷酋柰治鴉看者・再懇再却・乃以百金偕其使柰巴的叩之藩司・欲崇坊以樹觀・侍御王十竹公判・謂忠信可行於蠻貊・而良心之在諸夷・未嘗滅也・遂不遏其請・行邑置篆呂瓊・判中山君・議于瀕衢・刻

日鼎建．聾飛鼇奠．過者崇瞻．咸謂公能垂不報之德．成不朽之功．而速化不可化之人．其何道也．時公應召入銓部．亦罔攸聞．既而邑丞祁門李君楣至．首訪殊典．久未鐫勒．謂文昔叨掖垣．曾疏抑番舶．宜知顚詳．屬言以昭厥垂．文再拜遜且撰曰．

夷貢惟常．平法惟公．官廉惟職．彰善樹風．惟權德之兼．巖谷其遏能云．況李公政澤流溢鄰封．却金先聲．聾騰荒徼．侏㒧能言．道口且碑．奚文之贅．無已．其崇體之說乎．夫國之體．紀綱也．政之體．本末也．士之體．廉節也．上下之體．名器也．四體立而萬事理矣．自漢武開邊．夷貢始入中國．唐監以帥臣．開元波斯淫巧已極．王處休所謂資忠履信．貽厥將來．其確論乎．開寶杭明崇寧．綱運泉化．洩之外境茲甚焉．我聖祖監殷．著爲厲禁．雖諸番稱貢．先驗剖符．官給鈔易．而暹羅爪哇．實則蠲之．法久弊萌．律愈嚴而奸愈巧．間或閉或通．閉則□□．通則失體．夫名以貢來．而實以私附．不貴其非專．而且資之貿易．得其物不足以菽粟．而吾民且膏血焉．業已封舶．而□□□人夫．既任之而復疑之．非可使聞於夷邦也．縉紳名流．猥與衡石而鞭策之．不亦卑乎．□哉李公．立法計其大而畧其微．崇其本而因抑其末．遵復制典．一舉而五善集焉．故不拒其來．以示廣也．令其自核．以導忠也．不再稽疑．以懷信也．却而不肖．以示威也．惠之不費．治之以不治也．澤廣則華尊．納忠則夷順．孚信則遠柔．威崇則紀立．治而置之．則名正體定而法行．識者於茲一端．已占其爲台輔器矣．惟王仁無外．宰相則論道以弘其仁．銓部則爲天下得人以行其仁者也．李公小試其道．而化及夷邦．今茲天曹又登庸俊良．俾宇內陰受其賜．階是而宰鈞持衡．則幹旋之速．又何如哉．若夫崇坊之舉．所以竣其防也．防夷以杜漸．防民以止趨．防姦以禁慝．使庶僚知所勸且儆焉．此則當道之公．良有司之職也．公奚與焉．又奚禦焉．予既爲茲說．質之郡伯藩臬諸公．咸曰．立德立功．紀言紀事．可以備野史矣．廼登于石．

許炯

字吾野．新會人．嘉靖辛卯舉人．著有吾野漫筆十三卷。四庫提要著錄．前有自序．謂少時不慧．從羣兒騎竹馬．黏蜻蜓捕黃雀爲戲．既而病痁．劇甚．夢老人出袖中書授之．遂能詩．其集文七卷詩六卷．阮志注存．又輯有唐四家文類古今奇文百篇．皆注佚．

張道孝感記

柳子厚志趙來章事．言孝之通神．吾讀而怪之．今褥洲之間．蓋有張氏子云．張氏名道．其父元壁．弘治中死於王事者也．初西賊之興也．撫臣以東師討之．元壁以總旗從征焉．遇敵于北流之狐狸山．力戰而死．同行馬千里者．收尸槁葬之．怒氣勃勃如生．咸唧唧曰．壯士壯士．時道猶妊也．母朱氏．誓不他適．已而生道．甫數歲．母告之故．即涕泣曰．安有爲人子而父無葬地者乎．謀往求之．母以其孤也．弗之許．久之．知馬千里之葬其父也．潛往拜之．懇以同行．時馬已老病．北流往返且二千餘里．誠憚於行．道不能强．賚志數年．未常頃刻忘也．一夜．忽夢丈夫跣而踞．呼名而告之曰．而忘而父之尸乎．即跪泣曰．不敢忘．特未知吾父死所耳・幸長者示之・其人告曰・狐狸之山・楓木之旁・因慟而覺・其妻怪之・且整衣冠・跪告其母曰・兒夢如是・殆吾父之靈也・兒將詣馬翁驗焉・死且必往・母哀其誠・許之・至馬翁・言其夢・馬以其神也・雖老病・頗發憤・亦許之行・遂偕抵北流之狐狸山・時黃埃白骨・斷雲落日・淒迷于蒼莽間・茫無稽誌・而馬以歲年之久・亦且弗能悉矣・道慟哭再拜・籲天自誓・忽有老嫗徐徐而來・問其所以・告之故・曰吁・而非弘治之陷者耶・道曰然・嫗遽曰・此吾田也・吾知之・疇昔之死者・吾家以其金甲之異也・意其達官貴人・既改瘞之楓木之下矣・道聞楓木語有驗・遂從而啓之・則骸在焉・道泣而拜曰・吾聞之・父子氣通者也・其血滲漉而入・他人則否・西征之役・死者不獨吾父也・安知不爲僞乎・因齧指血滴之・入・道曰・是矣・遂抱以歸・改葬而追服焉・甫九月・而母繼卒・哀毀骨立・人以爲難・

君子曰・忠孝之際難矣哉・夫以元璧之死也・所謂執干戈以衛社稷者・可不謂忠乎・母之孀也・幾三十年・可不謂貞乎・道之誠也・通於神明・可不謂孝乎・三者有一焉・足以立於世矣・而張氏咸有之・是何張氏之多賢也哉・予故表而出之・以勸爲人臣爲人妻爲人子者・後之觀民風者亦或有採焉・

薛雍　字子容・饒平人・嘉靖辛卯舉人・以親老不赴禮部試・讀書蓮花山下・工律歷之學・尤究心時務・爲策四十三篇・詳博有要・親歿・數上公車・不第・著有南潮集・阮志注未見・然馮氏潮州耆舊集選其文一卷・是當時尚有其書也・

籌邊策三

臣按祖訓・不許後世征交南・臣嘗仰窺宸衷・寬容廣大・包涵之量・實以陳氏首先納欵・此天地覆載之心也・然傳至成祖之時・遂令張輔統兵討黎季犛・援彼淸遠・扼彼富良・藤江花步・悉爲我有・因而郡縣其地爲一百三十四・而總之以黃福・至宣宗之時復叛・楊榮楊士奇以勞民傷財・乃棄之・

夫一交南也・聖祖之訓則不許征・而成祖則征之・成祖既征之・而宣宗又棄之・蓋成祖郡縣之心・卽太祖不征之心也・何也・陳氏首先納欵・守宰人民城郭・皆吾有也・而但使守之於陳氏・且陳氏首先納欵・忠愛莫加焉・用忠愛之臣・守荒陬之地・正不必變易其常・貢賦之輸於吾國家者不絕・則交南固我之郡縣也・陳氏固我之命吏也・黎賊篡弑陳氏・是戕我守宰・虐我人民・據我城郭・蓋干王章而裂我國典・必誅之賊也・故太祖不許征之者・爲陳氏也・而成祖征之者・亦爲陳氏也・仇餉之義・古人重焉・而况陳氏舉國歸附者耶・其功績之在國家・與往爲葛耕之童・輕重大小・當能辨之・然而宣宗棄之者何也・屢討屢叛・反覆無常・我宣宗蓋憫中原內地赤子之無辜而死於非命者・亦漢人棄朱崖之說也・

然在今日．南討之師．雖未可輕舉．而以臣之愚．南交之策．當在必征．何也．臣嘗按南交志．考其爲國之疆域．我欽廉等州．實鄰其東南．左江等處．實旁其中．雲南．石屛．臨安．元江．馬龍諸處．實界其西．沿邊戍卒．勢遠而孤．又思凌．忠州．上林．泗州．安隆．鎮兵．向武．都康．利龍．奉議．江州．思恩．田州．大平．俱係漢時交趾故地．而廣南．廣西．滇南．寧遠諸商．素號執德不宏．易爲前却．大抵物我相形．私心易動．萬世之後．非我犯交．必交犯我．自然之勢也．蕭注宋臣．在邕州時．正值熙寧新法之朝．中州盛行手實均輸之役．而民心不寧．是自保不遑．奚遑謀人．注實達時通變之人也．今臣征南之策．蓋經營內地．外及邊陲．內極奠安．既非宋人之浮虛．而相時出兵．中虜肯綮．又不如孫全興之無慮．一舉而勝．有必然矣．

然伐交之謀不難．而治交之謀則難耳．臣實嘗爲國家深慮．於此有可言者．我國家稽古建官．兩都之外．設都布按三司．以統軍．衞．所．府．州．縣．前者交趾之復．亦嘗以是法治之．而竟失其心者．臣深思其故．蓋新復之地．豪酋恃險而難制．或有以梗吾之公．小民信向而未篤．或有以遺我之愛．若如前時更設三司巡守．以維各府縣．臣見守巡所爲．遠或千里．令尉權微．不得調兵．忽然賊變．縱能堅守所治．縣城不拔．亦羈爲城外．四境不潰．是故俟巡守之至其地．令尉始敢調兵．然事已無及．而守巡令尉之懦弱者．或先遁矣．臣鄙見欲使交人久甯．雲廣安枕．三司之設．巡守之立．可于交州順化等處爲之．蓋其地連我邊．人亦順治．其他府州屬縣之治．宜倣成周封建井田之意．如太原府司農縣．有里額若干．帶稅役若干．則按籍著圖．因圖考都．即都求鄉．某都．某圖．某鄉．某民姓氏．丁戶．山川．土地．俱稽於籍．人家耕田．歲納糧若干．檢閱得實．因審所居之地．果係形勝之衝．則爲之築其城堡．守以軍職．食其租粮之入．每堡數人．分其專主之權．徭役國課．每歲上供．不相統屬．其法制畧似賈誼衆建諸侯而少其力之意．然彼專職一人．而我實如內地衞所之官．又似我成祖經女眞總衞散所之意．然彼以夷制夷．而我實有內地巡守之設．或山川險要．形勢深阻．則以宣府之例．設置土官．使自統其衆．然亦參制於守巡之臣．蓋責賞罰之權．既職之流官．而安民和衆．盡付之守土．則權無所專．而勢不可逞．民有所統．而勢不可離．南州之地．雖遙在萬里之外．而九重之中．自可運之掌上矣．又何患其反覆無常耶．

蓋反覆無常．夷之性也．亦華之性也．中華之民．控制一失其宜．戢安不得其法．因有以致其叛亂不常者．往歲近畿霸曹諸州．橫暴恣睢者數載．而近日崇明鹽徒之發．駕舟刼掠．進泊南部江口．居民日不寧息．亦何以反覆無常徒責之交民耶．昔人謂御得其道．詐譎咸作使．又曰．無德則舟中之人皆敵國．觀此．則天下之民一也．要在爲之主者有以服其心耳．

臣稽載籍．見秦漢以後．臣服天下．既無德化．徒以刑政治法施之．天下郡縣分設．威權專於一人．而傾危甚於累卵．每一夫倔起．而守令無民．守令無民．而三司自削．朝廷所以爲輔者．亦既不厚矣．以是知聖人封建之法．未可非也．但時異勢殊．一王興起．初無所因．非不欲復．不可復也．今服交南之後．事勢在我．畧可因其土俗人情．而默寓古人之意．

臣又有一策．臣聞國家開創以來．凡與於戰征之功者．隨其功之大小．而爲爵之崇卑．故祿之厚．實因之也．坐食之徒．天順之初．計兩都以及海內邊徼衞所．常數十萬人．且疲庸孱弱．十已八九．將欲如漢唐之無恩．張彝之請削耶．則帶礪山河．祖宗不忘故舊．又非後日所以奔走天下豪傑而使之敵王所愾者也．坐襲其故．則官多祿費．民力之窮．實有深可慨者．臣因顧念交南之爲縣百五十七．地既廣．又甚膏腴．可調內郡官職疲弱之徒．就食其地．固所以殺中國之食．亦所以酬功臣之勳．且內地官長與土著並用．離間其心．事不相一．亦足羈縻交人初服之心．孟子曰．天下歸殷久矣．久則難變也．大抵交民屢討屢叛．亦有由也．葢其素安於夷教．而一旦密繩以中國郡縣之法．則躅蹢之性猶在．加以流官遠離鄉土之思．暴怒貪婪．約束之嚴．情不相安．易動於惡．故臣欲國家服交之後．直養以優游．疏大其節目．使其民日喜我治．又縻以歲月．久則梗化不馴之人．日就枯謝．而倡亂無人．驅羊之勢在我．夫然後可以有爲．不然．雖服猶不服也．臣以爲伏波之銅柱．不肱其標．而鬼門之關．終不可勝入矣．

籌邊策五

臣經營邊策．必起大甯諸衞．後及振武．以次受降寧夏罕東六衞．哈密諸所．至於女眞則後及焉．考女眞．古肅愼地．在混同江之東．卽今鼻之部落．初號女眞．後避遼興宗諱．號曰女直．其地山高而長．水遠而聚．臣按東畺．其長白山橫至千里．其高可二百里．又有馬鞍．北山．南山．垣拱高原．不下數百里．其鏡泊．黑龍腦．溫胡里．改松花混同等江．亦極天下之名水也．故識者多謂海西水峻急．風氣不先．賢哲不生．所可患者．在女眞也．地氣積．精英所聚．恒篤於人．故雄才機智．多生於其間．阿保機生於橫水．阿骨打生于混同江．鐵木眞起于雙泉海．其初雖微．而卒能以夷猾夏．傳祚享國．在今追貶．固爲虜酋之寇．從實考覈．實與漢唐宋相爲後先矣．匹夫勝予．先王是畏．故開平大甯女眞．皆必收復而宰割之．至慮或有此輩崛起．爲我深憂．在臣愚見．每念遼金韃靼猾夏之禍．天地爲之翻覆．日月爲之不明．三綱爲之墮壞．傷心汗浹．然我成祖既征北胡．而女眞讋怖喘息．悉境歸附．葢自開平迤北．因其部族所居．已爲建都司一．立衞一百八十五．所二十．又官其酋長爲都督．都指揮．及指揮．千百所鎭撫等職．不相統屬．各自爲貢．所以散其黨．殺其勢．而陰制其桀黠．彼得大易豶豕牙吉之象．今雖情意不孚．而臣服如故．况地運興衰．消長之勢．實不可常．保機骨打木眞．此二三君者．自開闢以來．夷酋中葢所未見．一旦相繼疊出於二三百年之間．且地相去數千里之外．臣策其運之精萃．亦不能如是其盛且淑．此臣所以謂收復之急．莫先北虜西戎．而後及此也．

雖然．己巳之變．海西□□諸夷．嘗爲韃靼兀良哈所脅．踆我都城之下．危比遼金．其間不能以寸．然則女眞未可少也．故王師收復大寧．開平．瓜沙．河朔．西域之後．

而女眞之心・亦必震懾不寧・益堅戴我之志・歸附效順・受我約束・苟或不然・事必更新・變通其法・密寓制御之機・如滿洲・合蘭・濱州・忽汗・腦温・黑龍・哈州・奴兒汗・九連城・那木川・五國城等處・實係東北諸夷脈絡喉咽之衝・既有都督・指揮・及指揮千百所鎮撫・參錯於其間矣・又必悉爲添設兵備御史十餘人・分鎮監察・專管官員襲授夷兵調發之事・及詞訟農田貢物之政・祿廩使取給於公田・而不濫於部落・又爲興學校・通商賈・制冠婚喪制之禮・敎騎兵車馬之戰・其制度畧似我內地宣慰諸司之法・温恤之中・警戒寓焉・涵濡之內・約束存焉・然在今日因循畏事之臣・必曰備兵之設・既無郡縣翼輔以嚴體統之規・而經營治役・又必取助於遼東之卒・而遼東之地・惟三岔河一帶最爲沃壤・延袤千里・不知昉何時・割棄邊境之外・以資三衛住牧・富强之資・已在外夷・而衞鎮之設置・懸在空虛之地・取給京師・以供軍實・東際鴨綠・北繫擴塞・朝鮮往來之使・日費無紀・盡出之軍校之供・是遼東本非富厚之鎮・平時自保・猶且不遑・往歲一遇水旱之災・死者填壑・驟然而歛・以經營女眞之役・懷實貨以求虛實・是兩棄之也・且華法之不可施於夷・猶夷法之不可施於華・羈縻一失其宜・或不得其人・離心之禍・又可懼也・譬如虎狼猛獸然・縛束之急・而奔逸之乘也・怒心之積・蹄噬之横也・是未知用夏變夷之説・

夫朝鮮之國・本爲東夷・武王定殷之後・裂海內外以居諸侯・箕子於是得朝鮮之邦・八條之敎・至今猶在・今之西南・桂林象鬱之州・亦古荒陬遠夷・漢平其地・因設九郡・地之居民・多爲漢功臣屯守者之子孫・奉賦供役・已如內地中原之盛・蓋南方之地・在國家僅可比之手足・而東北西方・實爲肩背・手足尚不可無・而況可無肩背耶・此臣之鄙見・國家之緒・欲定永久・雖女眞不可失也・又撫治女眞・本以衞遼東・兼繫大寧・以制韃靼・而非以歛遼東也・然慮遼東之虛歛・此亦有説・欲實遼東・必興海運・風帆轉遼海・粳稻來東吳・此皆秦漢盛時故事・我國初之制典也・且愚臣之策・必京・山東・西河・南北水田經理之後・內地既實・方可議此・

夫京師之食・取足於北方濱海之田・而海運之積・專以實遼東之倉・一爲供給營理東夷女眞之計・將見數年之後・不惟遼東可富・雖由永寧・廣寧・小凌河・以實大寧可也・況加以山海關北一帶・三岔河之地・既復饒田樂土・盡驅屯戍之士・假以牛具・耕種其中・遼東可使立富・而女眞之役・益見無難・夫食足則兵强・而利物可使和義・遼東富足之後・暫借諸衞軍民數十萬・協以□□・合蘭・濱州・忽汗・腦温・黑龍・哈州・奴兒汗・及九連城・那木川・五國城等處土夷・經營憲治・肇立軍民廬舍・畜築習於有素・收功期於旬日・如周人城朔方之役・則飽足之後・而力可忘勞・衆勸之中・而功可立緒・雖一時難於併役・暫圖其近且易・則遠而難者・徐以俟之可也・

又慮羈縻失宜・與不得其人・此亦有隱憂者・未謂無見・然能綏集流移・衆徙近邊貧庶・爲之僑立州縣於備兵相隣之處・蓋吾國初亦嘗有此也・安定・自在二州・置之定遼城之外・當時兵備之設與焉・則其體統之尊・土夷歸化之

順・何如也・縱使變難倉卒・則彼此相資・緩急相援・保機骨打之徒・崛起部落・而制之于微・猶易爲力・遼金土崩之禍可免也・然此必復修黃河・引流灌溉・使北方水田成熟之後・乃可議此也・必國家食足兵强・中原殷富・出擊四胡・收功西域・乃可議此也・不然・則爲輕舉妄動・隋煬遼左之征未獲・而晋陽龍飛已据西京・苻堅白下之師未渡・而慕容燕孽已擣秦都・故量力而動者其過鮮・貪得無厭者其禍危・

臣嘗讀漢史・見武帝之爲君也・雄才大畧・心竊嘆服・以爲三代之後人君・大有爲者・莫過於漢武矣・迹其上嘉下樂之志・雄南征北伐之威・開拓疆宇・笞捶四夷・無不歸順・天下一統・土宇版章・亦孔之厚・雖周宣殷宗之才・不能是過・後之學者・無明微洞隱之識・徒見武帝末年・海內虛耗・因斥之以秦皇之爲・殊不知武帝之財・非特爲窮兵費也・土木・神仙・方士・女寵・封禪・諸所紛紛・以耗天下之財者盍千萬・窮兵云乎哉・使武帝當時無所他好・以文景之所遺餘・而爲開疆拓宇之費・但見有土則有財・而內部屯田・外夷輸貢・未見其損・適以招益・奚有至於海內之虛耗・不咎武帝土木・神仙・封禪・方士・女寵之非・而但引以爲窮兵黷武之罪・是何異士師之職獄・舍其殺人而罪其詈罵・故曰・武帝之虛耗・非武帝窮兵之罪也・然而末年・侯封千秋而都尉趙過・與民安息・力穡務本・海內晏然・傳昭及宣・漢業之盛・號稱中興・武帝之才・過人遠矣・後之爲君者・實未有如漢武帝者也・宋神宗史稱鋭志致治・一用安石・天下離心・中原渙散・不可復合・然則𢌞死爲生・起廢復完・惟武帝之才爲能・能否之辨・於此可知也・

金山讀書記

余潮郭有金山・玉華書院在焉・有精舍・有玉華堂・有北山書屋・有兩峯深處・有初陽洞・少北洞・有少北舊洞・初陽洞在山之東・與兩峯深處少北洞各上下相去數十武・自余與初陽少北爲年誼弟昆・每渡河來會・二君子必携余徜徉於金山・嘗至兩峯深處・余指而言曰・是予榻也・二君笑而不言・丁酉・予先北上・初陽秋捷・繼亦北上・少北西江疾回・移居初陽洞・戊戌・余獨與初陽春試・初陽得雋・余又下第・從京師與初陽別・已約爲兩峯主人・己亥・竟訪少北於金山・讀書兩峯深處・而韋君南木亦携書篋入居少北舊洞・方與南木少北旦夕山中・懷念初陽遠在萬里・未由共償夙願・忽山童報初陽歸・余與南木少北喜甚・乘夜出迓・孤舟江山・相顧而笑・如在夢中・時方春物駘育・余與南木少北・每誦讀暇・會坐披雲亭・而初陽君常在焉・去簪冕・携書篋・葛巾野服・逍遙閒暇・招我三人・常相與品第春光・極探幽隱・向余雖常至・而諸景初未遍觀・至是日得涉獵・披雲舊有石刻・玉華翁結亭其上・故名披雲・是亭也・爲金山第一奇觀・俯瞰金城・雲樹遠近・樓閣臺觀・隱隱重重・海上諸山・爭妍獻翠・時遇斜陽・晴空巇峋之色・不可摸狀・東襟韓峯・環帶一水・碧浸清沙・澄然如練・風鷗雲鶴・飛止上下・用以開豁心眸・可融神智・山多松柏・每雨後・春陽暹暄・江山麗色・予與諸君共尋松路・如復如往・茅中見白石横竪隱伏・平者如常・危者如几・或倦・坐卧其間・掛衣松幹・呼童取酒・携筆硯・因爭折松花・散入盃

咠・拮蕨爲殺・醉則置樽石上・唱和歌咏・繼以琴瑟・默與禽鳥春蛩・相爲律呂・西麓有歲寒菴・道士曰員江者・深老子法・來自湖湘・今五年矣・時常侍我遊・亦使偈唱道曲・初陽指謂予曰・一部韶樂・今猶在此山谷間也・相與拍手大笑・西行至鎮疆寺・隱然山河・巖路幽曲・竹檻松根・共消永日・眞出世界然・少北喜佛氏學・初陽亦素能道釋語・閒中同爲一過訪方丈・聽道經梵音・四壁裊裊・絕無塵埃迹・令人飄然欲脫樊籠也・西謁馬公祠・北觀望海亭・馬亦郡人・名發・宋安撫使・遇元死節・凛凛生氣・至今猶存・忠義之士・在余輩尤所景仰・望海亭在金山絕頂・可望南海・馬廟之西・其荒甃舊址・乃馬却敵日爲堡寨・名爲子城也・下有巖石突起・高下嵯峨・散布西麓・不知昉在何時・有孝弟忠信四大字・刻字各相去數步・遠遠可望・又有第一山三大字・乃宋米元章筆迹・初陽曰・自昔唐宋元名賢顯仕・往往遭斥逐於此地・憤抑不平之氣・發於詩文・如珠如玉・燦爛山谷・石中苔畫・今猶歷歷可覽・千古遐心・兄能不發長慨・余曰・余與諸君追思古人・當使後人有追思我者・於是共悵然者久之・少北招余觀拙窩・入西暉巖・登最高臺・初陽南木繼至・臺圮已久・然故迹未湮・因相與眺望・蒼藤老樹・曲屈盤旋・千尋崖壁・兩水如虹・是日余輩皆有作・時天晴日朗・視軒窗猶圖畫中物・相與入舊少北洞・一徑高深・蓋破石所通・蒹葭離披・蒼雜松竹・西顧巖石・突巃崎嶇・人不可到・從洞口出・登高行數十步・深轉・其傍有坦齊會來石刻・蓋宋時莆人陳俊卿會遊此也・從東南下・探投龍洞・稍上百步・望二仙窩・茅簷晴暉・掩映山麓・是何異考槃之居也・又有獨秀峯石・今已反向・相傳爲雷所覆・泐迹可徵・峯上有薛老峯・少北以余別業於此・乃刻石以砥礪我學・下有介石・亦少北新爲鄭子瞻書・東南爲初陽頂三字・苔入石中・傍小字滅沒・不可認識・然依稀可見爲唐常袞書・必其刺潮時所勒石也・下平衍・廣五六丈・似爲臺閣故基・少北謂之曰・此舊初陽亭也・先・初陽讀書於此洞時・有異人與言・代爲伯樂之異・是日之遊・初陽指其迹爲予言・予曰・奇哉・兄之事也・吾道將藉兄以光・神物豈特爲兄一人・初陽曰・弟敢不勉・薛老峯絕高・而北一洞西向・窈冥常護雲氣・松蘿四闔・人迹罕到・少北常結茅・招予與初陽南木讀易於此・離爲兩榻共堂・以石爲案・夷石爲食・有茶爐・有藤床・每至竟日忘歸・或天陰・烟氣匝地・客常訪予輩・茫無所從入・今亦有少北洞石篆・洞後爲棲鳳石・上有棲鳳臺・臺亦無存・登此石・則可北收韓江萬流之水・入我懷中・山仰鳳凰陰那諸峯・重江疊嶂・余先數年常與初陽少北觀此・今眞見其如列劍刺天・如車騎雲從・遠道長驅・又如羣仙跨鶴・凌空涉漢・東由岡阜下百步・巍然石壁・城堞可因・下瞰江波・滔滔滾滾・一瀉千里・百折不可東廻・余曰・是可爲夫子川上之嘆・諸君不以余言爲謔・一日同行梅逕・中斜深傍曲・石上有梅數十株・盤蓋逕上・約百餘步・雖當午・罨蔽日色・皆北山翁手植・乃共落梅子・青黃可甘・因憶先丙□歲・初陽少北來此遊・時値殘臘・見梅梢衝寒破白・唱和有詩・余於是誦其詩・撫初陽背而謂曰・君幸無負歲寒意・嘗同坐・此君亭俯池水・每淸晝夜靜・輕風四至・入耳皆琅玕戛玉之聲・眞爲君子之居也・池

中有魚數十尾．穿石出沒．投以餅餌．則洋洋而至．奮鬐相爭．嘗倚欄與少北醉中口號聯句．作呂梁嘆詞．甚跌宕清新可愛．初陽因援筆大書壁間．客過見之．稱爲三絕．岸多叢槿．四時有花．紅映池面．余嘗與初陽．少北．南木三君對客．少北戲謂客曰．是水中玉仙客也．客曰．吾輩登山．而水仙亦爾．相從一天．涼意皆此仙所爲．時季夏六日也．乃由海濱鄒魯雙石桓而南下．遙望西峙忠節之坊．逼暮矣．是夜風雨．林扉靜閉．木葉颯蹋．因相與聯牀．共談今昔．更殘漏盡．聞雞聲咿咿喔喔．尚未能寢．吁．予四人數載相與之情．同事之志．乃今日得朝夕聚樂．何初陽又將北上．然自此予與南木少北登覽此山．問誰從京華聚首．計雖有期．然此山景物．猶在一方．地與人遭．景幸事會．惟此日爲然．故作讀書金山記．

林大欽 字敬夫．海陽人．嘉靖壬辰進士．廷試第一．官詞垣三年．乞養歸．築室以聚族人．結講堂華嚴山．與鄉中子弟講貫六經．海內名流王龍溪羅念菴唐荊川及同郡翁東涯薛中離輩．郵書講學．反覆討論．大旨在刋落見聞．獨見性體．能於隱微處着力修存．所作詩歌．倏然自得．丁內艱．葬母莆山之麓．歸道病卒．著有東莆先生集六卷．阮志注存．今潮州耆舊集選其文爲一卷．

殿試策 嘉靖壬辰科

臣對．臣智識愚昧．學識疎淺．不足以奉大問．竊維陛下當亨泰之交．撫盈城之運．天下皆已大治．四海皆已無虞．而乃拳拳于百姓之未得所爲憂．是豈非文王視民如傷之心耶．甚大美矣．然臣之所懼者．陛下負聰明神智之資．秉剛睿明聖之德．舉天下之事．無足以難其爲者．而微臣所計議．復不能有所補益于萬一．陛下豈能以其言爲未可盡棄而有所取之耶．陛下臨朝策士．凡有幾矣．異時莫不光揚其名聲．寵綏其祿秩．然未聞天下之人有曰．天子某日降某策．問某事．因某策．濟某功者．是豈策士之言皆無可適于用者耶．抑亦其言或有可適于用而未暇採之耶．是臣之所懼也．臣方欲爲根極政要之說．明切時務之論．而不敢飾爲迂濶空虛無用之文以罔陛下．陛下若以其言爲可信而不悉去之．試以臣之策．付之有司．責其可行．則臣始終之願畢焉．如或言不適用．則臣有瞽愚欺天之罪．俯伏以待罪．誠所甘心而不辭也．

臣伏讀聖策．有以見陛下拳拳以民生凍餒流離爲憂．以足衣足食爲急．此誠至誠惻怛以惠元元之念．天下之所願．少須臾無死．以待德化之成者．然臣謂陛下誠懷愛民之心．而未得足衣食之道．誠見百姓凍餒流離之形．而未知百姓凍餒流離之實也．夫陛下苟誠見乎百姓凍餒流離之實．則必思所以富足衣食之道．未有人主忍見夫民之凍餒流離．而不思所以救援之者．未有人主救援夫民之凍餒流離．而天下卒坐于凍餒流離而不可救者也．今夫匹夫之心．可形于一家．千乘之家．可形于一國．何者．以一家一國固吾屬也．曾謂萬乘屬天下者．有救援天下眞實懇切之誠．而顧不效於天下者哉．是臣所未信也．臣觀陛下臨朝．凡十九餘年于此矣．異時勸農蠲租之詔一下．天下莫不延頸以望更生．然而惠民之言．不絕夫口．而利民之實惠．至今猶未見者．臣是以妄論陛下．未見斯民凍餒流離之實．未得足民衣食之道也．臣聞之·仁以政行·政以誠舉·王者富民·非能家衣而戶食也·必政具焉而已矣·夫有其心而無其政·則天下將以我爲徒善·有其政而無其心·則天下將以我爲徒法·徒法者化滯·徒善者恩塞·心法兼備·此先王所以富足人之大畧也·臣觀史冊·見三代以後之能富其民者·于漢得一人焉·曰文帝·當秦亂干戈之後·當時之民·蓋日不暇給矣·文帝視當時之坐于困寒者·蓋甚于塗炭也·育之以春風·沐之以甘雨·煦煦然與天下爲相休息之政·而塗炭者衽席矣·故後世稱富民者·以文帝配成康·亦誠有以致之也·然而文帝固非純王者·竊王者之似焉·猶足以尊稱于後世·而况夫誠于王者而顧有坐視天下于凍餒流離者哉·臣竊謂陛下憂民之心·不爲不切·愛民之政·不爲不行·然臣所以敢謂陛下于斯民之凍餒流離而未見其實·于足民之衣食而未得其道者·竊恐陛下有愛人之仁心·而未能如王者之誠恒懇至·有愛人之仁政·而未能如王者之詳悉仁明·臣是以敢妄論陛下而云云也·然臣所望仁政于陛下者·非欲盡變天下之俗也·非欲復井天下之田也·亦曰宜時順情而爲之制·而不失先王之意爾·臣請因聖策所及而條對·

陛下策臣曰·夫民匪耕則何以取食·弗蠶則何以資衣·斯二者亦王者之所念而憂者也·今耕者無而食者衆·蠶者稀而衣者多·又加水旱蟲蝗之爲災·游惰冗雜之爲病·邊有煙塵·內有盜賊·何怪乎民受其殃·日復甚一日也·此見陛下痛念生民之病·深揆困乏之本·而極思所以拯救之也·臣謂民之所以耕蠶稀而日甚其殃者·游惰起之也·冗雜病之也·若夫水旱蟲蝗之災·則雖數之所不能無·然君人之憂不在焉·何者·恃吾耕蠶之具素修而無所耗·則雖有水旱蟲蝗而無所害·臣聞有道之國·天不能災·地不能阨·夷狄盜賊不能困·以恒職修而本業固·倉廩實而備禦先也·臣聞立國有三計·有萬世不易之計·有終歲應辦之計·有因時苟且之計·萬世不易之計者·大學所謂生之者衆·食之者寡·爲之者疾·用之者舒也·故王制·三年耕則有一年之積例之·則九年當有三年之預·其終歲所入·蓋足以自給·而三年之蓄·恒可以豫待不虞·如此者·所謂天不能災·地不能阨·夷狄盜賊不能困·臣前所謂王者之政·陛下今日所切求而欲勵行之者·所謂終歲應辦之計者·蓋生財之道未甚周·節財之道未甚盡·一歲之入·僅足以充一歲之用·其平居無事·亦未見其甚歉·偶有凶荒盜賊之變·則未免厚斂重取·以至于困敗而不能自振·若此者·蓋素備不修·因時權設·漢唐宋以下·治天下之大率·而非吾陛下之所以奉天理物而深厚國脈也·所謂因時苟且之計者·蓋平時之用以斂·散于民者·頗無其度·而取民惟畏其不多·用財惟畏其不廣·方其無事·百姓已不能自給·迨其有變·則不可復爲之計矣·此則制國無紀·潰亂不時·蓋昏亂衰世之政焉·蓋臣前所謂起于游惰·病于冗雜之弊·亦畧有同于是·陛下今所方欲改轍而易海內之觀者·臣謂今日游惰之弊有二·冗雜之弊有三·此天下之所以長坐于困乏·而志士至今憤惋而嘆息者也·

其所謂游惰之弊二者·一曰游民·二曰異端·游民衆則力本者少·異端盛則務農者稀·夫民所以樂於游惰者何也·蓋起於不均不平之橫征·病于豪强之兼併·小民無所利于農也·以爲逐藝而食·猶可以爲苟且求生之計·且夫均天下之

田·然後可以責天下之耕·今夫里閈之小民·剝于汙吏豪强者深矣·散食于四方者衆也·大率計今天下之民·其有田者一二·而無田者常八九也·以八九不耕之民·坐食一二之粟·其勢不得不困·然而散一二有田者之業·以爲八九自耕之養·其勢未嘗不足·議者病游民之衆也·或有逐商之説·然臣以爲游民之困·本于不得已也·而又無所變置·而徒爲之逐·臣懼夫商之不安于商也·臣竊謂今日之弊源已深·更化者當端其緒而緩理之·理而無緒·勢將驅力農之民而商·而又將驅力商之民而爲盗也·天下爲盗·國不可久·其便莫若頒限田之法·嚴兼併之禁·而又擇循良仁愛惻怛之吏·以撫勞之·法以定其世業·禁以防其奸貪·吏以時其安緝·游民其時歸乎·若夫異端者·蓋本無超俗利世之智·而徒竊其減額逃刑之利·不工不商·不農不士·以自便其身·且其倡無父無君之教于天下·將使流風之未可已焉·此其爲害甚明·故臣不待深辨·然臣竊悼俗之方敝也·禿首黄冠·充斥道路·珠宫瓊宇·照耀雲漢·此風未艾·效慕者衆·非所以令衆庶見也·非所以端正風紀之要也·故臣願陛下嚴異端之禁·斥道佛之説·勅令此輩·悉歸之農·其有不如令者·許有司罪治不赦·蓋非爲崇力本之風·抑具于教化之道·此臣拳拳所望于陛下之至意也·

其所謂冗雜之弊三者·一曰冗員·二曰冗兵·三曰冗費·冗員之弊必澄·冗兵之弊必汰·冗費之弊必省·三冗去而財裕矣·夫聖人所以制祿以養天下之吏與兵者·何也·吏有治人之明·則食之也·兵有敵人之勇·則食之也·是其食之者·以其明且勇也·其或有不明不勇者·則非耕不得食·非蠶不得衣·何者·無事而祿·亦先王之所儉也·今天下之吏與兵何如也·臣非欲盡天下之吏與兵而不祿之也·臣徒見任州縣者·固有軟罷不勝而坐祿者焉·隸兵籍者·固有老弱不勝而濫食者焉·且入貲之途太多·任子之官太衆·簡稽之責不嚴·練選之道有虧·臣是以欲于此一輩一澄且汰焉·其所以去冗濫而寛民賜者不少也·若夫冗費之弊·不能悉舉·卽其大而著者論之·後宫之燕賜·不可不節也·異端之奉·不可太過也·土木之役·不可不裁也·陛下端身以率物·節已而居儉·其于三者·固未可議焉·然竊見天下之大·民物之衆·九州四海之貢·尺帛粒米之賦·山林川澤之税·日夜合離以輸太倉·可謂盛矣·而國計未甚足·以爲必有所以耗之者矣·且夫上之賦其下者以一·而下之所以供夫上者常以十·蓋道路之耗·漕輓之費·京師之一金·田野之百金也·內府之百金·民家之萬金也·以百萬民家之資·費之于一燕饗一賜予一供玩者何限·臣故曰·冗費在今日·亦有未盡節者·蓋臣聞之·以天下所有之財賦·爲天下人民之供養·未有不足者·特其有以冗而費之者·則其勢將横征極取·天下不淪于饑寒凍餒極敗極弊而不已·臣讀史記·見周文王方其受命之時·地方不過百里·而四方君長交至于其國·所以燕饗勞來之典·不容終無·然而當時百姓各足·饑寒不病·故民誦之·詩曰·勉勉我王·綱紀四方·蓋慶之也·傳至于其子孫·以八百國之財賦·自養一人·宜其甚裕而無憂·而民反流離困苦·至于黄鳥此邦之詠作焉·臣于此見君人節己以利人·則易爲功·廣費以厚斂·則難爲力·臣是以拳拳以省冗費爲陛下告也·

陛下策臣曰・固朕不類・寡昧所致・上不能參調化機・下不能作興治理・實憂而且愧焉・此陛下憂勤之言・禹湯罪己之辭也・然臣謂陛下非徒爲是言也・須欲勵是行也・夫君人之言・與士庶不同・一或不徵・天下玩之・後雖有美意善政・人且駭疑不信・陛下往年嘗有恤農之詔矣・然而天下皆以爲陛下之虛言・何者・誠見其言若是焉・而未見其惠也・今陛下復策臣若是焉・臣以爲亦致憂勤之實而已・欲致憂勤之實・須速行臣之言・然臣前所陳者・皆因聖策所及條對・要之・所以振弊利世之道・猶有未盡・于此臣請終之・

夫山澤之利未盡墾・則天下固有無田之憂・今夫京師以東・蔡鄧齊魯之間・古稱富庶强國・三代賦多出于此・漢唐以來・名臣賢守・其所以興田利而裨國用者・溝洫封澮之迹猶存・而今悉爲空虛茅葦之地・此古人所謂地利猶有遺者・而陛下所使守此土者・一切苟且應職・而無能爲任此憂者・此北人所以長坐仰給于東南・小有凶荒不繼・輾轉溝洫而不能自給以生者・地利未盡也・臣意陛下莫若嚴其守令・重選有力量才幹忠臣・爲國之士・使守其地・而專一以興田利爲事・朝廷寬其禁限・聽其便宜・而惟以此爲田利課・則海內當有趙過者出焉・不數十年之後・則江北之田・應與江南類・可省江淮數百萬之財賦・而舒北人饑寒凍餒之急・一舉而利二焉・大惠也・陛下能斷而行之・大勇也・或曰・非不欲行也・如東南異宜何・臣請有以折之・夫今日所謂空虛荒瘠無用之地者・非向時所謂富貴而所耗賴以興起之本區乎・昔以富貴・今以荒虛・臣誠未喻其說・亦曰存乎人爾・魏人許下之屯可見矣・方棗祇爲屯許之畫也・當時亦見識其落落難合・洎其成也・操終賴之・省粟數萬・今天下之大・又安知其無能爲棗祇者乎・臣是以願陛下以此爲田利課・則山澤墾・臣又聞之・山澤不征・市梁無禁・王者所以通天下大公大同之制也・自漢桑弘羊剝刻之術媚上・而征榷之法始詳・歷代因之而不革・大公之制未聞也・然臣終以此爲後世衰亂苟且之政・今朝廷之取民・茶有征・酒有榷・山澤有租・魚鹽有課・自一草一木以上之利・莫不悉籠而歸之公・其取下悉矣・夫上取下悉・則其勢窮・夫獸窮則逐・人窮則詐・今陛下之民將詐矣・司國議者・非不知其勢之不可以久也・然而明知其弊而冒之者・誠曰・國家權利之所在也・臣以爲利不勝義・義苟未安・利之何益・況又有不利者在乎・

臣聞之・王者所以總制六合而正服民心張大國體者・固在道德之厚薄・不問財賦之有無・臣觀征利之說・不出于豐大之國・恆出於衰亂之世・纖纖然與民爭利者・匹夫之事也・萬乘而下行匹夫之事・則其國辱・非豐大之時所尙也・陛下何不曠然爲人所難・思大公之法・去衰亂之政・今天下之士爭言曰・惜乎漢唐宋不能舍匹夫之利以利人・至我明天子・然後能以天子之大體鎭服民心焉・陛下何苦于此焉不爲也・臣願陛下息山林關市之征焉・使大聖人所作爲・過于人萬萬也・若夫悉推富民之術・則平糴之法・不可不立也・常平之倉・不可不設也・奢侈之禁・不可不嚴也・凡若此者・史冊之載可考・陛下可能舉而行之・成典具在・故臣不必深論之也・由臣前所陳而言之・均田也・擇吏也・去冗也・省費也・由臣後所陳而言之・闢土也・薄征也・通利也・禁舍也・田均而業厚・吏良而俗阜・冗去而盜除・費省而用裕・

土闢而地廣．征薄而息寬．利通而財流．奢禁而富益．八政立而制備矣．陛下果能行臣之言．又何憂于百姓之凍餒饑寒流離．又何至于有盜賊之警．又何患夫不順乎道而歸乎化哉．通變宜時之道．其或悉備于此．

然臣以爲此數者．皆不足爲陛下之難．所患人主一心．不能清虛寡欲．以爲寛民養物之要．則雖有善政美令．未暇及行．蓋崇高富貴之地．固易爲驕奢淫逸之所．是故明主重內治也．故古之賢王．遐觀遠慮．居尊而慮其危．處富而懼其益．履滿而防其傾．誠以定志慮而節逸欲．固寅畏而禁敝邪也．故堯曰兢．舜曰業．禹曰孜．湯曰檢．臣以爲數聖人固得治心之要矣．臣嘗讀漢書．見漢武帝之爲君．方其臨軒策士．奮志六經也．雖三代之英主．不能過焉．洎其中年多欲．一念不能自勝．公孫．弘羊．張騫．卜式之臣．五利之輩．各乘其隙而售之．卒使更變紛然．天下坐是大患．臣是以知人主一心．不可使有所嗜好形于外．少有沉溺．爲禍必大．故願陛下靜虛恬慮．以爲清心節欲之本．毋以深居無事而好逸．毋以海宇平清而事遠夷．毋以物力豐實而興土木．毋以聰明英斷而尚刑名．毋以財賦富盛而事奢侈．毋羨邪說而惑神仙．澄心正極．省慮虛涵．心澄則日明．慮省則日精．精明之運．旁燭無疆．舉天下功業．惟吾所建者．豈止以富民生足衣食而已哉．臣始以治弊治法爲陛下告．終以虛心寡欲爲陛下勉．蓋非有經世絕俗之論．以警動陛下．然直意以爲陛下之所以策臣者．蓋欲聞剴切時病之說．故畧取盡其私憂過計之辭．衷情所激．誠不知其言之猶有所憚．亦不知其言之猶有所隱．惟陛下寛其狂易．諒其朴直．而一賜覽之．天下幸甚．臣謹對．

史諫策

問．古者史不易職．諫不名官．昔人有是言矣．及觀周禮六官之屬．曰大史．小史．內史．外史．御史．又曰師氏．保氏．司諫．禮曰左右史．皆何所職．而名若是紛紛也．自漢唐而下．以我國朝之盛．其沿革輕重之詳．可悉舉而言歟．夫是二者．在上長養而優容之耳．故歐陽修．呂公著．蘇軾．呂祖謙．皆懇懇以爲言．其說信乎否歟．或謂史須三長．擇言官以三事爲先．又謂直筆不專於文學．威望不專於彈射者．何歟．茲欲史盡職而有守．人盡言而無諱．其何道以致之．人主不能無隱微之欲焉．不能無顯明之過焉．欲不可縱也．先王懼其縱之所必至．於是乎嚴之以史．過不可長也．先王懼其之所由漸．於是乎直之以諫．故史者以防欲者也．諫者以止過者也．過止而欲可寡矣．欲防而過可無矣．故史官與諫官．相成者也．

且夫天子至尊也．其所爲至無畏也．所恃以興起其羞惡自然之心．而嚴諫其無畏之勢者．以有史官與諫官在也．是故史諫有賞罰之權焉．其職雖小．其權則大．故愚以爲天不能賞罰天下．而以其所不及之權．付之天子．天子不能自賞罰其身．而以其所不及之權．付諸史諫．是史諫之權．與天子並．故先王重之也．然史不易職．而諫不名官．此其故何也．夫紀事求言．有國者之不可以已也．史而易職．則紀事之任不專矣．任不專．而筆削義廢．諫而名官．則求言之路不廣矣．路不廣而匡救之道荒．是以明筆削之義者．可以

防欲・知匡救之道者・可以止過・

其在周官・有左史以記言・右史以記動・而內府之藏・則太史掌之・邦國都野之志・則內史小史御史掌之・明有專也・至於諫諍之官・則獨缺而不設・而大司徒・司馬所掌者・則有師氏以詔王美焉・有保氏掌以諫王惡焉・是凡左右夫王者皆得諫・夫然・又矇誦・師箴・工歌・瞍賦・士傳・民語・下至陳戈・執戟・綴衣・虎賁・暬御・僕役之賤・以及版築巖穴・幽囚縲繫之間・川澤關市之吏・亦無不得諫焉・其寬容不狹如此・夫史專則職不紊而紀載明・諫不狹則善言日聞於上而忠直著・此先王制史與諫之微意也・漢唐宋以來・史制猶存・故雖太史令・制作郎・以至起居舍人之置・代有沿革・要皆不失先王左右史之遺意・顧獨一諫職之設・至今為梗・是故自漢以諫議大夫名諫・而漢人之諫・狹於諫議矣・唐以補闕拾遺名諫・而唐人之諫・狹於補闕拾遺矣・宋以司諫正言名諫・而宋人之諫・狹於司諫正言矣・職一而天下有遺言・員定而在位有遺直・遂使天下懷奇抱忠之士・不敢直言時政闕失者・曰・我非諫官也・是諫職之設限之也・我朝給事中名諫・其來已久・蓋亦因漢唐宋之舊而更其名・其諫道似為狹矣・然而君側有是非・則翰苑諸臣直上封事・乘輿有可否・則部屬諸司得自抗疏・軍民有利病・則藩臬方面・邊陲守帥・遠進奏章・是諫諍不專於給事中也・第彈劾之名既定・則偏重之權有歸・自非深懷憂國之志・不避斧鉞之誅者・鮮能以非分之責・與給事中爭衡也・又況為給事中者・未必皆得其人・而直日輪班・徒為文具・臣主儼然・終日立殿・陛下未見有所規益也・是以古者嚴執戟守闈之選・聖人所以涵養成就君德之意至矣・今縱未能如古之制・猶當別立一局於內・令有道術智識忠膽之士數人・日直其中・使得時時廸侍・行則扈從・止則隨蹕・凡宮中有小小舉動・小小得失・皆得與聞之・因陳先王之道・述祖宗之訓・採先儒之格言・疏民間之疾苦・或乘清燕・而以時獻納・或因顧問・而微寓箴規・即執戟守闈之職不復・而防微慎動之意亦於是乎存矣・夫有給事中防之於外・以糾其過・有直宿防之於內・以閉其邪・而又參之以翰苑・部屬・藩臬・邊陲百執事之章疏奏對・以備採擇・則諫道庶乎其不狹矣・

夫史官者・國曆之所係也・國初開設史局・專置太史令起居注二職・當時以宋・吳・詹・王諸公為之・此我太祖高皇帝所以待後世之意也・自夫史局既廢・史無專職・而紀曆責諸編修・國無實錄・而編修取諸章疏・夫編修非所以近王也・章疏非國紀之備也・取諸章疏以撰錄・則其善惡不詳・責諸編修以紀曆・則其是非不著・故勸戒弗昭・則邪溺之主弗之畏也・夫史無制而上無懲・甚非所以養成君德以求無過之術也・欲成君德而求其無過・則莫若復史局・且夫天下未嘗無良史之才也・惟朝廷不以史才求天下・故天下以史才自晦・如有求也・則將有董狐馬遷之輩者出焉・故愚以為欲復史局之制・宜選天下博聞有守與夫有文學知史事而心術正大者・以充其任・使其掌記言動・日執筆於王之左右・御殿則侍・行幸則從・進則立於螭坳・退則集於虎觀・凡夫接士大夫之所議論・深居法宮之所動作・皆得備聞而筆載之・而又別選數人・掌記外朝之政・如除拜・刑賞・戒祀・聘享之類・咸繫日而書月・終藏於天府・一遇纂修・仍倣先朝勅

修大典故事・廣徵名儒・下至山林隱逸之士・悉詣公車・俾與羣史共事・由是重之事權・以專其責・假之歲月・以要其成・雖宰臣不敢以與聞・天子不得以自觀・夫然後是非明而取舍定・理亂具而勸戒昭・防微杜漸之道・孰有大於此哉・抑嘗因是而論之・史所以防欲也・然史而無諫・則紀錄雖嚴・而人君之心・未必有所悟・故諫者亦以防史於未然・諫所以止過也・然諫而無史・則繩糾雖切・而人君之心未必有所畏・故史者・亦以濟諫之不及・是故史以立萬世之防・而諫以盡一時之規・然後君德成而天下治・吾故曰・史官與諫官相成者也・雖然・史諫者・人君立國之大經・而公直者・又人君所以振作史諫之大本・故人君布公道以示天下・則史才出矣・旌直才以勵人心・則諫職修矣・此又愚生之見也・不識執事以爲何如・

復翁東涯書一

聞安南降・定喜・與吾子慮同初時・不須煩兵・而上以黎氏之故・持興亡繼絕之義・欲窮詰其事・此蠻夷之俗・本不可以冠帶之國法度理之・黎氏業已在赦外矣・而廷臣無能推明其意・向非吾子於中計事・幾使江南父子不得安枕也・若陸賈入越・尉佗去帝・漢文先見・古今所韙・其後唐蒙以枸醬問蜀・張騫以竹杖通身毒國・成轉相饟・蜀道數歲不通・士罷餓・罹暑濕・死者甚衆・西南夷又數反・發兵興擊・耗費無功・得失之效・胡相越也・今朝無好大喜功之臣・莫氏請罪・委質爲藩・世供貢職・主上必牧畜之・不復徇漢武之失計矣・賢者能爲國定大議・斷大患・約垂成之禍・取無名之功・他日高官・眞無愧色・不才雲遊之人・日望羽衣來歸・徜徉於雲林烟圃也・所言降王定國・不欲列功・吾子明之・此甚達見・君子過則歸己・功則歸人・又軍志有之・大捷不賞・上下皆不伐善・斯讓之至也・夫上不伐善・必忘等矣・此處功名遠罪謗之道也・王事告成・幸以餘智養性攝形・種子自愛・

復翁東涯書二

征軍未息・聞又入陝・遠道奔馳・飢劬辛楚・兼聞渝水覆舟之險・雖壯志不驚・賴有天幸・於心憫然・度棧入潼・眺秦漢之故墟・察山川之險阨・智慮起於形勢・權謀生於故蹤・行望三秦・思淮陰之奇勳・西懷劍閣・想諸葛之遺畧・班超負封侯之思・傅子懷斬敵之勇・古今豪傑・安知其不同揆也・北方瞋目・聞望素重・專閫之托・恐在眼前・智者不避勞以立勳・勇者不愛身而辭難・自古未有借才於異代者・兹國家之法久廢・而司閫之恩甚薄・恩威失宜・邊政弛慢・殺官削國・有所由來・李牧治邊・使士醉飽・吳起吮卒・甘苦同等・所謂我愛其生・故人得與之同死・我憂其患・故人得與之同難・穰苴斬莊賈於軍中・遂霸齊國・孫子斬美人於堂上・用振吳兵・所謂政弛則慢・威之而後知徵・兵惰則廢・震之而後趨敵・故曰・死威死愛・晁錯有言・兵不用命・與無兵同・此今日之大患也・夫兵由中制者敗・令無定謀者危・今承平之餘・法令相沿・雖有逸驥・未能展足・若當專城之寄・則必上充國之請・回宣帝之聽・任專而事便宜・信重而令必趨・然後徐察地利・迅用不測・古畧新謀・參伍以

變・必獲機宜・而邀奇勳・走狂敵而封燕然・果信致命效籌・爲國樹功・不在甲冑而在我儒生也・愼好爲之・毋讓・

復薛中離書

僕聞改過在於自修・止謗在於無辯・蓋自治重而毀譽輕・是以競業於內・不暇於外・故善我者從而善之・其思也勃焉・不善我者從而不善之・其省也倪焉・蓋善惡在我・毀譽在彼・省念克察・莫非我師・顏子卓爾・四月不違・曾參宏毅・死而後已・奚暇顧人言之是非哉・近蒙寄惠聲八問錄・雖辨問周明・莫非實事・然覺毀譽之心未忘・而精察之功少慢・若顧形迹聲色之末・非若廓然無情之體・勢將治已約而望人周矣・夫人各有見・是非豈能同・君子尊德性・道問學・非必人人之信己也・同我者欣・異我者矜・故曰・以善養人・伊尹以天下爲己任・一夫不獲時・予之辜・古人至誠懇怛・以萬物爲一體如此・此乃生人之根・從此養習充達・方爲上實際・故不見人・非不見已・是物我無間・廓然同春・此吾儕平昔講究之旨・造次顛沛必於是者也・夫匡章・孟氏與遊・而通國以爲不孝・尹伯奇至順・而其父以爲不義・人心不同・至親尙隔・況人人乎・夫子温良和易・至爲無忤・而之陳之楚・每至不容・或謂德修謗興・名高毀來・此猶常談・夫子曰・某也幸・苟有過・人必知之・聖人之忘於內外如此・故樂天而無憂・聖人之事也・希聖而敦仁・學者之職也・今不孜孜於道之所當務・而徇衆人之所知見・則慢易鄙吝之心易生・而精微神化之體難入・此吾與丈之所共憂也・幸相與戮力・勉之同心・肝膈之言・萬毋以爲

狂躁・

復羅念菴書

向承二札・能督責於道・其後楊武幽至・又得一札・拳拳自咎・且以咎予・念菴愛己愛人之誠・於斯至矣・不覺軒然鼓舞・世衰俗降・友朋中素稱有意氣者・亦多隨俗苟容・不肯出其懇惻・此亦自信之不篤・旣以自恕・且以恕人・若有性分道義之愛・於此亦何忍安・乃今知念菴眞篤信君子・不惑不回者矣・旣多念菴之愛・且以瞿然自訟・恐辱厚言・近來憂苦之中・眞見吾人學問・直從精神隱微處着力・有過不可不改・有善不可不遷・自然篤實光輝・恒德日固・所謂循理則樂・不循理不樂・非反躬而實踐之・未覺其意味深長也・若就形色比擬・語言粧綴・則雖見解通徹・意氣峻嶒・不覺私意已潛藏於中矣・所謂學問思辨者・祇爲飾非文過之具・亦何益於我哉・

來示閑散燕僻之疾・皆由苟安・世景未嘗實致其志・若果於性命上安身・終日對越在天・何處生閒生僻・然非向內潛究・則又將不知鴻鵠之至・於是爲幾多矣・僕出入口耳・於身無所受用・每自私省・輒用愧汗・然今亦不欲空悔前過・又生後惡・直從自心無瑕障處警覺弗懈・求自安詳・永斷矯枉之罪・登快樂之天・念菴眞志不息・亦當自披雲霧而覩青天・區區浮游之障・眞不足以虧損陽光之體也・佝僂淪俗之徒・旣不足語矣・而有志者多因意見自畫・好事難成・實切憂傷・非弘毅强忍如吾念菴者・卓然先登道岸・爲俗前驅・其孰與究竟於斯也・楊子端靜・敝郡賴之・然旣有案牘

之煩．而僕抱苦．絕不出門．亦無因相質正於斯．尙嗣圖之．

與王汝中論東廓

東廓已爲國師．必能羽翼善類．成就末學．道之光也．喜何可言．前時有東相．及其意氣崚嶒．直欲以斯道爲己任者．又所敬服．悚歎其言．絕學千載．容易失眞．至引程子定性之說．直欲以大公順應．學天地聖人之常．在東廓之意．故亦無病．然尋考意旨．不知在何處．而以大公順應．希聖希天．文義亦似支離．若人心之眞．萬古不磨．原自廓然．非由聖傳而有．則斯道何時不明．而學亦何嘗喪．若程子廓然順應之說．蓋揭人心自然之體只此．爲聖人天地之常只此．爲君子之學．非欲以廓然順應爲希聖希天之功也．故曰．反觀吾心之是非．於道過半矣．今人說道．多從道象比擬．妝綴心體之妙．祇見迴難．亦緣未嘗實剝染習．獨見天眞．若天德流行．原無可說．心是象．道是名．此間着一字不得也．聖賢於此．直斷性善．直言簡易．蓋謂天能非人能．故聖凡無別．又直提出克念二字．爲存心養性之功．若不言克念．而徑書無欲．亦突然無下手處．故欽嘗謂今之所稱無欲者．寡欲而已矣．蓋不知天然之體．而欲修無欲之功．不亦起滅多方也哉．東廓處久欲修復．輒復止之．亦以交淺言深．君子所戒．近於東廓集中偶見前書．朗誦一遍．則見東廓之所以愛我者良不淺．而私心所懷．終欲效之．此亦是非之見未忘．吾言非中用也．以爲芹曝之誠．不敢自外於同志之歡．則庶乎得爾．書不盡言．見時聊以商及．

牛李黨論

牛李之黨．始於李德裕之任情而過於私其親．成於牛僧孺之行私而重忘其國．其歸在於私意取敗而已矣．吾嘗讀典謨．至於鯀以治水無功受誅．而禹卒以善繼見賞．蓋有以見聖人不以一家私恩．害天下公義也．又嘗讀史記．見周召之在廷論事．互有異同．而終不失和氣．蓋有以見聖人不以一己私見廢天下公理也．大抵憂國奉公．臣子之責．而行私速怨．非所以論於朝廷．故禹不以大義忍其親．則舜爲讐人．周召不以公理持正誼．則周多黨士．是鯀之殺．禹之賞．周召之辨．而和其歸．皆出於公而已．嗟夫．朝廷既委我以責．則天下之事．卷舒闔闢在我．方當同心協力而徐理之．以塞吾責．奚暇崇私植怨．而至於傾軋之紛紛乎．吾固以爲牛李之黨．不足深辨其是非邪正也．然而論速怨之罪．則李先而牛後．較亡國之罪．則牛重而李輕．方宗閔之對策．未嘗有讐德裕之心也．吉甫之譏．亦攄己見論國事耳．爲德裕者．固當平心而反思之．考其言果非．則固無足較者．使其言是．尤當力善效忠．以蓋前愆．此乃臣子所以匡救其君父而成之美．能孝之大者．顧乃怨而不解．則是德裕自絕於宗閔．而牛之黨成矣．故曰．始於德裕之任情而過於私其親．方德裕維州之受．未嘗有讐僧孺之心也．遣兵據城．正爲朝廷除大患耳．爲僧孺者．固當據義而贊成之．重旌悉怛謀以壯其忠．宣慰李德裕以獎其勞．此正人臣所以左右其君而益其福．忠之大者．顧乃重違其議．以快其私．則是僧孺嫁禍於降人．而李之怨深矣．故曰．成於僧孺之行私而重忘其國・然而宗閔所坐語言・薄罪德裕之憤・一人之私耳・當是時・匹夫之怨・未上搆於朝廷也・排擯之私・未甚酷於中書也・使宗閔能納之以大度・而恕其私・和之以大義・而諒其過・則亦可以平積憤之氣・而收不校之功・天下固無恙也・吾固曰・德裕之罪輕也・維州乃唐之故地也・且當平州之衝・實漢地入兵之路・此正虜人之所恃以無憂・而唐之子孫所當旰食而併力者也・悉怛謀一降・則山西八國皆願內屬・當時國事可知也・僧孺假守信之說・而悉歸之・使虜人誅之境上・則是絕忠疑之路・快兇虐之情・外肆國敵・內損國威・御戎之計・莫此爲拙・吾固曰・僧孺之罪重也・自是以後・結怨益深・則樹黨益固・朋類旣衆・則傾軋益甚・卒使朝廷大權・旁落於閹寺・篡賊之禍・繼筆於簡書・四十年間・唐之天下・幾不復振者・牛李輩爲之耳・噫・河北逆命・藩臣不共・天下之大亂方殷・人情之屬望剴切・此正朝廷憂辱之秋・臣子效死之日・爲牛李者・方當戮力同心・克復神州・何至於互相憑陵・坐視國患而莫之救乎・吾固曰・牛李之是非邪正・不足深辨也・

潮州八賢論

善論人者・不貴徇其名・而貴考其行・善考行者・不當泥其迹・而當察其心・夫行者事之見於迹者也・不考其行・則虛譽徒隆者得以眩其眞・無以知爲人之實・心者幾之隱於微者也・不察其心・則飾情矯行者得以肆其僞・無以稽中心之蘊・是非之極混・思齊之念阻矣・故必辨其賢否之別・析其言行之微・行雖異矣・而心或同焉・君子不謂之異也・行雖同矣・而心或異焉・君子又安可以概與之哉・執事發策・而以吾潮八賢爲問・將以觀其尙友之學也・愚生生長是邦・甯無景行先哲之志乎・嘗謂天之生材・固非偶然也・地之鍾材・亦無限也・故人材之生也・其出將以明道也・其處將以淑身也・其去將以潔己也・其就將以立名也・推之爲功業・則巍乎其有成・發之爲文章・則煥乎其可觀・蓋其生也有自・故其出也有爲・要之地靈人傑・不可誣也・吾潮爲禹貢揚州之域・古百越之地・秦漢以上・政教不及・吾未暇及論・及後風氣日開・人文漸著・五嶺鍾其秀・河海毓其英・以故懷奇瑰異之士・風流俊偉之人・相望後先・蓋未可以更僕數也・姑就明問所及者言之・力排異端・師宗孔孟・爲韓子之所尊禮者・吾得之趙德焉・而眞宗東巡獻賦頌・召試第一後・因災異言事・極詆時弊・若許申者・可以觀啓沃之忠矣・南中諸縣・淸介一人・爲高宗之所獎諭者・吾得之張夔焉・而歲有凶歉・奏免民租・獄有寃囚・辨明得活・若劉允者・可以觀濟時之惠矣・投匭論事・南歸讀易者・林巽也・觀其策忤權貴・而拜官不就・其直道而事人乎・文章學識・直言剛正者・王大寶也・觀其疏請恢復・而懇建儲位・其忘身而殉國乎・事親至孝・至爲鄉評所推者・盧侗之行實・不多見也・而居憂廬墓・爲二蘇所交遊者・吳復古之志趣超逸・豈多得哉・玆數君子・其出處雖不同・而功業之所見・皆足以定國家而樹王猷・造詣雖不一・而文章之所著・皆足以達義理而闡精微・同歸於吾潮之豪傑也・然就其中而論之・於趙德則吾取其識也・蓋其當佛老方盛之時・而能卓然自信・不爲時俗之所移者・其天資可謂剛直不羣矣・故雖未

敢謂其有得於聖賢之道．然其倡儒學之宗．衞孔氏之傳．而陶範吾潮海濱鄒魯之風者．厥功居多矣．於大寶則吾取其直也．蓋其當奸臣柄國之日．而志存恢復．不避彈劾之所加．其孤忠可謂凜然不屈矣．故吾雖未敢謂其有旋乾轉坤之功．然其倡正眞之風．張忠義之氣．而扶持宋室光明正大之業者．其績實偉矣．他如張夔林巽之淸致．廉貪立懦之節也．許申劉允之誠懇．愛君澤民之忱也．盧侗安石之論．有國士之風．復古安和之對．得養生之術．其皆一代之偉人乎．迨及吾潮風氣日開．民物日盛．衣冠禮樂之士．彬彬乎倍昔．而車載斗量者．亦未易悉數也．夫何邇年以來．淳厚者變而爲澆漓矣．誠慤者變而爲欺詐矣．典一命之寄者．尸虛位而無實行．由科貢之選者．飾虛名而乏實才．求其如昔之賢者蓋寡矣．豈古今人才之不相及哉．抑作而風之者無其道歟．不然．何古之盛而今寥寥無聞耶．雖然．因習俗而移者．非歲寒之操．待文王而興者．非豪傑之士．故作人之風．雖在上之不可廢．而自勵之節．亦吾人之不可諉．立志貴高也．造道貴純也．是必志伊尹之所志．學顏子之所學．過則聖．及則賢．不及則不失其令名．若徒以數子自期待．非愚生之所願．亦豈執事之所以望於諸生也哉．

饒平縣志序

吾讀饒志．至於藝文之卒．其采疇詳矣．夫志邑史也．闡微徵幽．興絕起廢．將明王道以備軌物．非特耀文炫觀爾．故本乎興廢之所由起．吾觀之沿革星野焉．察乎陰陽之所由變．吾觀之歲時氣候焉．原夫得失之所由徵．吾觀之災異寇變焉．茲則盛衰相錯．顯晦互因．所謂因天之道徵矣．圖之封域山川．以固其要會．列之城池關隘．以阨其險塞．陳之水利墟埠．以興其便利．導之坊鄉物產．以蕃其生息．茲謂乘形變方．度利阜財．相地之宜．疆理是淸．民資有紀．戶口爲籍．田糧爲養．雜賦爲輸．徭役爲庸．職官治之．學校導之．選舉秩之．屯兵衞之．表觀勵之．廟祠儀之．彰于明宦．顯于人物．流于藝文．徵諸風俗．有美惡焉．所謂事得其宜則理．人得其樂則和．度律爲綱．賞罰爲權．美刺爲機．人道于是乎齊矣．

林子曰．國之大事．在養與教．養在勸農桑．教在興禮義．衣食蕃殖．信義滋孚．據險以守．度時而動．以居則固．以戰則信．故曰．天時地利人和．饒邊山．其民土著．力農舊矣．而前令翁子五倫治之．今羅子胤凱封之．端平法度．顯白章理．既匡殊志．經訓闡達．學諭王子魯徐以禮潤飾之．人文于是乎彬彬矣．俗化與人推移．詎不信哉．是志也．陳則以詔．明微而稽．盖愼矣．司風君子．采事觀變．因時損益．與民終始．其將是徵夫．其將是徵夫．

重修寶雲巖後記

環湖諸山．皆嶺嶠別址也．其北峯巒纖秀．至南田．紆迴曲折．獨得其奇．迤南走海．蜿蜒起伏．至桑浦．雄渾崱屴．獨得其大．桑浦西枕萬山．蔓延數十里．以傳於海．南帶石澗．蓋總西山之水．于以百折以出而東注者也．或滙而池．或懸而瀑．或爭峽而轟然雷響．或細流而依稀作絲竹音．谷口數石．夾水以蹲人．蛇行可通．洞腹寬敞．石若牀几之狀・可容坐臥・澗水潺湲・旋繞枕側・步履間寒神淒肌・恍然濯魄冰壺也・澗南一峯聳翠・巨石覆焉・中如夏屋者再・嶺上白雲英英・巖氣日光・兩相激射・雲色皆成紺碧異彩・是所謂寶雲巖者矣・

吾潮巖之有名者三・老君盤倚城西・甘露遠跨玉簡・老君茂密・甘露夷曠・寶雲盤亙・桑浦石澗縈之・幽峭靜渺・其于二巖・稱伯仲間哉・四世祖宋秘書潛峯公・游而樂之・因巖稍立窗櫺壁戶・庭前薙蕪闢穢・以供翔步・巖下平延・更置一閣・庖湢附焉・于是坐而望之・四面迴合・爲屛爲翰・若拱若揖・莫不爭妍效譎・獻技茲巖之下・郡人蔡敏齊・紀淑菴・時從先祖講學茲巖・山川佳麗・人文翕聚・是爲靈區矣・嗣後干戈繼作・閣燬于兵・惟巖翼然在也・

歲壬寅・余同薛中離・翁東涯・修禊於此・山立川流・雲離霧合・眞足以玩目暢心・渺然與造化爭鶩于埃壒之表・但巖鮮護垣・閣基封草・遊者惜之・二君語余曰・此君家舊物也・且近在几席・可無葺之・余曰唯・乃擇吉鳩工・承巖再拓二楹・下爲磴道・磴盡臨之以閣・巖塑西來諸相・閣祀文昌及昌黎伯・益置阿田若干畝・以措祠事・是舉也・山僧光惠實董其役・而郭以亨明府・亦贊協以成・獨是山巖不改・世代遷矣・俯仰廢興・感慨係之・然香斜馬埒・不復劉氏有也・金谷銅池・豈復有存乎・即奇章平泉・勅子孫不以一石假人・今其子孫曾有過而問乎・

茲巖僻處萬山中・有力者不易亙而趨・故雖再易世・後之子孫・猶得按其遺蹟・修殘補缺・還于無恙・可不謂幸歟・夫花溪草堂・至今過者猶指爲杜氏家物・茲巖創之者前人・修之者後葉・累世作巖石主人・吾知過者必目爲林氏有也・景仰前修・以貽後人・因爲記・

廣東文徵

改編本卷十二

番禺吳道鎔原稿

明七

黎民表 字維敬・自號瑤石山人・貫之子也・嘉靖甲午舉鄉試・久不第・授翰林孔目・遷吏部司務・執政知其能文・用爲制勅房中書・供事內閣・擢南京兵部職方員外郎・丁母憂・服闋・補浙江司員外郎・監通州倉・轉餉雲中・召還掌祕閣・侍經筵・預修武宗世宗實錄・晉河南布政司參議・乞致仕・著有瑤石山人稿行世・明自孫蕡五人開南園詩社・世稱南園前五先生・至民表・與吳旦梁有譽歐大任李時行結社南園・世稱爲南園後五先生・嶺南詩學復振・五人皆出黃泰泉之門・今並崇祀於抗風軒・所著有瑤石類稿十六卷・明音類選十二卷・並存・

送李少偕令嘉興序

少偕李子與余同受學黃太史・能爲古歌詩・上者薄鮑沈・近者無論孟王也・太史以爲才・遂舉于鄉・即登上第・黎子時留滯京師・與李子狎・李子故謙退冲約・厚積而愼修・識遠而計深者也・既而聞李子當補外・且嘆曰・李子之材・即不居館閣・亦當曹署・乃得令乎・又私念曰・士之不得于世・將鑿坯而遁耳・又安得令・吾知李子之不薄令也・嘗聞輪人之爲車也・抒以行澤・侔以行山・故匡圓隨材・而不膠于用・函牛之鼎・不可以絜雞・蒯鍾之劍・曾不如鉛刀之一割・器用有所不能也・夫士之仕也・令爲難・令而劇者尤爲難・令而當于吳・劇且難矣・夫令有敲朴喧囂之煩・訴牒塡委之擾・程期糾纏之嚴・勞往迎來之勤・臨之于上者・唯其意之所指・尤咎生焉・而舞智之吏・日伺於其側・文人學子・閒居操觚弄翰・嘐然嘐然・惟意之適・乃控以羈紲・而使之撿名實於俄頃・定得失於一管・上不見疾・下不見厲・是於人情大咈者・故曰令爲難・

今洲・吳之故地也・漢人有言曰・大江之南・五湖之間・其人輕心・故其習慓利矯捷・巧僞萌生・急而繩之於法・則朋起而爲孽・且居天下爲沃區・粟帛流羨・稼穡滋植・王賦取盈焉・天時不虞・則中土受其敝・令尤煩于迫責・故曰・吳爲難・李子令嘉興・當劇且難者也・雖然・李子固調和之材・而善于用大者也・是故可規可寓・可水可懸・可童可旌・車之良也・淡而不醰・方而不割・異而能剸・擊而不掊・器之閎也・發奸擿伏・不疑于訐・動衆和民・不拘于方・恭止靖位・不流于阿・禮耋撫孺・不憚于貶・吾未見劇且難也・詩曰・馬之剛矣・轡之柔矣・斯之謂乎・然李子居重秉要・固未之涯也・余蓋未知理道者・間于鄉紳先生有聞焉・且于李子篤好也・其行也・不獲與之言・乃書于冊・追而與之・

從化縣重修三壇記

封土曰壇・所以爲神明之位者也・郊廟百神之祀皆稱

焉・國家羣祀咸秩・自圻甸迄于郡國・爲壇者三・曰山川・曰社稷・曰厲・守令皆得祀焉・從化四壇・隅列於郭外・歲時令丞具禮儀・宿齋次・享祀于壇下・凡再至焉・有水旱必往祈禱・蓋典常也・壇創于建邑時・已六十餘載・頹廢摧撓・僅餘□級・更數令・莫能增治・甚非所以展禮容虔明祀也・

嘉靖戊申・灌陽呂侯由興國文學來治吾邑・導逋疏滯・办解櫛理・諸所廢墜具舉矣・省視郊外・道茀不除・壇壝不飭・蹵然興嘆曰・禋祀之不修也・神祇之不祀也・是令職之不共也・予罪曷逭焉・乃諏於典史李君鑑・出羨則・召工役・祗謁于神・以詔興事・爲壇三處・崇之五尺・翼以齋室・繚以周垣・表以綽楔・封土樹木・整如鬱如・届祭期・潔牲拴具・胥薌傴僂・鞠跛歷階而升・神貺昭答・靈風肅然・邑之人咸謂侯能袚除其心・不黷神祀・以無曠于守官・伐石以紀其事・謂民表宜爲文・

民表竊惟令之職・莫先於惠・莫難於智・惠則能休養生息・導利屏害以愛其民・智則能綜核博稽・推明物則以事其神・昔者鄭子產之爲政也・宣尼以爲惠人者也・其論實沈臺駘之祟曰・山川之神・則水旱疫厲之災・於是乎禜之・日月星辰之神・則霜雪風雨之不時・於是乎禜之・論伯有爲厲曰・鬼有所歸・則不爲厲・子產於是能哲而惠矣・侯以壯齒服官・既有實德以庇其人民・而徽纆之暇・又肆力於文詞以厚其所積・非博物之君子乎・從化小邑也・誅求之不至・而疵癘之不生・非侯是賴歟・以此陳信・可以無媿矣・民表因邑人之請・乃作記以彰侯材・

江公均田德政記

番禺・嶺外一澳區也・隸廣州郡・領邑十有五・而番禺南海爲繁邑・番禺東距大海百里而近・西阻山谿百里而遙・東多沃土而縮於田畝・西多瘠土而侈於曠地・即一邑之間・其風氣土俗有不能以齊一者矣・矧居城郭者襲紈綺・曳絲屣・終身有不識耒耜者・而力農畝者・霑體塗足・閔閔望歲・不能得升斗之入・貧富相形・好惡相攻・故兼併侵牟之患作・而欺隱飛詭之弊生・貧富相形・好惡相攻・冊藉至不可憑依・而戶口得以增減・賦稅不供・逋逃多有・積漸使之然也・

比者閩中撫臣上言・其所轄地險而俗窳・賦稅至不均也・宜下所司檢覈之・朝廷是其議・詔天下舉行如故事・且令視累朝所入之賦爲盈縮・不取羨於民・所以子惠元元者至厚矣・維時西蜀印石江公・以名進士出宰斯邑・治之洽期・蘇疲廢・通逋滯・嚴調發・舉讀法・檄書旁午・未嘗少隙也・會有斯役・於是集里胥・簡輿皂・賚粮糒・星駕而行・自西之□□・以抵從化之界・自東之鹿步・以盡增城之界・凡土壤之肥瘠・疆理之廣狹・咸履畝而視之・悉得其情狀・於是書之於冊・畫之爲圖・荒廢者捐之・墝埆者畧之・山林□麓之不可耕治者・置之而不問・自季冬至于明年之二月・得其侈于額者・歉于舊者・爲上賦者・爲下則者・以彼之贏・實彼之虛・以彼之腴・益彼之瘠・畀之者無歸援取予之煩・得之者無自私陰據之奸・良法美政・靡有易於此者矣・昔兗州之賦・有十三載乃同・以大禹治之・猶若是其艱也・

況百餘年之廢墜・而欲奏功之旦夕乎・自非有卓犖殊異之才・其能辦此耶・

吾聞之・公之律己也廉・聽斷也公・紀法也明・宅心也恕・廉・故私所□□・公・故黠不能舞・明・故民有所守・恕・故人盡其情・而又主以敬德也・大之以虛受也・出之以孚信也・故役不逾時・而民不告勞・舉而措之・王道易易也・矧茲邑哉・於是督府劉公藩臬諸大夫・咸嘉公之績・騰之薦剡・而越之縉紳人士・鼓舞懽忻・以爲公之大有造于我也・僉謀所以報公者・乃謂民表受知最深・宜草創其事爲興人之倡・俾輶軒之使采焉・

遡公先世・咸有聞人・若封侍御惠庵公・甯遠令琢齋公・祁門文學可山公・皆以行誼顯・而甯遠公之典吾越文衡也・實得士爲黃文裕公・爲時名臣・可以稽淵源之所自矣・公世載其德・奉以周旋・宜其奕奕長世而令聞無窮也・古語云・立信讓以蒞百姓・則人之報禮重・越人何以報公德・惟永思無射哉・公名宗棐・字叔忠・庚辰進士・萬曆十年歲次壬午夏五・朝議大夫河南布政使司右參議直內閣侍經筵官邑人黎民表撰・

古墨齋記

良鄉縣學有雲麾將軍碑・蓋唐北海刺史李公邕所書也・雲麾將軍名秀・幽州人・事跡具載碑中・天寶三載正月建・公書雲麾將軍碑二・其一爲左武尉李思訓・其一此碑也・舊置官廨・不知何時爲校官裂爲柱礎・墨本遂不見於世・好古者深惋惜之・近復修學舍・更以新砥・置而不用・推之瓦礫中・過者不眄也・友人邵生正魁・董生鳳元往經其地・蹤跡之・則古礎存焉・規如鐵鑑・字尙未泐也・以語宛平李侯于吳・侯喟然興歎・寓書縣令・輦致都下・將爲亭以覆之・視寢室之右・有別館可度・亟塗塈之・納礎其中・屬藩參王子世懋署之曰・古墨齋・志存舊也・

按公仕武后朝爲郎官・辨魏元忠事・以直節自見・終其身不變・蓋社稷之臣也・當時不能用・而媢嫉者忌之・以死・可以知唐祚之不競矣・獨其書法之妙・出入二王・而奇偉倜儻・類其爲人・杜工部所謂碑版照四裔・李集賢以爲書家仙手・其流品可知已・是雖摧剝之餘・見之猶令人起敬・況其解衣盤礴時耶・

良鄉京師衢衞之交・爲吏者疲於奔命・宜其不知護惜・彼豎儒從而斧之・庸妄紛如・亦何誅焉・侯以雋雅善文章・浩穰繁劇・戴星出入・乃能庇覆於散落之餘・使先賢妙蹟頓還舊觀・不惟好奇多愛・而興廢補敝・亦可以槩其爲政矣・且宛平赤縣也・宜有金石・志其興作之歲月・周視廨宇・迄無傳焉・侯始亭而碑之・俾采風者得以故事列于紀載・文獻將有徵焉・非侯之功耶・亭成・侯歌以落之・和者自博士歐子大任而下凡若干人・民表從鉛槧之後・因記其事・甘棠之愛・庶幾勿翦焉・侯名蔭・南陽人・萬曆六年・歲次戊寅夏六月・嶺南黎民表撰幷書・（沈榜宛署雜記・）

粤王臺賦

白露既零・元霜始積・草木凋傷・山川閴寂・感京臺之忘歸・登城陴而中惕・慨然增思・拊膺太息・興國亡王・累

轍重迹。豈徒咎陶之不祀。爽鳩之弗宅而已哉。

則有强秦定霸。勁越守偏。五軍摧而弗利。睢祿却而生捐。嚚死南海。佗據龍川。占王氣於東井。規閏位於瀛壖。於是思華風。陋魋結。裒秦餘。役徒裂。乘黃屋以稱雄。改金墉而創制。日不重明。世無兩帝。念首邱於故墟。挫確心於遊說。循南面之儀。講郊宮之禮。恢夕室以重摹。擬卽臺而增累。埋寶夷山。審曲面勢。輦道雲連。重軒霞起。頳壤密石之工。井榦榮楯之麗。鉛墀釦閾之華。藻棁雕欒之侈。固已殫海陸。而炳炳萬里。

且其躋攀縹緲。曠望芊綿。横桐象郡。却頪龍編。控以虎頭之阻。隍以鮫人之淵。迭金樞於窮髮。敬若木於虞泉。凄風而纖埃不起。赫暑則紈扇常捐。信可以紓煩滯。而樂死忘年。徒想其初春始秋。宮車以出。佩玉璽與丹符。載琱輿及寶瑟。靡旃如虹。樹羽若日。彈飛繳生。掩羣射疾。組練赧乎天庭。金石殷乎地室。欸塞洽鯷海之封。舉爵霑狼槃之秩。靈曜既西。歡燕乃畢。目曠心愉。志驕氣溢。謂劉項可與並驅。會蕭曹何足爲匹。雖鷹伏於羈縻。終兕决於受縶。呂雉呴則閉關反距。代龍興則奉書要質。道之汙隆。惟其順逆。施及三主。滬焉遂衰。嬰齊入侍。繆女來歸。乾侯萌於鸜鵒。驪戎興於龍漦。終軍受冠纓而畫策。楊僕汎樓船而出師。三關席捲。駟介交馳。石門爲攙槍之壘。貪泉爲雁鶩之池。烟焰焚其城廓。棟柱鬱其傾攲。茫茫畛域。戎馬生之。雖有白壁紫貝之珍。翠羽明珠之賄。雕題黑齒之酋。駱越蒼梧之徒。曾何益於摧敗哉。

嗟乎。乘時者先奮。守險者莫當。龍川非表裏之地。鵬溟豈百二之鄉。卜洛者處其中。入關者搤其吭。彼宴安於江介。夫安取乎久長。然而竊國者百祀。稱制者五王。豈不以藩籬足以自衛。琛賮可以爭强。使呂嘉悔禍而内屬。南武列地而分疆。安知不與卯金乎競爽。而自底於滅亡。雖天運之匪忱。亦人謀之不臧。諒覆車之當戒。奚高臺之怵傷哉。廼振策而去。曳屣歌商。以紓鬱結之腸。歌曰。

春風起兮春草生。春草歇兮秋露零。英雄去兮山川在。羅紈盡兮臺沼平。天時有代謝。人理易虧盈。林光迄已毁。栢梁又行傾。彼蠻觸之戰鬥兮。安能使余思之怦怦。

雙節賦

誶高粱之淑媛兮。秉亮節而不移。藴貞專之奇志兮。懷婉嫕之殊姿。襲綺縞之繽紛兮。佩瑤琨之陸離。申蘭茝以充幃兮。曳明月以爲綦。賫盛時之娗娟兮。潛幽宮以自持。俟鸞鳳之成言兮。假惠風而鴻儀。奉嬪則于高族兮。荷樛木之葳緌。合珪璋之兩美兮。倡塤篪而同氣。既齊禮而委身兮。諒何嫌於葑菲。

胡賦命之險巇兮。又天路之遐昧。曰之死而靡他兮。謇中道而遂改。無松栢之竣茂兮。同英芝之頓瘁。非伉儷之兩絕兮。倏形響之捐背。世澳涊之嘗予兮。余獨好修之爲害也。援蒼天以爲證兮。指皎日而申戒。雖謠諑之嘗予兮。甘餐荼而不悔。旦余依乎幰帳兮。夕余息于元房。屏藻飾之金翠兮。捐被服之華章。申絓組以重結兮。垂襜帷而蔽光。琴瑟弛而弗御兮。薌澤絕而不揚。何四節之疚心兮。春與秋其迴薄。覽蕙若之曾敷兮。淹梧楸之先落。號失羣之羈雌兮。

嗘單棲之別鶴・霜霏霏而集楹兮・露泫泫而飄幕・庭㝩㝗而無人兮・尠余生之何託・神恍恍而若亡兮・冀音徽之有覿・忽頹思而就忱兮・晤話言之猶昔・起攝帶以周流兮・悵然疑而徘徊・孰微衷之可忖兮・涕沾襟之汍瀾・豈同穴之愆期兮・將闕地之爲難・顧遺孤之呱呱兮・增纏綿而永歎・

聊屈心而忍志兮・鏡女史而臚情・憫伯姬之待燔兮・悼桓嫠之毀形・嘉紀季之存祀兮・恫杞妻之頹城・憤禮宗之絕命兮・師班惠之揚名・雖操行之不同兮・咸保己而全貞・苟余心之無媿兮・何必汶汶而捐生・嗟庇宗之爲大兮・竊致余之精誠・潔俎豈於肸蠁兮・植枌梓於園塋・訓恭儉以貽則兮・浚黃河之一淸・諒天鑒之匪遐兮・終勒駿而騰聲・

重曰・從一而終・女之操兮・婉彼淑媛・惟義蹈兮・闇沕幽翳・垂兩曜兮・潔如圭璋・莫之缺兮・矗如岷峨・莫之折兮・匪惟女儀・實母則兮・應象作鏡・貽梱閾兮・克昌厥後・皇肇錫兮・天之報施・信靡忒兮

釋志賦

余遘辰之連蹇兮・志菀結而不平・獨超舉以遠遊兮・困敦之歲余北征・越谿谷之嶄巖兮・汎皇流之淩兢・旣廓處而去親昵兮・又羈旅而無友生・雖人情之同於懷土兮・獨余衷之蘊蒸・溘大火之將徂兮・鶗鴂感秋而先鳴・情憺憺而不釋兮・心搖搖如懸旌・夜漫漫而難寐兮・神霍霍而外憑・衆旣莫可與爲語兮・吾將假臆而自明・覽先民之所蹈兮・咸先迕而後拔・豈所遇之多艱兮・抑天道之遐昧・

說胥靡以徵夢兮・尙鼓刀而感璜・仲伏檻以就縶兮・戚扣角而歌商・申重繭以存楚兮・睢拉脅而危穰・秦揣摩而多金兮・斯游咸而被刑・曰趨舍之殊域兮・亦倚伏之異門・夫孰瞻智以顯榮兮・夫孰幽闇而蒙患・彼焦明翔於寥廓兮・鶡乃決榆枋而翩翻・應龍驤首以遊霧兮・澤蜆迺樂乎泥蟠・余豈不能愼棲而擇木兮・心竊有以自安也・始余撫茝蕗以充幃兮・恐叢蒸之蕪穢・懷懸黎以結佩兮・又恐襲魚目而同匱・冠雲纓之嵬嵬兮・彯霓衣之纚纚・抑蛾眉而不揚兮・矧敢呈其皓齒・謂予情其不信修以好姱兮・要九靈以爲質・靈氛揆余之貞素兮・索瓊茅爲余叶妃・曰女無嫚媚以自喜兮・持諒眞其後無悔・練元辰以俶裝兮・詔鸞皇爲之先羌・中道而竚昭兮・傷成言之數愆・心忳忳其侘傺兮・非踡跼而不行・捐脩玦以陳詞兮・涕浪浪而霑裳・覽衆芳其猶未艾兮・何直爲此皇皇也・俟河淸之未極兮・恐元夜之降霜・宿莽瘀以日萎兮・草木蔬瑟而焜黃・余固知鑿枘之鉏鋙兮・精專專而不能忘・睇靈瑣以陫側兮・邪氣壯而內攻・世方唼喋以競進兮・何獨守困窮也・抱龜玉而自衒兮・人士之醜行也・退脩吾之初服兮・思徘徊乎故宇・被荷裯之容裔兮・蔭桂旗而輕舉・予誠不能變心而易累兮・又豈貪婪而妄食・諒不仇於今之人兮・又何懷此怵惕・撫年歲其猶未暮兮・及余行之不迷・肆墳索以自娛兮・獵道德以忘疲・企泰階之一平兮・願戢翼而俟時・雖離違之可念兮・又安用坎壈而長悲・

亂曰・結精遠遊・獨鞿羈兮・覽古鏡則・悵多違兮・抑志忍尤・自保持兮・淪神道域・其庶幾兮・

龐嵩 字振卿．南海人．嘉靖甲午舉人．歷官順天通判．進治中．屢攝府尹事．明史本傳稱．京府佐貳鮮有能舉其職者．至嵩以善政特聞．歲時行縣．壺漿自隨．一蔬片楮．不以累民．民目爲龐青天．遷南京刑部員外郎．晉郎中．撰刑曹志四篇．出爲曲靖知府．刻同文編．以通三種夷字．行鄉約保甲以變夷俗．爲忌者擠．中察典．年五十一竟以老罷歸．嵩初出王守仁門．歸後復從湛若水遊．所著有圖書解．弼唐語錄．弼唐存稿．阮志並注存．

經說

河圖洛書．合而言之．皆天地奇偶自然之數而已．圖書未出之先．天尊地卑．乾坤定矣．卑高以陳．貴賤位矣．鼓之以雷霆．潤之以風雨．日月運行．一寒一暑．乾道成男．坤道成女．與夫二氣五行．錯綜天地之間．何莫非圖書奇偶之數乎．雖卦章未作．而天地聖人之數．吾道自然之學．固未嘗泯也．然易之太極生兩儀．兩儀生四象．四象生八卦．八卦而小成．六十四卦而大成．是皆一每生二．邵子所謂加倍法．鑿鑿可據者也．而書之五行．則以徵著爲序．在天爲五行．在人爲五事．以五事參五行．天人合矣．八政者．人之所以因乎天．五紀者．天之所以示乎人．皇極者．君之所以建極也．三德者．治之所以應變也．稽疑者．以人而擬之天也．庶徵者．推天而徵之人也．福極者．人感而應天也．而先後淺深之次明矣．豈泥於數之多寡也耶．

河圖洛書．理無不同．數無不同．以河圖爲經．則洛書爲緯．以洛書爲經．則河圖爲緯．經者爲裏．則緯者爲表矣．圖卦畫於前．可俟後聖而不惑．書疇敍於後．可考前聖而不疑．先儒之論．但因己之書．而爲揣合之言．非聖人取則之初意也．聖人則圖之義．觀太衍可見．其曰．天一地二．天三地四．天五地六．天七地八．天九地十．凡奇皆陽而爲天．偶皆陰而爲地．則河圖之數．自一而至十．不外奇偶二者盡之矣．故聖人則之爲兩儀．倍之爲四象．又倍之之爲八卦．重之而六十四卦成矣．若聖人之則．則於初疇見之．其曰五行．天地之端也．敬用五事．則取諸五行者也．八政以下．莫非五行之用．本之君身．達之政教．揆之天時．彰之事應．不容揜者也．故易之卦．以二爲體．亦以二爲用．而五行渾合於其中矣．書之爲疇．以五爲體．亦以五爲用．而陰陽散見於其內矣．是皆天地自然之數．自然之理．至易至簡．而分毫之人爲私智不與也．又天一地二．至天九地十．總言圖河之數．不越天地奇偶之數．聖人之易．亦不越乎天地奇偶之數焉耳．曰．必曰以五與十象太極．以奇偶各二十象兩儀．以一二三四爲四象之位．以六七八九爲四象之數．補象爲八卦．務求一一湊合．恐未必然．抑謂聖人作易．□□□於圖．蓋聖人之易．夙具於聖人之心．聖人所見．無非易也．特因河圖之數．益以徵天地人物之數．故感而作易耳．若聖人之易．非河圖不成．則天地之道．日月往來．一寒一暑．固不可以作易乎．

書名武成．紀武功之成也．所以首揭一月．至於征伐商．畧題用武之始．厥四月．哉生明．至大告武成．總敍武功之成．既生魄以後．則因諸侯朝會．而示以繼志述事之故．見伐商不違乎先．底商以後．則因百神祭告．而述商逆周順之故．以見伐商不違乎神．既戊午以後．則覆說用武之詳以終篇・首於征伐商之意・乃反商政・以後則覆言功成治定之事・以終大告武成之意・書有綱領・有條目・先略後詳・原始要終・渾渾全全・脈絡通貫・不必挨順時月・而月有可考・此所以爲古人之文也・宋儒所更定者・今如人所做供招・但知挨年順月・流水說下・殊非文法・亦昧文成名篇之旨・故愚謂宜從古文・不必有所更改也・

詩以周立教者也・萬古之長歷者稱周焉・其治也有源・其業也有基・時有盛衰・事有得失・而詩之常變異矣・常以示法也・變以示戒也・不有變・無以保常・不復常・無以拯變・聖人删詩之序・常變相錯・可以深長思矣・然國風始於二南・而繼之邶鄘衛者・何也・邶鄘衛皆地・其詩皆衛詩・衛本文王之裔也・周之王業・文實造之・二南之風・正家以化邦也・衛之風・亂家以喪邦者也・和氣招・而螽斯蟄矣・戾氣至・而完吁戮矣・子孫麟・而王業基矣・壽汲死・而狄釁乘矣・善惡優劣何如也・故衛之風・爲二南之反・因以寓惕也・繼王於衛者・黍離之詩曰・悠悠蒼天・此何人哉・指幽王也・蓋不師二南・而同於衛也・周室東遷・鄭桓武相繼爲司徒・夫子猶有望者・然淫亂之俗紛紛・未見其卒化齊魯二公之遺也・顧不制其妻子・不能防其母・雄狐之惡・文姜之醜・不忍聞矣・繼之唐魏・亦思得狂狷之意焉耳・蓋勤儉之族・猶可挽葛覃之風・祛惡族之陋・故有取也・至車鄰駟鐵・則周秦升降之大機已決・復繫之陳・我有嘉客之反也・亦因以見肅雍之化之絕也・匪風下泉・其亂極思治者乎・終之豳風・以示變之可正也・夫文王后妃・師公劉后稷之家法者・知七月・則男服事乎外・女服事乎內・關雎葛覃之化・於是乎興矣・故以是爲首尾也・此國風之序也・小雅敍燕享之事・首之鹿鳴者・禮樂明備・以樂嘉賓之心・求患告之益・燕之實也・天保之後・繼之采薇・湛露之後・繼之六月・以示安不忘戰之意也・南山正月以後・變也極矣・鼓鐘將將・流連而忘反矣・復繼之以楚茨・亦豳風之意也・采藻采菽其盛・繼之武人・東征不遑出者・則采芑杕杜之恤・不可復聞・人可以食・鮮可以飽・則燕享之樂・不可復得矣・深致憂危之辭也・此小雅之敍也・大雅始之文王・受命之本也・繼之烈祖・積累之自也・卷阿之後・繼之民勞・其謹城復于隍之戒乎・桑柔之後・繼之雲漢・其休否之機乎・終之曰・若先王受命・有如召公・日闢國百里・反本之義・思見文王之舊也・此大雅之序也・周之興・其始文王之德・故清廟之祀・首實歌之・天作成命・時邁諸詩・則開創之烈・繼體之賢・事神之禮・治人之義・胥以見矣・降福穰穰之後・繼之以思文臣工・亦楚茨之意也・四方諸侯・各以其職來祭・先代之後・亦莫不賓盈成之運・其撫之矣・猶繼之閔予之戚・其懲之戒・載芟良耜之什・嗚呼微矣・歸之般賚・則見治定功成・此頌之所由作也・如周而頌可作矣・故周而有頌・頌之常也・魯之有頌・頌之變也・周之禮樂・自魯而首壞之・故曰・周公其衰也・商之有頌・殷士膚敏・黼冔之義也・蓋因以爲戒也・此頌之序也・然其要・閨門治之端也・農桑治之本也・求世德者・治之柄也・周之一代・后稷・公劉・太王之積・至文王而大・武王之武功・成康之禮樂・得文王而開・故詩於文王獨詳焉・然文王之所以文者・不外乎敬止而已・學詩者於是而有得焉・則可等周治而上矣・鶴鳴

章・或者以陳善誘誨之辭・託物比喻・其義甚廣・聖學之要・不過乎是・不可不三復諷誦・首言鶴鳴九皐・聲聞於野者・皐是水澤・從外數至內第九□・可謂深邃・若於野・甚相隔・然鶴鳴九皐・其聲洪亮・自聞於曠野・由中達外・雖隱必章・誠之不可揜猶此・次言魚潛在淵・或在於渚者・淵是水之深處・渚則水之淺露出淵面者・魚性流動・潛躍不常・或在於淵・或在于渚・與時順適・變化無方・理之無定猶此・又次言樂彼之園・爰有樹壇・其下維蘀者・人情莫不喜嘉木之芳陰・樹壇之茂・尤陰之可愛者・然下有殞蘀彫謝之形・又在可厭矣・凡愛而當知其惡者猶此・終言他山之石・可以爲錯者・石本相厲・若可惡矣・然可以爲錯・則取之爲磨礱之具・有不可棄者・凡憎而當知其善者猶此・誦詩者知鶴鳴之義・則知至微至顯・不可無愼獨存誠之功・知魚在之義・則知至動之變・不可無窮理趨時之識・知樹壇石錯之義・則知公好公惡・反其情而約之中・不容已矣・爲此詩者・其知道乎・涵泳之而得其旨・人君有人君之用・人臣有人臣之用・學者有學者之用・推之愈遠・取之不窮・修齊治平・咸於此而得之・

人君卽位之初年・謂之元年・猶舜典之紀元日・商訓之稱祀・皆所以貴始也・孔子修春秋・託始於隱公・其稱元年・亦因乎舊・所謂祖二帝・明三王・述而不作者是也・不謂之一年而謂之元年者・元始也・大也・天地有四氣・曰元亨利貞・在人有四德・曰仁義禮智・在天之元・卽在人之仁・元爲天地之生生・仁爲吾心之生生・一也・在天地有天地之元・則闢開生人之始是也・在一歲有一歲之元・則復轉爲春始是也・在一月有一月之元・月朔生明之始是也・在一日有一日之元・子後平旦之氣是也・在人則有吾心之元・怵惕惻隱之始是也・是皆所謂生生也・易之言曰・大哉乾元・萬物資生・至哉乾元・萬物資生・天地非元・則造化幾乎息矣・又曰・元者善之長也・君子體仁・足以長人・人君非仁・則治化幾息矣・故於卽位之始・不曰一年・而曰元年・欲其體元以存心也・欲其體元以行政也・欲其體元以發天地之道・以盡參兩之責也・君仁莫不仁・君義莫不義・君正莫不正・而治道畢矣・然是義也・人君有人君之用・體元是已・人臣有人臣之用・調元是已・學者有學者之用・修調元之具・以助體元之化是已・顧其端甚微・不可不預・故養天地之元者・不在於三陽交泰之後・而在至日閉關之先・養人君之元者・不在於允執厥中之後・而在於危微精一之先・養人臣之元者・不在於人適政閒之後・而在於三見不言之先・養學者之元者・不在於平旦接物之後・而在於不聞不覩之先・故聖學明則賢才應・君德正而天下治矣・此春秋言外之意也・

天關贈別穎泉鄒公祖先生序

天關之有書院也・蓋按院覺山洪公創之・爲甘泉先師講學之地・月有會期・凡同志之士・無論遐邇顯晦・老少畢集・談經辨義・提以反身之學・開之琴瑟・和之詩歌・以陶性情・不及戶外臧否・此其恒度也・先是憲長廬山胡公・大參仁山劉公・憲副同野李公・近竹王公・見羅李公・實倡臨之・嗣我公祖穎泉鄒公・以右轄至・講學作人・尤專且篤・

每會必拉憲副懷堂孫公・聯鑣而至・揭示要旨・引牖來學・閲三載・亹亹不倦・嵩輩賴之啓翼・濟濟多士・咸有興起・樂得其所依歸也・顧夙抱歸志・未克如願・至是奉旨得歸・怡然色喜・束圖書且行・士民欲挽留之・不可得也・諸同志猶幸其信宿・期獲請益・乃於仲春念八日・延至天關復會・賓主既集・童冠率從・澄心默坐久之・贊擊講鼓・童子施貸舉案・廖生約執易・講乾之卦爻・石川子曰・公之教夙被四方・文明之化普矣・樂行憂違・潛固安之・尙何悶乎・進而未極・亦不至于亢也・公曰・吾何以比德於龍也・然日乾夕惕・不敢不勉・繼而梁生廷杞執書・講孟之大丈夫・容所子曰・居仁由義・率禮不越・大者在我矣・可窮可達・可貴可貧・孰得而移之・浩然正氣・其天地一人矣乎・迨焚香淨几・嵩稍避席・李生萃野肅客升堂・援琴瑟鼓歸去來辭・再疊而起・贊率歌詩・穗川子命鵬歌南山邦基之章・樵溪子命紳歌有杞父母之章・洞陽子命悅歌從邁色笑之章・中閣子命蘊歌鳶魚作人之章・太冲子命冀歌九罭衮衣之章・平軒子命覺歌鴻飛無所之章・勉齋子命燕歌白駒如玉之章・思樵子命合歌蔽芾甘棠之章・諸君子備述前意・嵩曰・予未知詩・然其義則竊繹之矣・邦基父母・我公忠愛之德・覃於上下者乎・匪怒作人・則春風時雨之化也・沐茲渥澤・則以得見爲喜・懼去而悲・宜矣・然空谷白駒・竟不可得而維縶也・安得不企其嗣音而思其遺愛矣乎・公起曰・諸君子之教我愛我至矣・諸君子亦曰・公之疇昔所以教我愛我者至矣・何以報之・敢不奉以夙夜・乃交拜稽首稱謝・爰移席純正之堂・縮酌盡醉而別・諸君子惓惓未已也・復合爲詩歌文詞贈之・登之于冊・捋之金山之滸・

都閫朱公羅旁成功序

兩廣肇德高梧之間・周遭千里・環瀧水而居者・大率皆寇盜之藪・而稱寇之劇者・必曰羅旁云・蓋猺狼盤據險阻自擅・不討由來遠矣・大司馬總制凌公・因前總制殷公議・爰參衆猷・爲之機宜・題覆・勤師二十萬・部分十道・以監督統督臨之・獨羅旁哨統督難其人・總戎張公偕藩臬諸司・因推我都閫朱公之賢・凌公廉得其實・遂疏名上請・報曰可・公至自薊遼・乃悉羅旁哨屬之・約期以丙子仲冬十有九日進師・公預令偏裨俞世隆・姜虎・楊惟庸・王之臣・領江浙兵士・知州莫之厚・黃有翰・領狼兵・主簿徐文表・典史邱秉舜・領獞兵・合二萬衆・中軍贊畫・則經歷朱榮矢一心・乃身親統率・由大山渡進・披叢荆・扳藤葛・裹毡而下・遂破羅旁大嵓諸窠・因乘勝破竹・所至無有敢敵者・踰月而擒斬猺狼賊盤白牛・趙大舍等一千五百餘級・俘獲賊屬八百餘名口・焚死及餒斃者無算・蕩平賊巢八十餘所・而諸軍之由他路入者・亦次第成功・越四月十有六日班師・東西諸山羣寇悉滅・四郡敉寧・兩廣之咽喉得以無梗・蓋皆仗我皇上天威・總制公謨畧・而公之成功・則獨稱崇鉅矣・于是東西山一帶・昔之目爲畏途莫敢窺其門戶者・至是而士願占農籍・願受田・旅之出途者・山行水宿・通晝夜率以無恐・公之惠亦渥矣哉・

余訪之輿論・知公頗詳・會同鄉諸縉紳屬予賀言・予乃作而言曰・公之功不徒在今日也・公起家兩浙・歇歷燕薊・

爲日久矣・蓋有五善焉・料人料事・見每前定・足屈羣策・一也・善用間諜・知彼知己・出敵不意・二也・與同甘苦・所得賞賜金帛・均以充犒・得士卒心・三也・冒險歷阻・身先戎行・士氣遂倍・四也・南倭北虜・屢建奇績・先聲破膽・五也・萃此五善・以衆擊寡・游刃且有餘地・況是役實王者之師・十則圍之・有征無戰者・何往而非制勝萬全者哉・抑公之功成矣・異日公之位益尊・公之任益重・雖勒碑燕然・標銅炎徼・其于公何有・詩曰・征伐玁狁・蠻荆來威・則公今日之謂・而又曰・經營四方・告成于王・夫非公可以計日取者哉・諸君聞言・咸喜予諗公之深・知其功之所由建者・遂請書之爲公賀・

更訂鄉約錄序

吾鄉土故瘠・民力本習勞・是多忠信・自莊渠魏公毁淫祠建社學・民知絃歌揖遜矣・顧其過化尚淺・遇威勢則怵・鄉舊有社學・弗克保・某因竊嘆・以爲大信不興・衆力未協・以至此也・間有以良搆誣者・某鼓衆共直之・得不寃・民始知協心之利矣・由是導鄉約・肇辛卯・迄于今・鄉無寇劫・官無訟・道旁之植咸若・有義舉・則踴躍以赴・若保存橋梁・興復社學・其大者也・始余創鄉約・俯意從俗・詞多質理・黄子貞啓爲之序・勉余加飾於十年之後・今惟其時哉・顧余學不加修・識譾是病・齊變至魯・魯變至道・雖復懇懇致望・可奈何哉・惟是孔子以三代直道語當時・而蘇子亦將以齊魯治蜀・王道之化・是其可行者・廼取舊錄更潤之・期與吾鄉之人永久共焉・嗟乎・觀俗以德・觀下以上・然則觀民於鄉・亦惟其鄉之賢且長者耳・某少且鄙・僅奉先人教・不敢自薄戾于宗于黨・故鄉之齔若耄・亦咸以某無大戾・得維持是約十有餘年・今將有行・以從事明天子・吾鄉之賢且長不有卓卓十倍某者哉・繼余苦心・衍是約于勿替・則固正贊與社師者之責也・勉之・晉隆古風・

羅浮同游錄序

游羅浮者・弼唐子之徒四・南闐徐子春秋之徒一・曷同爾・識遇也・迹以方揆・志以道合・經惟業趨・文用會講・君子曰・同始・歲戊戌冬・弼唐子泛西海而之羅浮也・入朱明・息甘泉先生館・將掃迹焉・越己亥正吉・鄉戚子・區生繼韓・冼生于漢・葉生翹梧・區生大猷輩・笈躡從之・莫克違也・未幾・林生瀚輩至自高吳・執易・胡生世魁輩至自博・執書・陳生萬策・梁生洪輩至自肇興・執詩・劉生天裕輩至自平樂・執春秋・徐生民戴偕胡生至・執禮・具來學・莫克違也・廼分經日講・月四稽課比業・朔望有度・晨夕有紀・以無怠違・南闐子聞而至・館冲虛左・嗣是以春秋來者・悉歸徐子課・試則率其徒咸會・偲偲愉愉・以相摩式・從者日益衆・館隘則葺茅以居・秋九月・遷築黄龍洞・戶屨頻仍未已也・

庚子・余乃暫假館元岡・南闐子暨若徒從・不遠左右・合踰百其人・爰刻同游錄以永久要・弼唐子視成・作而言曰・嗟乎・世遜風漓・軒達輊塞・轅攀轡附・偶聯榮於一時者・咸有齒錄・至操筆秉硯・以同事於齏粥者・棄若苴梗・知植本興厚・以篤貧賤之交・執德有恒・不貳夷險者・不亦

鮮矣乎．惟茲二廣．五郡之英也．豐約異齊．志道協心．錄齒聯義．吾茲慶矣．雖然．竊有慮者．晦菴象山固賢也．鵝湖之論．間有異同．太極無極之辨．數往返而不能下．非以求戾．要在明道而已．遊朱陸之門者．輒擅其說以相攻詆．失其旨矣．惟茲大同無二．不有挾私徇見．外合而中不然者乎．以正自持者．雖矜不爭．以理爲同者．雖羣不黨．人生剛柔異質．溫直殊性．爽固疏密．動擴潛靜．又不能以盡同也．必因人爲己助．愼爾言．毋輕爾動．勿炫己長．勿妬彼譽．庶可弭隙而令終哉．予不佞．敢以是爲諸子規．

矩洲文集序

六經之文．萬世不可廢也．嗣有作者．工雕組而意或蕪拘．沿摹倣而氣則蕭索．崇簡者失隘．汗漫者失浮．任膚率俚咸卑卑無觀矣． 嵩嘗願學．用質諸鄉先生．荷汲引于鐵橋先生．甚盛．間出所著矩洲文集示嵩．拜而閱之．卷凡四帙．目百二十有奇．備諸作之體．集百家之成．理至詞郁．卓有古風．述始末者存乎序．詔永久者存乎記．宣大美者存乎碑表．誌以識之．銘以明之．雜著以附之．以交神人．事往居．祝簡之辭則備矣．此集之大都也．

夫所貴于文者．匪窾是崇．將立訓明學．敦倫行．經政理程出處．以端風而範俗者也．吾觀諸序．於文而慶其不弊道焉．於史而貴其傳信焉．於詩而盡其醇且駁焉．畏天憫人二疏．是章副物統．行薦剡．是程情淵外飭重．若有遺慮者矣．是不可以明訓矣乎． 記三忠以表義也．傳節婦以勵貞也．紀學院以興教也．世載之修．而宗本孝弟之義明．二譜之述．而六行四原之善著．懷釐獻忠．榮椿效嘏．閨庭之奠．族戚之碣．頎乎其情至焉．交游之判．若有問有祭．要不出乎咨國恤．軫民瘼．頌往德．景前功．不徒以私媚也．是不可以敦倫矣乎．見人之善．不啻猶已．美不諛溢．惡必婉諷．莫不因官導能．隨地致規．督撫以文武之憲式．畿尹以寬猛之宜善．卿佐以八物之具．藩執規．臬執矩．尤威養之相須而有成者也．禱旱責躬．簡木柄士．牧馬惟人．海語而識夷貢之衰．修天而闢方士之謬．靖寇而貴奪心之策．民俗刓敝．固有可以按．東垣之圖遙．因病而施藥也．是不可以經政矣乎．

先生弱冠登第．漸于吳粵底績．滇湖晉貳．司空仔肩．丞弼有餘力也．年五紀而歸政．羨富貴而悲昌黎之言．樂恬曠而勤懷元之志． 明進退而堅三薦之避．歸公安．歸四明若莆． 每嘉歎而修容焉． 是不可以程出處振頑懦而澆俗者乎．然則斯集也．謂其窾焉不可矣．抑有自也．先生幼學能文．其性也．繩引伐檀．其志也．難進易退．其守也．性成者其詞粹以達．志勵者其思雄以確．守貞遠物者氣不攝．其詞昌以大．傳曰．有德者必有言．斯之謂矣．聿永丕式．其可少矣乎．是宜鋟梓以廣其傳．先生莞然而諾．因命嵩書鄙言爲之序．

南京刑部志總序

夫志識也．識事之謂記．識言之謂書．合事與言與人與地而悉識之之謂志． 識南京刑部何． 崇憲章也． 國朝之憲章．刑惟重．臣子之奉憲章也亦刑惟重．紀憲章以詔來．則刑之識惟重．故識其刑之自也．爲原刑．識其刑之宰也．爲司刑．識其刑之訓也．爲詳刑．識其刑之得人也．爲明刑．是四者志之大都也．聖人者奉天以立制．厥討有罪．五刑五用．匪天其孰啓之．故首乾象．有成象者必有效法．故繼之以坤儀．天高地下．二氣流布．四時行焉．温良舒慘．以育以節．柔剛之宜也．故繼之以時令．然秋匪徒剝．則威匪徒虐也．刑以弼教．故繼之以彝倫．粵昔先民．具有成憲．則陵澤之因也．故繼之以古初．若是皆刑之自也．故爲原刑之目五．

然刑不自行也．欲立治法．必本治人．故先之以正屬．攸躋攸宇．君子所以正位而居體也．故繼之以堂署．堂署備矣．良士蹶蹶．職思其居．故繼之以職守．然自用小而用人裕也．故繼之以監胄．專經義者或畧於簿書．法理之繁．不可無紀也．故繼之以掾吏．是皆衣冠者流也．役人者必有人役．故繼之以胥徒．若厥朝夕．豈種粟而自食之．代耕者必有具也．故繼之以祿俸．居次七者後食之義也．爾祿爾俸矣．義利公私之辨．惟神不可欺也．故要之以神祠．凡皆爲宰刑者設也．故爲司刑之目八．

有治人而治法可舉矣．然聖人示法．匪言弗章．丕哉顯謨．啓佑罔缺．故尊之以聖諭．言一而已．或爲風飛雷厲．以震以疊．使人愈久而有餘惕也．故繼之以榜示．時而慶雲甘雨．以被以澤．則人感惠而思懷也．故繼之以詔赦．三典迭用．惟協厥中．以永承式．不可偏廢也．故受之以誥律．其諸隨時議置．宜民變通．爲體式．爲事例．率作之所憑依焉者也．故受之以條格．若是者咸以生人也．匪以厲人也．故詳刑之目五．

上有成憲．奉而明之．存乎吾人．由今視昔．可按而數也．故列之以題名廣愛者．將以親人．主善惟其師也．故繼之以聲績．衆美之萃也．有所更革．若將建明敷陳．曷可已也．故繼之以奏議．議濟實用．言之質也．有質者必有文．篤而藝者書之．故繼之以藝文．若是者皆人官之能也．故爲明刑之目四．

夫然後爲志之全也．是故觀原刑而知治之有本矣．觀司刑而知治之有制矣．觀詳刑而知治之有法矣．觀明刑而知治之有人矣．御宇一家．皇法無外．矧根本之地而建極之先邪．率茲憲章．於萬千斯年．培衍皇猷．丕基于萬斯年．固臣子之所願望也．是用識之．若夫書不盡言．則圖以盡意．

風雅頌總序

詩以周立教者也．萬古之永歷者稱周焉．其治也有源．其業也有基．時有盛衰．事有得失．而詩之常變異矣．常．以示法也．變．以示戒也．不有變．無以保常．不復常．無以拯變．聖人删詩之序．常變相錯．可以深長思矣．

然國風始於二南．而繼之邶鄘衛者何也．邶鄘皆衛地．其詩皆衛詩．衛本文王之裔也．周之王業．文實造之．二南之風．正家以化邦者也．衛之風．亂家以喪邦者也．和氣召而螽斯蟄矣．戾氣至而完吁戮矣．子孫麟而王業基矣．壽汲死而狄釁乘矣．善惡優劣何如也．故衛之風爲二南之反．因以寓惕也．繼王於衛者．黍離之詩曰．悠悠蒼天．此何人哉．指幽王也．蓋不師二南而同於衛者也．周室東遷．鄭桓武相繼爲司徒・夫子猶有望者・然淫亂之俗紛紛・未見其率化齊魯二公之遺也・顧夫不能制其妻・子不能防其母・雄狐之惡・文姜之醜・不忍聞矣・繼之魏唐・亦思得狂狷之意焉耳・蓋曰勤儉之俗・猶可挽葛覃之風・袪惡俗之陋・故有取也・至車鄰駟鐵・則周秦升降之大機已決・復繫之陳・我有嘉客之反也・亦因以見肅雝之化之絕也・匪風下泉・其亂極思治者乎・終之豳風・以示變之可正也・夫文王后妃・師公劉后稷之家法者・如七月・則男服事乎外・女服事乎內・關雎葛覃之化・於是乎興矣・故以是爲首尾也・此國風之序也・

　小雅敍燕享之事・首之鹿鳴者・禮樂明備・以樂嘉賓之心・求忠告之益・燕之實也・天保之後・繼之采薇・湛露之後・繼之六月・以示安不忘戰之意也・南山正月以後・變也極矣・鼓鐘將將・流連而忘反矣・復繼之以楚茨・亦豳風之意也・采藻采菽其盛矣・繼之武人東征・不遑出者・則采芑杕杜之恤・不可復聞・人可以食・鮮可以飽・則燕享之樂・不可復得矣・深致憂危之辭也・小雅之敍也・

　大雅始之文王・受命之本也・繼之烈祖・積累之自也・卷阿之後・繼之民勞・其謹城復于隍之戒乎・桑柔之後・繼之雲漢・其體否之機乎・終之曰・昔先王受命・有如召公・日闢國百里・反本之義・思見文王之舊也・此大雅之序也・

　周之興・其始文王之德・故清廟之祀・首實歌之・天作成命・時邁諸詩・則開創之烈・繼體之賢・事神之禮・治人之義・胥以見矣・降福穰穰之後・繼之以思文臣工・亦楚茨之意也・四方諸侯・各以其職・來祭先代之後・亦莫不賓盈成之・運其撫之矣・猶繼之閔予之戚・其懲之戒・載芟良耜之什・嗚呼・微矣・歸之殷賚・則見治定功成・此頌之所由作也・如周而頌可作矣・故周之有頌・頌之常也・魯之有頌・頌之變也・周之禮樂・自魯而首壞之・故曰・周公其衰也・商之有頌・殷士膚敏・□□之義也・蓋因以爲戒也・此頌之序也・

　然其要・閨門治之端也・農桑治之本也・求世德者・治之柄也・周之一代・后稷公劉太王之績・至文王而大・武王之武功・成康之禮樂・得文王而開・故詩於文王獨詳焉・然文王之所以文者・不外乎敬止而已・學詩者于是而有得焉・則可等周召而上之矣・

　編校按・本文重見於作者經說篇內・

滇南諸河源委記

　雲南會城・惟北倚山・東西南三面・水勢蜒蝘・曰盤龍江・源自邵甸諸山・東泉四十里至松華埧・甃石覆板・以過奔流・其溢出板面由中行者爲正河・三十里至城東門・歷普清・普潤・雲津三橋・流愈昌大・至柁蹟灣・分爲二支・柁蹟之西・水由西行者・曲抱城南・歷織布營至土橋口・旁引小支・入墮苴閘・爲東龍鬚河・達通濟・會於南濠・正支歷糞箕營・至小澤口・又分二股・小股北行・爲西龍鬚河・歷順城橋・會于西濠・越小西埧橋閘・至魚池・入于海・大股西南行・歷大西埧閘・達水雲鄉・入于海・柁蹟之東・水由東行・迤螺螄灣窰灣至南埧口・又分爲東西二支・由東行者・越南埧閘・歷棕橋口・達檯網・入于海・由西行者・越石橋・歷樣田小北閘二口・達四道埧閘・末分燕尾・入于

海・漾田有閘・淺岸旁出之水・由東南斜行・會于檯網・而小北閘・引北岸旁出之水・迤北行・轉而西南・末分燕尾・入于海・是爲盤龍正河之派・

九松華垻之東・引水由東行・爲東溝金汁河・繞諸山麓・歷金馬安國寺・入于海・正河金汁之間・腴田萬頃・然多雨輒潦・故有白沙河以洩田溝之水・會于柁蹟灣・又東遠溝・即寶象河也・則會呈貢諸山之泉・距金汁河尾・入于海・松華垻之西・另有泉數穴・流注落索坡・越山咀三里許・爲蒜村黑龍潭・溢一支・爲西溝銀汁河・歷冷水塘・湧泉寺口・達蓮花池・會于東門河・又城西之北有海源・溢于西山之麓・分三閘・引爲三溝・歷板橋而下・入於海・是爲東西支河之派五・而海則諸河之壑也・

古稱滇池・亦曰昆明・一碧萬頃・而東西南北之山則環衛之・誠都會之大觀也・滇池之尾閭・是爲海口・即昆陽之涘・兩山束夾・長幾千丈・而澗竟數尋・水流隘緩・而兩山復多浮土・故易淤塞・歲一疏濬・已爲定規・而盤龍江諸河之水・蓋閱百數十年未有大疏治者・間或小濬・止應故事・取杯土置堤岸示飾而已・況在附郭居民雜稠・甚者築河爲岸・爲房爲園・或作疆畝・河置有閘・亦復啓閉不時・潢汙委積・以致河流日堙日隘・故三五年之間・壅塞幾盡・一遇霪雨・則四城之外・悉爲湖壑・蕩析民房・淹沒田稼・而男婦魚鱉・死于溺者無算・其幸而存者・不營穴巢櫓者幾希・

嘉靖戊午・巡撫都御史王公・巡按御史吳公・鎮守黔國沐公・詢議僉同・集大衆疏治・而檄曲靖知府龐嵩領其事・既事・沐公首命家人花牌爲之倡・士大夫佃僕以莫不從・匝月諸河底成・海口滌川・邵甸畢濬・埭堤垻閘・既修孔固・百年巨患・自此消釋・顧懲往者莫如謹後・善始者莫如令終・今玆水利・文有總督分督・武有總巡各巡・分方沿河・衆建耆老・參以牌長・守以餘丁・時巡有期・河禁有約・報水有舍・啓閘有法・若是乎布置亦詳矣・嗣今以後・尙知所以愼守哉・雖然・普淸・普潤・雲津・通濟四橋・闤闠之都會也・委苴必多・柁蹟灣・小澤口・南垻口・諸河之咽喉也・河流已壅・而尾閭一塞・尤爲五臟腹心之疾・必也小者月濬・大者歲濬・庶幾其可矣哉・嵩經營相度・獲覩其詳・爰命百戶陳賢繪圖鐫石・筆于此端・俾將來有考云・

毛紹齡　海陽人・嘉靖甲午舉人・官知縣・

何仙姑傳

何仙姑・增城何泰女・生唐開耀間・生時紫雲繞室・頂有六毫・四歲能舉移一鈞・恒自謂則天童子時・唐固未麗武氏禍也・有孝行・性柔靜簡淡・所居春岡・即今鳳凰臺・東北與羅浮山相望・居地產雲母・嘗夢老人授服餌法・臺下有井・仙姑餌雲母・汲此水製・今名雲母井・曾有練藥詩云・鳳臺雲母似天花・練作芙蓉白雪芽・笑殺狂遊勾漏令・却從何處覓丹砂・嘗告其母曰・將遊羅浮・父母怪之・私爲擇配・親迎之夕・留詩硯屛間云・麻姑怪我戀塵囂・一隔仙凡道路遙・去去滄洲弄明月・例騎黃鶴聽鸞簫・忽不知所之・明旦起視・家側井徑遺履一・頃有道士來自羅浮・見仙姑在麻姑石上・顧謂道士曰・而之增城・屬吾親收拾井上履・口

占三絶寄家云・鐵橋風景勝天臺・千樹萬樹桃花開・玉笙吹過黄巖洞・勾引長庚跨鶴來・又云・寄語童童與阿瓊・休將塵事惱閒情・蓬瀛弱水今清淺・滿地花陰護月明・又云・已趁羣眞入紫微・故鄉回首尚遲遲・千年留取井邊履・說與草堂仙子知・鄉人因稱之曰仙姑・卽所居地祠之・今名會仙觀・

朱神仙傳

朱桃椎・成都人・淡薄絶俗・披裘曳索・結廬山中・常績芒履置道上・見者曰・此居士屩也・以菜茗置其處易之・唐初・高士廉治蜀・備禮見之・不答・士廉曰・欲使我以無事治蜀矣・成都畫師許・善傳神・一日・有人敝衣憔悴・求傳神・許笑之・其人解布囊・出黄道服・鹿皮冠・白玉簪・頂冠易服・危坐以手摩面・則童顏矣・引其髮・應手而黑・乃一美丈夫也・許驚曰・不知神仙降臨・道人曰・君傳吾神置市中・有求售・只取千錢・後有識者云・此唐神仙傳朱桃椎也・求者輻輳・許貧・畫直每像輒取貳千・夢道人曰・汝福有限・安得過取・掌其左頰・既寤・頭遂偏・

皇甫坦遯跡于蜀之峨嵋・一夕行風雪中・忽聞人呼曰・子有道氣・吾當度子・皇甫顧之・見一道人臥茅簷下・令皇甫與之抵足而睡・覺暖氣自足而達・浹身徹頂・如在春風和氣中・比曉・其人振衣拂袖而去・詢其姓名・但云・他日來靈泉相尋・皇甫後往靈泉觀求之・見唐隱士朱桃椎畫像・蜀人稱妙通眞人・方知所遇乃朱眞人也・又嘗與一道人偕行・復遇妙通于途・授以冬瓜一截・葱數莖・曰・前去伺我城中酒肆・如其言而往・抵暮及闕・視瓜輒爲人首・而葱則髮也・水所霑衣皆血痕・闕吏執之・併錄其同行者・皇甫獨以身任咎・初不辨所從來・遲日將以解府・瓜葱如故・衣血亦無・官吏驚異・慰諭而遣之・出則妙通已伺于外・笑曰・子眞可教矣・烹瓜對酌・遂授以虛坎實離之旨・復引泛舟・舉杖擊水以俟・波平復擊如故・數次・顧曰・會麽・皇甫唯唯・遂傳內外二丹之訣・欽宗靖康之難・兩府曹勛自燕京持徽廟御札回・至黄河無舟・夜遇皇甫河濱・束葦與俱渡・至岸・僵且死・皇甫燃葦以燎之・良久乃蘇・問姓名・不告・曰・朱眞人以公爲安社稷計・故令我來渡公・由是觀之・誰謂神仙生自天地・而處士不能爲・但知有身心・而國難不知急耶・

司馬承徵傳

司馬承徵・字子徵・洛州人・隱居內方山鍊丹・博學能文・事潘師正・傳辟穀導引之術・無不通・師正異之・曰・我得陶隱居正一法・逮而四世矣・因辭去・遍遊名山・廬天台玉霄峯・不自出・號白雲子・唐則天屢徵之・不起・睿宗雅尚道教・每加寵異・承徵方赴召・帝問其術・對曰・爲日損・損之又損・以至于無爲・夫心目所見知・每損之尚不能已・況攻異端而增智慮哉・帝曰・治身則爾・治國若何・對曰・國猶身也・故游心于淡・合氣于漠・與物自然・而無私焉・則天地治・帝嗟嘆曰・廣成之言也・欲加寵位・辭歸乞山・乃以寶琴花帔賜之・公卿多賦詩送之・常侍徐彥伯擇三十餘篇・自製文序之・名曰白雲記・以傳之時・盧藏用早隱

終南山・後登朝居要官・見承徵將還天台・藏用指終南謂之曰・此中大有佳處・何必天台・承徵對曰・以僕所見・乃仕宦之捷徑耳・藏用有慙色・

元宗有天下・深好道術・累徵承徵到京・留于內殿・問以延年度世之事・承徵有秘傳焉・由是元宗理國四十餘年・雖祿山犯闕・鑾輿幸蜀・及爲上皇廻・又七年方始晏駕・因由天數・而亦有道力之助也・初・元宗登封泰嶽廻・問承徵五嶽何神主之・對曰・嶽者山之臣・能出雲雨・潛儲神仙・國之望者爲之・然山林之神也・亦有仙官主之・于是詔五嶽于山頂別置仙官廟・自承徵始・李白嘗云・予昔于江陵見天台司馬子微・謂予有仙風道骨・可與神遊八極之表・乃著大鵬遇希有鳥賦以自廣・

焦靜眞者・女人也・因精思間・有人導至方丈・遇二女仙・謂曰・子欲爲眞官・可詣東華青童道君・授三皇法・請名氏・則承徵也・乃歸而詣承徵・又女人謝自然・泛海欲詣蓬萊求師・爲風飄到一山・見道人謂曰・蓬萊隔弱水三十萬里・非舟楫可行・非飛仙不可到・天台有司馬子微・身居赤城・名在絳闕・可往從之・自然乃回・而受道于子微・後果白日上昇・承徵善篆隸・開元中被召・曾命以三體寫老子刊正文句・嘗著坐忘論七篇・樞翼一卷・以爲修道階次・有天隱子八篇者・不知何許人著・承徵爲序之・復作後序・口訣以示人・有弟子七十有餘・承徵年八十九時・一旦謂弟子曰・吾居玉屑峯・東望蓬萊・嘗有眞靈降駕・吾爲東海青童君・今東華君所召・吾捨人間去矣・俄頃氣絕・

何維柏 字喬仲・南海人・嘉靖乙未進士・選庶吉士・授監察御史・謝病歸・起按福建・劾嚴嵩罪・比之李林甫盧杞・詔逮治・廷杖・除名・隆慶初起用・擢大理卿・遷副都御史・晉吏部侍郎・以議張居正奪情事・出爲南京禮部尚書・致仕・卒年七十七・諡端恪・所著易學義・禮經說・太極圖解・皆未見・天山堂集八卷存・明志作二十卷・

按阮志・端恪仕後・闢天山書院・發明白沙之學・歸善葉夢熊尚書・新會陳吾德僉憲・皆出其門・其故址在今珠江南・番禺梁文忠嘗修復之・

責大臣終制以植綱常疏

臣本月初六日伏讀聖旨・毛伯溫着在院管事・臣謂陛下待大臣可謂至矣・然猶有未安者・朝廷舉措・大臣出處・天下觀之以爲法・國史記之以傳後・誠不可不愼也・臣以爲起復一事・關係國家典章甚重・連日惴懼・不已於言・伯溫素行・臣不盡悉・陛下知其能・足以委重・故援金革之例・起於衰絰之中・天語叮嚀・勢不容緩・伯溫感激被命・亦不敢再辭・忍情赴道・決期而至・蓋實厚報陛下・而不忍傷和氣之隆者・此時情事・實不獲已・今者幸賴聖明感格之誠・停止安南之役・六省生靈・既各遂安居之願・獨伯溫一人・不得以慰孝思之情乎・

夫天下未嘗無父母之人也・三年通制・達之貴賤而皆然・人子至情・雖加一日愈於已故・記曰・君子不奪人之親・亦不可以奪親也・伯溫以國家大事・奪情起復・猶可言也・今旣無事矣・則當乞恩求退・終餘服以報於父母之懷・顧乃延留朝署・苟且日月・不能以情事懇求・是可謂自奪其親者矣・然臣觀伯溫之所未及陳懇者有二・一則感陛下之隆

恩・已有明旨・而不可遽違・一則以哀凶在病所當諱避・而不敢於輕瀆・故隱忍以自徇耳・夫諱避乃一時之私情・人倫實萬世之常道・故苟含悽於公所・內不能以自盡・則非所以爲子・進退無據・外無以稟於君・則非所以爲臣・大節一隳・前美盡棄・故臣願陛下保全伯温之節・廣適同類之孝・責令陳情・乞終禮制・臣春間曾閱伯温陳辭本・內云・七月二十日服闋・則是守憂之時無幾・而報陛下之日甚長也・如陛下矜其人子至情・令其暫回原籍・以至家之日爲始・補曩者離疚之時・以足三年之制・畢事乃起・一如常例・則天下皆知陛下善以禮導其臣・大臣能以禮律其身・無爲後世譏誚・

昔富弼有母喪・韓琦言起復非盛世事・富公竟不可奪・仁宗卒從其請・天下後世咸嘉其君臣賢明・共由以禮而不悖・如使伯温今日果於自奪而不亟請・大臣不以爲非・小臣不以爲言・則天下後世・謂陛下聖明之時・猶有此事・伯温身爲憲臣・猶忍爲此・則胥效成軌・循私滅倫・將無所不至矣・異日國史演之曰・大臣起復・自陛下今日始矣・豈不可深惜哉・臣日夕痛心・以所關至大・一念至誠・不能隱默・謹具所以・伏乞聖明裁斷・則伯温幸甚・世道幸甚・臣不勝隕越祈望之至・

愼修聖德以隆中興疏

臣以迂愚・蒙陛下召用・叨受今職・感激趨赴・入侍朝班・得覲天顏・端穆聖德・仁明納諫・受言事・從至當・經筵日講・學務時敏・羣工在列・濟濟蹌蹌・奏事承旨・莫不祗愼・大臣奉公・小臣守法・苞苴不入・請托不至・盡洗往昔專恣貪黷之習・清平景象・臣謂此出・竊幸遭逢・夙夜矢心・隨分盡職以事陛下・固不敢以言塵瀆天聽・但覩今時事・尚切隱憂・有不容已於言者・仰惟陛下踐祚之始・正世道維新之會・固宜天心克享・災害不生・化行俗易・奸宄不作・中國尊榮・外夷賓服・馴致盛治・顧今有未盡然者・

臣自外來・江淮南北百姓・罷病艱苦萬狀・官府威信不立・上下不相維繫・民恣頑獷・軍逞驕悍・士踵澆訛・以下淩上・以賤辱貴・法紀陵替・漸不可長・比至畿甸・霪雨釀災・傷稼圮廬・餓莩委野・加之遠方州郡・山酋海醜・尚多竊發・頃者土蠻東犯永平・俺荅西躪石汾・荼毒之苦・慘不忍聞・至於陷城擄官・百十年來・實所未有・將弱兵疲・緩急何恃・虜情叵測・後患當虞・臣竊爲陛下憂之・

夫當此內憂外患之時・正陛下奮勵警惕之日・故臣敢以修德安攘之說告陛下・然所謂修德者・非有難行之事・不過自陛下之聽講視政者加之意耳・臣願陛下每於講讀・不徒聽之以耳・而聽之以心・將所說經史・咨析疑義・務稽帝王修德立政之方・古今治亂興衰之迹・以爲法戒・又於大臣中有才德可資啓沃者・推舉數人・俾與講讀・諸臣或輪次入直・或以時召見・以備顧問・要知心何由而可正・身何由而可修・家何由而可齊・國何由而可治・天下何由而可平・內治何由而尊嚴・外夷何由而制服・講明而力行之・及退居宮中・擇老成謹厚內臣諸人・服勤左右・崇護聖躬・俾游處有常度・幸御有常節・則出入起居・罔有不欽・聰明睿智・皆由此出・以此敬天法祖・以此用人行政・無不可者・每日朝

講之暇．請御便殿．與執政元老商榷治理．將中外臣工所題奏事務．撮其關係重大．緊切要害．開坐上請．裁確施行．仍召部院大臣．詰問所司．如進退百官．當何以久任責成．以熙庶績．而責之吏部．錢穀會計．當何以量入爲出．以經制國用．而責之戶部．憲章典刑．當何以品秩名分．以端習尚．而責之禮部．詰戎禦暴．當何以簡帥練兵．以安邇控遠．而責之兵部．刑罰獄訟．當何以明允欽恤．以使民不寃．而責之刑部．水利土木．當何以興革罷行．以節紓民力．而責之工部．貞僚肅度．當何以振揚法紀．以風勵天下．而責之以都察院．其餘職掌．悉付所司．陛下提挈大綱．時賜叮嚀．則百工愈加警勉．和衷協寅．爭相磨濯．以趨赴事功．如有怠玩及不當于職者．言官據事論劾．使不敢肆．況近日當事大臣．多有誠心體國．堪隆委託．正人布列．足備任使．但臣子去留無常．後先識見或異．陛下宜及是時．將天下國家機務．悉心共爲圖理．以預桑土綢繆之防．

且我皇上春秋鼎盛．正當憂勤惕勵．未明求衣．日旰而食．苟非隆冬盛夏．不宜暫輟朝講．兢兢業業．以理萬幾．不可自暇自逸．蓋天下安危．生民休戚．人心向背．天命去留．夷狄順逆．皆繫於陛下之一心．陛下之心正．則發邇見遠．以正朝廷．以正百官．以正萬民．天下莫敢不正．此古帝王所以安中國而撫四夷．以成中興盛治者．用此道也．伏望陛下詳察臣言．果有可採．亟與諸大臣裁酌而力行之．則宗社幸甚．天下幸甚．臣無任祈望恐悚之至．

答劉素予論春王正月書

春王正月．曩時與沃泉鄧翁評論．有說筆之．舊稿失之久矣．今亦莫能詳爲記臆．大意謂春卽夏之春．正月卽寅之月．書王者．以春秋本於魯史．魯則稱公．此稱王者．示王朝大一統之義也．先輩云．以夏時冠周月者．決非孔子尊周之道．爲下不倍．訓已嚴矣．改月改時之說．尤爲無據．今亦弗能一一詳記舊稿．大槩古之帝王．重登極卽位．改名號以一天下心志．易服色以新天下耳目．所以示大一統之正也．大槩夏以正月登極紀元．商以十二月登極紀元．周以十一月登極紀元．三代不同．孔子參而酌之．以爲不如行夏之時．以歲之首．春之端爲正也．亦猶冕與輅之言爾．至於時月．悉皆原于唐虞欽若敬授．以殷正四仲之舊．非直至夏□然也．陰陽盈虛．四時迭運．循環不忒．後天而奉．天□一而已．何紛紛乎改易之．辨此意．不肯看得久以定．若筆而衷之．茲未能也．容再圖之．

答甌東論性書

孟子道性善章．尊見說得甚出人意表．然愚不能無疑．尊論以心性卽人物之生意．甚是甚是．然謂生意落在清水五色土中．便和粹清明．物生出來便善．生意落在糞坑臭水中．便溷雜臭惡．物生出來便惡．以孟子之論性善．是矯世立教．要之未爲定論．如尊見．則是性有善有惡．不能同矣．愚請以古昔聖賢之言質之．書曰．惟皇上帝．降衷于下民．若有恒性．詩曰．民之秉彝．好是懿德．記曰．人生而靜·天之性也·中庸曰·率性之謂道·皆言性善也·易曰·成性存存·道義之門·又曰·窮理盡性·以至於命·此非孔子之言性耶·尊見以生意落在糞坑清土之喻·則性是性·氣是氣·理氣爲二矣·易曰·一陰一陽之謂道·繼之者善也·成之者性也·夫陰陽氣也·而曰道·則是理氣無二也·安有生意落在氣質之謂耶·張子云·有天地之性·有氣質之性·則是二之也·愚不敢以爲然也·

夫孟子之言性善也·參之往聖而皆合·質之後世而無疑·如此則性有善而無惡·理氣一而無二·足徵矣·然人之有昏明剛柔厚薄雜揉之不齊者·何也·性之善·理之一也·而昏明·剛柔·厚薄·雜揉之不能齊者·分之殊也·氣是生生是息之機·理是生生無二之妙·理卽氣·氣卽理·分殊卽在理一之中·一時並賦·無先後·無等待·夫物之不齊·物之情也·譬之磨焉·一時並運·然有全者·有截者·不能齊也·其實一米也·譬之植焉·同一生生·然幹有大者·有小者·不能齊也·其實一木也·譬之陶焉·一時火候·然有全者·有窳者·不能齊也·其實一模也·觀於此·則孔子所謂相近之說·正自能齊者言之·孟子性善之說·正自其至一者言之·孔孟之無以異也·然後知孔孟之言爲定論也·何也·瞽瞍至頑也·而卒至於允若·太甲至敗度也·亦圖惟厥終·書曰·克念作聖·罔念作狂·性之善可徵也·而尊論致疑於丹朱者何也·丹朱傲也·或囿於習也·當堯之時·百官牛羊倉廩以事舜於畎畝之中·富貴易動也·丹朱爲天子子·安知其不動於富·其傲也·囿于習也·堯舜爲天下得人·子不肖乎已者·則不肖輕界也·孔子曰·性相近也·習相遠也·唯上智與下愚不移·所謂相近者·就夫不能齊者言之·則夫至一之善可見矣·惟習然後相遠·則知習之不善者·非性之罪也·唯上智與下愚不移·上智生知安行·深造美大·聖神之妙·以立大正至中之極·不易乎世·不成乎名·非世之所能移者·下愚自暴自棄·狃于卑汚苟賤之行·甘爲人下而不辭·爲機變之巧·無所用其恥·沉酣陷溺·蔽固已深·悍頑罔覺·終其身而不知其習之不善者·是習之而不肯移·非性之不能移也·鄙見如斯·未知可否·望再裁教·

答趙寧宇

羅定之績·汎掃數百年氛祲·開拓千餘里疆土·非主議協謀·心志齊一·明斷兼資·曷能臻此·地方之幸也·昨閱善後疏議·詳確鑿鑿可行·廟堂嘉納允從·獨建縣一二事·尚煩覆議者·蓋以事體關係久大·亦欲再集思廣益·度地相宜·以貽無疆計焉爾·想再至卽一一如議舉行·無凝滯矣·聞羅定裏面多平曠沃川·川原風氣·儘有翕聚佳處·據而邑之·則居集安定·而生齒日繁·廣召墾種·則田里日闢·而戶口漸盡·誠如疏議所云然者·其諸大小建置·具中機的·允爲石畫·無復遺慮·獨念被中從古崇嶺邃峒·不見天日·安知有漢官威儀·種類日繁·襲踵兇頑逋浪之徒·又從而鼓煽之·以至滋蔓流毒·恣虐至如此極·故在今日·不得不盡薙獮之·然其中豈無良弱可哀矜者·乃崑岡之烈·百類俱焚·古今君子·雖切一體哀傷之仁·難致玉石之辨·勢不得不如此也·今既幸一大痛創汎掃而廓清之·秉此機會·正可以盡

居君子厚下矜遠之心．推本惻怛．以裁善後能久之計．竊念公素抱一體之學．且肩今日貽遠之寄者．當此樞局．想更惓切．不容自已．望加軫念．百凡經久未盡事宜．細詢人情土俗．曲爲酌量裁成．大之州邑衛所．次之營寨村落．俱一一躬爲督覈所司．務使得宜．備盡招徠還集之術．其孑餘逋匿醜類．尚未有落著者．似宜分隸各營寨鄉落．俾與向化者雜居．計處田廬．得以安居樂業．而又擇其子弟之少敏可教者．聯之社塾鄉校．延謹厚師儒．教導而鼓動之．俾各敦肄習．日知向方．雖欲爲不善．不可得也．頃聞葉贛州黃鄉之舉．率用此道．自立縣治．三省接壤藉之．無復往昔之警．眞長寧之上計也．公與葉君志同道合．相信素深．偶因及之．羅定大計．豈不肖所能懸度．夙抱桑梓之私．謬聞一體之教．不覺喋喋．亦畧高明見原．

答何粵橋計部

舊春抵都．即臨公勦．百爾冗種．久以湖海野跡．一旦突入樊籠．疲事應酬．四方尺素．日且踵至．須至來人守以必得．始能了帳．積漸稍慣熟．乃入春倐罹手足惡報．孔懷如割．抱疴註籍．控引乞骸．擬還溫敍契濶可有期．槩未通候．非忘情也．未蒙俞允．勉出視事．亦復兩逾旬矣．回首嶺雲．恍在心目．言念雅度．臨風神馳．憶別家鄉．僅週期序．親知零落．吾黨日孤．屈指意中．浩增永嘆．盈虛修促．默宰詎可度．但不應遽奪若是速且多也．幽明懸隔．九原不可作．求曩昔承歡聚樂．偲偲怡怡．如何可得．顧悒黯然．不可爲懷．知兄丈感喟舊交．同此綣惻．叢柯頻萎．靈根獨留．意者培植滋固．反復剝蝕．達觀內照．修眞造命．其在未死者乎．願兄倍加珍攝．節嗇寢食．守一葆和．鎮嚻寧擾．撫松把菊．班荆談舊．聞謠命酌．開逕延佇．再假歲月．俟我乎南山．引賦歸來．相與徜徉蒲澗浮邱諸勝．修復天山穗洞雅會．悟性命之理．觀竅妙之原．過則御風凌虛．周流六極．及則栖霞餐芝．把臂長嘯．入羅浮從赤松子遊．不及．亦不失爲安樂窩中地行不朽漢也．何如何如．

崔菊坡先生言行錄序

吾鄉菊坡崔先生言行錄．已行于世．惟廣郡未有梓之者．藩參一吾李公過予論及．因出二帙．公閱之稱缺典云．遂以商于憲學來張公刻之．以風示來學．俾予序之．予謂英賢之生．其所樹立有大過于人者．必其志學知德．敬愼于心術幽獨之微．以至于辭受取予之著．出處進退之文．槩諸道而時其宜者．夫然後可以有聞于天下後世．

先生在宋．盛德淸風．跨映一代．人皆知其治行勳業之隆．動衆馴暴之誠．當相不拜之節．至稱之爲千載一人．然以予觀之．先生篤志好古．動法聖賢．祗服九思九容之訓．夙夜乾惕．求無慊于不愧不怍之眞．其言曰．毋不敬則內敬常存．思無邪則外邪難入．凡起居食息之時．無非恐懼修省之地．而猶惓惓于學術．殺天下後世之慮．則其謹微誠切之功．中正宏邃之學．盖已獨至．故精義所及．大小畢察．少有未歉于心者．不苟焉以取．如却甥恩例之援．歸子奩資之田．至于祠祿之辭．又逈出宋人之上．此非素嚴義利之辨者不能．時而可仕．則邕瓊淮蜀．宣力綏尊．而不憚于險阻・義所當急・則出而禦鄉國之變・毅然任之而不辭・時不可爲・雖以端揆重任・隆之以延竚之勤・則確乎其不可拔・是其時止時行・其道光明・盖知進退存亡・而不失其正者・孔子大聖也・孟子稱之・亦曰・進以禮・退以義・仕止久速・各當其可之謂時・然則先生之所樹立・非學孔子而有得者耶・

念昔與西樵方文襄公言・史稱張崔異代齊名・西樵曰・張之相業未易及・予曰・曲江文章功業・固唐代賢臣・菊坡志學知德・則有道氣象・其流風餘韻・猶可使人興起于千百世之下・西樵以爲然・後以質之諸君子・亦皆以予言爲然・故曰・誦其詩・讀其書・不知其人可乎・是以論其世也・尚友君子・庸有謬乎予言哉・

重修曲江張公祠記

梅嶺重修曲江公祠者何・重報也・觀也・初嶺路未闢・廣人皆取道樂昌連陽而入・水陸紆僻・山復層巒絕壁・鳥道巉嶫・行者病之・開元四年・公爲左拾遺・上議・奉命莅茲土・履險相宜・殫慮布畫・於是鑿重關爲周行・車馬駢達・風氣流通・實嶺海內外無疆之休・夫公之治嶺也・猶禹之治水也・因勢利導・不自爲能・昔人觀河洛・曰・微禹吾其魚乎・至今嶺之民・思公之功而不忘者・以公之利民遠也・

公祠建于元人・迨我明嘗修之・歲久漫漶不治・日就傾圮・嘉靖甲辰・公從弟殿中公裔孫惠安淨峯公・奉命總督南土・過謁・愀然曰・守土之責也・欲新之・廼爲文以告・明年郡侯某以其事白・淨峯公可之・又白贛臺某公某・廵院某公某・暨守廵某公某・某公某・咸可之・於是經工理財・考度定制・圮者興之・敝者易之・卑者崇之・隘者廓之・堂宇窿邃・門廡森翼・赫爲具瞻・過者樂而觀之・是役也・董厥事者某某・相厥成者某某・工肇自丙午夏・越丁未仲冬某日落成・周侯某與其貳張子某・將淨峯公命・俾予記之・某・公鄉人也・素仰公義・不當辭・廼爲之言曰・

公爲唐代名臣・文章相業・炳燿史冊・如抑守珪之濫賞・罷仙客之實封・上千秋金鑑錄・其風謇諤・爲大臣典謨・其最重而難者・則寢惠妃之謀・叱貴兒之請・國本賴以不搖・至于請誅祿山以絕後患・憂深言切・惜明皇不悟・遂至乘輿播遷・四海受毒・雖曲江一祭・亦已晚矣・公之卓見忠猷・繫國家安危類如此・及以直道見黜・安義達命・不少介戚・若公者・孔子所謂大臣以道事君・不可則止者也・庾嶺介江廣要津・四方之學者往來于茲・謁公祠・瞻遺像・志摛藻者仰其文章・事功烈者慕其相業・尚操節者思其風度・安社稷者鑒其先識・以直道見斥者慰其安義・以奸邪被逐者懼其靈耿・仁者淑其利澤・貪夫媿其穢跡・是祠之建・實所以昭報勸而廣風敎也・詩曰・周道如砥・其直如矢・君子所履・小人所視・信乎公之道・宜于天下後世矣・是爲記・

改建曲江縣學記

江南文獻之盛・前代盡曲江云・古今人謂南人入相・自張公九齡始・天下稱曲江公而不敢名・余襄公靖仕宋・爲慶歷名臣・二公家世咸顯赫・列姓濟美・蒸蒸然與中州埒・顧

今文物厄塞且二百年·豈人事氣機·汚隆否泰·有相爲感召者耶·諸生則以爲學校賢士所關·學圮敎湮·士習以怠·故行汲汲以改學爲首事·

按邑學·宋時在城東南隅·元人修之·我朝天順間復修之·宏治十三年·郡守蔣欽遷於府治東·湫隘且圮·前兵憲劉公穩欲改修未果·邇貴陽李公渭來守是邦·政通人和·百廢具舉·且以興起斯文爲任·諸生得以請·公曰·吾責也·偕其佐熊君曉·王君嘉會·潘君承惠·暨尹王子維方·及鄉縉紳清江今黃子城·登陟原巘·至于帽峯山麓·觀其流泉·下有鳳凰池·淵澄可鑑·蓮峯當其前·湞江武溪合流於城南·顧瞻曰·休哉·天光發新·地靈啓秘·高朗清曠·無以踰此·僉謀既同·請於撫按督學諸公·咸報可·乃易學宮及明經書院舊址·得金六百有奇·外此皆公與王尹捐措·不以擾民·諏吉定度·鳩工庀材·以我隆慶已巳十二月經始·俾邑丞葉朝鎮·主簿梁桂芳·董其役·庠生龔祚·卞漳·耆民周杞·侯繼統贊之·學之制·若大成殿·若左右廡·若戟門·若櫺星門·若明倫堂·若兩齋·若啓聖祠·若敬一亭·若息虛亭·咸鼎而新·爲堊而級焉·而隅焉·榮焉·序焉·備矣·

明年某月告成事·公率僚屬師生謁焉·入門及階·曰禮門也·義路也·君子所履·小人所視·禮成·歷階而進·瞻視廊廡·曰·羹牆如見·誦詩讀書·論世考人·是尚友也·降階自右廡入·西行數十步爲明倫堂·升焉·曰·學所以明人倫也·登斯堂也·容有不慈不孝不友不悌不忠不信者乎·得無惕然訟·翻然改乎·語罷·人人瞿然省懼·弗若於訓·由堂後而東·禮啓聖祠·謁敬一亭·曰·一者中也·敬所以精而執之·君子莊敬·曰·雖德惟一·動罔不臧·縱觀齋舍·至息虛亭·曰·君子之於學也·藏焉修焉·息焉游焉·讀書窮理·皆敬一事·若徒汨沒口耳·則以書縛我·雖多奚爲·白沙陳子有言·爲學當求諸心·以虛明靜一爲之主·讀古人書·庶有契合·不爲影响依附·以陷於徇外自欺之弊·此心學法門也·人心與太虛同體·常虛常明·常感常寂·惟不知止而蔽於物則不虛·善學者不物物而知所息·息其所息·不息其息·虛自生生·周子言·學以一爲要·一者無欲也·無欲則靜虛動直·陳子言·學以虛爲本·致虛之以立本也·戒懼以閑之·以致虛也·二子皆學孔子而有得者·故言旨而盡·諸生學周陳之學·以造聖門之奧·行張余之志·以達三代之英·則曲江令聞·播於無極·苟徒希世榮·怙利寵·忍負人家國者·匪惟貽誚吾黨·山川且羞之·諸生唯唯·既而請曰·名言在茲·盍記·諸公然之·遣諸生來徵予言·未幾·公晉式廣臬·過由前謀·復命諸生以俟·諸生歷述公言·爰次爲記·

新安經始碑記

隆慶壬申夏·巡海仁山劉公還自海上·過予·述南頭父老吳祚等語曰·吾儕老且死·獨子孫世淪鬱陷·何由見天日·號籲呼地·請建縣治以圖保障·予曰·公何不力任·以綏厥蒸民·公謂建置事重·惟議添一丞·少慰衆望·予曰·南頭設海防郡貳·與守備彈壓茲土·尚不能爲小人依附·何有於丞·若建邑則職專·守牧責重·附循給束·强悍

不得肆其惡・比聯良弱・有所恃以生・東莞爲藩籬・會省爲門戶・輯邇控遠・安內攘外・一舉而重善得矣・昔與制府劉公尹公創議首此・今在鎭殷公亦言之・備公入・以予言探之・翌日・公以添丞上詳・因以予言質殷公・殷公曰・彼中父老意若何・公曰・萬口同詞・惟願立縣・殷公曰・何公素不苟于言・父老且宣之・宜以建縣請・令更詳入・殷公敦下・卽疏馳請・奉兪旨・名爲新安・因舊城以爲固・輯軍民以爲居・肇剏邑堂學宮・次第就緒・公過予稽首曰・新安邑治・不佞承矩廸有成・諸所經營・茲敢冀名言以記始事・予念茲土・在漢隸南海郡・歷晉而隋・或郡或縣・舊名寶安・磨移到涌爲東莞縣・洪武間・城舊郡地・爲守備千戶所・南控溟渤東西諸路・悍商番舶翔帆・日千里可至・誠嶺海重鎭・往昔經畧疎濶・漫無防守・大都以漁樵耕種爲事・而海寇頁險嘯聚・爲內境患・不啻數十年・今萬姓有所利賴・耕鑿魚販・得自食其力・以享室家之樂・島外小醜・徘徊海壖・莫敢窺伺・海不揚波・境內咸藉康毗・芟彝就坦・化梗爲良・曩時驍悍干盾之區・率爲詩書弦歌之習・士子嗜學績文・裒然爲舉首・策南宮上第・諸所敬業・席珍以需・淸廟之用・蓋將埒東邑而上之・是舉也・兩廣制府殷公定其議・侍御楊公・藩臬司府・協其謨・海防貳守周希冕・東莞令尹董裕・綜其務・而決斷力成之者・則仁山公也・概邑士民・莫不追慕公德・用備記之・以貽來者・

廣寧縣學田記

用宇黃侯以能治劇・初涖廣寧・風裁凜凜・境內大治・雅慕文翁之風・欲興起敎化・乃籲于士曰・吾使豪猾者戢・困窮者蘇・土疆不越・道路無虞・則咨爾多士・吾使少壯者作・耄老者休・各恭其長・不匱所生・則咨爾多士・吾使婚聘有則・喪葬有禮・無蔑天常・無斁人紀・則咨爾多士・爾其念哉・乃數往學・敎之吉凶享祀之節・敎之孝弟忠信之義・敎之存心致知之學・敎之誦說能義・以取衷也・敎之相勸切磋・以勵益也・若則有勸・不若有懲・已而飭黌宮・建賢宦祠・修號舍・又以士之貧者無以自存也・沒廢田・計租二百石有奇・養士之貧者賢者・冠婚喪祭之不能成禮者給焉・其敎諭鄧君沛・訓導秦君一律・介其弟子陳生鳴嶽・請予記之・以垂永久・

記曰・刑罰之治人也淺・禮義之治人也深・夫刑罰・非不肅也・謂束縛焉耳也・故君子之爲政也・不以養廢敎・謀在遠也・善敎者匪別立之科・去其害敎者而已矣・今之害敎者・維何・師儒之耄昏・則敎廢・章程之紊雜・則敎廢・課肄之惰偷・則敎廢・勸懲之棼濫・則敎廢・怵勢而骫法・則敎廢・狥情以行私・則敎廢・此皆係于上者也・敎術迷惑・則敎廢・俗尙淫回・則敎廢・甘利而遠義・則敎廢・怙勢以干憲・則敎廢・叢口以鼓謗・則敎廢・習其所不習・不習其所習・則敎廢・此皆生于下者也・夫生于下者・上可得而導也・其係于上者・吾且將誰責乎・余見今之置學田者・所以維敎也・往往乾沒於學霸・乾沒於師長・乾沒于佃戶・瓦匿瓜分・而士之貧者賢者・冠婚喪祭之不成禮者・不沾其升斗之惠・督學憲臣歲一至・於其地稍行淸理・輒名以應・豈設田者之初心乎・此敎之所以日蔽・而俗之所以日偷也・黃

侯匪姑息以爲寬・匪激勸以爲猛・匪舍縱以爲恕・精明任事・不避怨尤・而一時師生・罔以浮藝蔽德・罔以側言改度・士之貧者賢者・罔不治其身心・以徼惠於無斁・寧復有異日乾沒之弊乎・侯名南金・福建泉州府南安縣人・用宇其別號也・

鄉達相雙厓李公・先是捐其田租八十石・龐生尙鴻捐其租六十石入學・以助生徒之貧而賢者・李公諱藥・別號雙厓・嘉靖乙未進士・歷官山東道・監察御史・雅尙行誼・龐生尙鴻・本學廪膳生員・文行並茂・其子名端學・同學生・於捐租一事・足徵父子同志云・夫黃侯尙矣・其德澤在士民・千百世不朽矣・而李公龐生・皆無所爲而爲善也・百世之下・聞其風者・必有奮然而興起者乎・學田土名・墟・壠・段・稅・畝・耕人・載之碑陰・併爲之記・時萬歷甲甲秋七月吉日・

忠烈太華李君死事傳

予讀太華李君行狀・悲焉・作而嘆曰・嗟乎・生死誠大矣・世之委質受托寄命者豈少哉・顧婞嫛涊淟・苟便身圖・至臨利害・甘心竊竄・卽負人國家・亦不遑恤・若此世何賴焉・攷之載籍・上下數千年・所記述精忠大節者・亦惟嚴・嵇・張・許・顏・段・陸・張・文山數君子・此其表表者爾・茲以太華君所事觀之・則何忝數君子焉・

君諱堯卿・字唐憑・別號太華・世居番禺・生負異質・早奮貢科・嘉靖丙辰・仕爲甯德・瀕海下邑・民苦客戶漁害・加以倭寇鈔擾・益不堪命・君至・正已率物・鋤奸剔蠹・民用休息・乃修浚城池・繕治兵甲・其諸爲守禦計者・咸先事預備・賊覘有備・三年不敢犯甯德・既而按院駐節建甯・察群吏治・君往・賊聞君往・大舉入寇・居民潰散・攝簿挾印走報・至建甯・亟白歸守・按院壯而遣之・兼程三晝夜・達境上・父老泣・止勿入城・君曰・城吾城也・吾當與若等死守・乃裂裳招集散兵・聲義誓衆・衆感泣・遮道從入城・闔門爲死守計・須臾・賊突至・繞城三匝・君申令親督民兵・且守且戰・間有竊逃者・輒耳以徇・賊知軍令嚴・退去・二日復來・遁去・又二日又復來・君設伏生擒十餘賊・賊大潰・又遁去・旬日間・寇三犯而全城保安・台院錄其功・薦于朝・辛酉秋・擢倅處州・時寇報益急・或諷以遷秩去・君正色曰・聞擢未憑・若猶茲牧也・吾遽去・其誰與守・先是君指措・選募義兵四百・練習充麾下健卒・以故賊不敢近・後撫台移鎭・撤其兵・賊遂乘虛寇攻・君與參將王夢麟・歃血誓衆死戰・忠義所激・士卒莫不忠奮・賊有張車登陣者・君手刃六七顆・飛血淋漓・衣甲皆赤・有進逃避之策者・立叱斬之・併攻三日夜・危甚・君度力獨不可支・嘆曰・大事去矣・具服拜告天地君親・訣別人世・解印付家童曰・事勢危蹙・今日外援更不至・城陷我必死・汝謹護此・毋褻名器・語罷・督戰益力・勢轉急・外援且不至・加以颶風大作・藥焰漫城・城遂陷・君尙憤刃賊・爲賊所害・是歲十月二十二日也・踰時・其義兵至援・痛君死・憤恨鏖戰・擊殺賊・賊敗退走・義兵得君屍・哀之慟・裹革負歸・有司斂之・事聞・朝廷嘉其忠・如知縣林咸例・贈太僕寺丞・廕其子翁齡爲國子生・越明年夏・歸櫬羊城・城中人莫不嗟

悼・縉紳耆英髦士相卒會奠・各誄之以詞・其姻唐山陳明府某・吾友也・偕翁齡持君門人劉進士維嵩狀來・請予傳其事・

予讀史・見古人忠義事・則爲掩卷憤嘆不已・今與君同時又同地・而又深悉君死之詳・倍切悲感・曷已于言・倭奴憑陵恣虐・黠猾糾導・煽動中土・肇浙延吳及揚・而浸淫閩越・毒慘不忍聞・七八年來・攻陷治城不下十餘・守土之吏・望風奔潰・竟未聞一人以身殉國者・惟君與林君相繼以死・二君生同里居・一時並以忠著・川岳正氣・凛耀寰宇・據林君憤激投戰・甘蹈白刃・勤事以死・固甚烈矣・乃君先事預圖・志切保障・事不避難・難不苟免・鞠躬盡瘁・精白一心・必欲以生其民・至于事變窮極・直以此身與城爲存亡・是致命慷慨・就義從容・精誠動天地・耿光照千古・回視巡遠諸君子・何讓焉・孔子所謂殺身成仁・守死善道・若太華君者非耶・正德間・賊陷上蔡縣・霍恩被執・不屈而死・天子詔贈恩爲光祿少卿・優錄二子・勅賜愍節祠祀焉・太華君與王參將贈都督者同日而死・王遇民園・君則挺刄砍賊・罵不受執・竟死敵樓上・是顛沛危亡・無少逡巡・必正死所・蓋與結纓易簀同得正而斃・此非眞剛大正直之氣・充之定見定力者不能・吾聞君自少篤志好學・爲督學莊渠魏公所重・執親之喪・七日水漿不入口・三年衰絰不解體・忠孝懿德・非由襲取・是其所植者然也・予故推本・著其死事始末列爲傳・後之君子考衷焉・

會祭司成白山倫先生文

嗚呼・大塊盈虛・物無不盡・故終始者造化之恒機・而豐嗇遐促・則繫于所值之數・哀死者生人之大義・而厚薄輕重・各因夫所發之情・觀之人世・繽紛混雜・萬有不齊・其之死也則有可惜者・有不足惜者・有可深惜者・有無所用惜者・生而鄙瑣庸碌・與草木同腐・則亦不足惜・乃若履素達猷・顧所遭値窮蹙以早世・眞爲可惜・至于鍾氣英時・具質碩雅・而器可大受・乃嗇于年・盡于力・不足以充所志而成其材・斯則尤可深惜者・嗚呼白山・若公者豈非吾黨之所可深惜深惜者哉・

某等辱交於公・知公之素矣・竊嘗慨夫世人恒態・幼而聰警・則荒而嬉・學而博識・則飾智以傲・少登高科・則氣盈以侈・榮顯世濟・則鮮克由禮・仕陟華美・則冒昧干進・至老而不止・公自少開悟絶倫・乃能遜志于學・人稱其敏・博識廣聞・而自視欿然・人稱其謙・弱冠登上第・兩魁天下・而聲光不露・人稱其重・喬梓華萼・奕葉聯芳・則履盛滿而不淫・善戲豫而不謔・人稱其約・官翰苑・賢資最著・同時後進者率能善致顯膴・公獨恬然・甫一十年始得拜南雍司成・猶瞿瞿然如弗勝・人稱其操・在國學和易寬博・而濟之以愼密不苟・人稱其愼・居數載・不善逐時好・遂引疾懇退・人稱其勇・既歸・杜門不蹈塵鞅・人稱其靜・夫若是則可謂敦懿累行・固宜介祉膺永・乃年未五十而卒・不遐其福・惜哉・公珪璋連瑚璉・清廟器也・人多以公輔期公・天固奪公之速・使不得以大其仕以究其用・惜哉・

吾廣自昔多稱賢卓・至如崔菊坡盛德清風・跨映宋代・陳白沙道成德尊・命令今世・斯固間氣特鍾・然實得于所學之正・張曲江陳道侔伊呂・見知明主・而能發揮事業・爲唐賢相・李文溪以賢良・策名上第・亦能見之文章氣節・爲宋名臣・雖知遇之隆・然亦由夫所趨之大・公禀氣英特・具質宏雅・而所遇亦隆・使早得專志正學・以廸其所趨・繼之以年力・以極其所造・何古人之不可及也・顧厚其質而靳其力・崇其名而嗇其年・乃未足以竭其當大有爲之志・而充夫任重致遠之才・以成不朽之美・嗚呼白山・豈非吾黨之可深惜者哉・

然而公也早有顯名・亦膺榮錫・且冠裾簪紱・盛於一門・視世之窮甓以殞者・何啻千里・況夫敏重謙約・操愼勇靜・生爲人所共稱・死爲人所深惜・則異夫世之虛生浪死者・而公亦可以自慰矣・嗚呼・蓋棺無忝・歸土則寧・衆感曩昔・誼通幽明・爼豆告虔・檀樾斯罄・公其有知・宜鑒羣誠・尚饗・

祭羅整庵先生文

嗚呼・三代之敎出於一・故學術明而士習正・後世之學淪於雜・故異論起而聖敎微・襲記問者則溺於口耳支離之病・而昧自得之眞・執意見者則陷夫儱侗莽蕩之歸・而歉躬行之實・道之不明・或失於煩・或失於虛・其所繇來遠矣・無論漢唐・入宋・理學大明・周程至矣・延平之下・則有朱晦菴・陸象山・眞積力行・皆實學也・著述與否不繫焉・後之學於朱陸之門者・各尙師說而濟之・以角勝之私說始騰・而道日漓・以迄于今・侈煩飾虛・流弊滋甚・至論理學・則陽明甘泉二公晰矣備矣・某皆慕之仰之・第未及門以罄其說・若平生得於師友所尊信者・則智眞力勇・果決必成・有如吳康齋・志大識精・深造自得・有如陳白沙・踐履篤實・議論平正・有如薛文清・三君子皆予所願學・恨生也晚不及見・

弱冠宦京師・與四方學者遊・則又知有整菴先生者・好古之勤・力學之實・進退之正・辭受之嚴・鄉里稱之・天下信之・予心嚮往久矣・嘉靖癸卯還朝・道泰和・竭一日之程・遂謁見之素・至則先生夙恙未瘳・扶杖欵迓・諄諄論議・確有眞的・泛及陳王湛三先生之言・以爲皆悟後之見・學之者未領厥悟而襲其論・失斯遠矣・且敬服白沙之學之才爲不可及・某應之曰・王湛二公・立言者也・諸所述作・天下後世・必有識之者・若白沙學求自成・不事著述・蓋有諸己而忘諸己者・間有一二援引託喩・乃其泛應之語・恐未可摘而疵之也・先生首肯・某二日告別・雖未克成弟子之禮・然登堂階・聞謦欬・素願慰矣・計往還源源請益・乃乙巳以罪擯斥・遂歸舊廬・相去日遠・日益不忘・丙午夏・得先生手書・及惠困知記・暇日三復・其以理一・分殊論性・而性命流行之妙可徵・以動靜體用論心・而道心人心之幾以著・此皆獨得之見・至於立論之確・攻辨之嚴・則良工獨苦之心也・某學未有成・於諸君子之敎・不敢方擬・獨竊先生踐履眞實・言行相顧・豈非所謂躬行君子者耶・某私淑先生・較爲得力・故信益深・詎期天不憖遺・丁未之秋・遽聞訃音・以侍奉庭闈・不敢遠離・峻嶺長江・未展几筵之奠・緘詞束

帛・遙將哀慕之誠・嗚呼・哲人已萎・吾將何依・臨風悵惘・涕泗漣洏・千里寸心・萬古一時・羹牆如見・何敢斁思・精靈不昧・庶幾鑒兹・尚饗・

何　彥　字善充・順德人・嘉靖乙未進士・授行人・擢南京戶科給事中・出守荆衡・官至太僕寺卿・致仕・彥居諫垣・嘗劾吏部尚書許讚徇私亂法・禮部尚書嚴嵩宣淫納賂・又武定侯郭勛請復內官鎮守・彥援祖制・歷陳其害・事得寢・世服其敢言・卒年九十・祀鄉賢・所著石川集・未見・

論復鎮守疏

爲乞聖斷息邪議以光聖治事・臣觀郭勛所陳條欵數多・未敢析辯・以瀆聖聽・惟議復鎮守內臣一節・驟聞不勝駭異・查得鎮守之設・太祖高皇帝立國之初・未之有也・永樂十年・始於緊關去處・暫設鎮守太監・正統天順以後・因革不常・正德之時・逆瑾擅權・差額益繁・橫暴四出・殃民尤甚・惟陛下聖明・洞察積弊・革去鎮守內臣・天下之人・無不歡忻鼓舞・共樂至治之休・今勛建議以爲鎮守當復・則言出欺罔・非所以盡忠於聖明也・

臣曾見往時鎮守所至之處・供應頻繁・民力疲敝・至其奏帶參隨假名以通賄・聽差官旗生事以害人・或指稱進貢・以起無名之征・或暗行訪察・以興法外之獄・雖窮鄉下邑・雞犬弗寧・富室巨家・鮮不罹禍・是鎮守之設・無分毫之益・而有無窮之害者・勛乃欲議復之・臣不知其何說也・勛謂其可以鈐制文武官員・則有鎮守之時・橫肆征求・凌虐郡縣・其間有不奉公愛民不自顧慮者・動中以奇禍・其闒茸者幾何不望塵竦息・寧朘削其民以苟且夕之安乎・勛又欲假以劾制之權・臣又不知其何說・書曰・元首明哉・股肱良哉・自古聖帝明王・必資賢相・以共成正大光明之業・未聞以腹心耳目託之於宦官也・任用宦者・乃漢唐失德之事・無足法者・陛下方隆堯舜之業・豈肯以腹心耳目寄之於刑餘之人哉・勛之憸邪欺罔・肆言無忌・一至於此・

臣攷周禮閽人掌王宮門之禁・寺人掌王之內人之戒・令相導其出入之事而已・凡政事皆不與焉・太祖稽古立法・悉倣周禮・諸司百僚・纖悉詳備・獨不設鎮守・聖慮蓋深遠也・陛下毅然獨斷・革罷鎮守・卽得周官之制・而於法祖之治・誠有光矣・天下共戴陛下之恩・豈淺淺哉・然而裁革既久・其中希圖進用復逞其志者・尚有待而發也・惟在聖明洞察之耳・伏望陛下推原太祖不肯設立之心・以爲可守之法・尤望陛下堅持近年停革之政・以爲悠久之規・則政本常清・巧伺之輩不得以肆毒于外・而天下之民永賴安全者・皆荷皇仁之賜也・臣始待罪諫垣・自揣愚昧・不足以冒干聖聽・然有所聞而言・亦臣之職分所以圖報於萬一者也・

議革言官互劾疏

爲公攷察燭隱弊以全大體事・臣等竊惟黜陟之典・肇自虞周・我朝因之・嚴明渾厚・遠過於古・外僚之臣・三年一舉黜陟・其於京職・或十年・或五年六年一舉攷察・以後定爲六年之例・豈非以輦轂之臣・善惡易見・故詳外而畧內如此・攷之會典・內載翰林院給事中等官・俱係近侍・監察御史係耳目・風紀之司・不比常選・任滿黜陟・取自上

裁・則祖宗優容言官・蓋有深意・近年以來・在京五品以下官員・既聽吏部都察院會同攷察矣・科道之官・又使之互相糾察・是待科道較之衆職獨爲嚴刻・似非祖宗優容之意・臣等敢即其事爲陛下陳之・

夫科道之官・其始也・或選於知縣推官・或選於行人博士・咨核多方・十得其一・未爲一精・今於公衆攷察之中・又獨舉此・是既難其進・而又欲速其退也・建此議者・臣等不知其爲何心也・且吏部都察院・朝廷之大臣也・承天子委任之重・必當盡公是公非之道・以服天下之心・既聽其攷察・而互劾之條復起・又烏用其爲攷察耶・夫聲勢祿位・易以動人・黑白是非・易於淆亂・臣等論科道互劾之非者・非自爲之地也・蓋以互劾之條一開・則人皆自危・未劾之先・則多懷顧忌以自保・臨劾之時・則望承風旨以相殘・甚者則有大臣曾爲言官論列者・又陰結私人・鼓其邪說・以是爲非・以賢爲不肖・必使一網打盡而後已・是科道互劾之條・適爲姦邪報復之地・誠非國家和平之福也・

近者聖明遠見萬里・互劾去位之臣・許容言官論薦復職・則互劾之不服衆心・陛下以光燭之・非臣等今日之敢妄言也・嘗觀古之人臣・師師勉勉・更相飭讓・至使羣臣和於朝・萬物和於野・時雍迓衡之治・率基於此・陛下其可不燭此互劾之隱弊・而爲國家之大體惜耶・嘉靖十八年・正當攷察京官之期・伏望陛下以培植士氣爲心・以耳目相殘爲病・勅下吏部都察院・於五品以下京職・照舊從公・一體攷察・近日科道互劾之條・毅然除之・則邪正之辨莫逃・傾陷之害自息・小人之報復不行・朝廷之耳目四達・和平之福日臻・虞周之治並美矣・

惠安縣志序

周有小史・掌邦國四方之志・列國皆有史官以掌時事・秦析而郡縣之・其官始廢・自是志郡國者・往往遡其沿革・紀其登耗・彙其人物・純駁不一・而古意或離矣・夫其言之也弗理于極・其言之也不可以興・不可爲徵・是雖搜討磔裂・掇摭融結・至無遺纖・將弗究用也・曷從而傳之・是故善志者其辭平・平則不陂・其事核・核則不舛・其體大而有常・則目理而不紊・由是而往・雖越世焉・莫之遷也・傳曰・言之無文・行之不遠・嗚呼・奚翅文焉而已哉・惠安邑侯莫君敬中涖政二年・考俗觀民・知邑闕志・乃請于鄉大夫張君前峯屬筆焉・張君韙其請・乃廣約曲求・旁搜隱括・易其詞・覈其事・正其體・疏其目・婉而多慨・直而不激・遠而有徵・近而不褻・其厚生善俗興政之大凡者・各於題辭敘論見之・斯其古良志也・觀者其將興而懲乎・夫古今天下一也・豈法立于古而難于今・法不必盡于天下・雖在郡邑・補偏救弊・弗可無者・化而裁之・存乎人焉・因言以考實・以稽政・因政以問俗・作者之徵・于是爲大・而志之不可闕也・夫涖政者貴知要惠・有志自今始・斯知要矣・知要可觀惠矣・時鋟梓事竣・莫侯請予繫言於末・

總督吳公築省外城序

吾廣建城・始于囂佗・其制狹小・至漢・刺史遷州治于番禺・立城郭・唐末改爲越城・宋置經畧使・築于城後・又

增修三城．其間頹圮修復不一．至我朝國初．連三城爲一．闢東北山麓以廣之．分爲七門．規制始備．廣省負山帶江．據險跨勝．城池素號堅完．可以防禦．在昔儂寇圖廣州．至大港．遙望城壁．不得志而去．正統間．黃寇逼城下．闔城固守．竟以擒誅．雖强寇屢作．未有能逞其兇者．然東南濱海．黃木之灣．扶胥之口．接于海門．通及夷島．海孽一作．巨艦揚帆．直指會城．時倏忽爾．且城以外．民廛稠聚．海舶鱗湊．富商異貨．咸萃于斯．羣賊每窺伺而垂涎者．邇年如黃許諸賊．屯據海口．去會城尙遠．而羣情洶洶．內外戒嚴．逾久討平．民始安堵．外城不可不築．斯其明驗也．廣城振古以迄于今．闢地而擴大之者．代有其人．未有建議外城．實今伊始爾．

先是倭奴自閩入寇潮境．聖天子廑南顧之憂．廼簡命自湖吳公．授以節鉞．督撫二廣．公始至．即移鎭惠陽．分部遣將．新舊之倭．以次擒滅．未幾．柘林叛卒．假以索粮．勾結白石賊黨劫掠．突至河下．雖不敢進逼內城．而擁衆連艦．肆焉無忌．事勢岌岌可危矣．公乃回鎭省下．設策調兵．逾月而叛卒賊黨首惡悉擒．旣而殘倭蕩平．惠潮山海諸寇報捷無日．膚功告成．歛至燕喜．公乃從鎭海樓周覽城郭．慨然嘆曰．城以衛民．民以城衛而安．內城雖固．而濱江一帶無垣壁可恃．今雖羣寇殲滅．城池方甫寧．然思患預防．城守爲重．外城不可不築也．遂檄藩臬諸司計議．疏聞．報可．乃以事事．庶官任勞．衆工效力．逾載而言言仡仡矣．復濬永安橋諸濠．水環抱以入于江．其衛城垣．萃風氣．利莫大焉．旣竣事．城內外民安其居．士樂其業．父老歡于宇．士類忻于庠．而頌聲作矣．三學生戴生鰲．袁生沾輩．相率詣彥．屬辭爲賀．顧弗敏．曷能揚休德．然荷公庇蔭．每與父老士人相從．而歌頌者其容已于言．

嘗間之．爲政本以利民也．民利固當興之．然料事由乎識．任事需于才．矧興建重大者耶．初議築城．羣愚罔知者．有曰．必費財也．必病民也．而弗知公之妙畫成算已素定矣．先計以官帑之銀．尙慮工浩繁而用或不敷．勸諭商民．倡義協力．城外廛居者．計地出貲．每從末減．又於郡屬如番禺．新．順．東莞．增城．香山．三水．賦稅頗饒之邑．計畝量爲加賦．不大擾于民．而樂于徵輸．他如商民拆房爲城基者．償以官地．夫役磚石之費．量給于官帑．不疲困乎民．而敏於趨事．蓋公之識見深遠．才猷宏達．故能不動聲色而倏成鉅功矣．又公昔涖吾省參藩．目擊時艱．以爲外城當築．然事非專制．惟茲撫臨東粵．乃能底績．非天假我公徼惠于我廣民．爲百千萬年無窮之利耶．

昔公守維揚．建議築城．倭寇犯他州．而揚獨晏然．揚民今猶頌德．吾廣外城．當兵革倥傯．財力告匱．公能留神區畫．以成保障之功．廣民戴公．尤有甚於維揚者矣．然維揚乃一郡之保障也．吾廣乃一省之保障也．公自鄖而廣．壯猷偉績．聖心眷注久矣．行當陟台輔．置諸左右．溥惠澤以覆冒天下．所謂倚公如長城者．將銘鼎彝．載勳冊．奚翼翅郡省焉已哉．茲重違諸士之請．聊述公德在吾廣者．以爲賀言云．

督府洋山淩公平寇序

何彥

惟東西二粵・在五嶺外・壤地聯接・西粵崇巒絕壑・道里險巇・東粵負山濱海・方隅遼闊・寇盜竊發・無論水陸・飄忽迅急・集惡糾黨・殃及下民・每廑聖天子南顧之憂・必慎擢督撫重臣遙制・雖連年兵革・屢收成績・然東平而西叛・南靖而北擾・蓋地勢疆域使之然也・邇年倭寇山海・諸寇以次芟平・惟嶺西猺蠻未殄・夫兩廣諸猺・各郡有之・而嶺西羅旁淥水・界于梧肇之間・通道廣石岑溪等處・連抵德慶・瀧水・陽春・新興・茂名・信宜等縣・猺狼互爲黨與・盤據作孽・截劫官兵・阻塞江道・前巡撫石汀殷公疏聞・議征・尋以晉秩南司徒・今撫臺洋山淩公以朝論推重・秉鉞而來・既涖鎮・先檄諭境內吏民・申飭吏治・省諭衆庶・乃選將練兵・置器足食・定剿期・立賞格・調狼兵十六萬・分爲十哨・合土浙兵三十六營・兼之督行兩廣二總兵・兩廣司・道・參・遊・守備・府・衞・所・州・縣・正佐文武各官・刻期臨戎・其總統監督・各循節制規畫・進兵于丙子仲冬・班師于次歲春三月・凡各峒寨巢穴・前後擒斬・俘獲既多・其畏威來降者無算・斯不謂之全捷乎哉・

嘗稽兩廣諸猺・自國初廣東猺亂・遣申公討平之・永樂中・猺首猺總不時朝貢・後因守臣索取方物・遂致叛服不常・都御史馬公・王公・葉公・先後撫剿平定・成化初・韓襄毅公至・適猺寇自肇慶・羅旁・淥水・連及高廉・大肆劫掠・韓公調兵・乘其出沒鵰剿・或擣其巢穴・或截其歸路・乃能懾服・近因我廣倭夷海寇・兵力多分・釀成積惡・今茲大舉・懋著全功・匪公之德望籌畫・何以有此也・

嘗聞之・談兵者曰・全勝固難・善後尤難・公今議蕩平之後・建立州縣・設官防守・增置各所・扼其險要・復添設參將守備官・分兵坐鎮・其曠土移民居之・良田聽民耕之・誠善後之良圖也・昔聞兩廣巨寇・莫過大藤・韓公剿平・奏立東鄉北山等巡司・推土人爲巡檢・又立藤縣五屯千戶所・調兵守之・其附近賊佔及絕戶田土・給民耕之・自後大藤始獲平定・昔年韓公羅旁之役・多用鵰剿截殺・而南鄉陽春一帶・經畧未盡・惟督責各官訓練兵快・防守要害而已・今破其巢穴・絕其黨類・復議善後之策・尤爲詳盡・比行之而有成・必將永保無虞・其不爲我廣民稱慶哉・夫用兵貴乎謀・而成功由乎斷・昔者大藤軍興・韓公至潯・召父老問計・皆曰・大藤天險・密箐重巖・勢難必取・莫若屯田固守・以待其斃・韓公堅議可伐・竟成大功・

今聞羅旁議征之始・有謂此山天造地設・非人力可勝者・又謂雖能加兵・徒費財力・必不能善其後者・我公訏謨料度・毅然必征・且承簡書戒嚴・夙夜周旋・不遑寧處・以致諸司協力・三軍奮勇・成此膚功・是固公之克壯其猷・而精忠感動・神人咸助之矣・夫豈偶然也哉・公與襄毅公・吳產也・雖時有先後・而二公惠澤・皆在吾土・天實假之者・矧公規爲布畫・視韓尤有光也耶・鄉薦士林子應奎・陳子希周輩・恭逢盛事・桑梓受庇・相率詣彥屬賀言・予以庸朽・拭目太平・將與父老童稚歌頌道旁者・乃援而書之・

冼桂奇 字奕信．號秋白．南海人．嘉靖乙未進士．官戶部主事．改南京刑部．尋疏乞終養．師事湛若水．與遊匡廬武夷．歸隱羅浮山中．草屨素服．無異野人．世多其淸節．嘗與同門纂輯師說．有疑問續錄．又著有鶴園廣居堂等集．皆未見．

羅司勳集序

原子者．司勳羅子熙載之所著也．羅子初號徭溪．又號華谷．復號華原．嘗著書自稱原子．故人亦咸稱爲原子云．原子生而穎悟絕人．觀書目數行下．一目輒能記．九歲卽能文．年十四．補邑弟子員．督學石江歐陽公試其文．有縱橫氣．大奇之．爲改今名虞臣．蓋欲具志古聖賢之學也．年十九．舉于鄉．二十三．舉進士．主司咸以其文縱橫．少抑以勉之．原子悟．稍變爲秦漢文．每稿出．人爭傳誦．繇是原子名出都人士前矣．居無何．出補建昌推官．建昌號繁劇難治．原子至數暑．郡往往以文章飾吏事．日召善書吏十餘人於前．口占其所答故人手書．授其所爲文．復視公務．各有條理．暮退．則讀書至三鼓廼就寢．故原子居官．而文日益進．郡中亦翕然嚮文雅之風矣．三載．徵拜刑部主事．尋改吏部．與李子中麓．任子五岳二人者皆以文章氣節相高．而原子尤剛腸疾惡．面斥人短．以故人多忌之．李子曰．原子且見中於法矣．時予得告歸．別原子．亦曰．子不久中於法矣．已而果聞原子逮詔獄．落職歸中山．結草堂．著述其中．浩乎自得也．及予謝病歸羅浮．將以書約原子．就正於甘泉先生之門．而原子死矣．原子之死也．其仲弟虞睿虞收虞獻．以其兄治命．手遺稿求予序焉．予讀之終卷．見其所答王靑蘿書．有體性求仁之論．泫然流涕曰．嗟虖．原子之進．未見其止也．豈非命哉．夫原子者．古之所謂狂者也．氣高性左．霍渭厓公甚喜之．使得甘泉先生裁正之．當不在曾點下．顧止於文章節誼士也．豈不惜哉．人多比原子之才於司馬子長．而比原子之蚤死於子安文考也．是淺之識原子者也．余因序其集而表著原子如此云．原子集多爲人取去．又平生不屑爲詩賦．卽有人强之者．藁成輒焚之．以故集存者僅若干卷．

饒相 字志尹．號三溪．大埔縣人．嘉靖乙未進士．初授中書．歷官至饒州兵備道．乞歸．值湘寇張璉亂．以三河爲邑門戶．建議築城．大埔之有城自此始．著有三溪文集．阮藝文畧未著錄．馮氏潮州耆舊集選其文一卷．

三河鎭建城記

三河鎭距郡城北二百餘里．梅溪趨其東．程江繞其西．杭川經其北．三流聚會於此．故曰三河．西通兩粤．北達兩京．蓋嶺東水陸之衝也．嘉靖初年．於鎭北三十里建大埔縣治以轄之．四境寗謐．生齒日繁．商舶輻輳．遂稱雄鎭．歲庚申夏．巨寇張璉率黨攻破．大肆荼毒．嗣而倭夷踵至．據爲巢穴．脯肝飲血．焚殺之慘不可言．遺民奔竄．廬室邱墟．鎭之士民始議築城堡以爲保障．籲呈郡邑．時前令馬君倣芳上之監司馮公臯謨．檄行查議．易曰．天險不可升．地險山川邱陵．王公設險以守其國．三河之民．固王民也．司民社者寗忍坐視其顚沛流離而不設險以守之哉．於是建城之議．不容已矣．然寇盜蜂起．警報日至．吏民皇皇．朝不謀

夕・事中寢・

壬戌・大兵掃蕩妖氛・民有更生之樂・是冬・張侯孔修相度事宜・條陳五策・一曰蘇民困・二曰齊民力・三曰預財用・四曰征商稅・五曰因天時・大吏咸報可・顧兵燹之後・官民絀乏・檄驛丞林甲徵商協濟・採石於山・陶甓於冶・典吏周時・巡檢蔣思治董其事・計城延袤四百七十七丈・其西南隅苦於湫隘・適翁公夢鯉以惠倅領郡事・捐金拓二十二丈・周廻環抱・與地勢相稱・既而觀察徐公甫宰臨三河・周視城垣・諭以每二丈橫砌磚一堵・以防牽連傾圮之患・工竣・四門各繫以名・東曰永清・南曰宜和・西曰鎮甯・北曰拱極・雉堞一新・樓櫓相望・而城始奏績矣・

先是甲子仲春・巨寇藍松山佘大春率其黨由三河入閩・時城工未就・民靡所依・赴水被擄者數百人・夏杪・寇復回三河・崇墉屹屹・老弱者登陴以守・壯者持矛追擊・大挫賊於萬江峽・斬獲以千計・自是捍外衛內・三河之民始有恃而不恐也・是役興工於癸亥夏・迄甲子秋竣事・廣四百九十九丈・高二仞有奇・費四千金・摧商稅者半・輸諸民者半・於乎・當事者長慮却顧・竭財殫力・征商募民・夷阜塞池・以成厥工・亦維艱矣・然鎮內外皆商民錯處・僑寓多而土著少・上當三水之委流・下接三洲產溪・二百里無人烟・夫居民溷雜・則奸宄難防・地當委流・則其來也莫禦・下流荒僻・則其去也莫追・兼此三者・守之亦不易矣・噫・其難者當事諸君子既任之於前矣・後之官斯土居斯鎮者・其尚知所守哉・

盧夢陽　字少明・號星野・南海人・嘉靖戊戌進士・授刑部主事・歷官至福建右布政使・夢陽工文詞・著有焕初堂集四卷・阮藝文畧注存・

懷德書院記

今海內聲教無不被之處・而獨佚羅旁・羅旁入版圖・蓋自今上始・其時總督凌公受特命征之・既平矣・遂設縣治・上命西山縣治曰西甯・其經畫西甯者・無鉅細・盡朱侯力也・吾師弼唐龐先生・夙有山水之好・及因黃生其粹之請・遂至西甯選其勝・得下城洞焉・先生茇宿田野中・而殘猺之慕義自縛・欵扉聽撫者踵至・先生即以聞・朱都閫釋其縛而生之・蓋成功已奏・遺孽來歸・宜待不死・又以聞・朱侯計口給畝・入爲編民・其少者則使黃生延師敎之・窮谷間忽忽有燈光書聲矣・無何・則會省之子弟從先生遊天關者相續至・青衿濟濟・爲朱侯贊相迎春賀正之禮・

當是時・西甯學校雖以次剏建・而師儒固未集也・朱侯於是益敬禮先生・嘗以疑難質先生・先生必直言無隱・又與梁參戎每過先生論學・蓋將以道德經術潤色吏治擴充武備也・諸新附籍父老爭率其子弟從先生遊・凌公聞之喜・嘗以語朱侯及他屬吏・欲爲先生建書院・以居四方來學之士・先生辭不敢當・會西甯父老合辭以請・於是凌公下其議於朱侯・其事遂決・其文移往返・雖不明言專爲先生設・而意實有在・初出帑羡百金・不足・又半之・父老助工者亦半之・其地多材木・故其爲費省而營造甚富・有他省千金之直・前爲大門三間・儀門亦如之・而中樹棹楔・前後大堂三座・各三

間・東西爲廊房・可以居諸生者二十間・董其事者區生見龍・龐生芳也・始工於萬歷戊寅九月・落成於己卯三月・

衆請名於先生・先生名曰懷德書院・門人曰・何義也・先生曰・爲重鎮擇人・爲窮兇動衆・請無弗給・畫無弗從・恢聖祖未籍之封疆・鋤萬古未鋤之窟穴・將吏戢干戈以矢文德・士民躬耒耜以沐聲教・是主上之德也・敢不懷乎・選將召兵・除戎集餉・寢不安席・食不甘味・制勝之策・出之於萬全・善後之圖・經之以千祀・野無豺虎・邑有閭閻・受廛之民・不召而自來・嚮風之士・不期而自集・是凌公之德也・可不懷乎・審形勢・正經界・建不拔之城・拊新附之衆・經綸草昧・疆理荒叢・遂使曠土盡墾・比屋可封・民至如歸・士來恐後・是朱侯之德也・忍弗懷之乎・門人曰・先生年踰七十而忘其老・二千正顯而忘其榮・在畎畝切救世之心・處江湖卓憂君之志・信足以結新附之猺・學足以孚遠來之士・嘉猷足以酬當路之質疑就正・大義足以勸百姓之趨事赴工・此其德不細・西甯之人其能少置於懷哉・先生曰・諸生其溢美乎・吾何德之有焉・雖然・吾將語汝・夫人孰無德・人之爲德・其猶虛器乎・器虛則物注・滿則止焉・是故去其汚則明無不照・失其壅則感無不通・視之無形・聽之無聲・探之不見其所廬・然而一觸焉・繽繽乎萃也・不爲堯存・不爲桀亡・不以達而加・不因窮而損・廓之可以配天地・大之可以體萬物・是人人固有之德也・寶而懷之・富莫大焉・貴莫尊焉・門人曰・敬聞命矣・書院雖爲先生設・先生未嘗敢以自居・前大堂以待四方之來學者爲講習之所・其中一堂・將貌凌公而祠之・表不忘德也・後一堂・將以待有功者・中後二堂・皆父老相助之力云・

昔韓文公爲潮州刺史・延趙德爲之師・至今潮之聲教・彬彬然與中州上國並・蓋自韓公始也・焉知他日之西甯・將不爲今日之潮陽・今日之先生・非千古之趙德歟・此則凌公與朱侯作士之深意也・凌公名雲翼・太倉人・以總督右都御史・陞南京工部尚書・朱侯名寛・桂林人・前爲三水縣・以賢能改西甯縣・先生名嵩・南海人・前爲京南刑部郎中・以雲南曲靖知府致仕・

世濟忠義記

余嘗稽古之人・所以制大敵・弭大難・未有不因甲兵・据險塞・居得意之位・操能致之權者・及其論功於朝・則必晉殊秩・膺顯號・銘之旂常・藏之金匱石室・死則廟而祀之・不以爲異・其功有不受賞者蓋寡・惟夫禍變起於倉卒・而當其時與地・無甲兵之援・無險阻之限・而又無得意之位・能致之權・彼豪傑者出其間・不忍坐視其危莫之救・徒以其忠義之所激發・能使阡陌耒耜之輩奮而爲精兵・而大敵破・咆哮嘯聚之徒化而爲良民・而大難平・其成事之難・概夫有所憑藉者・功相萬也・若此者不尤偉歟・然而有司不以表揚・朝廷不以入告・不得論功於朝・卒與閭巷之人同湮滅不見・況敢希榮寵・崇廟祀・流聞當時・聲施後世哉・自余所覩聞者・則余所居之南境曰佛山・百餘年來・兩遘變亂・而亦莫不有豪傑之士共濟艱難者出焉・人才之不必取借於異代異地亦明矣・

正統十四年・黃蕭養作亂・爲嶺南患・聚黨數萬人・樓

櫓二千艘・攻城掠地・僭號稱制・張官置吏・所過之地・屠僇殆盡・則佛山父老若梁廣・梁懋善・霍伯倉・梁厚積・霍佛兒・倫逸森・梁濬浩・冼灝通・梁存慶・何壽凱・冼勝祿・梁敬親・梁裔堅・倫逸安・譚履禎・梁裔誠・梁顓・梁彛頫・冼光・何文鑑・霍宗禮・陳鑄者二十二人・度賊且至・首倡大義・罄貲財・樹木柵・濬溝塹・儲兵械・一夕而具・蓋若神所助焉・賊至・則供具酒食以勞敢戰之士・不避鋒鏑・爲有衆先・飛鎗連弩・以摧其陣・車鎔鐵水・焚其皮帳・奇謀迭出・斬其爲將彭文俊・梁昇・李觀奴・生擒張嘉績等・前後斬首二千餘級・無亡矢遺鏃之費・而黃賊已困矣・由前所云・無甲兵之援・險塞之限・徒以忠義之所激發・能使阡陌耒耜之輩・奮而爲精兵而大敵破者非此耶・左布政使揭稽・上其事於朝・而當事者歸之眞武之神・名其鄉曰忠義鄉・而二十二人之功不與焉・此間之所聞也・

嘉靖三十年・山東淮徐皆大祲・嶺南尤甚・道路死者相枕藉・蓋因年穀不登・賦役繁多・財力絀乏・人無餘蓄・有司限民平糶・法非不良也・頑悍之民從而挾取之・而剽掠之釁啓矣・佛山尤地廣人衆・力田者寡・游手之民充斥道路・欲爲亂者十家而七・當是時・倡爲亂首者一二人・而四境之民・一日雲合而响應者四五百人・明日則數千人矣・初猶以乞濟爲名・旋卽恣所欲而取之矣・白晝大都之中・斬關而奪之金・傾覆良善・震動官府・而亂勢成矣・時則主事冼子桂奇・奮同室之鬥・不避艱險・親往諭之・誘之以利・懼之以禍・其人亦皆愧服・解其黨而去・願受約束・是日所保全者蓋數十姓云・於是晝爲權約・先自出粟賁粥以勸・二十四舖之有恒產者・亦各賁粥以周其鄰近・遣人分護穀船・市米以通交易・陰械爲首之最桀驁者一人・以警冥頑・亟訴當路・遣官撫諭・以安良善・乞粟於公府・以繼粟之不足・始因霪霖傷稼・躬禱晴於神・以慰民望・繼因鐵虫爲災・復爲文以驅之・是以一權約立・而民罔有背戾者焉・拯數百家之危・活千百人之命・而不尸其功者・冼子是也・由前所云・無得意之位・能致之權・徒以其忠義之所激發・能使咆哮嘯聚之徒・化而爲良民・而大難平者・非此也耶・佛山及張槎之父老多冼子之功・合詞於行部・欲與二十二人者幷入祀典祀之・冼子聞而力止之・此余之所睹也・

謹按國朝議功之典・以甯濟一時・與摧鋒萬里者同賞・然則二十二人者・能捍外變摧鋒於萬里・冼子能靖內亂甯濟於一時・其勞佚久速有不同・而同於共濟艱難者也・要皆在所議者・顧非其時與地・則人以爲是適然矣・漢鄒陽有言・明月之珠・夜光之璧・以暗投於道・衆莫不按劍相眄者・無因而至前也・蟠木根柢・輪囷離奇・而爲萬乘器者・以左右爲之先容也・天下之事・大卒類此・余獨悲二十二人者・布衣起窮巷・建大勳勞・將必有儁異之行・爲衆所推服者・而當時之人皆淳樸・不以文字顯於世・故其行不錄・冼子甫登第授職・輒謀歸養・屛跡城市・閒徑方山・古今載籍・靡所不究・又多著述・跡晦而道愈明・身隱而名彌顯・足以取信於鄉人舊矣・夫以介然一身・坐銷大變於萬姓危疑之日・謂不有所本哉・余暇日爲此論・入吾之家乘・將以告吾子若孫・知鄰境有此變亂・而亦莫不有豪傑之士・共濟艱難者出焉・忠義鄉之名・於是爲不誣云・

無何・廣西大參元生陳子至自錢塘・丹陽令石台岑子至京師・聞余有是論也・率諸士庶造雲帽之廬・謂余曰・吾鄉有忠義之士焉・功成而不居・名立而不傳・猶幸吾子之持正論也・或可藉以不泯・願以吾子之言圖爲錦・藏之祖堂・歲時祭祀・賽會必張之・以明示我後之人・其於風化・似非小補・且冼灝通者・冼主事君之高大父也・世以忠義相濟・其庸可無述乎哉・余故併論著題曰・世濟忠義記以歸之・

修遶州文脈水記

新興四塞皆山・無大川廣澤・惟盧溪合衆流・瀠洄暎帶・滙城之南・別有一水・源自白蟮坑・蜿蜒十餘里・西南流入・環學宮者曰文脈・經縣治曰遶州・支流復合・趨北而出・溉附郭田數百頃・正統縣令雷晏常築陂・曰赤子城陂云・故自成化以前・民物康阜・科第接踵・寖寖並上郡・宏治以後・城中水道湮塞・民物科第・漸不如前・論者莫不歸究於水道之不復・相與咨嗟詠歎・謀所以復・而卒未有加意於其間者・蓋數十餘歲矣・今分巡少峯李公・再按嶺西・席不及煖・循行諸郡縣・問民所疾苦・輒舉是役・其欲順人心・如饑之欲食・渴之欲飲・其眞知所重者哉・

昔者詩稱衞之勝曰・泉源在左・淇水在右・稱鄭之勝・溱與洧・瀏其淸矣・稱周室之勝・瞻彼洛矣・維水泱泱・是水之繫於都邑城郭・若彼其重也・堪輿家徵應之說・若茫昧不可曉・至其論陰陽之向背・風氣之聚散・脈之貴賤眞僞・水之會合・蓋亦有可采者焉・河渠之在城郭・唯吳中多有之・其地果以財賦文獻甲天下・新興在萬山間・而城中乃有河渠・蓋尤奇絕・而忍坐視其湮塞・其亦不知爲政者矣・是若有待於李公也・

公初爲大田令・能使大田之人・戴之若父母・學中子弟・親之爲師・人到于今思之・其後更太僕・歷繕曹・賢聲播海內・故一舉動・風采自別・今夫所謂秉憲之臣而以賢稱者・豈必其能叙敕章程・糾詰姦慝・稽弊贏縮・裁決大小之獄訟已也・要能順人之心・而先其所急・今嶺以西・寇賊滋漫・兵革不休・民之困罷日甚・必得愷悌如公者・與民同其好惡・所欲與聚・休養生息・瘡痍之民・庶幾其有瘳乎・余之私幸・則有不但爲新興一邑一事而已也・新興之諸生李復趙良詵等・操舟數百里・以余與公舊有閩中之好・徵予以文・予不能辭・則但述所聞於二生者・爲之論次云・

陳紹儒　字師孔・南海人・嘉靖戊戌進士・授戶部主事・歷官至南京工部尙書・明習財計・兼精騎射・敭歷中外・皆能舉其職・其學以濂洛爲宗・文尙史漢・詩祖杜・所著陳大司空遺稿・阮藝文畧注存・明史作二十卷・四庫書目稱文十八卷詩二卷・與史志合・子壯其曾孫也・

獻邊計以裨治安疏

臣惟國家設險防・明神謨廣運・東起遼海・西盡甘涼・按圖攷制・自洪武・永樂・至宏治初年・沿邊重鎭凡六・曰遼東・宣府・大同・延綏・寧夏・甘肅・當時乘障之士四十餘萬・其經費而轉餉者・則若屯田・民運・實粟塞下・各鎭通行焉・而經運銀兩・歲發通計四十三萬・遇該各鎭兵荒・邊腹粮餉之供・奏稱不敷・則開中運司引鹽・寬議斗頭以足其

食・名之曰飛輓・歲間一行焉・故宏治以前・邊倉粮料多有三年之儲・少亦年餘之積・而戶部原擬度支・大率合屯田民運之粮・草布絹俸賞本折各項・計稅糧八百萬石・故曰淮徐以北・八百萬供邊・玆祖宗邊防經費之宏制也・常攷其時・法立民殷・雖屢經有夷患・然在邊鮮不耕之地・而屯粒悉輸・在內咸奉公之民・而本色盡納・紅牌事例之領・恪共遺守・人自墾地・免租永不起科之例・着實舉行・而民運之夏秋二稅・咸急正供・鮮或逋欠・粟多而食足・士飽馬騰・玆其效焉・

自宏治以來・而固原設鎮・繼之薊州山西・又繼之密雲・昌平・易州・永平・以次列鎮・各屯重兵・計今沿邊吏治六十五萬有奇・而歷年所謂經費者・緩急兵食之調・惟是京運銀兩・奏到給發・補塞支持・多目前苟安之計・如嘉靖二十等年・京運年例銀兩不足・非請給于老庫・則連折乎漕粮・非補助於南儲・則搜括乎省庫・從此老庫之藏・僅踰百萬・太倉之粟・僅支三年・南儲少停・省庫亦竭・以邊地屯田・則荒欠七八・以內地民運・則增折積逋・槩乎未詳爲之講求也・而沿邊召募之兵・年每加添・給邊京運之銀・年每加倍・計今每歲發京運銀二百七十七萬四千餘兩・比之宏治以前歲發銀四十三萬・實多銀二百三十四萬・兵增費廣・財詘民貧・宋臣范鎮所謂財已竭而樞密益兵不已・民已困而三司取財不已・其言切中今時之病矣・

玆者伏遇皇上握乾御宇・法祖勤民・留神邊費之諭・感惕臣民之心・凡在廷在外諸臣・陳見悃誠・各疏財用・臣叨司卿貳・職業所關・謹檢尋帳籍・載稽兵食之原・參伍歲年籍・考轉輸之實・各鎮兵馬・約其總數・主客歲餉・紀其派日・自遼東以至甘肅・凡一十三鎮・各加之攷證・議擬開坐上陳・少罄臣愚犬馬圖報之誠於萬一者・臣聞之・善爲國者・不計財用之多少・惟計政治之廢興・今塞下之屯田・卽祖宗時餉罩之屯田也・今腹裏之民運・卽祖宗時供邊之民運也・由宏治前而入粟多・由正德後而入粟少・此其故何也・蓋今之時・欲興屯田・增收子粒・則爲衞所玩視・欲復民運・多納本色・則內備騷然・臣誠知其不可矣・夫民運本色難運者・由於內地之民貧・而塞下之粟少也・屯田粟不加多者・由於力耕之不併・而侵隱之未釐也・玆皆在邊在內當事諸臣之責耳・伏乞皇上煥發綸音・敕下各邊督撫諸臣・興復屯田・合如科臣近議官軍團種之法・查照景泰六年・提督都御史李賓・在薊督同總兵官宗勝・參將胡鑰馬榮・隨地耕佃・以課其成・侵收隱佔者・淸查以正其法・仍通遵行國初各邊三七二八一九四六中半之則・以酌其宜・及節次見行・題准各鎮屯政欽依事理・銳意區畫・無中輟而竟其功・屯種之外・人丁自墾之地・查照永樂二年子粒自收永不起科之例・因利以世其業・如果每年各鎮屯田・歲能增粟十萬五萬石者・軍餘人等自墾空閑永不起科之地・歲至百頃千頃者・乞照嘉靖二十七年戶部題准山西撫臣楊守謙等營田事例・咨行吏兵二部・註錄功勤・重加陞賞・如管營田參政張鎬超陞都御史之類・每年終・各該廵按御史・備將各鎮文武官該年隨地團種若干處・自常額徵收之外・增粟有無若干萬石・軍餘人等・自墾免科之地・有無若千百頃畝・奏報戶部查攷・類奏施行・仍乞聖斷・特著爲令・頒布諸邊・永爲邊臣

任事之勸．其山東河南山西陝西直隸四省八府．供邊之民．今粟一石．有折納銀二兩者．有折納銀一兩二錢者．又有彼中科索色侵．及無名之派．而致欠惟正之供者．閭閻之下．民貧可憫極矣．臣乞併勅各該撫臣．自今伊始．督行府州縣．凡起運供邊之民．輕徭省罰．寬其役力．務以阜其財．求爲之嚴禁科索色侵．使無逋欠之累．各該巡按御史．每年終．另將歲額供邊起運錢粮．務要完徵實數．奏報戶部．類奏查報如例．以爲勸懲．如此而在邊在腹．政治並興焉．臣知十年之後．塞下之粟加多．粮價加平．而內地之民．近者輸粟．遠者亦獲懷金輸羅．而本色漸復矣．邊腹諸臣．一德一心．臣言不效．臣之甘罪萬死無悔也．

臣又聞之．善理財者．自毫釐以往．莫不有益．惟無輕其毫厘而積之．斯天下之民少息也．況國家邊圉．主客之餉．省府民運之供．動以萬千數計者乎．然則當事之臣．在邊在腹．何以約其歲費之多．而足夫歲逋之甚也．蓋國之大計．惟兵與食．兵以選練而精．衆以偵探而動．賦以及時而斂．民以寬恤而來．古今經治之良圖也．即如宣府營伍．向多老弱虛冒．前三年撫臣冀練分督選補．轉爲精强．而主餉漸積以盈．三關去年秋防．撫臣靳學顏遠探機先．而客餉之銀頓復者二萬五千．青萊登三府餉遼粮折徵一十三萬三千三百餘兩．山東撫臣姜廷頤始獨完徵．寓撫字于催科之中．比昔拖欠遠甚．舉二鎮一省．而各鎮諸省直可知也．使各當事之臣．於凡財用之歛取．無論銖兩萬千．愛惜寬輸．將天下之民．相與蘇息．而邊計何有不給之慮哉．

由臣所陳．識見淺陋．懼無補於涓埃．然責成團種．墾地免租者．祖宗重農實粟之遺也．精兵節餉．預探節財者．祖宗訓練防禦之遺也．厚生足民．完徵足食者．祖宗制賦供邊之遺也．信能行於在邊在腹．臣謂粟多而財有餘．則軍民兩利．士馬芻粮之本．折價自平而不加．京運歲發之銀兩．日漸少而不匱．而國家初年經費之鴻猷．當以第復見于聖明中興之日矣．如蒙勅下戶部．再加詳議施行．臣愚幸甚．邊計幸甚．臣不勝悚懼懇祈之至．爲此具本．謹將遼東等鎮軍馬總數主客歲餉及各攷證議擬緣由．逐一間具于後．上進以聞．

國家萬年儲蓄疏

臣謹按歲漕粮斛四百萬石．定自成化八年．北粮七十五萬五千六百石．南粮三百二十四萬四千四百石．內除例折每年實通運正耗粮三百一十八萬九千七百石．該輕齎銀四十三萬七百兩．淺船一萬二千九隻．官軍一十二萬五千一百九十員名．爲國計誠其重矣．故每年始自本年八月迄於次年七月．無一月而非經營．無一事而非例限．然後粮完事集．而一年之漕政始克舉也．蓋本年八月秋粮．奏災有無．粮數已定．總兵官至京會議．漕司得以派粮．各總得以派船．過此則粮船派遲而百責以緩．九月遠近船隻先後回．空旗修廠．造北直隸山東江北．各於濟北淮南．其江南衞所巡撫委官接船瓜儀回．各修艌．南北料價．各撫按官照織造事例．隔年計辦．是月修造船隻．盡完領赴各該水次．十月開倉．有司輸粮．照數收倉．撫按原委司府堂官督行州縣監兌．部官督行軍衞有司軍民交兌．正耗輕齎行粮等項照各俱完．十一月北粮完兌開幫・已次臨德南粮完兌開幫・近如江北上江・遠如湖江浙直・軍民船粮・或由大江・或出京口・十二月合南粮船隻盡泊瓜儀・至於次年正月・參將移駐瓜儀・經理船過閘過垻・二月各總幫船序進赴淮・若江北船兌江北粮者・過淮先上・三月總兵移往瓜儀・則併船粮盡數過淮・是月廵撫在淮稽比速船幫運・四月初一日・北直隸山東幷江北等船兌北粮者・到灣完收・是月南粮幫船次第由邳入徐入閘赴灣・五月初一日・江北鳳陽等處衞所船粮到灣完收・六月初一日・南京江南直隸致所船粮完收・七月初一日・浙江江西湖廣衞所船粮完收・此歲漕一年經營之例限也・

由今觀之・當時謀臣之情見矣・何也・葢歲漕一年一運・六軍司命重・關乎九年之積・故計月興事・計事周年・事畢營新・又辦來運・是以立例立限特嚴・而南粮必限三月過淮者・其時春融・河流平靜・徐邳轉運・自無溜決之虞・北粮必限四月抵灣者・其時夏初・衆水安流・河西各灣・亦鮮漲隔之患・且先儘北粮・繼以南粮・萬艘之計・其勢則然・近年以來・三月過淮例也・司府船粮始報開兌・四五六七月抵灣完粮例也・南北各總始報開幫・始報過淮入徐・其所以遲者・本之會議・派粮派船・各過其期・因之領船開倉開兌開幫・各爽其候・而六七月間・大雨時行・徐邳一帶・南粮船隻踰時・遡流艱於入閘・河西一帶・南北船粮半月淹延・不能抵灣・而漂流掛欠因之矣・查自嘉靖三十一年至隆慶四年・共漂欠粮五十四萬六千五百餘石・銀一十三萬三千九百餘兩・追逋之下・官旗困瘁・已非朝夕之故者此也・

臣惟國無畫一之法・雖有良平之智・不能以獨運・世無奉法之吏・雖有堯舜之政・不能以自行・國家歲漕例限・萬世不易之政法也・各該所司不能着實舉行・亦豈無自哉・臣嘗檢查嘉靖以來・漕議屢遷・寖失立例之初意・人情互視・久輕錢穀之所司・積玩成弊・臣竊憂之・臣職司倉儲・敢竭犬馬之愚・叙前例限・謹擬條爲五事・開坐上陳・伏乞聖明勅下戶部・亟加詳議・查復例限施行・歲漕幸甚・臣不勝懇祈悚切之至・

京營議一

國家肇造區夏・五軍營以練將士・蓋我太祖高皇帝久歷戎行・宸衷獨斷・以衞卒隸之五府・營名五軍・實取周官六軍伍兩卒旅之義也・成祖文皇帝踐祚北都・身親師旅・變五軍營爲三營・曰名軍・曰三千・曰神機・營分爲三・而三千神機馬步之在伍者・選自五軍營者也・嘗攷二祖京營之軍・洪武間二十六萬八千・永樂間二十五萬・置將除戎・驅胡清朔・光昭乎史冊矣・自後士馬物故者過半・景泰初年制・京營計軍十萬・分則爲五・合則爲一・操練之法・其義甚精・至成化年間・選車十二萬爲十二營・營名再變・行伍敵愾・終非昔比・而東西兩廳之議起焉・因循踵弊・至于嘉靖庚戌・營廳軍士・空名寄籍・富者納錢僱代・貧者困瘁逃亡・時虜窺關南・而見卒罷弱・均不任旗鼓・世宗肅皇帝赫新戎務・以十二營更爲三大營・曰五軍・曰神樞・曰神機・神謀獨斷・洗營廳蠹耗之弊・當時制置三營・副將以下將凡三十人・總督戎政勳爵一人・協理文臣一人・釐正未久・而營伍之不振者如昨也・今營中戰兵十枝・車兵十枝・城守十枝・

軍數之塡伍者不盈九萬・中有圍子等四千・實則軍八萬六千・馬一萬二千五百・夫京師北邇强胡・倉卒指顧・殊可隱慮・閣臣疏獻規恢二祖之制・五將分營・裁去總督・詔勅廷議・誠爲制典之至大者・

竊惟京營之兵・居重馭輕・而將兵之將・輕弱爲强・所謂機宜節制・權不輕假・先臣尙書端簡鄭曉之紀述可攷也・體統相維・兵將相識・少保肅愍于謙之五營議可法也・分營練兵而主將非人・則兵終有不可得而練者・故王翦開壁・李廣在軍・而後超距舞車之徒出焉・朝廷博掄才武・將得其人・則分營之議・信宜亟行於營務積弱之時・然猶有說・營分無統・孰從而綱維之・其在周官曰・王國六軍・軍將爲卿・周之司馬・今之兵部尙書其人也・

京營議二

謹按國朝京營・初立五軍・中軍左右哨掖・繼更三大營・既而大營弊・挑爲團營・團營弊・挑爲兩廳・嘉靖庚戌・營伍兼空・見卒罷弱・不任旗鼓・有示人兒戲之嘆・時虜犯闕南・世宗肅皇帝赫復祖制・欽定營名提督・贊理惟文武臣・釐革內使・不以典兵・告于祖宗・蓋追二祖之宏烈也・自今觀之・五軍之將・副將二人・練勇二人・參將游擊各四人・神樞神機之將各副將一人・練勇二人・佐擊六人・果能查復洪武御前試驗之規・與節年題准事例・着實舉行・則三營之兵・無不可用之所・據十萬之卒・總於提督武臣一人・設印握兵・委非祖制・允宜罷員收印・防專恣避忌・如鸞如寰之漸・其慮深矣・至改五營分練作新而振飭之・固爲令圖・然於祖制則異・於先皇欽定之名則又異・夫練兵之制・營爲名而軍爲實也・今三營之將副將四人・合無於三營練勇六人之中・改一人爲副將・列名五將・置之三營・重之事權・領各兵將・又于三營中之各營・參酌爲三流・分統於五將・各爲訓練・提督以兵部尙書・巡視以科道・春秋閱視・與部院大臣奏請以行・庶于祖宗之制爲協也・議分五營・一時繹思未得・不敢輕擬・更爲詳酌議奏施行・謹議・

京營議三

國家京營之軍・居重馭輕・太祖高皇帝久歷戎行・練五軍將士曰五軍營・成祖文皇帝身親師旅・以五軍營爲三大營・洪武年間・營中之卒二十六萬八千・永樂年間・營卒二十五萬・當時謀臣宿將・度越千古・以二祖神武臨之・講求規畫必詳焉・是以五軍營諸將分統・不假以權・而三營則因五軍增置・咸五軍之兵將也・自後景泰年間・選三營之卒爲十營・成化年間・又選三營之卒爲十二營・將兵之將・與所練之兵・大非二祖時比矣・沿而又選東西官廳三萬六千人・舊日官兵・過半納錢影射・大壞極弊・嘉靖庚戌年・虜窺闕南・見卒能任旂鼓者不數千人・世祖肅皇帝赫新戎務・規恢二祖之制・洗滌營廳之名・立爲三大營・曰五軍營・曰神樞營・曰神機營・練兵之將・自副將而下・合三營凡三千人・統以總督・協理文武二臣・釐正之典・千載一時矣・而戰車城守之兵各十枝・罷弱日甚・所以然者・將不得其人也・閣臣深爲之慮・疏奉綸音・分營練兵・係祖宗舊制・着實會議・夫五軍分爲三營・二祖之制也・營制有後先・而在營之

將兵・各有統使・將皆得其人・則各營之兵可練也・分則爲三十營・合則爲三大營・可恃也・故曰・王剪開壁・而超距之士奮・李廣在軍・而舞車之徒出・若謂總督勳爵一人・權不可假・王國六軍・軍將爲卿・卿卽今之司馬也・令三營而總以兵部尚書・斯其旨矣・至於五將分營・實欲兵將各有統紀・調遣隨時・得將兵之法・然視祖宗之三營・增二營焉・揆非舊制・無已・三營各設提督一將・似於祖宗之制爲增官・而營兵爲有制・實出一時管窺之極思也・必如閣臣五將分營・該部酌擬・請自上裁・其巡視以科道・閱視以春秋兵部・自有明例在焉・

黃文裕公泰泉先生文集序

黃文裕公泰泉集六十卷・既梓以傳・泰泉先生・儒昔所嚴事者也・其子鄉進士在素・授集謂予序之・序曰・

國朝宏治・文教敷于四海・是時南海宗臣・如瓊臺徵士・如江門二先生者・文章才哲・彬彬蔚爲國華・先生產瑞庚戌・天稟明睿・國人異之・比顯朱考亭云・年十二・博通經史百家・爲古文詞・既舉進士・官翰林・益更涵茹該明・每翰篇一出入・輒傳誦・士之含經味道者・北面人宗矣・古今文章家・條流殊軌・作於聖・故曰經・述於才・故曰文・源深流長・著述比興・雅馴各詣其極・夫然復經緯人文・措之天下・而爲順治・初非無得於聖明述作之途・而以勒成一家之言稱者・先生嘗曰・詞章之習勝・始有無用之文・虛寂之說騰・始有無文之學・蓋傷之也・

夫前乎三代夏商而周・後乎三代漢唐而宋・周之文醇篤・宋則程朱大儒繼出・經明學正・天下後世始知貫道之文以爲文・文者道之華・經則道之器也・六藝正變・不能不與時高下・文變而道不變・王風世教關焉・古之人・既耕且養・三年而通一經・國有鄉遂造言之令・道德一・風俗同・子夏雖賢・猶有詩書序嘆之所稱述・何者・離經畔道・大言斯朽・君子不由也・

集中摛詞酌雅・大之造化皇猷・次之彝章雜譔・始賦而祭文終焉・莫不鎔鈞斧藻・晰製清衷・閎乎中而肆乎外・潛神於周典・取材乎西京・割正於李唐・研精於南宋・纚纚洋洋・振美瓊臺江門二氏之後・粹然一出於正矣・是故論說辭序・本易之精微也・其言奧以文・典策章奏・源書之渾噩也・其體莊以信・賦頌歌謠・博詩之性情也・其思婉而正・銘誄箴祝・總禮樂之統辨也・其用大以宏・傳記銘考・法春秋之謹嚴也・其旨直而微・皆先生貫道之文・粹然一出于正者也・讀者當自得之・

蓋先生學範程朱・遡流孔孟・平生服膺博約之訓・愼獨而力於行・故其感而發也・命觚掞道・爾雅名家・閣臣李文康公疏稱程朱之學・平臺召用・九經政要箴疏・一何忠也・張文毅公亟歎樂典一書・謂蕭韶九成・可以復作・先生詎文焉已哉・自翰林宮端・仕止進退・海內鉅公洹野涇野之倫・品其命世宏才・人承五百之運・則固有足徵者焉・何道揆之任時違也・謙謙無所試・徒使其文藏之名山・流聲于天下後世也・噫・先生名佐・字才伯・泰泉其號也・正德庚戌進士・歷官翰林宮詹侍讀學士・卒贈禮部右侍郎・謚文裕・所著書二十二種・傳之藝苑・茲集固宜副行于時・歲次己卯萬

歷七年九月九日・

浮邱題辭

南海浮邱・實門羅浮・羅浮南岳佐命也・羅浮列洞・勝首朱明・浮邱之精廬亦曰朱明云・周顯王時・楚庭文治開先・五羊穗石浮邱・並稱靈境・番禺雜記・浮邱在水中・吳尹所居・即浮邱丈人得道處・觀啓朱明・館宇非一・晉關中侯葛洪好讀異書・游嵩岳・辟地廣州・遂停廣州・尋羅浮息焉・著書抱朴子・自托文儒・晚食邑句容・八十一而逝・今浮邱珊瑚井・即葛井也・

宋初・百二十歲人陳崇藝者・言兒時見浮邱山足舟船于山四畔・篙痕宛在・今去水四里餘・藝苑幽奇存之・熙甯中・經畧蔣之奇建挹袖軒・取左挹浮邱袖語・元至元增修雲堂・取北山白雲來自羅浮・羅浮視白雲爲西麓・因名雲堂・國朝天順壬午・學士黃公諫判廣州・鐫題山水名勝・闢趾飾廬・以翔以咏・時則寶衢雲術・士人車馬衣冠登頓賞勝於斯・海內益知有浮邱焉・嘉靖壬午・貨於民間・光塵墟莽・行路惜之・是未睹乎鉅鹿者也・今垂六十年・萬歷庚辰・觀察太史趙公志皐拓新・一旦廣輪・名物替興・蓋亦有數存焉・

予嘗達觀古人・山川・性分之所適也・道術・世會之所乘也・古之人修六藝・觀九流・折中取舍・非漫無所短長・夫然後能萬方之畧通方云者・秉要執本・範圍曲成者也・而南面暨若股肱・史局胥取裁・夫非棄仁去禮・獨任清虛者然也・猗乎・南海山川・古今詮浮邱者非一家・歐陽徐潘・皆其著者・四海名流訖雅・尙彼美茲邱・七百年前洊漾波間・猶今之海珠慈度也・滄桑代變・盈爲平陸・陽德留春・而磐石歸然・此豈非天地流行之氣・融結不息・地道來自西北・駿龐完固・虧蔽金湯・西麗乎藩邦・希勝之會者也・詎曰偶然・蓋天監離南・邑遂百昌・遠徵羲叔之命・近符有道之長・煌煌乎參之美・斯其可譜也哉・況有其舉之而又表之以洛社焉・振民風於韓洛之英聲・使人本之經・發之情・止乎禮義而懷其舊俗者也・視若造靈洞虛之諄諄乎著論也・何啻千里・詳太史記中・儒朋居得黎中秘公民表遺賦篇什・因感之・效題形似之詞・以告來者・

潘羅江公墓誌銘

公諱梅・字元夫・號羅江・順德人・嘉靖乙丑七月十九日卒・卒十年・爲萬曆甲戌・其子光漢・狀來徵銘・狀則黎秘書民表爲之・按狀・則公卓乎有古循良之風焉・狀曰・

公父蘭谷翁・諱眞惠・母香山鄭氏・公生於母家・爲第三子・公幼穎敏・神宇俊碩・年十二・通二戴禮・十四・補庠生・學憲莊渠魏公校試其文・大器之・嘉靖甲申・公文譽擅十州・可決科取高第・一日・蘭谷翁夢天榜列公名・屬戊子歲・病遂不起・公遭父喪・甚哀毀・喪葬祠祀各如儀・戊子・果中鄉科禮經第二十名・公傷父不逮・蔬食敝衣・紀綱家政・弟病且死・禱以身代・撫其孤光統者・令從黃文裕泰泉公游・光統力學・官光祿・公計偕日・大學士李公本・宗伯吳公山・舟中論文・及談經述・二公嘆服爲名流・比紬春官・游成均・四方抱藝之士・咸稱爲莫及云・

戊申・倅撫州・民瘵且患盜・難理・公首教化・飭科條・郡中彬彬・大政頓舉・若鹽米罰贖・直廳徭差・昔所病民者・悉與釐正・郡六縣山藪・枹鼓時鳴・株連富室・公令追捕・如是者三年・獲盜千數・臨川民積逋・急之易生亂・公署臨川・下令曰・罰贖之金・可當追逋・數石之入・吾其汝貸・以償官租踰時輸鏹・餘四萬・仍革火耗羨餘・政績載郡中・當路薦剡・特疏公名于朝・壬子・同知紹興・緝奸僞以誠・繩豪猾以法・既凊乾沒・復剔龐茸・舞智者爲之奪氣・使者廉知公能・適倭夷內侵・檄公知餘姚・城孤又頓圮・公且繕且葺・爰率敢勇・淬勵五兵・召集士夫子弟・嬰城守禦・夷弓射城中・矢集如雨・公挺身飛鏃中・士氣百倍・徐穴城・勁弩射賊・連斃數十人・賊勢稍却・遂乘勝逐北・生擒倭賊千餘人・溺死者無算・既而總制檄公募兵嶺南・公募勁卒五千・三閱月・往返六千餘里・所過安堵・賊平・勞勩獨多・在郡四年・越人歌曰・德星煌煌・照臨我邦・樂我耕桑・越民乂康・其士人則以董安于之寬・劉文饒之猛・頌公兼才焉・丙辰・晉應天治中・有貴人囑公更反成獄・意在屈法・公屹不爲動・貴人啣之・陞南京戶部員外郎・尋陞郎中・浙直總制以公勳名在浙・移戶部・令公參軍事・公往覘所爲・策其必敗・力辭戎伍之寄・第入會稽・省遺黎・還南都理部事・司農經費・多所贊裨・三載考績・贈蘭谷翁如子官・母鄭氏・爲宜人・遂疏休致・時陞廣西府命下・公疏懇辭・乞原職致仕・得旨・還里居・時詣泰泉公評質典雅・流覽古今・翛然欲振衣羅浮之上・更號羅陽・既謝事・啣者未忘・屬京師風霾之變・謗書猶及・鴻飛冥冥・弋人何慕焉・謂之何哉・

公先世系出宋儒瓜山潘柄之後・建炎中・名達德者・從閩入廣・世居冲鶴鄉・曾祖曰銘・祖曰文澤・於南海爲右族云・卒年六十有九・配王氏・封宜人・以今年其月日・葬公于銀坑山・合宜人王氏・側室勞氏・業自有誌・

嗚呼・人所不死者名・銘也者名也・予曷辭公銘・嘉靖乙卯・予提師東吳・過洪州・聞有潘父之謠・問誰氏・曰・潘撫州・去錢塘・聞有保障之謠・問誰氏・曰・潘紹興・當是之時・海上倭夷至・岌岌矣・而公之兩藩頌口・俱出自民間・此豈聲音笑貌能之乎・故一時論海上人材・足稱經畧者・亟首潘公・未幾・晉官留都・設其時・外藩得公獨當一面・其所駿豎何如也・雖史稱導民禁奸之諸賢奚媿焉・銘曰・

翼翼邦侯・南紀嘉猷・瞿瞿曹臣・懸車引身・洵美初終・穆如清風・少陵若鎔・馬鬣以封・宰木雲連・發祥自天・千春雲裔象賢・斯爲潘元夫之阡・

譚大初　字宗元・始興人・嘉靖戊戌進士・初授工部主事・歷官至南京戶部尚書・諡莊懿・其任江西副使・於清軍多所釋・謂失額罪小・殃民罪大・嚴嵩親黨奪民・治之不少貸・又嘗力薦海瑞・故明史與陶琰韓邦靖諸人同傳・皆清操峻特・持素絲之節者也・著有次川存稿・阮藝文畧注存・

舉實才以濟時艱乞休退以避賢路疏

總督倉塲戶部左侍郎臣譚大初謹題・爲舉實才以濟時艱乞休退以避賢路事・近該吏科都給事中鄭大經題・該吏戶二

部覆奉欽依．兩京九卿科道．各舉所知．各陳所見．

臣惟古昔聖王平治天下．不越用人理財二端．以用人言之．人才難得．知人尤難．今聖明御極．賢俊登庸．濟濟師師．布列中外．豈其乏材．但當事者或間於初終．徇情者或憚於任怨．實政實心．誠與才合．難乎其人耳．禦侮邊才．臣無所知．不敢妄薦任事之臣．臣生長遐方．見聞寡陋．前乎此者不能周知．後乎此者不能逆知．以今耳目覩記．肯實心任事者．於同鄉中得七人．若僉都御史海瑞．龐尚鵬．監察御史蒙詔．鍾繼英．南京太僕寺寺丞霍與瑕．浙江紹興府知府岑用賓．江西贛州府知府黃扆是也．於故舊中得二人．若原任雲南參政梅守德．原任廣東副使劉穩是也．於屬官中得四人．若山西司郎中呂藿．四川司郎中袁三接．廣西司主事雒遵．雲南司主事杜友蘭是也．如蒙勅下吏部再加體訪．或久任責成．或需次擢用．未必無尺寸之效．臣之所知如此．以理財言之．不過開其源節其流耳．諸臣之條陳．部院之題覆．如曰修屯政．通鹽法．均賦役．勸農業桑．所論開財之源至矣盡矣．如曰淸虛冒．汰浮冗．懲貪酷．崇朴儉．所論節財之流產．至矣盡矣．臣復何言．

漢臣有曰．爲政不在多言．顧力行何如耳．今議擬雖詳．奉行未至．臣不暇縷舉．如民財之匱．半由於驛遞．今各省撫按有不以勘合作人情者乎．民財之匱．多由於官貪．今各省撫按有提問貪吏追贓解邊者乎．凡此之類．不止一端．如蒙勅下部院．將原題欵目．逐一見諸行事．不徒託之空言．積以歲年．未必無涓埃之助．臣之所見如此．然此亦爲目前計耳．若推其極．臣則以爲人才之盛衰．由學校之興廢．今學校滿天下．謂之廢不可．而實才難得．何哉．所教非所用．所用非所學．職師儒者．大半非才不及之有司．則日暮窮途之歲貢．以若所爲．求師道立而善人多．臣不信也．財用之豐歉．由風俗之儉奢．今士習侈靡．倣傚成風．衣服宮室．日競紛華．冠婚喪祭．動踰禮制．爲師帥者方且取辦於簿書期會．而流俗失世壞敗．恬不爲怪．有力行敎化慕古循良者．監司多以爲迂．以若所爲．求民生厚而風俗淳．臣不信也．夫人才風俗．相爲表裏．未有人才盛而風俗不淳．亦未有風俗淳而財用不裕者．書曰．人無有淫朋．無有比德．實皇作極．唐楊綰拜相．制麻方下．而勳臣貴戚爲減騶從．損第宅．徹音樂．彼何修何爲而致此哉．誠有以風之．信在言前耳．聖天子誠能躬行於上．賢公卿誠能表率於下．取士以行．不尙虛文．用人惟賢．不拘資格．有位者靖共爾位．同寅協恭．執法者法在必行．不避嫌怨．彼此一心．相繼而久．然後人才風俗可庶幾也．若不深探其本．而惟末是圖．則雖日日條陳．人人建白．甲可乙否．暮四朝三．虛文勝而實意衰．議論多而成功少．誠有如該科所謂聚議十年．無資毫眇之用矣．

再照都給事中鄭大經疏云．兩京卿寺中．賦才或艱於大受．力量或倦於奔馳者．許其引疾自陳．用全晚節．不得一概擬留．致罹人言．以乖素履．臣起自休廢．冒濫京堂．竊祿踰年．宿疾時作．才識疎庸．既艱於大受．年力衰憊．復倦於奔馳．卿佐之中．闒茸具員．無踰臣者．四疏乞骸．未蒙題覆．辦事忝列班行．揣己捫心．有靦面目．伏乞皇上憐臣老疾．放臣歸農．免使庸才．久妨賢路．臣非敢希高尙之名．實欲明止足之義也．臣無任隕越懇祈之至．緣係舉實才以濟時艱．乞休退以避賢路．事理未敢擅便．謹題請旨．隆慶三年七月二十日．

征古田議

議得廣西邊鄙．猺獞雜居．雖蔓延於左右兩江．實淵藪於古田永福．谿峒聯繹．林箐阻深．累年負固．稔惡不悛．前此當事之人．非不知恢復之當圖．蕩平之可喜．但慮終謀始．計難兩全．審時相機．力難一逞．姑治之以不治焉爾．今據副總兵周于德建議．特懸重賞以擒賊首．乘弱勢以復故疆．經畧壯猷．不爲無見．

重念古田猺獞窠穴．實與他州省寇盜不同．在他省則誅一渠魁．餘黨自消靡星散．不戰自屈．此地譬則蜂窩．方其屯聚而居．黨類亦知顧藉．間或三五出沒遊揚．撲以一手一扇．尚有餘力．必欲根株悉拔．併其窠而去之．彼將入無所歸．四面蜂起．況諸郡縣各有猺獞．各有窠穴．猶聚蜂窠然．今欲取其渠魁．盡棄其窠．吾恐手足頭目救傷不暇．是自求辛螫也．即行副總兵之言．先給官銀二十兩．以爲緝探之費．如或無功．追收還官．吁．豈有懸賞擒賊至二十餘徒．而獨一二親信者可備使令哉．勢必廣詢博訪．分布腹心．竊慮屬垣之耳．未必無聞．徇利之夫．百金難餌．何也．通賊則得利更多．拿賊則仇可畏．自非振振君子．孰肯舍利而趨害哉．萬一軍情透漏．遠近驚疑．彼此傳聞．相煽而動．斯時也．勦之兵贏食匱．撫之傷重損威．元惡未必就擒．地方日見多事．騎虎之勢．進退兩難．當咎今日計之不熟也．及查府庫前銀．現在不滿百數．即今日逐賞功．猶患酬應或匱．舉此大事．異時動支不繼．何以處之．縱使田粮有處．兵將得人．威武先聲足以奪其氣．公廉誠信足以服其心．賊首可得．窠穴可平．故疆既復．誰與守之．竊恐反側不常．永難安必．何也．里分既限．粮數既定．雖無差役．亦當納粮．則徵科追夫．勢所不免．譬如被犬羊以冠服．欲其不號咷躑躅．必不能矣．

職等薄書俗吏．不諳軍機．爲今日計．但願將兵者嚴飭哨堡．使無需索．操練兵馬．使無偷惰．明賞罰之威信．達攻守之機宜．常時則斥堠險阻．防禦弗懈．遇變則裝塘截捕．策應及時．牧民者節浮費以以蠲煩苛．平訟獄以解紛爭．申保甲之舊章．行積穀之新政．清理田粮．催科不擾．卒遇灾傷．民命有寄．至於分別猺獞．審其良惡．愼選排年丁長．時其戒令．守信義．無誣良猺．誅賊脚．無通惡猺．無揑占猺田．無刻取猺稅．無激變以貪功．無乘機以徼利．無妄殺以起仇．則上下文武官司皆所當知．所當協衷一心．夙夜儆勵．其視夷類．譬之虎豹豺狼．但制之使不出城市．不噬嚙人．斯可矣．其在吾民．但使豐凶有備．貧富胥安．不至相率而爲盜．斯可矣．詩云．民亦勞止．迄可小康．若夫邀萬一不可冀之功．而或以釀非常不測之禍．此職等之所未解而未敢質言者也．

上楊虞坡太宰書

某於門下．素昧平生．門下入銓曹．未數日．即晋某以通政．未數月．即晋某以府尹．又未數月．即晋某以侍郎．

念其悽悽．靡所定止．未數月．復處某以太倉．此豈有左右爲之先容．親識爲之請托哉．推門下之心．葢欲奬恬退以端士風．崇簡樸以抑浮靡．社稷之臣．薦賢爲國．固如是也．而某豈其人哉．靜言內省．由參政起廢．一歲三轉．驟陟部堂．幸際昌辰．贈祖廕孫．叨冒已極．眞千載奇逢．三生大幸．所不誓竭駑鈍．少效涓埃．是無心者也．而蒲柳之質．望秋先零．而駑駘之才．鞭策不去．屢疏自劾．至再至三．豈敢竊高尚之名於有道之世．良以負托不效．則有傷知人之明．漏盡鐘殘．則有昧止足之戒．昔人所謂無一可者．

長兒携家薄宦福建．穉兒幼女隨母在家．近日得書．內云．老僕物故．幼子早殤．賤妾臥床．一家種豆．憂思所感．舊病愈增．旬日之內．吐痰見血．愈多恍忽．怔忡益甚．五心煩熱．寢食不寧．心血既虛．自是如此．俗云七十古稀．今某年六十有六．去七旬纔三四年．況來日之陰晴未定耶．

夫人臣之義．公爾忘私．然設心處地．察其情而卹其私．亦九經所不廢也．宋儒有云．君相以父天下爲王道．故匹夫匹婦．咸欲使之各得其所．若使某老疾苦情．顚踣道路．豈門下所忍聞哉．小疏再陳．極知煩瀆．無所逃罪．伏望門下察其言之由衷．憫其情之疾苦．早賜題覆．歸骨首邱．則門下之知我生我．豈口結所能報哉．情迫詞溢．干冒尊慈．亦惟門下恕之．某下情無任竦息懇祈之至．

章文懿公年譜後跋

楓山先生理學名臣也．其嘉言善行．譬諸精金美玉．市有定價．愚何能贊一詞．間嘗論世．每恨生不同時．願爲執鞭而不可得．嘉靖丙辰．小山先生出守吾雄．實公之冢嗣．因獲公年譜讀之．葢名臣所錄者槩也．年譜所錄者詳也．愚不幸．不得及公之門．猶幸得受教於公之子．三復是編．作而嘆曰．讀是譜者．可以見大臣進退之義焉．可以見天道福善之公焉．可以見世道升降之機焉．

夫君子之仕也．爲道之行也．道不行而富貴利達者．君子以爲恥．而不以爲榮．公掇巍科．入詞林．僉憲閩．師太學．蹶而復起．起而復去．原公之心．豈不曰時不可徇．祿不可竊．與其曲學阿世夫吾故步．寧窮約終身以行吾志爾．是故奉常之擢則辭．宗伯之擢則辭．高難進易退之節．厲廉頑立懦之風．所謂大有功於名敎也．是不可以見大臣進退之義乎．公當强仕．卽抗疏乞休．天可必乎．宜培栽者．乃子孫繼歿．白首煢煢．公雖聽其自然．而爲善者懼矣．及其晚年得子．又能自樹．小山先生之守雄也．淸風善政．種種可書．且孫枝楚楚．慶澤源源．美謚殊恩．光裕先後．傳不云乎．鬱鬱三槐．惟德之符．是不可以見天道福善之公乎．

翰林四諫．烟火一疏．公實倡之．公之心何心哉．愛國憂君．情見乎詞．盡吾心焉耳．臨武之調．言官諍之．老成之薦．部院臺諫諸臣言之．優老恤幼之典．守臣復先後疏之．雖彝德之好．不謀而同．一時人心風俗何如也．今海內縉紳退居田里．碩德重望．有如公者乎．卽有之．推轂薦揚．有如先達諸君之所以處公者處之乎．吾不得而知也．是不可以見世道升降之機乎．愚不敏．三復是編．重有感焉．敬書末簡．庶幾景仰之意云．

德星祠重修記

春秋之法・興作必書・時詘舉贏・非也・因陋就簡・亦非也・德星祠在正南門內稍西・爲前守長沙周公南而設・詳見刑部侍郎雪臺劉公節　・大常少卿廬陵胡公經紀中　・嘉靖癸亥春・燬於火・像遷於舊城隍廟後・獨二碑巋然・將廢爲瓦礫之塲矣・越乙丑冬・安成龍巖歐陽公念守郡之三年・政通人和・始議修復・門堂棟宇・煥然一新・材良工堅・可垂久遠・既擇緇流以司祠事・復拓民地創樓厨書舍以居蒙士社師・是役也・可以見無我之公焉・可以見崇禮之敎焉・可以見舉廢之政焉・

夫周公既往・聲迹已陳・歐陽公未嘗與之一面・乃視前政之善不啻若己・非大公無我者疇則能之・俎豆絃歌・事關風化・急簿書者恒在所後・而公奏最有期矣・乃亟圖之不少緩・時方有水城之役・陶甓匠石・不勞而集・是一舉而三善備焉・豈曰時詘舉贏・因陋就簡云乎哉・大初蝸廬密邇・樂觀厥成・謹識祠壁・以詔來者・幸相與葺之・俾不墜云・

鄭侯生祠記

生祠・非古也・以義起也・古之道存焉・西津源出百丈山・滙於凌江・南流與湞水合・暴雨時至・谿澗委注・民以厲揭爲艱・元至正甲午・推官劉君中孚・据津上流・伐石成梁・以便行者・顏曰淸泰・壞於汛湍百有餘年矣・成化弘治間・前中貴溪江侯璞・三山鄭侯克炤・兩議修復・詘於時・未遑也・嘉靖戊戌・三衢鄭侯朝輔・以秋官大夫出牧茲郡・耆民楊貴鸞等以狀聞・侯喟然曰・民之病涉・厥咎在予・咨爾庶甿・有積而能散・鳩工集事者各以其貲・有能左右轉移者各以其力・乃捐俸金三百以爲倡・民翕然趨之・遂相厥宜・定基于下流以避迅湍・墩以巨石者九・梁以巨木者八・覆以屋者三十一楹・視太平規制加壯麗焉・費罔官損・役匪農妨・三年而竣功・輿徒絡繹・如履周行・二橋峙江・翼然南服奇觀・更名西津・因其地也・橋成而侯去任・民之德侯者・相率伐石爲楹・立祠江滸・肖像而俎豆之・郡丞枝江裴君相・別駕靈壁張君曰蒙・司理新淦曾君樂・既落其成・具始末・屬予書其事・

於戲・覩于斯祠也・可以見上下之交矣・夫分符以爲民牧者・孰無父母之責乎・比屋以食其土者・孰非父母之子乎・上焉者・視民墊溺而莫之自憂・無惻隱之心者也・下焉者・玩上之令而莫之用情・無恭敬之心者也・侯之順民所好・捐金舉廢・有仁道焉・民之輸力効勞・立祠崇報・有義道焉・侯必仁倡・民以義應・故曰・覩于斯祠也・可以見上下之交矣・或曰・道茀譏陳・乘輿誚鄭・侯之舉・有司之常耳・生祠於禮無据・而迹則嫌・立之何居・愚曰・不然・自久任法廢・君子傳舍視官・苟利於民・諉曰勞也費也・積費成蠱・是故官有秕政・而民有懟心・侯盡心民事・能使百年廢墜至是一新・可以風有位矣・猶曰有司之常・爲善者寧無懼乎・祠以義起・何迹之嫌・抑雄當嶺表要衝・軨轄二邑・疆域僅得視古子男・而夫役日繁・民力當節・額賦久虛・民病當除・凌陂久淤・民利當興・不獨西津一橋而已・充父母之心・遺斯民以樂利之澤・不在良司牧乎・敬書以俟・侯名

朝輔・字左卿・號友石・浙之西安人・舉嘉靖丙戌進士・敏而能文・爲政慕古循吏・捐金舉廢・蓋其一節云・

延村水城記

延村舊無城・有之自庠士馮子正國始・先是龍南盜起・辛酉壬戌間・殆無寧歲・正國以情聞於當道・其詞曰・

國等祖居延村・距城百里・連年盜賊出沒無常・鄉兵衆寡不敵・官軍策應不前・當其鋒者首領不存・被其虜者室家不保・燃眉之急・剝牀以膚・人心皇皇・朝不謀夕・將欲適彼樂郊・則香火之情不忍・將欲修我墻屋・則倉卒之變難逃・思得大庾之楓山・仁化之恩村・信豐之小江・上猶之營村・保昌之烏逕崇化・因族里之多寡・築小城以自防・雖未必固如金湯・亦可以保全老稚・輒不自揣・效彼□□・欲于本村相地之宜・築砌小城・橫闊八丈・直深一十三丈・仍於取土之處・積水爲濠・輳集之區・開門出入・情願各捐貲產・不費官錢云云・

保昌令楊君士中曰・義舉也・況不須官帑・尤所嘉尙・雄守歐陽君念曰・義舉也・其秉公趨事・鼓舞一方之氣・楊君復親臨區畫・正爲宗寢・中通街渠・西北各闢一門・西曰永昌・北曰拱辰・經始於嘉靖四十一年二月・落成於次年十月・馮子以記請・余方謝病山居・未之應也・丙寅冬・予蒙恩起廢・瀕行・馮子復申前請・公私旁午・亦未之應也・旣而檢舊牘・得修築顚末・念延村之義舉可尙・而馮子之請不可虛・因復之曰・

築城將以禦盜也・語不云乎・息干戈之盜易・息衣冠之盜難・又曰・中原之醜虜易逐・一己之私意難除・夫干戈之盜・衣冠之盜驅之也・衣冠之盜・一己之私起之也・人能克己・則疾痛痾癢・舉切吾身・洞然八荒・皆在我闥・居廣居・宅安宅・其聖人所謂金湯乎・馮子能倡義於一鄉・他日得志・推而達之天下・舉斯心加諸彼而已・何有於一城・庸記以俟・其同事名氏刻之碑陰・

西津橋重修記

西津源出百丈山・滙於淩江・南流與湞水合・暴雨時至・谿澗委注・民以厲揭爲艱・考之前志・宋始架木爲梁・名曰清泰・元泰定間・路總管亦馬都丁・率民築西岸・砌四石墪・功未訖・至正甲午・推官劉君中孚繼成之・高一丈二尺・壞於汛湍百餘年矣・皇明成化宏治間・兩議修復不果・嘉靖戊戌・三衢鄭侯朝輔因耆民楊貴鸞等之請・喟然曰・民之病涉・厥咎在予・咨爾庶氓・積而能散者・各以其貲・能左右轉移者・各以其力・捐俸倡之・遂相厥宜・定基於下流以避迅湍・墪以巨石者九・梁以巨木者八・覆以□屋者三十一楹・更名西津・因其地也・隆慶辛未正月・燬於夜火・石墪雖存・而木梁已壞・屋且將壓・行者復病・約長葉萬琳等以狀聞・郡守莆田劉公應節毅然任之・念以木爲梁・難以經久・乃撤梁之朽者易以石・因墪之舊者增其高・翼以石欄・備不虞也・衞以石門・愼出入也・更名萬年・期永久也・功未旣以遷秩去・郡守華陽蔣公淩漢・二守華亭宋公堯武・相繼成之・經始於辛未秋七月・落成於萬歷乙亥冬十月・大約費千有餘金・給於官者三之一・助於富民者三之二云・鄉進

士劉君正・述鄉約之情・以記請・

予惟林侯之涖雄也・便民之事・每力爲之・蓋嘗修長圃廢橋矣・砌修仁驛路矣・申允保始二縣虛糧折輕齎矣・奚啻於一橋・第念桑田陵谷・變遷不常者時也・興廢舉墜・與民宜之者人也・即西津言・自置郡來即有此水・逮歷宋及元始有此橋・詎知百年後圮於水・得鄭侯修之・又詎知三十年後燬于火・得林侯修之・繼自今守土君子・咸以二公之心爲心・則四境之內・寧有廢而不舉者乎・擴而充之・經國者以天下之心爲心・寧有廢而不舉者乎・謹識歲月・以詔來者・

昔鄭侯之修橋也・民生祠之・鄉人鄧顯復捐己田三十畝以供祀事・今林侯之修橋也・民亦生祠之・鄭侯去任・世尚未遠・予嘗謁祠見其像・遷於西偏・香火所崇・浮屠氏耳・後之視今・安知不猶今之視昔乎・予則以爲祠立於見任之時・近於諛・敬衰於去任之後・近於褻・是舉也・恐不獨一人一處爲然也・故皆畧而不書・

石埭令梧岡陳公傳

公諱昇・字德輝・別號梧岡・始祖貴發・家大庾之橫浦坊・生昆寶・元末兵亂・徙居保昌・洪武間・歸附守禦指揮王旗旂下・昆寶四子・福旺・福敬・福高・福恭・高承旺・投永樂間征交阯・卒于軍・配鄧氏・痛夫死非命・遂斷葷茹素・孀居四十餘年・節縮寒暑・置產立戶・爲後人計・遺腹生紀・紀念母劬勞・善事不怠・一峯羅文毅公・集竹溪歌・爲南雄陳璧先考賦・即紀也・紀生琮・琮五十後始舉三子・長曰昇・由興庠貢國學・謁選卒于京・仲曰岊・由府庠貢官・止岷府教授・季郎公・自少勵志勤學・重言諾・愼交游・

嘉靖壬午・莊渠魏恭簡公督學嶺南・以行取士・公由興邑貢于禮部・卒業南雍・家居候選・歲時燕集・子姪勸酬或酣・公正色曰・酒以合歡・不能即止・必欲醉・是苦之也・其直諒眞率類此・甲午謁選・時西樵方文襄公位冢宰・姪婿羅以德者・西樵門生也・欲托公致書・公謀于余・余未及可否・公曰・此書不帶者三・度嶺後當封還耳・予問故・公曰・官之高卑・地之美惡・自有定分・送書後得美選・羅婿將謂吾子孫食其賜矣・一不可也・萬一職卑地惡・命也・得無悔西樵以我昭公道乎・二不可也・且監生謁太宰・多少逡廵・吾何爲自取跼促哉・三不可也・旣而拜長洲縣丞・職專治農・時九廟四郊大工方始・繕部郎中上饒歐陽清者・奉敕督造方磚・公屬分委・歐公嘗語人曰・各官發銀窰戶・每稱不足・陳丞臨之無後言・且有羨・何也・蓋公奉公守法・故見重于部吏者云・戊戌春・余忝甲科・是年冬・公部運抵京・予奉恩詔省親・因守凍朝夕與公俱・宰相私人姑蘇陳上舍者・諷之曰・先生丞長洲六年矣・考滿當選・餽我二百金・州判可得也・公密謀于余・余以乃叔太常曾任鬱林州判・答曰・換銀章歸田里・鬱林公後先相望・不亦可乎・公曰・子誤矣・長洲沃土・予丞六年・寮寀多以墨敗・予雖守分・誰謂無厚貲・汝至蘇・官舫便可携我妻子先行・公事畢・吾當請老・不敢過望也・予抵長洲・詢蘇守肅庵王公儀・肅庵曰・陳丞雖非異才・却守分・歷年攷語無貶詞・勿過計也・予因偕妻兄豸雲者先歸・留外母候公・未幾事畢復

任・密先僦舟・移檄徑行・道杭及嚴・報陞石埭尹・部使歐公諗其賢惜其去也・遣人追之・又貽書于余・勸使就任・公曰・吾稱疾辭官・今復就任・是不知止也・竟不赴・後長洲移文原籍・謂宜優以令秩・蓋亦奬恬退之意云・

家居十餘年・課子弄孫焚香種菊之外・無他慕也・郡守安成胡公永成崇重禮飲・躬請一登賓筵・甲寅冬・卒于正寢・年七十四・郡守孝豐高公冕躬祭其廬・鄉先生南甯教授朱君仕夔銘其墓云・曾孫嘉音嘉會・雅有志向・從予游・予嘗述祖德以訓之・恐其久而無徵也・隱括所覩記者爲傳・俾後之人有所考云・

論曰・前輩云・人家父兄但願子弟爲貴人・不願子弟爲好人・旨哉斯言・詞章日熾・利欲驅人・知德者鮮矣・梧岡公恥干謁・不投太宰之書・安義命・不圖判官之擢・豈不爲巧宦速化者所癡哉・然而不擇地得善地・不求升得美升・孰謂事非前定・公道不足憑也・且康甯壽考・後裔多賢・古人謂留不盡之福以遺子孫・詎弗信哉・詎弗信哉・

遙祭李占冲先生哀辭

廣西布政使司左參政致仕門下晚生淩江譚・聞禁闈前宮保吏部尚書兼翰林院學士恩師冲翁李老先生之訃・旣爲位而哭諸寢門矣・越九日霜降・公之弟少屏先生述職度關・謹以香帛束芻專奠于靈而繫之以辭曰・

於乎哀哉・我公遽止斯耶・惟公剛方之節・經濟之才・結聖主之知・繫天下之望・夫人能知之矣・獨念初也嶺海孤踪・窮鄉末學・受公文字之愛・自布衣之日・服公道義之訓・在釋褐之先・古人所謂感恩知己・兼而有之・宜何如其爲情哉・姑自大且節者言之・

追惟癸卯之秋・愚官繕部・公補外藩・潞河之滸・載笑載言・誨我以立定脚根・戒我以勿求速化・彼一時也・今不可得矣・丁未之夏・愚服闋入京・公右轄兩浙・繾綣之情・忠告之誼・猶夫昔也・今不可得矣・歲在戊申・愚以主事改諫垣・公以方伯改祭酒・皆非常之遇・公貽書云・言不在敢・貴中事機・亦不徒直・貴審大體・志慮忠純・宜必誠・此嘉言洋洋・慚愚負愧・庚戌春王・愚奉冊淮藩・公入貳宗伯・邂逅新嘉・停車郵驛・吐故談新・言親情溢・愚方愧夫辱臺・公勉我以盡職・辛亥初夏・別公京師・承乏江西・公貽書云・自執事外擢・諫漸以多事・諸相知皆服執事之先見・而余尤以故人得遂己意爲喜・噫嘻・不肖所以得追辱臺之罰者・敢忘所自哉・甲寅之歲・公獲登太宰・愚考績在途・因病求退・致書於公・謬謂楊公淸素之望・溫公務實之規・似爲今日對病之藥・又謬謂大臣以道事君・可則展經濟之猷・不可則全進退之節・公報我曰・來書卒簡・敬聞教矣・愚旣不遂求退之志・復冒粤藩之遷・又敢忘所自哉・初也朴直自信・以簡爲敬・雖音問濶疏・妄竊昔賢・無書政府之義・而黽敏夙夜・兢兢焉恐奉職無狀・有傷我公知人之明・不虞公之有前日也・

於乎・正人蒙難・從古皆然・在我先朝若忠愍劉公・若肅愍于公・若恭毅章公・若忠宣劉公・亦皆始嘗詿誤・終得託鑑聖朝・愚方跂予望之也・遽意公之有今日耶・於乎・死生禍福之理・雖聖賢不能違・惟是非之在人心・公論之在天

下・後世固有終不能泯者・昌黎子曰・苟予行之不迷・雖顚沛其何傷・計公亦何憾哉・我思古人千里徒步・一束生芻・凡以報知己耳・初也謝病山居・末由執紼・緘辭遙奠・以寫我哀・亦所謂上以爲天下慟・而下以哭吾私者也・英靈不昧・庶幾鑒之・

養拙羅公墓表

嘉靖癸丑七月十七日・養拙羅公卒於正寢・壽七十六矣・冢嗣秉正・奔自邵武・次秉直・歸自鎭江・將以甲寅臘月十二日・葬於郭統嶺・從先兆也・念余嘗遊先生之門・遺行具狀・請表其墓・噫嘻・其忍謝不文哉・

按狀・公諱裔・字繼夫・號養拙・豫章派也・曾祖遜忠・祖鑑・俱有潛德・母黃氏・松江別駕恭之女・凡五乳・公其終也・幼從外祖授尙書・日見顯異・別駕翁喜曰・羅氏有子矣・十五・補邑庠生・踰年・得廩・落筆爲文・動有思致・課試每出流輩・一時縫掖之士・多出其門・家素窶・父母意有所欲・不伺知之・不待言而事已集・妣黃氏・老而僵・公廢業扶持者數年・蟣虱叢生・手自摩捉・衣裳垢濊・不以屬諸婢・厥配劉・請代勞・則曰・汝自有事・及喪・治喪一用家禮・事諸兄最恭・故各得其友愛・七赴鄉試不遇・己卯・貢於禮闈・庚辰・授陸川訓導・爲祿仕也・陸僻邑・生徒僅二十餘・公不鄙夷・親爲正句讀・賢而貧者資之・數年・得士百餘人・督學李公中謂曰・陸川得汝・方成學校・可謂勤於職業者・會縣令缺・督府委公攝事・邑民陳預張廷賓者・坐强盜誣・公閱訟牒・無左狀・白監司釋之・陳棟李東陽者・跂扈民也・公召至庭下・以禍福廉恥諭之・俱改行・邑之下方・逋逃藪也・先是・客戶累債殃民・民弗堪・逞於一擊・客賄狼目謝曉梁茂陰・大集其徒復之・嘯衆數千・先聲熾甚・狼目懼・亦合其黨觀變而動・父老馳告曰・大憝壓境・非重兵不救・茲數舍之邑・奈之何・公布令・撫循境內無恐・無何・鼓譟而至・公開門諭之曰・若等皆朝廷赤子・可率爾耶・干紀犯順・國有常刑・復業可・不則玉石俱焚・何如・衆曰・饑・公曰・吾爲汝請饑・衆皆叩首・帖服不敢動・諸狼目亦因之息釁端・士民得安堵・旣解嚴・相與言曰・吾城賴公全身家・賴公免于鋒刃・怙恃之恩・何以踰此・後以變聞・督府請于朝・誅其首禍者・時嘉靖癸未也・博白學官缺・督府唐公冑委署事・公敎之如陸川・丙戌致仕・家居二十八年・杜門寡出・授徒課子・衎衎然不知老之將至也・陸川博白二邑庠生道雄者・無不起居公而致其洗腆・其得士心・久而不渝蓋如此・配劉氏・有婦德・子二・秉正・邵武訓導・秉直・鎭江訓導・孫男六・致賢・俊賢・乂賢・秉正出・汝賢・齊賢・啓賢・秉直出・公孝友出乎天性・積學不獲一第・小試僻邑・造士化民・綽有餘裕・使得大行其志・樹立當何如哉・素不黷貨・故無厚積・惟以一經敎子・咸底於成・義方足徵云・某少受業公門・公之致政也・復遣二子從予遊・讀遺行・重有感焉・因撮其大者・銘之曰・

世皆競巧・公獨養拙・拙於治生・故遺子以一經・拙於干名・故官止于泮林・郭統之岡・鬱鬱佳城・子孫繩繩・視此勒銘・

鄭廷鵠 字元侍・瓊山人・嘉靖戊戌進士・授工部主事・晉吏科左給事・以地震上四事・皆關至計・擢江西副提學・遷參政・乞養歸・著有易禮春秋說・瓊志稿・蘭省掖垣石湖學臺等集・阮志藝文畧皆注未見・

按廷鵠所上四事・未詳其目・亦未言其疏之分合，顧亨林郡國利病書載其剿黎匪一疏・疑即四事之一也・

剿黎經畧疏

瓊自開郡以來・迄今蓋千六百餘年・無歲不遭黎賊之害・然未有如今日之慘者也・蓋其蟠山踞峝・其中之州縣・反爲之外捍・是彼無外寇也・食飽棄餘・狼悍豕突・至虔劉我人民・抗陷我官軍・是我有內憂也・其地彼高而我下・彼膏腴而我鹹鹵・其勢彼聚而我散・彼無有外寇而我有內憂・則州縣之兵・疲於奔命・何日而有息肩安枕之地哉・臣生長地方・竊嘗訪之故老・得之征人・聞其出戰之時・人挾數矢・以一當百・無不應弦而倒者・矢盡力窮・遂竄身荆棘中・獸奔鳥伏・故我軍至・有臨險欷歔而止爾・故前日倡亂・不過止强石峝諸賊・其勢尙孤・今連昌化感恩之寇・其黨日熾・若進兵・非調狼目・募打手・加十數萬人不可・臣聞成功在勇・圖揆在謀・克捷綏難・經畧爲上・臣嘗考今昔剿除黎患者・見二大舉焉・

元至元辛卯黎叛・十月渡師・又明年七月深入・黎巢盡空・又明年春・刻石五指黎婺山而還・中間雖二經變故而謀不亂・卒以成功・可謂捷矣・但元夷俗・得則棄之・猶能奏置屯田・府立定安會同二縣・至今衣冠文物・稱爲名邑・此以知其可經畧也・

又前嘉靖十九年黎叛後・軍敗沒・請兵討之・明年大渡師徒・十二月直破其巢・崖州諸峝・無處不至・未嘗不大捷也・但班師太早・漏網數多・誠有如前奏各官所言者・當時識者見賊巢德霞平荷・可耕可守・擬建州縣・招集新民・以絕異日之患・然一時失議・遂爾殷鑒・故黎賊一聞出兵・相率歸巢・兵散於前・賊聚於後・以官勦能捷而不能守故也・欲其今日不爲再舉之害・其可得乎・此以知其不經畧之爲害也・

故臣不患成功之不早・惟患圖揆之未周・不患克捷之無日・惟患經畧之無術・何也・狼臂縱張・其技有限・蟻封雖密・其險可夷・徒以激於有司殺人無數・遂以肆行無忌爾・今文武之臣・勠力同心・一旦大軍臨之・勢如破竹・但愿前事要在圖揆・後事要在經畧・務以前車爲戒・庶不貽後日之悔也・何謂圖揆三事・

崖黎地方大勢・南出崖州・西出感恩・而北出昌化・北抵凡陽黎岐・東通郎温嶺脚二峝・二峝實出萬州陵水之衝・地形外險・內實坦夷・賊若被攻甚急・其合二峝以擾我陵水必矣・爲計者先分奇兵・由陵水以攻二峝・彼二峝之賊・自救不暇・然後大兵直擣崖賊巢穴・使其黨渙於東・勢分於西・莫知端倪・自相疑惑・而風霆之下・悉可擒也・此其所當圖揆者一也・

前奏又云・尤惡那燕等已入凡陽・搆集陂賊・此或有之・但恐其所撫集・或卽師温嶺脚之賊也・蓋此賊十九年陷我軍・不數日・羅沽賊黨卽傳箭崖州・徵納百牛・抱有賊黨卽傳箭・九办屯亦然・其與之構姻通謀久矣・此賊嫁禍黎

岐・以多方誤我・或聲言搖惑・以堅黎岐助逆之心・皆未可知・此其所當圖揆者二也・

黎賊原無奸細・其消息動靜・時出於所轄土舍・故百年之禍・皆土舍釀成之・黎將附籍州縣・百計阻撓・有司或失黎心・多方煽惑・既成禍變・又走洩軍機・若使嚮導我軍・遂道迂廻險阻・以至陷沒・如成化時之王道乾・前歲之符文龍是也・防杜之術・不可不謹・又發軍興制・所貴不擾・而首攻之數・不可預定・此則用兵之事・所當圖揆者三也・

何謂經畧三事・

一曰一勞永逸之計・夫黎人與賊・共此土也・數年一反・數年一征・雖往往克捷・所傷多矣・天地之心並生育・豈若馴以韜籠・置之莊嶽・易介鱗而爲衣冠・是誠有望於今神武之代也・獻馘之後・愿招集新民・定以約束・因其勢而利導之・多興學宮・禁挾弓矢・使不得復爲狼豕之慾・則堯舜之世・尚復有黎哉・尚復有反且征者哉・若徒得而棄之・不復經畧如前歲所爲・反滋今日之禍・則興兵動衆・終無寧息・眞大誤也・

二曰破方啓土之功・臣按崖州輿地・本自數百里也・東西一百五十里・有隋延德縣址・東南一百三十里・有唐臨川縣址・東五十里・有唐鎭屯縣址・西一百里・有漢宗羅縣址・感恩東北七十里・有宋鎭州址・原附郭有鎭寧縣址・今俱在賊中・所當恢復者也・況又有德霞之膏腴・千家羅活之饒足・招集之後・愿建州縣・因以屯田・且耕且守・廬其居而東西其畝・又由羅活磨漸開路以達安定・自德霞沿溪水下而達於昌化・道路四達・屋廬相望・井里既定・豈不爲國家增拓輿地哉・

三曰久任責成之道・漢建武十七年・馬援既平嶺南・所至卽置城郭・興水利・條建封溪諸縣・又申明漢律・傳爲馬將軍故事・至三十年秋始還・非貴綏定之術乎・愿乘此餘威・震懾山谷・建參將府於德霞・聯絡州縣・亦如馬援故事・治城郭・興水利・條奏便宜事務・以鎭安人心・其新附之民尚有異志者・設法遷徙之・或於海北地方屯田・或於附近衞所入伍・如漢徙潛山蠻七千餘口於江夏・以永絕禍本・徐求仁明之長・茲惠之師・奏留久任・以終其事・其庶幾乎・瓊人萬世瞻仰・在此一舉・

臣待罪諫垣・以言爲職・知而不言罪也・況臣切鄉土・聞見俱眞・言而不詳亦罪也・故敢干冒天威・伏望勑下二部・再加詳議・

送提督雪厓程公赴鎭序

計崖州開府以來・黎氛廓淸・雪厓程公力也・雪厓以參戎創計鎭於茲・披荆棘・冒風露・芟夷而布幟之・無所固險・抱有德霞諸峒・納賊獻圖・亦百年異見也・需雪厓爲染・庶沾異化・硒勳名徹當宁・謂其才力・已試盤錯・不宜在一隅・授雪厓以提督廣西副總兵之權・人有言曰・有佛力・掌佛筏・是誠雪厓所優爲之・宜無負璽書拳拳委重至意・獨崖人喁喁・以謂失所倚藉・而悲黎人之耳目未廣也・其如向隅何哉・或者解之曰・繅絲不難・難在繅鼻・迎刃不難・難在根節・繅鼻以貫・根節先破・誰能禦之・今日之事・大類乎此・當其虜薄城下・倉皇請兵・諸峒朋擾・莫敢

措手・誰不謂難・乃今區畫已定・能順緒而遊刄其間・卽窟穴可廬・鱗介可衽矣・尙何難於未廣耶・或又曰・善馭千里者・平居未嘗忘熟路・善射亦然・其視蟣虱如車輪・則百步之外如在咫尺・其取之胸中者審也・今雖移鎭・瓊崖乃其故物・其山川阨塞・部分種落・與其强弱出沒之變・尙納諸胸中不置也・苟所建白而行之・何物不被・而何倚藉之憂・於是崖人釋然・諸來請質於篁溪子・

篁溪子曰・信哉・往見雍闓四起・南中擾叛・武侯渡瀘深討・所難在孟獲也・旣破牂牁・募生致之・加以七縱之威・率懾其心・數世不復反者何也・握其繰鼻根節・而自爲分綸之・恢恢乎其有餘力也・趙充國始以都督擊匈奴・勝之・孰知其所爲易制者・勢不一也・後爲後將軍・大擊先零・率得其情以全取勝・何也・駕輕就熟・視小如大・其取諸胸中者審也・誰謂雪厓不然乎・雪厓之智足以制遠・其勇足以戡亂・其恩信足以死士・其謀畧足以翰國・往在軍中・雅歌誦書・染翰墨爲文辭・不少廢・或警報至・率然成算・如風飈雷厲・不可測度・正武侯充國之儔也・以此副軍閫外・坐督上省・當必有不世奇烈以輝煌簡冊・如渭南罕开所爲・千里讋服・奚必瑣瑣殄此小虜爲志・然劍履所至・必動并州之思・而崖人係不忘於雪厓者・當在此行也・行有日・乃崖州千戶所千戶某等・具彩而復爲是言・雪崖聞之・其必隱然爲之興念也夫・其必有隱然有所興念也夫・

俞義士傳

義士余外祖也・姓俞氏・名寬・瓊之西關人・其爲人倜儻善言笑・雖未嘗學問・而動必法古・尤酷于利物・遇有阨于難者・喜爲濟之・宏治壬戌中・有婦暮投于舍・問之・曰我抱原・寡人也・强暴欲汚我而妻之・故欲避去・已不食三日矣・義士以爲義・命家人伴之・且爲之餉・旣明日・婦辭去・强暴者聞之・恨義士阻阨其事・以勢逮之于獄・誣其與抱原男子盜婦而匿之・義士曰・此節婦也・我壯其事而食之・則旣去矣・豈能匿者乎・時有無良有司・故爲勢所脅・甚爲之捶楚・男子懼而自經・義士于是始不可逃矣・嘗不勝痛・卽仰天一呼・捶楚盡折・人皆寃之・獄三年不決・一日・誣義士者狂呼而無可爲理者・有司始出之于獄・亦寢其事・嗚呼・豈非天生哉・于時誚之者曰・理閒事者禍之階也・可以爲戒矣・義士曰・不然・禍生于不測者數也・數之所窮・誰能逃之・見人之節義而濟其難・此豈閒事也耶・執之且堅・他日有囊錢布而過義士者・誤遺于地・義士追而與之・未嘗虞其他志・嘗見人困踣于路而不能前者・舉其杖授之・濟物之心・始終不變・禍害非所能怵也・可謂識義命者矣・故當時相卒皆稱義士云・

倫以銑　字彥羣・南海人・文敍季子・嘉靖戊戌進士・授禮部主事・轉兵部・乞養歸・從湛甘泉遊・言動衣冠・多率古禮・於鄉閭恂恂如也・年八十卒・著有穗石集・

祭蘇東坡文

嘉靖丙戌七月四日・南海倫以詵道宋學士蘇文忠公寓祠下・乃采蘋薦酒跽而陳詞曰・

在昔趙宋・天付多賢・嗚呼文忠・克承厥先・詞章節義・一世罕肩・受知天子・如鵬斯騫・欲大陟之・羣咻滿前・逐公以來・于茲流連・昔公未來・山川闃然・公既來止・吟咏以千・凡厥留題・終古則傳・匪文則傳・惟人是憐・妙高之臺・公像存焉・梵宇之壯・百代不遷・凡有過者・孰不拜瞻・唯彼讒人・乃如飛煙・從風撲滅・蕩盡無存・失得一時・榮辱萬年・何以慰公・芳名簡編・屹屹靈洲・聞於中原・公昔安之・今其舍旃・煙霧蒼蒼・羣峯之巔・亦有白石・映彼流泉・猿鶴秋清・花木春妍・公毋歸蜀・奠此山川・

青霞李先生像讚

於戲・是爲吾青霞先生之遺容也乎・夫何其貌之肅如也・衣之襜如也・其始登第・入金門・立玉階・覲重瞳乎・夫何其冠之峨如也・容之溫如也・威之凜如也・其綰銅章・宰壯縣・子百姓・撫疲癃乎・擊强暴・摧權奸・知有法而不知有其躬乎・夫何其風度之雍容・若昔人之指揮・白羽緩帶輕裘於軍中也・其入爲司馬・百萬貔貅・皆歸掌握・俯視一世・睨傲羣雄・志將抵掌伊吾・北掃胡・南掃夷・上佐吾君・垂衣九重・洽文偃武・俾德風仁澤披拂滲漉于宇內・毋南毋北・毋西毋東乎・夫何其胸次之灑落・畧無芥蔕・若海鵠雲鴻也・殆遨遊四方・名山大川・無不登眺・排洞天・訪福地・羣仙人・笑玉女・舞芝童・而仙籍無不通乎・夫何其學堂之瑩如也・眉目之炯如也・神思之飄飄如也・其胸富五車・筆掃千軍・作爲文章・古人追踪・敷心上之經綸・以入笥中之著述・驅胸中之雲夢・以歸紙上之波濤・垂示無窮・穹壤始終乎・於戲・斯人也不可作已・其將子孫繩繩・咸紹書香・駿發不已・以受其有餘不盡之福・以洩其平生耿耿之衷乎・凡覩斯像者・將斂容下拜・想慕興起・茲亦我人秉彝好德・百世攸同也乎・

黃　城　曲江人・嘉靖庚子舉人・官知縣・嘗與曾旦重修南華志・阮藝文志注未見・

贈兵巡劉公仁山平寇奇功序

嶺海重鎮・首在南韶・控扼江湘・襟帶廣惠・而韶尤爲要郡・頃者臺章協請憲臣・分道備兵於茲土・誠足以壯南贛之屛翰・而嚴兩粤之門戶也・先是淸遠河源諸山寇・流劫入韶境・日尋干戈・繼以翁英二邑・渫惡之徒・乘釁嘯聚・攻剽四出・勾萌未剪・延致滋蔓・葢往事之不可追已・

嘉靖癸亥秋・我仁翁劉老先生嗣承簡命・宣布威德・思遏亂源・以爲盜賊蠭起・撫馭之失宜也・將卒玩怯・簡練之無法也・一更張之・次第就緒無難焉・至若民多奇衺・易於從亂・則由敎化未明而良心陷溺故爾・實司風紀者之責也・且可緩乎哉・於是首修庠序之教・崇正學以端士習・程會課以振文風・申保甲之法以戢惡勸善・凡有裨於化民正俗之道・靡不振舉而極行之・士民既改聽易視・翕然嚮風・於是乃叙戎政・覈虛額之弊・革曠役之需・舉將領・募勇敢・授器甲而時簡閱・又令屬邑團練鄉兵以爲聲援・而兵始可用・於是乃詰致寇之由・傳檄以示威信・納降以輯歸附・躬歷各谿

峒・論禮法・徵禍福・以開其悔悟之心・然後按山谷之險夷・探聲勢之虛實・視攻守之緩急・調度兵食而豫爲之備・未幾・首惡何天統・卓文勝・尙復匪茹・擁衆犯乳源・翁乃分遣將吏・率所部之兵・密授方畧・一鼓而擒天統・再鼓而擒文勝・餘黨盡俘馘之・被俘之老稚・竟得生還・數年劇寇・一旦蕩平諸寨之勢・相觀望者・莫不震讋屛息・扶杖以乞殘生・謂之奇功非歟・此時山海多警・節鎭屢勤鐵鉞・未詎及於南韶者・恃有翁也・然卽大舉搗其巢穴・調兵轉餉・勞費無紀・詎能獲其渠魁而殲其醜類乎・翁以一人運籌於中・部下用命・威聲大振・卒使逆者捕・順者撫・觀望者益懼・歸附者堅・一方實受甯靖之福・厥功亦奇矣・奇矣・

宋楊誠齋嘗提刑廣東・會臨汀盜起・召諸郡兵由翁源直抵循梅・遂擒賊・孝宗稱爲仁者之勇・今公知幾之哲・足以制變・而慈切矜容・猶欲委曲而生全之・折衝之才・足以決勝・而慮先根本・期在漸次而化導之・行効干羽之舞・坐消鼓鼙之聲・以紓九重南顧之憂・將終賴之矣・是其功遠過於誠齋・而仁勇較著・彰與之而有光廟堂・卽此以論勛伐・其陰騭蒼生・固可量哉・然則公之功・不惟勝盜之爲奇・而化盜之爲尤奇也・夫戰功核而易彰・德化徐而後効・據實揚休・以竝傳於不朽・庶贊名世□□者・或有徵於斯云・

重修南華志序

粵東惟羅浮稱神山・自魏晉著名・南華山水雖勝・幽僻荒翳・固陳里曹村等耳・一旦西僧示異・黃梅遯歸・坐具一懸・遂符寶林之讖・名僧高士・雲合響應・爲大梵守・乃若賜額南華・郡志謂開寶間・然紀元已不可考矣・由唐以來・天下言禪者・皆趨南華・如水赴壑・毋論昔人・卽今春秋二會・遐邇駢集常數千人・舍廨至不能容・觀此則海內之所嚮往・又出羅浮上矣・顧未有志以傳其盛者・至嘉靖乙酉・大參東川羅公始錄碑銘暨諸題咏類刻之・越壬寅歲・少參芝南徐公又命郡爲全志・卽今學訓龔邦柱所修也・頃巡察使懷川龔公道經駐節・寓目靈勝・咨訪故蹟・質之前老・多所闕遺・於是道尊二思・沈公乃屬城偕曾邑博旦・躬至南華・重加修飾・凡浹旬而始成編・亟登之梓・謂城執筆宜序諸簡端・城於是有重媿矣・

夫志猶史也・不核其實・則不可傳・何以式遠・惟大鑒崛起嶺表・其所稱說・雖本達磨所傳・要皆性善宗旨・佛教至是又大變矣・曹溪一脈・爰啓五燈・遞相師承・歷朝欽慕・諸所讚揚・詮述豈尠哉・惜夫文獻無徵・往躅莫稽・卽唐中宗一詔・僅見節畧於壇經所錄・宋初重興寺碑・晏元獻公筆也・尙未及見・其他可知已・近代縉紳先生經遊諸作・山僧不知珍藏・紛然散逸・縱極搜羅・亦無從而得其槩也・又何怪於前志之疎畧耶・雖然・以文人而志南華也易・以南華而志南華也難・腐儒殊不文・而敢冒其難乎・惟據實書之・以仰副當道之盛心・他日儻得與羅浮並表名山・皆澤所及矣・其爲南華增重也・不旣遠乎・

何其厚 字粵橋．南海人．嘉靖庚子舉人．官至南京戶部郎中．

重修晏公神廟碑記

廣自會城西南隅水滸之際．舟楫輻湊．商賈鱗萃．誠闤闠一要區．舊有廟．貌巍然．訊是晏公棲神之所．余曰稚年．以爲鄉民漫設耳．比領薦北上．率由川途．凡江瀆河渚．長年三老之禱賽者．莫不列有晏公．廼知夫風濤之險惡．波瀾之湍急．磯瀨之廻岨．要皆有神以司之．而其墊危履安以出諸顚沛之中者．卽陰扶默祐．徼惠於冥冥不淺也．茲而祠宇重修．意晏公之神．必聰明正直以宰滄溟．由是拱護諸天．使維扶善類．神所素蓄積．足以根諸人心自有不容以弭忘者．此祠宇所以既圮而復興歟．

余歷稽前聞．神嘗懾伏蛙精．鎭寧颶母．不特宋宣和間．於路允廸高麗之使．護持乘舶回．立興濟宮額而已．自是迄于國朝．當太祖攻取毘陵．則拖舟轉救．湯和平治友定．則引助陷城．至於炙猪施鈎．掣黿成岸．遂膺神霄玉府都督大元帥之封．洪武間．復褒稱爲九江八河平浪王．迨至永樂．中官張源欽差暹羅．回至東莞之赤灣．狂颷迅發．亦以遙禱輒應．遂獲逆流登岸焉．夫其福國庇民．持危安傾．此靈感異常．英烈彪着．素根諸人心．已非一日之積．寧以祠宇之興廢爲神重輕耶．

顧妥侑無方．瞻依靡據．向善修果．何自以告虔．懷奸挾詐．罔緣而質誓．至如英耆之聯集．里社之祈禳．所以萃渙而合膜者．尤宜有一定所．第歲代殊遠．城郭變遷．而甓植黝堊．盡鞠于茂草荒烟之塲．曾謂神之體物不遺．能使入齋明承祭．且洋洋於上下左右之間．廼于其所謂根諸人心者．顧不能使人翼厥廟貌也．故根諸心而成形．爲像塑莊嚴焉．根諸心而成聲．爲鐘鼓鏗訇焉．根諸心而成色．爲丹青炳煥焉．諸如棟梁之結構．燈燭之熒煌．胙饗之芬苾．疇非根心不容忘者爲之也．矧以本鄉父老．常稱其俗能相友助扶持．可封比屋．卽此結社與神相依焉．則其春秋有事於壇壝．未有不望廟貌以獻恭．對神明而起敬．由此而狡僞潛消．詐諼頓革．以登諸淳龎沕穆之盛．爲民俗一補助．不徒顯靈於舟楫間也．茲於重修之功．其將無攸賴乎．夫根諸心而祇奉乎神．質諸神而表正乎人．君子謂神人一理．交感而互發．亦於是舉乎可考矣．是舉也．始工於癸酉孟秋．落成於甲戌孟夏．動無妨衆．財不費公．諸父老以爲當鐫珉以衍無疆．懇予紀諸碑陰．予方奔走之暇．因得展謁而聊述焉．若夫稽神於有廟之假．則固當質諸人心之不忘者已矣．

李時行 字少階・番禺人・嘉靖辛丑進士・知浙江嘉興縣・御史行部至・交章薦・徵爲南兵部車駕司主事・同官忌之・中以蜚語・時行即引退・縱遊西湖天竺・下會稽・探禹穴・遊天目・臨虎邱・東登泰岱・西上匡廬・歷燕趙齊梁故都・謁孔林而歸・在西郊築浮邱草堂・北城開小雲林別業・少嘗讀書羅浮青霞谷・自號青霞子・因榜曰青霞洞天・甘泉泰泉倡學於東南・時行皆先後及門・其文章法漢魏・古詩歌行律絕・奄有顏謝李杜沈宋王孟諸大家之長・爲南園後五先生之一・卒年五十六・所著有駕部集三卷・阮藝文畧注存・青霞漫稿・天求子・雲巢子・瘤瘉子諸書・皆注未見・

寄田豫陽先生書

往歲留滯武林・與公往來西湖天目之上・獲陪杖屨・或累月聯鑣・或連宵對榻・日奉清言・時承懿則・自慶獲所依歸・而窮途旅況・亦幸我公爲之慰藉開豁也・自舟楫南還・遂遠門牆・每遙惠訓旨・婉如面談・不以某爲不足敎・謂可進於作者之列・示以摛藻之要方・啓以宗匠之元旨・導蒙發悱・情同骨肉・海內知心如翁者能幾何・某雖菲陋・敢不爭自淬礪以謹師承・

粤自懸車以來・侍養之暇・乃開別業於北郭・時與二三文士觴咏其間・或臨流把釣・浩歌煙霞之中・或倚杖行吟・寄傲泉石之上・暇乃潛玩圖書・考古訂今・倦則高臥北窗・頤神導氣・歲時伏臘・亦足自娛・恨不獲與公同之耳・每仰稽六籍・游意周秦・旁搜漢魏隋唐之書・蹤觀諸子百家之奧・庶幾一知半解之悟・以希艷作者之藩籬・而質下才卑・莫能管測・寧不負鎔鑄之雅哉・

仰惟我公文齊班馬・賦凌騷選・至其吟咏性情・緣物比興・則又出入謝陸之名流・取裁高蔦之懿矩・長篇短韻・爲世型冶・誠辭林之上乘・昭代之名家矣・雖徐何李鄭諸子・烏能專美於前耶・第師門遼杳・質正無由・索居離羣・遂成荒落・瞻望之餘・徒增綣戀耳・

曩者拜別門牆・約爲泰岱五岳諸勝之遊・幾欲買舟長往・以遂夙懷・兼得奉敎左右以就正末學・庶幾不謬於將來・然以七十老親・不敢遽離朝夕・又向平之累・尙有塵緣・高情逸思・注想良深・未卜何時乃慰前願・北望吳山・無任翹仰・謹因鴻便・附啓相聞・

答文衡山先生書

承惠華牘妙墨・領拜把玩・愛悅無已・誠間世之奇珍也・兼之高文下敎・獎與通深・豈淺流弱植能當其美乎・惟奉以步趨・庶幾獵宗工之藻潤耳・某少乏師承・長多歧路・家食則呫嗶括帖・研以窮年・通籍則簿書獄訟・成其粗心・嗜古無成・學步失故・信所謂宏修淵邈者・非近力所能究・靈幻神化者・非局器所能通・是以揣情謬於元黃・摘句差其音律・又烏能躋皇虞之域・而游姚姒之圃哉・

越自出宰嘉禾・幸爾賢達始獲・伏挹光範・沐浴餘波・奉公之暇・時有一得・輒欲取正于大方之門・以求不謬于矩矱耳・非敢言詩也・假令廁諸前英・正天壤懸隔・翁乃忘其菲陋・序而傳之・豈不貽羞於毛穎・而假悳於陶宏景哉・昔陳伯玉感遇之作・際王適之褒稱而傳・蘇長公制科之文・以六一之鑒賞而重・某非其儔也・安足辱長者之延譽哉・然史遷謂伯夷叔齊・得夫子而名益彰・顏淵雖篤學・附驥尾而行

益顯．閭巷之人．欲砥行立名．非附青雲之士．烏能施於後世．斯則不肖仰止之私也．但恐下才末技．不足以奉明教希末光耳．惟翁清風雅度．高誼雄才．海內莫不延想．游弄翰墨．特其餘事耳．然單辭隻字．流布人間．獲者莫不視爲拱壁．天下名流．爭識恐後．如僕之疎庸．亦被容接．豐儀密旨．逸韻雄篇．駢辱薦至．眞不啻龍門之登矣．瞻仰之私．夙夜爲勞．特倚鴻鱗．恭申謝候．

謝海鹽朱西邨陳句谿二處士過訪書

僕無似．承乏嘉禾．竊高宓子不齊之遺風．慕澹臺子羽之懿蘉．思得高賢明於當世之務者．以資治理．故下車之初．卽延詢父老子弟．訪及薦紳先生．咸曰．秦住金粟之間．有二隱君子者．朱西邨陳句谿其人也．挫廉逃名．不顧榮祿．蓋龐德公黃儒仲之流．伯鸞求羊二仲之儔匹也．悉棲跡霞外．懸情物表．翰墨自娛．予聞斯言．心竊向往者久之．第職務羈縻．弗獲越境躬詣山門以挹道範．爰托方伯南谿吳公爲之先容．因修辭致幣．以隆禮士之敬．二執事者幸不見疎外．乃遙自巖谷．顧我訟庭．遂得奉接光霽．龐眉皓首．耆德高蹤．而衣冠之閑雅．丰神之雋朗．誠隱淪之標致．聖世之逸民也．亦既覯止．殊慰夙心．顧僕涼德．曷以堪茲．在昔王龔治郡．每致禮於比顏之叔度．陳蕃出守．恒折節於純行之孺子．典型不爽．餘韻猶存．僕敢希跡前英．以光吏治．仰資明德．少裨顓蒙．幸辱寵臨．肅申侯謝．時有所見．不惜相聞．幸甚．

義命論

夫皇衷式降．義性粹於靈根．於穆維天．大命定於初賦．是以含英孕淑之倫．克順剛柔施生之理．不蘧蒢於非望之福．匪隕穫於窮急之求．故宣尼斥子瑕至我之言．子輿辨臧倉踰前之沮．賢聖所由．後先一矩．亶猷彰訓．豈徒然哉．由巨察小．自微徂著．其究可得而言矣．蓋宜乎當然之謂義．順乎自然之謂命．未有當乎義而不安於命者．亦未有達於命而不協於義者．故屈伍不免於湘江之沉．轗軻卒限於執戟之位．賈誼沮志於長沙．馮唐皓首於郎署．莫不坎壈當年．訕詈多口．然義命所制．莫展雄心．或者不察．羨淮陰之崛起．謂王侯可以智求．見桓榮之輜車．意青紫由於襲取．而闒茸猥瑣．澳涊脂韋．毀其四維．罔知六蔽．以私結義．不宅天命．惑茲甚矣．豈知顏回蒙簞瓢之厄．季路罹結纓之難．崔駰終於長岑．相如卒於茂陵哉．亦義有不可苟得．命有不容倖致者爾．是以君子由爾之實．以達於顯晦之宜．自禍福之機．以通乎貴賤之著．故能忘情得失．委運順逆．而居正體道．安命樂天．愉愠不棲其情．夷險不殊其操．夫義可以修而能．命不可以强而致．故聖人有舍生取義之條．居易俟命之訓．其道斷可識矣．

昔堯甘藜藿之羹．禹安黃龍之變．文王羑里．演易不廢．周公疐尾．赤舃几几．孔子絕糧．絃歌不衰．曾參歌聲．若出金石．壺子不惑於神巫之言．子行不怵於傴僂之病．彼五聖三賢者．信理而行．委命遂志．曠乎天游．惟適是任．實往哲之高軌．來秀之指南矣．故曰．輕天下則神無累・細萬物則心不惑・齊死生則志不懾・同變化則明不眩・蓋聖人由義以立命・君子行義以俟命・下此則淫縱滅義・不受天命・風斯下矣・予獨悲焉・

黜浮論

清明之世其俗朴・故其民淳・濁暗之世其俗靡・故其民詐・淳則進於乂安・而寖隆寖昌・靡則入於僭亂・而以偸以薄・君子觀於淳詐之民・而可以灼於治亂之機・則反朴袪靡・期隆昌而挽偸薄・固其維世之衷・所不容擇者也・嗟乎・俗之不古久矣・浮靡之習・豈直一朝一夕之故哉・交際飾不情之恭・言諾尚不衷之信・曲迎合・善窺伺者・謂之巧宦・守正直・務忠讜者・謂之木彊・矯智惠以牢籠・深機械以陷阱・宴會侈聲色之娛・遊行夸輿馬之盛・行誼不檢・職業不修・此縉紳之流・紈綺之家・有此習也・辭不根理・文尚浮虛・剿說以紉綴・畔經以騁放・累牘連篇・不孚實用・科登歲取・適用覆瓿・行欲同於鄉愿・志不期於上達・卑暗日甚・奔競風馳・甚者暗恣貪饕之計・而顯誇周孔之談・執偏說以名家・竊自託於理學・黌校之中・章縫之士・有此習也・婦女襲宮嬪之飾・庶民彰有位之儀・藻節盈庭・名何通於仕籍・騶從載道・身豈列於朝班・游手游食・闤闠充斥・載耕載耨・隴畝希寥・五教有不遜之愆・百行乏崇雅之習・遺本尚末・文弊質窮・此市井氓萌・閭閻陪隸・有此習也・上倡下蹈・漸以成風・趨浮入靡・恬不知怪・而乃飾奸崇夸以相高・誠所謂笑古人之末工・忘已事之己拙者也・豈知事窮物變・必有困踣之虞・獎誕夸浮・終罹切膚之慘・名編凶頑之籍・身厭荼毒之苦・斷難免矣・豈不痛哉・諦觀時弊・良用疚心・察性彰來・古今一揆・故書稱世祿之家・鮮克由禮・記曰・天下無道・辭有枝葉・詩人亦云・民之質矣・日用飲食・蓋傷膏粱弊化之僁・而欲惇士習以還淳・厚民風以返朴者也・

且文尚極而姬籙訖・清談盛而晉室衰・此皆往事之已驗・可寒心而扼腕者・是以宣聖有先進之從・林放廑崇本之問・殆爲此爾・其在近代・聲容盛而武備衰・議論多而成功少・宋事不遠・殷鑒在茲・可不念哉・悲夫・忠質不隆・古道不復・而欲希清明之世者遠矣・夫欲木之茂也・必剔其蠹・欲流之長也・必濬其源・故浮靡者治之蠹・而誠雅者治之源也・誠使在位崇軍事・本出寓言・而祝穆取爲確論・司馬光營妓事・發於謗毀・而韻府采爲明徵・趙師雄梅花夢・一時戲筆・而郡志錄爲事紀・蓋譚幽志怪・野史恒科・逞博炫奇・學士通軌・豈知彝訓自茲以謬・名教由此而隳哉・至於迹似心非・名同實異者・猶紛紛也・蓋相如之逢君・而獲諷諫之名・杜欽之邪媚・而擅骨鯁之譽・魏徵之功利・而冒仁義之稱・蘇洵之權謀・而襲經術之號・象山慈湖血氣之論・而指爲德性之辨・鄉原之德賊・而似廉潔忠信之爲・公孫宏之蔽賢・而假開閣延士之禮・此雖易見・亦惑將來・

其尤可憑怒者・則莊周之書也・固荒唐誕放・然膾炙人口・誠足以誘亂聰明・緇黃策籍・非有絕倫之識・高世之見・鮮有不爲所溺者・是故讀接輿之歌・而聖賢之行跡不足信矣・觀肩吾連叔之荅・而古人之姓名不可稽矣・他如堯舜之讓許由・仲尼之見老聃・而天下之實理・多謬舛矣・然而

命旨元幽．摛文奇詭．騁智搜神．則如龍蛇走陸．而見者魂驚．擷芳競彩．則如雲霞綺天．而觀者目眩．懸河立海之辯．淵渺不窮．電馳霆擊之辭．變化莫測．言多孟浪．道實悖馳．豈闡理之格言．而開來之粹訓哉．夫昌明顯著．六籍若二曜之昭回．誠確貞一．語孟如著龜之明信．眞立言之懿矩．而萬世之取衷矣．豈貴夫稗官野史．說鈴小技哉．故聞雲門者．始知擊缶之細．涉河海者．乃覺行潦之卑．誦聖謨者．然後知諸子之陋．欲循名責實．不謬是非之原者．其必宏心見性．懋昭窮理之功．因物察則．不爽本然之度．是謂以我觀書．隨在得益．庶乎可以折衆言之淆亂矣．

泰泉先生詩集序

夫詩之道難言矣．黃唐虞夏商周篇什．華實彬彬．遐哉邈追矣．暨漢始有五言．魏晉之交．諸體競彩．咸陶鑄性情．鐫鑽文理．寫元黃之光魄．鏤卉物之景象．經緯赫縠．縟綵彪炳．吁可觀也．世歷緜曖．條流棼揉．泥蟠經史．飈駭煙雲．梁宋以來．綺鶩風雅．推準三百之趣．圓備六義之旨．辟諸升堂．其亦庶乎．循茲而降．代益矩畧．繁條弱植．萎薾附俗．將謂叠耀前光．而多謬來識．無貴乎覽焉．

我明膺籙御宇．握珠照士．文明會其極．綿亘而彌昌．筆陣雲蒸．藝苑霞蔚．材英秀發．海嶽降神．乃篤生我泰泉先生．揮掩南禺．鑒縣上世．翔集經史之圃．該綀子史之術．按轡囘正之路．擇源涇渭之流．反彼頹綱．振茲洪響．凡古章今律．短韻遐篇．總掇若干首．策九代而驅軌．披四始而畫界．拓西京而植榦．憑建安而飛采．鎔冶陶謝．斷截殊途．衙麾陳杜．隸走百氏．故其情深而不詭．風淸而不雜．事信而不誕．義直而不隨．體約而不煩．文麗而不侈．可謂往材之金矩．來英之玉牒矣．行溷游宮墻．朽凋時畧．海洋寓瞻．景切餘波．高堅懸企．志深鑽仰．以爲韶濩之曲．瞽者能宣其音．千里之駕．馭人能調其足．爰輯舊聽．讎諸文梓．沉衷臆說．庸布蠡測．憲章懿讚．以候鴻修焉．

同仁祠記

昔宸濠肆叛．妄窺神器．當時任事諸臣．轉相蒙蔽．或納賄以釀奸．或腹心以濟惡．或毀節以從逆．蓋遂厥初者瑾．翼厥成者士實．知而爲利所啗．顧忌遲囘．謬與削奪之舉．以激成滔天之禍者．則當國諸臣．尤執其咎焉．自餘潘季之徒．甘心犬彘之行．衣冠之辱．尙忍言哉．三君子接武以成其仁．皜乎美矣．囘視脂韋闒茸者．豈不有靦面目乎．卒使小醜肆亂．海內騷然．豈國步之有疵．抑人謀之靡臧哉．蓋假護衞屯田之利．是謂寇兵盜糧之資．裁自中葉．民已息肩．夫何賊瑾計復於先．臧陸再興於後．使彼愈益驕橫．生靈荼毒．天產忠良．以匡王國．

維時胡公炳幾先發．瀕死不顧．孫公蒙難正志．殺身成仁．王公宏濟艱難．勗勤跋履．用能廓淸宇內．整肅王綱．孤忠霜烈．義問風馳．誠所謂社稷之藎臣．而有邦之司直也．要之．端敏之忠以其智．忠烈之忠以其勇．陽明之忠以其功．咸出至誠．均懷惻怛．其共事一時．同出一鄉．何浙產之多才．而此邦之萃彥乎．擬諸三仁．後先一揆．雄心勁

節・光映古今・豈非川岳之孕靈・而人倫之挺秀者哉・

粵稽殷受訖命・耆舊自獻・蓋死者非沽名・生者非懼禍・引身以去者非忘君・故元子獲奉先之孝・少師竭匡君之節・父師全愛君之仁・殊途同歸・心有懷忠之赤・異慮一致・身無私便之圖・若曰進死者・退生者・狂狷之士將奔走之・褒生者・貶死者・晏安之徒將置力焉・甚非獎人倫垂戒道矣・

夫時有先後・事變或致殊科・理貫今昔・民彝同出一揆・尚論三仁・無容軒輊・惟我三君子・亦皆宏敏而多才・雅達而聰哲・豈惟覃邃於六籍之精華・亦且挹鍾乎二儀之休淑・謀無遺謂・動獲先幾・故克懋厥忠貞・建茲鴻績・可謂不軌前雋・貽矩後昆矣・亦由我天子威靈赫奕於九重・國運休隆於六寓・是以篤生豪哲・共矢睿圖・故罪人黜伏於下土・宗社靈長於無疆・庸非一人之慶・邦家之光哉・崇德報功・廟食宜隆・典刑不爽・永憲來裔・聞其風者・將有興焉・固知茲祠之建・於名教爲有裨也・祠建自嘉靖初年・在杭州府治內・歲久頹圮・予同年莆田龔君雲從葺而新之・蓋憫忠良之可仰・而嘉浙地之多賢也・

三義堂記

夫堂何以三義名也・蓋爲吾越廣海張氏夫之忠・妻之貞・子之孝也・其義之者何・以張氏一門之懿行・後先咸集・故義之也・夫人莫不有良心善性・根極於衷而不可解・然卒靡靡無成・凡以義有未至・故臨利害・遇事變・不能早自裁決・而遲疑以貽後悔者恆衆也・故曰・惟克果斷・乃罔後艱・其殆謂是乎・

吾觀張君元壁從軍西甌・賊至奮擊以死・同事馬千里者收其遺骸・槁葬于狐狸山下・旅魂游於異鄉者垂四十年・蓋忠之烈也・厥妻朱氏・貧無以自立・乃能守志・誓不貳適・撫其幼孤曰文・并其遺腹曰道・俱底成人・皎日之操・始終一致・蓋貞之潔也・及道年甫五六・問父所在・母告之故・即容色慘愴・比長・誓往・必還父骸歸葬・恨未知向往道・益痛念不已・乃夢神人指示之・而馬千里者・時尚無恙・年且耄矣・亦樂計偕行・至則荒原鞠爲莽榛・無所辨識・行哭之餘・忽遇老嫗導引楓木之下・與前夢符・果得遺骸・嚙指血・滲相入・遂携以歸・追喪改葬・踰九月而母亦終・遂得同窆焉・人咸異之・茲殆誠精之極・鬼神通之・蓋孝之純也・使非明於大義・則三懿其能萃于一門乎・

然予嘗謂張氏之三義・義而難者也・夫忠・懿行也・學士大夫誦法聖賢・宜優舉之矣・然白刃在前・每偷生苟免・或甘心以事數姓者比比也・元壁一羽林士耳・非有詩書文史之飫聞・乃能視死如歸・彼縉紳之士・反見恧焉・君子曰・元壁之忠・足以愧臣隣矣・貞・懿行也・然世之秉節者・往往利其夫家之遺積・或以冠裳閥閱・勢難毀節・爲父母翁姑所制・今朱氏家徒壁立・敝幃孤影・旁無期功之親・何所恃而能操志愈堅若此耶・君子曰・朱氏之貞・足以揚閫模矣・孝・懿行也・世有承順就養・愼終廬墓之類・皆足見獎・道以遺腹之子・跋履間關・返其父骨於千里之外・神啓之・翁導之・嫗示之・蓋天人交相其誠矣・君子曰・張道之孝・足以立子極矣・

向使張氏一門・非義激于衷・天植其性・則矢死交馳・存亡頃刻・苟可避患・何不爲也・其妻委身他姓・以苟一時之安・忘其夫・棄其子・將不暇顧・烏能甘荼茹澹・從一而終若是・厥子或逡廵歲月・憚勞跋涉・則其親終爲他方之厲鬼矣・安能使二親之同穴耶・蓋子之孝・由於母之貞・母之貞・又卒能揚其夫之烈・使之有聞於世・以共成其美行・吾不意張氏一門・克成三義・亦人之所難能而世之僅見者・是不可表耶・故嘉善君子・名其堂以三義・而余亦喜爲之記・

前御史姚公傳

姚綬・字公綬・浙之嘉善縣人・性倜儻高邁・事母至孝・子弟化之・一家仁讓藹然・少好學・攻古文辭・弱冠始習舉子業・起家進士・拜監察御史・廵鹽兩淮・力持風裁・剉抑豪右・肅淸積弊幾盡・淮饑・策畫賑給・民賴全活者甚衆・因忤權幸・左遷江西永甯令・視事僅四閱月・以病免歸・酷嗜圖書花竹山水之樂・家有園池・室廬靚深・嘗闢一丹邱于水中・週遭藝桃花數百本・當春・霞錦絢爛・名曰玉洞桃花・內作仙人館・學易齋・虛靜紫靈二丹室・杜門却掃・一意攡綀・究心谷神元牝之旨・博及莊列參同諸書・因神仙之說以自廣・遂自號爲丹邱子・上淸仙吏・最後號仙癡・殆韓子所謂有托而逃者焉・然于玄理・咸超悟神解・自謂得之不傳云・復造一舟・左圖右書・尊俎前列・名曰滄江虹月・取太史山谷・滄江盡夜虹貫月・知是米家書畫船之句・蓋倣元章故事云・每遇月夕及歲杪・則泛虹月之舟至城中・并往來西湖金陵・諸凡三泖・鴦鴛・笠澤・石湖之間・具區七十二峯・徘徊瞻顧・覽題殆遍・所至領客觴咏・微醺・扣舷浩歌・命童子吹洞簫和之・意態超脫・儀觀雅逸・飄然有一死生・齊物我・呑吐宇宙・翱翔八極・羽化登仙之志・巾舄所過・林泉動色・川谷輝映・邈不可即・人望之若神仙然・雖年踰古稀・而精采丹渥・有陶柴桑白樂天林逋仙之風・一時交遊・皆海內知名之士・詩俊逸嫺雅・類其爲人・文婉委跌宕・卓有奇氣・俱稱作者・楷書小畫・工緻有法・無不可傳・所著有轂菴集・大易天人合旨若干卷・行于世・年七十四而終・雖系名仕籍・而山林之日居十之九・宦業不甚顯・然所至有聲・風流文雅・迄今猶膾炙人口・爲三吳兩浙之冠・子某・孫某・曾孫某・率皆能詩・雅有公之遺風云・

太子太保禮部尚書霍文敏公傳

太保尚書霍公諱韜・字渭先・南海人・號渭崖子・自少性資頴異・考西莊翁・授以經書・卽通其說・旣而告西莊翁曰・謝舉子業・翁曰・何爲・對曰・術者每云韜祿命不利・翁曰・予豈望爾祿仕榮家耶・予遺汝學・謂苟能爲儒・庶幾不忝古人爾・公愧且悔曰・父兄不責予祿仕・予顧自狹・于是棄去舉子業・屛居一室・書居處恭三字・對之終日默然・年十九・復就學・乃遍覽六籍子史百家・爲文宏深洪偉・督學江公潮・程其文・奇之・正德癸酉・舉鄉試第二人・甲戌禮闈舉第一人・時叙菴李公某得公卷・謂爲經世華國之才・五策全錄其四以獻・比廷試・入奉大對・公策當及第・因進呈時倒用讀卷官關防・閣下梁公儲命洗改之・然業不可爲

矣．遂落名二甲第一人．尋以姻例．請告南歸．越明年．遭西莊翁喪．廬居樵山．著有象山學辨．程朱訓釋．服闋．起復．舟過飛來寺．寺多虎患．僧徒及遊觀者往往遇害．公移文山神．勒石樹之山阪．其害遂息．至湞陽峽．有女郎廟．世傳靈應．行商遊宦者過之．不祭則不利．艤舟祈賽．盜因乘爲刦掠．往來病之．公命焚其廟．抵京師時．武宗賓天．今上皇帝蒞大統．公上大禮議于禮部．畧曰．

皇上于孝宗稱曰皇伯考．于武宗稱曰皇兄．于興獻王稱曰皇考．其正也．于廟祀孝宗．宗祝之辭．稱嗣皇帝姪．于廟祀武宗．宗祝之辭．稱嗣皇帝弟．于廟祀興獻王．宗祝之辭．稱皇帝孝子．其正也．是故憲宗大統．傳之孝宗．孝宗大統．傳之武宗．武宗大統．傳之皇上．一統繼承．與天無極．所謂大一統也．孝宗不得私授天下于皇上．皇上不得私受天下於武宗．所謂大至公也．武宗于皇上．不失昆弟之倫．皇上于興獻王．不失父子之親．所謂大綱常也．

八月除兵部職方司主事．十月上大禮疏．畧曰．

古者帝王之相繼也．惟繼其統而已．固不屑屑于父子之稱也．夫惟繼其統．則不但孝宗之統不絕．武宗之統亦不絕矣．若惟繼其嗣．則孝宗無乃有兩嗣．武宗遂終無嗣．亦遂無統乎．

自公繼統之說一出．羣議稍稍屈服．壬午．皇上勵精圖治．上新政三劄累萬餘言．多指摘時政．爲衆所媢．遂上疏乞休養．還樵山．開四峯書院．集四方好言之士．相與講求聖學．甲申．兩奉召命．疏辭．丙戌．大禮議定．晉詹事府少詹事．兼翰林院侍講學士．疏辭不就職者六事．制可之．然不允所辭．部檄兩促供職．俱不起．丁亥．賜文獻通考．洪範序．及敬一箴．檄部遣官復促供職．兼修大禮全書．晉正詹事兼翰林院學士．掌詹事府事．疏五辭．獲奉温旨．己丑．命典會試文衡．時文體冗贅．公力正之．五月．命修大明會典．以公爲副總裁．疏上會典數十事．以考正乖謬．庚寅二月．適母梁淑人卒．請扶喪南還．復廬居樵山三年．癸巳．部檄以原職促起復．晉吏部左侍郎．甲午蒞任．上大公疏．且曰．臣期之一年．可定治體．期之三年．可成治功．視篆一年有奇．整正職掌．詰清選法．賢否甄別．黜陟明允．朝著爲之改觀．丙申．晉南京禮部尙書．所至正風俗．毀淫祠．定喪禮．革娼尼．禁侈靡．政治翕然丕變．未幾．奉詔選東宮官僚．加太子少傅．庚子十月七日．以疾卒于位．年五十有四．訃聞．皇上哀悼．加贈太子太保．謚文敏．遣禮部右侍郎馬汝驥諭祭．行人游璉護喪南還．復遣工部主事顏某瞻葬于增城南鄉山之陽．

公自弱冠．即志在修齊治平．著家訓二十篇．置大學衍義于坐右．曰．如有用我．執此以往．比通顯．倣異居同財之制．合三代同居．冠昏葬祭．悉如其訓．日以表正鄉閭興復古道爲事．其立朝也．毅然以聖學爲可行．以王道爲可舉．故凡祖宗成憲．內外政體．生民利病．極言救正．雖摧于奸權．憎于衆口．志益堅奮．卒使淸議精明．百工惴惴．用能以孤忠直節受知明主．前後凡八十餘疏．皆關國大體．具見施行．至國家大事．咸得與之．如罷鎭守．削恩侯．復廢爵．錄大獄．卒惟公是決．一時國是賴之．以定恩蔭授之宗子．諸子締親．皆貧賤時所交．對妻子不及私．人亦不敢以私干之．至于達幽枉．植善類．皆無所爲而爲．如尙梁書公材再起戶部．武定侯郭勛素有私怨．以大工故劾之去．公面斥焉．事遂寢．御史黃正色．扈梓宮南幸．爲權璫所銜．下之獄．公爲直之．提學江汝達得罪荆王．逮繫至京．亦賴公論救．遂得生還．過彭城．聞友人某某會試卒于於途．旅殯多年．竟攜以歸．皆人所難也．

初．公頗以風裁自持．上且敬憚之．或起居有失．必問內豎．霍某知否．故時目爲汲長孺．及轉官留都．惟杜門謝客．有大臣之度．使天假之年．相業當與張文獻崔淸獻相先後矣．勳庸勒諸鼎彝．心事如靑天白日．文章如泰山喬嶽．天下所共仰云．公卒後．朝士見善人重足．憸夫揚眉．國是日搖．則嘆曰．使公尙在．乃有是耶．居鄉之士．見貪夫穢行彰著．則嘆曰．使公尙在．乃有是耶．嗟乎．此其人之出處所關．豈細故哉．公所著有疏義六卷．詩文四卷．別集五卷．行于世．

草衣道人傳

草衣道人者．不知何許人．歲時編草爲衣披之．故自號草衣道人．常往來太華．王屋．南遊會稽．雁蕩．天台諸山．及武夷羅浮．踪跡俱至．至則伐芾結菴．棲息其中．修導養辟穀之法．時采山中果實啖之．經數旬不見烟火．毒蛇猛虎馴繞其旁．年近百歲．顏色如童．時出遊城市間賣藥．人有病．呼之卽至．以手摩其額至腹．投之少劑．起矣．欵以酒食．須臾輒盡．與之錢．不顧而去．故病者爭延之．日過數家．無不立愈．周流浹旬．復還山中．曰．吾活人數千矣．卽就菴中臥．累日不起．時有全眞子往訪之．止其旁．凡七閱晨昏候焉．見其兩足微伸．頃之．雙手俱展．須臾乃起．瞋目視曰．子爲誰耶．命取所脫草衣．全眞子執之以獻．禮甚恭謹．道人喜曰．弟子可敎也．乃以龍虎金液還丹通元論授之．告曰．龍虎寶鼎．卽身心也．身爲爐鼎．心爲神室．津爲華池．自形中之神．入神中之性．是謂歸根．復命澄心練神丹之訣也．全眞子拜受．道人與之別．曰．吾將南遊矣．後予入羅浮山．見一人在豊草中刈草．摘其長者理之．予問取此何爲．曰將紉衣耳．心知爲草衣道人．因致敬．請長生之旨．換骨囘陽之術．道人曰．非爾所知．懇之．乃曰．夫息．自心也．元氣也．乃虛無之根．造化之主．升降離合悉從起．故至人惟欲人明了此心．心了則眞性見．眞性見則去聖不遠矣．背負一囊．貯書數卷．予問爲何書．道人曰．此九鼎刀圭大符之訣．五雷金書玉篆之文．乃得之九霞先生．先生得之翠虛道人者．非其人不授．言訖起去．行水石間．步履飈發．望之倏忽不見．蓋異人也．

其後有人自增城見之．與全眞子采藥蒲山布水之間．復入城．偶至一士人家．問其人曰．君家有篤病者久不起．得無憂乎．其人驚問何以知之．因乞方藥．道人曰．此祟也．于是寫一符．令繫衿帶中．以水噀其面．頃之曰．祟退矣．遂去．後數日．往視之．病者全愈．留之欵具甚盛．道人兀坐其上．仰空談笑．若對客酬酢者．主人怪問之．乃曰．適遇翠虛九霞二先生．方與討論元理．將偕之還山中矣．遂懽飮至夜．出門去．竟莫知所往云．

弔岳將軍文

予入錢塘・過武穆王廟謁焉・傷王懷忠執義・遭時不辰・罹茲釁凶・功垂成而見沮・身且殞焉・寃哉・予以興衰乘除・帝天已默主之・人徒劻勷耳・是故檜不用則王不死・王不死則宋不亡・人曷故焉・天實爲之矣・乃低回憤激・爲文以弔之・其辭曰・

瞻廟貌之巇嶫兮・儼智勇之孤忠・悵長城之圮潰兮・俾皇圖之罹兇・嗟鯁直之造釁兮・亶厥辟之不聽・緊奸回之握樞兮・豈大師之成功・何書生之蚤鏡兮・濟兀朮之技窮・皇天欲訖此宋籙兮・乃檜賊之崇庸・果迍運之難料兮・俾圜步之倥傯・雖此上帝之陰騭兮・亦人事之爲梗・撫疇昔以追尤兮・紛涕洟其咽哽・嗟張浚之扁心兮・內忌能而炫擯・圖尅復而阻板築兮・乃斯言之爲眚・捷一戰于淮西兮・豈兵威之徒騁・計轉餉之阻艱兮・盍同心以自省・肆檜賊之益狡兮・私金虜以堅和・進建儲而使山陽兮・惟將軍之不阿・嗟薰蕕之共器兮・乃殺身之禍囮・矧附和之繽紛兮・架衆虛以織羅・恨羣小之助虐兮・雖百口其如何・指逗遛與通書兮・維鍛鍊之是蔽・復掌軍於奸謀兮・聽仇人以成計・嗟國運之降升兮・豈犬羊之互噬・緊將軍之精忠兮・允安危之攸繫・戰李成以復魏郡兮・擒楊么以清湖・廢劉豫而來興兮・爰廓清乎帝都・淮泗清而胡遁兮・痛手足之拮据・兩河復于指日兮・亦庶幾乎先皇之版圖・唾手雲燕以報國兮・修斯言之不虛・幸中原之反故兮・竟沮抑乎奸謏・奉金牌以班師兮・涕淫淫其憤惋・羅樞柄以洩怨兮・彼憑怒而加捍・卒傅會以成獄兮・緣小紙而冒難・家遙竄而子市棄兮・貽英雄之永嘆・媢万俟與龜年兮・苟承望以聽斷・嗚呼痛哉兮・反袂沾襟・忠良罹殃・志士寒心・皇路邅迍兮・犬戎內侵・土宇日促兮・弱亂交尋・流離播遷兮・遯于海潯・宗社爲墟兮・憸夫作祲・椒漿敬酹兮・感慨彌深・雖將軍之冒誣兮・獲昭雪于再世・身既殞而名彰兮・永餘休於來裔・崇廟食以無窮兮・虔祀事於不替・羌擠陷之逆黨兮・曾不啻于犬彘・苟死者其可作兮・維將軍之我契・爰陳辭以控弔兮・庶九原其可慰・

平交頌

皇帝御極之十有五年・會有安南黎氏逋播臣詭辭奏曰・臣黎氏之嫡胤・荷宣皇帝錫爵給印・傳國至今・不幸丁祚中衰・有叛逆莫登庸者・篡奪爵土・臣竄伏草莽・流離罔依・陛下爲萬邦華夷之主・治亂持危・爲威靈是庇・於是天子震怒・以爲今天下薄海內外・罔不臣服・惟茲安南不庭・垂二十餘歲・允若茲奏・厥惟稱亂・征其曷已・廼命兵部左侍郎蔡經・安遠侯柳珣・宣猷畫策・以圖大舉・登庸聞之・悚慄奉表稱曰・

臣先臣黎氏之陪隸・黎氏式微・臣廼芟除奸宄・僅有寧宇・逮黎氏夭絕・屬纘之辰・解珮印而付之臣曰・天錫元寶・爾姑守之・請命以聽所立・臣上畏天威・恐懼辭退・國人擁臣立之・臣不得已・苟從夷俗・護印五年・耄倦于勤・復以屬臣之子・十有一年・夫黎氏不請而屬諸臣・臣又不請而屬諸臣之子・罪復何逃・謹以土地人民之數・咸簿登錄獻・惟陛下處分・

天子覽奏若曰·嗟爾臣工·惟茲登庸·豈其挾詐以綏我師·盍往詰諸·乃命兵部尙書毛伯温·節制六省·咸寧侯仇鸞·都統諸軍·勅曰·聽以軍往·違則征之·惟是毛仇柳蔡諸臣·會合兩省官僚計議·乃勒兩廣勁士·復分爲三軍·赫赫天威·雷令飇馳·登庸聞之·益恐益懼·懇以降請·乃啓鎭南之關·奠龍輿·抗黃幄·登庸徒跣囚首·白組繫頸·稽顙來降·稱曰·臣共順之情·剖心難明·惟陛下憐而察之·戮之惟命·俘而放之惟命·若宥之故穴亦惟命·謹以黎氏所侵四峒地·遣從子文明表獻轅門·僉謂庸畏威懷德·知命效順·厥衷無僞·宜受其降·爲之解組而遣之·按兵不進·比狀聞·天子以爲黎氏守職無狀·循至夭絕·天實厭之·登庸宣力·以戶按堵·我氓賴有寧宇者十餘禩·予嘉厥勛·其革王爵·易國號·置都統司·以登庸爲都統使·詔下·交人鼓舞曰·天子不遐遺吾民·罔殘以兵·俾獲胥匡以生·咸呼萬歲·諸軍遂解嚴·某竊伏草莽·樂觀厥成·乃述其事而頌之曰·

維皇纘服·君臨萬方·夷戎蠻狄·莫不來王·奉貢獻琛·秉虔肅將·守典承休·歷祚彌長·蠢爾交人·孽蘖自搆·問罪興師·法宜罔宥·張皇六師·是圖是究·將彼貔貅·屠茲鼠竄·登庸大懼·服罪輸誠·帝慮懷詐·以綏我兵·選將練卒·鍛戈脩軨·轅門肅穆·鞫詰夷情·登庸徬徨·匍匐稽首·繫帛來降·蓬跣望救·生殺惟命·懇祈天覆·遣子文明·望闕奔奏·帝心憫惻·廼戢天戈·爰革爵號·用釐僭訛·置都統使·臣職俾和·交人懽躍·載嘯載歌·惟茲交州·蕞爾小腆·陳氏承之·愓威內戀·皇祖開基·奉賓獻輦·嘉彼恭誠·舊疆不殄·季葉肆叛·殲于文皇·郡縣其地·作我藩疆·黎利不逞·竊伏跳梁·宣廟宏度·入廓包荒·其在于今·莫承黎嗣·請罪天朝·惟法所毖·威制恩涵·式歸于義·大造同春·於物罔棄·交人按堵·斡止乃寧·天討不服·輯我生靈·聲聞八表·如雷如霆·凡此荒服·來享來庭·寓內恬熙·邊鄙不聳·北辰永奠·衆星咸拱·文效忠良·武懷義勇·於萬斯年·皇圖是鞏·

葆光子對

葆光子遯于賁隅之野·游于廣漠之濱·懷元守墨·退焉若訥·輯智韜慧·闇焉若拙·剗采埋賁·闇焉若質·寄無何以爲鄉·安巖谷以爲宅·嗒然其若忘·陶然其自得者也·客有遇于途·揖而問曰·韙哉先生·其有道者乎·雖然·士貴變通以趨時·不貴遺榮而獨處也·居今之世·而行古之道·抱高世之行·以溷夫紛華靡麗之俗·是謂方枘員鑿·而欲其相入難矣·昔者魯人身善織屨·妻善織縞·持以適越·業雖精而貨不售·家日以困·何者·屨爲履也·而越人跣足·縞爲冠也·而越人被髮·欲不窮得乎·今先生道誠高·然恐不宜於世·行誠純·然恐不通於時·盍亦改玉趨乎·葆光子乃愕然驚曰·有是哉·子殆知我·予見違於時久矣·然爐冶所鑄·質受其偏·二五孕育·稟乏其全·使舍其所必有·以遂其所必無·是謂學步於邯鄲·必失其故·效顰於西子·益增其醜爾·豈非以杞柳爲桮棬而傷其性也哉·客曰·固哉先生之言也·彼蓬生麻中·不扶自直·蘭槐之根·是爲芷質·丹

之所藏者赤．漆之所藏者黑．且子目之所覩者．時之事也．耳之所聆者．時之言也．身之所接者．時之人也．俗之所染．賁育不反．勢之所成．海嶽將傾．矧先生以聰明特達之資．而混遊於斯人斯世之內．亦既有日矣．獨不能少變以隨時俗之好哉．葆光子起而請曰．誠若子之言．敬聞命矣．願聞時之所尙者．何尙也．客乃竦身而對曰．今之善爲說辭者．游言甘論．多可少否．善觀語默之宜．不憎衆多之口．勢之所在．功德頌之．然利之所聚．詭譎藏焉．匿情飾貌以寓其巧詆．揣摩變詐以深其機械．飾非爲是．矯直作曲．顚倒足以逢嬉．云爲不罹於辱．故能發言盈庭．舉座傾聽．聞之者悅其巧而忘其奸．受之者樂其諛而不知其佞．今先生誾誾侃侃．亢直以前．雖忤人而氣益盛．雖咈衆而執益堅．於道則合矣．能無少違於時乎．今之善爲容悅者．迎知喜怒．默測憎憐．投其所好．遂厥所偏．傾心迎合．不避媸姸．其奔競權門也．毛羣掉尾．揚揚施施．忘仇忍恥．顏厚氣卑．其保全祿位也．卒由周行．脫去械機．彌縫固結．動輒得宜．位顯名榮．神怡體博．人羨其能．己夸其樂．今先生不激不亢．不忮不求．取人所棄．匪臧是謀．于守則貞矣．其毋乃違時乎．今之世侈靡相尙．氣焰相高．金張許史．舉世稱豪．不必修職也．而爵自升．不必經營也．而功自成．不必操行也．而名自馨．田園跨於州郡．甲第接於閈閭．輿馬充於廐肆．聲妓姸於子都．今先生養晦耽寂．斂華就實．門可設羅．恂恂終日．於行則潔矣．其毋乃違時乎．反是三行．則動合乎時．人咸我與．行成道尊．如鳳斯翥．先生亦何避乎．而乃不斯取．葆光子聞之．加手於額．揚袂而起曰．如子所言．是欲使我爲郊祭之犧牛乎．然吾方曳尾於塗中矣．甯拙而安．毋巧而辱．甯愚而全．毋智而覆．謝子而歸．反吾初服．

吳守貞　電白人．嘉靖辛丑進士．官戶部主事．以議鐲賦事忤時宰意．謫漳州通判．尋擢四川僉事．勦羌寇有功．晉貴州參議．分巡思仁道．丁外艱歸．不復出．

重修陽春縣堂記

陽春縣治圮敝有年．閱令亦屢矣．其無遠志者．率避興作之勞．往往因循苟安．其或有志修舉．又以詘於財力而寢．用是浸淫積廢．以迄於今．豈其廢興固自有數．將亦有所待者耶．歲乙丑十一月．石亭許侯來知縣事．始下車．履政事之堂．則見其棟宇榱題．咸朽且蠹焉．入室．則見其後堂之軒楹墁壁．傾頹無存焉．旣而周覽左右．縱觀前後．則又見其儲財之庫．謹禮之門．胥吏之舍．贊政之廳．社主之祠．申明旌善二亭．皆已蠹敗剝落．有不可一朝居者．乃慼然曰．縣堂政令之所出．而有衆之所具瞻也．圮敝若此．匪惟民罔攸瞻．且將覆壓是懼．尙可因循爲哉．遂銳然以修建爲己任．已而又曰．夫堂者官之依也．是以聖王馭世．必先寧民．而後即安焉．吾之涖茲土也．一政之未敷．而十澤之未究．民尙未有寧宇．吾安有于堂．於是亟進父老．問民疾苦．有不便者．悉與更始．因而布德施惠．軫幽恤隱．剔蠹釐奸．興利祛弊．時値西山龐洞二蠻作梗．民甚病之．侯乃開誠撫諭．俾之復業．蠻悉傾心向化．境內晏然．民乃大悅・侯曰可矣・於是計資斂財・鳩工飭匠・筮日興事・於堂易舊以新而葺治之・於後堂則闢其荒蕪而鼎建之・又益以川堂若干楹以屬於堂・爲延賓之所・至於庫房・儀門・吏廨・幕廳・神祠・二亭・亦皆以次興造・百手皆作・翕日而成・計工若干・計金一百有奇・經始於丙寅暮春之望・落成於是歲孟冬之朔・厥費取諸贖金而益以俸・厥役取之僱募而罔勤民・縣治燦然改觀矣・

夫以數十年廢墜・而一旦維新於指顧之間・若有不勞餘力者・侯之器識才智其過人不亦遠哉・維時典幕林懋功率其民伍賢梅芳輩・白於文學蔡君志學・役其門人賴生秋顯吳生起鳳・徵記於余・

余惟縣之有堂・以出政也・然而善政恒於斯・弊政恒於斯・政善則民安・政弊則民殘・升斯堂者・將無修其弊政以敷善政乎哉・後堂以安身也・然而晏安恒於斯・省躬恒於斯・晏安則廢職・省躬則知過・居是室者・將無省厥愆尤以求民瘼乎哉・州堂以寅賓也・然而覩四窗之光明・則思以開明其心目焉・顧簷楹之平直・則思以均平其政事焉・言於斯語於斯者・將無周爰咨諏・以廣忠益乎哉・允若斯・則茲堂之成也・有利於民・有裨於治・而民瞻堂也・其善者必將喜曰・茲堂之上・有嚴父焉・有慈母焉・有寃吾其愬焉・有枉吾其伸焉・其有不善者將懼曰・茲堂之上・有禮樂焉・有刑政焉・非法吾安敢爲焉・干紀吾安敢蹈焉・民於茲堂・而愛畏咸於是乎在・則茲堂之成・且將恨其不日新矣・如其不然・出而登斯堂也・將以病吾民・入而居是室也・思以肥其家・民將覩斯堂而疾首焉・則雖結以衡柴・覆以茅茨・藉以土階・君子猶以爲僭矣・而奚取於重修且建爲哉・今侯興大役而非以逸己・奏膚功而不以勞民・其成斯堂也有道・則其居斯堂必不苟矣・是不可不記之以觀法後人・侯福建晋江舉人・諱宗承・字大撰・石亭其別號也・

蕭端蒙　字曰啓・潮陽人・與成子・嘉靖辛丑進士・選庶吉士・遷貴州道御史・貴州夷中地・嘉靖時始建一道・端蒙請置重臣撫綏其地・秩滿歸・復爲浙江道御史・行江西・劾藩王不道・自是與大吏忤・廷議欲遷廷尉・會病卒・著有同野集・阮志注未見・馮氏選其文一卷入潮州耆集中・

請申諭兩省撫臣同心討賊疏

題爲懇乞天恩永靖邊患事・竊照銅平鎮筸等處・叛苗介在湖貴二省之交・桀驁弄兵・負固干紀・頃者伏奉明旨・責成撫鎮官同心戮力・務在克平・遠方臣民聞之・莫不以爲聖明仁武・恫患恤遐・至於同心一言・尤爲明見萬里・屯寨傳播・皆欣然有更生之意・既令二省當事之臣・調兵轉餉・約期舉事・一應戎務・次第而集・其撫時共事之風・猶若未少衰者・而猜嫌之萌・臣愚已窺其漸矣・何者・苗情順逆・失事重輕・在二省者本自不殊・而防禦疎密・調度得失・在二省者亦無大相遠也・而乃動相歸咎・互加詬讓・此以彼爲致寇・彼以此爲緩師・各立藩籬・兩存形跡・今猶事含蓄未敢盡發・萬一此隙遂開・彼此異志・猜微搆短・擇便委艱・懷以鄰爲壑之心・滅同舟共濟之義・致使事機相左・進止無據・雖無提兵百萬・金粟陳積・臣懼其無益於事也・又況數年以來・二省生靈・荼毒已極・而貴州財力・殫括無遺・今

日之事・蓋其爲術僅如孤注矣・所望幸而成功・一勞永逸・若復猜嫌不已・蕩殄無期・後患猶仍・連兵未解・在貴州者何以繼之・則內憂之患・且莫知其所終已・臣竊虞之・伏望皇上恫瘝爲民・威斷馭下・特降嚴旨・責諭都御史姜儀王學益・同寅協恭・戮力舉事・以爲諸臣之倡・毋以細節敗大事・毋以虛文破是功・務遵前旨・共圖克平・更乞俯念邊方・事權宜一・將臣先日所奏建設重臣一事・賜議早行・此固邊方臣民之至願也・臣愚無任僭越待罪之至・

特建總督重臣疏

題請特建總督重臣以爲邊方久計事・竊照貴州地方・與湖廣四川雲南廣西諸省邊界地方・疆土參錯・砦落交雜・爭鬭頻生・奸宄叠作・邊圉之患・無歲無之・所以然者・蓋緣轄屬各異・事體不一・各懷彼此之心・競圖利害之便・互相推託・養成患害・貽毒生靈・虧損王化・臣自入境以來・詢求利病・而闔省士民・謂宜建設總督以專西南之閫・重以事權・責以經畧・長久之術・莫大於是・臣請言其利害之故・陛下幸垂聽焉・

貴州之在國初・本三省之邊地也・至永樂十二年・始置都布按三司・以扼西南之吭・軍民衙門・大抵皆分屬二省・以示犬牙相制之意・甚善計也・但百年之後・時異勢殊・脈絡閼隔・威信閡滯・於是貴州遂稱難治矣・何以言之・邊情夷患・動必牽連・約會則不及・獨斷則不可・此制馭之難一也・兩省之間・牽制文法・意見不同・謀猷互異・此體統之難二也・武弁夷酋・動分彼此・名雖兼制・不受約束・此任使之難三也・紛爭奏訴・必經會勘・文移往返・壅滯積年・此勘斷之難四也・貴州錢糧多額・川湖連年拖欠・動以萬計・此催徵之難五也・每遇有警・調用軍夷・或託他故・動相妨病・此調度之難六也・鈐屬既別・期會自疎・地方事情・多不互報・此經畧之難七也・有此七者・則雖有雄畧之士・其能展布行事矣乎・此威信之所以未廣・疆宇之所以未寧也・若使總督重臣・合諸省要害之地而並制之・則統渙合離・任專責重・事無掣肘・勢如使臂・利害萃於一已・既不敢萌擇利之心・事權總於一人・亦不至重輿尸之弊・無事則坐鎮綏撫・以安一方之民・有警則合師征討・以消諸省之患・積以歲年・疆場可定・此臣之所謂長久之計者也・

況今日銅平鎮筸之苗・其患孔棘・邇者伏奉嚴旨・責成兩省撫鎮官・以期蕩掃之績・皇言震赫・疆圉之臣・戮力奉行之不暇・臣固知賊不足平矣・然以事勢度之・合討之有功・終不若統帥之便利也・何者・責分則人心難一・地遠則聲援難通・緩急之情異・則紀律難齊・虛實之勢殊・則機權難酌・不必彼此異同・可以敗算・至於進止先後・亦足潰成・自古以來・未有主帥不一・可以成功於閫外者・就使同心共事・卒奏戎勳・亦必老師費財・坐遲歲月・其與專閫用兵・難易自別・臣故曰合討之有功・不若統帥之便利也・是總督之建在今日・征討之役・尤若不可已者・此臣之所以昧死而有是陳也・

臣又見得先後諸臣建議・亦多有及此者・然皆議於二省巡撫之外・別設大臣以制諸苗・此亦救時之權・未爲不可也・臣則以爲職守雖專・政體滋病・愈相頡頏・轉益紛紜・

又況西南隱患・不止銅鎭爲然・孰非版章・皆當豫弭・故臣愚計・竊以爲宜如兩廣汀贛事例・將貴州并川湖雲廣邊界地方・特設部院重臣一員・專一總理夷情軍務・即今銅平鎭筸有事・暫於沅州住劄・以便調度・以後地方寧靜・仍回貴州坐鎭・其貴州巡撫都御史・仍行裁省・以總督官兼理・則叛苗劇患・既有所責成・以伸薄伐之威・而諸夷隱虞・亦有所委屬・以任經畧之寄・安邊全策・無以踰此・至於應行事宜・臣愚亦嘗竊計・敢併條陳・以俟採擇・

一曰議轄屬・查得貴州相鄰地方・如湖廣湖北道所屬辰常靖三府州・永順保靖二宣慰司・并境内各衞所司・俱係切近蠻爾山苗患之地・四川川東南二道所屬酉陽平茶邑梅等司・俱係見調兵戍守衙門・播州永寧二司・烏撒蒙・東川・銅雄四府錢糧・俱在貴州輸納・雲南安普道所屬曲靖府與廣西丹泗城二州・地土相連・不時爭讐・以上各守巡兵備參守并文武土流官・具合聽總督衙門節制・

二曰議事柄・竊照前項地方・多係貴州巡撫衙門・但其事柄太輕・以故難於行事・竊以爲總督重臣・體統即尊・事權宜重・請凡節制衙門官員・皆得舉劾奬飭如例・流官給由與土官襲替・具要呈詳覈允・然後起送・其調度兵糧違誤者・聽以軍法處治・庶以鼓舞諸司・奔走羣屬・

三曰議錢糧・照得總督既建・必有錢糧以備資餉・除貴州全省照舊聽其經費外・乞將辰常靖三處存留錢糧并稅課等項議留・以備軍需・仍候總督重臣至鎭之日・會同撫按會計數目・以爲永制・其湖廣額解貴州錢糧・亦於三處坐派・以便催徵・

四曰議體統・照得湖北地方・竊邇苗患・最爲要地・若湖廣衙門仍復牽制・未免卒難舉事・請凡一應地方兵糧事務・俱聽總督衙門裁斷而行・各省官不必以文法掣撓・庶可展布・以迄成功・

如蒙聖明俯念邊方・遠覽英斷・特勅吏部詳議建設・仍簡命才望素著諳悉夷情重臣一員・前來涖事・則豈特邊人受寧謐之福・而國家一統輿圖・亦終亡敝矣・

治運河議

治河之議・人人殊旨・約而言之・則有數端・趨便易者則曰・治諸泉以濬其源・覩末流者則曰・開鑿二洪之石以緩其勢・狃近利者則曰・挽黃河以益漕・矜小惠者則曰・制轉運以紓困・殊方異勢・困難遙度・觀變察微・可以理睹・得失成敗・益得而言之矣・夫治泉治洪・二者雖非下策・亦戾遠圖・有之固足以爲利・舍之亦未見其害・所謂平方救弊之方・非今日濟急之要也・

若夫既興轉運・即廢運河・治河之費雖省・輸輓之費尤奢・長運之卒雖寬・轉運之民卒瘅・況京師之地・素稱瘠土・衣食百貨・仰給東南・漕河既廢・商賈不通・畿甸之民・坐受其困・借使國利而民不便・猶不當冒然爲之・況公私兩困・上下俱病者乎・河性剽疾・遷徙不常・往歲決張秋・決侯家渡・殫力濬塞・始復故道・曾未數年・奔潰再出・今又南旋渦河矣・縱能挽復使北・然所費公私緡錢・不下數百萬・而丁夫力役・大畧相當・假使來年再決・將鳩財孱役復挽之乎・竊恐河決無已・雖空國之賦・不足以當之也・況

河性利於潤下．大智先於無事．自瓠子既決之後．日復一日．大率漸南．以今渦河較之禹道．已輸千里．所謂江河之變．日趨於下也．豈能復逆挽之哉．夫昔之决張秋爲北徙．北則挽而南之也順而易．今之决野雞岡爲南徙．南則挽而之北也逆而難．此理灼然．人所共見．故以爲宜罷挽河之役．縱之南流．稍加隄防．令不至害民而已．固不可以有限之財．興必不可成之役也．歐陽子曰．智者之於事．有所不能．則必較其利害之輕重．擇其害少而利多者爲之．尤愈於利少而害多．

嗟夫．爲今之計．其惟引沁矣乎．沁自武陟卽併于河．今宜塞其故道．導之入漕．歷曹州．由舊分水處出永通閘．以達於二洪．然後於其下流．樹柵立埭．置堰增閘以節之．非惟利多害少．庶可一勞永逸．誠能不惑浮言．不惜小費．釋挽河之財力．以轉移于此．則勞同而功必倍矣．夫沁水一通．漕河自利．而黃河既却衆流．其勢自殺．是上之足以足國．下之足以利民．近之足以除河之患．遠之足以貽萬世之利．三策弗施．四善咸集．斯蓋允賴之良猷．平成之上策也．故竊以爲引沁便．謹議．

贈楊靖州序

靖州在楚西南陲．地稱要塞．故州之置與郡等．蓋重其事權鎭壓邊圉之意．其幅員雖不及數百里．事得專達於藩若臬．不與他州同．而會同綏寧通道三縣之吏洎若屬．更得以約束之．歲時要會質成．如府故事．州故與諸戎衛同治所．武夫悍卒．時或撓政不可治．至有所期會質成．輒庇其部曲．持不相下．而編氓之黠狡者．亦復藪竄以避督責．故駕馭爲難．境多槃弧遺裔．盤據箐阻．桀驁不可化．時或持弩矢跳梁村落間．以睢恣爲不逞．綏之則傷威．急之則虞其生大變．故綏輯爲難．州多山谷澗阻．自昔鮮沃區．其田賦在楚諸州下．其稍去而西北．卽鎭篁銅平之地．頻歲用兵．漕粟賦甲．州人亦爲之騷動．故阜息爲難．論者以靖之爲州．壤小而要．地僻而繁．望尊而梗．其置守視諸州宜加重．

乃今歲二月．吏部試天下選人．揭陽楊子一溪爲第一．得知是州．重其選也．既沿牒．以余昔蒞貴州．於靖爲隣壤．謁而問風土．余既語之以所聞如前．而復申告之曰．子知所以爲靖乎．武夫橫暴．制之用公．蠻夷反側．爲之用信．黎氓困敝．養之用惠．夫柔亦不茹．剛亦不吐．公也．攜則威之．服則舍之．信也．事舉其中．歛從其薄．惠也．公則法行．信則化孚．惠則下阜．是以爲政．雖巖郡猶振槁也．而何有於靖州．楊子曰然．

贈姚君西川任宜山令序

姚君西川以鄉進士授知慶遠之宜山縣．或謂之曰．夫慶遠僻壤也．宜山小邑也．境扼夷獠．地稱要害．其去京師萬餘里．而戶不滿四千．蒞其地者既不免馳驅險阻之勞．而民淳事簡．雖有剸劇之才．無以自表見．是故吏茲土者恒難之．今姚君之爲宜山也．將無有難矣乎．予曰．不然．夫大志者貴攘夷．善政者不擇地．是故王尊叱馭．後世稱忠．而虞詡之爲朝歌長．亦曰不遇盤根錯節．無以別利器．君子用世之心．不避艱險．固如是也．

今宜陽之域・左甌右江・西聯阪麗・雖土地遐僻如宋志所云・然非有九折羊腸之險也・況其民阜而淳・俗樸而野・囂訟之風・視諸郡爲尤寡・而監司之臨乎其上者・又以荒僻之故・不重繩以文法而掣其肘・茍有勉強爲政之心・勞來安輯・牧甯夷獞・則朝發政而夕可僝功矣・是固中土之所不及也・議者乃率以邊方薄之・不已甚乎・且昔之以德業著者・莫如趙抃呂璹二公・皆嘗出官於宜・後悉躋膴仕・垂令譽・爲宋一代之名臣・夫二公之所以自樹者・固不以地自限・而事功之建與否・亦不以地之遠邇・邑之繁簡・輒有所損益也・

姚君沉毅多謀・長於治事・有乃祖郎中公之風・頃者就銓部選・乃慨然以地自請・蓋庶幾乎王尊虞詡之志・及其拜宜山之檄・則又曰・吾樂其邑之僻小而職守爲易稱也・吾樂其聯絡吾省而民俗爲易知也・吾又樂其上易事・下易使・而政令爲易敷也・觀其言詞氣概・其無難色可知矣・君之往也・道蒼梧・泝龍江・其聞見日益博・而志日益壯・至於暇日・與邑之俊彥者登四賢堂以望焉・則必有感古懷賢之思・而求所以匹休乎前政者矣・異日之以名臣著者・將不在於斯斯人乎・則斯土也・因姚君之所以自表見者也・又何難焉・或者以告姚君・姚君憮然曰・吾志也・請書之以爲官箴・

贈兩川郭子拜袁州教授序

國家重進士之選・凡釋褐則分之九曹・俾習其政事・乃次第而用之・授之以庶司郡邑有差・其有以養親故願左除學職者聽・蓋恤私體下敦孝勸忠之意也・維甲辰歲・吾同年兩川郭子登進士第・習政於封部・未幾・以太孺人年艾・懼途阻弗克迎養・乃謀引例丐學職・人有爲郭子謀者・或曰可・辭尊居卑・孔子有取焉・或曰不可・食縮於秩卑・官寂於務簡・志拙於佔畢・識餒於閱練・非計之得者也・郭子惑焉・以決於蕭子・蕭子曰・吾子之意謂何・曰・吾以爲有三利焉・祿養・一也・職卑易稱・二也・得英才而教育之・三也・三者備・吾志斯安矣・而人有異議・吾是以惑焉・子其爲我籌之・蕭子曰・稽疑用謀・蔽謀用志・苟志斷矣・何恤乎人言・郭子曰・先生且休・吾之計決矣・越數日・即上疏以情請・得授江西之袁州教授・既拜命・蕭子乃賀其邸曰・吾見子之質直鎮靜・行修而德完・有師儀矣・見子之爲學官弟子・以博洽純懿知名當時・自辛卯以及庚子・四選於憲大夫皆第一・有師則矣・以是教袁・蔑不宜焉・匪以賀君・實賀袁矣・郭子則愍然言曰・吾雖不敏・自束髮以來・即有四方之志・今日之事・爲親屈也・方重慙或者之謀・而子何賀爲・蕭子曰・子何見之陋耶・夫古今政教相若・教授雖卑・與郡守等・郡守理境內之政・以治其人民・教授理境內之教・以治其人士・無非王事者・苟自勵以勝若官・人何慙焉・不然・栽且將及・慙無益也・郭子乃下席再拜請曰・吾昏未知所自勵・願子教之・蕭子曰・衣蔽茹苦・以先多士・斯不亦食盈於節用乎・簡其率教者而誨之・汰其不率教者而威之・斯不亦官肅於教嚴乎・毋專事經義・必以治事爲訓・緒析而縷察辨之・斯不亦志伸於經濟之豫乎・古今上下制度名器・察其故而類其□有素晰焉・斯不亦識廣於聞見之博乎・知斯四者・可以却慙矣・郭子再拜謝曰・聞子之言・予

恍然矣．他日．則又以告諸蕭子曰．昔我同鄉之誼也．出必有贈言．其事舊矣．予之贈言．請必屬之子．其紀向者問答之詞．次而成之．用以志實焉．蕭子曰諾．

贈郭子知南靖序

歲辛丑冬十二月．選部奏記銓次天下士．以郭子知福建之南靖縣事．按圖志．南靖爲漳之裔．邑叢薄谿峪間．疆地偏狹．其戶民租稅．視閩諸大縣．不當參分之一．舊率以鄉貢泊胄監之秀者爲之令．其以進士補者自郭子始．鄉之諸君子聞是命也．咸以弗稱其材爲郭子屈焉．

蕭子解之曰．豈其然乎．豈其然乎．夫出治之劍．不以剸犀兕．所以畜鋭矣．識途之馬．不窮其筋力．所以致遠也．筮命之士．不窮以大官大邑．所以養材也．是故事練則精．才逸則裕．致用之基．管於是矣．南靖雖小．未可薄也．郭子聞之．則跫然以懼曰．吾豈敢薄南靖哉．子不聞昌黎子之言乎．大木爲杗．小木爲桷．此之謂矣．矧南靖之爲邑．猶足以當古男國．吾以政學於茲．懼吾之辱之也．而又敢以薄之．既而戒行．諸君子相與送之于郊．郭子因而乞言焉．皆遜謝莫敢當．

於是蕭子進而言曰．造父之爲御也．駕騑騆．馳九折而轍不亂．而或折軸於方軌之途．公輸子之巧也．以之製淸廟明堂而無遺制．及其具尺寸之器．或苦窳焉．無他．忽之也．子固不薄南靖也．得無忽南靖乎．昔龐士元宰耒陽．蔣公琰宰廣圻．皆以不稱稱．夫二子者豈固能短於理民而畧疎於制邑也．良由挾震世之奇才．忽薄書之末務．遂使民庯隳於意廣．官理弛於志荒．邑之不治．非忽之過歟．今南靖訟獄繁興．矯攘滋斥．未可以朝夕理．而子又方釋褐從政．天下觀望．在是役也．其可忽哉．語曰．育稼觀稚．育士觀始．始之不淑．後將何觀．郭子再拜謝曰．大哉言乎．夫敬事者守政之良圖．愼始者服官之上務也．微子之言．吾幾不及此．遂受辭．書之于策．南轅而邁．

章　熙　字世曜．海陽人．嘉靖甲辰進士．授行人．歷官至廣西按察司僉事．

與彭西川書

生承乏蒼梧已朞矣．愧學力淺薄．無大裨益地方．獨猺獞劫掠．自昔日恆四五報．詗知奸宄潛住關廂．覷探音耗．乃力行十家牌連坐之法．嚴加議察．由是賊之耳目盡塗．吾之動靜莫窺．時出輕兵設伏．剿其桀黠數十級．賊始凜凜有不測之懼．投戈請命．盡叱退所□子女牛馬．因而撫之．與定約束．諸峒遂靖．民得安枕．此雖小小舉錯．然衆咸詫謂韓襄毅以來不曾覩也．卽是觀之．事必有機．政貴知要．天下豈有終不可爲者哉．今海內泛泛．形□日多．衣冠之輩．平日錦衣肉食．了不勘究事理．一旦臨機制變．倀倀無足倚賴．又何貴於曳裾儒紳哉．學術不精．眞才不見．心之憂矣．莫知稅駕．此非丈人昭曠．其孰與言之．吾潮倭患猖熾．山寇尤劇．揀驍捷以詰戈兵．開誠闓慮．索瑕疵．擣□．其不可也．爲治顧力行．如是可聲音笑貌爲哉．日用酬應爲累．花朝月夕．未嘗不懷企高躅之遐也．俸金一兩．效顰

古誼・所幸肘後神奇・無靳惠寄・以沃性眞・不具・

送榕塘林先生之任德化序

人恒言・廣文官獨冷・有司或作靑白眼・爲之者闒闒勉於自屈・節角俱刓・此時俗攣滯猥曲之見耳・夫仕以行其道・顯晦不存焉・身顯而道晦・猶夫晦也・身晦而道顯・猶夫顯也・矧學官雖卑・其職任當與宰相權輿・宰相用材於一時・學官蓄材於平日・又何歉乎哉・若勢首輕重・則在我自信自處何如耳・我本璆琦琳瑯・苟弗自珍席・斯人視以燕石・百工技藝之師・猶居然隆重・奈何以縫掖模範而莽焉爲耶・海陽分教榕塘林先生・莆冠俗也・厥祖進士儋州公・乃兄運長南崧公・工部尚書退齋公・名德播海內・先生文行具美・厥有淵源・其來餘五年矣・撫按廉其賢・旌獎交加・今擢德化掌敎・瀕行・門人林生士哲輩・叩予言爲別・

嗟乎・古今用人與人之致用・詎一言能盡哉・先生坦夷簡直・質厚不凡・然最績如許・僅級陟常調以去・豈資格果錮人・抑天命有夙畀歟・此非所以論先生也・海陽首州・邑學當依郡治以立聲敎・崇振人才・魁出往往・先生以璆琦琳瑯之姿・其於生徒・從容誨廸而蓄養其材器者・已非一朝夕・異時聯翩而起・突兀科第・惟宰相所用・敭歷中外・樹勛流馥・孰非先生之積其道・亦何嘗不顯哉・諺云・不習爲吏・視已成事・泉與潮接壤・山川文物・大較相埒・先生茲行・所謂仕宦不去其鄉・有晝歸桑榆之樂・而無凌冒遠險延引之苦・其至也・四體之所便安・其俗尚語言・皆童子時之所玩習・則其規約施設之方・不俟他求而得之・豈有於潮優顧於泉劣耶・雖變江河・天眞日晦・維鵜在梁・二三其德・夜光魚目・淆溷欺眩・長救之術・司敎者不得不任其責矣・是故喜浮華則詞有枝葉・敦龐篤則行弗陷淫・廉靜日奬則奔競息・理義日著則利欲消・感以心則不言而化・敎以身則不肅而成・此其大畧・而所以行其道者亦在焉・先生之自信處・能或外於是乎・抑聞靈鼠餐冰・奇毛數尺・冰繭覆雪・絲成五彩・紝爲錦綺・貢諸天府・安知寒氈齏儒中・無黼黻皇猷者乎・先生殆未可諉曰冷秩而輒懈志於泉也・予本蚤惛・又筆硯契濶・徒辱先生之交有年所・且嘉林生輩雅意・又私羨愚齋龔先生蛟溪方先生・皆所謂璆琦琳瑯・知所寶重・爲吾邑庠一時之選也・於是乎言・

翠微亭記

山之腰曰翠微・搆亭於斯・遊焉息焉・以洗塵心・而超物外・完養天和・怡適性眞・何不可之有・且田疇亘隴・耕稼在目・黧面塗足之夫・負糞土・嗚桔槔・服牛芸草・焦勞可憫・由此知餐粒之辛苦・感原野之朴質・恭儉之思・油然生矣・則斯亭也・其保身進德之地乎・若憑狃膴潤・長傲恣情・留戀光景・狼籍杯觴・甚或昵己私而縱淫佚・流蕩忘返・殞折性命・則斯亭也・其導慾增悲之所乎・

夫人以物移・物以人勝・古今亭臺池館・唯賢者爲能樂之・否則祇爲累耳・吉凶悔吝存乎人・可不惕然慮耶・能慮則謹而畏・斯亭之名・其將弗替乎・予老矣・楓溪之築小隱也・然警戒烏敢忘爾・因作亭雲梯岡・雲梯非勵志能登哉・

遊湖山記

余性癖山水・湖山少嘗一遊・去今三十載・念之耿耿・嘉靖丙寅冬既望・余偕楊一溪林閒雲二君・步訪陳松嶺於山麓・因邀同遊・松嶺幽棲蓬蓽・氣韻冲古・坐予三人於地・晤語參眞・一溪酌所携酒三盃而行・乃從葫蘆山北登焉・見二危石・夾松特立・共歎曰・家園中得此一片足矣・盤桓久之・少轉折・則鳳凰文筆諸峯・巑錯坎艮方・勢咸趨蹌郡會・韓江蜿蜒東逝・而煙村沙渚・草木葱蘢・觸目成趣・笑指松嶺・蓬蒿蕞爾蘇薄間・余攬衣迅足以上・松嶺攝病與二君相繼而登・俱躋後峯・閒雲拉松嶺・倚石偶語・余與一溪循行翠微・摩挲石棋枰・俯浥西湖・而二君亦至・指點城中樓閣池館・市聲喧騰・隱隱聞鼓吹・余歎曰・雉堞周遭・一圈內種種多事・吾儕今日其出樊籠乎・三君囅然・閒雲指東北阜・爲彭西川葬處・予謂此老埋骨於是・雅意可想・閒雲因誦其詩云・兒孫不必求行狀・水月山前是墓銘・各歎賞嘖嘖・乃倚枰雜坐・茶話小憩・天作霖雨・雲日蔽虧・余乞靈上帝・保竣此行・遂南陟中峯・躡嶺四顧・宇宙寥廓・海外島嶼・眇然眼角・形骸脫略・襟抱灑然・盖不知大塊間功名富貴之爲何物也・余騁視礧磈狀態・其卓者如笏如弁・如端人正士・敻出人表・其蹲臥者如犀・如獅・如熊・如羊・如馬・其聚者如蜂屯蟻附・其散者如星列棋布・其前後相綴連者・如父兄之引子弟・如七十子之追隨孔子也・是時雨霽風恬・景物明秀・僕夫告以舟具・余與二君掠前峯而東・問津仙人蹟・捫蘚讀古石刻・始知西湖昉於鑿塹・閒雲忽謂一高丘・乃陳海涯先生祖墓・子孫衆多・一溪曰・其然豈其然乎・第出海涯・亦足多矣・於是復憩坐・三君叩予塵蹤・予畧述一二・因抵掌曰・天下豈有不可爲之事・顧所遇實難吻合・袖手對青山・又何言哉・遂相率登舟・命酒縱談・頃之・南風颷颾・戒舟人勿掉・聽其所如・仰觀山石・嶙峋參錯・天巧渾成・遠近樹色・翠積黛互・掩映洸漾・而湖波如縠・如瀰碧莎・如曳綠羅・其溶液如乍霽之溼雲・其鴻濛如早春之晨霖・其澄澈如寶鑑之晃照・毫髮不能遁・浮光耀金・靜影沈璧・而吾四人穩坐方舟・杯茗酬酢・憑風馭氣・身世虛空・魚躍鳶飛・性天流衍・其樂何如・乃擊棹言旋・泊西岸・日晡・松嶺告別去・余三人登南岸・夷猶詠歸・宛然有得・一溪閒雲謂余不可無記・余抵家・興猶未已・援筆和陽明先生韻・賦詩柬三君・用愜區區之懷焉・是游也・天或晴・或陰・或雨・登山或遲或速・或行・或坐・或離或合・飲食或多或寡・或淺或深・或疏或數・或煩或簡・或正或奇・或即事・或泛論・舟中或飲或食・或語或笑・童僕或坐或立・或扇或爐・或擎蓋・一皆任天理之便・順性命之適・而絕無纖毫安排矯强之私・眞勝遊也・是爲記・

嚴文輔 高明人・嘉靖丙午舉人・官平南知縣・

星渚橋記

郡郭之北境・諸峯如屏・奇石錯落於下・如七星中開巖洞・高敞巃嵸・前帶溪水・唐人有詠石室烟含古桂秋者是

已・達人詞客・繪景賡詠・輒擬之天台紫陽・然遠服僻土・未聞經治・迨嘉靖間・參政自湖吳公・始於巖內除道築臺・以備宴集・外作亭曰臨壑・表飾是巖・實此造端・繼而總制元洲張公・督府鏡湖熊公・盍簪燕酬・乃於巖竇轉北之坪・作亭曰星聚・無何・郡守新溪熊公・於巖南壁適中建觀音堂・堂前遶堤爲沼・沼中築臺爲亭・亭北爲橋・以通道郡中・探奇者相與緣蘿梯石・遍歷於人跡罕至之所・其間幽谷邃峒・若楝若榱・可娛可息者・不盡名狀・於是鑿山成路・於其巔之稍平處築室・金碧掩映・芬馨上升・祝聖昭靈・遠邇遊人・冠蓋相望・洞天福地・稱雄宇內・亦時也・斯地之靈・以時而發・待人而成・夫豈偶然者也・昔惠人作東新橋・東坡捐腰犀以助之・輔也鄙・而成人之美・不敢後於先哲・事竣・屬筆於余・因述其槪・復舉東坡新橋詩有後人不忘今之句・以貽來者・隆慶六年壬申四月・

陳一松　字宗巖・海陽人・嘉靖丁未進士・選庶吉士・除兵部主事・歷官至工部左侍郎・一松家玉簡山・爲一邑名勝・即以名其集爲玉簡山堂・阮藝文志注未見・光緒中・其後人重刻・今存・

爲地方傷殘不堪增設府治疏

某等生長廣東惠潮二府長樂等縣・各以公務・至京・頃見邸報・廣東撫按衙門疏・欲將嶺東長樂縣添設一府・臣等聞之・寢不安枕・食不下咽・蓋誠見其設府之害・而不見其利也・請得畧陳其說・夫惠潮二府・自國初來・潮之屬縣五・惠之屬縣七・時則官司不擾而百姓乂安・故嶺東一路・向稱樂土・自宏正以迄于今・增設頻繁・惠潮各添至十縣・官日多而民日擾・民愈窮而盜愈熾・此其弭盜安民・在官之賢否而不在多寡・其效可槪見矣・

夫嶺東寇亂垂二十年・田廬鞠爲榛莽・人民半遭屠戮・今羣兇雖剪・而瘡痍尚未能蘇・當此之時・正宜寬徭薄賦・招徠安集・與民休息・庶乎生養漸遂而元氣可復・太平可致也・今議者不察盜之所由起與其所由熾・乃謂欲弭盜以安民・必須衆建府治・多設官聯・是猶一羊衆牧而欲其孳息・投數罟于汚池而望魚鼈之得所也・豈可得哉・某等竊見其不可者・蓋有六焉・

惠川原有八縣・今割其半併潮之大埔程鄉平遠三縣以新設一府・則其徭役供餽等項・是各半而各奉全府・民何以支・此其一也・城池公廨・學舍倉獄・勢必增拓・始稱規模・不惟經費不貲・而大軍之後・所在荆棘痡痛未瘳・工作遽興・民不堪役・此其二也・有司潔己愛民者固多・而竭澤厲民者間誠有之・苟一不當・是滋病之也・啖羣兇以一餅・飼衆鷹以一雛・欲民之安生也能乎・此其三也・惠潮近增設諸縣如永安平遠・雖有空城・而無民以居・普寧長寧・遠者十餘年・近者三五年・徒有其名・亦具其官・尚不知縣治所在・縣且如此・而況於府乎・此其四也・古人建邦・必問聚落・民不改聚・邦誰與守・況皆創殘之餘・即其新添虛縣・民已病之・思欲革之而不敢有言・若增府焉・其爲地方永遠之害・可勝言哉・此其五也・夫開郡設官・凡以安民便民也・因民之所欲與之聚之・斯民心安而理道得・今新府之

設・實非民心・所欲强而成之・不但傷民之力・而且拂民之心・此其六也・

或謂嶺東地方遼濶・長樂爲惠潮二府之衝・山寇出沒・要害之所・非設府無以控制・是又不然・夫封域之內・寇攘奸宄・所恃以剪萌戢亂鎮安黎庶者・兵備道也・長樂舊設有兵備憲臣・駐札以控據上游治安・垂二百年・近因地方多故・議以兵道駐潮・另設伸威道駐長樂・分守道駐惠州・各須官兵・分鎮汎地・彈壓得要・經畧已詳・長樂雖衝・可無他慮・豈謂兵備之權・兵不府若也・而顧添設府地以重滋民擾耶・某等偶至都下・聞此變置大事・不勝驚懼・誠知爲地方切患隱憂・情迫弗已・相率昧死哀鳴于闕下・伏乞皇上軫念地方創殘・不堪重累・敕下該部・速賜覆議停罷・庶瘡痍未蘇之民・更生有望・殘破斷烟之壤・再造可期矣・地方幸甚・

賀大司馬督府自湖吳公平倭凱旋序

歲嘉靖癸亥冬・上軫念南國赤子頻苦倭創殘甚・乃用廷議・以豫章吳公負文武望・授鉞其柄・以司馬兼中丞往督兩廣軍・公至・開誠布公・進諸將吏・咨所爲擊倭便者・得其批擣剪薙之畧・若聚米焉・於是謀諸總戎恭順侯松川吳公曰・潮人坐倭湯火中棘矣・主上殷憂・臣子其遑朝食耶・予其徂征之・時甲子春二年丙午也・蓋公涖鎮始兩旬云・

公既從諸將東征・會南贛大將軍都督俞侯亦以被詔旨討賊至・當是之時・新舊倭之縱橫境上者・聲稱數萬・而故所撫寇若伍端諸酋・亦狐鼠觀望以起・叫號鈔擾・潮盖岌岌焉危且夕矣・公乃爲書方畧遺俞將軍暨監統使者・令急擊・毋滋蔓啓羣盜心・又別遣偏將軍益援爲勢・於是諸將軍奉策惟謹・三月丁卯・進薄洑水壘・一鼓殲之・洑水倭二千無一免者・餘壘震駭・浮海亡・我軍躡之・六月壬辰・及金錫・復斬首千有二百・而端尋伏鑕・潮寇平・

方公之遺諸將書擊倭也・潮有戍卒數百・脫巾以海艚叛・入省言狀・省使者議必誅之・卒遂焚掠郛鄙民居以去・後誅失利・勢張甚・羊城大恐・公時在惠陽・聞變恚曰・誰爲此畫者・左矣・其亟收之・會報倭大捷・卒氣奪・襲殺白石賊自贖・公故許・陰購諜詔入寇・伏勁甲江中撲之・悉生致戲下・磔以徇・

夫羊城古南粵百聚之國也・昇平日久・變起・倉猝無以應・士大夫多欲他徙者・脫少不戢・則全粵搖動・將益紛紛矣・故論者謂公擒叛折萌・有功德於東人者尤盛・是秋八月庚寅・公班師歛至・分巡僉事陳某曰・某盖聞諸鄉人云・往歲倭夷入寇・官軍莽莽焉趨之・鮮得志者・自庚申南洋之捷以來・此爲曠睹・其崩潰亡去者・咸相戒毋再犯吾境・吾儕繼自今得耕鑿・長子孫・老作太平人矣・夫潮當倭始亂・里巷童謠言・歲甲子・民始出湯火就枕席・由今觀之殆驗・天賜公以活我人・斯固其會歟・乃童子先告之矣・

鎮守副總兵王某・分守參政劉某・以某言當實不華・宜序賀以備國史記・某不佞・執鞭幕下・敢言賀・雖然・在昔有唐裴晉公討蔡・蔡平・憲宗命昌黎韓子譔碑紀績・盖以昌黎實佐晉公幕・檢淮西也・公膺懲茂伐・特書國史・然以某潮人言・足備記載若是・乃敢以此獻矣・是役也・所俘馘以

百計者甚夥・不具・着其大云・謹序・

潮州府職官題名記

三代以後・罷侯置守・代出京朝官領郡・輔以參佐・沿革不同・同歸於治・迨至我朝・郡設上大夫・錫以金緋・寄以專城・又衆建少大夫・別駕・節推・以分任其戎兵錢穀刑名之事・職掌官聯・規畫詳備・以故乂安垂二百餘年・

萬歷四年夏・麻城邱公齊雲自地官郎來守吾潮・宣德流膏・及期而政成・一日坐仰韓堂・矍然思曰・昌黎往矣・千載之下・仰慕無窮・然其間寥寥鮮聞・猶異代足寬解・乃茲四十餘年・而姓氏莫稽・將何以垂久遠耶・爰撿故牘・起嘉靖甲午以至于今・得若守・若貳・若判・若推・凡若干人・列登舊碑・自以一時同事者創爲新碑・庶幾將來可續・謀所以識歲月者授簡於郡人陳子一松・旣謝不敏・乃再拜言曰・

潮在嶺外・蓋極東南陬云・所轄十邑・去國都萬里・自昌黎過化以來・風教文物・稱海濱鄒魯・顧鯨波鼠墉・恒相蠢動・而鎭撫寵綏・俾吾人得耕鑿長子孫・誰之賜歟・實賢邦君是賴・今制職官・內而部院寺監・外至藩臬州縣・並得題名公署・潮邦雖陋・然勤賢邦君降重茲土・治行炳燿・具有口碑・余得之故志・猶歷歷能言其姓氏・今勒名于方石之上・則不必稽乘考牒・一舉目而鏡觀存焉・蓋以示休勸・匪特以示久遠也・昔漢應劭圖河南諸尹于廳壁・各爲題贊・觀者惕然・然則公以仰韓之心・施韓之政・慮前人之久而無傳也・修曠舉廢・意者其在斯乎・郡舊太守一人・貳守一人・

別駕一人・節推一人・頃以鯨鼠之故・增設海防同知一人・蓋因時制治・其建官大都若此云・

李　价　字少藩・番禺人・嘉靖丁未進士・知當塗縣・薦擢戶部主事・遷員外部・晉稽勳郎中・值三殿災・欲上封事・爲親知所阻・引疾歸・价出黃泰泉門・講學知本・不事空言・任當塗時・清操治行爲一時冠・所著思齋堂稿十二卷・阮藝文畧注未見・

按所封事・劾嚴嵩父子十罪疏・潮陽林大春撰思齋堂稿序・詳載其事・見大春井丹集中

劾奏嚴嵩父子十罪疏

臣惟古稱盜臣・不過掊克聚斂朘民之生爾・未有竊政柄以行其私者也・卽有之・猶以時當季世・身据要職・未有聖明在上・乃敢憑藉父權・公肆無忌者也・臣觀大學士嚴嵩之子工部左侍郎嚴世蕃・其古今之大盜・天下之元兇乎・嵩一介書生・洊至宰輔・秉軸將二十年・世蕃以嵩故・躐卿貳・諸孫皆受顯職・凡諸臣論列其私者・屢蒙聖恩保全・天下皆稱皇上待臣有禮・而嵩父子不能報之以忠・嫉正愈深・飾惡愈甚・外似恭順・內懷奸欺・此人心所共憤也・邇者倭虜外侵・大工內作・致廑宸慮・發財濟邊・而逮治其誤事者・恤軍止役・以備操練・天下皆感皇上憂民深切・而嵩父子不能將順其美・黨庇邊臣・洩漏機密・善則歸己・過則歸君・此人心所共憤也・今四方災警屢見・疆圉日棘・士風大乖・兵財俱困・實由嵩父子致之・而嵩之惡・則世蕃道之也・世蕃才辯足以愚其父・機械足以濟其奸・嵩惑聽之・一任所爲・

公私之權·盡付其手·求官者曰與小兒言·稟事者曰看小兒意·熱柄所歸·人知有嵩父子而不知有國法·畏世蕃而不畏嵩·罪狀多端·不可枚悉·臣姑舉其大槩及前諸臣所未盡者·爲皇上陳之·

天下大政·屬於部院·所謂股肱之臣·爲朝廷理政安民者也·世蕃何人·操進退之權·徇好惡之私·往往假手票旨·頤指科道·去其不附己者而用其私人·即今諸司·擢一官·行一事·上一疏·無不稟取成算·窺測意向·世蕃首肯·乃敢達嵩·嵩無異詞·然後敢塵睿覽·稍有違忤·動遭罪戾·仗天語以飾私·假鷹犬以害物·雖君子可誣爲小人·即賢智莫逃其陷阱·百官畏之若雷霆·彼亦待冠裳如屬吏·專橫不忠之罪一也·

受賍枉法·律有絞斬之條·今內外臣僚·上自尚書總兵·下及文武庶職·一陞一留·無不輦貨其家·而後得致·傳文選職方·不敢公道薦一人·朝廷用賢之地·乃爲私家充橐之資·籍世蕃之粟·可倍太倉之積·籍世蕃之財·足供朝堂之費·雖戶工二部開例納銀·不若世蕃家日入之多也·貪濫不忠之罪二也·

昔沈鍊之論嵩也·蒙聖恩謫發口外爲民·蓋寬待之以全其生·嵩惡其攻己也·潛令總督楊順誣以通虜而殺之·是聖明所宥之人·嵩必致之死地而後已·此世蕃教之也·又楊繼盛之戮也·皇上怒其冒引二王而正其罪·非爲其論嵩也·世蕃揚揚自得·謂此是樣子以箝天下之口·挾國憲以張己威·是誠何心哉·驕肆不忠之罪三也·

宋臣呂蒙正作相·朝士嘲之曰·此子亦參政耶·蒙正佯爲弗聞·人服其量·向年嵩入西苑·有小吏旁毀之·嵩聞大怒·欲即具疏·世蕃止之·囑廵風長隨奏其乘醉罵人·奉旨打五十棍·發南京打更·其人竟斃杖下·莫敢上聞·世蕃詣父直所·帶領跟隨數十人·內官竊語云·禁地豈宜如此·世蕃怒而陰害之·亦不免於笞撻·禮·人臣不敢齒國君之路馬·況天子之內臣乎·一有觸犯·必欲仇而害之·是蒙正能容一朝士·而嵩不能容陛下一內臣·內臣如此·則在外臣庶可知矣·狠傲不忠之罪四也·

臣聞去歲天象示警·占云·大臣專政·嵩父子憂皇上之明察也·召欽天監官怒詰曰·大臣是何人·監官不敢答·此其自知罪惡貫盈·猜疑內發·欲爲掩蔽護飾之計·天文昭昭·不欲監臣据實疏聞·則各衙門事體可知矣·奸詭不忠之罪五也·

人臣事君·猶子事父·父之所愛·子必愛之·君臣之義·亦猶是也·嵩不能然·凡在廷臣工·非其親知之人爲聖明所拔用者·嵩則妬恨忌怒·百計排之·如翰林檢討毛起·曾以邊事偶蒙召問·嵩恐其用·坐以考察浮躁謫官·故吏部尚書李默·皇上簡置銓曹·中外皆稱得人·嵩惡其持正·不便己私·陰令趙文華誣訐其罪·幸賴聖明洞察·不即戮之·猶得卒命囹圄·此皆世蕃之謀·欲大小諸臣·無一人而非其黨也·媢嫉不忠之罪六也·

國家設給事中御史·本以糾察奸佞·杜漸防微·世蕃恐其攻己也·指使吏部·將剛方之士·以次出之·布置親黨·充牣其中·前日行取選用之人·無不餽送其家·然後得居此職·多者數千·少者亦不下數百·南北科道·各有等差·是

以近年言官率多庸懦乖猾之徒・其雄憸不肖者・且感恩爲之羽翼・不三四載・輒望京堂諂佞營求・無復廉恥・豈肯復言其過哉・致使蹇諤之士・多出部司之臣・其故可知也・狡獪不忠之罪七也・

自古小人固寵之計・交結欺蔽・二端而已・嵩當堯舜之世・乃敢仿傚爲此・凡皇上起居食息喜怒語默・嵩父子無不知之・而嵩父子之奸匿隱情・則未有爲皇上言者・南北邊報・不敢徑達御前・每先詢之世蕃・以爲進止・致使遠方章疏・未經一覽・而人已喧傳・爲外臣之間牒以濟私・隱邊事之敗壞以避禍・此豈人臣所宜有哉・邪險不忠之罪八也・

惡莫大於欺君・去年浙江總督胡宗憲・誘賊首江某入城・時同黨葉碧鋒猶在海上・人皆知之・宗憲具揭帖私報・世蕃遽欲藉此邀功・代爲草疏・謂二人俱已就擒・奏下・中外皆訝宗憲之狂妄・而不知世蕃之所爲也・軍情至重・乃敢於數千里外・私代上封・大明律・官員說謊者斬・臣請問世蕃・今葉碧峯安在哉・欺罔不忠之罪九也・

人臣無私交・自古朝廷之患・在於朋黨・朋黨一固・雖有大奸極惡・人主不得而聞・今世蕃結親暱以腹心・託同鄉爲手足・置庸軟具臣於要職・爲侵權之便・任巧黠醫術於左右・爲過錢之媒・日相聚會・或代致賄賂・或供獻酒食・或訪察人情・或商榷私密・效殷勤示肺腑於嵩父子之間・豈復知有公義哉・勳庸文武重臣・皆供事皇上左右者也・凡義能報主・力足詰奸者・世蕃皆强與結親・攀援瓜葛・諸臣豈不知嵩父子之必敗哉・畏威懼禍・强應目前爾・臣策諸臣之心・皆如日月之明・卽皇上試問之・必不肯以私親而代爲曲庇・計似狡而實愚矣・黨比不忠之罪十也・

十罪有一・已於國法不容・況日積月累・非臣可以更僕者哉・世蕃留一日則害政一日・留一年則害政一年・蓄貪毒塡胸・壞紀綱而不顧・城社負固・犯衆怒而不憂・威勢旣歸・黨羽日盛・衆言難入・父寵不衰・小人得此・亦何所不至哉・臣若不言・恐無復言者矣・伏望皇上首將世蕃明正其罪・置之法典・以爲人臣欺主誤親之戒・然後勒嵩致仕・全其始終・則虞舜之去四凶・復見於今日矣・故大學士楊士奇・先朝一名臣也・其子益稷・居家害人・爲鄉人所奏・蒙英宗皇帝逮之至京・正以大辟・而遣官賜勅慰諭士奇・當時謂待臣之仁・去惡之公・爲兩得之・今嵩之賢・不及士奇・世蕃之惡・浮於益稷・豈容逃聖世之誅哉・古人云・見無禮於其君者・如鷹鸇之逐鳥雀也・臣竊祿郎署・因病乞歸・羸削日深・洪恩莫報・竊睹嵩父子懷奸負國・心實忿之・伏枕自計・與其幸終戶牖・無補於世・孰若捐軀殉義・爲明主去一壬人・猶足効涓埃於萬一哉・臣知拙直孤忠・不足勝嵩父子之巧辯・眦睚所及・害臣命如反掌・所賴者聖明照臨・幽伏無隱・察巨奸釀禍之迹・鑒杞人憂天之誠・早賜宸斷・以答天下・則臣死之日・猶生之年也・臣干冒天威・無任戰慄隕越待罪之至・

海　瑞

字汝賢・一字應麟・又字國開・號剛峯・瓊山人・以番禺籍中嘉靖己酉舉人・計偕・伏闕上平黎策・尋授南平教諭・揭申棖剛者之辨・鄉原忠信廉潔之似・古人不見諸侯之守・以廣厲學士・遷知淳安縣・轉嘉興・擢戶部主事・時世宗尚淸修・久不御朝・廷臣無敢言者・瑞獨抗疏數千言・上大怒・擲其章於地・留中數月・乃逮詔獄・隆慶改元復官・擢僉都御史・巡撫應天・墨吏望風歛戢・然以是搆怨・遂解官・萬歷中・起爲南僉都御史・晉南京吏部侍郎・擢右都御史・掌南院・議革有司諸冗役冗費・極言軍民利病・時御吏房寰督學南畿・物議沸騰・瑞欲糾之・寰覺・先疏詆瑞・觀政進士諸壽言等抗言・寰故誣瑞欺罔・俱寢不下・瑞亦屢疏乞休・慰留不允・丁亥卒於官・贈太子太保・謚忠介・著有備忘集十卷・明志作七卷・元祐黨人碑考一卷・今並存・又有淳安政事稿・未見・

治黨邪言官以定國是疏

古昔聖王・謂天子君臨天下・一己聞見不能及遠・以其責寄之臺諫之臣・故臺諫之臣・爲天子耳目・夫人一身・必目而後能視・必耳而後能聽・官名耳目・重任也・切任也・臺諫膺此重任切任・是以苟有論列・必隨天下公議・公議所是・臺諫亦是之・非天下之公是・不敢是也・公議所非・臺諫亦非之・非天下之公非・不敢非也・廣東道監察御史齊康・正皇上耳目所寄也・其論輔臣徐階・備載貪穢實踪・中外傳聞・人人駭異・夫徐階輔弼元帝十五年・無能改於先帝神仙土木之誤・律之大臣以道事君之義・階誠歉然矣・然階與惡嵩同相十一年・嵩以其貪・階以其廉・嵩以其邪・階以其正・惡嵩父子・迄不加害罷黜・惡嵩以來・階爲首相・天下駸駸然有向治之漸・謂非徐階翼贊之力不可也・今以老臣・復相陛下・陛下信而任之・其才與德・諒亦昭然莫逃於聖鑒下矣・孟子第人臣品類・謂有事是君則爲容悅者・有安社稷臣者・以安社稷爲悅者也・徐階心在社稷・是雖畏威保位・間不免於容悅順從・而隨事調和・足小補於天下・且其不招權・不納賄・素所親厚・事在當斥而不爲之容・素所怨惡・事在可取而不爲斥逐・古之所謂休休有容・克伐怨慾不行焉・階亦有之・有臣如階者・天民大人品題不及・謂非一時之選・社稷之衞也哉・臣之所言・中外公議徐階一大公斷案也・齊康身爲御史・任陛下耳目之寄・乃敢不顧公是公非・揑駕無影虛詞・汙辱宰輔・次相李春芳・淸勤愼守・保惜名節・均知可必其爲善不爲惡人也・康奏連及焉・善人君子・齊康一網打之矣・康將以其狡且兇如高拱者・謂有才力・而遺之以輔陛下・禍天下乎・盜賊資質兇强・刀矢慣熟・故殺人劫財・無所不至・小人非才不能動小人・非才不能亂國・今天下動極而疲・正宜崇惇大・養和平・續一綫之脈・以躋之生全之區・其汲汲也・復付兇醫・再施毒劑・識者知其不可・康乃以是爲非・以非爲是・欲陛下斥階而用拱焉・臣不知康之心何心也・惡如高拱・誠不可一日使君居輔弼以當鈞軸・備在南北科道十三疏中・中外共知・臣不必贅論・所可恨者・齊康甘爲鷹犬・受高拱指使・搏噬善類・顧一己爵祿・不顧天下安危・罪浮於拱矣・宋揚甲試邑有聲・部使者以其不降意・誣劾之・時有貓噬鸜鵒罪無可恕之說・康職爲御史・不咋如鼠之高拱・反噬鸜鵒徐階・情可恕乎・伏望皇上細加體察・如果臣言不謬・速賜乾斷・罷斥高拱・將齊康重加刑治・以爲人臣黨邪不忠之戒・庶階春芳得以安

位行志・朝無小人・君子道長・天下幸甚・宗社幸甚・

區處兵後地方以絕後患疏

臣竊見瓊州一府・顓顓獨居海中・其地綿亘二千餘里・黎岐中盤・州縣濱海旋於外・譬之人・黎岐心腹・州縣四肢・黎岐爲寇・是腹之疾也・心腹之疾不除・將必浸淫四潰・而爲四肢之患・州縣無久安之理・古先聖王之治夷狄・寇亂征討・去不窮追・葢施之要荒之外・與吾中國有所限隔之地・若瓊則內之黎岐與外州縣百姓・雞犬相聞・魚鹽米貨相通・其間雖多峻嶺叢林・彼之出入往來・自有坦夷道路・自國初以至今日・除戍守軍民兵截殺幷整飭兵備道督兵鵰剿不計外・兩廣巡撫都御史上請・宏治十四年征儋州昌化縣黎・嘉靖二十年征陵水縣崖州黎・嘉靖二十九年征感恩縣崖州黎・凡三大舉矣・每舉調兩廣官兵十餘萬・費銀數十萬兩・前後屯兵防守・騷害居民・或三年或四年後止・然竟不能使黎寇懾服・迄今刼村殺人・無歲無有・臣生長於瓊・飫聞黎患・痛瓊民歲月罹害・虛費陛下兵粮・迄無一臣爲地方長久計・以紓陛下南顧之憂者・請爲陛下言之・

夫瓊地・瓊山縣處其北・崖州處其南・萬州處其東・昌化縣處其西・自瓊山縣轉西・歷澄邁縣・臨高縣・儋州・昌化縣・感恩縣至崖州・計程一千一百里・自崖州轉東・歷陵水縣・萬州・樂會縣・會同縣・文昌縣・復之瓊山縣・計程九百四十里・是瓊州府自南徂北・自東徂西・以圍三徑一計之・大約七百里程也・臣嘗博訪附黎居慣行黎村人民・近日大征・踏路官兵皆稱・自崖州羅活峝抵瓊山縣大坡頭營・三日可至・是黎岐盤踞地・不過方四百里而已・區區方四百里地・自國初以至今日・殘害國家赤子・若此之毒而無已・調用國家官兵・若此之衆・費用國家銀粮・若此之多・兩廣有巡撫都御史總其權・瓊州有兵備副使專其事・嘉靖十九年以來・又有守備參將之設・迄不能一施剿撫安輯吾民・何故・武臣憚難畏寇・文臣養望待遷・圖目前苟安・不爲地方永久謀慮・黎小寇害・則隱匿不申請・大寇害・調兵又苟且奏功・姑以應事塞責・瓊郡誌書歷載識者開道立邑之議・又載宏治十四年大征議・及此而未行爲深憾・彼非不明知之也・而莫或行焉・間有志立功業者・亦慮事掣肘難行・邀功起釁之說・禍隨可懼・欲舉而止・無一人竭材力盡忠實心爲瓊遠計・爲陛下擔當事者・黎寇稔知之・習竊卑笑之・是以大兵一退・卽旋轉耕其田・處其地・數年生長・積聚仍前・爲州縣寇害・不少衰止・若使兵威震叠・不日此亦可以奏功・蒙顯賞擢・從而計久長・開通十字道路・設縣所城池・中峙參將府・兵備道・則立犄角之形・成蠶食之勢矣・日磨月化・今日寧復有黎乎・夫得黎無益於地方・處黎或劇於計畫・謂不足州縣・置之可也・黎人居處・皆寬廣峝塲・耕作皆膏腴田地・非得地不可耕而食・文昌縣斬脚峝等黎・瓊山縣南岐峝等黎・今悉輸賦聽役・與吾治地百姓無異・儋州七方峝・今亦習書句・能正語・以此例之・非得人不可畜而使・黎固方四百里地也・凡我兵征討・無一次不擣巢穴・無一次不收成功・時異事殊・則又不可以危叢險阻・如賈捐之霧露氣濕多毒草蟲蛇水土之害・人未見虜・戰士自死・請罷疏所稱視之・故臣嘗以爲宏治十四年開道立縣可無・嘉靖二十年大

征・嘉靖二十年開道立縣可無・二十九年大征・大征後開道立縣可無・歲歲鵰剿・年年守戍・諉之曰地土險惡・勞師無功・藉口聖王不治夷狄之說者・皆庸人苟祿偷安・不肯身爲地方當事託詞也・往不可諫矣・今距大征僅三歲・兵威之震懾於黎人尚存・遺黎之生聚猶寡・開道立縣・今日可及爲也・不然・數年後必一大變・一大變必用兵十萬・必費銀數十萬兩・必殘破地方・以毒痛赤子・功虧一簣・坐失事機・陛下將奚取哉・臣雖未嘗手操矢刃・地方變故・區處事宜・則習聞知矣・倘得專任其事・馳驅兵革之間・俾黎土盡爲治地・黎岐動變盡爲良民・臣亦能之・事如不効・請甘服上刑・以謝欺罔虛費兵粮之罪・第臣平昔濡染翰墨之人・一旦言及軍旅・似可駭聽・夫瓊固有兵備副使之設矣・于此不爲・是謂虛位・伏乞陛下明勑羣臣中知識事機・力可大任・不貪富貴・志在立功者・以之充兵備副使・以專治黎之任・瓊去京師萬里・當事請裁・或致遲悞・設縣立所・限其大槩・垂機審勢・聽其便宜・凡一切招民・置軍・設里・建學・遷創縣所・屯田・巡司・驛遞諸事・宜許撫按臣等從中節制・年年借用・許其調廣西土兵廣東漢達官軍打手約四千人・値變故許其調用約萬人・量撥一次大征銀糧之半・以充其費・陛下三年攷其成立之功・七年稽其變化之効・彼得專任之柄・寬其行事・而又功少不完・不遷其官・事少不効・必重其罪・欲不盡心力而爲之・不可得也・永絕禍根・遺安萬代・省國家無已之費・紓陛下拊髀之憂・可計日見矣・經畧瓊州・計無有過於此者・諸臣無有一爲陛下言之・一爲陛下任之・臣每痛焉・伏望皇上采納臣言・勑兵部咨行兩廣撫鎮衙門・會同巡按守巡等官・從長計處・如果言臣不謬・速賜舉行・則地方幸甚・生靈幸甚・臣不勝戰慄恐懼之至・不避斧鉞・具本親齎・謹具奏聞・

治安疏

爲直言天下第一事・以正君道・明臣職・求萬世治安事・君者天下臣民萬物之主也・惟其爲天下臣民萬物之主・責任至重・凡民生利瘼・一有所不聞・將一有所不得知・而行其任爲不稱・是故養君之道・宜無不備・而以其責寄臣工・使盡言焉・臣工盡言而君道斯稱矣・昔之務爲容悅諛順曲從・致使實禍蔽塞・主不上聞焉・無足言矣・過爲計者則又曰・君子危明主・憂治世・夫世則治矣・以不治憂之・主則明矣・以不明危之毋・乃使之反求眩瞀迭趨舍矣乎・非通論也・臣受國恩厚矣・請執有犯無隱之義・美曰美・不一毫虛美・過曰過・不一毫諱過・不爲悅・不過計・披肝膽爲陛下言之・

漢賈誼陳政事於文帝曰・進言者皆曰・天下已安已治矣・臣猶以爲未也・曰安且治者・非愚則諛・夫文帝・漢賢君也・賈誼非苛責備也・文帝性仁・類柔慈恕恭儉・雖有近民之美・優游退遜・尚多怠廢之政・不究其弊所不免・槩以安且治當之・愚也・不究其才所不能・槩以致安治頌之・諛也・陛下自視於漢文帝何如・陛下天資英斷・睿識絕人・可爲堯舜・可爲禹湯文帝・下之如漢宣帝之勵精・光武之大度・唐太宗之英武無敵・憲宗之志平僭亂・宋仁宗之仁恕・舉一節可取者・陛下優爲之・卽位初年・剗除積弊・煥然與

天下更始・舉其畧・如箴敬一以養心・定冠履以辨分・除聖賢土木之像・奪宦官內外之權・元世祖毀不與祀孔子・推及所生・天下忻忻然以大有作爲仰之・識者謂輔相得人・太平指日可期也・非虛語也・高漢文帝遠甚・然文帝能充其仁順之性・節用愛人・呂祖謙稱其不盡人之財力情是也・一時天下雖未可盡以治安予之・而貫朽粟陳・民少康阜・三代下稱賢君焉・

陛下則銳情未久・妄念牽之而去矣・反剛明而錯用之・謂遙興可得・而一意元脩・富有四海・不曰民之脂膏在是也・而侈興土木・二十餘年不視朝・綱紀弛矣・數行推廣事例・名爵濫矣・二王不相見・人以爲薄於父子・以猜疑誹謗戮辱臣下・人以爲薄於君臣・樂西苑而不返宮・人以爲薄於夫婦・天下吏貪將弱・民不聊生・水旱靡時・盜賊滋熾・自陛下登極初年亦有之・而未甚也・今賦役增常・萬方則效・陛下破產・禮佛日甚・室如懸磬・十餘年來極矣・天下因卽陛下改元之號而億之曰・嘉靖者・言家家皆淨而無財用也・邇者嚴嵩罷黜・世蕃極刑・差快人意・一時稱淸時焉・然嚴嵩罷相之後・猶之嚴嵩未相之先而已・非大淸明世界也・不及漢文帝遠甚・天下之人・不直陛下久矣・內外臣工之所知也・知之不可謂愚・詩云・袞職有闕・惟中山甫補之・今日所賴以弼輔匡救・格非而歸之正・諸臣責也・夫以聖人而絕無過舉哉・

古昔設官・亮采惠疇足矣・不必責之以諫・保氏掌諫王惡・不必設也・木繩金礪・聖賢不必言之也・乃醮修相率進香・天桃天藥・相率表賀・興宮室・工部極力經營・取香覓

寶・戶部差求四出・陛下誤舉・諸臣誤順・無一人爲陛下正言焉・都喩吁咈之風・陳善閉邪之義・邈無聞矣・諛之甚也・然愧心餒氣・退有後言・以從陛下・昧沒本心・以歌頌陛下・欺君之罪何如・

夫天下者・陛下之家也・人未有不顧其家者・內外臣工・其官守・其言責・皆所以奠陛下之家而磐石之也・一意元修・是陛下心之惑也・過於苛斷・是陛下情之偏也・而謂陛下不顧其家・人情乎・諸臣顧身家以保一官・多以欺敗贓敗・不事事敗・有不足以當陛下之心者・其不然者・君心臣心・偶不相値也・遂謂陛下爲賤薄臣工・諸臣正心之學微・所言或不免己私・或失詳審・誠如胡寅撓亂政事之說・有不足以當陛下之心者・其不然者・君意臣言・偶不相値也・遂謂陛下爲是己拒諫・執陛下一二事不當之形迹・億陛下千百事之盡然・陷陛下誤終不復・諸臣欺君之罪大矣・記曰・上人疑則百姓惑・下難知則君長勞・今日之謂也・爲身家與懼心合・臣職不明・臣一二事形迹說・既爲諸臣解之矣・求長生心與惑心合・有辭於臣・君道不正・臣請再爲陛下聞之・

陛下之誤多矣・夫一意修醮・修醮所以求長生也・自古聖神賢哲・安身立命・止說順受其正・蓋天地賦予吾人爲性命者皆盡然・夫堯舜禹湯文武之君・聖之盛也・未能久而不終・下之亦未見方外士漢唐宋存至今日・使陛下得以訪其術者・陶仲文陛下以師呼之・仲文則既死矣・仲文不能長生・而陛下獨何求之・至謂天賜仙桃藥丸・怪妄尤甚・昔伏羲氏王天下・龍馬出河・因則其文以畫八卦・禹治水時・神龜負文而列于背・因而第之以成九疇河圖洛書・實有此瑞物・泄

此萬古不傳之秘・天不愛道而顯之聖人・藉聖人以開示天下・猶之日月星辰之布列・而歷歷成焉・非虛妄事也・宋眞宗獲天書於乾佑山・孫奭進曰・天何言哉・豈有書也・桃言采而得・藥人工搗合以成者也・無因而至・桃藥有足行耶・天賜之者・有手執而付之耶・陛下元修多年矣・一無所得・至今日左右姦人・逆陛下懸思妄念・區區桃藥中之辰生・理之所無・而元修之無益可知矣・

陛下又將謂懸刑賞以督率臣下・分理有人・天下無不可治・而元修無害矣乎・夫人幼而學・無致君澤民異事之學・壯而行・亦無致君澤民殊用之心・太甲曰・有言逆於汝心・必求諸道・有言遜於汝志・必求諸非道・言順者之未必爲道也・即近事觀・嚴嵩有一不順陛下者乎・昔爲貪竊・今爲逆本・梁材守官守道・陛下以爲逆者也・歷任有聲・官戶部者至今首稱之・雖近日嚴嵩抄沒・百官有惕心焉・無用於積賄求遷・稍有洗滌・然嚴嵩罷相之後・猶嚴嵩未相之先而已・諸臣爲嚴嵩之順・不爲梁材之執・今甚者貪求・未甚者挨日・見稱於人者亦廊廟山林交戰・熱中鶻突・依違茍舉・故事潔己格物化天下・重使社稷靈長終必賴之者・未見其人焉・得非有所牽掣其心・未能純然精白使然乎・陛下欲諸臣惟予行而莫逆也・而責之效忠・行之以翼・爲明聽也・又欲其順吾元修土木之誤・是股肱耳目不爲腹心衞也・而自爲視聽持行之用・有臣如儀衍焉・可以成得志與民由之之業矣・無是理也・

陛下誠知元修無益・臣之改行・民之效尤・天下之不安不治由之・翻然悔悟・日視正朝・與宰輔九卿侍從言官講求天下利害・洗數十年道君之誤・置其身於堯舜湯禹文武之上・使其臣亦得洗數十年阿君之恥・置身與皐夔伊傅相後先・明良喜起・都俞吁咈・內之宦官宮妾・外之光祿寺廚役錦衣衞恩蔭諸衙役帶俸・舉凡無事而官亦多矣・上之內倉內庫・下之戶工部光祿寺諸廠藏緞絹粮料珠寶器用木材諸物・多而積於無用・用之所宜・用亦多矣・諸臣必爲陛下言者・諸臣言之・陛下行之・此即在陛下一節省間而已・京師之一金・田野之百金也・一節省而國有餘用・民有蓋藏・不知其幾也・而陛下何不爲之・官有職掌・先年職守之全而未之行・今日職守之廢・職守之茍且因循・不認眞・不盡法・而自以爲是・敦本行以端士習・止上納以淸仕途・久任吏將・以責成功・練選軍士・以免召募・驅緇黃遊食・使歸四民・責府州縣兼舉富教・使成禮俗・復屯鹽本色・以裕邊儲・均田賦丁差・以蘇困敝・舉天下官之侵漁・將之怯懦・吏之爲奸・刑之・無少姑息焉・先世之仁・博厚高明悠遠之業・諸臣必有爲陛下言者・諸臣言之・陛下行之・此則在陛下一振作間而已・一振作而百廢具舉・百弊剗絕・唐虞三代之治・粲然復興矣・而陛下何不爲之・節省之・振作之・又非有所勞於陛下也・九卿總其綱・百職分其緒・撫按科道糾率肅清於其間・陛下持大綱稽治要而責成焉・勞於求賢・逸於任用・如天運於上・而四時六氣各得其序・恭已無爲之道也・天地萬物爲一體・固有之性也・民物熙洽・薰爲太和・而陛下性分中有眞樂矣・可以贊天地之化育・則可以與天地參・道與天通・命由我立・而陛下性分中有眞壽矣・此理之所有・旋至而立有效者也・若夫服食不終之藥・遙興輕舉・理

之所無有也・理所無而切切然・散爵祿・竦精神・元修求之・懸思鑿想・繫風捕影・終其身如斯而已矣・求之其可得乎・君道不正・臣職不明・此天下第一事也・於此不言・更復何言・大臣持祿而外爲諛・小臣畏罪而面爲順・陛下誠有不得知而改之行之者・臣每恨焉・是以昧死竭惓惓爲陛下一言之・一反情易向之間・而天下之治不治・民物之安與不安・係焉決焉・伏維陛下留神・宗社幸甚・天下幸甚・

開吳淞江疏

題爲修復水利以濟迫切饑民事・禹貢稱三江既入震澤・底定三吳水利・當濬之使入於海・從古而然也・婁江東江係是入海小道・惟吳淞江盡洩太湖之水・由黃埔入海・事起近年以來・水利臣曠職不修・撫按亦不留心・惟此督責日至・潮泥日有積累・日月繼嗣・通道填淤・雖曰水勢就下・而無下可爲就矣・時遭久潦・震蕩太湖・因之奔湧四溢・勢所必至・爲害之大・淹浥禾畝・如嘉靖四十年・今隆慶三年是也・而小爲淹沒漂浥之患・亦時有之・是吳淞江一水・國計所需・民生攸賴・修之之舉・不可一日緩也・

臣於舊歲十一月巡歷上海縣・親行相視・旋委上海縣知縣張嵿率領沿江住居父老・按行故道・量得淤塞當濬地・長該一萬四千三百三十七丈三尺・原江面濶三十丈・今議開十五丈・計該用工銀七萬六千一百二兩二錢九分・今以水荒缺秋收・兼之二麥未佈時・方春正月之初・米每石價銀已八錢五分矣・饑民動以千百・告求賑濟・臣已計將節年導河夫銀・臣本衙門贓罰銀兩・各倉儲米穀・幷溧陽縣鄉官太僕寺

少卿史際儀出賑濟穀二萬石・率此告濟饑民・按工給與粮米・於今正月初二日・按江故道・興工挑濬・委松江府同知黃成樂・督率上海縣知縣張嵿・嘉定縣知縣邵一本・分理與工之中・兼行賑濟・千萬饑民・稍安戢矣・但工程浩大・銀兩不敷・饑饉頻仍・變故叵測・官儲民積・計至二月間盡矣・江南四面皆荒・湖廣江西有收成・府縣又執行閉糴・無從取米・

伏望皇上軫念民饑當恤・吳淞江水道國計所關・勅下該部・酌議量留蘇松常三府槽粮二十萬石・准照前旨銀數改折・凡應天等十一府州縣庫儲・不拘各院道諸臣項下無礙贓罰銀兩・聽臣調用・浙江杭嘉湖三府・與蘇松常三府・共此太湖之水・吳淞江開・則六府均蒙其利・塞則六府同受其害・其庫藏銀亦如應天等府一例取用・彼處饑民・亦聽上工就食吳淞・借饑民之力而故道可通・民借銀米之需而荒歉有濟・一舉兩利・地方不勝幸甚・

革募兵疏

題爲復兵制以省冗費安地方事・自古聖賢論兵・止是言敎之坐作進退之方・敎之親上死長之義・自此之外・無他道也・以故寓兵於農・田獵講武・我祖宗初設旗軍・繼後復設民壯・卽古遺意爲之・不知起自何時・流弊至今・專行召募・

夫本地兵今人呼爲主兵・自他召募呼客兵・亦既明知其有主客之別矣・而爲主人・未有不顧其家者・賓客忽然來・忽然去・視今所主之家・固傳舍也・其長其上・其將領部

卒・傳舍中主人也・一朝一夕可以使之親之於平時・可以使之死之於有事乎・出力以養軍・出力以養民壯・加之餉兵・今告病矣・賦斂於民・日增日重・害在百姓之身・未足言也・二三十年以來・閩廣浙直之變・大抵生自募兵・召之則爲兵・散之則爲賊・再有召募・又不過即此前日之賊應之・往往來來・外援內閒・當事諸臣・亦非盡暗・其莫可測度之心・不之知也・惟是小民偷逸成習・一僉爲兵・載塗怨讟・驅之守戰・事有難爲之者・轉之召募・苟應目前・不講之祖宗之初・不設爲今日之法・則誠誤矣・處中秉鈞軸者・亦不以其所爲之爲誤・此一誤也・關係地方・非小誤也・臣奉命廵撫江南・披閱冊籍・募兵千千萬萬・不可謂無禦侮人矣・然不求之本家之主・而資之他方之客・二心之人・入我堂室・有兵之憂・過於無兵・臣已行各行省・發厚給路費回籍・一應關要原把守地方・僉軍旗民壯頂補・家自爲守・人自爲戰・責之彼地居民保甲保長・夫平時無養兵之用・則一時所費犒賞行粮・無多事也・倉穀可給紙・贖銀可支・其先年蘇松常鎮軍餉及應天等府協濟銀・每年計該銀一十八萬九千四百二十八兩有奇・并徽州府協濟・近給本地方用充兵費・計每年一萬一千六百一十八兩有奇・民以爲厲・有損於民・而無絲毫補益者・合無候命下之日・自隆慶三年起・一併停免・永不徵派・剪絕禍亂之萌・一紓餉兵之困・此民之幸・一方之利・亦國家之利也・

然臣所言者・係是江南事勢・通之天下・事當改行・今亦如是・臣籍瓊山縣・親見兩廣兵事・年四十入官・歷福建・浙江・江西・南直隸等處・正當寇亂時節・聞之識者・聽之道路・未有不稱募兵貽害地方・亦未有不稱養兵之費有損無益者・人心同然・祖制當復・伏望皇上勑下該部・凡臣所言・及其他地方事體類臣所言・一併覆議・速與施行・若謂俟我兵練成・然後漸去召募・二十年前曾有此議・迄今未見練成一兵・未見去一應募・一言截斷而事定矣・事定而祖宗之制千載一日矣・支吾之說・臣不敢爲皇上道・亦不願該部復作此等議論也・

乞終養疏

尙寶司司丞臣海瑞謹奏・爲懇乞天恩容令終養事・臣原廣東海南衛籍番禺縣人・甫四歲・父瀚不幸早世・時母謝氏・年二十八・誓自礪守・勉針黹紡績資之・育臣敎臣・至有今日・原止生臣一人・別無以次兄弟・母念父嗣如綫・愛臣尤篤・臣嘉靖二十八年舉人・三十二年閏三月內授南平縣儒學敎諭・三十七年五月內陞淳安縣知縣・四十一年十二月內調興國縣知縣・三任十一年・母皆隨祿就養・母之待臣・雖年當强仕・日夕相依・不殊襁褓・後因寒嗽成衰・自憂不堪北地寒苦・是以四十三年十月內・臣當朝覲陞戶部主事・臣母涕泣別臣・回鄉調疾・四十四年十月內・臣以建言・値先帝震怒・臣母風聞臣罪必誅・痛臣念臣・前病轉劇・後法司擬臣取決招請留中不下・旋於四十五年十二月十五日遺詔復職・此出臣母望外・以爲必死而今日復得生之想也・先帝厚恩・出臣望外・伏讀蓋愆成美端伕後賢之詔・則今日亮采獻納・捐軀圖報於陛下・以爲先帝報・猶恐萬分之一未有濟也・陛下新服厥政之初・正勵精求治之日・遂欲求去・可言

之乎・忍言之乎・但臣所値有甚不得已者・臣母今年七十八矣・臣年五十有四・正李密盡臣節之日長・報劉之日短之謂・長者可以補酬・短者不容於多得・況臣家瓊山縣・去京師九千四百九十里・旁無兄弟以調母疾・下無男嗣以紓母懷・止是一母一子・而母思子・懸心天涯之北・子思母・懸心天涯之南・憂思衰病・百端攻心・老人風氣燭也・氣血幾何・何堪此苦・我祖宗以孝治天下・大明令・凡官員父母年七十果無以次人丁自願離職就養者聽・伏望皇上憐臣母子孤苦之情・察臣今日不得不歸之故・勅下該部・照例放臣回籍・奉侍老母・俟母養獲終・臣照舊赴部供職・則臣母子未死之年・皆陛下所賜也・臣感恩益深・圖報益切・致身捐命所甘心矣・臣日懇切・干冒天威・無任惶恐戰慄之至・

乞養病疏

奏爲衰病不能供職・懇恩兩賜歸田以延殘喘事・科臣戴鳳翔論臣・沽名亂政・大乖憲體・臣近見邸報・皇上不加罪者・着臣以原官總督糧儲・皇恩廣大・無可報矣・臣復何言・

臣嘗謂今諸臣全犯一因循苟且之病・皇上雖有銳然望治之心・羣臣絕無毅然當事之念・互爲掣肘・互爲排奬・而又動自諉曰・時勢則然・哲人通變・人無奮志・治功不興・國俗民風・日就頹敝・臣二經論劾・衆口呶呶・臣尙執己爲是・臣實見得是也・孔子謂施於有政・是亦爲政・總督巡撫・惟行之大小不同・而施於有政・事功則一・臣尙欲以身爲障・回既倒之狂瀾・以身爲標・開復古之門路・蘇軾有言曰・破庸人之論・開功名之門・而後天下可爲・臣日夕念之・職任所到・執臣而行・補報吾皇・或可萬分一二也・

但任事在君臣孚契・猶在年力精强・臣氣體原弱・從來疾病相仍・古人稱五十力衰・臣今年五十七・去六十僅三年・天道一周・人身亦一變・新春增年・又覺衰憊・目今痰氣交作・血氣益虛・每一動發・昏迷半日・勉强視事・不知臣者・謂臣未衰・臣之自視・外强中憊・衰弱爲甚・況臣母今年八十一・一向隨任・視事之餘・得以左右侍養・而老人樂所自生・日念鄉井・臣報君事母・交戰胸中・論臣衰年・義當奉母・伏望皇上察臣苦情・臣前自陳・俯伏俟罪・萬一皇恩不加罪譴・賜臣回籍・永終田里・臣廣東瓊山縣人・瓊山萬里京師・微臣忠悃・無日可達・

臣再有一言焉・臣兩任巡撫・凡所施爲・竭盡心力・一皆採訪臣言・考求成法・民利與興・民害與除・不可易也・伏願皇上仍勅新任撫臣・勿以臣受謗而輕改臣事・忠信之事・蠻貊可行・勿謂鄉官過客・口大難犯・不可不厚・小民口小・口碑不得上聞・而不恤小民・仍敕閣部大小臣工・不得如前虛應故事・不得如前挨日待遷・必求仰副皇上求治之心・毋負平生學古之志・不求合俗・事必認眞・九分之眞・一分放過・不謂之眞・況半眞半假者乎・閣部臣之志定・而言官之是非公矣・閣部臣如不以臣爲然・自以徇人爲是・是庸臣也・是不以堯舜之道事皇上者也・宰相奉行・臺諫風旨・多議論・少成功・遂階宋室不兢之禍・我皇上何賴焉・胡銓之諫孝宗曰・詩云・勿聽婦人之言・今舉朝之士・皆婦人也・皇上勿聽之可也・宗社幸甚・愚臣幸甚・

與瓊台諸鄉先生書

瑞頓首再拜．敬質之諸老先生大人執事．竊惟婦人處人世．其大不幸者．夫亡勢不得與偕亡．而抱守區區孀處也．故婦人之喪其夫而寡者．古以未亡人稱之．然至朝廷旌慶．官司榮奬．誦書知禮道．苟以世教爲身荷者．褒賞之．傳列之．舉呈而進之有司．冀達於上．惓惓汲汲．則必孀守之婦稱焉．何故．蓋忠臣烈士貞婦孝子．上植天地之經．中揭人道之大．下立世道之標．均處人道之難．而彼婦人無師友開明之功．匪名利驅役之故．獨絶情感．哀念夫子於數十年之後．心堅金石．行信四時．處心積行．所關係感發．尤非淺小故也．瑞甫四歲喪父．時母謝氏年二十八．承父志．勵節確守經．今三十有四春秋矣．一終之行．無毫釐玷穢．古稱陶嬰共姜輩．直可以相上下而無愧焉者．蓋母幼粗識書史語．瑞少學．口授孝經學庸等篇．質禀近剛一．父性警敏不羈．不事家人生業．相勵護持．能使內外不致乏絶．先後苦針裁．營衣食．節費資．督瑞學．至今雖衰疾相仍．不能一息少暇女事．爲疾憂計．日夜同瑞寢處．訪詢戚近．惓惓然舉而托之嚴明之師．以琢以磨．兼有父道．瑞今稍知禮義．勉自愼飭．若非冲年背父者．盡母氏諄諄開我力也．持家有紀法．敎子有義方．律身以正義．喪父之日．有所親以日者推算進．母舉焚之．誓不再醮．如日者語．執之．今日不變．夫豈偶然．夫士君子行善．取快於心．非徒取華於其名．婦人潔飭乃身．凡以畢天之與我而已．是安足置齒牙間者．假而上獲旌閭之榮．下獲紀述之美．於節行亦何所增加也．瑞顧區區舉而頌之人者．是是非非之公．本無擇於途人父母．而綱常之義．守貞爲重．昔子厚遊岐邠間．必廣詢秀實逸事狀色爲韓太史上．矧瑞荷恩罔極．知之實眞．見之實詳且辨者．顧乃掩匿而不公之乎．世有言及族戚．君子恆不以子信承之者．盖謬執諱親之私．其習久固．經曰．其先祖無美而稱之．誣親也．孔子直父子之隱．孟軻宜周公之過．垂訓之文不少矣．於父母祖先獨畧焉．寧揚善特於親親避哉．然則聖賢不以褒貶之權假其親．蓋可見矣．又其淺固有誣揚親行．竊寵榮稱孝者．遂致人得以詰所揚而反疵之．言議紛紛不已．誣親之善．顯親之惡也亦多矣．而瑞獨何以用心．獨念吾瓊先輩師法如曾白潭．亦其彰彰著者．徒以莫爲之名．經久不與鄉祀．其他著卓行而貧屈．稱加美名於敗類．時不少焉．況中閨事迹．罕可得而著聞者．獨非君子之所宜盡心乎．公議不行於俗．將無以爲勸．桐江一節．漢鼎賴之．瑞非囂痞之身．有不能自已者．故縷縷爲諸賢者誦．若夫行之可褒．與其言之可信與否．則惟下執事以所聞見參之．事在清議．非敢以一毫私意爲母辱圖也．瑞不勝屏切．頓首再拜．

復胡杞泉都掌科書

罪詈中屢承垂念．鄙人自揣．何以克當．周急有義．卻爲不恭．是以未敢踽踽然闕尊意也．拜辱之餘．感德何已．今日之事．大抵無至誠惻怛之心．不知忠告善導之道．罪在己不在君．若果巽法兼濟．不激不疎．言當其事．而不爲招奸．患指所必至．而不爲遠言．推己及君．切中情事．而又同心同道．多其人焉．天理人情．安知其無濟於事耶．委之曰．吾皇之不我受．言之損而無益．是亦借口而已矣．此在諸公深思亟圖之也．安否關宗社．利害在生民．與道可姑待事在得已者不同．若以併死無益一語蓋之．進退兩無所據．瑞不敢以諸公之言爲然矣．承愛甚致．私念附謝．高明以爲何如．

泰伯論

太王剪商之志．金仁山胡雙湖辯之詳矣．愚竊謂太王實有是志．泰伯去之．夫子亦不當以至德許．夫太王當祖甲之時．去高宗中興未遠．後一百有餘年．殷始亡．則當太王時．乃商家盛强之末．衰弱之始．天命人心．尙完固未動．所謂剪商．亦言乎其志焉耳．非爰整其旅．如觀兵孟津．陳師牧野之爲也．泰伯無荆蠻之逃．則國屬之泰伯矣．屬之泰伯．而泰伯以不取爲心．則剪商之志．蓄於太王者．息之泰伯．季歷不得位．日後無武王事．紂無滅亡之理．此其以天下讓商．更爲何如．太王欲傳位季歷．則剪商之志．季歷從之矣．太王啓於先．季歷從於後．父作子述．事必有可成無難者．君臣之義．泰伯不以此身維持其間．而托於採藥之去．我雖不殺伯仁．伯仁由我而死．充類至義之盡．泰伯其得爲有君也哉．且弑君．天下大惡也．幸而成之．公議凜於斧鉞．不幸不成．大則身首異處．破壞家門．小則貶削投荒．流離終世．王述之子坦之．欲以女與桓温．述怒．排坦之曰．汝眞癡耶．乃欲以女與兵．坦之是以不與桓温之禍．竊以爲泰伯之愛太王．不如述之愛其子矣．聖賢之論曰．君有過．三諫而不聽．則逃之．父有過．三諫而不聽．則號泣而隨之．夫子臣異道．非止謂其天合人合．義當如此也．子之於父．一體而生．比之異姓君臣．情分有別．以光明正大之氣．投一氣相通之親．婉順號泣．至再至三．無不可以感通而挽回焉者．父有諍子．則身不陷于不義．無君一念．此其事爲何如．可逆料其不可而遂逃之耶．仁傑周旋于則天之朝．雙陸不勝之兆．姑姪子母之言．且能動之．俾天下復爲唐有．太王固非昏暗之武后也．仁傑能行於異姓之婦人．泰伯不能行於至親之父子．且朱之論泰伯曰．德足以朝諸侯而有天下．夫足以朝諸侯有天下．而不能以大義回父心．吾不之信矣．以子事父．情有可爲而不爲．身爲世子．權有可爲而不爲．以事父言則不孝．以事商言則不忠．啓天下無君之禍．貽家門殺逆之羞．皆荆蠻之一逃爲之也．夫子旁通事物之變．酌見義理之原．而顧以至德稱之哉．

嚴光論

橫足加帝腹．天下視爲奇事．桐鄉一絲．以古而今．亦無不爲子陵高而賢之矣．然高則高矣．高而不實．奇則奇矣．奇而不中．人生天地間．只是一性分．是所固有．見之日用．只是一職分．惟所當爲．舍性分而言高奇．未見其能高能奇矣．性分何在．天地萬物．本同一體．自天子以至途人一也．性在是．職分在是．自天子以至途人．作用一也．故天地萬物．舉而屬之我一人之身．舉而任之我一人日用常行之道．人不我用．然後退而守之．雖退而守之．而萬物一體之心．則未嘗一日息也．從古聖賢．道蓋如此．孟子曰．

中天下而立・定四海之民・君子樂之・子陵果如光武相助爲理之念・則光武之所立而定・明良相逢・治具畢張・是卽子陵之所立而定也・眞機實際・子陵何故不樂爲之・

孔子生於春秋・流行轍環・日不舍置・荷蕢丈人知不可而爲之矣・夫子羿之・相對累日・因共偃仰・由□而來・迭爲賓主・二女九男・情分無間・未之過也・可以謂之不可爲不爲之耶・孔子於荷蕢・責其果・於微生・責其固・於丈人・責其潔身亂倫・就子陵言之・其亂果而固・有甚之矣・有君無臣・吾悲其爲君・苟有天下國家之志・光武之時・不爲孔子孟軻之出・可勝悲乎・一時後世・獨於子陵賢之・祠祭詠揚・不一而足・是所謂高而奇也・三代而下・蟬蛻汙穢之中・以浮游塵埃之外・權位名利・若敝屣也・誰其人哉・誰其人哉・苟可得之・無所不至・有扁斯石・宦官宮妾甘其心而履之矣・況天子之尊・故人之厚・彼自求之・不與得之・獨非人間世一希濶事・千仞之上・翔之者乎・甚矣人之好怪也・又況足横帝腹・古無有也・今無有也・天下後世無有也・駭人聞聽・然君子之於天下・求盡其在我而已・不必其高・不必其不高・不高而得我所性・乃所以爲高・無裨於性・高之何益・寒不可衣・饑不可食・爲珠玉寶財・不爲布帛菽粟・子陵之高之謂矣・且子陵不得於高卑而言之・於此亦自可見・蘇東坡謂魏晉梁得之・文王而終身不得・皆吾之所輕者也・大舜袗衣鼓琴・若固有之・君子內重而見外爲輕蓋如此・有諸內・形諸外・不能飾也・子陵苟有所得・將富貴貧賤・視之一也・故人而故人之矣・天子卿相・浮雲景色・何所爲而高下視之・昔日故人則就矣・今日天子則不之就耶・見王侯卿士而媚之・俗心也・見王侯卿士而輕之・亦俗心也・清濁不同・見在人・不見在己・內輕而見外之爲重則一・光武稱狂奴故態・無乃子陵只是一味薄天子而不爲之狂・出此之外・更無他長耶・君子得志與民由之・不得志獨行其道・不得志之志・卽得志之志・苟有其志・故人如光武・不與行之・未之有也・子陵無其志・是以無其具・無其具・是以只就平日之狂・成一個是・後之詠釣臺者・出脫子陵云・侯霸朱浮僅免歸・韓歆戴涉終見殺・云胡君房留不住・無乃平日窺其微・夫有是臣・則有是君・自建武中三十年論之・中興事業・止此而已・尚不如子陵頤眞抱一・不爲之高・百姓怨氣滿腹・羊裘懶散江湖・無能優劣・固也・然子陵實有伊傅周呂之器・不能輔成光武天下・得有禹湯文武之澤耶・事屬後日・如果言不聽・諫之不從・如不我得於先・亦不我力於後・故人有其名・無其實・從而去之・未晚也・謹信如光武・中興如光武・奈之何預逆其不可・先自絕之・伊尹之於湯・傅說之於高宗・傾蓋如故・子陵之於光武・貴賤易交・白頭而新・言一人之交・二人同心・如蘭斷金・未可言也・輔世而長天下之民・可言之乎・老子謂修之身・其德乃眞・用之天下・其德乃普・身心天下・德之在我・爲之區區・然桐江煙水・富春風月・有一節之偏缺・全體之正・可以言德之眞也哉・范文正謂子陵之風・山高水長・山則高矣・無草木・水則長矣・不能水氣上興雲雨・無取焉・狂奴故態・子陵之論・定於是矣・而天下之人・獨於子陵稱賢・是則好高好奇之過・絕無之中・僅有其一・醒人耳目也・

出處論

君子處世・昔人皆以不仕則隱・出處二道・對待言之・謂不得君則當處・而隱逸性分之樂・一彼一此皆是也・其說定於孔子邦有道則仕・邦無道則隱之辨・然孔子有是言・孔子終身事業・謂之隱・謂之仕・春秋之時・是亦言道而極者矣・齊蔡魯宋之郊・流行轍環・日不舍置其時・以時而隱・若丈人・若荷蕢・長沮・桀溺・微生畝・至果哉末難・潔已亂倫罪之・夫子之道・則又何在・夫人生天地・有是耳目口鼻之形・付之以天地萬物之性・天地以生物爲心・生人之理・盡生意也・天地間盡此生意・是故君子出而仕・人不負天・以性在是・道在是・人皆可爲堯舜・亦在於是・丈人荷蕢・知耳目口鼻之形・而不知萬物一體之義・葆眞抱一・饑則食・渴則飲・保之何益・見孺子將入於井・而無怵惕惻隱之心・非人矣・余嘗仰之賦與・卽之孔子終身之事・其云有道之仕・有定仕也・其云無道之隱・無定隱也・意有所在哉・然對待之辭・不可因之・遂謂爲截然對待之道・出處二字・不可並論・去就二字・亦不可並論・就者君子仕人之正・去不得已爲之・出者君子立身之正・處不得已爲之・天下只是一道・舍此則失道・失道失性矣・是以所就三・所去三・君子雖計較毫釐禮節之間・而萬物一體・天之與我・則不以一時而輟・天地間生生不息・眞機活潑・自不得而已之也・曾子云・仁以爲己任・死而後矣・解者以一息尚存・此志不容少懈言之・仁卽天地生物之仁・志卽孟子得志與民由之・不得志獨行其道之志・宋儒謂人君聯屬天下・以成其身・自有位之顯言之耳・自天子至於庶人・德性賦予・其得之天一也・當理而無私一身一心・曾子己任之仁・如斯而已耶・孔子無道則隱・其隱也皇皇然・有道則見之心・孔子舍之則藏・其藏也惓惓然・用之則行之念・雖有用舍行藏之判・而舍之則藏・卽其於用之則行之中・有定出・無定處・非二道也・只一萬物一體之仁・故亦只一出而仕人之義・說者又謂聖人則可・在賢人則不可・其說尤不可曉・堯讓天下於許由・而市道小人爭半錢之利・九牛一毛之喻・誠有之矣・實則人生之後・人自逆天・人自爲異・謂靡不有初・而又謂有可不可於後有之哉・子路執無道而隱之言・何必公山氏之說・夫子曉之曰・吾豈匏瓜也哉・焉能繫而不食・孔子之身・門弟子之法也・聖賢君子之別・大抵只是安利困勉・判如於其間・如孔子答哀公爲政之問・及其成功一也而已矣・春秋之時・武城絃歌・夫子喜之・漆雕開斯之未信・夫子使之仕・謂有可不可・聖賢之別耶・然天下一君・四海一國・不得於一・將無可入之二矣・若之何・孟子曰・予然後浩然有歸志・雖然・王如用予・伊尹欲速其功・五就湯・五就桀・一人之身・一念一事・今日明日・別有悔悟・君子得志與民由之・不得志獨行其道・得不得時也・志念如一・志與時旋・時其人不可・而時去其人之可・而聖賢之志・又轉之矣・此正是有定仕無定隱之道・大中至正・通天下・合人己・孔子不遇・終其身六經垂憲・七篇仁義・孟子自許取法後王・春秋戰國之身・尙欲置之爲後千萬世之任・身當其時・恬然隱處・秦越天下・爲一身不爲天下計・孔孟不爲之矣・曰出處去就・截然對待之道・君子思不出其位・舍性命言時

勢・宇宙無窮・誰當負荷・言長沮桀溺・不言孔孟・吾不信也・

贈史方齋升浙藩大參序

瓊去京師萬里而遙・國初以憲臣遙制・至憲宗純皇帝・始令分巡道兼飭兵坐按・識者以權重勢專・補按軺之所不及・民之幸也・然賢者藉是權以安民・不肖者則藉是權便已・甚者不必言・賢者不免・大抵雜雅俗・半眞假・行己清濁・有養望待遷之心・而無毅然有爲之念・官則利矣・民無利焉・至今我生不辰・田里嗟怨・人思國之安・不見今日之利・勑諭事理・天顏咫尺・瑞未之有聞也・

閩晋江史公・以嘉靖乙丑守瓊・旋晋兵備・今七載・不貪一節・已出士民望外矣・其政事則又井井條理・胥吏不得援爲奸蠹・省徭費・清符牒・詳訟獄・寬捶楚・三州十邑之人・前所不便・及所願欲而不得・宜天下幷宜於瓊者・公先後皆罷行之・大者文詳・小者立變・瓊內黎外海・寇亂頻仍・民自視無一日寧矣・當事者動以閉城退守爲策・殘野飽食・去來聽之・平時無保障之功・際變無禦敵之勇・幾不知兵備道爲何職矣・今昔異位・公獨毅然以身迎敵・爲士衆先・昔之驕子兒戲・盡法律之・與守瓊日持法不阿無異・雖經敗衂・不易初心・士之不以成敗論人者・知公認眞之心・而奉行勑諭庶幾矣・士論謂周殿山之方正・方崧崖之才守・胡噴泉之直・胡南山之和易・公兼有之・勤訓練似顧洞陽・志平寇亂似涂伯輔・

今晋秩參浙藩政・願得一言以贈・夫公昔以宜天下者宜瓊矣・以宜瓊者行之・雖天下可也・何有於浙・昭昭政績・具在口碑・不爲悉焉可也・所願於公者・無替克修之功・益廣涵宏之度・無私黨矣・行之有未至・率眞道矣・擴之有未周・皆性分中不滿分也・詩云・如彼飛蟲・時亦弋獲・用書以贈・

贈顧懷東晋京兆丞序

天子奉天子民・我祖宗臨御在外・以其事付之府州縣布政使・統之兩京二十府直隸六部順天應天・不以直隸稱・秩二品・體貌與部寺一・根本重地・天子所寄・以奉若天道・父母吾民・尹若丞其選也・至化首被・四方瞻仰・故凡爵位服命・望司府特崇重焉・列聖率由・未之有改・至今晋秩・往往公卿之亞・布政使無及焉・人榮且崇之・亦未之有改・問職分事・庶富敎無聞焉・素祿曠官・視外司府爲甚・其人之自視・初不曰・食浮所事・人也・銓部亦初不曰・職業不修・人也・其弊起於仰望待遷之說・謂官列九卿・不應復爾細務・又畿甸法・工部理街渠・御史分五城巡察・廠衞廉奸犯・近侍董國威・拱衞宮闕・奠一人・府縣事無侵及也・今也不然・有侵而爲之者・四者權力與府尹丞抗・彼侵之從而與之・事可自行者・謂體貌隆重・不當爲侵・有於人者・謂先例如是・不能反祖制・無是也・而今自失之・順應之民・休戚於尹丞不相關涉・尹若丞・今日人猶榮且崇之・吾誠不知所以爲崇・不知其所以爲榮矣・懷東先生壬辰登進士第・任給事・疏大禮大獄・諸臣恩宥・與先皇帝爭是非・忠心義膽・爭光日月・三十年危且賤・安心處之・無幾微見顏面・

誠知吾識所至・而義與之俱・未有守道而失官者・毫髮詭隨不爲也・志氣旣起・塞於天地・舉而措之・無不可也・今春以銀臺參陟丞京兆・詩云・商邑翼翼・四方之極・聖天子化行先近・於懷東乎屬之矣・北上有日・執贈處義懇卽氣節・稽事功・占小於大・忻然書此以復・非爲佞也・若夫昧虞廷協恭之義・漫不可否・事占筆涉・位署惟謹・如韓退之所譏者・又不必爲懷東言之矣・

贈養齋蔡太守撫黎序

自國初至今・言官瓊者・必以爲治黎人爲一急事・然卒未有以得黎人之治者・孟子曰・至誠而不動・未之有也・龔遂得之以安渤海・張綱得之以說張嬰・卒之有以服其心而戢其禍・况在黎岐・質文幾變・吾中國不知其幾更易也・自有天地至今・尙存古風・致然諾信義・死而不移・天性之眞・獨有存焉者乎・動以弓刅相向・自昔記之・葢以弓刅爲雪讎之具・不能自至守令之庭・曲曲直直・勢使之然・無他意也・苟有以開導其心・剖其不平・彼無不聽・予嘗謂恃有人心・小則息爭・大則開通千道・地爲郡邑・人入版圖・百千萬年無不可者・所恨知此道者之難其人也・而又賦役繁難・官吏刻削・彼自爲誠・我自爲詐・有以灰其心而格其至・至誠之爲難乎其爲動矣・微啓其端・謂可見之行事者・吾於養齋蔡侯見之・

嘗跡蔡侯・澄海先聲・崖州初政・大抵事從其眞・由其質・有其內・學於誠・而欲求其至・比之俗吏矯飾外貌・學於詐而務爲名高者・不類也・有是涵養・有是作用・方抱宥四村讎殺・旁村効尤・禍變事機・浸浸滋蔓・正侯涖任未久之日也・單車往諭・侯信侯之心・士民未之有許者・乃侯爲之・近不曰叵測之爲凶・遠不曰嵐瘴之爲毒・心何心哉・曲曲而直直之・不過數語・卒有以得其心・平其夙忿・解怨爲歡・村村如故・事與張綱龔遂後先無異・然則不曰己之無誠也・誠不足爲動也・而曰獷悍之不可爲馴・古昔則然・可信也哉・卽小推大・則州縣中苟有以中彼之願・無礙其生・版籍而郡縣之・無難事也・

予嘗以爲黎人之不我向也・乃我之無以致其向・其爲亂則始於事州縣之民・長養成就於無良之吏・黎勢固不能以至州縣言曲直者・無以剖別其不平之端・而僅欲使之不爲不得其平則鳴之舉・嘉靖間・二勤王師・予未敢曰・師出之爲名也・此則太守不能處分之罪・非其人之過也・嘗欲執侯今日之功・破先後黎議之謬・爲開導郡邑之漸・一日・崖士民以贈言問・余曰・吾意也・雖未爲千萬世之功・而心情啓達向化・可爲兆於是矣・中孚豚魚・吉・九二之象曰・其子和・中心願也・信在言前・不言而信・變詐之世・而得有如侯者・黎人得以舒發本眞・民士寧適・其可以易而得之也哉・苟朝廷之上・薄賦輕徭・承宣之吏・還淳反朴・舉侯而爲之・無不可矣・單車之諭・侯得爲而爲之矣・權不在侯・而侯俟之・勢也・劉安之諫伐閩・越日以十萬之師・爲一使之任・蔡侯以一使之任・當十萬之師・回視庚子己酉・大師兩及・荆棘生焉・崖至今生氣未完復也・何如哉・何如哉・曲突徙薪之功・誠能動物之道・侯胥得之・用是不辭而爲之序・其諭撫顚末日月・具在周貢生實狀中・不爲贅・

贈總督劉凝齋平八寨序

蕭望之謂民莫不有仁義欲利之心．雖桀在上．不能去民好義之心．道之不可不慎．粤東西萬山中．生聚黎衆．倚險作害．其人習氣．亦如其山之險．然同函陰陽之氣．得生天地．非他類也．遠人不服．天子以修文德以來之爲策．夫亦無以來之而已．祖宗兼設文武重臣．控制其衆．後又革去征蠻將軍之任．總其事於都御史一人．吾天子意也．列聖奉運．二百年餘矣．不見文德之修．日尋用兵之害．何故．夫自其不循王化．恃有山以自雄．誠橫矣．然北仰九重．曰．天朝知有天子．如天之尊．謂督府天朝選擇．而來天下人也．視如神明．望爲標準．羈縻去留．大抵督府之命惟聽．威畏朝廷．威畏及督府．先後坐開府．而一其人何如．督府日有政令．仁義之言．不絕人耳．可謂曰賢．然言在仁義者十之一．事不在仁義在利欲者十之九．軍門得以便宜行事．天下謂握權重．故囊宦特多．兩廣貪泉．其多又居天下之一．夫止此柴馬．止此俸錢．出此之外．一文一分．贓證也．經曰．懷惡而討．雖死不服．軍門罪我劫掠．軍門劫掠猶我．山中人之言也．非瑞經行蒼梧等處數十年前耳飫聞者乎．流至今日．其言尚存．標準之地．先自壞之．欲持之以服山中之人．難言之矣．臣子之權．有重於軍門者乎．榮身及親．一時稱最．答恩報主．當亦無過於軍門．濟濟在列．時事至今．回首天朝．言之可爲愧口．

湖湘凝齋劉公．當風靡披蕩之中．超然千人一律之外．百事如新．姑即其切近之小將言之．督府兼有巡撫．兵事其急．故曰軍門決勝千里．大抵身不親行．藉總參而下將領於外．運用晚唐債帥．宋南渡而下．殖私財以自結於私人．今日踵之行焉．自痿痺其手足之用．余不知其所謂．公下車初政．突然反之．賄門不開．將領生氣．所在有李光弼入營．調發間精采百倍之象．八寨之舉．瑞時以先事之端倪．占後事之成就．師不衍期．果爾捷奏．天顔有喜．遠近歡聲．先公而行．如公之舉有之．而紙筆間功級不同也．先事一方用兵．百方枯骨．府縣民牧．不得安於其牧矣．一將功成．瓊州府知府唐可封．同知楊繼文．通判黎九皐．懇一言以志今日之喜．夫天下有清其心不能以清於事者乎．天下有養成此氣不能以駕馭一時遊其刃於天下者乎．萬古人心又有雖之蠻貊無能行之者乎．不圖今日復見威儀．書爲贈．

贈黃體齋任國學助教序

感恩掌學事黃生仁甫．別號體齋．余署教南平之日門下人也．自幼苦心文學．而行己亦自謹飭．不風氣自苟．余素謂是亦科第中人也．顧屢試無幸．挨貢得分新淦之教．後三年．晉掌瓊之感恩．三州十邑之中．感恩邑之至小者也．弟子員數計．亦諸州邑之後．鄉薦寥寥．若不足爲人師中留意者．仁甫以丁丑之夏任．特憤憤而起曰．孔子不誣十室也．存乎其人焉耳．雖小有大．諸凡庠序規件．祖宗先年之定．日尋綱目．提數十生耳而新之．不責貨於歲時拜見之間．意實志懇．師道無愧焉．一時御史有賢曰懷川先生．巴蜀內江之傑也．三諭詳婉．復之巡約通行之外．千載一時．聲倡於上．仁甫亦克千載一時和之．然諸人聯翩有年月日．而仁甫

助教之請・則今壬午五年後事也・士之素重仁甫者曰・吏部三途借口之言・今見行事之實・色喜・徵文言贈・

夫士苟無會於錫崖之爲高・贈之誠是也・夫亦知京師之所爲美觀・而四方極乎兩京・天子之耿光・今流之弊・名利風生・而詭隨因循之病叢如矣・馮道胡廣之區・蘇味道婁師德之地・崔亮裴光庭一切輩會而合之之鄉井家室也・首善人耳・到此則染・京師人人出得口・京師人人出得頭・茫茫乎天下之是也・達可行於天下・後行之到此無望・雖今振作有人・進之寸而退尺・祖宗遞升積分之法・及格方許出身・且曰未也未也・無乃途轍亦不免歧惑歟・往北京而南行・終身無到北京之日・新淦感恩・初脫井中之見・錯之科甲濟濟之間・十手指摘・發言盈庭・愛仁甫者爲仁甫喜・吁・能執之乎・無能執之乎・有師道・朝廷有治平・篤其實而藝者書之・天下之達道如是・書曰・矧曰其有能・稽謀自天・請誦之爲行色之壯・請自舒錫崖官至今無一帳文始・

藁引　瓊州府志卷四十

許文正嘗語人・有書也須焚一遭之說・夫坑儒焚書・秦之所以爲暴無道也・而文正之言・若秦之與・文正非與秦也・自炎漢以迄於元・紀錄之繁・文籍之盛・汗牛充棟・災木費紙・不足咎也・其聲實不中・乖違正道・爲古先聖賢累・爲六經語孟蠹・誠若莠之亂苗・鄭聲之亂雅樂・鄉愿之亂德・君子不容不深惡之・自元迄今・殆有甚焉・使文正見之・又不知當何如其爲言也・然文正與秦・至文正之身・則又有魯齋文集行於世・夫文正之與秦・不得已也・文正之不免於爲文・亦文正之不得已也・

瑞平昔妄有所作濫稱文章者・欲效近代唐山人・置瓢棄之江流之中・以還造化・而有私念・以爲出之吾心・本諸性命・造化賦予於我・而我爲洩之・或於六經語孟有輔翼焉・且今時俗議論・自以爲是牢不可改・亦或有以破之・暴秦有作・不居可焚之列・夫吾人有言・莫非造化・置江流以還造化・不可謂無見也・然天下之人・賦予稟受・出之造化・猶之我也・或惑然而踐之有未盡・或反焉而行之有不中・操造化之予於我者・相與覺焉・且同志之士・得有所執・凡我言之・未嘗議之・未詳取爲我規焉・我也人也・互相砥切・均得以還夫賦予稟受之故・較之唐山人所爲有大焉・不爲猶可耶・近時文人有作・必求名人君子一言置簡首・謂蠅附驥尾・亦一日千里・而借其言以信之天下後世也・夫使吾言無當・雖聖人吾與焉・天下之人・其心其性・原之造化・是非有公・不能飾也・使吾言於道亦有合焉・聖人不吾與・天下後世不吾與・吾心具一・造化自有的見・不可轉也・夫人有言・亦求之吾心・質之先聖・以參考焉而已矣・不信之人心・而信之人言・非信也・用自不自嫌忌・取平昔所作・自編叙・自爲一語識之・以告同志・嘉靖壬戌仲夏朔日・瓊山海瑞國開甫書・

元祐黨籍碑考跋

士大夫處亂世・未有獲免者也・僩儻如子瞻・或觸時忌・而長厚如君實・猶且賈罪・他可知己・然予有疑焉・韓琦・富弼・歐陽修・范鎮・趙抃・程灝・皆以議新法罷去・

李師中謂安石眼白似王敦．呂誨．唐介．馮京．亦忤安石．而不列黨籍．呂公著．韓維．初時爲安石延譽者也．曾布．章惇．阿權出仕．李凊臣首倡紹述之說．以開國釁．黃履訏垂簾之事．擊呂大防劉摯而去之．安燾依違蔡確章惇．無所匡正．葉祖洽對策．言祖宗多因循苟且之政．陛下革而新之．遂擢第一．而皆得與黨人之林．是非何矛盾歟．以今揣之．置韓范富歐諸人於度外者．蔡京之公評也．不貸章惇羣小者．蔡京之私怨也．則夫漢有恥不與黨之徒．未必皆賢．而超然評論之外．未必皆不肖矣．元祐黨議云．亘億萬年．矛盾互馳．此脈絡不可亂欲勢力變置之．有是哉．然則予所疑者．卽蔡京亦自知其矛盾矣．石工安民當鐫碑．泣曰．願免鐫安民二字於石末．恐得罪後世．嗚呼．豈以蔡京而不及一石工耶．

樂耕亭記

始予未接西埜先生．意一豢養之人云爾．獲交數歲．見其誦砥行廉隅之士．欣欣然羨焉．若有企望弗及之意．嗚呼休哉．玆世祿之難也．交益久．見其聞仁篤儉約之行．欣欣然羨焉．行且欽崇敕厥躬．詩禮訓厥子．敗度維欲．敗禮維縱．將深愧弗爲焉．嗚呼休哉．玆世祿之尤難也．

嘉靖甲辰之歲．于瞻玉堂遺址之西墨客村．構樂耕亭於上．將以統率僕佃之耕．非徒取名於此也．一旦以其事爲予誦．予訝且喜曰．賢哉．先生樂耕之意乎．而尤之者則曰．不此之葺．而顧彼營焉．裕祖之蠱．非孝也．予意不然．賈子稱一夫不耕．或受之饑．一女不織．或受之寒．今之爲民者五．曰士農工商軍．士以明道．軍以衛國．農以生九穀．工以利器用．商賈通焉而資於天下．身不居一於此．謂之游惰之民．游惰之民．君子之所不齒也．世咸以異端游手目之．而不如儒生貴族特甚．先生以文莊嫡裔．居寶丞之榮．俾自棄於游惰之域．以逞無疆之欲．則凡可侈可淫之物．罔一不備．其爲園夫紅女之蠹．可勝痛哉．視異端游手之害千百矣．

維亭有作．爲耕也且以樂名．推此意也．必不忍腴若飲食爲穀粟之靡．必不忍流若衣服爲布帛之蠹．又必不忍厚若聲色之娛．忘若貨賄之聚．爲厥生傷．年彌卲．德彌崇．舉凡淫侈小物爲世祿子所有者．咸芟夷蘊崇之斯盡矣．嗚呼．不賢而能之乎．仁篤儉約．親覩之行．義節之羨．行且於反．官之日可期矣．亭扁樂耕．豈曰小補哉．若夫流連光景．假此亭爲游聚之地．瞻玉堂有述．亦殃也．烏乎．孝始而士．今而農．不爲五民之蠹．詩曰．孝子不匱．永錫爾類．其先生之謂乎．嗚呼．賢矣哉．先生曰．玆吾志也．敬持以爲記．

梁端懿先生墓誌銘

番禺梁端懿先生．宋大夫也．當南渡時．不因官爵而變學守．惟以道德而範鄉邦．世皆以先生稱之．瑞亦番禺人也．隸籍瓊南．追憶昔年旋里．過沙茭．問故舊．經葛麻岡．獲禮先生墓．讀前學士黃公諫誌其墓甚詳．後與先生裔孫建柱臣輩．同學省城禺山書院．其院乃先生講學舊址．祀先生其中．瞻仰德徽．親依靈爽．非一日矣．玆庚申夏．建等重修先墳．遣使遠至淳安．具狀乞予一言誌墓．予辱交賢

裔・夙慕高風・敢以不文辭・

按狀・先生諱百揆・字宗盛・其先閩之晉江人・贈太師越國公格之後・大父文領翁・由雄州入廣・居桂林鄉・父諱仲欽・博究羣書・尤邃性命之學・以眞知實踐爲事・眞西山稱爲純儒・邱文莊追表其墓・先生少謹厚・苦志力學・登嘉泰甲子省元・嘉定丁丑進士・初授太學錄・晉符璽郎・歷奉議大夫・立朝侃侃・雖職非言路・而屢疏條議國政・以直諫有聲・後因矯詔廢立・抱病休歸・隱處禺山・闢異端・明正誼・有功名教・學者稱爲端懿先生・生卒詳載譜乘・娶沙灣何氏・封宜人・子四・靖・厚・智・彪・厥後分居南訓・多以文章德業顯・

予謂宋室・當憂疑之日・先生得行其道・言正言・行正行・維挽安全・綱舉目張・百弊剗絕・天下共享昇平之福・豈不甚善・不知先生斯時不爾也・嘗聞人臣以道格君而化之・上也・以德匡君而輔之・次也・以是諫非而痛之・下也・夫人臣亦何樂居其下・以諫得名哉・然國家誤用小人・顚倒是非・綱常倫紀・蕩掃於青天白日之下・舉朝皆貪位保祿・巧媚諂佞之徒・而於直言敢諫之士・排誹怨謗・有不殺其身不止・嗟嗟・時不我爲・勢不我與・端懿先生所以抱病休歸・退隱禺山・明道見志也・先生沒・今三百餘年矣・而先生直聲亮節・百世不朽也・景仰先生・當何如哉・銘曰・

時而可行・批鱗逆耳・時而可止・明道正誼・珍藏葛山・名垂國史・奕世流徽・德音罔已・宜爾後人・介以繁祉・

官箴禁諭條約

一・古者廵狩・以土地田野行慶讓・萬古不易之道也・首命陸事・于今行之・卽古之意・今人往往謂詐高者位亦高・世情不宜於眞・宜于假・不知假終不能假・眞終不於眞・今後各官・請以十分認眞行事・九分之眞・一分放過・不謂之眞・凡一應職分內事・朝而行・夕自磨省・少有一事未舉・期明日舉之・今本院立爲考語則例・考語則例・卽各官認眞次第也・以獄訟文移催徵爲末・以敎民耕桑轉移風俗爲首・謂之爲末・非棄之也・均之職分事理而非所急・操守乃俸米柴馬之外・不妄取一分一文・不妄用一分一文之謂・才識乃敎養聽斷・已廢之事・而我舉之・如水利・如均田・謂之興利・吏胥作弊取錢・民俗奢靡淫蕩・溺女火化・無妻遊食・健訟喜鬥・能禁止・謂之革弊・別有則式頒行・今復言之・謂卽認眞次第也・鄕愿非德・言貌非才・題目張大・不能實落下手・不謂興革・各官思之體之・本院區區然・參見迎送・幷禮貌過客・一切禁革・集是正法・亦使各官得以一心民務・除却所假之門・成彼認眞之事・昔人謂業擅專門矣・各官愼毋上負天子・下自枉一生・

各官禁諭條約

一・侈靡諸事・認眞條畧言之矣・其身不正・雖令不從・不可易也・然躬行矣・而法度不繼・卽躬行無濟矣・姑以手本言・本院革去有殼厚白紙餘紙矣・禁之禁之・病根尚在本院之外・能保其無用之者乎・卽其用人往往來來・而民

心不一矣・古人謂一道德以同風俗・府縣官即當責令製賣之家・不復製賣・印簿書名・時加覺察・躬行所在・而法度隨之・他如忠靖凌雲巾浣紅撒金紙斗糖斗纏大定勝餅卓物金銀紙馬符籙等紙・先經科道題革・若刻絲補宋錦等絹・凡屬侈靡・法當嚴禁・火化溺女・父子之恩喪矣・可無禁歟・則責之家長里老・長而無妻・寡而賣姦・夫婦之道喪矣・則兼責地方・娶婦從良・限之月日・夫民性無常・惟上所化・上人加意・而民不以變且化我應者・有之乎・天下事若此靡靡不立者・非事不可立也・庸人俗吏・布滿於天下・而事不立也・日誦孔孟之言・效法古循良之政・而事立矣・事立而天下治矣・簿書獄訟・功在一人・化民易俗・知府爲之・功在一府・知縣爲之・功在一縣・萬古不可易也・譏察印簿・本院不時弔查・有不如約・罪掌印官・併及巡捕官・生員犯約・罪教官・本院期在必行・各官體之・法立弊生・若郭橐駝種樹之戒・此又在府縣官潤澤之也・法立而增擾焉・不可謂擾・而輟法不行・尤不可・

羅兆鵬 字少南・新會人・嘉靖己酉舉人・初選長樂教諭・擢長泰知縣・移治寧洋・以讒罷歸・著有滄溟一螺集・阮志未著錄・又有家禮注補・阮志注未見・

雙山五松叙

岡州東北三十里爲雙山・憲長文峰陳公嘗扁其地曰錦堂・乃虛舫羅子少時藏修所也・至是將終老焉・厥土奧僻・爰植有松・羅子計數而好・時而憩息・自謂五松山人・

或語羅子曰・四時之運・春爲艷陽・百卉之榮・花最明媚・和風暢其精華・湛露滋其色相・紅與紫而駢枝・燦蒸霞之國色・白聯黃而接葉・鬬艷世之天香・斯時也・駿馬雕鞍・駕王孫於上路・金觴玉液・拉公子於長堤・遊絲嫋定・好鳥候鳴・物隨意適・景與心諧・羅粉黛於崇臺・絲竹極穿雲之暖響・歸驂騑於夕日・尊罍帶留月之餘斟・此人情之所紓・而物類之所共適也・爾何入山之深・探林之幽・勾盤石磴・攀緣蔦蘿・與世相違・惟松是好・棲棲然撫厥枝柯・摩彼蒼翠・甘心與侶・是豈於春官之富・未睹其盛・抑性靈之喜・乃尚於徇哉・

羅子喟然曰・達士貴撫景而同人・上德必對時而育物・走固未會於道・未入於德者・然春意不以無意而不與花期・亦不以富貴而長留・此天地之無私・槩宇宙而俱適者・但氣稟異受・喜好殊方・時物俱陳・取舍以別・故有所愛・有所不愛・其所不愛者・不能爲人以合愛・爲其所愛者・不能舍己而不愛・有如菊愛於靖節・蓮愛於濂溪・梅愛於孤山・豈其意亦獨索於春・而不貴向同哉・走賦性乖僻・物既寡好・流靡爲同・寧耿耿以靜觀・無滔滔而汎覽・寧悶悶而元息・無靡靡以從風・故惟松之爲德也・直幹參天・挺出於風雲之表・貞根蟄地・遲延於歲月之深・自其時之常者而觀之・春而生・夏而長・與衆不殊也・玉樹瓊枝・披榮薦馥・固足以招詞客之摛章・索佳人之笑口・而彼之停翠蓋於高崗・聳雲屏於空谷・飄飄羽衣・夐出世網者・亦未嘗不聚樂而長往也・自其時之變者而觀之・一氣蕭條・氷霜墜地・歷眄琪園・窮搜僻壤・向之乘日以矯・迎風而反側者・莫不委葉投

枝・歸根復命・晨寥寥而可怛・夕黯黯而興嗟・形色俱忘・情意誰適・舊遊三五・宿好萬千・而今果安在哉・惟我青松・完神獨秀・寒風高飄而不零・嚴霜宿布而無威・操勵猶堅・根貞益固・無限春妍・莫同晚節・用託交於君子・凌嶰谷之霜華・猶結好於丈人・傲商巖之雪片・故凡世之稱・如以壽其君父者・無古今異也・走其無取此哉・況其託根華山・囂塵世遠・方吾之訂盟以入也・披雲幃之連天・啓霞幔而闕日・歛谽谺於闃寂・發叫嘯於幽閒・招觴問月・烹雲賦詩・巖磴莫攀・長財不猜於伏虎・烟雲已閉・新愁無聽於啼猿・懸想固蒂・愈久不遷・必不與豐花芳草而輕萎也・歷時之變更者凡幾・固矍然若將有終身之寄・雖世之爲秦爲晉・於我何有哉・

曰・有是哉・貞不同倫・介不宜俗・子於五松・殆有深好・未致元造・孰探其故・幾失子之佳興矣・請書之以告世俗之遊觀者・

陳良珍 字在璞・南海人・嘉靖己酉舉人・官永州丞・

祭文丞相祠文

嗚呼・死有類於鴻毛泰山兮・亶輕重之相懸・死有關於天常地紀兮・豈憤激之能然・惟公値炎宋之末造兮・奄中原之板蕩・適神州之陸沉兮・哀遺燼之難燃・豹毒龍游兮・胡塵萬里・三閩四廣兮・航海頻年・公策疲敝之孤軍兮・當穹廬之百萬・抗排山而倒海兮・誓百折而必前・豈徒倖偏安以延喘兮・期欲恢皇圖於八埏・奈頹波之決裂兮・豈一葦之所能捍・嘆虞淵之日入兮・豈赤手之所能搴・寧甘心於鼎鑊兮・庶幾蒙難而正志・羞亡國之臣僕兮・不共胡虜以戴天・淚泣乾坤之血氣兮・凌朔漠之烟・節凛陰山之雪精兮・御瀚海之塡・倘公之未窘迫而就執兮・或可免於厓山之顚越・抑胡運之當昌兮・亦不能革之而使遷・幸中原之龍虎兮・相崛起於淮泗・奮雷電之鞭驅兮・掃率土之腥膻・爲古今兮・雪百王之積憤・爲華夏兮・洗宋室之重寃・公其可無憾于一死兮・將慰藉于九泉・嗟公以仲弟之子爲嗣兮・曾廉訪於海北・逆旅寓於荒徼兮・向鬱林而盤旋・猗余杖鉞於八桂兮・時觀風而弔古・望巍祠之隆聳兮・鬱松桂之葱芊・薦芳蓀兮於邑・酌蘭醑兮潺湲・聊遣官以代祀・布忡悰而告虔・尙饗・

祭沈見心文

嗚呼噫嘻・惟公之才・踸踔卓犖・惟公之操・秋霜崑玉・惟公之政・甘棠棫樸・初製錦於閩陬・急艱蘊於民瘼・嗣簪筆於西臺・爰激揚於封駁・持憲屯牧之區・攬轡蠶叢之國・霜清錦水之波・威斷岷峨之錯・巍巍氷山・憚其燻灼・當道豺狼・避其謇諤・行以高而見忌・金以烘而銷鑠・屈賈誼於長沙・出汲黯於禁闥・留滯章江・周游賓幙・再綰銅章・分符郡郭・薄役輕徭・與民休息・摘伏釐奸・明罰敕法・膏沐解閭閻之殷憂・撫字起疲癃之捃摭・關節不通包老之局・苞苴不盈陸賈之橐・宵不絕膏・昃不暇食・苟有利於生民・雖負疚其無斁・余方幸皇路之清夷・期驊騮而躞蹀・望雲衢之

肅征．搏鵾鵬之徤翮．晉秩華樞．指日可陟．出領外臺．入侍温室．夫何二豎構屯．肆其辛螫．鵩鳥兆成．龍蛇運厄．解組臨河．投簪邱壑．愁攀淮南之轅．永作遼東之鶴．遂使璠璵匿其光輝．干將埋其鋒鍔．白日忽其不奄．良木倏其萎索．某等文則同聲．居官同列．飲道義之餘芳．投金蘭之重托．哀三生之須臾．痛九泉之不作．慨隧道之幽冥．悵仙馭之寥邈．每撫案而欲歔．惟振膺而於邑．嗚呼已矣．執紼無媒．素車靡護．楚塞迢遙．吳天寥廓．望虎阜而生氣．把太湖而洞酌．泣暮雨之滂沱．洒西風之搖落．顧德增悲．號林隕籜．陳蕪詞以識哀．儼精靈之冥漠．

黃夢說

字肖浦．曾城人．嘉靖己酉舉人．知韶武縣．以平土寇功．遷辰州府判．辰介黔楚．苗人弗靖．夢說單騎入溪峒．諭其酋．俯伏效順．人服其偉畧．丁外艱歸．不再出．著有拾餘稿．阮藝文畧注未見．

明處士單公暨配廖孺人墓誌銘

嗚呼．此爲處士單公之墓．公諱秉機．字行可．號正吾．世家增之圓洲鄉．其先山東人也．通志以爲周單子後．由周逮唐．有祖諱通眞者．從咸通間來羅浮．訪其祖道開公僊跡．始卜築增城．十七傳．爲公之祖國寶．以德邵行優．府縣屢舉鄉賓．生壽官公應春．是爲公父．前母盧孺人．母賴孺人．公生而岐嶷不羣．自少好學．稍長．已能爲聲偶句．動諸邑大夫．爲邑大夫稱賞．然行誼剛方．不投時好．尋以伯兄爲怨家所構．連年不解．遂棄去儒業．初居賴孺人喪．哀毀骨立．幾不勝禮．及侍壽官公疾．匕藥必親．夜不解衣臥．已居喪．尤極哀毀．一如所喪賴孺人．諸經紀喪事．則多出自私橐．若不聞於伯兄．里人稱其孝友備至．比卜葬地．堪輿家以不利仲子．公曰．葬者藏也．苟藏吾親．得免於世人之遷延廢葬．即不利．孤且聽之．竟葬如初．中分財產．人情樂便豐美．公則誼重棠棣．唯伯兄之命是從．嘗曰．兄弟懷利相與．古人以爲亡徵．非過論也．吾豈以是薄天性而累後人哉．伯兄卒．則爲庀其家政．子視伯兄之子．延師擇友．羣以家塾．教以義方．公雖離儒業乎．然常好隆禮才賢．凡哲人達士過其鄉．雖寒夜必起．出供具以留歡．令其子若姪則傚之．舊里中多業樗蒲．娣子某．最雄於財．諸少年思導之淫．以觀以有．率相矜裘馬爲富貴容．不至千金一擲不止．公曰．藐諸唯淫徵逐．墜先業謂何．吾他日何以見娣及娣夫於地下哉．聞之官．按法嚴治．諸惡少(缺)觖．計用暗箭中公．而事不逾月．亦見白於有司．於公無損．

先是邑議塔南山以聳華表．更三令．未觀厥成．公首捐貲以佐．當事者壯之．檄行實．一如前後所覩．記加勞爵一級．居恒談說世務．有通儒所不及．至條析里中利害．莫不當機宜．今行者無失足于河．田者無耗業於水．皆歸於創河步．築大堤．以公爲之倡也．其他修救救人．買棺棺人．出所財貲貲人．不靳其施．不問其報．諸蒙惠與目矚其惠者．一一能爲老夫口道．君子謂其有古義士之風．韋右史憲文誄之．亦曰德義公云．晚年闊畧豪爽．益倍於前．既而厭苦橫逆．又不欲憤其所親．遂移居邑城．日唯與故舊彈棋賦詩．

浮杯與白．諸執掌不縈之胸．曰．苟得邀天之福．享樂歲爲太平之氓．敢有他及．未幾遘病．家人環泣．問所欲語。曰．人怖死．故昏神識．吾心曠然．欲了便了，何泣爲．已乃召伯子而前曰．吾生平語．若甚悉．若能崇孝敦睦．仗義行仁．吾所欲爲者．若必不忘．所必不可不爲者．若必不怠．在家益家．在國益國．無自利以不利人．無自智以不智人．亢吾宗以顯吾世．斯非繼述之大乎．曾子曰．人之將死．其言也善．若奉敎君子有年矣．目遂瞑．

嗚呼．公善於詒謀若此．今伯子文章風節．嶽立諸生間．識者高其品格．以券將來．曰．明德之後．當有達者．其在伯子乎．廖孺人．文學廖少泉女．知縣廖大科之妹．幼即沈靜莊嚴．歸公．婦道曲盡．語曰．不知其婦視其夫．余於公益信．善狀不虛矣．伯子卜乙巳季冬之二十日．奉公柩．啓長灘孺人之窆．合葬焉．先期．以行狀俾余．請爲誌石．余耄矣．焉能文之謹．爲按事直書．而系以銘．銘曰．

孰是源．厥維遠兮．孰是流．厥維長兮．公有世德．不可忘兮．物不自私．心維曠兮．睦姻奉義．載錫之光兮．敦本詒謀．爰發之祥兮．啓茲壽域．及配偕藏兮．於萬斯年．俾爾熾而昌兮．

梁有譽　字公實．順德人．嘉靖庚戌進士．官刑部主事．有譽出黃泰泉門．爲南園五先生之一．其官刑部．初與李攀龍謝榛王世貞宗臣稱五子．徐中行吳國倫繼至．改稱七子．當是時．七子之名播天下．而有譽在官．旅食三年．蕭然一室．嚴嵩柄國．其子世蕃欲與交親．有譽恥且畏之．遂乞養歸．築拙淸樓讀書見志．遊羅浮．遭颶風．感寒卒．年三十六．著有蘭汀集八卷．存．

雅約序

夫士以藏器爲雋．交以定志爲尙．然器非素養．則華藻之誼無資．志非箴益．則繾綣之盟靡貴．是以握瑜懷瑾之士．銜華佩實之英．居則討索綜墳．廣閎肆之矩度．會則鑴思抽緒．罄砥礪之宏致．聲氣相投．芳若蘭茝．詞情儷美．節諧球鍠．竹林播其清塵．蓮社肇其逸軌．雖寄托之興不同．放浪之懷靡一．然併抗意區外．怡神幽履．靜躁紛馳．而雅尙自若．亦各明其志也．自茲以降．作者不乏．莫不淵岳其情．麟鳳其采．論胸懷則曠而且眞．語製述則典而有矩．結軫文藝之場．鳴轅藻繪之府．斯乃名敎之樂事．而達士之風猷也．今我同朋．訂茲嘉會．匪以取適目前．實以希蹤古昔．操觚競業．則務竭其肱篋之恒珍．觸感摛毫．則各披其雌黃之定品．剖惑以示規．瀝衷以締好．譬彼練青濯錦．豈辭藍蒨之染．猶斯攻璞刻玉．寧忘琢磨之功．交必先誠．會則以雅．庶幾公叔免私遊之譏．而桓譚息闐闠之喻矣．

夫文藝之於行業．猶華榱之丹雘．而靜姝之綺縠也．載選先民代作．併皆雋傑蜚聲．修途未易徑凌．逸足詎能驟踐・然運精至則木雕自飛・凝神極則鳴蟬若掇・狐腋豈一皮所温・鷄跖必數千斯飽・誠能博覽而鋭思・時修而歲積・自無悳歟・論者不知・則以爲菌桂雖馨・而非餌魚之用・都蔗雖甘・而非作杖之需・欲盡捐藝業・疲精俗好・殊不知博文游藝・聖所訓也・情信辭巧・明所箴也・握鼠璞者・夏后之璜非所取・寶魚目者・隋侯之珠非所識・悲夫・

矧詞園共獵・德圃齊驅・友道由此彌敦・己志於焉愈植・勵潛修之業・則廣覽之見攸𢢀・際顯用之績・則病耀之采弗鍛・豈特憐風月・狎山水・迷歡娛・叙晏遊而已哉・如其不然・卑厥所嗜・索處離羣・諛聞寡見・何取德業之勸・有乖載籍之紀・倘情致有所屬・而制迷無恒裁・烟煤無知・恣其點染・管札不言・任其揮擘・强欲角逐藝苑・何異執枯條以誇於鄧林・吹葦籥以鳴於洞野也・

嗟呼・行素難持・友道易替・蔡氏有言・刺薄者博而洽・斷交者貞而孤・夫薄之可刺鄰於正・而斷之爲言傷於激・斯古今所以興嗟・而賢智所爲致誚也・要之古之交者・其義正以則・其情久以信・夫正直則固已肇諸今日・而久與信尚當保於將來云爾・與該盟者幸毋忽・

送吳仁卿之樂安序

余得交仁卿・蓋始庚戌春云・余與故人李君少熙方受薦上第・共居僦舍中・有客短褐逐欵段操越音抵門・時余二人辭家去吾黨諸故人久矣・蒼頭訝客子來・而李君則顧視驚曰・仁卿何從過我・得無道途苦乎・爲解裝・延至舍中・蓋李君雅善仁卿也・而仁卿是時以州茂才歲薦・上之大宗伯・試闕下・得待詔公車・先是余與李君・出入輒接席並銜・二人相得甚歡・至是仁卿來・故又日與仁卿狎・余二人嘗縱論古昔國士瑰琦之徒・及閎覽博物君子・而嘆輓近世無豪也・仁卿輒從旁品覆裁量・更歷題拂不廢・罔牽席上腐議・於蹻卬角之遇・輒再三致意焉・余心以李君固奇士・所善客亦率奇如是・以此又愈益重仁卿・頃之思歸・謂余二人曰・余親老・此身未敢以久留也・遂去・去踰歲・至是復來・爲祿養故・會命下・得邑博士・往守官樂安・余念今昔聚散之情・不能無感於仁卿云・

蓋士束髮綴學・亘以年歲・罔不欲振羽厲翮・頡頏取世資以効其術・然遇常希濶・齒危首皓・苦弗讎者恒衆・發藻含經・而志失弓車之招・拂巾袵褐・而羣卿鮮揖客・以故士寧蓬累而行・憤悒以終・厥身無論鼎食・即簪裊公士・亦俟河之淸矣・詎不悲夫・或末路涉祿・而志不逮養・抱生人之戚・此士恒苦于遇難如此・仁卿雅負材・雖偃蹇進取・不能無觖望・然時方廣厲學官之路・身受涓選・爲弟子師・亦足以自効其能・歲給俸錢・供滑膸以爲瀡瀡具・是宜有愜志・其遇不遇相去何如哉・夫時平則寵法度之事・士急則登倜儻之材・今天下雖號寧謐・而胡虜盜則間發・自駟車庶長五大夫而下・日夕鞅掌・懼溺於職業・負主恩・而博士弟子顧日絃誦不輟・樂有餘閒・往歲余三人共處時・濶談雄盻・豈諳宦業艱危・將謂勳名可意氣掀取・自古身都卿相而業猥滅者・舉碌碌耳・及今李君爲郎・司徒錢穀諸齷齪・日折撓焦勞不置・余則備理官・一切文網懼不任・俱懷尸素憂・仁卿獨領博士・圖祿養去・則余三人之遇・又未識孰爲軒輊也・

憶昔日之談・徒豪舉哉・今國家急材・而仁卿身爲型範・羣諸生習誦・俾自激昂・出而憤發其所爲・攬澆濁而納之清冷淳朴・則其取重於世多矣・仁卿又通儒・達國體・他日所就業・吾何足以知之也・

送錢舜臣出宰晉江序

自古賢豪士・拔迹蒿萑・未有不始困約而終震耀傑立也・夫士業已束髮學問・身貧賤未遇・又不幸卒遘患難・苦形焦思・往往非人情所堪・仰天而痛荼毒・雖志士不能無怨嗟矣・然憂不極則意念不深・故摧挫堅忍之餘・紛華凋喪・物理頓鑒・當是時・形骸之外・皆爲土梗・豈復念富貴哉・幸一旦遇合・其建立自殊於人人・是以古人遇禍患・必自詑曰・或者天開之乎・誠非虛言也・昔翟方進辱於猳豕・而率踐相位・韓安國病於田甲・而起家內史・田仁任安困於家監・而顯名漢室・古人由困辱而通顯若此者・又可勝計哉・

余聞錢君舜臣・往從父徵君寓遼陽・宗姻故舊交去之・裋褐粢糲・土室編蓬以處・常涕泣牛衣中・喟然嘆曰・吾終於此乎・復念丈夫當自激昂以立名於世・是在我者・寧能甘沒絕塞・以故日夜讀不輟・坐臥嘗胆・思雪父辱・識者以此知錢氏復興也・不數年・竟以棄繻入關・取上第名以致今日・豈不謂賢豪士哉・茲奉命往宰晉江・余覗其貌・中然而不盈・常有以自下者・辨析世務・雖片言莫不舉正中理・然猶有隱憂焉・夫舜臣才智明敏・而宏度厚行・裒然重有學士大夫間・固其得諸天性・抑亦憂患砥礪之・與夫厭粱肉・襲狐貉・華屋美侍・悅心而便體・若此者攬軸持要・辯口快耳・自以爲悉天下事・而天下庸夫亦俯首信之而不疑・及投以可欲則守敗・攖以可懼則情戚・卒然遇事・蓄縮憒眊・不知所爲・然後天下羣然姍之・亦已晚矣・何者・富貴晏安・則志溺而識昏也・今當世士・諷誦詩書・守章句鉛槧・以希合世用者・十常八九・流離顚沛・轉徙衣食・而克自振立者・百無一二・舜臣以前所處・余固已知其勝於人遠矣・由今所至・余又安能究竟之耶・

夫處憂患而能立者・有三難焉・饑寒困辱・志易頹抑・此限於己也・或志踔矣・負雲蒸龍變意・而終身不得躡尺寸之柄・此由於天也・又或志立而遇矣・廼身遭濁世・不能建述以發其所憤蓄・茲古今人所難・若居位臨下・一官一職之事・雖輻湊旁午・然中材之士・尙能勉之・舜臣今昔所處・其難易懸絕・固不待智者而辨矣・又何憂于令爲・今天下事波委雲靡・日異而不可名狀・然舉不出於昔日憂思之餘・由昔日所籌度策勵者而効之用・無論郡邑・卽上之據槐鼎・秉天下樞軸・舉此矣・語曰・褚小者不可以懷大・綆短者不可以汲深・舜臣之所懷挾・孰得而測之乎・大用固兆於昔日矣・余於其行也・因舉以要諸後云・

送汪伯陽出守慶陽序

汪君爲郎・明習法理・通當世務・然不喜繁苛深詆・茲稟稟庶幾德禮長者之風矣・以故數年稱操法平・爲人慷慨慕大節・攻古文詞・醞藉騷雅・寖淫乎魏晉之間・然尤善持論・余蓋與汪君同舍云・每論古豪雋奇節之人・至有遇有不

遇．輒頓足歎曰．嗟乎．丈夫生當龍蠖於世．寧至終日局趣俛首爲．夫士策名通籍．當明盛時不能有所建迹．豈若効古循吏孳孳務民和．倘委蛇蒲伏以希幸苟合．則士有褁足而逝耳．寧詎能乎．夫寥廓之人．常恨弗用．用矣而非其地．馭於繩墨．胸臆蘊結．雖有奇亦安所表見．若此類者甚衆也．又可勝議哉．誠有味乎其言也．

居無何．慶陽之命且下．或曰．慶陽乃西北邊郡．其人敢悍．其土儉瘠而弗腴．古羌戎雜處之區．豈所以居汪君．即擢．汪君弗樂也．余曰．非然．夫汪君者．豈薄慶陽哉．昔汲黯出淮陽時．日棄逐爲郡．不得與朝廷議矣．兩府高士．例不爲主簿．而孫寶則徙舍甚悅．二賢指非相背盭也．蓋長孺心在納忠．故以淮陽爲斥．子嚴意在行志．故以主簿爲可．汪君何如古人．使其志行．即荒逖僻陋．下慶陽數等．吾知其樂也．其志扼而不行．即據地攬要樞．高居大盖．漿酒霍肉．必不樂也．况郡守職在牧民．今天下之民．其窮阨愁苦．無踰瀕邊者．日暮塵起．桴鼓不絕．民日惴惴．即室家不自保．其耕而獵者．非創痍之餘．則死虜之孤也．兼諸頑夫惡子亡命之徒．負彊弩荷錟戈者蠭起．郡國捕格不勝．揆厥咎何由至．牧民者良當惻然深思．寧可復以柱後惠文彈治之也．慶陽古北地．去湖中不百里許．比諸郡尤爲囏．非得文武才畧者．烏能勝其任而愉快乎．吾知汪君必辨治此矣．區區遠郡．即材未克盡展．然拊循經畧．民賴以無恙．則志亦足行．未爲不遇．矧平時負奇氣．不齷齪徇俗好．茲遠守邊陲．屛紛華而茹孤寂．益以砥礪厥操．名聲當由此加隆茂矣．又奚不滿乎．

夫宋璞鼠腊而冒玉名．齊紫敗素而價十倍．古今悲之．即今之守名郡者衆矣．奚必遠過汪君．而汪君厪得慶陽．即慶陽未必陋．盖愈足以顯汪君爲人．方今當宁求賢．思得才畧安邊之臣而用之．辟書屢下．所徵錄者率多試郡能吏．豈有才如汪君而久遠去者．第趣就郡．行當召矣．

送張朝伯宰長泰序

天下晏然靡金革事．即膏壤沃野區．其人饒用．無呰窳憂．人富而仁義附焉．長吏亦易治．天下稍興事．固不若山谷齊民多藏盖云．頃者爲擊胡故．縣官發銅虎符．徵九塞兵．大司徒仰首竊慮．以爲壯士在軍．蹈堅拉强．走死地如騖．其實則爲財用耳．今天子方事滅胡．而重糈不給．設一旦貽下駟飼秣憂．非主臣之罪也．夫顧孰有急義捐產爲我助邊者哉．於是上書言之．走諸使者．徧徵郡國賦．輶軒旁午於道．率懸格而胥之入．盖爲實塞深遠計．以故江淮間．行賫居送．軍儲飛輓不絕．不中程．吏輒致法焉．爲長吏牧民者亦感以法斂致之．稍後即懼抵廢格罪．譬奉漏甕沃焦釜．詎暇與之休息乎．嗟乎．是亦足悲矣．唯山谷僻下邑．俗產瘠陋．纖嗇出無羡也．又鮮豪舉高邁之徒．賦入易完．督責不及其所．民業已無恐矣．即長吏易爲德．

長泰固山谷僻下邑．治在得吏．毋他撓也．今朝伯方綰印綬就理之．然得無有牛鼎之意乎．余覘其出．無翾忽肆．意念深矣．昔余先大夫奉命按汀漳事．盖亦四年所．大抵漳諸邑．率控山袛海．外與島夷接．余嘗聞之先大夫云．其民齷齪雕悍少慮．閭巷語稍侵．即盛氣相刺訐構也．鉏耰棘矜．沒叢莽中爲盜．率寠人子．豪者即航海就夷矣．先大夫喟然思與更始．於是羣盜根邃踵係弭矣．距今十數年．邑長老當有能言其事者．囘憶先大夫視茲土時．余尙弁髦．曾幾何時．而犬馬之齒冉冉至矣．今幸與朝伯同舉于時．而朝伯復爲茲土尹．余也浮沉郎署．懼修名之不立．而先烈將闇然弗章．感今悼往．又不能不重予之悲也．夫深慮知化之事．不悖時而沒勳．余與朝伯身遭隆盛．當共策勵以時樹功名．第余材劣．又故倦遊．朝伯朴茂敦行．中恢宏而積智．由此以至槐鼎．無足難者．今諸郡國網密不勝．姦僞萌起．上方嚮用循良時．朝伯當不以僻下邑薄之不爲也．

昔西門豹治鄴．投巫老諸人於河．而惡俗頓革．當時不以爲暴．楚俗尙庳車．而叔敖請高其梱．國人遂不庳車．夫西門豹不喻而殺之．俗以變．叔敖不令頒而自爲．俗亦變．非叔敖仁而豹鷙戾也．蓋俗可亟易．當以能勝．即亡惑．可機動．則援之而不擾．得失之林．所以自鏡也．輓近世士．急者治務敢行．少醞藉．效蒼鷹擊．緩者又惛惛．寖以廢耗矣．要之咸不軌于道．故聲施不遠．語曰．蘭根白芷．漸之滫中．在慎之哉．在慎之哉．

贈雷州大夫祁陽羅公序

余嘗覽古之賢人材士．出典郡國．號能於官者．非尙恢奇挾術之行．其要顓務長者之道．與民休息．大約敎民孝弟力田．政平訟理．而又春夏督種藝．秋冬課收斂．楡柳畜牧之屬．米鹽靡密．吏民見者咸語次尋繹．可謂至誠恤人矣．至於猛獸徙迹．蟲蝗不入界．反風滅火．諸治有異等之效．

則又見其至誠感天．尤章章明驗者也．而論者多狃於習見謏聞．以爲諸事率．多溺於矜誕．不則史臣增飾以聳世耳目．非有是故實．余竊悲之．以今羅侯事觀之．乃知古人不誣也．

夫雷郡炎州之奧區．氣候災異．多與中土殊絕．三面控海．故比歲海患爲最．嘉靖壬子．海上颶作．波濤簸揚．靡沸盪激．海若嘯舞．鯨駭獸嘷．民間廬落迹若掃．人畜顚踣．死者以萬數．時有疾霆挾雨．電火四爍．馳燎官署．羅侯衣冠稽首．不旋踵火滅颶息．民藉以存．斯赫赫大災．非侯之德感．則闔境爲魚鼈沒矣．嗣是益勵修禳之德．布拊循之政．哺息煦庇．德洽生者．瘞原掩骼．恩及死者．瀕海之壤．隄防塍畝．使不失作業．以故不踰歲而民頫有拾．仰有取．安其田里．無歎息愁恨之心．咸曰．侯於我有德．嗟乎異哉．夫德政不出於至誠者．或可以釣名炫功於一時．而不可以得匹夫匹婦之心．或可以誇詡於一事一物之寄．而不可以囘上天之怒．視茲褊矣．

昔漢人於郡守異等者．則特賜高車蓋．緹油屛泥於軾前．以章有德．使如侯今日事．又不知其何如爲表勸也．夫中土多美政．偏隅鮮良吏．蓋車轍馬迹之地．聲實易起．故好能喜功之士．將亦撟其心志．以趣時名．而況雅材乎．至地之僻陋疏逖．則善否難以章著．在雅材且有怠志．下是將恣睢莫之誰何．今天下莫不苦吏急也．而窮荒乃有虎冠之吏．視民之疾苦遷徙．若觀蟻之移穴．翫而不戚．是以夫耕不食．婦織不裳．伊誰之辜哉．

羅侯初至郡．履四境．嘆曰．我國家窮天所覆．極地所載・皆赤子也・矧茲禹跡所屆・嶺嶠之旁野・貢賦所入・爲天地宗廟百神之祀之穰・乃敢夷鄙之耶・故其卓行美政・視守中土者或過之・弭難澤物之德・於茲益閎以著・要之侯所蘊蓄・泓涵演迤・固鼎鉉材也・他日入而攬天下之軸・據調燮之任・將俾卦氣順理・五徵時序・歲無飄風暴雨・霜雪旱潦・沈霾薄蝕・凝寒酷燠・巖裂川決之變・民無大疫鼽嚏・瘧癘夭札之苦・物無蝗蟲五穀果實不成・蓬藋棘秀幷興・豺虎虫豸縱橫之害・罄股肱承化之職・而納天下於太和・則豈直一方之慶而已・吾於其今日之事信之・徐聞尹李子鑰樂其郡大夫之德政・徵言紀迹・以爲循良之表率・惜余辭不足以華其事・聊綴次所聞見・庶幾大雅君子或以余爲知言云・

贈安源廖君序

余嘗讀書至軒轅氏陰符曰・觀天之道・執天之衡・盡矣・然後知古聖神之制萬物也・以全其天・天全則神全・亡不臧焉・亡不壽焉・夫六六紀節・九九制會・所以誌日月之行也・所以幹化生之用也・敷和升明・備化審平・靜順五運・迭爲其司・是陰陽之徵兆而生殺之本始非耶・生生形形・育于氣交之分・而立於推化之宇・能者養之・順陰陽以從其根・而與萬物浮沉于生長之門・識五者之衡機・是爲聖道・是故方數五・而五方之變不可勝窮也・色數五・而五色之變不可勝視也・聲數五・而五聲之變不可勝聽也・味數五・而五味之變不可勝嗜也・然天地大氣・舉之亢否・澤燥游氣・雜然不無乖度・人物大氣・息之淫勝鬱伏・邪氣干焉・不無愆常・聖神憂之・於是有培護之法・有攻伐之機・邪也折其勝・正也輔其劣・而湯液熨毒鍼石按督之術・行練精易形揲荒瓜幕之效・有以起劇澤朽而壽天下・傳而至後代・國工述之・聞病之陽得其陰・聞病之陰得其陽・故有剛劑以從陽・有柔劑以從陰・知夫實而不能滿者・形主之・滿而不能實者・氣主之・形氣分而奇恒傳化之府別焉・而神行乎其間矣・因之以起度量・懸權衡・咸不過乎其物・若和之對晉大夫也・謂可以醫及國家・緩之視晉君也・而知其臣・是亦通乎五者之故而思弗窒・逮後世藥情方局之書日繁・而據冊循方・率妄投以冀效・弗察度於五者・而陰陽舛氣候忒矣・故營氣不從・不得其理矣・衛氣散・不得其營矣・實者不知輸矣・滿者不知調矣・昧哉乎・其術之流弊也・安源廖君・早歲浪迹嶺海・諸方術罔不通・中遇異人・受禁方脉書・明五者之理・故能用乎陰陽水火之劑・而以醫名・人往問疾者・切脈可以知其感受之侯・而期其生死・亡毫髮爽・究病之所始・而極其傳復之候以施其術・而不膠於成法・故其治疾多奇效・茲仲春・老母得病・諸醫袖手觀望・廖君曰・是名痰鬲・中氣菀而水火離・可資以代其勝・遂藥之・下嗌而菀氣解・旬餘就常・是君術之精有以安吾親也・而余之德君・實無涯矣・重因素所論列者贈之・世之論方術者・要必知所以重君云・

姆訓後序

泰泉先生輯內則曲禮及列女傳諸書爲姆訓一卷・渠堰欒括・棼而比之・捃摭融結・離而同之・粲然可睹已・弟子有譽因請刻焉・遂序諸末簡曰・詩書之言・女德尚矣・賢妃助

國君之政・貞女隆家人之道・自古記之・蓋風俗之美惡・國家之成敗・于此焉肇・可不慎與・易之家人於初爻則曰・閑有家・悔亡・夫閨門之內・恩不容掩義・家瀆而後教・志變而後治・則雖嚴亡益・故能閑于始・則悔亡矣・古者女師之護・非所以閑其始耶・故居有保阿之訓・動有環珮之響・目不接靡曼之色・耳不入要妙之聲・于時風化休和・而聖人刑于之化・行於四海・雖閭巷之間・婦人女子咸能誦述先王・行蹈懿矩・居家臨難・無爽女貞・亦教之素也・陵夷至于後世・姆訓寢息・而正家之道缺焉不章・逸樂驕奢・遂至蒙昧訓典・嗤鄙蠶織・蘭茝藁木・本之滌中・何芳之存・由是冶容薦而女德泯矣・淄蠹生而淑哲鮮矣・聲伎陳而邪僻作矣・先王流風餘韻蔑如也・豈不痛哉・先生實爲此懼・爰輯是書・將使世人由古之道以正家・就厥懿德・非苟然而已也・夫昔賢之著述・或出于激憤・或成于憂思・非空言亡事實・要之咸有裨于世・後之散儒・嘵嘵肆其辭說・以求勝于天下・使人厭其辯之險而忌其用・故抗而言之則病謬・俯而言之則病傭・殊盭古人之旨・先生行純聖則・學窮道奧・覃恩六籍・諸所著述・必求切於用以誨乎世之人・若是書則不必自爲論說・據經傳箴史以爲鑒式・遠紹前賢之意・近裨今日之風化・實有戚然不能自已者・大雅君子・必有知其意之所由起云・

林大春　字井丹・潮陽人・嘉靖庚戌進士・除行人・晉戶部主事・歷官至浙江副使兼提學使・其在河南官睢陳僉事時・以置高拱私人於法・被計議・拱免相・起蒼梧僉事・尋移浙江・比拱再相・言官希拱意・劾大春命題割裂經義・罷歸・大春精熟史漢・工古文詞・以忤權相去官・世尤多其風節云・所著井丹集・阮藝文畧注未見・馮氏潮州耆舊集選其文得二卷・是其集尚存也・

論海寇必誅狀

爲今嶺海患者・不過曰山寇海寇倭寇三者而已・山寇剽急・其爲禍速・倭寇慘烈・爲禍顯・海寇則纏綿固護・浸淫乎郡國之間・其爲禍遲而隱・是三者不可不審察也・夫是三者・勢相倚而禍相因者也・彼倭寇之從海上來也・實海寇之爲接應也・其屯聚而野掠也・山寇實嚮道之・夫山寇非他也・蓋多村里惡少・與夫愚蠢編民・非有奇謀異能・特見間而起・又其所居多負險・易以伏匿・急之則嘯聚巖谷間・州郡亡命聞而爭奔走焉・倭寇者・非果盡有日本之衆・而雕題推髻之族也・大抵多漳台等處流賊・挾殘倭以爲酋首・而彼遂因有其名號・以鼓舞其徒衆・所至破鄉下寨・盡收其少壯者而被削之・久之與倭無間矣・至如海寇之禍・其來已久・閩越之間・若與之相終始焉者也・是故山寇以村里計也・其賊以千數・倭寇以歲時計也・其賊以萬數・至於海寇・則不可限以鄉井也・不可晝以日月也・其賊固不可以數計矣・今之論者乃不深維其故・而姑爲一切苟且之說・欲與倭人和・撫至・取其酋而用之・一聽荼毒而莫敢誰何・鄉兵有獲賊者・輒解其縛而謝之・詰之・則以陰散爲解・此尤失計之大

者・誠如愚計・莫若祇以殺賊爲事・其欲去倭賊也・莫若先絕海寇也・或曰・海寇未易絕也・彼其延蔓既久・枝幹日繁・一邑九鄉・半爲賊藪・是沿海之鄉・無一而非海寇之人也・黨羽既衆・分布日廣・自州郡以至監司・一有舉動・必先知之・是州郡監司之左右胥役・無一而非海寇之人也・舟楫往來・皆經給票・商旅貨物・盡爲抽分・是沿海舟楫商旅・無一而非海寇之人也・奪人之粮・剽吏之金・輒以賑給貧民・貧民莫不樂而爭赴之・是沿海貧民・無一而非海寇之人也・又集四方亡命・徵無賴生儒・稍習文義・以治其部伍・修其辭約・而彼乃深居大舶・行王者之事・公然出入城郭・列羽衞以要陪官之宴・此其目中已無嶺南久矣・若何而急圖之也・又曰・所爲未絕海寇者・以倭寇來平也・今若緩其速而急其遲・無乃不可乎・曰・海寇未絕・山倭之寇・終未有已也・夫倭寇非果至自海外也・或由淅至・或自閩入・何者・其道路通也・若果不絕海寇・則沿海之兵・無敢捕賊者・其勢必聽其往來・恣其剝取而無所忌・倭船一至・卽爲東道主矣・是以倭至・登岸必焚者也・示無去意也・明有主也・其劫掠既飽・所獲輜重・未及移徙・而海賊先已艤船候之郊矣・此皆鄉人所習聞而親見之者也・非徒如此也・山寇亦將藉之以爲聲勢也・海寇又幸山寇爲之驅也・是其意且合而一之・而歸山海之利也・是尤有可慮者・所謂急之則反速而禍小・緩之則反遲而禍大者也・故曰不可不審察也・曰・奈何・曰・莫若先絕兩省海賊往來之路・而重嚴漳人入潮之禁・專一責成海道衙門俾與海寇從事・彼海寇者・其勢既不敢之外國・又不敢以入故鄉・必成擒矣・曰・何以不敢之外國也・曰・海寇之首・故殺其酋首而自立・而故酋之子・因奔外國爲名王・必欲得此賊而甘心焉・故愚以爲吾既絕之・則彼歸無所矣・曰・欲絕其路也・于何而取兵也・曰・烏船之兵・海道掌之也・誠得以盡發以當其衝・而又益調民間素習水戰海船所謂白槽船者・使之併力殺賊・所得輜重・悉以與之・如此則海寇之路絕・海寇之路絕・而山倭可以次第平矣・聞之故老・往時有指揮者守海・賊人不敢東而漁於河者數年・此明驗也・今誠得如若人者任之・卽海濱無事矣・又海賊故鄉良家之子・亦有不願入賊而或爲所脅從者・誠得開誠延訪・令其密赴軍前計事・許以破格之賞・如征山賊故事・亦將有襲執渠魁而來者・曰・然則山倭二寇・將置之乎・曰・何可置也・夫今嶺南之倭・殘虜也・山寇・烏合也・野掠已盡・處處城守・亦既困矣・所爲徜徉未敢且去者・以有海賊在也・是故道路訛言・不曰新倭又來矣・則曰閩倭至也・此皆海賊之計也・何以驗之・倭之攻潮陽也・踰月不下・內外相傳・皆曰賊中又有人去接新倭矣・既而果有僞倭數十人從海口上・諜之・蓋故巢賊也・此可以見海賊之計也・曰・或謂客兵不宜地方何也・曰・兵之所聚・荊棘生焉・自古然者・又況彼自遠方來・其於道里之險夷・賊中之虛實・尚不能知・而欲望其臨敵制勝・奮不顧死・亦難矣・故不如不調之便也・曰・然則兵將何取也・曰・各處鄉兵・自足以供各地方之用・患鼓舞無其人耳・且如近者潮陽之圍・未曾借兵於異處也・以負海數百之兵・猶足以固守一隅・屢戰而屢却之・使當時當事者有能虛心一意・以保安士類・獎造忠義・則斯賊之破也無難也・惜乎其不能也・而使

賊得汗漫去・遂至四野邱墟・豐莞鄰壑・亦可嘆也・今如責令州縣正官・聽其便宜選募・當道不得沮折之・或令各處地方・各推境內有篤行忠信・無問士民・但義能倡率父兄豪傑者・得自爲守戰・果有全城破敵之功・許以事聞・不得泯沒・所在當有慕義而起者矣・曰・然募兵養兵之費將何如處也・曰・以其所需於客兵者而移之以選募鄉兵・宜無不足矣・又各道團操及各縣民壯新夫打手工食・歲費不下數千金・倘可議革・劑量以爲兵費・亦或一助也・是在當事者加之意而已・

請嚴禁貪酷疏

臣聞財之在天地・自足以周天下之用・今天下之財・稱詘乏矣・無他・貪酷之吏剝之也・祖宗征伐頻繁・而水旱災荒・亦往往有之・然民不困而國用足・何也・無貪酷之吏也・其所以無貪酷之吏者何也・貪酷之禁嚴・而鼓舞之術神也・今貪酷多矣・十金之家・有事而隸於有司・則十金不保矣・百金之家・有事而隸於有司・則百金不保矣・每歲論獄・必三宥而後刑・如此其愼也・今民之無罪而死於敲扑者・歲不知凡幾・此貪酷之害也・臣讀前史・見古之所謂酷吏・不過以深刻爲能・鍛鍊爲事・欲以取名當世・要結人主・今則酷以濟貪・非僅古之所謂酷吏也・臣見各省撫按・多以百姓逋逃爲言・臣竊以爲人雖至愚・寧不知安土之樂・與夫輸納之當然・而乃甘於離鄉背井辭親戚棄邱墓而去・此必有驅之者矣・夫以天下奉一人・歲之所輸幾何・而貪酷之暴・朘削無已・其出於常賦之外者恆什百千萬也・此民之所以逋而去也・逃亡而無所歸・將逼而爲盜・勢有不得不然者・貪酷之罪・可勝誅哉・今撫按以逋逃爲解・甚者以貪酷爲能而薦之・蓋墮彼彌縫結納之工・趨承供奉之便・而不知其皆取之於民者也・伏乞敕下法司・凡贓至百金以上・置重典・藉其家・次遣戍・一如祖宗故事・撫按不舉・罪如之・如此則貪酷之風息・財用之蠹除・而逋逃不歸・未之有也・又聞祖宗時・天下朝覲官・吏部考其政績・優異者以聞・賜宴禮部及金繒有差・仍詔吏部查京堂卿佐缺・以次遷補・當是時・有自布政入參機密者・有自知府入爲尙書者・有自州縣入爲卿貳者・鼓舞激勸之道已至・固不徒法制禁令・使人知畏不知感也・伏乞率由舊章・拔一二人以風天下・將見化貪酷爲廉仁・雖兩漢循吏・何難復覩於今日耶・

上谷中丞書

竊照海寇林道乾者・本曾一本吳平等乘倭嘯聚・其初不過數十人・尋投入倭中爲別□・遂稱勍賊・及倭滅平・遂統有其衆・流劫地方・而道乾一本亦各自樹黨・與平爲犄角之勢・以抗拒我師・後官兵追平急・平竄海外・莫知所往・而其黨潰散・奪食海上・於是道乾一本復稍稍收之・以益其勢・兩賊者勢復大熾・兩不相下・乃各自雄長・爲嶺東連年巨患・潮海之區・半爲賊有・生民塗炭極矣・然而一本起自推埋・無多智識・性猶易制・惜當事者攻之不得其術・以致屢招屢叛・貽毒於今・而道乾則以少嘗習爲吏・機詐陰險・越絕諸寇・又性獨好殺・所過無不殘滅・其所居海水盡赤・積尸如山・潮汐爲之不至・蓋其慘如此・今說者乃以一

本名偶上聞・在所必誅・而道乾宜在所後・不如姑且撫之・復割壤地以與之・冀無爲我患・萬一幸爲我用・可併力西向以從事於一本・不知此策一行・道乾之勢益張・而一本益不可得・壤地一失・生民益無所歸・其勢不盡化爲盜不止也・茲蒙台下虛心詢訪・是廟堂注念所及・卽海濱生靈之福矣・弟恨地隔一方・未能備悉彼中事狀・輒以邇來所得鄉士大夫之書・謹掇其語大略如左・伏乞留神裁察・幸甚・

按鄉士大夫書略曰・近來巨寇林道乾・安插下尾地方・實爲潮人附背之癰・方其未招・勢既外潰・今名曰招・勢復內食・癰潰其毒猶在外・內食則腹心將朽矣・今秋斂甫畢・穀入賊倉・人家懸罄・錢入賊虜・莫爲改歲・婦子無由而室處・豺狼當道・征夫何自以旋歸・景象如此・海濱惡得而不坐斃耶・又靖海則有程老・驟起千餘・勢將廹於道乾・江南已無噍類矣・桃山則有鮑浦溪東激變之盜・自號白哨・聚黨亦至數千・江北靡有孑遺矣・林獐出沒湖陽惠來和平貴山之間・西人田園荒蕪・道乾確據招收砂浦・東人杼柚其空・四面皆敵國・僅存一孤城・譬如人之一身・業已燀去眼・刖却手足・此孝惠之所望而驚者也・豈能長生於天地之間乎・曩一夜・忽有五炷火從天而下・周圍丈餘・狀如燕尾・其色青紫・下地瀑瀑有聲・或以爲去年某鄉・或以爲去年某鄉某寨未破之先・嘗有此火夜見・今某鄉某寨村落已爲墟矣・而此火復見・是豈不爲之寒心也哉・又曾一本近時進廹省城・焚燒戰艦不可勝計・旋卽順風直抵吾潮・浮江數百餘艘・漁人從海外遙望見火號從空中起・華華若貫珠・長可數百里・倏忽而至・而道乾者・復以外寇居內地・藉招撫之名・陰與之爲援・城中良家之子歸者日以百數・隱然虎據一嵎・爲四方逋逃藪・吾竊悲夫亡之無日矣・頃者道乾徒黨・公行至縣・擄劫居民・民不得已・嚴兵以拒之・彼遂旅至城中・宣言中秋欲來屠城・城中震恐・道路相顧涕泣・縣令倉皇・莫知所爲・於是吾輩乃往見令・說以尹鐸守晉陽之事・因請移書責之背盟・始得以暫弭其來・然而觀其報書・辭甚悖慢・又安能保其不來乎・且以一本之强・方沒軍殺將・將得志而西・聲震遠邇・茲又徜徉於牛田馬耳等處・海揭等縣望風向應者・又不知其幾村里矣・獨緣此賊來自瓊崖高雷・盡有物產之饒・金帛子女之富・譬如人之飲食・正在饜飫之極・尚未思嗜・使其異日稍自餓色・復爾垂涎此地・不知將何以待之・夫曾賊在邑之北・林寇在邑之南・山寇又出沒于林莽萑葦・以荒吾之土田・此不待攻而自破之說也・矧時復相窺乎・要而言之・道乾之招撫・其爲害更深於一本公行劫掠・無有敢言・招亡納叛・無有敢阻・所求所請・亟欲供之・少不如意・輒欲觀兵以侵城郭・無有敢抗・此其狀與六國事秦相似・老蘇所謂今日割五城・明日割十城・然後得一夕安寢・起視四境・而秦兵又至矣・今日吾邑之事・其何以異是哉・然此二寇釀成今日之禍者・非果彼能自爲之也・實由當事者有以養之耳・朝廷設官・奈何俾東省皆婦人・道乾一本本屠狗之徒・烏合之衆・何有隴上鴻鵠之志・乃連行作虐・枯人萬骨・流血千里・曾不聞有設奇畫策以蕩平之者・只聞有請質求招之說・今日一官到任・百姓翹首而望曰・此必有大可觀者・至則待百姓如仇讐・視盜賊如赤子・厚賚以養其銳・温言以强其悅・如斯而已矣・明日一官到任・百姓翹首

而望曰・此必有大可觀者・至則以百姓爲敵國・以寇盜爲腹心・獎勵以益其驕・卑詞以啓其玩・如斯而已矣・甚至大吏遣小吏爲質・納幣稱賀・尙不能以結其懽心・反受侵侮・斯不亦辱國之甚也耶・遐荒嶺徼・僻在天下・君門萬里・此情何由得達・此僕等伏于草茅之下・目擊桑梓之憂・所爲流涕痛哭憤恨而不能平者也・昔田單以鐵籠傳車轄・得全宗人・後世高其智・仲尼悲宗國之將亡・故令子貢出而存魯・而名著於春秋・今僕等居者碌碌・乏田單之略・惟足下方有事於四方・幸無忘於尼父之志・即生平救拯溺焚之業・宜無踰於此・勢急情廹・臨楮莫知所云・

報陳玉叔書

憶昔肅王之朝・僕既辱從尊先公後・以不棄于縉紳先生・當是時・業已知職方有子爲明公矣・慶歷以來・職方去井陘歸楚・僕亦拂衣自越・而公遂以治行第一起淮海・西如梁州・當是時・井陘猶及見其敎之大行於西方・天下聞而壯之・乃久之卽世・存沒盖增感矣・及今旌節再西・輒從嘉陵道中遺書嶺嶠・徒以先人故・至齒僕于梁生・嗟乎・僕何足辱梁生也・邱使君嘗訪敝廬・其言衆何弗及明公念我・豈忘之耶・若夫曾羅之獎借・明公之過望・皆非鄙人所敢幾・所期茂建徽猷・追踪遐軌・俾太邱而後・古今無兩焉・爲耀多矣・其見命草堂題咏・昔有行之者・如一峰八景・白沙詩之顧彼・祇促膝授簡・烏有諸重千金・神交千里・如足下者・卽雕蟲久廢・詎可以辭・乃其體慚風雅・詞忘固陋・則在掌記者擇而取之爾・

寄顏冲宇書

往者憲節西臨河洛・某幸得以職事・辱在下風・竊見閣下正氣動于崧嶽・精誠貫乎日星・嘗過不自量・謂奉令承敎・可幸無罪・以自附於大雅之後・乃固有大謬不然者・業已自分淺薄・當無復私於左右・豈意反辱獎借・力排時議・而特薦諸朝・蓋自大疏一出・而天下咸謂某有鮑子矣・顧某何人也・敢當夷吾之舉・靜言思之・徒有悚然愧汗・懷耿耿於夙夜而已・廣右之行・今日之役・徒以閣下一言之故而强委重焉・某所爲奔馳兩地・未即甘於自棄者・以平生知己之德未報・又恐公言不信於天下・是以輒拜命而不辭・今至此數月矣・既未及遠通一介之使・奉起居於門下・又弗能效世俗爲欵欵之敬・時致問於里第・縱閣下憐而諒我・如此心何・乃知離索已久・而迂疎猶故・非敢有慕於叔向祁奚之義而爲之者・且古稱楚材・公今爲盟主・其所涵育於門墻者・當不獨有原玉穀菟論人者出焉・由是而衍江漢之餘波・培豐芑之休澤・此正不肖所欲竊以自效而因以推之仁人君子之鄉者也・不知其指亦可得聞否・倘因風便・一惠德音・以開固陋・尤不勝惓惓大願・臨楮瞻遡・敢布腹心・伏冀留神鑒念・幸甚・

與黃督學書

僕之此行也・實自安慶渡江過饒州也・聞公始發二三日耳・何天意不假人良晤如此・月初入撫州・路抵建昌南邑・邑爲廣昌・會諸路警急・城中戒嚴・僕至・守者拒不得入・

道路訛言・人心洶洶・因退保於郊寺以徐俟其定・乃人疑益甚・報踵至・城外已無一人・當是時・不惟人之疑我・乃我亦轉自疑・第徒付之一笑耳・俄而有二生者・從城中來謁・言城中見疑狀・察其色・若有意於不肖者・僕因進而問之・乃知其爲羅生良臣黃生河清・皆庠士也・聞不肖有急故來・於是羅生計曰・事急矣・衆方疑公・公必以冠冕入・不可・請以微服縋城下便・黃生曰・公第入矣・此外可勿計也・萬一有變・當以身頁從者以行耳・僕因如其策・果入城・城中久之始覺・因得見其鄉士大夫與其師生吏民・咸相驚歎・乃始信而弗疑也・其日師生吏民及鄉士大夫皆願留僕・僕亦有感而爲之留焉・主於羅生之家・不以煩有司也・是時邑無符篆之令・鄉乏素練之兵・所幸士夫竭力・諸生獻技・僕因力倡勇敢・爲士卒先・孤城爲之增氣・於是賊聞之・爲却五十里云・其後鄉械被鹵稚子至・僕審而釋之・乃城中輒有細人潛謀爲亂者・謂我爲嶺粤人・疑與賊通・而羅黃引我入城・將不利・必手刃之・會月明・僕與師儒坐城樓上・方臨風長嘯誦詩・不知伏甲已在寢門之外矣・時有解元何子濤鄉貢士沆昆弟・國子生曾佐・庠生曾任者・覺而狂奔・往諭之・賊乃散去・當是時・微數子者・不肖與二生幾危・乃今城幸不失守・僕亦賴無恙・即日當戒行矣・遠惟明公風教之及・士習之厚・令人忽然忘去・義思一報此鄉而其道無由・且力不足爲斯人重・伏念公爲一方斯文盟主・意他日得諸所聞・其所以激厲而表章之者・當自有不容已・夫二生者・非有久要之素・平生之好也・一旦奮不顧身以拯我於厄・至身當賊鋒・幾陷不測・此其義有足高矣・矧當人心危疑之秋・而彼獨毅然自任・不爲少阻・非見義必爲之勇者能之乎・至如周何數子・以片言而寢已形之謀・抑又其難者・臨發留書・不覺覼縷・伏惟慨然存念・幸甚幸甚・

與蘇粤峰書

舍弟歸自大埔・嘗有小啓奉候・想徹覽矣・十月二十日過虔・中途令長老人者・與之語甚壯・渠且老・方有汗漫四方之意・臨歧遺丸物數顆・因示我以棲神道氣之術・奇哉壯也・兄送我時曾不我告・何也・適見邸報・知兄已執憲江省・李淳野者亦已憲吾嶺南矣・不爲二公喜・獨爲江嶺賀耳・惆悵者羽翰各方・世路空茫・重晤之期・未知何處・安得起二公於東都・俾之振武月卿・吾將圖南往從之・將出然平生之所懷抱者・與公等馳驟於龍虎鳳凰之區・遍訪王謝諸人・坐談千古・指默萬里外・酌言當歌・扣舷擊節・因爲明天子經營四方・矢心八極・所至不欺・度外欣戚・他日請身海上・雙壽垂白・祿薄鐘鼎・情甘菽水・窮天之涯・奇詭所鍾・波濤萬頃・變幻四時・中有漁儔樵侶・駕言餐食・行與此輩相從浩渺・始終無極・騷墨文史將盡棄之・用同遊乎得意忘言之域・當此時也・坐君天上・屹爲鼎石野人・時靜而興思・入而遊息・但見向之儔侶者・擊壤謳歌・以優遊乎堯天・相忘乎帝力・野人時和而樂之・不亦可乎・江行想在殘臘・寒煖之間・更祈若時珍玉不盡・

與李定齋書

側聞外論紛紛・大意謂兄之欲去也・與他人不同・兄去

猶不去也．其意出於爲名高者也．而實坐媒厚利也．兄見時事如此．慮遷某官也．事某相也．而其志不可行矯曲也．兄在署深居寡言笑．獨立無助．孤也故去也．兄與不肖．皆嶺外介士也．負氣陋俗而薄養交．其欲去也．憤也．且兄初未有去志．不肖激之也．弟聞而竊歎之曰．嗟乎．此言何爲至於我哉．夫歌魚自獻．迎羊望幸者．滔滔皆是也．然世無有非之者．至於貞士處女之節．則相聚而竊笑之．何者．彼蓋其所志殊也．是故翠袖下車．浣紗動色．珠履閉閤．珥簪見嘲．其勢固然．無足論者．但念吾人處世．要自有說．或去或不去．其歸在潔其身．使天下莫不心知而目見之．譬諸野鶴雲棲．其飛鳴飲啄．洞徹洒樂．自無纖芥可疑．非若鳧雁依依然相呼江渚間．各有矰繳稻粱之念．卒被網罟所得．爲燕雀笑．然則今之欲去者．亦何怪乎人之疑而談之也．且以僕之愚．無他．豈有如若人言所云．顧惟兄教既切．而談道者衆．則竊以爲幸聞而改之．將有爲也．其所以爲者．將以勸兄之出而不果於行也．將以息乎論說者之紛紛也．非爲兄也．爲天下大勢有所不可也．何也．天下方多事也．人心洶洶也．而去者肩摩踵接於道．今使天下聞之．又謂嶺外二子一時去也．則四方之去者不知其幾矣．其於大勢可乎．不可乎．此北風十畝之詩．譏世道者之所痛也．夫吾二人者．固未有益於時也．然其去住亦不可謂漠然無所關繫也．昔者逢萌之入海也．梅福之適吳也．兆漢之衰也．夫逢萌梅福．非有甚重於漢也．天下以此而知漢也．蓋大勢之所在．不可不察也．非貪位也．所惡有甚於此者．故不爲苟去也．今使我出而能與兄俱出．使天下聞之．又知嶺外之士未有去者．則吾亦何樂于不出而求去也．此區區欲出之本心也．惟吾兄圖之．

報趙都諫書

昨臨發時再拜手教．會冗未能詳報．茲行至百里所．乃得以書敬謁于下執事者．蓋聞之．夫子存魯．古人悲宗國之義．區區之心．竊慕此耳．非敢爲一身謀也．方僕所見彼人者．當時酗烈之狀．若餓豺焉．雖甚懦弱．猶恨不得與之相隨枕藉而蹈東海．某之願也．乃今遭逢明盛．幸辱教于忠義之門下．則亦何敢愛一身而不以抒神人之憤哉．獨念此邦之人□極矣．視棄邱墓若弁髦然．間且移去．間稍稍復還．今若使之得汚彈章．以此邦故．將後之藉口者愈益罕．不幸有逐臭之夫至．卽此邦之喪無日矣．詩曰．如彼流泉．無淪胥以亡．某誠懼乎此邦之淪亡也．故竊爲地方重之．某又聞之．忠臣重棄其土以報君．仁人必世其家以成親．是以季子還吳．世號延陵．包胥復楚．名垂鄢郢．今使此邦亡．猶將續之．矧其不絕如縷．胡可戆也．且夫快一時之憤而忘遠慮者．國風致刺．復九世之仇而樹大節者．春秋褒之．是二者又此邦人士之所爲．日夜腐心而不知所以爲計者．故又竊願門下熟計之也．嗟呼．士爲知己．既荷過知．敢不盡愚．倘幸終仁．寧復愛死．伏冀留神裁擇．幸甚．

報曾見臺書

分袂計七年所矣．自吾兄還朝之後．封書兩寄將矣．所爲未有一言之報者．徒以區區未老之年．或尚有聚晤之日．

當得重聆雅緒如江舟夜雨時也．不意敝邑大夫胡君至．復辱翰諭．責之以不通朝貴．期之以時嗣教音．是相會尙未有期．而相望又轉益切．卽不佞如弟．亦安得不竟其愚．以求伸於左右．蓋弟性本迂直．不能圓通．自履畏途．動輒齟齬．而其在浙也．尤覺偏執愈甚．讒忌日深．雖去後見思．在靑襟或爾．而煊然秉軸於當路者．則固腹誹而陽奬之．夫如是．彼亦安能以天下之公易一己之私而置其所忌於雲霄之上耶．且以弟之不佞亦已矣．如兄之清忠耿亮．廓乎有容．卽超然同升．參贊密勿．何足爲過．乃僅以常格相處．稟稟如是．如弟更何言哉．雖然．千金之賜．九遷之榮．古人不以易知己之遇．彼其所重．固在此而不在彼也．今廟堂之上．旣有知我．卽家之置錐．官止執戟．其爲華亦已多矣．荆州萬戶．果孰軒輊．意必有能辨之者．遠地絕不見報．適得之胡君言．頃者兄有貴陽之命．謂將有託而逃者．弟尙未喩其指．故特遣人奉訊前驅．兼謝累書不報狀．諒節鉞過家．少選當西向．此陽明先生居夷何陋之邦．而長卿傳檄所至之地也．弟念匏繫之夫．無由追陪笑語．爲公勒銘金築羅甸之間．以紀一時勝事爲恨耳．悵音徽之漸遙．恐美人之遲暮．臨風拜使．徒有極目於五雲翠嶺之上而已．

報董原溪書

去歲從東來．聞朝有言事者．蓋西曹郎云．其時相傳未定．然僕已心知其爲足下矣．及行過江西．得邸報三疏而三讀之．果然張君與足下也．當此之時．足下負敢諫之名．抱不測之罪．退入三泉．靡有所恨．幸賴聖德優容．如天之大．竟從寬典．謫戍蠻方．蓋僕至而足下已出關矣．

思昔漢自陽朔王章之誅．天下以爲諱．梅福起一尉耳．上書論之．朱雲請上方劍斬禹．天子怒甚．左將軍辛慶忌至以死爭．今足下誠無愧乎朱梅之節．顧僕徒以區區之心．辱在道路．有負辛慶忌之義．僕竊恨焉．雖然．足下之心．天下知之．無待論說而後著者．今足下乃從蒼梧遺書．若有望於僕之聞之也．豈亦以僕或未明足下之志歟．古人曰．人之相知．貴相知心．曩僕之引疾求去也．足下不以我爲矯．間爲語及時．輒太息泣下．其後僕不果去．而足下又不以我爲貪．何者．誠有以相知也．今足下幸已不違其志．而僕猶碌碌如此．足下將謂僕爲何如哉．

夫僕與足下俱出少傅公門下．十年于茲矣．近之未嘗私自請見．稍通一言之交．遠之又未嘗上書政府．求借譽于左右．所以然者．非敢自以爲高．有慕乎古之人．而竊其近似者以爲名也．徒手進止之度．恐忝少傅之教．乃不意足下過言之．而少傅公亦過聽之．每聞於人前．有所薦引而不以爲疑．此僕之所大懼也．且足下尤親耳其先後相與之公．彰彰明甚．假令當時混迹儔輩．一旦仰首信眉．言天下事．人且未信．惟其如是．故公得以忠貞動主．危而復安．而足下之心．亦昭然白于天下．此又僕之所爲惓惓嚮慕者也．書中又言．僕文得馬遷法．至欲進諸本朝李獻吉上．吁．是何言也．夫獻吉當孝皇時始仕．亦爲僕官盖期月云．其應詔一疏幾萬言．至今讀之猶有生氣．且其所論列十餘事．後來罔不切中．亦明之賈生也．武廟初年．逆瑾用事．大臣憂懼．不知所出．獻吉乃乘間從容爲尙書言．因率九卿劾奏瑾等不道・罪至死・當是時・瑾懼甚・會語泄・不果誅瑾・使當時獻吉言用・可無正德十數年之禍・惜其晚節不終・爲世所短・然猶極盡一生精力・垂空文以自見・今僕守郎署有年矣・自惟固陋・上之未能深慮遠稽・上陳制度之宜・禮樂之數・與夫政事之得失・次之又未能抒憤惋・指斥姦邪・以厲其臣而矯朝曲・徒以此心一念未敢有囘・冀或少自樹立以無負知己者之望・若夫叙述之事・已非其任・身居俗吏之局・乃欲以區區薄技與翰史之士爭名・僕實恥之・

且夫古者貞臣雅士・常悲其志之不宣・而脩名之不立也・於是託之文以見意・故屈原逐而離騷作・賈誼出而惜誓賦・示不忘也・是以朱雲隱鄠・諸生講授・梅福入吳・市卒易名・其迹不同・而其有所感以不忘主之義一也・願足下無忘主上生成之恩・益勵古人經術之訓・倘因披擐之暇・慨然有作・或可自附於離騷惜誓之意・如僕者固未暇云云矣・故里人來者云・足下二親無恙・幸有以自寬・瘴嶺烟高・惟重寒暑・食飲自愛・東望炎風・不任悵悃・

報郭督學書

不佞少壯行遊寓內・既强始祇役貴地・及歸臥林麓者且二十年・深漸固陋・身隱矣而修名未立・乃其所至名山大川・幽巖絕壑・見金石彝鼎之文・騷人雅士之作・心艷慕之・間或窺豹・偶爾效顰・聊以自娛・匪覬遠行也・茲者足下秉憲而東・徒以舊故・輒承遠翰・兼聞札示縣公・抑何切切於是・而欲爲災木之舉也・春甚懼焉・夫董生災異・步舒愚之・楊子太元・侯芭尙苦・而況於不佞乎・況於不佞乎・且足下所司・憲臣事也・人臣事專報主・今學憲果盡舉乎・士習果盡醇・文體盡復乎・浮薄果盡汰・宿弊盡釐乎・於斯數者・萬一未盡・方日夕孳孳・猶恐未足以報主上・尙何暇分心于區區衰朽之夫・留情于咄咄不典之辭・以爲足以酬一日之遇・亦已過矣・矧敝邑縣公爲人・政淸如許・祿入不足以奉甘旨也・政在休燠・民力不足以輸公賦也・校刋殿撰時文・摹寫翰苑新書・爲累多矣・使復重勤梓人・以滋煩苦・其將何以處之・若曰・貴道別有經費・獨思竭力以資之・則非所敢・知此區區所爲・不敢聞命者也・無已・請俟異時・倘遂覯止・當與吾弟一面商之・何如何如・因托郵報・附佈腹心・統冀高明亮察・不盡・

報王恆叔書

曩自足下北登諫垣也・不佞盍津津喜溢眉宇矣・時有周貢生者北去・因附片言致賀・及生還・遂接報書與靑氈佳刻之貺・佳刻新製也・靑氈吾家故物・可弗重之・顧獨私訝濶別多年・一旦馳書・僅寥寥數語・何其寡也・豈心存獻替・未暇爲故人欵曲・抑諫臣之體・不宜與山林枯槁之夫深言天下事耶・已而地遠山深・邸報罕聞・遂不克目覩朝端建白者何狀・詎意未幾・忽聞有制行矣・奉慰未能・反辱存訊・佳刻綺靡・重見疊承・乃其書猶寥寥如昔・則語當不文・禮固宜爾也・最後舍弟返自京師・復出足下臨出京時所貽三水之信・又知向在省中・業已有搜羅巖穴之舉・且猥及于不佞・會報至不果・不佞因私語弟曰・嗟嗟王君・卓哉斯舉・然幸而不果也・宜也・使不幸而果上也・俾予碌碌隨諸賢後・以

忝薦書人・將謂何・且王君獨不見賀克恭特薦江門故事乎・又烏用林林濟濟爲也・乃今不果上也・宜也・幸也・計茲歲序再更・大孝應已卽告・有如卜日乘傳西上長安・朝謁金門・暮歸青瑣・願無復以野人爲念・庶宇內有聞・靡所指摘・不至傷君之明・卽區區知己之感・踰於九遷賜多矣・因貴郡丞周君使便・草草附此・兼用爲謝・君蓋不佞通家雅知・自玉而文・又足以華躬者・第未審年來相與若何・尚冀推愛而終念之・

報陶蘭亭書之一

往歲舍弟仲子赴春官・嘗具書吾子・與山陰朱少徵並同尺牘・以此情良不殊・且思曩昔寄我・二子齊名・計必常相聚顧・不意吾子尚未至京・而少徵復註門藉・弗獲一晤・已而仲子下第歸・然書固在少徵所・頃閱仕籍・則知吾子已補西曹白雲之司・應得見之・乃少徵名忽不覩・何也・夫西曹優遊養望・實坐致通顯地・然因之而深明法理・博綜羣籍・且得盡友天下士以舒尚論之懷・要或不爲無助也・近世以詩鳴・如歷下李于鱗・吳郡王元美・維陽宗子相二三君子・往往出此・雖言人人殊・而意氣飛動・亦自可喜慰者・吾子得無有慨於中歟・向在武林・見吾子言不出口・身不勝衣・比或聞之交遊間語・又知躍馬蘭亭・乘龍白下・有俯視八荒・翺翔千仞之意・一何豪也・但念居官・自是與書生逈異・如不佞生平負氣・諤諤不能下人・竟與世忤・聞子逢人輒侃侃不顧・於是天下始多不佞能知吾子・而又虞吾子之或蹈於予也・雖然・予今亦何以爲也・考槃在澗・永矢弗諼・吾願適矣・無復求於世矣・吾子才比行雲・志在高山・巍巍乎・悠悠乎・將進之古昔・傳之方來・卽前所言二三子者・異時猶當斂容而揖讓之・而又何有乎不佞耶・

復何賓巖書

方今薦紳・實學由衷如執事・海內幾人哉・講學之徒・惟主覺悟而斥絕經書・自附會大學致知之外・不復聞見古今・連宇宙字義亦所不識・蓋上下四方之宇・往古來今之宙・乃性分內事・必貫徹之・方可謂物格而後知至・羅念庵昔與唐趙各疏・請東駕臨朝・幾陷大僇・後得免歸・亦主覺悟而不讀書之所致也・今觀其集首答蔣道林書・不展卷三月・而後覺此心中虛無物・旁通無窮・如長空雲氣・流行大海・魚龍變化・豈非執靈明以爲用者耶・昔六祖聞師說法・悟曰・何期自性・本自清淨・何期自性・本不生滅・何期自性・能生萬法・楊慈湖敬之曰・忽省此心之清明・忽省此心之無始末・忽省此心之無所不通・可謂蹈襲舊套矣・然既曰無物・又有魚龍・而宇宙渾成一片・此卽野狐禪所謂圖陀光爍爍也・其謂舊日冬遊等記・更無二致・予懼學者之日入於支離詖道・而自以爲是也・故雖不敢辨・而不容不辨・會人謂與司馬公語・則不得多矣・但望執事中心藏之・

報陶蘭亭書之二

山中聞唐仁卿至自南都・未悉所以・久之有客寄語曰・仁卿以論學左官歸矣・聞公交遊・多所問訊・盍使使過之・於是不佞遺書唐子・顧未審訊我者爲誰氏也・及得報啓觀・

重緘纍幣・而知爲吾弟手貽・蓋千里相思・情見乎辭・十年離緒・盡在此書矣・至得其生平之所論著讀之・殆駸駸乎兩漢之風・而馳驟乎黃初正始之路乎・可謂盛矣・星變陳言・劉更生封事也・人言陶生故才士・孰知其中耿耿・思欲效忠主上・報國世恩乃爾・殊令人擊節歎之・區區遠地・無可與語者・常恨不得同志如君・與之上下議論・即四方尺素・多尋常起居・或名家著書・亦僅僅如許・從今觀之・何如吾子・夫文在氣奇・非以辭異也・出自靈臺・流之丹府・如戛玉敲金・飛商流徵・而聱牙屈曲不與焉・乃今人動引莊騷・自爲瓌瑰・力詆韓柳・指摘瑕疵・至覽之不可句・聽之惟恐臥・烏有吞吐溟渤・包羅星漢・流水行雲・洋洋灑灑如此編者・嶺南作者信少・曲江而後・五子間作・即區區學步猶遲之・因憶同起梁生・庶幾王岑・獨惟敬徵伯・幸從子遊・且仁卿書謂吾子頗善于書・曉起秋覺微涼・山光入座・月明風細・溪流有聲・因寫近作一二寄去・以見近况・以慰遐思・第恐此寄未必至・如丁戊二書事・臨發滚滚・眞不能不爲之悵然也・丁丑書與少徵共之・茲已不記作何語耳・戊寅一書・副在掌故・輒錄一幅于左・見十載相望如一日也・仁卿便道・草率附報・惟高明照察・幸幸・

賀潮州郭使君壽序

今上龍飛厤十有二載・歲在甲申・序屬先春・是爲潮州使君青螺先生嶽降之辰・其時境內搢紳先生之役林子者・嘗爲金山引三百言・歌以壽之矣・廼先後鄉貢之士許子岸而下十九人者・復以文請・十九人者・先生之門人也・林子問曰・若諸君子十九人者・蓋皆從先生遊乎・曰・然・亦知先生之爲人乎・曰・岸不敏・曷足以知先生乎・先生譬則高山也・望之而未陟其巔・罔以見光靈之所萃也・譬則廣淵也・游之而未陟其津・罔以探神寶之所伏也・必欲發海岳之精華・繪雲物之瑞氣・非夫子莫之與矣・

林子避席起謝曰・夫諸君子十九人者・以東省之英・而升南郡之帳・立有道之庭・宜得先生之學以爲程・先生之猷以爲經者也・而猶謙讓未遑若此・如不佞者・雖常締交先生・然其語默也殊致・其出處也殊情・先生方不日召對・翺翔禁近・爲金馬之歲星・而予則神遊蒿少・以自託于上方之向平・將上迷乎鴻冥之影・下薄乎鸞嘯之聲・即有不斐之辭・其何足以辱先生・且夫金城之歌・義取葑菲・薦比苾芬・既備乃奏・亦既飫矣・茲復文焉・是重肉也・誰能食之・許子曰否・不然也・蓋聞之・以道交者其神孚・以言贈者其傳遠・神孚故久而彌恭・傳遠故煩而不厭・是以揚雄賞音於桓譚・左思馳聲於元晏・故能究元虛之奧指・殫宏麗之勝狀・而文采並垂於後世也・今先生强年而剖千里之符・壯志而窮千古之緒・其神運及於無垠・其思精入于無始・是壽徵也・而子文之・是山日增而高・淵日濬而深・而先生之壽・且將映紫極而等蒼旻矣・唯夫子其勿辭・於是林子悠然而思・霍然而悟・以復於許子曰・得之矣・廼爲之序・序曰・

余嘗下眞州・覽瓜步・見水部分署河渠書・多鳲鳩子之所論著・鳲鳩子者・先生所自命也・乃今予請得以是壽先生矣・夫鳲鳩・美淑人君子・其道足以正四國・故其詩曰・正

是四國・莫不萬年・故衆莫衆於四國・壽莫壽於萬年・然必儀一心結而後致之・苟非其人弗與也・今觀先生之政・其鳲鳩之於七子歟・敎罔不敷乎・其弗率者・則自底弗類者耳・非所謂正是四國乎・其處身也若珠玉・其御物也若春空之雲・秋浦之月・其儀可謂不忒矣・夫儀不忒故四國正・四國正故萬類和・萬類和故天命集・享有萬年・固其所也・許子曰・何謂萬年・曰・立言立德・功在竹帛・是謂不朽・萬載作則・壽之極也・蓋登鱗吐鳳・余詩固前言之矣・

送少司徒趙公赴召北上序

始刑臺趙公以御史中丞來鎮浙中也・蓋去爲浙中巡按御史十二年所矣・是時天子踐阼之初・有詔求先朝直節任事之臣・以共圖治理・而公乃起自庭推・特膺簡命・以復有浙中之行・於是迺日夜緦緦然興廢舉敝・思永底蒸民之生以報主上・間陳民所疾苦・與夫吏治之得失以聞・天子頗采其議・下所司頒之寓內・而浙之藩臬大吏・獨首舉行之・以無曠官・無廢業・一方底平・於是庭議以爲賢・乃者泉府告竭・邊儲未充・天子憂勞於上・羣臣籌畫於下・非得留心國計之臣如趙中丞者・相與協力共事不可・且中丞久勞苦於外・謂宜入侍左右・以資輔理・於是復有司徒亞卿之命・其年予亦奉命按浙・入境久之・而公之命召適至・予因竊嘆主上之知人・而趙公必能竭忠宣猷・以不負知遇也・

夫世之有志於天下者亦多矣・其平居往往好爲高論・動即稱引古人・抵掌談當世之務・自以爲遺大投艱・無足難其爲者・及一旦授之以政・其見之施爲注措・乃與向之所論者竟不相及・此其故何也・則虛文勝而誠慤之志微也・方公之爲巡按御史也・會東南多事・其時徐明葉麻諸寇・擁衆數萬・蜂屯海外・流劫千里・而公乃以身膺監軍之寄・卒收蕩平之功・置蒼赤于衽席之上・何其壯也・方內載寧・因疏督撫以時行邊・用戒不虞・何其慮之遠也・命鄉論秀皆名士・其至今所登用而顯名於朝者・多出一時之所甄收・又何其盛也・然而公獨以嚴正宅心・以精勤涖事・未嘗爲驚世駭俗之談・以炫燿乎人之耳目・至見諸章疏奏對之間・又莫不切中事情・旁通民隱・及其再至也・且將并前烈而忘之・而其自視猶若欿然者・然則古之所謂大臣非歟・或謂公向在浙・其所經畫・貽休於後世・盡彰彰如是・頃來坐鎮・率循而行之・已足以奠一方之安・宜無俟於復有疏陳者・豈知法久則玩・士習而靡・公之慮蓋益深矣・

予觀周禮・司徒職掌土地之圖・人民之數・而其重者・則在於保大息養萬民・意者公之所陳・毋亦保大息養萬民之遺意歟・然亦豈知適所以兆今日司徒之行也・吾故曰・主上知人・而公必能竭忠宣猷以不負知遇也・顧予不敏・偶承乏於十年之後・方幸得見公之所建明者・樂與士民守之・即政與時更・亦欲時有請益・以幸無過舉・而公乃式遄其行・舍我而去・則予之感今思昔・固然惜別而不能已於言焉者・則亦豈獨爲此方士民之故哉・

送黃惠州入覲序

迺者皇上加惠元元・大振吏治以風天下・天下郡國・罔不祗飭・越十有四載春王正月・復當大計・天子將坐明堂・

朝百辟・考其治績・幽明黜陟焉・於是嶺南藩臬大吏守令而下・先期戒行・事事惟謹・而惠陽博士劉君時可者・則率其僚友諸生・爲太守黄公貽書于山人林子曰・竊聞足下隱處海濱・不求聞達久矣・乃其言傳諸人人・太守實心契焉・茲守有覲行・不可無述・請屬足下・惟足下圖之・林子得書歎曰・嗟乎・辭之入人深矣・其神交也宜矣・且以秦皇漢武之威・至鞭笞四夷・走六國而奴隸之・可謂雄才不世之主矣・一見孤憤五蠹之書・上林子虛之賦・而恨生不同時・遊不同處・彼其身在帝王猶爾・其於列侯二千石・亦何怪者・是以河尹旁取乎外史・中郎深秘於論衡・載在往籍・且可攷鏡・然要之必其言足重也・顧予技謝雕龍・見徒窺豹・詞無王充之博也・識無叔度之宏也・迹同在澗・道異卷阿・出未御李之車也・入未倒邕之履也・太守奚取而重予言・辭不敏・使者反命・劉君更書固請曰・惠徼守・民弗獲胥匡以生也・士弗獲弦誦以遊也・群僚百執事弗獲觀感以興也・今守暫捨惠・而士民懷之・僕等恍焉若失・徼子言・將罔以闡休德・慰輿情・爲太守耀前旌也・夫太守崑山之秀・震澤之英也・一旦離白雲之署・分翠嶺之符・其來遠矣・鳴珂而過・結綬而趨・非三吳人傑・則海內賢豪也・游道廣矣・上遡墳邱・下逮京雒・論文精矣・寧無概於中者・顧獨有意吾子・子何可辭・於是林子伏而思・默而悟・閉門而却賓客者歷數旬餘・已而肅霜戒途・秋聲在樹・太守趣駕有日矣・林子乃爲之序以送之・序曰・

曩予葢遊嶺嶠名山・訪龍川故令魋結見陸生所・其山多叢薄・民多獷悍・猶有南粵遺風云・及其乘白鶴・度鐵橋而上飛雲・俯視循惠之墟・又不覺興旣庶之歎・思尼父之訓・而深有感於富教之難也・其後輒聞太守下車・首舉高皇教民之令・宏造士之規・爲鷄鳴之會・是文翁化蜀之政也・政在養民・而尤以興賢進士爲務・是吳公治洛之猷也・明法剔姦・禁暴止亂・是龔卿渤海之畧也・其他諸所經畫・所爲起敝維風之具甚衆・不可殫述・予方慨焉希慕・思願見而不可得・抑孰知其有意於予・如博士指耶・誠如博士之指・是太守之文・固足以飾治矣・而其好文一念・又足以孚當世之士・姑無論區區嶺左・即持此以相天下可也・夫集衆思・廣忠益・不過自此心推之耳・忌主父抑仲舒者反是・今廟議方復祖宗故事・異時良二千石入爲卿輔者・必太守也・山人請以前言爲壽可乎・若乃載見之餘・奏最天曹・錫宴春官・或下璽書褒美・頒尚方弓劍・以彰天朝之特典・侈人臣之榮遇者・此亦太守事也・亦山人之所樂聞者也・

賀督府吳公平二源序

昔蘇子著御將篇・自奇其言・至騏驥之喻・歸于待之備・貴之極・而後得以盡其才也・蓋古之人君所以奠寧疆宇・威信蠻貊者・用此道也・廣之者曰・匪獨人主也・人臣之職・亦在御將・儒者莫得其指・以爲人臣奉命宣力於外・而將者亦天子之虎臣・烏從而馭之也・曰・不然・臣者心膂也・將者爪牙也・苟御得其道・靡不濟矣・是以古之大臣・必托臣之權以御將・人君必重大臣之柄以集事・故能得至於成功而不廢・此漢高祖文帝所以交制海內之術也・假令當時韓彭絳灌之徒・而不得其人以御之・是項羽不必亡・諸呂不必

誅・吳楚不必破也・

夫俞將軍者今之所謂宿將也・彼其發軔交南・樹功浙直・驅馳塞外・而徘徊于章貢之間・常高視潤步・以爲世無復有文終曲逆其人者出焉・無復我知・而我自結髮起行陣・用兵且老矣・宜無復用此拘拘爲者・豈知大司馬吳公出鎭兩粵・首疏辟之・請移將軍軍于潮州・責以平倭事・已而倭奴平・潮人三載不爲倭苦者・公本請移將軍之力也・

其後廣惠英韶諸路・時復有群盜竊發・雄據鄉落・延蔓數百餘里・版圖戶口・幾不復爲我有・甚者建官僞置・至不逞矣・於是公復上疏・發兵誅之・分部既定・公因與諸將計曰・公等分道擊賊・乃賊之爲備甚・卒有驚急・其勢莫相爲援・非公等才不足・地形殊也・今必擇爲大將者一人以統之・計無如俞將軍者・於是衆皆許諾・而以河源兵屬將軍・當是時・將軍方以海寇酋首未得・朝論紛紜・公獨慨然上書爭之・以爲此人可將別將・而別將不能將將軍也・於是將軍愈益奮・誓必破賊以報戲下・俄以河源捷書果至・將軍請以百金賞壯士・公從之・廼盡徵其兵爲龍門從化之援・皆能與諸將戮力同心・以次俘獲酋首・斬鹵甚衆・而英源之兵・亦從間道東與將軍兵合・因用將軍策・夜下賊壘數十所・二源悉平・當是時・有詔罷將軍歸・然而將軍猶在軍者・實以公知己・故欲報之於夙夜也・嗟乎・若將軍者・亦可謂知所事矣・彼其有感於公之舉也・而始終不變・必欲以成其報公之志・吾不知公之所以御之者何如矣・儻不啻如蘇子所喻已乎・不然・何以得此於將軍也・方將軍之功未明・自且歸第矣・而公獨以身任之・將軍亦知公之不負己也・故竟得以畢志於二源之役而不去・此非公見之明・計之定・感之深・何能至是・吾故曰・人臣之職在御將之謂也・夫平倭之責・將軍方欲用・信者未衰而任之・其成功也易・二源之役・將軍方解綬・疑者頗衆而任之・其成功也難・若公蓋可爲難矣・

昔者韓公啓鎭於此・特引副將歐信爲冠軍・大破諸蠻於藤水・近時尙書翁公之宣大也・以得周總兵尙文・故累收雲中之捷・由此觀之・方今天下南北之事・亦在乎知人善御將而已矣・然則今日登燕喜之堂・而歌方叔召虎之勳者・舍是亦何足爲公頌哉・

賀督府張公平逆奏功序

潮自逆璉倡亂・荼毒生靈・海濱所在盜起・其鄉邑流移破滅者・不可勝數・山林草澤亡命之徒・靡然從之・於是負險稱孤・分部置屬・東接倭夷・南引甌粵・徜徉于江福之間・諸路大震・於是墾野積儲・閉關通賈・南絕潮糧道・而又纍石爲城・煑海爲鹽・銷鐵以造兵器・而反形成矣・當此之時・羽檄旁午・道路訛言・吏莫能禁・而璉又以虛文妖書・徵禮儒士・以熒惑愚民・民愈搖動・廼督府大司馬進賢張公實奉命往征之・以嘉靖四十一年四月移師潮州・先是師過潮陽・有上書戲下言便宜事者・因言賊衆甚未易與狀・公笑曰・予奉命從諸將擊東南反者・吾知以順討・衆寡非所論矣・聞者驚服・後一月・果得璉及其僞將伯宣雪峯而下凡若而人・餘黨悉平・廼宣喻本朝威德・以勞將士而鎭撫其人民・民乃大悅・

林子曰・嗟乎・公之此舉也・非獨以戡禍亂也・蓋亦有正人心之功焉・我潮在昔爲南越故址・其在漢全盛時・趙佗猶雄據一方以妄自尊大・陸賈操璽綬而說之・僅乃稱藩・武帝元鼎中・越相呂嘉反・殺漢使者・至勤江淮以南千萬衆・遣樓船六將軍伐之・大會兵于番禺・踰年而後獲嘉・夫以陸生之辯・不能使越人之知有漢也・樓船諸將亦雄矣・至其所建功名・乃僅以一嘉故・然而史氏書之・以爲美談・而今公乃獨馳嶺外・親秉節鉞・以與南越從事・不旬餘月而克平大憝・廓清海隅日出・不知後之論者於漢何如也・方璉等之未就擒也・人心洶洶・以爲必不可得・方觀望焉・以徐侯其定・而彼亦且自以爲莫我誰何・豈知師未及陣・乃一鼓而擒之・使人心曉然復歸於正・此五帝三王之師所以無敵也・假令當時公不慨然以討賊爲已任・稍徐議之・而彼因得以其備・外與諸寇連和・趙佗呂嘉之事・豈足道哉・於是潮陽學博劉子紱・蒲子世期・與諸生鄭某等・聞而請叙其事・以爲公壽・且將列之學宮・以俟來者得以考焉・

林子曰・始余盖與公論及王陽明先生平江西事・竊嘗有感乎斯時之難云・夫江西之役・事既出於便宜・而功復成于獨制・乃今公之此舉也・則不然矣・權分而制遙・非大勇其孰當之・若夫明大義以正人心・謂非仁者之功不可・雖然・公固不自知其功也・方歸其德於上・而讓美於人・詩曰・公孫碩膚・德音不瑕・盖古之大臣用心類如此・

賀兩廣總制吳公奏績序

余少讀詩至出車江漢之篇・及長・行遊于朔漠之野・東浮海上・陡飛雲而望日出・然後知周之盛與我明之所以興也・夫忽多難・襄玁狁・南仲之猷狀矣・及其至也・則在城彼朔方・辟四方・徹疆土・召虎之績茂矣・及其至也・則在疆理南海・豈非以炎風朔雪・皆天王地・非得明臣以經畧之不可耶・我明混壹區宇・宰制六合・薄海內外・罔不率俾・故其地北抵賀蘭・南極扶桑・周爲益廣・然猶並建雄鎮・遣督撫大臣張皇六師・揚威絕域之表・其制視周爲大備・蓋自皇帝臨御以來・邊塵不聳・海波不揚・十五年矣・彼其建節蕭關・以尊河朔・巍然爲北門鎖鑰如南仲者・固不可謂無人・而抗旌庾嶺・以控扼百蠻・廓清溟渤・屹爲東南保障・足繼召公之遺烈者・吾且於小江吳公慶之・方公自郎署歷藩臬而典文衡也・不過循循一雅士耳・其所爲振飭蠻方躋之冠裳之國・春誠不無□□・□□□□□□□□□□□□・承簡命起自山中時・可有爲矣・猶亹亹退讓若將辭重任而不居者・抑豈知其識度宏敷・精神流注・遂能不動聲色・而措兩廣於泰山之安如此・乃三載考績・意其上書闕下・必將言臣之所以治粵者何如・方惴惴焉懼委任之弗效・吾知天子明聖・必不待問而知其能矣・天官冢宰覆奏於朝・必將言公之所以治粵者何狀・方縷縷焉懼揄揚之弗逮・吾知天子明聖・必不待報而嘉其美矣・夫功蓋一時而上不疑・澤及華夷而衆弗忌・是上臣之操也・公今以之・即圭瓚秬鬯之錫・以光彼祖考・垂庥後裔者・將有隆勿替・顧不知公何以報稱者・得無日矢文德以洽四國・永令聞以綏萬壽・如召公所云矣乎・先是公當報政・兩省大寮咸有徵言稱賀之舉・而嶺西巡守王徐兩公與羅定兵憲鄭公三人者・則尤密邇・幕下奉公之指

授爲多·故特起使千里請序於余·余故具道我明與周之盛·而歸本於得臣之助·爲公頌之·況公績在封疆·可質諸古世臣爲無愧·非徒鎮俗養望坐致通顯者比·然天子念公久勞苦于外·少選且召入矣·所期載纘武功以紓南顧者·非諸公之責而誰也·諸公其愼圖之·庶公之勳名不泯·而嶺海終受其賜·即謂周之召虎世世存焉可也·

黄金臺遊覽序

嘉靖己未春·予過易州·客指視金臺·偕往視之·土阜漫漶不可辨·疑焉·據史記昭王爲隗改築宮而師事之·新序通鑑皆言築宮築臺字·後漢孔文舉謂昭築臺以延隗·梁任昉謂臺在幽州燕王故城中·土人呼賢士臺·亦爲招賢臺·始有臺名而無黄金字·李善引上谷郡圖經曰·黄金臺在易水東南十八里·昭王置千金其上·以延天下士·水經注云固□縣有黄金臺遺址·沿久或訛·而此地亦據圖經得名耳·因謂客曰·嗚呼·自昔建邦啓土君于茲者·不知幾更姓·閱幾代·興衰互變·磨滅無紀·而燕昭敗亡餘孽·乃獨以好賢托名·不朽至今·考故址者·尚挹流風焉·韓子謂事有越百世而相感者·其謂是耶·夫燕之讐于齊也舊矣·一得樂毅以寄國政·遂能結趙以約四國·河北之地·掉臂而舉之濟上·不數月下齊七十餘城·湣以走死·僅以身免·齊器設於寧臺·大呂陳于元英·故鼎反乎磨室·薊邱之植·植於汶篁·尊賢之效乃如此·使天不悔禍·王不中夭·則齊之爲齊·未可知也·而毅也卒傷讒以逃·以墮垂成之功·此君臣之際所以爲難·而士所以恒苦于不遇也·今予與子登臺嘯歌·景仰前哲·徒見夫雲物之飛流·山河之環帶·而禮賢之盛·不可復尋·則感愴激烈之懷·又不待讀報燕王之書而後泣矣·夫天下不患特立之士·而患無知己之君·自古讒疑見疏·功成而毁者·豈獨樂毅哉·

思齊堂稿序

南海李子藩仕嘉靖中·爲考功員外·居常不樂·不妄從游·而性好著書·見世事輒廢書嘆曰·嗟乎·丈夫不能一言悟主·奈何碌碌隨人希貴富爲·是時海內多故·吏承風囿獵齊民·民以大困·明法久寢不行·朝中諸大臣九卿默默循故事而已·不能有所建白·而梁謝宗王數子者·皆號有詩名·與李子善·李子問從數子辯正古今·談說當世之務·因稍以己意諷勸諸大臣九卿·考本朝法制可更復者言于上·諸大臣九卿不能用·於是李子病修德而言不施·以爲儒者空文飾治·而俗吏奉祿養文·急細務而不知大體·乃條爲議·議二十餘事·將疏奏之·會丁巳夏四月三殿災·李子復退論天人之際·推陰陽之理·而歸其本於大臣蔽主之罪·反覆數千言·言極剴切·方草稿未上·其友度支郎林子從省中遺李子書曰·竊聞之·足下因災變而欲有所陳言·甚善·顧言有積而見用·辭有發而見疑·是二者不可不審察也·昔者賈誼陳政事·明治亂·定法制·至流涕痛哭·可謂切直矣·而絳灌排之·以爲少年好紛更時政·不可任·董仲舒論天人·究徵應·其指甚備·而高廟園災之對·偶失經義·雖其弟子呂步舒亦以爲大愚·何者·皆不積而發之之過也·是以伊傅著訓而殷商以興·管晏作書而齊國用霸·此豈激於時之見·牽拘

孿之說．而狥當世之譽者哉．兼聽竝觀．積小高大．故累說而後通其意．曠日而後進其謀．今不審其所積．而欲驟有所發．是使賈誼董生復起．而伊傅管晏之業不見於天下也．願足下詳慮而熟計之．

於是李子得書．遂罷災異疏．及更故所議之廿餘事爲私議．曰．吾未能公言于朝也．吾將議而後言．以無忘我友之教．因以其餘日．集先後所爲理學論辯等篇．旁及詩文序記箴銘應制之作．與前議凡若干卷．藏于考功舍中．命曰思齊堂稿云．

重校鄒襄惠公文集序

始予返自京洛．南浮湘漢．嘗得公集於趙黃州所．後十年．東過夷門之墟復得朱鎮國所爲公年譜一編讀之．北還海上．則以歸公之子鄉貢進士廸．廸再拜謹受焉．又十餘年．廸乃持其二書請予訂定之．因重梓諸其家．而乞言爲序．

嗟乎．公文宏博浩瀚．雄深爾雅．其友王參知公．謂如赴壑之泉．淸廟之瑟．善矣．顧予所及見而知有出於文之外者．請得爲公序之．蓋公故與大司馬翁公爲管鮑交．今觀管子一書．其文偉矣．要之管仲之所以傳者．不在文也．肅皇初載．何李康王數子．皆以文鳴海內．海內之士．莫不雲集景從．而公與閩中諸賢．先後繼起．竝有文名．然公亦不爲文也．顧獨雅善翁公．優游郎署．尋出典大郡．會有安南之師．拔贊幕府．遂各以訏謨碩畫．垂聲兩粵之間．繇是天下無不知有二公者．想其一時慷慨相許．艱危共濟．屹然以身繫東南百世之安．名流域外．勒功銅柱之表．可謂盛矣．庚戌．虜逼郊畿．公適以河南參政督餉至．俄而司馬亦以召命起服舍．墨絰赴闕．予往候之．則見公騎過司馬．促膝語輒累日夜不休．其言秘不傳．大抵多軍國大計．蓋公志在廓淸疆宇．方欲與司馬共成匡濟之猷．而司馬乃不幸先世．公始累遷至御史大夫．晉司徒．列爲九卿．當此之時．予謂司馬未竟之志．其將盡發于公矣．豈虞未幾．公竟勤事以死．嗟乎．使九原有知．兩公相見．安知不咨嗟歎息於地下耶．方司馬在日．每疏薦公．動至累千百言．雖鮑叔未能遠過．假令公少須臾無死．其所建立．詎出夷吾下者．惜也司馬旣歿．公復繼逝．至鼎鼐百年．空爾相期．半世勳業．鬱焉未施．豈非天耶．

雖然．公之交誼．上追古昔．平南丕績．著在封疆．即微斯集．亦足以傳矣．而矧是集始行於楚．年譜再見於梁．其集中所載表狀奏記．類多忠君愛國之辭．而文字逸宕．有懸河倒峽之勢．年譜所稱．蓋實錄也．至兩相國之所不能屈致．尤其大且著者．從是觀之．則公之所爲不朽者．宜不外是．區區訂定．一日之勞．與進士汲汲梓行．一念之孝．於此或可以槩見云．

修建總督部院公署記

萬曆七年十一月．大司馬兩廣劉公新建督府行臺於端州．越明年四月而行臺成．百工畢．堂寢門庭廊廡軒墀之屬．高聳深閎．宏敞壯麗．巍然爲一方巨鎮．其時會有西征之役．捷聞．及旣旋．廼大會兩省藩臬大寮總帥將校而下．賓而落成之．遠近觀者肅如．百蠻之長．九彝之使．莫不翹首

跂足・喙息而趦趄・於是兩廣公戒使致辭・請書其事於嶺東林子・

林子曰曩予嘗行遊宇內・越咸陽而西至賀蘭・北陟醫閭・歷燕趙梁陳吳楚閩越之墺・南踰嶺表・抵于蒼梧・蓋所至多重臣開府・然未有若蒼梧之盛者也・彼其據高岡而俯層巒・控諸粵而走百蠻・固節鎮之雄也・而復有行臺之設何・蓋梧去嶺東郡縣甚遠・地屬炎荒・暑氣爲烈・故自先朝以來・督府諸公往往以夏月移鎮端州・名曰避暑・而實以城彼東方也・顧其所居爲嶺西故道・囂塵湫隘・歲久敝壞・余客蒼梧時・嘗從自湖吳公至州白事・公指示余曰・此雖卽次・非所以重軍旅肅彝夏之具瞻也・方議修建・會遷去不果・其後十有餘歲・洋山淩公乃始創建後堂・及東西二樓・稍擴門前衢路而增飾之・亦足稱大觀・而制猶未備・豈知環偉壯麗之觀・竟有待於今日耶・

夫天下事・其作也必有因・而承其敝也而興・奕奕明明・厥功乃成・方是州之有行臺之稱也・其初不過爲襜帷暫駐之地・來往無時・人情因陋就簡・遂不復與更始・亦無怪者・劉公乃三楚豪傑・敭歷中外・聲施朝野・以身繫天下之望者垂三十年・故其所至・勳名彰彰如是・諸所舉措・大都期於宏遠垂久・不爲一切苟且之計・維茲行臺既建・儼然與蒼梧舊鎮角立而峙・卽西省有事・直鼓行而西耳・假令東省諸郡有不虞・亦可以專檄而至・自不致於偏重遙制之患・是一舉而關於軍國之利甚大・不可以不書・乃系之以詩・（詩載端溪詩述・不錄）・是歲爲龍飛庚辰孟秋之吉・

蕭御史傳

蕭御史端蒙者・字曰啓嶺・南潮人也・父曰與成・武宗時・舉于鄉第一・尋舉進士・爲翰林檢討・今上卽位・稍遷至修撰承務郎・以憂去・蒙少事父・治老蘇之學・與季父潔俱・季父多技能任俠・而蒙沉靜有器・好讀書・客過父・父使侍食・蒙嘗要經而食・父怪之・客故于衆中斥其名・陽謾之者・盡受之・不與校也・後鄉舉・季父下第・而蒙與從兄來鳳並薦上春官・蒙舉嘉靖辛丑進士・召試文華殿・補翰林庶吉士・改御史・而從兄竟不偶死・蒙爲庶吉士・思繼父之業・下帷發憤・與大梁高拱晉人裴宇同舍・恒相讓・嘗著論二十餘篇・幾十萬言・少師夏言見而奇之・學成・會言免相・出爲山東道御史・御史自抱奇・不欲談說諸公・又不喜衒物・以致知者亦少云・御史既失其父業・以不世其官・居常深念・然獨伏思御史之職・得以循行天下・糾官邪觀民風以諷勸主上・遂慨然有四方之志・今上二十三年有詔・詔御史治軍畿內・畿內軍多異屯而伍・往往散沒・其勢莫得而齊・御史以爲不若以同屯同所爲伍・休則鱗次而居・行則魚麗而陣・以庶幾古人比閭族黨爲兵之意・言上・上從之・明年入報・會海內無事・上遣使者分行天下・問民所疾苦・御史使貴州・貴州蓋夷中地・故嘗介諸梁益間・無專使・嘉靖中・始置一道・然天子終以爲邈非文物所・亦畧之・御史至・會有銅平鎮筸之寇・因上疏請置重臣撫綏其地・其畧曰・

臣聞鷙鳥纍百・不如一鶚・千夫牧羊・不如一豎・何者・勢有所重・而權有所專也・今貴州雖嘗建置撫臣・而統

紀不一・兩省諸司・以客相視・謀謨異同・動相牽制・一方有事・彼此提衡而立・此威信之所以未廣・而疆宇之所以未甯也・誠如臣計・宜倣兩廣汀贛故事・特設部院大臣一人・以專西南之閫・自貴州四交之地・地無夷險・悉以制之・吏自川湖雲廣諸路兵司而下・無賢不肖・悉以聽之・其調度兵食有不用力者・許以法從事・如此則熊羆之師奮死・而金石之士守官矣・此臣所謂長久之計者也・先是貴州試士・皆會于滇南・至置本道・始得專試・其額未廣・至是御史乃上書曰・

臣聞由余夷人也・而霸于秦・相如蜀產也・而文于漢・故王者之治無外・而聖人立賢無方・今夫盈尺之網・不足以羅燕雀・而矰繳千尋・鴻鵠將下之・彼其所持者廣也・今使貴州拘于額而不得・有司因循以爲定制・使遠人無所觀化・非所以崇廣聖意厲夷俗也・臣愚以爲增之便・于是天子皆報曰可・爲置重臣及增試士焉・

明制諸所置吏卒・加意中州・至雲貴間多以貲郎鬻爵者爲之・或謫罰去・又地遠・去者輒經歲時・寢不治・于是御史奏以宜重郎吏之選・又吏有行能秩當選者・請自近地移居之・由是名吏稍稍出・與中州等・明年使者代至・御吏還道・病因免・家居間采其鄉之長老之言・吏治之弊・民所隱痛而不能自言者・代爲之言・凡六事以聞・天子下吏議・未行・會北虜入寇・逼近京邑・詔下諸道・故所免吏有名稱者悉起・于是御史復起爲浙江道御史・大司馬列侯議邊兵入衞制・詔遣御史之綏德・得精兵三千人・賜金若干斤・繒若干定・尋遣南行江西・江西藩王素驕縱・自宸濠反時・不奉法・及宸濠誅・稍戢・已復縱・江西自撫制大吏・皆斂手而謹事之・或與宴・會御史行縣吏・收民間後秀・王麾下剽而奪之・辱其長吏・于是御史劾王不道・捕麾下治之・境內肅然・然自是頗不與大吏撫鎮合矣・

是年又當鄉試士・方鎖院・三試之畢・院災甚急・御史亟收諸所所讀試士文數千卷・下令曰・諸所吏無大小・救火者如得士之賞・不救者如蔽賢之罰・衆爭赴之・火乃滅・比校文得士・士無遺者・御史本收試卷之力也・于是御吏自劾監臨無狀・上原之・諸司得不坐・時當代者未至・有喪・御史復行江西如故・蓋先後凡三載・江人至今思之・三十三年甲寅・復命赴闕・廷議欲遷御史爲廷尉・會病・疏未上・其冬・御史卒・御史爲人・豐體重步・寡言笑・然性尙簡樸習勞・探知人情・循行所至・未嘗侈奉輿馬・臨視士民・煦煦然誨之不倦・至奸宄亦不能藏也・所部事無大小・必親決・無間寒暑・以此吏莫敢欺・然卒以勞獲病・罷形敝神・竟死于此云・初御史與某地人某者並居臺院・御史之江西・而某入南粵・某因諷吏大索御史家・數其父罪・捕曩與御史同學者・季父某某貢如京師・及其庶弟某某亡道奔死・御史有二弟端賁端升者・亦以鄉薦計偕北上・下第客吳越間・不得歸・或以告御史・御史曰・吾嘗遇吏厚・何得至是・不聽・後御史代還・其人尋悔・乃檄吏奉幣謁其父及御史・吏因謾爲敬・代謝御史・御史謙言不敢當・終不及前事・其後父病・而季父潔遙拜光祿署丞以歸・吏繼至・竟承故吏・指捕治之・僇辱其家・蓋其時御史已死矣・

贊曰・蕭蓋殷微子之後・世有聞人・唐漢以前故不論・

論其近者・自宋漳州公・而後有潮陽公・容州公・巡海公・程鄉公・山西公・給舍公・以及修撰公・至御史蓋十數世矣・何其盛哉・豈微子之遺烈歟・余嘗聞之師大宗伯歐文莊公・謂御史之行縣邑也・有古使臣風・余渡江・御史過余・余觀其狀良然・方御史下江西・劾藩王・諸司望風慴伏・豈不能黜一吏哉・乃竟不爲・其亦賢于挾私怨快恩仇者遠矣・雖然・御史如不死者・其志猷可勝量耶・

沈少卿傳

沈鍊字純甫・浙江紹興衞人也・少負奇氣・爲博士弟子・督學汪先生得其文異之・以爲列郡士第一・嘉靖辛卯舉鄉試・戊戌登進士第・授溧陽知縣・以政尙嚴察・被論徙蕪平・再徙清豐・久之・稍遷錦衣衞經歷・庚戌・虜大舉入古北口・鳴鏑聞乎郊圻・京師震動・上命羣臣集議・一時皆相顧莫知所出・鍊獨慷慨上言・請發兵萬人・出良涿以西・護陵寢・遮虜騎・使不得前・因得開關門通有無・不報・既又以逆虜犯順・咎在輔臣・因抗疏數嚴氏十罪・暴著其奸・嚴氏惡之・有詔廷杖五十・安置保安爲民・鍊自以懷憤之日久・而忠不信乎上・猶思竭力邊陲・成尺寸之功以自效・乃日夕習騎射・設的肖秦檜像射之・又散千金結客期虜至爲捍禦計・是時宣大數苦邊患・而總制楊順者・方握重兵屯境上・虜至輒束手不敢戰・虜去則割漢級上首功・鍊因作書誚讓之・順固心恨沈生・而嚴氏復時時屬順伺察沈生・得生騎射結客狀・謂非逐臣所宜爲・遂與巡按御史路楷交章上變・鍊坐大逆不道・傳示九邊・連死者五人・又馳捕其子襄自浙・械至・榜掠且死・會天子納諫臣言・悟嚴氏奸・詔奪嵩官・勒歸第・嵩子世蕃謫戍嶺外・後世蕃竟以罪覺・論斬都市・藉其家・至累鉅萬・于是襄始得釋歸・隆慶改元・錄先朝能直言極諫者・有司以聞・贈鍊光祿少卿・廕子一人・

論曰・余初舉進士・居京師・會沈少卿以抗疏責問上部・遣予親見之・時少卿已創甚・幾不可起・猶精神耿耿・有骨鯁之氣・余固知其雖之邊・然不死以報國不止也・乃竟如予言・悲夫・自少卿之疏一出・而其後相繼劾嚴氏者・有徐趙王楊董吳鄒張諸君子・而楊最著・然天子竟用鄒君言逐嚴氏・可謂神聖矣・

孫忠烈紀遺

忠烈死忠・去且七十年所矣・其曾孫刑部主事以建言謫居潮陽時過林子・稱引先公遺事・林子亦樂道之・而先是關中人王祭酒維貞者・嘗爲忠烈作傳・林子見于京師・後祭酒死・其文遂不多見于世・至是・主事以問林子・林子曰・夫亦各言其志而已矣・主事曰・先生盍爲傳之・林子曰・蓋聞之・雉尾雖華・不以加翟也・狐腋雖美・不以襲貂也・祭酒既有言矣・可復蓋之・廼主事請益力・于是林子惕然思・恍然若有遇也・爲作孫忠烈公紀遺云・

公諱遂・字德成・忠烈其謚也・其先爲孫武子之後・世官大梁・至後唐時・有仕爲三司使諱岳者・徙居餘姚・子孫因家焉・故今爲餘姚人也・公大父某・父某・皆以公貴・贈禮部尙書・母夫人李氏・以成化某年月日生公・公生有異氣・自少卽負奇・挺拔不撓・弘治壬子・與同邑王文成守

仁・仁和胡端敏世甯・同舉于鄉・入試之夜・有二神人現・遙相謂曰・三好作事・聞者異之・然莫喻其義也・武廟末年・諸貴用事・皇儲未建・車駕巡幸不時・甯王宸濠因蓄志聚天下亡命・圖爲不軌・于是端敏首疏其姦・公繼弭其變・死其難・而文成竟收其功・始信神言于斯爲有驗云・初・公舉進士・拜刑部主事・歷員外郎・郎中・踰十有三歲・始出爲福建參政・轉貴州憲使・河南右布政使・久之・擢副都御史・奉勑巡撫江右・是時濠方睥睨神器・往往賂諸權貴・通朝中陰事・又屬以所知布東南要地・而所深忌者惟公・乃黨廟既以推公・非其好也・時公在河南・聞命即單騎就道・以一僮一僕往・及至鎮・濠輒謬爲恭敬・求結歡于公・公正色待之不少屈・濠由是益嚴憚公・戒左右勿犯・謀亦漸寢・公因日修內治・嚴守禦・下所部積粟・練兵・增城・設縣・及檄沿江諸路修戰具・以備不虞・其意當在宸濠・濠知公意在己也・思百計去公不可得・一日遺公棗梨二物・公笑曰・不可・蓋公知濠忌己・欲令早離其地以逞其私・不知公職守封疆・義無可去・萬一變從中起・惟有舉義討逆・以死社稷而已・于是濠恨始深・濠疑公必有密疏如端敏也・時令偵卒從間道遮疏使・果得七奏以報・濠恨益甚・濠所蓄亡命羣盜橫行大江中・多所摽掠・公募壯士・輒捕得渠魁斬之・于是濠恨愈不可解矣・先是濠從中貴請復護衛屯田・事連內閣・聞濠且爲變・心殊悔之・因調台臣劾奏濠不法狀・請革護衛・以剪爪牙・有詔遣中使及都尉重臣責問・且革護衛・使者未發・而濠之所私即馳報至・會濠生辰・方宴鎮巡諸司・諸司不知也・明日入謝・濠遂宣言于衆・矯太后密旨・以監國爲名・諸司相顧震駭・莫知所出・獨公與副使許忠節逵抗聲請旨・同口罵賊・公憤甚・至脫韡擲濠・當額・濠怒・縱兵擊公・中肩・忠節以身翼公・並被執・曳出惠民門外・同日遇害・其年己卯六月十有四日也・是時天氣炎蒸・忽陰雲四合・烈風驟起・城中士民爭走收二公屍・櫬于禪寺・遠近聞者無不流涕・濠于是遂發兵反・大掠官民船數千・蔽江而下・破南康・下九江・進攻安慶・不克・婁妃諫不聽・赴水死・王文成聞變・傳激諸郡・徵兵擊東南反者・于時公所素練精兵・不期響應者以萬計・軍威大振・遂擊破南昌・焚燒濠故宮・濠聞・解安慶還・遇官兵于王家渡・我兵迎戰・稍卻・既而大破賊兵・濠因退保樵舍・盡出金寶犒賊・賊殊死戰・我兵以小舟積薪・順風縱火焚之・賊衆奔潰・濠始就擒・天子親征・至瓜步・尋幸金陵・其明年冬十月班師・駐蹕通州・濠與逆黨俱伏誅・又明年・守臣上二公死事功次・會武廟棄羣臣・世宗即皇帝位・始追贈公爲禮部尚書・賜今謚・許贈副都御史・尋進公官・詔立祠・並祀于南昌・賜額曰旌忠・各廕一子・世襲錦衣千戶・蓋特典也・始公平江西・修治督府・掘得古鏡一・有光扶日月之文・宸濠之變・公子堪等赴難・易櫬啓視・顏色如生・櫬中習習有香氣・及歸葬餘姚・卜地于某山之原・又得古琴一・金簪二・蓋奕世簪纓之兆・而流風餘韻益深遠矣・其後子堪・孫鈺・曾孫如津・皆以廕累官至都督同知・都指揮僉事・而仲子墀・季子陞・次孫鑨・次孫鋌・次孫琮・季孫鑛・並由科甲高第・致位九卿・方岳牧・世宗朝・鑨嘗上封事・今其子如法復敢諫・有祖父風・即主事也・主事亦起家進士・其世食忠貞之

報如此・

林子曰・余曩蓋過洪都・道彭蠡・望龍光于牛斗之墟・途逢故老・猶有能談忠烈公遺事者・方公之經畧江西也・蓋四載也・其所爲操心慮患者甚深・要之何嘗一日不爲宸濠地耶・顧時猶憚有公在・其謀未著・假使台章未下・護衞未削・濠不卽反明矣・乃不幸所私報至・變起倉卒・公不及知・反爲謝宴被挾・手擊宸濠・因而罵以至死・以致舉義討逆之志未施・此亦有足悲者・然而調兵四集・安慶死守・至纔長江不得下・文成因之以擒王斬將・伊誰力也・嗟乎・汲黯在而淮南寢謀・張巡死而江淮保障・至如公者・其殆兼之・不然・安化王寘鐇之反・非不戕殺鎮臣也・卒之泯泯無稱焉・語云・死有重于泰山・有輕于鴻毛者・其此之謂歟・

東蒲太史傳

余嘗歷觀自宋以來制科士・至東蒲太史・嘆曰・嗚呼・才不其難乎・廼太史一朝崛起海隅・受知當宁・名動京師・可謂奇士・而論者乃不惟本始・徒以其年弗永勳業未就之故・將併其人泯之・以是靡所稱述于後世焉・此其責宜在予矣・于是爲之傳以廣之曰・

東蒲者・以里爲號・大欽名・敬夫其字也・其先與予俱出殷太師之後・宋元之間・始自閩遷海陽・或居南桂・或居東蒲・而在南桂者爲予族氏・至太史・始以對策入翰林・爲校書官・因遂退而里居・故稱東蒲太史也・太史生而頴敏・幼嗜學・家貧無書・年十二三時・常從其父如潮・過書肆・顧見眉山蘇氏嘉祐集・心絕好之・輒佇玩・移日不能去・頃之成誦・已乃操筆爲文・文絕似・搢紳長老先生咸器重之・會中道失怙・家益貧・獨與其母居・常自傭書給之・間頗交遊列邑士・資其載籍以自廣・由是旁通子史百家言・揣摸曰・此足以角當世之士矣・嘉靖辛卯・就試有司・督學王公得其文・奇之・以薦于巡按御史・相與嘆曰・是必大魁天下者・其年果首薦于鄉・連舉進士及第如其言・先是天子臨軒賜對・一時待問之士・集于大廷者凡三百餘人・殿閣大臣第其文・得孔生而下十二策以進・而太史不與・上覽而問曰・是安得無異乎・始以太史對上・遂大稱旨・比制下・中外莫不翕然・以海內復有蘇子矣・久之・以母老疏乞歸養・居東莆山中・築室以聚族人・族人待而舉火者數十餘家・而吉水羅念庵・武進唐荆川・復時時寓書潮州言學問事・太史顧猶自負奇・以爲儒者多論議而寡事實・又繩趨及步・弗獲舒其志意・乃遂寄意于詩酒台榭聲技之間・自謂豪舉・其故所與遊謝生黃生之徒・輒稍稍引去・客至或莫見其面・其簡抗如此・後母以天年終・太史哀毀踰禮・及既葬・歸道病・竟卒于家・天下聞而惜之・

論曰・余嘗聞之謝生言・吳侍御之知太史也・實以李綱十事之對・其辭直・其事核・至今讀之・猶令人耿耿有誅奸諛泣忠憤之氣・假令一日立朝・卽澹庵封事・何足異者・乃使之弗克見其用以沒・亦可悲矣・然太史故以好遊稱・及既貴・輒隱居自廢・頗著嵇生之書・恣東山之娛・以致交遊却步・語有之・後宮盛飾則賢者隱處・豈謂是歟・豈謂是歟・蓋予于是而益信乎才之難矣・

林大春

北征賦

余旣返西羌．歸南服．省二人．懷鄉族．乃飭琴書．駕言北征．渡長川而懷諸粵．陟遐邱而俯七閩．念鴻雁之旣分．嗟朋好以相遺．顧親廬其未遠．望帝鄉而去之．乃入豫章．乃涉江黃．覩龍光之尚在．嘆陽烏之未歸．懷佳人於日端．方歲暮以爲期．時維仲冬．律應黃鐘．天氣上降．地氣上騰．陰風蕭瑟．朔氣嚴凝．顧瞻童僕．式遄其行．朝宿濠梁．暮遊徐方．恍莊周於夢寐．思宣王於中興．歷鄒魯以馳驟．覩青齊之崢嶸．傷聖賢之不作．悲霸業以凋零．霸業渺不可見．空翹首乎燕京．或眺青邱．或渡滄瀛．陟軒臺以流盼．臨易水而屛營．日搖搖以云暮．歲忽忽而靡停．此達人之所以遐觀．而太上之所以忘情也．

若夫長空黯淡．沃野平蕪．大風拔木．雨雪載途．豈不遄征．僕馬瘏痡．痛肌骨之遍野．覺涕淚之漣洳．慨堯水之爲災．悼周民之靡餘．魂驚顧而不樂．意鬱結而不舒．已乃天寒日暮．鬼哭荒衢．烟火明滅．童僕相呼．於懷村舍．星晃露驅．忽逢惡吏．徼逐負逋．雞犬不寧．比屋爲墟．欲執之以往訴．念疾惡之無徒．欲自繫以幽囚．懼冒禮之爲辜．氣憤激以難平．夢宛轉以狂呼．夜耿耿以難明．車肅肅而宵趨．

於是披雪戴星．振轡揚鈴．旌旗無色．凍鼓無聲．槁木參差．島嶼峻嶒．伏虎崔嵬．棲烏震驚．須臾色辨．人呼馬嘶．賓旅雲屯．使節星馳．車馬雜沓．接鼓交旗．當此之時．青陽欲折．白露四塞．曠野連天．璚瑤一色．有客西來．宛焉舊識．佇立踟躕．顧余嘆息．蒼茫揖讓．杳如矯翼．將奮飛以相從．嗟歧路之西東．欲嗣音以于邁．恨居止之不同．言欲出而靡宣．情欲隱而難窮．此楊朱所以有歧路之泣．而阮籍所以有窮途之恫也．辭曰．

北遊兮千里．馳神兮八極．懷哉兮佳人．凄凉兮東國．肅肅兮西征．迢迢兮城燕．慷慨兮悲歌．壯士兮荆卿．

平蠻碑

皇帝受天明命．誕撫多方．威靈震于殊域．德被方夏．上覆飛鳥．下及牛馬．以至日月所照．罔不賓服．其鳴鏑射鵰之長．雕題露體之國．獻琛納欵．奉職貢於朝者．不可勝計．況乎六合之內．五嶺之外．職方所載．又惡敢有越志．惟是大澤深林之中．時有藏垢納汚．負險爲固．以苟活於戴履者．有司者御之失律．遂用不逞．以魚肉我民．民廼大困．於是夏官尚書．按圖籍覈戶口之敎．上書闕下．謂南有揭嶺．自秦屬南海郡．故稱沃壤．編戶之民．採山爲茹．釣水爲食．至終其身老死不知兵革．吁吁喁喁．日蕃以息．

乃頃者守臣言．田疇多蕪穢不治．人靡寧宇．戶異其處．膏塗草野．血流川渚．蓋已十其而五矣．推原本始．則以黃巢石弦大節諸寇．積歲爲之蠹也．桂嶺之屬．是爲古田．亦桂林象郡之奥區也．往自先朝．縣沒於賊．竊據垂八十年．吏議棄而不守．以爲彈丸黑子之地．不足以煩中國也．而或者又以時屈．鮮任事不貳之隸爲解．至置盜府庫戕大吏之罪而不問．臣竊傷之．

夫九眞內附．珠崖外迸．斯往事得失之明鑑也．惟我天朝・幅員方數萬里・咸正罔缺・奈何遂棄古縣於遠・以業蠻夷・臣愚以爲復之便・其嶺東黃巢諸寇・並宜掃除・以清北戶・詔許之・因特置廣右撫臣・以新安殷公正茂爲之・而以兵部左侍郎南昌李公遷・節制兩廣軍務兼撫東省・爲罷東省撫不設云・先是・兩廣頻年用兵・而議者謂莫亟於古田及嶺東諸路・廼先後鎮巡諸公・與夫境內縉紳先生之在都下者・咸以爲言・及李公到鎮・復與巡按廣東監察御史趙公惇・巡按廣西監察御史李公良臣・亹亹申明之・至是・本兵乃力主其議・以贊於公・公因得以便宜從事・以隆慶四年夏秋之月・始事於轅門・下令曰・今日之師・奉天伐罪・將以禁暴止亂・以惠安元元也・諸將吏從東西行者・有進無退・其不得賊者・無返・有不用命者・罰無赦・於是東師・則以遊擊將軍誠立・將長樂之兵・按察使張君子宏監之・以參將濠・將程鄉之兵・副使江君一麟監之・以總兵成・將潮州之兵・僉事揚君芷監之・而以成總其事・專理糧餉・及紀驗功次者・則參議許君天琦也・西師則以遊擊將軍山都指揮僉事龍・都指揮僉事國賢・將思管風門蓮塘之兵・參議龔君大器監之・以左參將應甲・右參將世科・將三門龍坑之兵・副使鄭君一龍監之・以署都指揮僉事鳳翔・將都狼之兵・副使應君存卓監之・以副總兵崇文・將總甫之兵・副使邵君惟忠監之・而征蠻將軍俞君大猷・實總其事・總理軍儲・及分理糧餉・紀驗功次者・則左布政使郭君應聘・參政君來・僉事金君柱也・

當是之時・興師十萬・飛芻千里・旌旗蔽空・烽烟相屬・蓋已先聲而奪人之氣矣・廼公復往來於蒼梧興慶之間・相度機宜・指授方畧・羽檄交馳・朝聞夕發・於是破鳳凰・涉潮冰・斬西賊渠率黃朝猛韋銀豹等以徇・得村柵六百五十五處・降人卒數千・斬虜一萬有奇・東攻黃巢・擊石硿・襲大節・生擒賊首蘇繼相・曾魁・杜高山等・誅之・尋又乘勝出奇・南走東坑・斬獲曾朝元等於海豐之界・破巢五十・斬鹵三千・其墜落巖塹・堙塞谿谷中・死者無算・蓋自兵興以來・甫浹旬時・而羣兇授首・古縣克復・其在東則張憲使・在西則俞將軍・二人之力爲多・論者謂其有伏波樓船之遺烈焉・師還・李公疏上諸將史功次・詔加爵賞有差・於是張君乃以李公之意・遺書林子・請紀其事・林子曰・予曩蓋備兵蒼梧・古田之役・吾其與聞之・若夫揭嶺之捷・卽今之得於睹記者甚盛・詎可以不文辭・辭曰・

於惟明德・旣成武功・統一宇內・六合同風・奄有百粵・遂荒大東・桂林內拱・南海朝宗・馴至中葉・運撫熙隆・古縣淪沒・蛇虺爲宮・亦有妖氛・近集海邦・如鴞斯啄・如鼠斯藏・我皇嗣統・軫念遐荒・司馬叩閽・義激中腸・天子曰咨・咨爾封疆・念我舊址・幅員既長・胡云不弔・咨彼猖獗・錫爾節鉞・我武惟揚・旣敬旣戒・羣醜于襄・臣拜稽首・帝命肅將・敢不矢心・告成于王・東征西怨・大旱虹霓・貔貅十萬・霖雨三時・驍驅雷發・羽檄星馳・方畧指授・廟算神機・更有同心・共濟艱危・曰惟憲使・南土是依・矯矯虎臣・料敵出奇・千騎萬旗・談笑而麾・一朝克復・久陷城陴・殲厥渠魁・脅從罔治・黃巢大節・以次芟夷・豐狐授首・狡兎魂飛・西人歡呼・言歸故園・自我不見・於今抱孫・東人悲辛・有赤其村・載芟載柞・豈我思

存・於嗟明德・覆育元元・無忘遠畧・永固雄藩・於今始成・嶺外乾坤・皇心悅豫・湛露鴻恩・將士勠力・其膏靡屯・臣拜稽首・天子萬年・四夷賓服・昭格於天・崧臺之陽・瀧水之濱・勒此貞石・敢告籌邊・

潮州府平遠縣鑿石通河碑記

平遠爲潮之友縣・蓋自世廟朝・由守臣議析梅州以北建置焉・彼其地控武安・遠接江藩・引七閩而擁萬山・扼巖險而俯平原・羣峯聳秀・絕壁飛飜・虎豹蹲其左・孔鸞翔其巔・固嶺粵之門戶・循梅之屛扆也・下有流泉・起青雲橋・百折而東・至於石窟・噴薄蜿蜒・會于大河・直抵韓江・地脈廻環・風氣攸關・獨其中阻積石・鬱爲狂瀾・外湧流沙・滙爲激湍・以故蛟龍不入・舟楫不可渡也・故凡自潮溯流而上者・率以旬入邑界・未至可數十里・卽捨舟而徒・策蹇而趨・則見石磴雲梯・紆廻跋涉・鳥道羊腸・肩摩踵接・商旅爲之踟躇・車馬爲之蹀躞・負米齎糧・載鹽輦鐵・轟轟鉦鉦・絡繹不絕・渴者飲於渠・疲者休於樹・

若乃皇華遣使・執戟傳呼・太守行春・負弩先驅・前山鼓吹・後遝輿旌・或戴星以出祖・或冒雨以戒途・又如簿書羽檄・旁午交馳・汗背喘息・曠日愆期・要皆陸沉・以至於斯・斯無論已・

有如一夫據險・百雉孤危・雖有飛輓・策將安施・蓋至壬午之秋・予爲西遊名山・一過其地・嘗竊怪而嘆之・以爲古者丸泥可以塞關・鏃羽可以穿石・故大而鑿龍・小而通牛・匪獨神功・亦人謀也・今邑據上游・河流經其下・反爲

巨石所壅・非所以運人謀・以贊天工・盡地力也・

且夫天之生水・以利民也・川壅弗通・民罔利也・難以爲國矣・是時有署邑郡幕廖某者・聞而韙之・方銳意舉行・而邑令清漳黃君適綰綬至・卽慨然以疏鑿爲已任・其冬・會觀察鄭公東行縣邑・君上其事・公因歸語郡守郭公・公力贊焉・於是尅日下令・士民聞者莫不輸粟捐貲・以佐義舉・一時不期而聚者二百餘金・而先是黃廖二君・俱各捐俸・入爲先倡・鄭郭二公・又發帑鍰以繼之・由是資費足而人樂趨事・乃以明年癸未春正月肇工・越一年而工告成・計鑿巨石者三・開濬砂磧灘潭之屬以十數・於是河流底平・一葦可航・蕞爾新邑・遂煥有金湯之固・行旅皆願出於其途矣・其年・黃君乃以郭公之意・求碑於予・嗟乎・此予筴也・乃今行之・辭可已乎・

雖然・天下事有不得不舉者・而舉之必通乎衆志・利有不得不興者・而興之必相乎地宜・使石不可轉・雖大禹不能以施功・民所不欲・雖子產不能以强從・又使弗獲乎上・當道且難之・卽賢如黃君・亦未必克有濟也・故予於是役也・見上下交孚・人和地利・殆兩得之・以語其功・鄭郭尙矣・黃君其盛矣乎・若郡幕之始事・縣尉之宣力・與夫士耆奔走督率之勞・能不可泯者・爲之銘曰・

於惟新邑・宅彼崇岡・分梅北枝・以作爾疆・下有流泉・至于大江・中阻積石・遂絕舟航・行者艱危・石磴羊腸・伊予西遊・慨馬永傷・幕史聞言・經營未遑・豈知底績・疏鑿在黃・黃侯戾止・庶事維康・憲節親風・爲民上章・曰咨郡公・是用贊襄・旋轉坤軸・鞏固金湯・白石粼

鄰·河水洋洋·方之舟之·千倉萬廂·維石巖巖·維水泱泱·泳之游之·爲旅爲商·云誰之功·二公是皇·勒此貞珉·永鎮遐荒·

新建澄海縣城碑

維隆慶三年·歲在己巳·潮州澄海令·今崖州太守·清漳蔡君·諱楠·字某者·奮跡賢科·實始拜秩·爲天子命吏·既至·卽祗告于山川·爰咨黎庶·維時耆老搢紳先生之徒·儼然造焉·辭畢·進曰·於悅我邑開疆·實肇造於我先皇·其地分闢望而抵汪洋·百里孤懸·野多泱漭·蓋自倭奴橫鶩·逆蓮倡亂·伯宣朝光之族·相繼竊據·環海之民·且岌岌乎·勢若遊釜矣·惟我先皇·赫然震怒·命將出師·討彼凶逆·既擒大憝·迺用守臣議·置縣阨塞·爲潮羽翼·左澄右普·比附庸國·蓋周宣克平江漢之訏謨·而召虎疆理南海之遺績也·惟是草創之初·法制未備·城隍未修·民多野處·重以師旅繁興·歲無寧宇·政令不一·民心罔固·維前令長樂周君行·首事肇基·辨方正位·乃遽以憂去·弗終本志·迨建陽張君璿·接武均輸·大興百堵·而中罹寇難·以隕厥緒·幸天不棄于我民·貽茲沃土·用垂終祜·意者今其在子矣·蔡君唯唯·再拜而謹受之·退復思惟曰·民勞矣·未可動也·姑與之休息·以時循行于鳳溪鱷浦之間·而勞來不倦·歸者咸聚于是·以五年辛未之春布令·入秋而率作興事·用仍故基·以審正于度·復卽故所議均輸費·稍裁節之·計省民賦十一·約千金有奇·城圜五千步·高丈七尺而暨·百雉聯如·厚稱之·其爲門五·其年冬十月·工成·明年崖州太守命下·是時方議繼建學宮·以及公府官屬之署·會報至·不果·君因歎曰·嗟乎·余不敏·其以遺之後人·至是士民思德·乃刻石爲紀功之碑·其辭曰·

於我皇明·奄有萬國·五嶺之南·是謂荒服·奕代承平·家給人足·千里一縣·五里一族·民老而耆·不識兵革·浩矣洪溟·王彼百谷·云胡氛祲·散爲蛟鱷·毒流江漢·禍起叢薄·皇赫斯怒·分閫推轂·王師東指·兇酋就縛·乃立壯縣·澄清是祝·在揭之涯·在海之曲·維山巖巖·維水澳澳·不有城隍·孰遺民莫·民亦勞止·父母孔邇·父母維何·豈弟君子·好善若渴·去惡若妬·鴻雁于飛·黃鳥攸去·乃築斯城·用光前緒·工興有漸·費出有經·庶民子來·不日告成·危垣壁立·雉堞崢嶸·役不再時·賦不加徵·事半功倍·一勞永寧·登高望遠·寖銷窺伺·雞狗相聞·犬牙相制·鎖鑰全潮·金湯比固·上薦休嘉·用錫爾祉·五馬朱旛·和風甘雨·雖則甘雨·匪我斯怙·珠崖是親·其如我民·攀臥末由·遺愛在人·矧彼長城·庇及千春·何以志思·爰勒貞珉·何以貽永·視此刻文·

重建東山靈威廟碑

有唐忠臣張許二公死節事在睢陽·睢陽祠之舊矣·潮陽非二公故所經歷地也·而必祠之者·按舊志·宋熙寧間·軍校鍾英·以郡遣·入貢京師·道出睢陽·禱于雙廟·其夜·夢神告以遺像處·命之歸祀于東山·英心異之·及抵京·竣事還·過廟·如神指·探寢殿笥中·果得十二銅像·二銅輥·以歸置於東山之東岳祠·時有玄旌見其上·旁寺驚

怪不安・請移避之・有司因立廟焉・事聞・封二公王爵・賜廟額曰靈威・潮之有廟・蓋自茲始・其後二百餘六十年・元之大德十一年也・縣尹袁天漢・始與前進士趙嗣助・倡義鼎新之・說具劉山長應雄碑記・又二百六十年・爲我明嘉靖癸亥・廟燬于兵・越二年・而潮節推鄭侯良壁者・來署邑事・復捐俸重建焉・其年・邑人林子適自睢陽至・因考睢陽廟祀位次・自張許二公而下・祔以雷南姚賈・凡六人・蓋詳之也・而吾潮則特祀二公・繼增雷南者・義起也・今新廟像設二公與雷南・而不及其它者・仍舊也・廟制・雕鏤金碧之飾・視舊畧爲渾朴者・費省而不及民也・廟庭從以鍾趙・及生祠鄭侯者・不忘其初・從民欲也・而記則林子爲之・鄉先生志也・

林子曰・余曩嘗守睢陽・親弔二公百戰處・爲之低廻而不能去・至詢及二公託夢來潮事・則故老已無在者・或謂昌黎韓公・當時嘗持正論以闢朝議・後坐諫佛骨謫潮・潮人祀之・故二公之來・以韓公所遊寓也・天順間・夏嶺爲亂・長驅且襲潮陽・既入界・遙望見城中・車旂火炬甚盛・遂不敢進・乃者倭數內侵・少年輒乘城罵賊・賊爲首鼠而走・又漳寇乘虛夜縋入城・爲翁別駕所破・其時賊衆嘗自言・既入城・即手持鐵尺不動・長老相傳・皆謂二公之靈致之・及癸亥之春・倭復大舉・數萬薄城下・以雲梯十道先登・鄉兵莊七等奮擊・死之・賊兵大敗・顧獨恨欲坐困我・又復造爲臨衝之車・以圖後舉・未至・客有被虜者・洒從賊所射書城中・言擊車法甚具・且曰・賊圍潮陽・且兩月不下・彼意亦欲遁耳・第竊聞之賊中言・往者來寇・嘗有二神人現・今望之・蔑如矣・意者神其不護此邦耶・此乃所以久而不去也・爲今計・莫若禱于雙忠之祠・請夜見焉・不則迎神於城・以明爲神・或一助也・書至・父兄豪傑・皆疑以爲賊間諜・且嘗試于我・余獨謂此若有合乎兵家用詭之說者・從之便・於是與衆禱之・復爲二公遺像・夜出城上・賊望見・果大驚・既又稍用其法・連破賊車於城西南・於是倭夷始有遁意矣・會賊中有僞降者・陽爲兵向賊・實持城中陰事以與賊・且幸不去爲利・賊乃以千人積薪累城下・歷晝夜・高可二丈許・城中危甚・莫知所出・父兄豪傑皆云・宜用火攻・會是時・日暮風起・議未定・復如祠卜禱之・請得反風・頃之・火下薪燃・天果反風・火大熾・鼓噪聞數十里・我兵從城上望・見賊棄營走・所射殺焚死無數・明日果遁去・其英爽如此・世謂二公在日・死守睢陽・屹爲江淮保障・唐人得之・以濟中興・而不知神遊千百載之後・猶能顯其靈異・以保我海邦如此也・則夫今日廟貌之重新・亦豈偶然之故哉・初・潮之被圍也・兵火相接者彌目・遂及於廟・及鄭侯至・首謁行祠而有感焉・既慨然以起斂更新爲己任・士民聞者・莫不慕義輸金・協力以佐工作・蓋至是而東山新廟告成・侯因樂與鄉士大夫登覽而賦之・其年乙丑秋九月也・距經始纔三閱月耳・所謂不日成之者非歟・辭曰

於穆雙廟・爰始睢陽・二公是祀・歷宋而唐・功存一代・神遊八荒・鍾君乃夢・至於海邦・旆彼玄旌・丕顯其光・廬厥禪居・以慰神栖・天子聞之・賜爵執珪・世代更易・歲久而隳・邦有賢哲・趙公令儀・作廟翼翼・是享是醻・大明中天・祀典維時・威靈有赫・剪彼潢池・天運維艱・棟宇山頹・會朝堂構・忠魂是依・云誰之功・賢侯戾止・明明我侯・化隆風紀・明禋匪懈・下民是庇・勒此貞石・永垂奕世・

明八

胡庭蘭 字伯賢·號桐江·增城人·嘉靖庚戌進士·授南戶部主事·尋督學福建·官至雲南僉事·庭蘭文人而以廉幹稱·官戶部時·督揚州稅·所羨餘皆籍報·督閩學·倭人入寇·助城守·復迭殲之莆江·官滇時·以監軍指揮擒賊·功尤偉·兩臺爲立石碧雞紀其事·所著有桐江子集·阮藝文畧注未見·

答張內山副憲

釋頁棘闈·卽秉戎事於茲矣·歷崎嶇·冒炎瘴·而與裹齒漆身繡面刺身者角·安得不日兢兢也·曩蕭東江南安之舉·非謀之不臧·乃心之不一耳·夫獵者逐禽·毋所董責·而相爲斥闔要遮·百族之子·濟江遇風波·而相爲捷捽招抒者·利害同也·用兵者而能同其利害·天下可使矣·不佞則惟是凜凜焉·旦暮訓習·而且諭以朝廷德威·於是三軍之士·勇氣十倍·一可當千·無不願請戰者·不佞乃徑臨新化·而諸蠻亦大震恐·不敢馳一騎飛一矢以抗我師·時卽亟布免死之檄十餘萬於轎子山·而賊得檄者舉欣欣望風降矣·不佞乃賞之金錢·因用其降人所稱法鬼師樂人揚紘子者·持一檄幷千金·招者索之謀主撒魯頗者而降之·魯頗降·行諸營中·而以爲兵薄糧羸也·有悔心·遂潛搖降者·不佞則令賞功官置萬金·灑酒椎牛于江滸·延魯頗飲·而諭降者渡江領金·乃陰致畔者先不畔者·因與諸軍從而蹙之·遂生縛魯頗回·而悉得者索之出沒動定·顧其山則每一木陰十畝·其路則每一線遙百折·麋鹿雜鉦鼓·而猿猱狎旌旗·者索乃通地道而穴其中·卽焚其林而墐其穴·然而不能得也·忽望夜·不佞率驍健者百人·潛料察諸營寨·則輒睹皓月中如有影動者·遂擊鼓鳴鑼·駿下峻坂而擒之·驗之影動者·則索繫樹枝以覓水食也·旣縛之·而諸軍始奮勇至矣·此非所謂拳手一握·踰於五指更彈·百人俱至·踰於萬人更進者耶·然而諸凡擒獲名口·多所株連·聞已有置其喙於黔國者·顧不佞則一任無心已耳·肯因之而遽有所移易俯仰哉·旋師在卽·面晤有期·他不多具·

漫談

昔蚩尤氏及黃帝戰于涿鹿之野·涿鹿之民多死焉·由是俗憤而好兵·其特甚者·乃以身爲之象·命其口爲中軍令·命其手爲南部技擊·命其足爲北部驃騎·蓋以一身象三軍也·異時·南部技擊亡矢十鏃矛四·比訪之·則北部驃騎竊之以往獵也·弋禽搏獸·得其大者·而以獻於中軍令·及北部驃騎逸馬一牛二·南部技擊乃攘而烹之·擇其肉佳者·而以饋於中軍令·北部驃騎知之·從而訟焉·於是南部技擊亦數其前日竊矢與矛之事·以爲抵也·然中軍令既已受北之所

獻．又嘗食南之所饋．不敢斷．而以自陳於黃帝之前．帝鞫之曰．中軍令爲誰．對曰．吾口也．不能忍欲．而受獻食饋．南部技擊爲誰．對曰．吾手也．實盜馬與牛．北部驃騎爲誰．對曰．吾足也．實竊矢與矛．帝曰．異哉訟也．吾聞以人訟人．未聞身自訟也．夫與竊矢與矛．則汝之足也．盜馬與牛．則汝之手也．受北之所獻．食南之所饋．則汝之口也．今論竊矢與矛之罪．則北部當刖足．論盜馬與牛之罪．則南部當斷手．論受獻食饋之罪．則中軍令當剸口．然則無往而非汝之罪．亦無往而非汝之身當之也．汝將奈何．與其以三罪而分．一身受其殘而不逮．孰若以一身而總三刑．梟其首而無自苦爲也．遂從而棄於市．觀者聚而嘆曰．手之北以盜也．足之南以竊也．均求以奉其口也．不能斷以衛手足．卒訟以自殘．哀哉．

雜說

人有待兔於野者．既夕．將解罝歸．道有知者告之曰．無庸歸也．林有黑鷹．驅羣兔焉．倘逃而至此乎．子姑待之．月既生矣．而兔不至．或曰．子何待而夜哉．則應之曰．日夕而無兔．業已知矣．適人有以告我．故待之．或者曰．吁．愚哉．夫黑鷹高舉．狡兔深藏．矧野則廣矣．安知其逃而至此．不逃而至此也．彼之告子者．又果信人也耶．狃於信不信者之言．而欲徼幸於逃不逃之兔．吾見子之終夜無得也．待兔者曰．告余者．余所知也．信人也．余惟其信而信焉．又奚暇億乎兔之逃不逃哉．且彼之告我也．惟欲我有所獲也．彼安知其逃而至此．不逃而至此耶．我亦安知其

逃而至此．不逃而至此耶．彼不以其所不可知．而必以告．是任信也．我乃以其所不可知．而必以億之．是任詐也．人以信告．我以詐億．豈推誠待物之道哉．故吾甯兔之不得．不敢以詐而億人．雖然．狃於所信而必待之者．貪則使然．不知所逃而悞人者．兔則使然．所知何罪焉．或人憮然而間曰．始吾以子爲愚也．吾今乃知子之能信人也．深於所信．即告以不可知之兔．猶將信之．藉吾以所可知之道．則子之篤信．當何如也．吾今日幸矣．一邂逅而得仁誠之道．全交之善矣．夫彼愛子之有獲也．不暇虞其所不可知．而必以告．子信彼之能告也．不暇虞其所不可知．而必以告待．期人之必獲者仁也．待人之必信者誠也．仁與誠合．吾見彼與子之能全交矣．於是相與嘆息．解罝共負以歸．行乎明月之中．歌乎兔罝之詩．若皆有公侯之心焉．曾何知乎兔之得與不得．

論朱建死辟陽侯審食其

史稱建刻廉剛直．行不苟合．義不取容．辟陽侯行不正．得幸呂太后．欲知建．建不肯見．及母死．方假貸服具以爲喪．而辟陽因奉百金之稅焉．斯亦所謂交以道．接以禮者．他日辟陽罹毀將誅．建乃說籍孺而出之．後說覺逮捕．卒以自剄．君子曰．惜哉．不終其節．以喪其身．愚謂古人一飯之恩．猶言報之．況周吾親之喪乎．故知建之死．非死於辟陽．實由親動也．人有周吾親之喪．而吾無以恤人之急．可以爲義哉．孔子稱以德報德．建近之矣．

贈邑侯張公入覲序

夫今之談吏理者・誰能左廉吏哉・顧上之所顯庸・畀之振世庇民興平戡暴以宏經濟之業者・則取才焉・至當塗之所奬飭而推轂者・亦惟於若人乎・亟稱之曰・此眞經濟才也・廼於廉者・則斷斷然曰・是守己不汚能自責・愛其身以厚其名・非理亂安危之所急・嗟嗟・此豈循本通理哉・他日太史公傳循吏・槩諸春秋僅五人・班固氏槩諸盛漢亦五人・而公儀休鄭子産文翁龔遂之倫・覩之彰彰・餘則循理奉法而止・廼若殺巫高相增口鈎鉅・類皆用術・石奢李離・則甘自蹈耳・所謂祿之天下弗顧・繫馬千駟弗視・如而人者・何寥寥焉・然則廉吏刁吏之難易・與夫世道之所趨舍・誠何如哉・余嘗取衷于周官・周官小宰・聽官府之六計・以弊羣吏之治・曰善・曰能・曰敬・曰政・曰法・曰辨・而必先之以廉之一辭・葢廉立則六行可觀・廉不立則六行者皆假之也・夫六行者・才屬也・猶之枝幹也・而廉則本也源也・本正源清・而後末流可理也・是故吏理尙廉也・

我邑令公潮山・非素廉吏乎・爲難能矣・故兩臺者聯檄而交奬之・實足以重其入覲之行・而百姓懷之・若不能一日釋慈母也・乃有垂白之老・若葉介夫輩者數十人・皆鄉中之行義推者・儼然造余・乞言以贈焉・余輒以疇昔所聞公廉諗之・介夫輩同聲應曰・誠廉・誠廉・莅增二年・推挹增江之水數斗耳・又數輩避席曰・公豈徒廉・公慈惠以厚下・勤恪以事上・秉公宣猷・未嘗以法假人・不阿意人・亦不虐人・其中明通・其外肅括・粥粥若無能・其行身接物・有如此者・又數輩踵而言曰・未也・公事事加志於民・如修城以爲衞也・成梁以爲濟也・表先賢祠・示民敬也・嚴鄉約規・敎民義也・殺用絀贏・與民惠也・躬禦大寇・而講於其備・示民有武也・放歲役之民歸之農・年穀屢登・田野無愁歎聲・傳稱張君爲政・樂不可支・玆爲異世而同仁也・余曰善哉・允如諸長老言・卽周官所稱六行・公葢具體之矣・豈直如循吏傳所稱間或以其小者信其大者耶・矧今稱南民力竭矣・而世之議者・或逭侵漁之吏・咎徵科之急・輕貪墨之誅・賤介獨之行・多震耀之功・畧歸潔之義・此非反理評爲何如者・公行矣・聖天子方側席求廉吏以風天下・必將顯庸公・誠顯庸公・卽天下皆興於廉・無論小吏大吏・咸師師捐所欲以與民・則阜財之化行・而厚生之利遂・成周大和・在吾宇宙間矣・諸長老奚庸私公爲哉・諸長老咸欣然色喜曰・唯唯・吾人願少須臾無死・以躬沐太和之休也・請遂書以識之・

福建武舉錄後序

戊午冬陽月既望・福建武舉事竣・予辱御史斗山公命叙末簡・媿不敏・不能遠引通御史意・第惟我國家以盡制稱於隆古・則文武竝舉其大也・以盛治稱於隆古・則文武竝用以至也・夫竝舉所以翕受・竝用所以敷施・二者相待以成理機也・而應之貴誠也・機動在上・誠應在下・故竝舉豫敷之猷・世無不售之技矣・竝用張翕受之柄・士無不展之才矣・矧文武一道也・共諸一人之身也・施之宗廟・而敬恭之節著・施之賓際・而揖讓之儀興・一旦以外侮・則將瞠目奮臂・而赴父兄之急・莫不反兵而當萬死之鋒・夫始之敬讓・

退然若無能．終乃奮勵猛起．若弗遑旋顧者．何哉．繇所感屬已．而應則誠也．誠於應文而文．誠於應武而武．故誠也者．合文武之道也．或歧而二之．則應習殊也．然習文而文．習武而武耳．乃今天下無無文之患．而鮮武之患者．豈固左之乎．雍容乎揖讓．綢繆乎文章．恬然足以自存．彼勇敢強義禦暴而赴急．一不勝則不虞其軀．此人情易於文之工．而厭於武之譚也．應不以誠．而習之所流致遠矣．不知敬恭揖讓．奮勵猛起．本乎剛柔緩急之性．而發乎應感起物之誠．文武則飭之之具也．猶天生五材以經用也．誰能廢之．

予曩備兵豐浦間．見士多慷慨悲壯．有燕趙風．至於庭祀賓交．則不能一日而去禮．茲承乏清八閩之戎．又見士多峨冠談經．有先儒風．至於蹈亂遭變．則不能一日而去兵．是文武才質．人人具乎．而所貴乎士者．在反其本而誠以應之耳．誠非有待於外也．心之實．而志之一也．此有士焉．素短於才者．使其受任．為君計也．實心一志以圖之．不效則將以死繼之．精意明慮之所通．動天地而感鬼神．其有弗濟者乎．有士焉．素優於才者．使其受任．為君計也．心不實．志不一．效不效而惟其身之圖．則氣索而行不果．日就仆滅．其有能濟者乎．昔趙文子不勝衣人也．謝安石狎遊士也．遭衷甲之變．談笑而當之．苻秦百萬之師．對奕而麾之．二子豈先怯而後勇哉．誠之豫而為君計盡也．合其才而出之之效也．馬服君之子括談兵．天下莫能當．李陵亦世將子．懸孤軍入匈奴．轉戰千里．當其時．卒乃師覆身降．不免為辱人賤行．名滅功絕．而天下笑．是二子豈劣於才者哉．則有其才無其誠．一敗而塗地之故也．故以予所睹記．而質之已事．則文武之道．誠以合之．天下無餘才矣．

肆今皇上．至誠亹亹．天壽無疆．以紀綱四方．顧遐魄之未盡殲也．悼羣生之未盡濟也．慮賢才之未盡奮庸也．側席旁求．覃敷明詔．若惶惶然．淵衷一念．惻怛之微．即造化相為幹旋．矧伊人乎．矧人之以士名．士之以文武名者乎．御史恭承德意．飭制以隆並舉之權．豫敷施之用．槁神殫智．研慮虛中．務得二三文武眞才．以圖報稱萬一．其精誠可掬也．諸士被舉也．得無幡然以誠應者乎．菁莪棫樸之英．足當十亂四鄰之軌．曩舉文士．號稱得人矣．茲爾武人．視文士一體也．猶之陰陽剛柔．一氣也．習雖殊而用則兼資．故文武兼資．乃謂全材．陰陽混合．乃謂至道．而剛柔並克．斯致治之所以稱隆也．譚其所繇．一誠之流通耳．赳赳之雄．當蹌蹌之節．而樹干城．以效腹心之托．孰非方召申樊文武之為憲者哉．爾多士念之念之．立誠表業．毋畀諸臣專美于有周．此御史意也．仰答之精衷也．非然．則必安於齷齪．毋所睹其半籌．則又何怪乎不足以辱章縫者齒頰哉．而國家又安用舉爾為也．斯時也．爾藝爾言具在．御史與予當操右劵而督責之．

重修增城縣儒學記

永嘉王侯存吾．繇名進士拜令增城．既平政宜民．三年報績上最．迺揆厥化原．大修廟學．茲訖工矣．文學莫君可尚．裴君鏜．羅君宗堯．率單生丕訓．吳生良弼輩．端幣乞書記于余．余曰．大哉功．是可書已．夫天下之功三．有功於朝廷爲大．有功於聖門爲大．有功於生民爲大．而在三者．有功於聖門．乃其所自來也．蓋聖人之道冒天下．上尊天王．立隆以爲極．下濟羣生．咸遂以彰化．極曰皇極．聖乃建之．化曰王化．聖乃成之．聖道一貫．天淸地寧．蓋自唐虞三代之隆．罔弗繇學是興．夫非小補之矣．

侯夙佩先師義訓．必思有功於朝廷．以襄維新之服．有功於生民．以贊維新之化．則其求爲有功於聖人之門．以羣諸生於宗廟百官間者．豈徒修文循事已哉．以故循厥門牆．表中正之觀也．修厥堂宇．敞高明之域也．修厥廟寢．闡精微之奧也．修厥兩廡．著考德尙友之有倫也．修厥二齋．畀居業樂羣之有所也．若猶未也．修厥敬一亭．揭王言之大也．昭王心之一也．示聖學終始之要也．故諸生坐斯齋以居業樂羣．則業日修．瞻斯廡以考德尙友．則德日修．入斯門以履中正．則禮恭義直而禮義日修．升斯堂以游高明．則仁宏智周而仁智日修．循是以入聖人之室．窺精微之奧．是曰上達．孰能禦之．雖然．念聖學．典終始．則敬一其要也．諸生誠自入門而率履．即齋而居業．即廡而考德．即堂而崇觀．即寢而洞微．惟敬惟一．奉以周旋．庸非聖學之的歟．學成矣．出以襄王之服．則黼黻之猷也．贊王之化．則珪璋之理也．內外合．動靜一．體用貫．敦化川流．神明不測．收天地淸寧之功．登斯世於唐虞三代之隆．謂非聖修之極歟．乃今天下論有功於聖門者．惟曰入孝出弟．立德以守先王之道也．惟曰講授訓詁．立賢以維六經之義也．而不知二者之功．恆出於學校之敎．學校日圮而弗修．則聖敎日壅而弗明弗行．則欲以襄王服贊王化者．道何由哉．是知有功於朝廷．有功於生民．當自修學之功始．修學之功立．則立德也神．立言也經．天下之道歸焉．乃所謂大也．余故表爲之記．以告天下後世之求爲有功於聖人之門者．

龍門縣義倉記

昔周官司徒以荒政十二聚萬民．而專於其職者．則遺人以掌縣都之委積．以待凶荒．法備至也．故周民澤於王道．淪肌膚．洽骨髓云．異時管子相齊．權斂散之輕重而守準平．李悝相魏．謹觀歲之上下而設平糴．仲主富國而兼利乎民．悝主濟民而兼利乎國．夫國者．民之依也．二子法制而兼利．豈曰不良．顧其爲術．去王道遠矣．漢興．道不純王．周禮盡廢．上有急於拯民者．不過權時合變．取二子法而損益之．然常平析中惠民廣濟諸倉．代有嘉名．民其不獲實．故持節矯詔．行郡發粟．不免駸駸載途．彼菜色相望者．豈不願少須臾．顧遷延展轉間．已不及乎溝中之瘠矣．致堂氏曰．賑饑莫要乎近其人．其謂是歟．晦菴氏曰．救荒無奇策．其慨是歟．求其僅得古意．則隋唐義倉．立于當社．所謂近其人而急起乎溝中．誠有預於爲糜屑豆者．斯法之至良．策之至奇者歟．國朝預備之設．義民之旌．行之旣久且廣．可謂邁古．顧倉藏於州郡．所卒不若當社近人之爲便耳．矧州郡瀕年兵荒相仍．國用孔棘．司計之吏．日追呼其民而鞭笞之以取盈．公帑猶虛．其於荒政．容或慢而不講．或講而不行．或行而不果．田野窮民．遇小饑而皇皇．中饑而惴惴．大饑則不知死所．可不爲太息流涕哉．

槐亭王公令龍之明年．政旣通矣．民旣和矣．公帑旣樂輸矣．因請曩歲之饑．禁羅勸分．救之狼籍孔殷．猶若弗給．乃毅然爲立義倉．以圖廣遠．蓋計一邑之通以爲約．大鄉一．小鄉併．凡十家一甲．五家一保．二保一約．約擇民之年高謹厚喩義者主之．公直者副之．敏練者贊之．以協約也．以知約中貧民良否．應周多寡之實．倉置于約之當社．以貯義輸公罰之粟．擇社中民廉公而强幹者爲社長．以董斂散出入之數．社凡五十五所．而居仁由義之倉隸焉．其附郭者則附於公庾．遠近相聯．大小相比．公私相攝．蓋視隋唐之制加詳．視建安之行加謹．視預備之規加近矣．於是知義之民譚良翰等十人．輸穀二千石．廖應泰等十三人．輸穀千二百六十．公以爲未也．益以隱稅之罰二千三百四十．通計得穀半於萬有五．以分入諸倉．歲春艱食．則聽約中書其貧者等差而散給之．秋成．則聽社長如數董斂．附以二分之息．凡領必同十人．互相恤而相察也．冒者罰．侵者罰．需例者罰．使董事協數．必得其人則母常存．而息歲增而母歲大．母歲大卽捐息而足給．龍民其永有賴哉．公具首末聞當道．當道嘉行之．旌其民如其故事．然不有貞石鑱記．非所以行久遠昭來裔也．義民如黃圭．復請捐金構亭．樹碑其中．而藉大夫乞余以記．余曰．善哉．公之政於是乎可書矣．義以動民．民忘其積．大化也．艱以食民．民忘其死．大恩也．因以利民．民忘其庸．大道也．故是政也．行之一邑．一邑之民生．行之一郡．一郡之民生．達之天下．天下之民生．師之百世．卽世世生生．斯天地之所愛．王道之所觀．霸術之所靡．而明制之所爲備．公之政於是乎可書矣．公名許之．字以忠．出瑞陽世家．以辛未名進士試龍門云．

樊雉賦 有引

庚寅春．余讀書天山．主人有遺以雉者．余嘉其介而愛其文．惜其樊籠中不能自適也．乃賦樊雉以嗟之．

華蟲華蟲．匪獻自越裳．匪來自孟山．三月其維時哉．燁燁如被文繡兮．剪自隋機天孫織兮．絢采之章旆兮．依希乎九苞兮．錚錚如不易介兮．鬪無折節士之忱兮．泄飛而翔集兮．依稀乎覽德輝兮．吁嗟乎被樊籠兮．弗爲革之文炳兮．漸之于磐兮．胡爲乎爲壯趾之凶兮．爲夷之蒙難兮．尾翛翛兮．音嘵嘵兮．其誰念禽荒之戒兮．效解網之仁兮．不能九萬里兮．其垂翅附其鴻兮．不能升鼎而雊兮．其熠燿乎天日之間兮．不能羹以壽堯兮．其備九章之華兮．抑亦爲士之所執兮．吁嗟乎被樊籠兮．胡異乎衆以爲野鷄兮．

福建會城太平臺記

太平何．敵臺也．敵臺何．乘高臨下無敵也．傳曰．王者無敵．無敵斯太平矣．故以名臺．而非舊也．從民志也．民志太平．覩臺而樂之．始不名敵．剏臺故城制也．臺不築．制不備．不備不完．與無城同．惟會城．肇自漢封．內跨三山．外疊層巒．北睨淮浙．南引交廣．深谿西廻．大海東浮．雄潤腴表．蓋邊徼重區也．延袤五千．陴咸屋之．凡二千七百．上梁下柵．棖楔鉤連．而臺不一具．邇倭夷寇城下．守陴者萬數．馬不得旋．技不得施．如坐覆盤中．首不能以一闖．議者患之．

嘉靖戊午夏四月．芳湖王公以宿儒世畧由遊功拜閫．秉鉞於閫．至之日．陳兵登城．視守具．屢顧屋陴嘆曰．嗟夫．是工於庇而不工於守．利於伏而不利於戰．微敵臺制．爲城巖危已．既旬日．賊千人薄海口．攻鎮東急．又千人分掠．颯羽交馳．公勒步艦兵．修火具．倍戈鋋．廣間諜．猗角以殺賊勢．糗鎮東軍達之．掀其城．固閫安．備銅山．發蘭盤．密授水兵將扼逸賊．殲諸波中．乃料莆及泉．旋按僉憲顏君圖議．慮工築焉．先是樊御史公以歲事按延邵汀．剏墨吏．躪徂醜．保赤城．趨詔安入漳．披途澄海．駐于泉．時賊新蹀福清．犯莆圍惠而睨泉．御史赫然震怒曰．御史奉天子法肅域中．詰戎弭亂．孰非事也．蕞爾醜．其敢蠢動．有司兵士．以戰以守．敢不力．生汝殺汝．惟御史命．敢不共．於是大鞣羣盜．落其角距．保泉存惠城莆．又節而不伐．屈秋．登文武士而講於其畧．深有感云．故茲役也．王公曰．保城爲大．樊公曰．保民爲大．城民依也．遂胥命焉．王公諏期視城內外．議遠邇畧．基址損益卑高．而程其土物．稱其畚築．慮其財用．以授有司．樊公復忻然曰．壯哉猷也．然御史屬法在觀民．在安民．不可以先．即日按基．令其屬當最衝處作二臺．示制也．憲副劉君．尤急時憫下習於當世之務者．亟欲成二公之志．乃任四臺．復總其役．而旦夕令之經營表度．咸精厥能．由是府貳仲孝．閫令舜岳．侯令朝宗．重有民也．各任一焉．旗官韜聰堂爵．衞官泮濱濟鑾輩．則頒役是共．而都司張建節．亦時時督察之．羣心得．羣力出．故民不煩舉．不屈不閧．軍需不課．民實稱值食工．而人不知所自也．則不三月而訖工．命之曰太平之役．基凡廣二丈五尺．面視基約六尺．高視城咫二尺．女墻視屋掩其落．石厚視約强半．不可撼也．中實石至巔．旋土築無算．不可圮也．若設其飭器．可强弩十．堅弓十．火具十．戈矛各五．石斧三百．兩臺相距．矢可交也．燭□□址．蟻莫附也．外瞭百里許．蓊匿靡不徹．周凡二十六臺．錯岡撲地．星綴棋布．檣標幟別．齊幹駢竿．橫矚雜樹．如蕡如苞．嗟夫．臺也可以無敵矣．竊計曩時守者．陴二人．城五千．陴加之．門者．鐸者．水者．餉者．護櫓者．統萬五千人．而老稚單寒者半也．中不能食與械者又半也．故愁苦怨嗟之聲不絕．夫驅愁苦愛力之民．坐于屋陴．無所施能之下．有急．欲不潰得乎．茲臺之成也．兵者併于臺．技可施矣．守者約于陴．力可竟矣．老稚單寒不罷于役．心可知矣．技呈力竟而人和平．可以無瑕矣．傳稱天險不可升．地險山川邱陵．王公設險．則城郭溝池以爲固．而臺作制備城完．固廼險矣．雖然．猶未也．二公震懷宸慮．緊欲袵席海隅．而憲副劉君以職司清戎．懋承經畧．自羅連以北．莆惠以南．寧樂鎮安諸城．次第修加制險．而會城尤屹屹中峙．截若淮浦．臂指于瀕海寨澳間．皆可按而籌也．抑爲之托力抱重．豈其微哉．矧明禮義．表千櫓．行忠信．示甲胄．修綱紀．正法度．使奸宄入焉而生肅心．群醜望焉而沮邪氣．已亂於未萌．寢禍於無形．是薄山川邱陵．而與不可升者等爾．傳曰．聖人有金城．其在茲乎．余秉文事．思展先聖義訓．丁巳春．備省之東門．明年夏．備莆之北門．皆遏敵衝以從諸大夫．諸大夫不以其不通武事也．致巡撫巡御史公之命．鑱記貞珉．以著無敵．明王制．等天險云．

韋憲文　字純顯．號洪初．順德人．嘉靖壬子舉人．歷官泰和龍川教諭．擢助教．調黑鹽井提舉．終靖江長史．憲文少工文詞．中年折而講學．任鹽提時．師事李見羅．著有學測一書．晚歸會城．闢石渠洞．與葉春及及霍與瑕往復辨論理學宗旨．其學蓋源出江門．參合姚江．而以豐城爲宗云．

按學測．阮志未著錄．疑佚．

辨惑論一

及門者有問於予曰．昔在宋齊梁陳之間．達磨入中國．居少林．弟子神光．服勤斷臂．佛法盛行於世矣．唐有韓退之氏．始毅然攻之．原道論佛骨表．鏗鍧在人耳目．而後有志斯道者．莫不知佛之爲邪．宋有歐陽氏．作本論．益闡其所未發．於是濂洛關閩諸儒各有論著．探其離．詰其闕．究其頓．推其漸．抽其圓照．斷其隨順．自後起家於儒者．咸知孔氏之爲遵．道德斯一．而風俗亦幾同矣．乃佛教竟不之絕．藏經滋蔓．法寶沸騰．高明君子．甚且從而羽翼之．黠僧得志．自處太高．有堂堂儒流．北面四拜稽首．黠僧儼然負几．以扇掩面受之．嗣是尊稱爲師．與握柄於學省者一致．時值有詞斥．唯有唯與阿．不敢出一辯．佛學尊嚴如此．其故何也．予曰．子亦聞我與奚斯氏之問答乎．昨來相語．口吻尚未乾也．復爲子述之．

奚斯氏問於迴龍主人曰．大丈夫之生於斯世也．所貴於修若何．欲其死而不死．精靈蘊結．是以文王在帝左右．周公能事鬼神．彼釋氏之志於涅槃．亦欲靈明常在．不落輪迴．於不二中見諸淨土．視夫得正而斃者．一斃之後．卽歸無有．其與失正而斃者．何所分別．所謂賢愚千載．寧知誰

是也．則何貴於修乎．迴龍主人曰．釋氏所云涅槃者．請言其狀．奚斯氏曰．四大各離．根塵旣滅．獨有非幻不滅．巋然常存．是以三昧正受．入于神通．大光明藏垢盡明．現覺礙無礙．見月無指．消水無湯．不即不離．無獲無脫．法寶壇所云．剎那無有生相．剎那無有滅相．更無生滅可滅．是則寂滅現前．此其爲涅槃之至樂．不可以言語形容也．迴龍主人曰．噫嘻．此卽莊子所稱髑髏見夢．無君於上．無臣於下．亦無一時之事．雖南面之樂．不是過者也．夫南華氏已先得之矣．奚俟瞿曇．且其所謂無生可滅者．與死不獲生．何以異也．無滅不滅者．與死不再死何異也．然彼亦自知之．明日色身外．更無法身．離生滅．難求寂滅．夫四大分離．神附何處．若泉出山．逝不復返．若卉臭腓．安能復茂．興言涅槃．特以表其修行之效．戒定慧之應耳．殊不知大易曰．原始要終．原其始．而知所以生．則反其終．而知所以死．是則旣死後之無有知．猶夫未生前之未有知也．是以晋賢范縝．其言亦有可採．曰．形猶刃也．神猶刀之利也．形藏則神沒．豈有沒刀而利存．可謂見其髓矣．若佛經所云．本覺永存．滅而不滅．曷不使奉我者之獲福．嗣我者之再爲七祖．或世爲高僧．然乃懺事孔篤者．多獲奇禍．法印可證者．竟斷其傳．且一鉢之珍．亦碎於渠莊公之手．此何不保而獲之也．不能庇其一鉢．而何有於千萬億之衆生哉．此非不欲庇也．不能庇也．入滅之後．卽與槁木死灰同．實塊然而不知庇也．果何取於涅槃常在乎．此特假以惑人．然滅倫絕類．則其罪之大者也．彼以儒事佛者．歆羨於三能五通．明知其無父無君．而且勿之顧也．明知其

滅絕人類．而且未之辨也．搏心揖志於所重．而不暇究其餘．若其所重者．既知其歸於空．則當視釋如苦海．回頭于岸．措足於堯舜周孔之康莊．不其至大至正者乎．奚斯氏頗悟．因復問曰．儒學生死之際若何．當啓手足之後．能保其不與草木同腐乎．迴龍主人曰．是何言歟．是何言歟．夫聖學之一以貫之．異於釋氏之不二法門．聖學之蕩蕩平平．藐乎釋氏之平等本際．是故有心思者所共知．無俟裼而出之矣．若其廣居正位．大道逍遙于此心之官．臨之以順逆．浩焉不爲之加損．不尙虛空．而天地萬物不能爲吾心之障礙．不煩普渡．而衆生萬品．皆囿於吾心之兼濟．所性常存．而亦所樂常存．卽如釋氏所稱死生大事．而欲其入于不生不滅眞境．以爲涅槃．試觀眞儒緣盡之秋．仰不愧．俯不怍．前焉而有所承．後焉而有所啓．昔之受中於天地以有生者．玆能以此生還天地矣．故曰．存順沒寧．寧於斯際．而非在于既沒之後也．又曰．生順死安．安于斯際．而非在于既死之後也．若其立德立功立言之爲三不朽．則又與天地齊永．與日月爭光矣．雖其功果不同．成就自當有別．而視未來萬億衆生．豈不恒河沙等級哉．復有以在世之長短而論．則自達磨以至於慧能．獲西來衣鉢者．凡經六世．然未有一人九十其臘者．粵稽古帝堯．一百有二十歲．舜一百有十歲．文王九十七．武王九十三．畢公武公俱九十餘．其爲眞享涅槃．不知一切如來．以爲何如也．盍歸乎來．舍佛以從吾儒．

辨惑論二

昔胡致堂著論以攷諸佛．凡其書中所述．出世于人間若何．遺棄乎眷屬若何．苦行于深山若何．一一辯其誣．而於其輪迴之說．必欲使人人咸知其謬．竊以爲致堂之所見．特以發蒙於中人以下者耳．其稍能脫識爲智者．自了然知之．彼欲詫乎衆生．寧得不神基本始．夫何足訝乎．而佛所稱輪迴變現者．蓋亦本乎往牒之彷彿．如莊子所稱．胥生鴝掇斯彌生食醯．乃自蠹而變現乎蠹也．如傳記所稱．麒麟生於黑牛．海靈生于少艾．乃自秀而妙合爲秀也．若夫魄已腐矣．魂已升矣．其平生所蘊結．亦既澌盡無餘矣．安能復化．惟夫王侯之後．或變而爲氓隸．庶人之子．或進而爲公卿．此所修所遇之數無常．爲數往知來之實應是．固然而不可移者也．使出世而爲佛者．卽以是而啓發乎人．則福善禍淫．其柄在乎天矣．賞善懲惡．其柄在乎君矣．而吾於億萬斯人也．何所執其權．於是倡言於衆曰．先吾身而爲佛者．欲吾紹述之．凡此衆生．當修其教．以資多福．試觀輪迴．可懼可懼．是故有轉生而貴榮．有轉生而僇辱．或變而爲羽毛．或變而爲鱗介．應相億萬．其有生平自底于慝者．一旦懺悔．發心奉佛．得賴陰功．可以脫禍就福．小民無知．囂不歆羨．於是一切如來．不耕而獲食．不蠶而獲衣．無位而勢比王侯．歷數千年而崇奉益篤．其謀生之自爲一局也．夫豈上古常道乎．

然佛之能使人畏敬崇奉者．又不止此也．其寶殿幽刹．偏於天下．其蘭若方丈．何地無之．約天下之以寺名者．多于孔氏之學宮．如南華．東山．栢林．六榕．則以地以樹名．如頭陀．闍黎．淨慧．圓覺．則以梵語以禪偈名．餘僂指莫悉矣．且釋迦一人耳．崇其寶座．必具三身．謂法身．報身・化身・任其誣妄・於是衆生有手執持・有足運奔・凡目能視・耳能聽者・罔不入寺而息念・謁像而稽首・闔閭之捐資以爲橋樑者・每內顧而愛惜・至于施舍以奉牟尼・則多費而不靳・此不藉夫勢以驅之・刑以督之也・是其爲術之幻・能使人尊奉乎已・眞可謂鴻古時所無有矣・然其說法於初者・不若後來之愈演愈深・予觀堯之授舜曰・允執厥中・舜益之以三言・以授禹曰・人心惟危・道心惟微・惟精惟一・而後聖有作・卒不能視此更精妙・乃漢明帝遣使至天竺・得佛經四十章・貯之蘭臺石室・至今流布人間・予視之・平平語耳・若非因果報應輪迴變現・與夫天堂地獄之說・曷以開化乎・羣生小民・好生惡死・避禍就福・故一受其惑・終阱於大迷・不待折蘆・浮海能破・六宗之佛・盛行于梁武之朝・而摩訶般若潛滋暗蔓於世者・已在兩晋宋齊之間・如佛圖澄之魔石勒・沙門道安之魅苻堅・一受其法幻・終其身不能復解・彼二雄者・戰勝攻取・張威定霸・志衘高乎千萬人之上・視夫生長深宮・承先業而爲君王・曾不能辨一蛙鳴者・迥乎其不可同語・猶深染其毒若此・矧夫林林而生・碌碌而集・盡崇卑之阿僧祇・奉教循訣之不暇・固其所哉・

然世間必有高明之士・篤信道而眞知命・達於幽明死生天神人鬼之理者・則彼禍福之說・有說而窮・於是濬其婆伽濩之教・不至於九仞及泉不止・始說法曰・空矣・又曰・空而不空・始樹幟曰無矣・又曰無而不無・既曰非異矣・又曰非不異・既曰非常矣・又曰非不常・既曰非想天矣・又曰非非想天・變化其偈・務使人至於不可測識・藉令在

吾儒之教・而舉其訣以譬之・則聖人之以易洗心也・神以知來・知以藏往・彼將曰・知來非神・藏往非智・聖人之以易觀變也・窮理盡性・以至於命・彼將曰・窮理無理・盡性無性・致命無命・聖人之用易・以致用崇德也・極于窮神・極於知化・彼將曰・遣乎其窮・遣乎其知・復遣其遣・詖淫邪遁・深于倍蓰・至使高明之士・一旦冥然不可易繹・是以呂希哲・程子之門人也・於程子之學・稍有所得・反謂西竺之教・得其形而上者・與不脫乎形而下之器・尙隔一層・賢如滎公・且爲所惑・况其他乎・然不知有天地則有萬物・有萬物則有倫理・捨倫理・無貴乎天地萬物矣・况祝髮之教・則背其所自生・而謂他人父・絕其所能生・而認他人子・是天常之滅乎父子也・承平不知靖獻・遇變不知執弭・既遺宣猷・亦罔効方・是天常之滅乎君臣也・至於罔知雁序・兄弟之好已亡・不詠雞鳴・夫婦之歡竟斷・夫四倫若斯・奚言友輔・且夫力能爲人・必能自爲身・已外乎倫紀・奚能用之以護人・是故父子之倫已絕・詎能于天下之承家者・庇之父作子述也・君臣之倫已絕・詎能于天下之委質者・庇之晋錫孚孿也・夫婦之倫已絕・詎能于天下之結髮者・庇之宜室偕老也・兄弟之倫已絕・詎能于天下之同胞者・庇之八龍三鳳也・世言有佛力・吾知其窮矣・夫語其粗・則禍福之說・既不足以欺人・語其精・則寂滅之歸・又奚足以惑正・此僅可以誑乎下愚・而高明之士・乃有爲其所惑者・吾不知其何心・然其被迷之莫解也・其品亦不一・有陰用其教而陽避其名者・有深嗜其訣而實不取其粗者・有合精粗而兼用之・甚而修道場以祈福者・可哀也乎・嗚呼・彼

三品士・不暇自哀・爲世道計者・不得不哀之・然上策求諸己・亦惟有反經而已矣・

辨惑論三

隋有王仲淹氏・以聖人自居・動必摹洙泗・著中說象論語・又以漢之七制・與夫晉魏以後之詩・輯而標之・象夫子之刪詩書・而於麟經・亦有所擬・後之學者・靡不詆其誣妄・然文中子固尊崇孔氏者也・雖不免失之僭・知吾儒能諒之矣・若乃佛氏之徒・本吾儒逆黨・乃欲與六經垂教者分道而馳・夫子名丘・字仲尼也・吾儒於臨民・且欲諱之・彼則謬擬曰牟尼・曰比邱・幷謂西方可角乎東魯・以葱嶺齊名於泰山・仁覆天下・而衆知聖德之好生矣・佛氏則影之爲慈悲・聰明睿知・而衆生知聖人之先覺矣・佛氏則竊而爲轉識・大易以樂天爲訓・彼則誨人以因地・聖人於水土下襲・彼則標名曰淨土・豈知僅能侔其彷彿・而其道之不同不相爲謀者・乃若適楚之冥山乎・俗言儒・日也・佛・月也・謂儒光風霽月也・佛彗孛欃槍也・儒萬世不易之常道也・佛惑世誣民之邪道也・試觀吾儒言性・更受天地之中以生・厥有恒性・曰繼之者善也・成之者性也・曰性相近也・習相遠也・曰人性之善也・猶水之就下也・彼則分爲三・自性曰妄想・自性曰緣起・自性曰成自性・又曰虛空性・故常不動・故又曰・圓覺所歸・循性差別・有奢摩他・三摩鉢・提禪那三程・又曰・圓覺所歸・循性差別・有奢摩他・三摩鉢・提禪那・三種・又曰・圓覺自性非性・性有循諸性起・此所謂認作用爲性也・非自天命之本然也・性立天下之本・蓋中庸所謂中也者・天下之大本也・於此而大相緯繣・夫安足置於口吻中乎・

吾儒言心・曰以禮制心・曰於緝熙・殫厥心・曰聖人以蓍卦爻之德洗心・曰欲正其心者・先誠其意・彼則直任乎靈明・曰諸幻盡滅・覺心不動・曰覺圓明故・顯心淸淨・曰心生萬法・卽心是佛・曰心生種種法生・心滅種種法滅・蓋彼所見・惟知有心・亦認心爲性・與吾儒之推吾一心・以逮乎千萬人之心・迥乎其不相肖矣・又吾儒言意念・曰念茲在茲・釋茲在茲・曰惟性罔念作狂・惟狂克念作聖・曰立象盡意・曰必誠其意・而彼之教・卽以爲無念念卽正・有念念爲邪・曰有念是魔業・無念是法印・又曰・無念者於念而無念・又求意識淸淨・蓋不知夫聖人之教・必誠其意・非執乎無意也・無意在事・非無意在理也・此差毫釐謬千里者也・吾儒言思曰思・曰睿・睿作聖・曰思兼三王以施四事・曰君子有九思・曰愼思之・而彼之教則曰・慮相如影・舉體存無・曰有作思維・從有心起・皆是六塵・妄想緣氣・非實心體・曰勞慮永斷・得法界淨・曰無思惟想・無意識想・然彼又曰・百物不思・卽是外道・又曰・禪家六行・其一思維・竊以予斷之・臥輪之欲斷百思者・以思爲般若之累也・然不知思固心體之正也・惠能之不斷百思者・以思爲般若之活也・然不知思非懸空之想也・若率其不斷百思者・俾此心常生於無所住・豈所貴於廓然大公義之與比者哉・是故思之不可無者・思無越・思如農之有畔也・思不出位是也・思之不可有者・思爲越・思如馬之泛駕也・思之出其位是也・彼其能斷思・與夫不能斷思・其爲心體之蝕一耳・夫思者心之

職・念之運・而人性之發靈者也・一眞則俱眞矣・非眞則俱否矣・此儒佛異而同・同而異・與夫非儒非佛者・凡其所變化云爲・莫不游衍於其中・然在儒之爲儒・無一不以經世爲主也・在佛之爲佛・無一不以出世爲主也・以經世爲主・故以其所受於天者・而公之于天下・以出世爲主・故以其所受于天者・而自私其一身・公之云何・日萃精神于國家天下之中者也・私之云何・日攝精神于天下國家之外者也・曷不自邃古聖人觀之・繼天立極・濟世開人・慮其饑也・而教之粒食・慮其寒也・而教之桑麻・爲之器皿・以利其用・爲之關津・以通其阻・爲之市易・以濟其有無・爲之醫藥・以療其夭札・孰非出其心思・以與衆生共之乎・嗣是凡爲世賴者・雖力量成就不同・并有僞冒爲眞者・亦皆激聖人之遺波・畧扶世界・

自晉魏而下・大雄氏之教始入中國・自其圓顱以至方趾・孰非戴聖人之利乎・吾觀其自禍福惑人之外・有可稱述其開創之功・足以利人者乎・無之也・有可感戴其流布之德・使民不忘者乎・無之也・吾聞羣生之待澤于下流者・日望聖人之有所普濟・而聖人亦克慰其願・衆生之待澤于闃寂者・日望衆生之有所施捨・而衆生亦時受其惑・使其不幸而生于三代之前・布施之惑絕・左道之術誅・何從而俯仰天地間乎・然則其讆言之所流傳・克以鴆乎高明之上者・非其爲術之巧・實高明之士之潛中其障礙也・彼之法幻・每翳乎人之貞明・一入其中・遂豐蔀而不能自脫・而彼亦嘗自受其障蔽・翻謂事理爲障・傳云・宇內萬物・同在太虛中・而不能

爲太虛之障礙・夫事何足爲障乎・然曰・事猶有形跡可覩也・幷曰・理障其義何居・人在乎斯理之中・猶魚在江湖之中・人日與理而出入・理亦日與人而周旋・魚日與水而泳游・水亦日與魚而動盪・夫何足爲障乎・故曰・魚相忘於江湖・人相忘乎道術・而佛氏所見・乃謂先除事障・未斷理障・但能悟人聲・聞圓覺・未能顯住菩提境界・由其不知斯理爲何物・而以其所稱法字當之・故認法爲障・無惑乎其然也・且事不離理・理不離事・有是事・必有是事之理・窮是理・必就是理之事・是以理無不在・故曰・道在瓦礫・道在糞溺・夫分事與理既歧・隱顯而爲二・而析人與法・又不將道器而合一・觀楞伽經云・五法二無我・二無我者・謂人無我・法無我也・夫法待人而立・不有人・則法奚從而生・是卽道待人而行・若非人・則道何從而宏・一而無二者也・然彼認人與法爲二者・不獨見於楞伽經・他經云・垢盡對除・當無對垢及說明者・是以對垢指法・而以說明者・指人也・又曰・苦得如來寂滅・隨順實無寂滅及寂滅者・是以寂滅指法・而以寂滅者指人也・無我一也・乃分而爲二・何其支離之甚耶・於人與法・且不知合一・則其分事與理爲二・固其所矣・是以均之・智也・而分爲四智・均之觀也・而分爲二十五觀・析而愈支・引而益壘・至於妄之與眞・蓋犁然黑白不相侔者也・乃曰・迷則眞卽爲妄・悟則妄卽爲眞・夫眞妄猶云善惡耳・豈因一迷悟・而遂混善惡於無辯耶・孟子云・能言拒揚墨者・聖人之徒也・吾亦云・能言拒佛者・聖人之徒也・

陳一敬 程鄉人・父舜民・祀鄉賢・一敬中嘉靖壬子舉人・歷官東安同安知縣・擢上思知州・

青雲橋記

平遠・潮新邑也・嘉靖壬戌・平馬王侯始令于茲・殫心力・定規制・尋晉憲副・繼而建陽魏侯・賓州陳侯・聿觀厥成・然百度未備也・隆慶辛未冬・滕侯來尹・方浹期・弊革利興・美復具舉・士民咸愛戴之・侯又以邑之東門爲通衢・郭外溪水・每雨輒溢・歲編渡夫・濟以小舟・非長便・侯捐俸搆石橋・督葺不憚勞瘁・壬申冬經始・癸酉春竣事・命其橋名青雲・以橋跨黌宮之左・習舉子業者必由之・蓋以名寓勸也・學博黎君暨林生瓊・淩生廸仁・請勒名以誌・侯曰・春秋不書常役・凡有興作・有司事耳・奚志爲・然余聞天下之治・係于民・民係于令・蓋令最爲親民・苟能公爾忘私・勵精民務・則無不造之福・奚有不治・侯之惠政・未易更僕數・而其忘私治民・卽可以例之・程伯子有言・縣之政可達于天下・一邑者・天下之式也・侯之治邑・綽有古循良風・行將躋華陟要・亦惟率治邑者而敷之・天下裕如矣・今奉督學按潮・平邑增額進序・濟濟彬彬・皆侯作興力也・諸生體侯建橋命名之意・爭相磨勵・客青雲・躋膴仕・以聖賢之學措諸天下・則侯之惠・又不止于一邑一時已也・余嘉侯之惠政・與山水俱長・橋成・遂書於記・滕侯諱表章・號明臺・廣西全州辛酉鄉進士・

葉春及 字仕甫・號絅齋・歸善人・嘉靖壬子舉人・隆慶初應詔上書・灑灑三萬餘言・都下稱爲劉蕡復出・尋授福清敎諭・遷惠安令・以平賦役均境內田忤權要・引疾歸・會擢賓州守・惠民乞留不允・忌者又匿賓州檄使不得赴新・遂挂冠去・大吏劾其在逃・削藉爲民・卽入羅浮洞築逃庵以居・自爲逃庵記・萬歷中起知興國州・入爲戶部郎中・莞崇文稅・以勞卒官・春及文學與治行相副・在惠安著有政書・莞崇文稅著有権書・世皆稱其措置經畫詳察不苟・今皆不可見・其所著肇慶府志・阮藝文畧亦注佚・惟順德縣誌十卷永安縣志及石洞集十八卷並注存・

崇正疏

臣聞物有至物・人有至人・至物則麟鳳是已・至人則聖人是已・夫至人而不離於人・則聖人者人人能之也・皆天之所生者也・同是人而謂之至人・則聖人者非人人能之也・必天之所厚者也・天子者其天之至厚至厚者乎・何以明其然也・五都之豪智・必豪於五都・而五都之人俛首下之矣・十室之長才・必長於十室・而十室之人交臂事之矣・天子者・四海之所共尊・兆民之所共仰者也・雖有儁傑・莫不臣妾・則其才智必厚於天・故曰・天子者・其天之至厚至厚者乎・是故臣之於其君也・不徒曰上也・聖上也・於其君之言也・不徒曰旨也・曰聖旨也・豈虛哉・誠有所易能矣・

肇自生民以來・君之聖者・莫盛於堯舜・故孔子序書・首於唐虞・所以爲萬世帝王立極也・今陛下首出庶物・君臨萬邦・此天固有以厚陛下矣・今而率土歸心・仁施而敷天頌德・此天固將以聖陛下矣・履聖人之位・躬聖人之資・舍堯舜何適哉・此臣之所以願陛下矣・夫人皆信其近而疑其遠・

易其近而難其遠・何則・遠者所不見也・由堯舜而來・三千餘年遠矣・持物而數之・自一而二・自二而三・瞬息而沒・然則堯舜亦瞬息間之帝王耳・豈遠不可爲哉・且其爲聖・不過曰欽・曰恭・曰精一而已・陛下胡不自近而求之・敬一箴者・先帝作聖之功・而堯舜傳心之法也・由今而上・亦三千年間之典謨矣・何待遠求・書曰・別求聞由・古先哲王・又曰・祇遹乃文考・紹聞衣德言・此之謂也・故臣願陛下學必希聖・希聖必法堯舜・法堯舜必從事於敬一・夫一者何也・純一於理之謂也・一念理矣・間之以欲則二・一時理矣・間之以欲則二・能敬則可一矣・敬者無內外・無動靜・無遠近・無久暫・無大小・無衆寡・無敢慢者也・是心之本體也・夫人不可不敬・而天子爲急・何者・執缶者趨・執玉者傴・執愈重則敬愈至也・天子之所執者・天之命也・人之心也・宗社之樞而國家之柄也・天命之去留在敬・人心之向背在敬・宗社之安危在敬・家國之存亡在敬・可不敬乎・故曰・天子爲急・夫人不可不敬・而天子爲難・何者・攻之者衆也・

臣聞天子以一人之身・享萬乘之樂・終日之間・其雜遝而前者・非歌鐘狗馬之娛・則姣冶嫺都之色也・非精熒詭異之觀・則便嬛婉佞之態也・夫心者易動・而欲者易攻・以易動交易攻・則懸旌不足喻矣・故曰・天子爲難・雖然・急則有矣・曰難未也・天理人欲・迭爲勝負・敬勝百邪・非虛言也・以敬爲急・則不見其難・見其難者・未急焉耳・故臣願陛下急於敬一・敬則一・一則無欲・無欲則靜虛動直而聖學成矣・是故心之未感・敬以養之・理與心涵・一物無所容

也・義之方萌・敬以察之・心與理游・一隙無所乘也・生於其心・發於其政・出乎其身・加乎其民・恪乎若大祭之承也・凜乎若六馬之馭也・大廷敬矣・而尤嚴於深宮燕處之時・羣臣敬矣・而尤謹乎親暱褻御之習・自一言一笑一出一入之間・以至於一刑一賞一用一舍之際・莫不純乎天理而絕乎人欲焉・尊居九重・而常周四海之慮・心存一日・而常懷萬世之圖・事似無虞・而常爲有備之戒・無有內外動靜・無有遠近久暫・無有大小衆寡・一以貫之・敬之至也・如是可以脩己・可以安人・可以安百姓・可以育萬物・可以位天地・諸福之物・可致之祥・莫不畢至・而聖學終矣・箴曰・君德既脩・萬邦則正・天親民懷・永延厥慶・光前垂後・綿衍蕃盛・此之謂也・

夫人君莫不欲聖而惡愚・然而不能去逸而事敬・何哉・是未得敬之樂也・夫敬非拘攣煩苦之謂也・心本至舒・而理亦無滯・縱之則一毫無所踰・執之則一毫無所勞・故欽而曰安・恭而曰溫・必安而後可以言欽・必溫而後可以言恭・其體固如此也・人君惟不得其從容之趣・以徒見其檢束之形・是以遂便於放逸之趨・而愈失其準繩之正・此聖學之所以不明・而得失之間・非細故矣・且夫天之所以厚於我者・聖人之所必承也・帝王之尊・韋布之人・亦有天之所厚者・惟其敬而承之・是以修身於內・成名於外・道德之美・垂於無窮・若皐陶伊傅周孔之徒是也・而況陛下承天之位・得天之隆・敬以修之・所謂登高而呼・聞者遠矣・此臣之所以爲陛下願之也・孟子曰・人皆可以爲堯舜・古之君子・惟其得天而爲之・是以至於堯舜而無難・然則堯舜者・亦在爲之而已矣・

畿輔墾田疏

葉春及

臣嘗讀司馬遷所爲貨殖傳·列致富人十數家·具道鹽鐵冶·丹穴巵茜之事·與王者埒·家不訾·津津矣·及叙白圭觀變趨時·若猛獸鷙鳥之發·必以李悝務盡地力先之·然後知遷傷切於世·憤其所爲·末作濫而本業衰也·故曰·本富爲上·末富次之·此豈昧於大較·悅奇勝惡治生之正道哉·呰窳之人·負郭千頃·荒蕪不治·持籌執筴以爭刀錐·指計僮奴·扼吭而誅其入·所謂舍萬金之產而行乞於市也·土田當闢·古今諸儒具有論著·大者在唐鄧汝潁陳蔡許雒荆襄淮楚間·臣未敢論·論畿甸中·古者畿內謂之甸服·粟米總秸於是而出·所以省輸將便資給也·

國家建都北平·古爲燕國·燕故諸侯·宮闕城郭之壯麗·玉帛會同之輻輳·百官萬民之殷庶·何敢仰望萬一·然自文公以後·立於彊國之間·北迫蠻貉·南拒齊晉·又嘗帥師爭馳中原·乘勝逐北·翺翔千里之外·此其爲費·非微細矣·蘇秦入燕時·東有朝鮮遼東·北有林胡樓煩·西有雲中九原·南有滹沱易水·即今畿內東西所至·視昔雖狹·而南有渤海鉅鹿·至於邯鄲濮陽·蓋兼齊趙之地·長短相互·實亦當之·昔者織悉出於其國·而今盡仰江南·非所以富國息民也·蘇秦謂燕足以棗栗粟支數年·不言秔稻之事·豈非人謀地利漸乃出哉·

臣觀往牒·何承矩耕水田於河北·虞集議海田於京東·脫脫大興營田·西自山西·東至遷民鎮·南起保定河間·北抵檀順·皆從司農佃種·欣慕之焉·水泉陂塘之迹·門堰捍築之方·召募敕授之法·器具工作之資·蜃蛤粟米之富·燦然可觀也·按成式·法往智·數歲之後·其效立見·此與轉吳會漕潞渚·功相十·利相百矣·窮山澤·計毫毛·取贏萬里·而直千里之內·棄而不收·甚可惜也·然出數十萬緡以爲利本·而取息于數載之遠·非富厚之家不能·貧者一日之入·尙不足一日之用·而何暇思乎其他·蘇轍有言曰·賈人之治產也·將欲有爲而無以爲資者·不以其所以謀朝夕者爲之也·取諸其不急之處·指鹽鐵等·今內帑金有未用者·所謂不急非耶·且富人之出錢也·度其能償·且在旦夕而後貸之·興水利·闢草萊·亦旦夕可償者也·雖然·事議非難·任難·任非難·用難·用非難·成難·夫天下之人·每病太怯·不敢任事·事偶相值·漫然受命而不自量·上雖用之·常有輕之之意·及其未成而奪其業·古之君子·先量其身·而後要乎其君·君能用之·則受命而不辭·不能用之·不敢一日苟然以試·而君亦專責之·事終以濟·故足述也·方冊遐矣·成化中·都御史原傑經理鄖陽·不可稱哉·荆襄迤西·沃壤千里·蓬藋蒿萊·實盡其利·藉流民·墾曠土·得戶一十二萬·君相委心·豪傑效職·亦千古之概也·今朝廷之上·望治如渴·天下之大·獨無一人可使乎·抑洪武初·天下土田八百四十九萬頃·至弘治失其半·近日司農所入·又多詘焉·不耕之田·固不少矣·獨畿內哉·藩府州縣雖有農官·孰爲朝廷任事者·富強之道·在任用矣·

軍屯疏

國初置衛四百九十一·所三百一十一·以軍計之·約三

百一十餘萬・而是時兵之登籍者・六千五十四萬・則是二十人乃一人爲兵也・況乎守城者三・屯田者七二八一九四六・中半之・法因地異焉・不耕者少矣・天下屯田八十九萬九千餘頃・官民田八百四十九萬餘・以八十九萬九千餘田・分麗三百一十餘萬之軍・人得二十九畝・八百四十九萬餘田・六千五十四萬人羣聚而耕之・比之軍之所耕・乃其半耳・則是軍之力盡南畝・而民反不逮也・三百一十萬餘之軍・歲食粮三千七百二十二萬餘石・屯田二十畝・除正粮納餘糧六石・八十九萬九千餘頃・通得餘糧二千七百萬石・則是軍之食・軍自給之・邊儲之所運・軍需之所徵・供于民者無幾也・軍多爲農・故雖額設數百萬而不見其冗・食出于軍・故雖歲費數千萬而不見其匱・城者較藝於三操・田者講武于隙月・內外相維・彼此互發・兵戎奮・倉廩實・故雖師興數十萬而不見其難・且有待于他用也・至于今日・軍之存者八十四萬・餘四之一爾・糧之存者三百七十七萬・餘七之一爾・夫兵與食相爲贏縮者也・兵冗則食匱・軍既少矣・而糧不見其有餘・食匱則兵冗・糧既少矣・而軍愈見其不足・豈非脫籍者衆・在籍者又坐食乎・未墾者衆・已墾者又聚於坐食乎・三者相須・縮則俱縮乎・置八十餘萬坐食之人・以蠹三百餘萬僅存之粟・故今日之食・誠病其寡・兵雖不逮于昔・亦祇見其爲多也・且以七粟之糧・而食四一之軍・必不能給・是以漕粟鹽引・悉取諸民・一旦有急・坐食之人・圜視而不能戰・復驅民兵當之・無事既浚膏血以奉軍之生・有事又塗肝腦以代軍之死・此法之所以益弊・而民之所以重困也・

臣愚謂宜修國家之制・復兵食之舊・有田則不患無兵・有兵則不患無食・有兵食則不患無用・而何待其他・葢人四方無擇・而田萬古不移・或侵于蒿萊・或奪于豪右・可以往牒求也・今誠未得軍以耕之・明疆畔・給器具・授之貧民・責其六石之入・而無月糧之費・此與軍之所耕何損・合一人之入以募一兵・百萬之師・可指顧得也・屯田憲臣・但督子粒・不履田畝・所謂舍其根而求其苗者矣・至于清軍丁盡戶絕者・固當結罷・易名變籍者・則當究原・在伍籍行核補伍失報・雖萬里之遙・亦一二年可返也・奈何獨付之文墨間哉・

況乎官以清軍爲名・何所不問・隱占縱放之弊・老弱僱倩之姦・侵削逃亡之罪・實在空缺之數・行部所至・可不稽乎・胡專彼而遺此也・軍屯既充・然後守城者守・屯田者屯・豈患乎食之不給・乃若有司抑配・必遣壯丁・既犯明刑・不宜肆赦・豪富之家・寧沒其產以廣屯樹・教練之法・必如會典・騎射弓弩鎗刀之試・各有式程・官不操練・具問如律・庶乎環列衞所皆投石超距之士・一旦遇敵・勇氣自倍・亦何待驅不教之民・以蹈必死之地哉・

應詔書疏

恭遇皇帝陛下・嗣登寶位・衍舊恩・弘新化・斥方士・罷祠醮・召錄建言得罪之臣・止織造採買・崇儉黜奢・省內府上供・親自勉以厚天下・縮監局之贏以賦邊險・蠲兵工之逋以贍氓隸・減田租・議刑獄・除不急之官・懲不肖之吏・決資格・越拘攣・不愛高爵厚祿以待豪傑之士・哀憐百姓困于盜賦・典兵敝蓋・御史論而治之・詔到原籍廣東惠

州府歸善縣・臣從吏民之後・奔走伏聽・莫不歡欣踴躍・舉手同呼萬歲・蓋髯垂鼎水・雖弓劍難攀・而國有聖君・自謳歌胥戴也・詔又曰・其凡可以正士習・糾官邪・安民生・足國用等項長策・仍許諸人直言無隱・臣又歡欣踴躍・舉手呼萬歲・蓋士習不正故官邪・官邪故民生不安・民生不安故國用不足・此二帝所以咨嗟而求・三王所以彊勉而圖也・陛下同之矣・非大聖人孰能軫念於斯者乎・

雖然・君譬表也・臣譬盂也・影之欹正在表・水之方員在盂・則自古記之矣・治本之端・乃在陛下・臣竊不勝犬馬心・奉詔四事・加以端治本・爲綱五・各列其目・著書三萬餘言・端治本之目・曰崇聖學・曰廣聖知・曰勵聖治・曰用忠言・曰謹終始・凡五・正士習之目・曰重師儒・曰敦實行・曰置特科・曰迭餼廩・曰興社學・凡五・糾官邪之目・曰決資格・曰清仕進・曰審舉劾・曰御尊卑・曰擇將帥・曰正刑禮・凡六・安民生之目・曰結民心・曰較賦稅・曰均里甲・曰脩軍政・曰制驛傳・曰去盜賊・凡六・足國用之目・曰省費冗・曰闢土田・曰理屯鹽・凡三・目通二十有五・昧死奏聞・材質椎戇・學識譾蕪・臣則知矣・但念少養於學・長舉於鄉・廩之復之・又續食之・奚啻中人數十家之產・退不能力農以奉公・上荷殳以備行伍・進不能效寸尺之勞・竭涓埃之報・此所以日夜腐心・惕然而內懼也・況值聖作之昌期・際物阜之嘉會・處清問之盛朝・懷自獻之微悃・是以忘區區之愚・附九九之義・干進好名・非臣志也・今謹將所著書・昧死開座・惟陛下俯賜觀覽焉・

練兵議

職粵南海隅人也・稔聞枹鼓・輒惜當事者居常罔備・臨變莫措・獲罪於人民社稷・安用其爲天子吏哉・乃不自忖・猥懷壯圖・倘有十室之寄・當奮一割之能・茲又承乏海邑・邑經寇變・至殺長吏・陷所城・非尠小矣・用是日兢兢於茲・且屢承上官・奉天子命・拳拳然封疆是敕・敢不勉旃・況夙心乎・竊思練土兵久矣・機兵非土兵哉・自初設抵今・竭民力百餘年・募之何爲不練・又安事事也・弊在今之視昔・所募非所用故耳・職痛之・蒞任即援故牒原額三百・半赴團練・留守城者尚百又五十名・孱冒之弊・蓋難道矣・某爲攝・革厮役・省送迎・汰老弱者四十五人・召壯補充・姑即而部署之爲五營・營分二隊長・隊一兵十・合二隊・旗手一・鼓手六・凡二十九人・各有定局矣・乃爲聯轄而參馭之・爲哨長三人・左一人・掌東北二營四隊・右一人・掌西南二營四隊・各掌旗二・隊長四・兵四十・凡四十六人・其鼓則聽中軍・中軍一人・掌中二隊與中隊之旗・五營之鼓・又有司各營之視聽者二人・執籌燈者一・統鉦鐃者一・咸隸之・凡五十五人・是長哨者三人・長隊者十人・兵百人・燈一人・鐃一人・旗五人・鼓三十人・凡百五十人・而日專于戎場矣・又視各營晝地爲守・教閱之隙・以備巡徼・直宿軍中守庫獄・居於署・四營各方城守・居于關・且各有司自東至北・東關者司之・自北至西・北關者司之・自西至南・西關者司之・自南至東・南關者司之・以護壕塹雉堞・又均其役・守署及關各五人・半旬而更・上府宿者隊一人・浹月而

更・例應迎送使令者・營不過三人・並鼓人・遞遣人皆聽於長・亦既有約束而可聽命矣・但未教之・兵固難使戰・敢請轅門一人爲師・俾之轉相教習・廵捕領而旬練之・職統而月練之・稍爲賞罰・使可卽戎而止・然又有深慮焉・險無可以守之耳・城外西北高山・去城數武・下瞰城中・失險甚矣・故於四營分哨・必使東者兼北・南者兼西・以共其險・竟非完計也・團練者不敢盡請・敢請五十五名・設爲一營・準游兵以守西北諸山・有警屯之・以爲城中犄角・無警分五營・各備一隊練之・且以廵徼郊衢・以省守舖等役・此息兵保障至計也・

保甲名籍留縣議

慶蒙院道遵勘合責行鄉約保甲・恐恐然不能祇承德意是懼・已於各部推擇耆老・待以異禮・使居申明亭・卽約丁正・敎民爲善・兼理戶婚一切小事・建理社厲壇以事鬼神・盡毀淫祠改社學・請敎讀以訓子弟・立保副長・統各舖丁男・使司防禦之事・竊以謬知一邑・强弱善惡鰥寡煢獨疾痛困苦一不知・何以其名爲也・故丁無官私老幼・咸登于籍・蓋無事以行敎化・則綱紀有條・有事以守疆埸・則什伍可定・非厲之也・民愚不知・疑懼造黃冊將籍而役我・萬一有警・又將驅我於戎行・匿不報・按保甲舊籍具在・不過戶一二丁漫應上官督責・不足據・乃使耆老勸諭・職復之至再至三・不得已而信之以誓・乃報・固難必其無隱・其心尚未能釋然也・近有警・奉檄保甲丁男出澳防禦・職卽召保副長而申令之・老幼守家・壯者從便・什伍據險守堡・或聚爲營及偵

諜等・隨其丁之多寡遣之・緩則更休・急則盡出・彼旣響然聽命・茲欲籍名于官・哄然謂令我欺・夫道愛民之心・比職爲共切・而職播告之意・比耆老爲頗詳・但無事時彼旣不能無疑・有事固宜其蹙然而驚也・法安民耳・王介甫行保甲而亂・伯淳則治・安與不安之說也・人莫不顧其室廬妻子・昨有警・附澳民奔走來受約者・足相躡也・則雖不必其名之在官・而其心固在賊矣・所謂不用其名而用其實也・況名已在縣・與在道同・但民愚・謂道尊而縣親・勵勸之時・未卽破其愚見・遽聞于道・彼之惑也滋甚・第俯循其情・奉檄以致之而已・職卽行海上・考其用命與否而賞罰之・

順德縣志序

萬歷甲申・吾家君侯吳西公介曾生仕鑑・請石洞子志順德・石洞子曰・吳文學澤藪・君侯擅其菁華・卽令剜心・無當君侯・一國雖小必有史・志亦史也・謂有三長・不佞不得一二・少無嗜好・欲自托於無能之辭・君侯知吾壯盛之年・不知吾精已消亡矣・三・辟之騏驥・順德亦冀北・不佞獲交已十餘輩・奈何奪邑中士夫權哉・四・身旣隱矣・焉用文之・馬隊校書淵明所以潁水也・五・君侯曰・先生薄世卿乎・石洞子曰・君侯如獻臣・不佞敢辭世卿之役・至則世卿書已亡・行行獨前後兩書・豈客之哉・豈固之哉・郡邑志率多武功彰德・則爲地里・建置・祠祀・賦役・官師・人物・選舉・流寓・雜志九篇・如吾惠安・圖其疆理・戶口・田賦・稱圖志云・於是葉生永和・馬生中奇與曾生・原本山川・搜抉遺文軼事・齎粮往矣・邑廷尉梁公所謂奈何奪士君

權者・君侯曰・地理・祠祀・賦役・流寓・惟石洞・人物二十所・亦惟石洞・餘則廷尉也・曰・或藉是傳・不客我固我哉・余既弟應君侯所署・圖未緒正而病越吟・曾生受而撰次之・

太極辨疑序

昔者聖人畫卦立象・則已圖造化矣・易有太極數言・闡發卦象意旨・濂溪緣是復圖太極・直指造化・而又以加無極之文・蓋造化卦畫・其致一也・自象山紫陽互相譏駁・垂四百年・而孔憲卿爲辯疑・隆慶辛未示余閩中・今業刻之・余及爲之序・

傳曰・天地設位・而易行乎其中矣・天地之始一易耳・氣坱矣・太虛混淪推盪・舒而燠謂之陽・翕而慘謂之陰・變易交錯・生陰生陽謂之易・易無極矣・而有所極・是生兩儀四象八卦之本・謂之太極・流行不窮謂之道・無方無在合一不測謂之神・若此類・夫子其言之・生天生地・姤而復行・其中一易耳・列子曰・易無形乎・易變而爲一・一變而爲七・七變而爲九・易加於一之上・何其累哉・夫子時已有此・故曰・乾坤成列而易立乎其中・易在陰陽之中・蓋救之也・善乎謝汝愼先生之言曰・易無極而有太極・陰陽變易・眇無定極・而有太極爲之本體・又曰・於陰陽之變易・見其有太極・於變易之無極・見其爲太極・太極卽易也・有味其言之哉・夫人名之而應・字之而應・稱某父之子・某祖之孫應・稱某子之父・某孫之祖應・何者・之人是也・言如所指・何必稱名拘之・無極雖見老莊列書・而易本無極・借以爲文・無傷也・周圖原本易傳・其說自合・圖說易通出一人・其說自合・河圖洛書・聖人作易則之・周圖既本易傳・說自合・憲卿皆類成書・能貫通矣・書凡八卷・疑耶否耶・覽者自得之・憲卿有道之士・他日有傳之者・不具論・

平世急民詩序

西江之水・遠自梁益・經流三千餘里・百川所注・無慮五十餘州・鬱黔桂繡臨賀・其大者也・江河萬里而赴尾閭・豈不踔遠・洪波漭瀁・別以灘沱・至於兗揚・皆澌爲九・其流殺矣・西江迢迢而來・其廣可葦・無支流以疏播之・及之端州・而峽山綰轂其口・大壑尙遙・秋水時至・百川灌江・江流之大・不能遽洩・載於高地・不亦宜乎・漢儒傳洪範・配五事於五行・恒雨大水・罪歸於貌・四德咸有・何貌而獨不修・藉令一身能干天地之和・貌何獨召乎水・于時有位不能作肅・一國之人盡狂・抑又何也・大都布氣者天・建利者地・定傾者人・夏而資絺・冬而資裘・旱而資雨・水而資車・物之理也・既雨乃求簑笠・是謂後時・故君子不恃無災・時吾有以待之・非明天人之故・裁成輔相之宜・惡足語此・余觀前代之載・自唐而上・記事簡略・宋元迄于今日・水不絕書・固知端州病水・地勢之由・未可歸罪人事也・

萬歷丙戌歲・自春徂夏・淫雨不絕・及秋・西潦大至・江水濫溢・督府須拊而入・堤決九十餘區・宮室漂漂若泛梗・夫不甯婦・父不有子・垂溺而望濟者・聲聞四境・城中水從地濆起・隍幾覆矣・當是時・督府則連江吳公・監司則山陰王公・太守則山陰鄭公・覲還厪二旬・吳公曰・嗟・不

轂奉上命・撫兩粵・適見於天・民將爲魚・不穀之罪也・二三大夫何以免我・王公避席曰・否・洪範有之・王省惟歲・卿士則月・師尹則日・位有尊卑・故省有大小・王不省卿士・卿士不省師尹督府・豈省泮所省乎・泮待罪嶺西・厪厪二郡・端爲首・又嘗守端・泮之餘烈也・督府何罪之有焉・鄭公攝齊進曰・信如洪範・師尹奚逭・夫病・指不如股・股不如身・兩粵視端猶指也・嶺西視端猶股也・一身舉病・吾尙欲誰嫁之・監司以故守引慝・今守奈何・一鱗之罪也・監司何罪之有焉・於是鄭公降服減膳・出則望洋而拜・入則席藁而坐・靡神不舉・祝幣・史辭・遣縣人治墉・遣鄉人築堤・遣候人戒舟援溺・遣館人居溺者・水退・行縣察疾苦・匡困乏・貸逋負・吊死問孤・發倉廥以賑饑人・泛舟之役・日相望於道・遣遂正藉墊沒貰其租・灾而不害・父老曰・天施而不生・爲而不宰・萬物出乎機・入乎機・見爲象而形爲器・地則然矣・吳公王公天道也・鄭公地道也・又曰・拊長畜育・父母皆同・孚翼而腹之惟母・吳公王公父道也・鄭公母道也・則相率聲詩頌鄭公・摛爲十章・等其功於禹稷云・

昔孟子推禹稷之急民也・謂思天下有溺有饑・由己溺己饑之・洚水爲儆・黎民阻饑・禹稷適當其敝・救民爲務・已足稱賢・我實未嘗溺而饑之・誰敢厚誣賢者・禹稷不然・居其位思任其責・平水土由我・播穀由我・有溺有饑而由人乎・況天下一家・中國一人・非意之也・後世胡越其民・不關欣戚・即勉强在事・常思稅駕於人・曠責而負淸時・賢不肖相去遠矣・鄭公守郡・惟安民爲汲汲・不幸被水・直引以爲己辜・其賢可知・抑有本也・王父遂溪公・父樹州公・皆以民功顯・弓冶箕裘・殆非虛語・孔子遜居禹稷・而子孫昌阜不啻過之・以古準今・鄭氏其有興乎・父老謁余序之・葉子曰諾・

節推孫公考績序

石洞子曰・說春秋者・何文深繞繳而過求聖人哉・昔周道衰・王路塞・諸侯恣行・政由强國・孔子于七十二君而不能用・旋轍于魯・因史記舊文而次春秋・其事桓文・其文史義・乃自謂竊取之・是春秋之大凡也・筆削由己・一辭贊之・雖游夏不能・當時固己誇詡・後人人異端・各安其意・失其眞・謂孔子大聖・豈其文之而謾焉者・遂求褒貶於一字之間・嗚呼・亦未知孔子之心與孟氏之說乎・余觀王之天不天・事之曰不曰・史也・非孔子也・人之名不名・君之公不公・史也・非孔子也・字不字・人不人・公子不公子・丈夫不丈夫・國不國・戰不戰・史也・非孔子也・而皆緦緦於一字之間・爲褒貶其文史・孟氏豈蹶言乎・故直書其事而美惡見・勸懲明・是春秋之義也・許子弑君不罪・罪不嘗藥・趙盾弑君不罪・罪不討賊・以故有誅心之論・則何異腹誹哉・其極慘礉少恩・竇太后詆儒司空城旦・蓋急之也・張湯本嚴酷吏・四上鄉文學・決獄欲博古義・乃請博士弟子治春秋・補廷尉・史所謂春秋決事・此必此輩所爲・乃駕說於董子・湯深文巧詆・陷人於罪・使不得反其眞・以勝爲功・博士弟子・罪則魁矣・極推孫公家學春秋・自其父兄・皆以是致位通顯・公少穎・治之尤精・雖時布鵠康侯・而能求聖心於數千載之下・不泥於經而考於傳・不鑿於文而求於心・諸儒緦

緦於一字間者・濯而去之・世傳孫氏春秋・及司理惠・以誠長者處官事・至如鑑之懸・自美自惡・如衡之設・自低自昂・如孔子春秋・進退褒貶・因乎其事而未嘗・十邑之民・歡欣闓澤・畏其難欺・而服其至厚・則經術明而心術正也・太守黃公・聚十邑士敎之・而吳天覺輩以春秋遺詣門下・於是孫公三載報政・吳生輩徬徨不能舍・余稱祖宗法・考績而稱遷・亦九載・萬一主上多公經學・留侍大廷決大事・可奈何・漢最重經師・使後世云孫氏春秋有吳生之學・幸矣・

兩廣制府連江吳公奏績序

余觀天下之勢・則南北重哉・周文初基・玁狁南侵・宣王中興・淮夷內訌・惟是一二熊羆不二心之臣・是畀是任・北有南仲・南則召虎・然於朔方城之耳・於玁狁襄之耳・江漢則經之營之・平之定之・旬之宣之・疆之理之・且至於南海焉・豈不以朔方以北・引弓之民・玁狁制之・不敢南向而牧・於吾以足・吾何武之黷爲・江漢之南・冠帶之室・受命天子・耕織衣食・有不浸潤於澤者・賢君恥之・內外之勢殊・而制馭之道異也・

當今環四海以爲帶・東至三韓・西踰酒泉・北盡朔方・南距越裳・函夏之內・建節開府者二三十所・十五年來・海波不揚・邊鄙不聳・將使唐虞遜德・殷周讓功・詩人所云・方斯蔑矣・此上安攘之績・亦諸臣宣力之猷也・談者卒難北而易南・重北而輕南・殆不然哉・北狄懷犬羊之性・負鵰鷲之聲・見謂剽悍・朝廷待之過於南夷・故其才官吏・士芻粟・賞賜節鉞・首功特異諸鎮京・近者二三百里・烽舉燧熢・朝廷且任其憂・驅令出塞・璽書業至軍矣・南方本疆理之地・有旬宣之責・雜鵰鷲之民・煩平定之力・遠輦轂之下・不尤重且難哉・況也南海多珠璣犀象玳瑁果布之臻・至輒甘心焉・惟吳隱之酌貪泉以自潔・沉瓣薌以旌信・而不能遏盧循之寇・遂至蘆化成荻・廣州不守・貪者以簠簋敗名・怯者以干城被誚・覽觀古記・大抵然矣・非夫具文武之才・躬廉潔之操・惡能勝其任而有辭乎・

萬歷甲申・連江吳公奉命兼制兩粵・軍市租若郡邑轉輸・皆入幕府饗士・非軍興無所取用・曰・幸得備位列於九卿・奉入厚於臣・侈矣・敢益毫釐・以速官謗・莞庫無以吾故不謹・及唐所稱送使之禮・悉罷之・賴公寵靈・反仄旋卽芟夷・疾於迅雷・其師不老・歲長度有餘・乃減無藝之稅・凡諸利害・大者以聞・小輒行罷・一舉而懷賀平・再舉而珠池靖・三舉而岑岡授首・遂使猰貐分梨・鯨鯢磔裂・氛祲息於東西・威稜憺乎嶺海・廉潔古今・二吳可爲頡頏・論武節・公家處默・不無慙德・蓋上過於周宣・召虎之烈・猶不足爲公願也・至是奏績・藩臬大夫若郡縣吏・下至抱關・皆謂公大度不苛禮・善者嘉之・不能者矜而敎之・殘墨二戒・嚴於師保・惟表之端・人自不敢以身試法・乃知空言無當・而徒濕薪之操・無爲也・難說易事・公實有之・今將入佐天子・若我何・連帥材官以至部士・則謂世之貪者・卒歸武人・豈性然哉・諺有之・斧鑿與木・遞相入也・上無誅求・下無朘削・乃自今日・若輿衛簡・徭役禁・召募精・更戍時・賞罰明・粮糗備・疾疫拊循・故將士一心・水火可蹈・所向克・遂有功・吾輩敢自謂能將將・將兵・公兼之矣・安

得供盛於漢河內・諸父老則又謂郡當開府・四方之使日至・異時供張輿馬・怔忪道路・公一切節簡・與民休息・下有司覈土田・平繇賦・廣厲學官・往歲大水・勞來賑貸以聞・民得無害・天少不雨・憂形於色・吾儕小人・在九毁之卒章矣・欲留公者・東西雖數千里・如出一口・上果暫留公・詰而錫祖考之命・臬藩大夫王君泮・宣城徐君大任・福唐鄭君人逵・分部在節鉞下最近・而春及適在端州・則令致辭・余惟召虎告成・而王亦有爾祉之錫・召公是似・及乃祖焉・召公之教・見于甘棠・則虎肇敏戎功・匪特其人賢也・世德茂矣・公先大夫憲副公・明德著於嶺表・即今賜履之地・自公作考・比諸召氏・均爲濟美・虎遂受命于周・知公對揚休命・相明天子・矢文德而洽四國・直須時耳・區區兩粵留公・庸詎能乎・日月經于四表・豈顓顓於一邱一壑・一邱一壑・孰非日月・故余不爲兩粵留・爲天下賀・

甌寧滕公晉撫浙江序

進士黃君謂石洞子曰・縉不佞・與七十子幸以經術出滕公門下・朝廷爲浙重督撫臣・則公自畿甸往・鳳凰覽德而羣鳥從之・此彙征時也・吾將世道賀・吾子謂何・石洞子曰・諾・滕公蓋鳳凰・吾衰甚矣・和平天下・宜莫如公・頃聞浙命・不自知喜之無從也・公方有事于浙・請論浙・高皇帝疆理寓內・樹屏陳臬以統治之・有故則貳卿衡命以出・事已而休・乃今重地・建旄開府・厥有常號・治軍曰督・治民曰撫・國之制也・九邊以禦虜重・兩畿宮闕・陵寢所居・有列侯外戚中貴人豪俠之所根據・而皆不如浙難・何者・名其爲難・難以不困・難而不爲人之所難・難之難也・浙北有震澤・東環大海・南連閩越・西下豫章・廣連千里・帶甲百萬・此句踐所以屬江淮而霸齊晉也・歲漕粟給中都官・居江南中都侯王・不以封・等於畿輔・其重可知・人民多文采・仰機利而食・無不衣絲曳綺・彈箏作倡・六博蹋鞠・呰窳不事・而務游閒公子之名・異時東夷蚋集・無亦醞以致之・大難雖夷・而戍不可罷・一拂其意・則羣起而譟呼・甚可惡也・壬午不遠・足爲寒心・以民則偷怠若此・以兵則驕驁若彼・伏而未發・因謂之安耳・目手足猶然壯夫・病乃在於骨髓・所以望而走也・明者衣袽於未濡・則曰正營而太怯・披抉瑕隙而苴治之・則曰先事而旁午・無寧便文以養之・二者不免其難・何如哉・今夫吳干・所以無留行者・鋒刃犀利也・操而不割・與鉛刀同・法令亦治世之吳干也・嚴則鋒及犀利也・馭黠馬者利其御策・否則怒人而踶・驅駑馬於御策之中・二十四蹄・可使如一・奈何以柱後惠文・而逡巡於偷怠驕驁之上乎・滕公在粵・以德禮道民・若嚴師在上・不敢一日逋蕩而嬉・會兵鼎沸・擊太守門・諸司多揵戶避之・公出乃不至辭・治軍長江・旌旗之肅・鉦鼓之聲・彷彿平陳時也・其辯此矣・黃君曰・滕公起家邑令・歷藩臬・至列卿・所在戴之如父母・豈專事嚴・且治徒嚴之・尚得無頓乎・石洞子曰・否・傳有之・寬則民慢・慢則糾之以猛・猛則民殘・殘則施之以寬・寬以濟猛・猛以濟寬・政是以和・辟如水火相反・而實相成・子產用猛・不以其故傷惠・大叔猛之不忍・卒召亂於萑苻・今亦慢矣・拊兵以仁・示民以禮・禮失而棄吾仁・法無赦・又何頓焉・周之東都・亦重地也・周

公毖之・君陳和之・不剛不柔・則惟畢公之命・洽道治政・澤生民而賴四夷・非正色率下不可・公嘗督浙學事・正身帥先・青衿如服孔子・何有於閭巷之氓・什伍之士・鷙鳥累百・不如一鶚・況鸞鳳哉・子飾五彩以從公於虞廷・勉之矣・黃君曰・縉不佞・安足為公役・吾子之言・或致理之猷也・請以效於公・

大將軍戚公請告歸登州序

中國之患・北有胡・東南島夷棘焉・秦城臨洮・至遼東・延袤萬里・控弦之民・不敢南向而牧・後世諱其事而脩其功・遣派男女齎五穀百工成隖夷・後世被其毒而議其罪・國朝防胡・立九鎮・自山以東・負海之郡・淮浙閩廣・築城置守・盡于珠崖・皆備倭而為・可謂聖人慮事者乎・魏鄂宋源・轉戰逐北・建功萬里之外・矯矯虎臣・將將之善・由高皇帝長陵北伐・犂其王庭・而令自臨武節・假諸臣有一可使・惡有榆木川之事乎・隖夷自洪武時・固已患其慓悍・正統遂殘桃渚・擐甲之人竟無能挫其鋒者・報國謂何・嘉靖倭大入寇・浙東西江南北以至閩越・咸罹其禍・督府數易・羽檄四馳・竭府庫之財・不足於糧饟・募梟鷙之徒・不足於行陣・數萬賊衆・嘗以一矛走之・天下大震・大將軍戚公時參將分部台州・為鴛鴦陣教戰・其節制無不一當百・賊犯台州・殲之・已徙部閩中・賊方壁福清・戰於牛田・殲之・走興化・又殲之・賊乃大創・寖平・而閩浙免於鋒鏑・無不欲尸祝公矣・當是時・公名大顯天下・無問識不識・皆知戚公・隆慶初・匈奴入塞・詔備薊州・公曰・禁兵則恣睢・召募則烏合・徵發則道斂・分戍則坐饑・邊郡良家子・以浙兵法合・更番訓之・三年乃可議戰・故公在鎮・未嘗徼一戰之利・所謂節制之兵也・匈奴欵塞・願為臣妾・夫豈呼轉之運・務算得焉耳・用於南如彼・用於北如此・使遇高皇帝・萬戶侯豈足道哉・閫帥某曰・今之將難矣・古司焉法・閫以外・聽於將軍・政屈萬乘・以信其威・何可得於今日・文墨之吏・實握其權・一不如令・吏得以法議之・且非獨此也・將相如調・則事允濟・故平勃交驩・天下不以貶兩人・夫皆社稷之役耳・日者相臣棄賓客・大將軍遂有人言・挈挈而南・猶尚以前過也・倉公治病・隨地而異・公故習南北之勢・亦欲起羸越而强之・驥千里而縶其足・公病則宜・公曰・不然・不佞席先人之業・結業行間・天誘其衷・所向克遂・有功皆上神武・中外大臣推轂之力也・不佞何有焉・蕞爾武夫・致位上將・祖父妻子・恩澤優渥・功名顯於三陲・寧尚有不盡乎・介胄四十年・筋力竭・南為瘴厲見欺・即慕馬革之名・何益國事・向與□□君要言・南平隖夷・北靖胡虜・黃冠重遊・久而未復・武夷君之為詩・何以解焉・登州近三神山・仙人往來・歸置妻子・黃冠從之・庶幾安期之志・國家人才・如彭蠡陽鳥・何少不佞・葉子曰・三代下・三品獨多子房・謂功成不居・從赤松子也・不意千載・戚公繼其芳躅・公所言安期生・意深遠矣・射楊葉者百中而息・鵬不難九萬里而南・其息亦以六月・斯造化之玄機・豪傑之卓識也・子房雖辟穀・强起高后・上方拊髀頗牧・安期公詎能乎・公第黃冠往矣・

壽黃龍龐先生序

余兒時則聞南海龐先生治黃龍也・羅浮・三神山一股・見外家言・而三神山藥長生・宮闕黃金銀・諸仙人之所游敖矣・先生居最久・七十而孺顏・意是乎・先生聖儒結髮・學孔子之道術・而壹稟於六經・今士抱一藝興陋・先生爲度堂都授其中・當是時・固已傾兩越之士矣・山藍縷絕・莫知起時・至葛洪而用章・其徒趨之・如水赴壑・南漢據嶺表・離宮建焉・世殊蓬蒿・雚藜蕣茂・遺址存・仙人不來・而霸主不能有也・濂溪豫章以吏事至・席不及煖・先生居山・山之諸宇自此興・當是時・湛先生亦治朱明・先生爲設北面之席・然先生廉・食無粱肉・衣無文綺・不言而躬行・其質行諸儒不能逮也・先生入爲京兆・遷尚書郎・出守南中・治甚有名・當塗之人・竟以老免・是歲嘉靖三十八年也・古七十稱老致仕・則今是矣・而太公不以其故不師・使先生出而任事・輔少主守城深堅・雖壯夫不過也・奈何以冥冥決・而逆斷於二十年所乎・或曰・世之日・日常促・山之日・日常舒・促故以五十御人・舒乃七十而始孩・且玉堂金門・世之所高也・仕者據之・名山大嶽・而亦授命有道・紆紫拖金・揖讓萬乘之君・四十五年遠矣・黃龍爲湯沐邑・施於無窮・是天所以奉先生也・余聞古人之壽則以山・故曰如南山之壽・余不佞・逃於石洞・石洞帥四百三十二君・爲先生保黃龍・而余春及帥先生門人・若二仲所以遊・上先生羅浮之壽也・

鄭烈婦挽詩序

嘉靖甲寅・余宅憂黃田・山客傳晉江吳夫人遺筆・是時吳年二十三・余因之爲泣下曰・之子死且不朽・余何以生哉・後官惠安・拜其祠・上所賜也・過其墓必式・時時風厲邑中・蓋二十八年而有姚氏之事・

姚氏余弟子陳文銹妻・經紀身後・遍拜父母兄弟先後親戚・語言明理・淸婉而悽・其日書雉于堂・環而觀者・莫不髮豎目裂・汗下至踵・含痛瞠視而不敢止・大與吳相類・未旋・又三年・而有玉融林氏之事・

林氏者・鄭汝舟之妻・吾郡侯金峰公之婦也・汝舟病死・林氏必從之死・服毒不死・服金不死・引刀自裁・家人覺而奪之・又不死・及數日・手抉咽絕・乃死・

嗟夫・從一而終・聖人懼人禽獸行而爲之教・不幸當此毀容擿戶稱未亡人・要以同穴立信・死者有知・生者不愧・三人必死以殉之・豈非信誠菀結于中・如此乃愉快哉・余觀周末・何死如歸也・先王之教未衰・重信義而貣志・匪有威命之驅・契券之責・必有所安・計不反顧・蓋俗已成・一人善射・百人決拾・其習然也・自漢以來・離於戰國之苦・人各甘其食・美其服・厚養其七尺之軀・萬一有故・多背君父・保妻子・奉頭而竄・至於金川門之約・可爲扼腕・婦人性靜而位內・內不見物而遷・靜則專一而不可解・捐生赴義・時則見之・閩中女士・教以詩書傳記・節義中於其心・一人倡之・繼者相望・雖然・父母於子・蹩其足則救・蹩其手則救・安有環視其死聽之者・吳姚之自爲可也・其父母親

戚非也・惠安人爲余言・有司奏上・姚氏報□・非謂不可訓哉・林氏百死之・其姑若親戚百生之・不能・乃無如之何也・孔子以當時死易・故操中庸・貶退蹈白刃者・今死難偸生之夫・喪節之婦・或以中庸自解・余安敢輕議之哉・惠人見林氏事・詠歌之・余爲之序・

瀫陽趙公浮邱社大雅堂像記

詩有六義・雅居一焉・其有大小・則體以爲區別・君子聲詩率大雅・大雅也者・風匪雅則流・賦匪雅則濫・比匪雅則離・興匪雅則固・頌匪雅則誣・矯而不經・大雅則兼之矣・古者四方所來・咸綜萃於史官・瀫陽趙公既與其職・侍上講幃・望君臣父子・未嘗不反覆之也・會宰相棄素冠・諸臣摩厲以進章・不下・公直起居・則執簡請・宰相不悅・既以摩厲之罪罪諸臣・公率同列入謁・滋不悅・而東粤之命下矣・公曰・臣舊職在詩・而新命以軍旅・臣不敢違・賴上神武・桴鼓密於嶺海・臣得以其間治詩・請無廢業・會生士鑑進浮邱圖・乃作浮邱社・浮邱者・朱明門戶・故在海中・始於浮邱公・繼則稚川・集賢修撰蔣公觀之・當熙寧之世・沒於民五百餘年・至趙公乃復・語在公所爲記・國初五先生攻吟咏・社於南園・故東粤好辭・縉紳先生解組歸・不問家人生產・惟賦詩修歲時之會・故社以續南園・吏茲土者・無沉滑・程石休沐之暇・與二三大夫文學之士・徜徉容與・雅歌賡載・慠焉僊僊以游塵埃之外・則公所稱述云爾・嗟嗟・其節峻・其道大・其節峻・故方正而不容・其道大・故挫銳而和同・其周公之東乎・昔屈原以辭令見幸・及其遷逐・大放厥辭・遠遊之賦・亦將託乘上浮・仍羽人於丹邱・朝王喬而夕韓衆矣・惜文肆質鄙・抱忿悁之節・無濡忍之意・離騷天問九歌九章諸篇・軼宕怪神・怨懟激烈・大雅謂何・舍王喬而從彭咸之居・陽侯與遊・而違言於韓衆・何本末不相輻也・方公出西郭門・長坰廣野・翳林修竹・雲冉冉墮馬首・駐蓋流眄・非行吟澤畔時耶・然無憔悴枯槁・社成・左浮邱・右稚川・海上仙人・將盡致之・漱正陽而含朝霞・玉色頩矣・所與學士大夫載歌・廣哉熙熙乎・優游中正・無纖介不平之態・於屈原何如也・屈原居風雅之變・朱子揆厥所由・未嘗北學中國仲尼周公之道・公夙昔焉・雖有風雨・無改兀兀・大雅不羣・有本故耳・世談道者・往往雕蟲辭賦・公直藉以爲名・豈惟孫膚碩而不居・而卑卑以混世・何莫學詩・實則誦法孔子・蜻蜓蛺蝶・無異鳶魚・胡爲而去取也・獨怪宋玉輩北面屈原・相對咨嗟・無能舒其鬱邑・蓋原自謂得路・雖女嬃之詈・靈氛之占・曾不足以回其車・而何有於玉輩・若公學正道純・主盟壇坫・取前茅而先登・一時豪傑・爭鞭弭共相馳逐・則公於我宏矣・於是以大雅名堂・樹儀的・明嚮往也・公歸・遂像其中・登堂吟咏・儼公之我臨焉・今公入佐聖君・行周公之道・續文王之什・播大雅於天下・吾粤首被公化・他日定詩以繫趙公・胡不可也・初・曾生囑予記之・宿諾六載・公門人汾源郭公來督學・申命不敢負・第策下駟・奈何・侮主齊盟・郭公大雅嗣音・宋玉安足云也・

新築北津寨記

肇慶爲郡・北辰萬山・南傳于海・而陽江縣則當大海之

濱．北津其要害也．東接閩．北過高雷瓊廉．通安南越裳．海上諸夷國估客夷寇．猶門庭上往來．而粵緣海應有六寨．潮有柘林．惠有碣石．廣有南頭．雷有白鴿門．廉有烏兔．瓊有白沙．上下聯絡．豈不如引繩哉．第所則海朗雙魚．相去三百里．砦則南頭白鴿門．相去一千二百四十里．而北津居其中．入縣僅三十里近矣．故歲調東莞弋船發神電．陽江．雙魚．海朗．尺籍．戍戙．船澳．爲北津外藩．嘉靖三十五年撤戍．自此盜賊如履堂奧．一陷海朗．再陷雙魚．三寇陽江．入其郭．北津海陵民無噍類．當是時．海寇鄭大漢．林道乾．朱良賢最鰲．萬歷元年．許恩殺鄭大漢以降．居之北津保界．四年．督府凌公奏言．陛下不知臣不肖．使待罪行間．羅旁賴陛下神靈．州縣其地．北津未砦．海上之民．未得安枕．陽電緣海．雖隸白鴿門部．未免魯縞之弩．將士林立．而倚降寇以爲安．不亦輕朝廷而羞封疆之臣乎．請以北津爲寨．以雷廉參將兼水砦事．烏兔雖近珠池．遣一校守海康．可無患．請罷之．以兵補北津之闕．制曰可．其年．弋船七十．又四戍卒二千二百七十．分三軍．許恩領中軍．保界如故．六年．許恩謝其黨．置田宅．居縣城西偏爲編氓．其黨亦散處喬馬都．則遣把總代領其軍．八年．督府劉公請革參將．置欽總．自是乃有欽總．然居縣城北津．無寨如故．

初．許恩旣居北津．則以蜃合沙土．築城自守．池其外．雖金湯不過也．恩去．跛牂牧其上．日圮．十四年春．珠池之役．海上戒嚴．郡丞方公職防海．視師北津．四顧躊躇．欲砦之矣．太守鄭公觀回．謂方公．陽江以海爲池．而北津縮轂其口．頃置砦有詔．軍吏跧伏縣城．猥以治所不備爲解．守在四境．則謂之何．君亟之．方公曰．諾．請于兵憲王公．屬秋募．王公行縣至北津．觀許恩城．曰．朝廷待恩不死．故恩爲朝廷城．今避居遜我．奈何棄之．且恩自營兔窟．不萬全．豈但已哉．因之便．於是方公圖上方略．因恩之舊．亦蜃而築之．周二百二十丈．高一丈五尺．基廣半仞．上有雉堞．瓴甋爲之．其高如基之廣．門三．譙櫓七．睥睨視堞焉．內外皆有通施．卽恩所鑿者．中爲按察分司．左爲欽依總司．又左以居分總．右則備倭之署．皆西嚮負山．罍江所遶也．兵民相錯以居．南門外闢講武場．容萬人．中有亭．陽東濱海．有陵．登而望之．不知幾千萬里．亭其上．曰望海．匪特游觀．亦以偵寇．費凡千金．兩臺曰．善．而陽江藏金僅四之一．餘未有出也．先是恩率衆降．督府賚以千金．恩專之．衆不平．然未敢發．會恩死．則相率訟於督府．事下海防．方公乃謂恩妻子曰．衆怒難犯．專欲難成．向衆不敢及千金．徒以恩在．恩死．衆殺而母子．猶咋鼠耳．饑人所以忍死而不食烏喙者．爲愈充腹而與饑死同患也．今死千金．亦食烏喙之類也．不如出千金．而籍所置田宅．官爲章識之．則衆不敢侵犯．得以享其所有．甘食美衣．於母子亦得矣．恩妻子乃涕泣曰．惟明府之所詔之．方公又謂衆曰．若等皆死．賴督府生之．幸甚．尙望金耶．督府所爲賚千金者．以保界也．今烏獸遁．何功而金之望．若等既從編民．一不逞．有司得以三尺繩之．今恩妻不出金．若終不敢動搖．不如以歸佐饟．督府必善．是以不可得之金．而易必得之福也．孰利．千金固在恩．亦不能名一金以死．若得享其餘福．孰多．衆又涕泣曰．惟明府之所詔之．於是出恩藏金．存者九百．以上督府．吳公曰．其以治北津寨．功乃成．

葉子方纂郡乘．鄭公方公則謂葉子．子職紀載．北津事敢勤從者．余謂國家西北設九邊禦胡．自山以東．負海之郡．淮浙閩廣．盡于珠崕．衆建衞所．皆倭以也．東南舟楫．倏忽千里．與胡馬等．皆爲長技．顧胡以雕鶩爲聲．又近輦轂．亭障烽堠．朝夕兢兢．東南衞所之不支．其他何有．游徼之官．祈望之守．往往擇便而嬉．夫狡焉思奮爪牙以填谿壑者．覩釁而起．此所以敗覆相尋．而駢首就戮衆也．勇夫重閉．豈虛語哉．且恩假息之人．綢繆穴竄．不拔是務．無亦身家之厘．身視民而家視官．不待亡羊．牢必補矣．是役也．方公身之．鄭公啓之．王公主之．成則吳公．不然．雖有良庖．不能無刀而割．皆社稷之臣．視民如身．視官如家者也．經始於是年春三月．成於秋八月．欽總王重喜．分總朱相．百戶王宗成．陽江知縣宋良木．典史王舜．皆有勞者．庸書以貽後人．俾勿壞．

涵江翟先生傳

先生名宗魯．字一東．其先由東莞遷博羅之泊頭．又遷竹陣．前臨沙河．建寒江精舍以教學者．學者稱寒江先生．精舍後改涵江．學者則又稱涵江先生云．先生生而沉毅．不苟訾笑．少從父元椽潮陽．富人欲妻之．先生曰．吾不能耳餘．烏用外黃苦陘女也．歸補縣博士弟子．砥礪節行．學必聖賢．居處必敬．行必古禮之循．雖燕暬．衣冠必正．來學日衆．于堂下置茅蕝三．一收放心．在兩階間．來者居之．旬日放心收矣．乃升堂．一有過在西階下．一改過在東階下．知改．移之東．能改．復升堂．學者遵敎惟謹．時延慶招提峙泮宮東．先生上書督學使者魏公曰．鳳鵠不並樹而棲．蘭棘不並林而植．今泮宮厭招提．庠聲囂于梵音．青衿雜于左衽．且據高臨下．雨集以學爲壑．非所以息邪反經崇儒貞敎也．從招提登高鎭．以其地廣學舍便．魏公從之．僧赴闕上書訟．下部使者問．卒直先生．當是時．魏公講學嶺南．檄郡邑弟子良者受業先生．後魏公入讒言．曰．若好爲人師．而弟子恥耶．對曰．邑習胥吏．儒術鬱而弗興．宗魏建精舍．辭束修以敎之．弟子始家詩書．戶禮樂．好爲人師是矣．改葬先人．故後．非弟子始也．魏公居之省心亭．一日．過問省心之義．對曰．聞省身矣．不聞省心．心一也．省心無乃二乎．又曰．吾欲入羅浮居靜．對曰．如下山何．魏公嘿然．魏公方以行敎．動心者輒罷斥之．一生居廣之河南．其家有報至．色變．同舍生曰．若心動矣．生益恐．先生聞之．曰．有父母在．亟歸省．奈何責心動耶．以告．魏公稱善．其卓識正議．皆此類也．

後歐陽公來督學．方誅宸濠黨與．檄諸博士劉養正．李士實．談道名反．爲甯王．誤被行僞而堅．言僞爲辯．悉以名聞．博士徐甲憚先生嚴．則以應條．先生于是上書請削藉去．歐陽公疑之．廉得其情．强起先生．嘉靖辛卯．與計偕．甲辰隨牒宣平學諭．卻贄立敎．如寒江精舍．日坐講堂．升散如制．修廟學．振困乏．先德後行藝．文士彬彬向風矣．嘗著學政上督學．孔公答曰．不帥敎者．先斥後聞．

其重如此．丙午聘典蜀試．故事有弊直指．袁公大重先生．有加賄皆辭．不獲．則買田闢地．鑿池築台．皆以文明命之．田書頁版．亦稱翟文明云．當是時．直指藩臬．下至郡邑．咸知先生．莫爲先談．己酉．竟遷融縣令．先生至縣．緩收事．節財用．明禮樂．以愛利爲行．廣厲學宮．復廢學地租．每日焫蕭告天而後聽訟．片言立剖．胥受成而已．久旱．百姓嗷嗷．先生露禱雨．乃大澍．十二洞猺來寇．先生帥師禦諸郊．賊以牛前行．忽震死．懼而退．先生遂釋兵詣壘．諭以禍福．頓首請爲編民．其後兩院以轉饟非先生不可．中道賊百艘遮迎．已牒知融縣也．乃頓首投戈而退．先生擇諸猺弟子稍慧者．披之青衿．加以綠繒．鉦鼓導歸．諸猺以爲寵．剽略用稀．兩院嘆曰．得一賢令．勝十萬師．信哉．今諸縣視成事．先生一介不取．予人亦謹一介．事上盡禮．至爭當否則諤諤不撓．有求砥者．對曰．非融產也．曰不產石．甯無人乎．其以庸來請．問幾何．曰三百．于是先生拱手曰．取諸民則不勝．取諸官不敢．上官憾之．然卒未有中也．藩司以獻程不及．逮簿往．先生謝曰．簿無罪．罪乃在令．然賊未誅．刓民田．損國賦．亦典兵罪耳．藩司嘿然良久曰．君且休矣．而使者朱有孚則齮齕之也．朱行部臨況縉紳．先生不候門．遂出．都試掩其不戒．先生趣至．謾罵曰．過縉紳于家．御史之私也．不候固當．都試豈當爾邪．先生不謝．則遂深文傳先生罪．明年大計．羣吏諸司皆署上考．其毀不行．既覲．先生疾方正之不容也．于是上書乞骸骨歸．少宰程公留于旅邸．不可．程公嗟嘆而去．既歸．教授涵江精舍如故．

先生剛毅．爵祿不入其心．少傅翟公問族東莞．先生先世自東莞遷同．舉人翟文祥．東莞人也．邀謁不往．少師徐公父丞宣平．聞先生教宣平．欲致之．亦不往也．武定侯求子師于史部梁公．梁公推轂先生．月授粲米二石．歲進金百兩．先生謂權臣必敗．何爲自撲膏火．以無子辭．侯願進箕帚妾．竟不許．明年．武定果敗．招之不來．麾之不去．先生近之矣．性甘貧窶．自家食至服官．藜藿不厭．敝縕不完．以此終其身．初歸自融．脯饘不供．奈何拜客之辱．則自持蓋出墟市迎客．沽濁醪．班荆道舊．比鄰無譖．嘖有煩言．會賊略大蓬．還過竹陣．前驅將入里門．渠問何爲．曰．有官遊歸．來一餐耳．渠曰．是爲涵江先生．不能自望其腹．豈有餘波及汝耶．麾而去．比鄰聞．則更謝先生曰．幸不池魚我也．家世素貧．薄田三十畝．厪厪半歲之養．餘取諸麥與芋續之．至自操艇賣薪．神則王矣．葉春及嘗訪．先生歸自田中．草冠繩履．指露踵決．室衡一杼．不能布席．肅入精舍．登誠意堂．坐定．瓦淅淅下．相對枯魚而別．再至．藿一盂．甘九鼎．配揚孺人．比德萊婦．先生當仕．將市帛爲孺人襦裳．辭曰．答布侈矣．向爲諸生婦．不苴麻耶．乃止．不改其樂．先生固賢．室無交謫．亦內德茂也．夙興．登堂相揖．諸妾供茗．退而治事．三尺童子不入中門．內外肅然．家人忘貧．有本故耳．先生嘗病．遺命具櫬．斂手足形．門人醵金以待．間卽歸之．壬戌冬十一月某日．疾革．遷于正寢．語子仁．謂門弟子曰．人亦有曰．行雖獨乎不愧其影．寢雖獨乎不愧其衾．吾力二者．死不愧棺．吾無憾矣．遂瞑．享年七十有四．是夕有星隕于精舍．門人醲金治事如初・先生八女・儀無三百・人以得婿爲榮・所適皆名家子・丈夫子卽仁・先生入覲・周氏生于豫章・仁生某某・足世其學・周後遇賊・死之・先生教可知矣・初坿先塋・不吉・友人太守龐公改葬龍華之東・龐公名嵩・執志之友・今門人卽精舍祠先生・宣平融縣皆祀名宦・

葉春及曰・余聞尙書郎琯・其舅臨河欲渡・脰□矣・適一生來・請負長者・旣渡・問爲誰・拱手曰・翟宗魯・久之乃知爲翟先生・翟先生自諸生慕古人・多奇節・別傳淵明軼事附會・不免水流濕・火就燥・居上流天下之善皆歸・曷足怪哉・以余所見・翟先生義至高・其貧逾甚・卽淵明何以加焉・牽係于文・摭其大者爲傳・將別傳之・然淵明本無莊・不恥乞食・江州使龐通之齎酒于栗里・至則欣然共酌・其達如此・先生步趨孔孟・惟誠敬・爲兢兢・嚴于一食一飲・故人以爲苦・太上甘節・其次苦節・其下喪節・苦之不敢・猥藉口于甘・夫然・故多饕餮之徒矣・

和歸去來辭

歸去來兮・世途險巇胡不歸・旣臨大行以適楚・自失路而孰悲・嘆羲和之迅逝・雖騏驥其能追・悟齊物之眇論・何堯是而桀非・雪皚皚其盈中・塵冉冉而緇衣・問觸蠻之蝸角・胡爭者之卑微・乃命妻子・晨起宵奔・窮巷罕人・敝席在門・冠冕已亡・形骸尙存・客來相慰・幸不犧樽・呼杯盤以淸話・擧達賢而汗顏・喜潢池之旣靖・棲一枝而可安・廬荒頹以虛搆・門闃寂而不關・狎輕鷗以爲侶・羨儵魚之可觀・白雲掃而不去・黃鶴招而不還・歲凜凜以將暮・松柏植而爲垣・

歸去來兮・乘欵段如少游・苟吾己兮不違・富與貴兮可求・本無得而何喜・非有失而焉憂・先人命予以春及・使沒齒乎西疇・或互樵歌・或釣漁舟・探元珠於赤水・訪羽人於丹邱・日月迭而西馳・江河浩以東流・感造化之無窮・亦與我而同休・已矣乎・托身天地稀百年・何況外物能久留・胡爲乎驅馳將安之・罄折非吾志・淵明夙所期・遊斜川而引滿・亦下畝而耘耔・琴無絃而可鼓・與有適而成詩・眄古今之一瞬・求仁而得又奚疑・

止百姓乞留禁諭

知縣五齡・先君子膝教之・稍長・勉以聖人之學・在縣四年・惟孔子是師・高皇帝之法是守・於百姓事・兢兢焉夜以繼日・力雖不逮・心有餘矣・直道忤人・讒失交媾・常恐不免・第心不枉・庶他日可藉見先君子地下・公道昭明・察於衆惡之中・擢守賓州・蓋孔門高弟終身不可得者・自喜非望・聞百姓以相與日久・數百輩提携招挽・走千里遮使者・赴闕下乞留・知縣何德・勤勞百姓・自愧・又聞往多高年長老・日炎道遠・致令喘汗相屬・尤不自安・嗟夫・人情不忍・孰若父母・一旦有不可諱・可奈何・故父母之喪・三年而終・情固有所極也・卽如知縣・近抱羸疾・不幸先犬馬塡溝壑・百姓雖悲痛・將誰挽哉・願自寬・何患無令・知縣雖去・百歲後魂魄猶思惠安・豈能遽割賓州・旣病不能歸・往展墳墓・見妻孥・斗酒相勞・體少平・將爲五嶽之遊・幾尙子之高蹤・必出惠安・已令馳道植榕四百二十一本・是時應

長茂．長老不忘．幸携酒飲我樹下．童子和歌．相樂也．代者未至．且爲百姓盡一日之力．古詩曰．長當從此別．且復立斯須．噫．又悲矣．

王天性　字則衷．號槐軒．別號半憨．澄海人．嘉靖壬子舉人．歷官盱眙教諭．豐城上高縣令．擢南昌通判．南昌處省會．多要宦．天性落落多與忤．于是南科以不職劾吏部．覆留調用．天性不赴調．遽引疾歸．生平喜爲古文．時澄海初建縣．因裒輯所見聞爲誌畧．澄之有志自此始．所著半憨集．阮畧注未見．潮州耆舊集選其文一卷．

代州守贈張梅巖榮獎序

國家之牧馬也．內地則取給於民．邊地則責成於官．官牧無論已．牧之於民者．今河洛齊魯兩畿之間．郡若邑必設之佐貳一員以專理．梅巖張子來判泗郡．盖專理牧民之政也．涖官半載．能於其職．柱史陳公馳檄旌之．以勸有終．於是龍崗張子牽其寮卜日陳樂．奉檄行禮．迓自南郊．燕於中堂．酒既半．梅巖請於龍崗子曰．過辱提攜．取知上官．雖然．何以教我．俾無負於上官之稱許．

龍崗子曰．職馬者也．請以馬喻而因以贈子可乎．驥服鹽車而上太行．血汗交流．負轅而不能進．伯樂遭之．下車扳而哭之．解紵衣以幕之．驥於是俛而噴．仰而長鳴．顏子觀東野之御而知馬之必佚．或問之．曰．造父無逸馬．爲不窮其力也．今東野之御．馬力盡矣．而猶求馬不已．馬窮則佚．可見善御馬必習馬性．而後可以調其性．必愛馬力．而後得以用其力．君子之御民也．亦奚以異是．彼馬之牧於民

也．卽王介甫保馬之舊也．宋行此法時．文潞公已言其非便矣．但彼之保甲養馬．願否聽民也．仍蠲他徭也．今則計丁受馬．願否弗恤．田租戶役．並征如故．法之爲害．視宋較慘矣．且行之日久．百弊互生．編僉之法．準貸挪移．輸直之頃．越倒要索．是故始也計丁受馬．今則丁耗馬存．始也他徭並征．今則私橐漁侵．夫民已疲於不能無弊之法．而又御之巧爲生弊之人．是何異於馬服鹽車．從而將之以東野之御哉．

今子之爲人也．氣下而心柔．識練而才達．識練才達者．習民性者也．氣下心柔者．愛民力也．是故計丁受馬．不可革矣．而編僉之際．每操縱於貧富予奪．以紓計丁之害．他徭並征．不可變矣．而輸直之頃．每痛懲於吏胥饕餮．以竟並征之苦．以民之疲於牧焉．而得子若是噢咻之誠．猶馬遭伯樂而離負轅之困．遇造父而脫窮佚之虞也．然則陳公馳檄而旌之．夫誰曰過情．雖然．政成於難．敗於易．名全於歉．毀於盈．今夫御馬者完駕於峻阪．而多覆轍於夷塗．何者．難易之勢殊．盈歉之心異也．今子馬政理矣．上官嘉之而名遂矣．然亦豈可遽生盈心而使夷途中有覆轍耶．書云．凛乎若朽索馭六馬．唯子其終念之．梅巖子再拜稱謝曰．敢不加鞭策以服訓詞．俾無負上官之稱許．

北溪詩集序

詩有別解．無關於學．曾見名人偉士．學問擅一時．常患不能詩．哀古名作．苦誦而力摹之．欲與墨卿詞客爭工拙於單詞隻韻間．終不能快所欲．村夫里婦．何知詩學．情忽

有感・鼓唇掉吻・或謳或謠・顧往往有風騷極致・則胡以故・譬彼禪家・六祖不識字・圓悟宗乘・慧能坐破七蒲團・不明佛旨・一旦捲簾・忽然有省解也・詩亦有解・思之不通・鬼神將通・醉醒夢覺・恍見眞宗・解之謂乎・三百篇勿論己・漢魏以還・詩道代興・間有傑然傳世者・試觀所著・何曾丐靈蠹簡・而匠心可契・獨倡宗風・指事寫形・窮情品物・能與造化爭柄・亦其性術圓融・靈竅天啓・眞詩在天地者・元解於意・言象數之表・是故杼柚在懷・離衆絕致・言言律中・中和可經・如猶未登解境・徒擷己披朝華寢・旣陳蒭狗・拘攣補綴・語無直尋・欲以籠宇宙於形內・挫萬有於筆端・指時述事・美是刺非・思歸怨別・志喜陳哀・而各極其趣・若天籟之吹萬不同・調調刁刁・咸有自然之响・足以鏗鏘金石・鼓吹風雅也・必不幾矣・

澄敎諭徐君北溪業明經・不專詩學而有獨解・自北遊而訓鉛山・諭澄海・所至有作・積而成帙・一日出示余讀之・見北遊之作・音韻諧和・如五味之調・鹹酸適口・鉛山之作・思致淵涵・如食取鹹酸・味在鹹酸之外・澄海之作・神情超脫・如太羹充鉶・不下鹹酸・至味自足・而統其指歸・冲澹雅正・類北溪爲人・故學者稱爲北溪詩・夫北溪江西人・江西宗派圖詩祖雙井・爭以鏤繪奇險相高・北溪後北・獨冲澹雅正・何江西其人・不江西其詩・蓋得之獨解・自不至學人口吻而徒成一家言・斯足傳已・欲付剞劂氏・余弁其首曰・

蓋聞孔子學琴於師襄・云初習其曲・進而解其數・進而解其志・復進而解其人・爲文王操・彌習解彌進・聖於琴操猶然・詩操類也・不可例觀北溪詩哉・北遊之北溪・不盡訓鉛山之北溪・訓鉛山之北溪・不盡諭澄海之北溪・則今日之北溪・又安能盡將來之北溪哉・予曰・吾見其進也・續有集行・當別有解・余別具集眼觀焉・君諱一縉・豫章進賢人・由訓鉛山游諭澄海・北溪其別號也・

羅后山詩集序

或謂詩有四務・運意・定格・結篇・練句・句貴委婉而忌直率・篇貴貫通而忌支離・格貴高古而忌蕪亂・意貴圓融而忌闍滯・余嘗執是歷勘晉魏以降諸詩家・未有越是而能軒翥翰塗馳跡藝苑者・然君子曰・風雅旣沒・刪后無詩・則三百篇之下・其皆無取耶・夫古人未嘗學爲詩也・桑婦歌謠・牧夫謳歌・何有意格篇句之拘也・而聖人取之・與六藉並傳・後世騷人墨客・日鍛月煉・詞求泣鬼・語必驚人・欲以擅業專門・侵風薄雅・而君子顧謂刪後無詩・則詩之所貴・果不係於意格篇句而別有所在歟・余觀古人七情未蕩・一眞自如・觸物歌吟・矢口爲訓・雖匹夫匹婦・胸中自有全經・蓋包韞本根・至情自溢・風雅之宗旨也・詩家者流・迷失眞標・顯色相・意格篇句・號稱古體・要不過點綴江山・鋪妝魚鳥・風容徒盛・神情不衰・將奚取哉・由是觀之・詩之所貴・斷可識矣・

近讀后山詩集・余未辨其工拙・較古作者何若也・然其直攄胸臆・刊落鉛華・庶得詩之宗旨者・蓋先生宅心冲和・賦分慧敏・禀之厚矣・吏隱八稔・元奇靜頤・養之邃矣・園陵宮闕・壯其大觀・鳳岳淮波・與其豪思・助之廣矣・助廣

者情超・養邃者情粹・稟厚者情篤・是故情之所通・聲歌自聘・高徹上穹・深入重淵・大亘八埏・微潛一髮・卒皆流洩道妙・會歸理趣・非徒點綴鋪妝粉飾文貌焉已・所謂包韞本根・至情自溢者・不其在是乎・君子曰・后山之詩・爲風雅之遺致焉・故意格篇句・均所不論・

孔煦　廣州人・嘉靖壬子舉人・分教湖口・講修身爲本之學・升新興教諭・擢知龍南縣・爲異己者所排・遷衡州教授・著有易經粹意・學庸說旨・兩京等賦・遊燕・鐘音・龍山・筠城諸集・並見廣州府志・惟阮志選舉表無孔煦名・所著書藝文畧亦注未見・

擬湖廣賦

禹貢荊州・楚子于周・鄂王封國・夏納荒阪・秦漢南郡・吳晉江州・唐宋沿革・各不相侔・我明一統・全楚歸謳・荷天討以戡亂・建藩臬而岳侯・星分翼軫・度荊衡鑒・墉山城郭・塹江池溝・江漢朝宗于海・沱潛既道而浮・鎭盤衡岳之勢・氣吞雲夢之秋・

於是中宅武昌・控引漢陽・綱維都邑・通接雍梁・芳洲之棲鸚鵡・夏口之現鳳凰・郎亭雲騎于黃鶴・翠屛仙駕乎白羊・幕阜金鷄集・芙蓉白雉翔・登高立魚嶽・獨望極獅湘・顧樊口之幽窟・盼赤壁之危磯・梁城則春裁錦繡・金華則土飾臙脂・石門虬穴・梧桐鳳棲・半面林木・百匹練絲・雲水風回于西塞・翼魯甄別乎東陂・杯湖九曲嶺・塗水萬金隄・烟波漲南浦・蒲圻達當池・通山有九宮之勝・潛山聚五藏之奇・極目陽臺春暮雨・傷心楚澤水寒溪・漢南湖蓋・香城西帶・烏林梅巖・黃軍羽寨・臼灄混沌・漢沔分派・銅盤日汲・刀環月在・泉出三潮・湖注萬漑・

其東則壤接潯陽・邾城江黃・長江遶郭・巨澤循疆・濱淮甸而界光蔡・峙□皖以擁羅洋・圭峯之秀出天表・聚寶之之日照紅黃・仲尼適此而回車・霸王由是以駐驛・小崎之石柱可轉・大崎之龍井可汲・末蘭魯臺之相望・木陵栢舉之砣立・峯排鼓角・山多雲石・濟南積布・蘄泉洗筆・九潭三角・五阜七星・玉臺玉鏡・黃梅黃齡・斗方麒麟・德章龍平・春風明水・金沙赤泓・瀧化金甲・鴻宿崢嶸・泉稱君子・崖隱仙人・玉虹噴雪・白果落鱗・伍洲會于浠水・三江合乎西陵・

其南則南嶽瀟湘・邵陵營陽・星沙郴桂・武崗耒陽・連荊接廣・囊山帶江・轉衡門而闢越嶠・控百蠻以湊三湘・山川甲天下・形勝冠南方・金鶚巴邱萃・銀盤螺髻將・武口浮花石・君山進酒香・九度窺龍影・五瀦羨魚梁・文仙陟石室・扶陽拂石床・三湖混溢・九江孔殷・華容繡渫・汨羅澧涔・霜華寶蓋・紫雲浮青・洲分文武・峯遊龍鱗・銅官元石・神鼎黃陵・臨蒸石鼓・臨武石龍・滿天雕玉・方寶圓通・月巖石窟・銅鼓金鐘・窩霞四望・穿巖萬容・循東安之八十四渡・陟衡山之七十六峯・回鴈巖麓・龍渡芳蓉・石廩開闔・金粟珠珞・秦石不去・不柱聳卓・玉琯香零・乳泉石角・春陵之山溪五色・寧遠之峯巒九疑・話石仰竈・紫蓋清泥・煙塘煖谷・濂泉愚溪・麓牀三級・修眞四壇・文仙石榻・角鯉石潭・

以西則郢都臨江・義陵酉陽・楚巫鎭遠・保靖邊疆・居

四集以距三峽，西施黔而背金房，險要固塞，複嶺重岡，桃源佳致，怡容沅疆，渠通邵融，龍合滄浪，三十六天，別為洞天，壯虎牙之屹峷，鞭龍角以卜占，方山圓臺，虛洞冷泉，灘溆入沅，漳沮流潛，馬肝地肺，金牛瞿仙，三游洞雨，九疊晴烟，連珠接于翠竅，五老會于青蘿，三峿五城之保障，七寶雙髻之嵯峨，繡林石首，靈鷲石沱，鍾離石穴，廩君上舟，石亟鐵契，秀岨金牛，天心玉帶，穿石壺頭，客星猿啼，都亭金鷄，右史玉斝，雲山五溪，雲土夢之作乂，鐵人谷之鎮砥。

以北則齊安交淮楚之界，德安當申郢之間，富水馳京嶺而浮溠泗，襄陽扼關洛以亘峴檀，衡吳楚江漢之路，蔽關蜀雍豫之藩，萬山紫蓋，萬丈沉潭，武當太嶽，房阜山南，仙女玉巖，聖馬雲驂，石階神草，石門古木，磐石白雪，庸城黃竹，襄柳浸堵，溭源椒穀，鐵城五金，甑山陪尾，三山乳鳳，三爪燕子，九峻環阜，獨宗涓水，白兆三鍾，黃岡兩耳，九十九岡，歧路羊腸，泌滾漢粉，檀吉孔陽，臨泉參斗，臥池石羊，豫章科斗，石柱石梁，古塞備秦，崇山固封，義淪漫汶，灤瀘潢灃，三陽景陵，五華黃蓬，遊江渚以解佩玉，繞白雲而騰黑龍，識鑿字于狼子，得素書于屛風，潮泉有雷聲之勢，盤石迴寶香之中。

爾其任土貢賦，厥土塗泥，厥田下中，厥賦上下。厥貢羽毛齒革，惟金三品，厥產金右，則漳穀沙金，沅辰麩金，銀鑛鐵冶，丹砂璆琳，水銀銅鐵，谷茂若林，石砮砥礪，邪蓳發藏，荆石龍芮，松滋綠青，石燕石英，石磬石屛，嘉彼惟喬，荏苒曲直，結根聳本，榮芳不一，杶栝樅梧，椅桐梓漆，木蘭辛夷，槐柏榛栗，桄榔柘檿，香柟桂楄，萬年松株，靈壽杖棘，姑蘇𣏌櫝，折華拂日，小用之可器械舟車，大用之為棟梁宮室，猗猗綠竹，遍于山谷，箘簬惟貢，盛美淇澳，篔簹金玉，為苗為篳，稱良蘄竹，湘妃淚斑，鄂渚秀毓，原上離離，河畔青青，益壽黃精，白艾蘄靈，萱焉樹背，荃壺察情，苞茅縮酒，辟芷雜霙，仙人長髮，龍鬚露筋，白藥瓜藤，都管金陵，茵芝之彰瑞應，蘊藻之通神明，憂靈均之服艾，喜楚昭之得萍，幽蘭延佇，秋菊落英，紫薇繁秀，丹桂敷榮，海棠春麗，芙蓉秋瑛，茉莉芬馥，翠蓴陽傾，夾岸舒霞，仙縹碧實，銀杏榔梅，紫黎珍栗，青橙元梴，黃柑朱橘，佛頭霜品，黃鶴憩止，鷹隼舉爾，衡鴈南來，天鵝漢至，布穀鶬鶊，山鷄野雉，黑鵰浴于新化，鷓鴣啼于慶里，金線雞鳴，白鵰棲止，赤豹麝香，紅麀花獐，野牛赤馬，麃鹿羚羊，玉面之狸，野花之貓，於菟熊羆，猿猴驌驦，龍鯉一角，武昌牣躍，大江鱘鰉，洞庭鮒鵲，紅鱄青鱸，朱尾碧鱗，方者為鯿，連者若鯰，九罭鱒魴，鱻膏著稱，九肋[illegible]甲，異蛇蚌蝂，納錫大龜，綠毛辟塵，白花長蛇，醫療有靈，他如什物利用，琅玕獲紙，綿帛花枲，綄綫尌絲，祁零相擬，白麻絺葛，山茶紫蕋。

若夫豪傑挺生，英賢特出，後先相軌，楚史不律，則如善卷高蹈，心意自得，吉甫相周，文武出入，子文仕楚，喜怒不易，季梁止隋，黃香扇席，伍員覆楚，卞和獻璧，申包胥之不為友信，熊宜僚之不為威惕，老萊斑斕，史蓑濟物，離騷著于屈原，高唐賦于宋玉，風落孟嘉之帽，冬泣孟宗之竹，鄭產之鄉名更生，劉優之朝綱始肅，劉巴才智絕人，蔡瑁應變立獨·王逸之著漢詩篇·費昶之作鼓吹曲·陳良北學稱儒·劉珍誄頌連珠·忠若梅鋗·孝則古初·廖立守耕殖·蔡倫作紙書·范琬社稷之器·羅含荊楚之才·龐統士之冠冕·鄭獬人之傑魁·李善雅行·世隆學業·仲舉執義·中復厲節·嗣宗繼美·柬之復唐·審言杜甫·忠愛詞章·浩然日休·詩文名揚·邵曄五郡循吏·史青五步成章·周敦頤首倡道學·吳必大推重儒林·號萬卷有朱昂遵度·稱三傑則唐容韶麟·易祓之著書自樂·蕘卿之學行過人·湯濤清直持己·尹穀廉介守眞·唐介敢言獨立·畢漸文學致身·張問之不附新法·李庭芝德及揚民·舉孝廉第一如金彥·以七歲能文惟德榮·

若乃當代名臣·則如南陽相業·聲遠才名·原吉德量·茹瑺忠貞·任亨泰蠻夷重禮·張從道三郡政聲·張緝則以廉直著·揚銘則以勤能稱·而他如徐氏八龍·堂堂三李·荊南多君子著勳·當時垂光後世·夫謂非文獻之匹休中州也哉·

爾其風俗·武昌尚文而禮樂·襄漢好遊而質朴·衡德風醇而耕織·荊黃富庶而好學·長沙之尚節槩·寶慶之好勇畧·重巫祝而尚韶歌·則有常永·雜華夷而楚俗·則惟辰岳·承天古風遺事·有陽春白雪之美·郴桂習俗脆薄·有魁奇忠信之畧·靖施雜夷獠·而水鐵要約·蓋夏首南沔兮·神碑仙域·鳳林羊現兮·太和禹跡·鷄鳴華容兮·殊亭照石·武陽白雁兮·虎頭赤壁·五關戍守兮·三江衝激·五溪銅柱兮·八關楚塞·三湘二陵兮·九淵十隂·東達彭蠡兮·西入滇益·南界兩粵兮·北通河北·原忠颯化兮·酢學賀德·田邑千畛兮·人民盛熾·萬歲名山兮·聚福湖田·天篤聖德兮·奇毓山川·皇授玉歷兮·龍飛京源·自茲而化沐雍雍兮·運會貞元·明明應時兮·名世璵璠·楚服光依兮·道軼羲軒·

廣東賦

粵惟廣東當揚州之南境·本百粵之外陲·觀天文之度·纏牛女之儀·秦始戍而置尉·趙佗王而布基·漢隋郡縣·唐宋因之·我明一統·藩臬於斯·南海都會·岷山分歧·五嶺倚以爲城·巨海環而爲池·潮汐之所上下·江河之所經緯·北軼乎大庾湘楚·西界乎蒼梧九嶷·東盡漲海之連天·南極珠崖之盤黎·厥郡惟十·屬以八洲·縣凡七十·戶不知其幾千萬億·是雖地遠神京·亦云天近南極·若謂廣郡·帶海包山·于屛于垣·韶雄唇齒·鎖鑰北門·鳳棲龍尾·惠潮界閩·古端據三江而南瞻銅鼓·高涼間二廣以北淩鑑源·欽廉則南轄窮途而分茅銅柱·雷陽則擊□瀏洲而山海環嶼·

若夫瓊崖海中·總收中原百道之脈·別開外島千里之滸·若形勝則有山曰番曰禺·堯巖靈洲·白雲越秀·黃嶺垂旒·西樵勝槪·南斗文優·小金聳而龍鼉出·巨寶見而銅魚浮·蓮花盡乎碧落。芙蓉達乎清流·始興丹鳳·電白龍湫·玲瓏青嶂·鼓角金牛·廖冲飛昇于靜福·軒轅來敖乎羅浮·仙女三巖而北顧·虞帝五弦以南遊·爛柯之飛虎有跡·白沙之驅羊不收·如月如錢而如龜·萃乎靈境·若錦若金而若龍·見之新州·岧嶢雀麓·岑歸狼頭·端藿三洲·和光五色·王子層巒·黎母連嶧·臨流幖帆·白星幽宅·獨州插天·五指雙脈·樂昌九峯·新興四塞·建茲忠□·程彼明赫·吳川之限門阻險·廉江之鑿城崒嵂·其他奇巖怪石·嵩巔岵岫・圖繪不及・億萬斯域・其水則溢流澄湛・泓衍鄰泊・淼淼無涯・浩浩無極・不滯方員・無心動寂・或洊坎以納污・或柔兌而受實・正中而濫・下縣而沃・疊浪搖空・漣漪習淪・有本庚源・淩波泗汎・若保若武・若黃若黑・爲沱爲淮・爲㵿爲磧・曲江順流・湟川漂泊・樓船五度・温泉三泬・珠瑩乎浮沉之浦・金鏁乎飛來之峽・蒲澗咀以成仙・貪泉飲其勵節・莞有癸而樂有戎・河有豐而端有鬱・紫水黃雲・虎頭龍空・平湖蘇堤・漸泉卓錫・吉則藤橋・昌其那射・瀧水羅田・別溪龍川・靈山羅彌・萬寧全仙・曰乳曰相・會通瓊泉・曰㴈曰倫・南歸籠淵・聽龍吟于金井・覩鳳翥于沙圓・文塘爲之瀠遶・神霈于焉瀾翻・東望滄溟・蕩雲空浮・南征海嶼・吐蜃成樓・控清引濁・灌注百流・洪濤汗漫・一島四洲・靈潮往復・朝夕悠悠・

至若人物鍾靈・山川秀拔・嶺海道學經術・文行殊邁・孝弟忠信・節義慷慨・嘉猷善政・宦績爲最・相將聲動・科名不愧・貞烈隱逸・流寓殊派・凡文獻之足徵・在史筆之備載・交廣春秋・類說攸在・前賢傳記・往志無外・如陳元之振起一時・董正之表率四國・或深潛語孟之書・或實踐程朱之式・或書南軒之言・或守象山之則・觀國淳懿而不移・汝礪解經而見抑・理學獻章・孤鳳張詡・馮元五經授學・邵曄耆古爲風・張輿靜淵・春叟研窮・陳杞淹貫・廖謹尤工・丁璉杜門山谷・曾槐編帙學宮・陳庚性命潛究・李德經緯渾融・其文苑則邵謁之吟咏・區冊之文辭・黃損詩格・桂香鳴時・賓而著集・金鰲爲奇・持論如霍暐・遞解如齊基・古作無如獻可・儒先則有蔡徽・或賦艾虎・或歌黃馬・或咏新月・或懷春詞・其卓行則羅威孝實人經・成甫微辟不行・應宸舉動不忘・漢章廉勤有聲・或上書忤權貴・或讀書隱山林・或獨操南音・或九十著稱・或自號扶搖子・或邑因程敬名・孝弟有維頌之降甘露・張舫之感白鹿・李訪之馴虎墓旁・韓氏之飛錢入屋・黃舒里以參名・孟郊湖以曾目・節義有寧原讒言見逐・林巽之忤不錄・何澤以諫而止獵・譚心伏義而受辱・熊飛悲憤・黃俊被劓・必明奮戰・隆起匡復・三賢赴難・四士幷戮・宦績則劉瞻之觚正被讒・馮融之威信鎮俗・思勉平蠻・廖韜三牧・何鼎撫民・鄧魯决獄・昴英勁直・梅花似玉・汪中惠愛・邕蠻帖服・陳璉治才・公廉溥福・吳純臣有口不言錢之謠・周志新有冷面寒鐵之祝・孔子勳之上七事・而撫字惟殷・馬持國之奏三箚・而愚忠有錄・相業則張九齡之靖獻・余靖之忠亮・崔與之之勵風操・邱梁之碩德重望・名將則元先騎射・鐵杖膂力・文進集兵・昌期却敵・廷珙之千里駒・吳英之唯上績・科名如馮子成之第進士・張鎮孫之廷對第一・而今時之甲科世及・貞烈如劉氏割股刲肝・何婦投井死難・周浮石海・趙刺銅山・隱逸如譚凱爲時所重・區適施德投閑・唐豫平步六逸・黃勣雪江一竿・流寓則鍾離陶侃韓愈坐貶・三忠大節・兩蘇謫遠・唐介胡銓・直言被譴・濂溪道學・載南軌範・

至於物產則南金珠璣・瑇瑁文犀・珊瑚銀玵・琥珀金芝・海螺象箇・翡翠琉璃・五色雀來・貴人先至・林鳥晨嘲・水鳥夜啼・白鶴霞舉・金穴其止・蒼鷹犵聋・鍾山其棲・元鳥杜鵑・青雀黃鸝・霜領白鷴・綬服錦雞・鶻巢占風・雉啄惟時・百舌春鳴・鷓鴣南啼・鸚鵡能語・鷗鷺忘

機・鼂醜足蹼・鶡類翾飛・鵁鶄鬥雞・越鳥南枝・江中潛牛・麅鹿有麝・貛狼迅馳・尌鼬虩貓・貒貈狐狸・猶登彙刺・猱猿騞蹄・丙穴嘉魚・龍門鱣鯉・巨鱷細鯔・神蛇靈龜・紅螺紫蟹・元貝白螭・楓梓楊旄・樗栢粘栬・樅檜榮桂・楠柯秋桋・黃檀蘇木・紫荊赤黎・沉香烏槁・藿薜匏棲・惟□惟核・惟喬惟條・采芣苢而獲杕杜・茹蘭蕙而繫芷蕎・呈瑞應于菌芝・通神明于蘊藻・龍鬚鳳尾之品・石衣海蘿之毛・嶺桃紅錦・雪梅孤標・海棠春艷・芙蓉秋嬌・荼蘼金鳳・含笑玉簪・榴花夜合・萱草日傾・紫薇雲影・薔薇露瓶・瑞食異蓴・茉莉含英・黃花晚節・朱槿朝榮・盧橘金圓・楊梅縞巒・鶴頂鮮荔・龍目棋樹・橄欖香橙・黃柑白芋・蓮藕芰菱・紫白蔗糖・木云多香・優曇桫棠・羅浮龍鍾・瓊管檳榔・椰酒海漆・藷菜爲糧・草節知風・波羅蜜香・復有果下之馬・雲白之鳥・鳳凰之所翔集・野象于焉羣依・潮州之化千鱗鼠・端州之產六目龜・

至若風氣土俗・則陰陽之偏薄・節候之罔別・四時常花・三冬不雪・晨夕霧霞・春夏雨燠・廣尚文華而韶習質朴・雄民不誇而惠士文學・雷廉邊海而俗淳・高肇土厚而民恪・瓊之禮樂班班・潮之氣節確確・是葢嶺海之牽化也遙・皇風之怙冒也博・嗚呼・五羊執矩・會觀華風之雅・九曜臨眺・快覩浴日之光・水鑑山河而影瑞・谷涵烟雨以呈祥・臺奏九成・感薰風于韶陽・亭分八卦・報早春于凌壤・極目浮山之島・登望寶月之洋・是用賦述・皇休丕揚・

龐尚鵬 字少南・南海人・嘉靖癸丑進士・授江西樂平知縣・召爲監察御史・累官至左副都御史・生平忠介・有膽畧・其立朝知有法紀而不避權奸・其當官知恤民艱而不避讒謗・官兩浙時有請均徭役杜偏累一疏・後遂通行爲一條鞭法・海內尤利賴焉・天啓初賜謚敏惠・所著百可亭摘稿九卷・龐氏家訓一卷・今並存・其餘奏議行邊漫紀等書並佚・

懇恩通變宜民以蘇困苦疏

臣聞致治之道・有經常不易之法・有通變宜民之權・凡以計安天下使之各得其所而已・恭維皇上自臨御以來・憂勞幾務・保乂黎元・凡海隅日出之地・罔不祗承休德・時和年豐・家給年足・眞能仰副宵旰至懷・而日出之地・罔不舉手加額・欣欣然頌萬世太平矣・夫何邇年庶司多失其職・而民生寡遂・兼之水旱相仍・四郊多壘・征斂無度・賦役繁苛・民間每遇編徭・輒蹙頞相告・如或點充庫子及斗級等役・即傾覆之期・可計日而待・中間占民籍而例許分戶者・猶能爲僥倖苟全計・惟軍籍則舉族同戶・雖田至百餘頃・糧至數千石・悉爲禁例所限・不敢以拆戶爲詞・有司不暇深察・往往舉差役之最繁且重者而並歸之・將安所避乎・夫榜編庫子一役・銀止一十二兩・而費銀五六百兩・及千兩有之・斗級館役・銀止七兩二錢・而費銀二三百兩有之・其餘館夫馬頭重役・類此者有難槩舉・故中人之家・歲役未罪・而舊業已蕩覆無餘矣・若夫軍籍・則嘗以一戶而編庫子三四名・斗級六七名・其他以一費十者・猶不可勝計・舉其運戶丁糧・又率以升斗之資・頭會箕斂・割膏剖骨以應之・其間毀肢骸以避私刑・鬻兒女以給官費・嗷嗷然含悽飲泣者・相屬于道・凡

有聞者・其孰不酸鼻而隕涕也・臣愚謂軍戶田糧・凡自十頃以上者・許其另立一戶・成就本甲・或附本圖・明註軍租來歷・凡同戶軍丁・各給以印信執照・仍令該圖里排僉名結證・不得朦朧越圖飛詭・以防異日脫避軍伍之弊・此於變通宜民之率・而不失版籍成法之舊・所以軫念軍族以保全其室家・恩至渥也・我國家定制・每軍戶免一丁・其子孫匿於他姓及贍軍田地畝私易於豪門者・未追問如律・凡以寓優卹軍屬之意・可謂切矣・至於差役之苦・蕩覆其門戶・離散其妻子・其勢不至於相胥而狼突鼠竄不已也・寧忍恝然視之而不曲爲處分乎・臣本民籍・科差之輕重・悉聽有司取裁・但視軍籍之家・苦樂大相懸絕・其間辛楚萬狀・皆陛下未及悉聞・故敢歷歷陳之・

且庫子之役・止於典守官庫而已・然衙門之供億最繁・丁糧之科斂難繼・管領出納・則先取扣除加耗・而不顧徵補之難・典收錢糧・則預責起解陪償・而不免查盤之罪・索到官之拜見・凡家人門吏之屬・悉有常規・責餽送之禮儀・雖上司過客之繁・並從厚典・私衙之日供無常數・而僚屬苛於求備・上下譁然・公堂之歲額無定名・而珍異酷於誅求・搜羅殆盡・百費浩繁・日不暇給・甚有死箠楚之下・甘爲鬼錄而籲天無聞者・禁網疎闊・貪黷效尤・率以庫子爲奇貨而剽奪之・彼鄉井細民・日受其荼毒甘心焉・寧忍言哉・臣竊惟責諸審編之官・訪其役之最重且難者・而曲加參酌・少者一二戶・多者四五戶・朋友一役・使輕重適均而無偏累之苦・仍呈分守道・覈實方准榜示遵行・其掌印官各具空白文簿二扇・解巡按衙門用印鈐蓋・發各該庫役收掌・如遇各官派辦・祇應即從實登記・以便不時吊查・凡出巡所至・守巡官巡歷其地・即拘各役親將文薄送審・其有不敢登籍者・另行設法查訪・以憑參問施行・庶貪墨無厭之徒・有所繩束・寬一分・民受一分之賜矣・

斗級之役・在各省各倉・其害悉難類舉・然下庫子一等・皆繁苦最甚者也・方其承役之初・則官攢索見面之儀・而多方抑勒・及其承役之後・則積年肆攬之術・而挾詐邀求・稍有不稱其私・終不能安其役・支銷期於盡絕・固所以釐弊也・而歷年查盤・皆莫逃侵欺之責・果能服其心乎・虧折坐以陪償・固所以明法也・而掣盤積算・皆不免侵盜之名・果皆其罪乎・供役僅及一年・積糧多以萬計・倉廒之顛覆・有司置若罔聞・而風雨之所毀傷・何由控告・出納之紛紜・官吏巧於計而數目任其盈絀・何以自明・公私之侵削朋興・姦弊之因仍蝟集・其爲累可勝言哉・臣嘗見斗級一役・已經三十餘年・而七遇查盤・支銷猶未盡絕・非惟追呼之擾・雞犬不寧・而坐擬責償・歲無寧日・視其皮膚已盡剝而骨立矣・然害之相尋・根柢猶未拔也・夫一役之累餘三十年・而老稚逮繫輾轉乎溝壑・惟張目待盡而已・閭閻之愁嘆・若此類者何限・寧忍言哉・臣竊謂斗級之役・本以一年爲期・掌印官於其新舊交代之際・即照數交盤・給付新役典守・中間如有侵盜那移浥爛等弊・即照律例問遣・其後查盤支銷・悉責見役經理・庶幾得免守候之苦・別無查盤之擾・一勞可以永逸・暫費可以永寧・不至亡家沉族・爲子孫累・此不過掌印官一舉手措足之勞耳・又何憚而不爲也・臣嘗爲有司於倉庫・有監臨之責・又嘗按歷吳浙・淸查邊海錢糧・

凡倉庫之利弊種種．皆臣之耳目所親見聞者也．

竊斯民幸生於聖明之世．其孰不願有室家父母妻子之樂．而暴官汙史乃操斧斤．淬鋒鍔．日夜思所以剝奪其膏脂．斬伐其命脈而不暇顧．臣待罪言官．何敢隱默而不以聞．忍負斯民也．伏乞敕下該部．再加詳議．如果臣言可採．即具實題覆．著爲定例．頒示天下通行．凡軍籍田及十頃以上．准明註軍田．另立一戶．其庫子擇殷實有力之家．朋充協濟．仍立法稽查．以嚴貪暴之戒．至於各倉斗級．俱令年終交盤．其後一應收支．當見役自任其責．毋使仍前牽繫．貽害無窮．賦役均平．薄海無向隅之戚．軍民永賴．普天同擊壤之歌．我皇上浩蕩之恩．實與天地相爲無極矣．臣無任戰慄祈望之至．

撫濠鏡澳夷疏

竊惟廣東一省．西北聯絡五嶺．東南大海在焉．蠻夷雜居．禁網疎闊．山海之寇．嘯聚不時．詩曰．迨天之未陰雨．徹彼桑土．綢繆牖戶．夫智者鏡幾以先圖．勇者乘時以自固．此何時也．而諉之曰陰雨未至．可乎．臣生長海邦．習聞已久．除倭夷山寇出沒擾攘見在經畧者．臣不敢煩瀆外．謹摘其禍切門庭．履霜堅冰者．著爲論列．竊效詩人桑土預徹之義．惟陛下試垂聽焉．

廣州南有香山縣．地當瀕海．由雍陌至濠鏡澳．計一日之程．有山對峙如臺．曰南北臺．即澳門也．州環大海．接于牂牁．曰石峽海．乃番夷市舶交易之所．往年夷人入貢．附至貨物．照例抽盤．其餘番貨私賫貨物至者．守澳守驗實申海道．聞於撫按衙門．始放入澳．候委官封籍．抽其十之二．乃聽貿易焉．其通事多漳泉寧紹及東莞新會人爲之．椎髻環耳．效番衣服聲音．每年夏秋間．夷舶乘風而至．往止二三艘而止．近增至二十餘艘．或倍增焉．往年俱泊浪白等澳．限隔海洋．水土甚惡．難於久駐．守澳官權令搭篷棲息．迨舶出洋即撤去．近數年來始入濠鏡澳．築室以便交易．不踰年多至數百區．今殆千區以上．日與華人相接濟．歲規厚利．所獲不貲．故舉國而來．負老携幼．更相接踵．今築室又不知其幾許．而夷衆殆萬人矣．詭形異服．瀰滿山海．劍芒耀日．火炮震天．喜則人而怒則獸．其素性然也．奸人則導之．凌轢居民．蔑視澳官．漸不可長．若一旦豹狼改慮．不爲狗鼠之謀．不圖錙銖之利．擁衆入據香山．分布部落．控制要害．鼓噪直趨會城．俄頃而至．其禍誠有不忍言者．可不逆爲之慮耶．

議者欲於澳門狹處．用石填塞．杜番舶潛擾．以固香山門戶．誠是也．然驅石塞海．經費浩煩．無從取給．舉事當待何時．或欲縱火焚其居以散其黨．爲力較易．然往年嘗試之矣．事未及濟．幾陷不測．自是夷人常露刃相隨．伺我動靜．可復用此故智耶．識者又將澳以上．雍陌以下．山徑險要處設一關城．添設府佐官一員．駐劄其間．委以重權．時加譏察．使華人不得擅入．夷人不得擅出．惟抽盤之後．驗執官票者聽其交易而取平焉．是亦一道焉．然關城之設．勢孤而援寡．或變起不測．適足以爲桀驁之資．豈能制其出入乎．安邊者貴銷患於未然．懷遠者在伸威於既玩．

臣愚欲將巡海道副使移駐香山．彈壓近地．曲爲區處．

明諭以朝廷德威・厚加賞犒・使之撤屋而隨泊往來・其灣泊各有定所・悉遵往年舊例・如或徘徊顧望・卽呈督撫軍門・親臨境上・慰諭而譬曉之・必欲早爲萬全之慮而後已・若以啓釁爲憂・則禍蘖之萌・亦嘗早見而預待之・況有舊澳見存・皆其耳目所親見聞者・彼將何從執怨乎・番舶泊盤・雖一時近利・而竊據內地・實將來隱憂・黨類旣繁・根株難拔・後雖百其智力・獨且奈何・或謂彼利中國通關市・豈忍爲變・孰知非我族類・其心必異・此殷鑒不遠・明者覩未明・況已著乎・急則變速而禍小・緩則變遲而禍大・惟督撫軍門加意調停・從宜酌處・毋逆其嚮慕中國之心・就於通事中擇其便給者・優以殊格・使掉其舌鋒爲說客・開示禍福・以陰折其驕悍之氣・自後番舶入境・仍泊往年舊澳・照常交易・無失其關市歲利・復嚴布通番之令・凡姦人之私買番貨・叛民之役入番舶・及畧賣人口擅賣兵器者・悉按正其罪・俾人皆知有法之可畏・而不敢爲射利之圖・區畫旣定・諸夷自將馴服・而默奪其邪心・卽禍本潛消矣・伏乞勅下該部・覆加議・轉該督撫衙門・參之輿論・酌以時宜・如果臣言可采・卽便舉行・此豈獨嶺海一隅之福・實宗社無疆之福也・或有爲臣私憂者・謂事關地方休戚・今海島晏然・恐無故而發大難之端・誰執其咎・建言者殆禍不旋踵矣・臣竊念督撫重臣・威名動夷夏・每孜孜焉爲海邦萬世計・熟思詳處・已非一日・若不及今早圖・將來孰有能任之者・臣揆諸事勢如此・若復有所顧忌・緘口待時・是徒計一身之利害・而忍忘全省之安危・視天下爲一家者・恐不若是也・此臣所以披瀝盡言・不敢卷舌藏聲・坐待滔天之禍・若以狂戇取罪・雖萬被戮・亦復何悔・

請設府治疏

臣生長海邦・歷覽輿圖・頗采其山川形勢・與夫盜賊踪跡之大都・熟思審處・已非一日・謹摘其大者言之・廣東要害・首在西北・秦置三關・曰溪湟・曰陽山・曰涯口・皆連州之境・時梅關未闢・而六瀧未鑿故也・後人謂韶州爲粤之北門・劉漢並建英雄二州・不爲無見・我朝置南雄府・而以英德屬韶州・二郡相距僅二百餘里・聲勢相倚・據上游之形勝・爲嶺海之襟喉・無容議矣・惟韶州去廣州幾千里・廣州而上屬邑・曰三水・曰清遠・而連州乃僻在西北五百六十里之外・與英德接壤・若非增設三水・則逆流五站・始有一縣・地理寥廓・疆域遠隔・設有不虞・塞湌洸之口・斷清遠之峽・南北孤懸・將何以處之・且清遠北接連州・西連四會・西北抵懷集・東北抵從化・大羅山盤據其間・延袤千有餘里・谿峒諸猺・星羅棋布・凡一百四十五所・通郴桂臨賀上猶安遠諸山寇・而三省避役逃罪奸民・與百工技藝之人・雜處於中・分羣聚黨・動稱萬計・素以剽奪爲生・始漸鹵掠村落・復乃攻劫郡縣・永樂以來・屢勤鈇鉞・然彼以吾民爲耳目・舉兵時日・往往前知・先已鳥舉狼奔矣・官兵入無所得・顧多掠殺以爲功・兵甫解甲・而逃者已歸・散者復聚・未幾而攻剽四出矣・當事者業已奏捷・則置而不敢問・故賊愈肆橫・近年猖獗日甚・殆莫知其所終・則清遠乃寇盜淵藪・所謂要害之地也・

嘗以圖誌考之・天設山川・所以界限區宇也・大羅山自陽山發脈・西抵懷集・其左則湟水出焉・合雙溪經洸口而入大江・連州連山陽山皆在其內・其右則懷溪之水出焉・經四會合龍江而入大江・懷集廣寧四會皆在其內・清遠則居山南・合二界水而處其中者也・今與連州二縣・固屬廣州・而廣寧四會則屬肇慶・至於懷集・又屬廣西之梧州・其謁府也・必沿龍江而趨三水・乃遡流而盡・歷肇慶之西境始達焉・大率與連州至廣・皆半月之程・夫疆界本同・而分轄迥異如此・州縣離府太遠・各官常剝民以自利・間有知自愛者・率不能制其僚屬・貪殘顯著・莫敢誰何・是以民之富者不得不貧・而貧者不得不激而爲盜也・然則羅山多盜・豈特猺獠爲然哉・要之嶺外遐僻・固前人經畧之所未遑矣・是故山川隔越而無以區別之・則統攝不便・道里遙遠而無以聯絡之・則調度不及・賊盜盤據而無以控制之・則驅除尤難・及今不爲之所・將何以善其後・

又攷清遠本漢中宿縣地・梁時嘗建清遠郡・正當全省西北之要衝・又韶廣二府之襟喉也・據其形勢・揆以時宜・似當於此增設一府・而割廣州之連州並二縣・肇慶之四會廣寧・梧州之懷集隸焉・又移連山一縣於洸口・以扼上游而堵截猺賊渡水之路・則南韶可以無虞・如懷集有言・則以肇慶之開建易之・蓋開建與賀縣切鄰・去蒼梧爲近・亦從其便也・且田粮戶口・大約相當・宜無不可者・或者曰・州邑久屬各府・一旦分割・恐於人情不便・乃今民窮財盡・建置實難・殊不知是郡不建・一有緩急・則廣韶遠隔・應援不及・大有可憂者・今七邑之內・獠猺充斥・虔劉我人民・占據我田土・都圖猶不可保・即如廣寧新設・未嘗不分割四會也・要在扼喉拊背以制諸夷・固不得惜此勞費也・況有大於是者・又何分割之不便而建置之難哉・

或者又曰・我祖宗於清遠設衞・卓有深意・策勵衞官・教練士卒・固屹然一重鎭也・使須府而後治・當先爲之矣・殊不知戎伍虛耗・無裨實用・而衞官多貪婪無恥・及池水等鄉里排・常與賊交結・非其契拜之乾兒・即其耕田之佃戶・名爲守備・實則串通・名爲排年・實則窩主・聞其每年論刀斂銀・爲之納賄於衙門各役・一有聲息・倏爾飛報・已非一朝一夕之故・而縣官之權輕・不足以壓服之・間有欲發其奸者・彼必結黨搆害而後已・安得不束手結舌而任其所爲乎・若乃府官・名位本尊・則衞所不敢抗・威權素重・則民隸不敢抗・一方重鎭・始足當之・且府衞兼設・豈惟今日爲然哉・或者又曰・廣韶高肇四府・近設參將一員於肇慶府駐劄・後因征勦甫定・遂移於新興縣塘宅堡・蓋以清遠肇慶各有兵備道・而參將可以當一面之寄也・今清遠兵備既移鎭於韶州府・不若增設參將一員・駐劄清遠・如塘宅堡之例・較之建郡・似爲簡便・殊不知武弁之智畧・無甚相遠・利害所扇・不謀而同・殆增一衞官之魁耳・其能挺然以報效自期者幾何人哉・譬之治病・有宜攻擊之者・有宜調補之者・參將則攻擊之劑也・守令則視病之緩急而制攻補之宜者也・一於攻擊・則元氣日耗・且有因藥而發病者矣・孰若權歸郡守・可勦可撫・相時而動・或敷施政教而漸次化導之・如龔遂之治渤海・今顧無其人乎・

或者又曰・韶南專設兵備・整飭兵戎・調度府衞・愼固

疆圉・蕩平寇盜・皆其所經畧者・而淸遠乃嘗駐節之地・府雖不設可也・殊不知本道所轄・上自庾嶺・下至三水・山峒聯絡・諸寇出沒無常・固有軍麾方奉命以前驅・而報之後至者且數處矣・吏士甫裹粮以東馳・而賊之西走者已數日矣・隨捕之兵有限・截殺之調無窮・不過往來道路・疲於奔命而已・又豈能獨爲淸遠謀耶・夫惟設一府治・控山帶江・與廣韶相望・勢如常山之蛇・上足增西北之門戶・下足樹東南之屛蔽・以七邑而聽命於一府・政可自裁・兵可自養・僚屬之賢否・得以嘗試而坐照之・小民之赴愬者・近而易達・以一府而夾持乎衞所・嚴其戎伍・督其操練・分以地方・參以僚佐・猺賊蹤跡・可以預知・則平時不敢交通・有事不敢規避・而兵備道又監制之于上・如人之一身・血脈交通・臂指相使・庶幾無復後患矣・伏望皇上勑下該部・覆加詳議・轉行督撫衙門・會同巡按御史・參之輿論・酌以時宜・如果臣言可采・卽便舉行・此豈獨嶺海一隅之福・實宗社無疆之福也・

宏獻納以光聖治疏

恭惟皇上以天縱之資・日觀庶政・凡薄海內外・莫不翕然思見太平之盛・但一日二日有萬幾焉・若徒運一己之心思智力以應之・恐上廑聖慮・而天下萬事之棼棼綸綸・其勢必有不能周者・竊惟宰輔以資啓沃・九卿以專分理・翰林以備顧問・科道以司彈劾・皆宜旦夕在陛下左右・祇奉視聽・明目達聰・贊聖德而助新政也・譬之日月星辰風雨雷露・各司其職・陛下如天運於上・執其樞要而垂拱仰成・天下當不勞而治矣・臣愚不識治體・伏望陛下諭輔臣・不時摘出各衙門章疏・凡事關乘輿・及指斥奸佞・與夫朝廷大興革・繫天下安危利害・一應重大事宜・先集九卿科道官・預議得失・每於視朝之暇・恭請駕御文華殿・延見宰輔及九卿大臣・面加裁決・而翰林科道官皆隨之・使得與聞朝政・共效其千慮一得之愚・臣請舉一二往事・及大政大議・當公聽並觀者・畧陳其槩・惟陛下垂聽焉・

往年吏兵二部・凡一切陞除・多爲人擇官・而不思爲官擇人・至於督撫總兵重臣・多夤緣善地・及以智巧速遷・遂至海內騷然・邊塵多警・甚或廷推重事・皆默受成議於樞貴之門・竟不聞有奮筆白于朝而淮薄私人者・舉其大端・餘可類推也・自今願陛下召吏兵二部大臣・令其盡心籌畫・思爲安攘至計・凡宰輔九卿科道官・各令推舉堪爲府部卿佐及督撫總兵以至提學兵備者・各若干人・列爲差等・開具揭帖・以備御覽・凡有推用・卽於此拔擢・其在外方面等官・遇有陞遷・卽令特舉堪以代己者一人・隨憑繳部・類爲人才冊・以備採錄・若中外諸司果有奇能異等卓越時輩・每年冬夏二季・聽諸臣於延見之日・開具姓名・伏請聖斷・或破格擢用・或就位增秩・以風示庶職・使知觀感・各思遠圖・兵部每年題差侍郎一員・聽其奏帶部屬等官・才堪邊寄者二三員・分歷各邊・講求戰守長策・繪爲圖本・備呈御覽・時召在廷諸臣・反覆參酌・以圖實效・其邊臣之應否更置・邊城之堪否備禦・邊儲之果否虛實・與衆籌之・當無遺策・自後邊方缺督撫・卽推用行邊諸臣出其素所經畧者・必應之裕如・豈復借才異代乎・戶工二部・職專軍國經費・其責甚艱大也・往年封祀土木・徵兵給餉・殆無寧歲・初未嘗計所入

幾何・所出幾何・每奉朝廷成命・卽搜括海內・取盡錙銖・用如泥沙・他如京師國計・宗室祿粮・及上供物料・日益月增・賦稅倍取盈焉・天下民力・何以堪命・舉其大者・他可類推也・自今願陛下問歲所出入盈縮之數・　祖宗朝正額如何・今所增損如何・首從陛下身先節儉・務捐浮靡・凡可以寬小民一分者・悉寓勤恤之意・通行九卿科道部屬等官・各開欵條議・送該部裁酌・內應革者若干・仍舊者若干・隨事變通・典爲揆度・自內府以及各衙門・凡冗員軍役・及不經之費・凡明詔開載所未備者・悉議汰罷・類成簡明揭帖・仍送輔臣覆擬・逐一開具事目・請自上裁・與羣臣面酌損益・早賜施行・卽天下想望富庶之樂・無不得其所矣・

禮部掌邦教以式天下・如大祀貢舉・皆職掌之最重者・往年禱祀繁興・多非祀典所載・而四方奏祥瑞者・迄無虛日・禮官皆將順阿承・未聞有考禮經持正論以舉匡輔之責・至於棘闈試士・分經校閱・各就其房卷取盈焉・彼有優卷有餘・竟拘常數・此雖劣卷不稱・亦濫被甄收・取才如此・謂眞才得盡錄乎・舉其大者・餘可類推也・自今願陛下與輔臣及九卿翰林考據典禮・凡在祀典者・悉遵祖宗成憲・祇肅舉行・其他崇淫祠及獻祥瑞者・痛加嚴禁・若殿試會試考官・職專舉賢・各以分經閱卷・限其名數・使顯異者或限於兼收・不才者或得以濫進・於其甄別之權・得無謬乎・臣等竊謂同經考官・宜會聚一堂・公同評品・各不得以本房自限・庶幾無遺才之歎・陛下用賢圖治・此最爲急・詔令在廷諸臣・更相折衷・考其要法・當有能仰體朝廷明經求賢至急・而直攄其所見者・臣等何敢迂談也・至於請封請謚及祭葬等項・與夫遠夷來欵・悉令按故牒而申飭之・俾無或越法・有所私求・先令該部將各事宜條議上・請付廷臣・再加參酌・伏候聖裁・著爲成典施行・天下之大禮大政・斯具舉矣・

國家設律例以繩姦慝・職有攸司・法固一定而不可移易者也・往年法司奉特旨讞獄・皆曲爲觀望・惟務自寬己責・不敢以律例引證・法之失其平・誠有不忍言者・他未敢槩舉・如海內貪酷官員・剝民膏脂而復戕其生命・視小民如草菅・然事覺多止於擯遣・甚或謫戍而已・至於言官論列權奸・維持國是・忘一身之利害而抗疏危言・無非欲爲社稷計・偶觸聖怒・多死於杖下・或束身幽獄・置之重典・或流竄異境・委骨邊塵・曾未聞法司有爲朝廷奉明法掀眉執奏者・至於文臣被逮・下刑曹追問・亦足以震慴之矣・乃校士得褫其冠裳・廷執而辱之・下鎭撫司召對・匍匐就理・倉卒具狀・皆非所以培養忠節全士大夫之廉恥也・夫錦衣・古之虎賁氏之職也・衞王宮・詰奸慝・是其所司・今乃以此柄授之・能無隨喜怒以爲低昂乎・舉其大者・他可類推矣・自今願陛下凡有詔獄・悉付公論・于外庭大小諸臣有狂戇建言不識忌諱者・懇乞聖明矜察・曲示優容・免其廷杖・下宰輔與九卿諸臣按法坐論・鎭撫司不得與焉・其有巧詆深文及曲從寬假者・悉聽科道官參駁・以仰副皇上奉三無私之意・天下眞節奇氣之士・其孰不激昂思奮耶・至於廠衞校卒・歲所獲罪犯及贓證・俱聽法司收問・以定功次・毋得自行拷訊・苟且成獄・此又淸冤濫之首事也・

通政司出納皇帝・宣上德而達下情・乃其專職・查得往年趙文華爲通政使・凡天下章奏論劾權奸者・輒曲爲遮留・

陰行洩露・待被言者布置既定・然後以聞・壅蔽之患・此其大者・他可類推也・自今願陛下廣開言路・凡章疏關係重大者・俾即日封入・付廷臣面議・其有遷延留難・即係奸回不忠・容臣等具事狀白于陛下・其孰敢欺罔乎・正德年間・會朝廷多巡幸・凡文武羣臣・鮮延見者・中外章疏・先屬輔臣票擬・尋奉內批・輒有所竄易・輿情大駭・蓋緣事涉羣小・或不便己私・往往環御前卑詞泣請・遂不得已・排外論而曲庇之・其於盛德之累・甚爲不小・舉其大者・他可類推也・自今願陛下於大廢置大賞罰・悉公議於廷・與羣臣共之・即付所司施行・史官從旁執筆書實錄・以垂法萬世・其孰敢倖恩澤而舞文觸法乎・此臣等芻蕘之見・願效忠於陛下・倘蒙采納・俯賜施行・陛下獨斷于上・羣臣受成于下・四海雖遠・舉在目中・萬幾雖繁・若在指掌・人人喜復見唐虞於今日・臣等何幸躬逢其盛・然由前所言・乃修政事之大端・而主敬窮理・涵養一心・尤所以植萬化之源・伏望皇上恭己存誠・敬天立極・自燕閒以至臨御・由深宮以及大廷・凡視聽言動之間・莫不隨地省察・以此心爲嚴師・而奉若不遺・至於涉獵羣書・恐夜以繼日・猶或不足・臣等願陛下亟諭講官・摘五經要義・凡有補於君德治道者・撮其章旨・委曲發明・自訓詁衍繹之外・於今日大政務大利病・皆得依經比義・條列類陳・以備省覽・其綱目史傳・卷帙浩繁・俱令講官於前朝政令之得失・凡善可爲法・惡可爲鑒・關係理亂根柢・悉摘其節目之大者・具簡明要義・於經筵進講之日・反覆敷陳・陛下銳意而聽之・坐窺千古・深探理亂之由・而運此心以齊庶政・聖神功化・當與天壤相爲無窮矣・伏念陛下一身爲天地宗廟之主・日新聖學・勵精圖治・御文華殿之時多・居乾清宮之時少・使宰輔諸臣常得以仰覲耿光・陳弼直之謨・以慰其忠愛油然之心・陛下天鑒高懸・照臨孔邇・攬威權而杜壅蔽・廣視聽而辨忠邪・此實宗社無疆之福也・

進會計錄以崇節儉疏

竊惟天地生財・只有此數・不在官・則在民・今公家窘於積貯・民力竭於誅求・上下交征・公私俱病・此皆經費無度故然耳・臣請自國初言之・外庭公費・歲凡三十萬・今不啻六七倍矣・舉外庭而內府可知也・周府初封祿・本一萬石・今宗室蕃衍・歲支三十八萬矣・舉周府而諸王可知也・洪武年間・武職二萬八千員・今八萬一千餘員矣・舉武職而文臣可知也・薊鎮邊儲・初不及十萬・今一百四十餘萬矣・舉薊鎮而九邊可知也・地不加闢・民不加衆・而錢粮增額・日異月殊・殆有相去倍蓰而無算者・此豈惟陛下不能盡知・即天下宗藩與百司庶府或亦不及知也・乞勅戶工二部會查祖宗時郊廟之饗祀・內府之供億・監局之織造・歲時之賞賚・舊額幾何・今增幾何・王府之祿粮・百官之俸薪・衛寺校尉廚役京邊之兵馬・城池經理漕河供給匠作・舊額幾何・今增幾何・至若各省軍民之賦稅・天下山川之鹽鐵・凡有關國家經費者・各撮其總目・照欵類聞・貴在簡明・不用煩瑣・仍申言歲入幾何・歲出幾何・題曰隆慶某年會計錄・進呈御覽・時或有所增減・各於項下改填・每季翻刻成書・照常封進・伏望皇上置之座右・就事深思・或博訪廷臣・或旁稽往牒・務求先朝如何簡約・今日如何倍增・以祖宗節儉爲法・以海

內虛耗爲憂．考四方惟正之供．罷諸色無名之費．冗官必革．冗食必裁．一錢不致虛糜．一夫不忍濫役．所以福蒼生而固邦本．深仁厚澤．豈有涯涘哉．仍乞將前錄頒行各王府．使知祿粮難繼．當有變通權宜．及偏給內外衙門．共圖撙節．若不思愛養民力．軫念時艱．以仰承皇上德意．此古之所謂民賊也．豈可復容於堯舜之世哉．臣往歲驅馳內地．見生民貧蹙．心獨憐之．今巡經塞外．察邊民之愁苦．殆有甚焉．不覺零賈生之涕．而欲繪鄭俠之圖也．自古暴歛之國．民窮盜起．天下遂大亂．臣職司餽餉．方切殷憂．願陛下留神．爲社稷生民計．天下幸甚．無任激切跂望之至．

均徭役以杜偏累以紓民困疏

查得按屬各州縣編審均徭．俱隨各甲內原額丁田挨年編派．其法初未嘗不善．但姦民欲避重就輕．往往詭寄粮多甲下．而宦豪之家．又花分子戶．頻年告免．更相影射．以致輕重愈失其平．法意蕩然矣．臣入浙之初．切見有司賦歛煩急．民不堪命．已經議將館夫庫子改爲銀差．斗級役滿．免其守支．鹽捕徵銀．抵補額課．凡此皆均徭中之重役．先該臣具疏題請．小民皆欣欣然向臣稱便．近該臣查得餘姚平湖二縣．原著有均徭役一條鞭之法．凡歲編徭役．俱於十甲內通融隨糧帶徵．行之有年．事尤簡便．蓋以十年之差而責之一年．則重而難．以一年之役而均之十年．則輕而易．官免編審之勞．民受均平之賜．然人戶有貧富不同．復將下田分而爲二．有田之丁及以田折丁者．每丁編銀．必增其數．有丁無田者．每丁編銀．量爲遞減．使於均平之中．曲寓存恤之意．其餘詭寄冒免之弊．一旦革除殆盡．通變宜民．法莫良於此矣．但士俗民情．槩難取必．又經通行各府州縣．查訪相同．臣恐已編過五甲．惟有五甲應編．其間優免扣除．勢難牽合．每巡歷所至．節據湖杭等府士民人等咸謂願除已編五年．一面將未編五年查照通融均平．念恐沮撓下行．或致中變．士民之言．若出一口．故臣深知此法確然可行．雖歷百世而無弊也．况紹興所屬．臣已督行一年．卓有明效．別無可疑．除通行各該守巡道酌議另行外．伏乞勅下該部．再加參酌．如果便民．即行接管巡按浙江監察御史王得春轉行各該司府州縣等衙．著爲成法．先將未編五年．通融編派．以快輿情．候十年大造之後．悉照此法．十甲派徵．永爲遵守．則兩浙士民．莫不仰荷皇上浩蕩之恩．小民無輕重不均之歎．而數百年積弊皆從此斷絕矣．伏乞通行南直隸江西湖廣兩廣雲貴諸省．照此推類．一體議行．臣愚幸甚．東南幸甚．

一各驛館夫．原編徭戶．賠累繫告．不可勝言．今酌量各驛繁簡．約計每名歲該用銀若干．徵收貯庫．責令該驛官吏自行支應．照依議定規則登簿．每月送巡按衙門幷驛傳道覆覈明白．通免查盤．

一府州縣庫子．原編徭戶．應當供辨心紅紙劄及一切支應等項．相沿舊弊．日益月甚．幾使賠費破家．近已裁革前役．止令吏長看守庫藏．仍酌量各地方繁簡衝僻．徵銀給守庫吏農．充造冊工食之費．

一巡鹽應捕．原編徭戶．不諳巡緝．俱僱之代當．倍取工食．兼之賠鹽問罪．極爲繁重．今酌量限獲鹽船銀數．每名歲該編銀若干．不坐徭戶姓名．就於該縣民壯．輪流撥充鹽捕．責令嚴行巡緝．如果限數不足并比較問罪之類．卽量於前銀內抵給．其徭編應捕之役．改爲銀差．

一斗級原設有預備軍儲存留便民等倉不一．及沿海腹裏遠近輕重不同．而役銀亦有多寡之殊．但收支米穀．浥爛虧賠．均爲繁苦．編當徭戶．往往破家．今令每年新舊交盤．則無虧折之患．且於年終更役之日．聽守巡道會呈撫按衙門．委官查盤交割．此外俱免再查．自無別項浮費．及又改徵本折中半．益省收放之繁．已經查照地方繁簡．酌量錢糧重輕．俱各計數．每名派徵銀兩若干．給募附近殷實之人．應當役滿之日．卽行交代．免其守候．若有虧折．仍照例遞減．亦無繁累．侵欺從重問罪外．其浥爛虧折．俱責限賠完．姑照常發落．

一鋪兵原有衝僻下等．役銀亦有多寡不同．審編徭戶．不能走遞．每被積年包攬．多索工食．甚至數倍．民苦繁重不堪．今量地里遠近．斟酌重輕．定爲等差．每名派徵銀兩若干．給募勤實之人應當．若有吏遞稽遲問罪．追銀以警偸惰．至於抽革充餉役錢．一體徵解不缺．官民兩便．

一巡司弓兵．原編徭戶．不諳操備．俱被棍徒包當．倍索工食．又勒賠補監價．民亦繁苦不勝．今量地里衝僻．斟酌多寡．每名徵銀若干．給募附近勤實精銳之人應當．及照限巡緝私運．豈容忘誤．抽革充餉者．一體徵解．並無增減．民亦稱便．

一各衙門皁隸．原爲徭戶．率皆募人應充．每致多索工食．民亦艱苦．今量繁簡．每名徵銀若干．給募勤實之人應當．抽革充餉役銀．一體徵解．誠爲兩便．

一各衙門門子．原爲徭戶正身．不能應役．悉係包當．應費工食頗重．今量繁簡．每名徵銀若干．給募相應之人賠當．民獲省便．

一解戶原額編徵銀兩．解司收候貼解錢糧．或給爲路費不等．每被積棍包攬．倍索病民．今議酌量倍徵銀解司貯庫．遇解錢糧．聽給路費．或募殷實之人領解．民頗省便．而官亦不煩．

一衝要驛分水岸夫及擺江水手梢夫．原額輕重不等．而工食亦有多寡之殊．每編徭戶．責其供辦夫船及幫貼過關遠差之類．賠費甚繁．又被包役之人倍索難計．今議酌量繁簡．每名徵銀若干．給募附近勤實之人應當．民無騷擾．而代役之人．亦不繁累．

一各壩夫．原編徭戶．不諳車遞．皆係包當．不無多取工食．兼之賠費索纜．頗爲煩重．近又抽革充餉．遂致數少．供應不敷．未免倍增幫銀．愈致民苦不勝．今量繁簡．約計每名該用銀若干．派徵給發．召募近壩勤實居民充當．使各夫便於應役．而徭戶無繁費之苦．

一無驛陸路縣分．額設有驛使名色．專承遠遞公文及走報緊急事情．以致原編徭戶不能應當．必選精壯之人代役．遂致倍取工食．民苦不勝．今亦酌量每名約該歲用銀若干．徵給選募勤實之人應役．行之亦便．

一各衙門獄卒．原編徭戶．皆不能管束囚犯．皆係衙門積棍包當．倍索工食．又加幫辦刑具之類．民苦繁費不勝．今量各衙門繁簡．約計合辦刑具之需．每名徵銀若干．給募

殷實之人應當・民獲省便・

一甲首聽事夫・傘夫并各衙門取用弓兵等役・亦皆包當・每每倍取工食・民苦繁累・今俱酌量每名徵銀若干解給・使無多索・民頗省便・

一府州縣儒學門子門夫斗級庫子等役・雖非繁重・但原編徭戶・必係包僱代當・亦苦多取食・今酌量每名徵銀若干・發學就彼給募附近居民應當・頗爲便益・

一各山川社稷郡邑厲壇皇陵神祠及各鄉賢名宦與夫便民倉等項門夫・本皆輕差・而役銀數頗不多・每編徭戶・亦苦多索工食・今照原額每名徵銀給募附近居民・或量爲歸併裁減・頗爲省便・

一各鹽場并批驗所土脚・原非重役・而各場所員・責之供應心紅紙燭・或差遣繁難・以致原編徭戶・每被三倍索取工食・民苦不勝・今亦酌量每名徵銀若干・發各衙門給募附近之人應當・則供應之弊自革・而彼此兩便・

一閘夫渡夫・雖非重役・而啓閉撐駕・尤在慣便之人・原編徭戶・不能應當・致被多取工食・亦爲繁累・今量地里衝僻繁簡・每名徵銀若干・給募附近慣當勤實之人・或量爲裁減歸併・以革冗費・

一各稅課司局河泊所巡欄・原編徭戶・不諳巡緝商稅・多被衙門棍徒收匿稅鈔・而累民賠納繁苦・今查所屬商稅不多・照各額辦鈔銀多寡・酌量每名徵銀若干・解納抵課・民無煩擾賠累・甚爲民便・其法應收稅者・仍舊編銀雇役・

一徵收前銀・如有丁無田者・每丁令其出銀若干・以蘇貧民・以田折丁者・令其出銀若干・以抑富民・每年俱隨糧帶徵・以半年爲限・於三月內先完一半・六月通完・使民漸次供輸易辨・及置立木櫃・止令里長率領納戶赴縣親投・無分糧折・先儘徭銀照數包封・以候散給・庶無收頭火耗及侵欺之弊・

一給散各項役銀・以按季爲期・各縣掌印官督同該吏・將應給銀兩逐一俱於半月前包裹印封・定立限期・每孟月俱以初二日爲期・曉諭各役・照限赴縣・當堂唱名給散・如縣官偶有別冗・即委官查照分領・若有短少及成色不足・即時稟告究追・仍置簿一扇・將各役銀數挨序登記・分定四季開立前件・令役親筆填寫某月日收領某項銀若干・註完即申送本府・查覈明白・仍將各簿齎送分守道覆查・如過違定限・致使各役守候二日・即提吏坐贓問革・亦不容虛領作弊・一切領狀・明白判附在卷備照・使當役之人・及時得銀充用而樂於應募・錢糧出納有所稽考・而無侵冒之弊矣・

一編徭大累・惟館夫庫子斗級鹽捕爲最甚・臣於重役・已經調停酌處・即照常挨甲審編・亦不爲累矣・但詭寄冒免之弊・終有不可窮詰者・故不如十甲通融・尤爲便民也・此法始行於餘姚平湖二縣・今已通行於紹興一府矣・豈惟一府二縣可行哉・雖一省及天下皆可行也・姑舉其利害之大較論之・往時徭役之重・莫甚於庫子館夫斗級鹽捕諸役・編審之初・每令富戶充之・但富者未必編・編者未必富・中人之家・一編此役・未有不破家亡身者・今止編其銀・不役其人・則應募者無賠費之繁・而出銀者無不均之歎・數年之後・蓋不知有館夫庫子斗級應捕矣・此其便於民者一也・

往時一歲之差・取給於二年之內・有餘者或盡力以輸

辦．不足者必稱貸而取盈．是以困苦莫勝．民窮日甚．今若通融派徵．則丁田所出者有限．數年所辦者易完．歲額之數．習以爲常．其視催督於一時者大有閒矣．此其便於民者二也．

往時優免之法．止審該年．是以鄉宦舉監．多事花分．辦鹽竈丁．動皆詭寄．甚至有將自己之田．詭立外縣鄉宦舉監之戶．以圖倖免者．有將富竈之田．分析貧竈之下．取收貧竈在戶以圖詐冒者．有揑立子戶女戶以規避重差者．其中姦弊．不可勝言．今通融之法一立．則審編之際．有所稽查．不惟一年之差．分作十年．抑且十甲之中．止免一甲．冒免之弊．不期革而自革矣．此其便於民者三也．

往時差有輕重．民欲就輕而避重．於是有詭寄花分之弊．及編審之時．營求請託．欲就輕差．區總里書．得以上下其手．吏胥小人．得以竊弄其權．而審編之官．復有因是而大開賄賂之門者．愚民無知．必欲行賄以求售其私．無益之費．不知其幾．而受害之民．又不可計其數矣．今此法一行．則飛詭之徒．不得以倖免．畫一之規．無容於趨避．又何用賄賂爲哉．里長不取均徭之冊．無從索徭戶之錢．此其便於民者四也．

往時人丁田丁．定爲一致．有田之家．既不勝重役之累．無田之丁．又不免多派之繁．今通融之中．寓折衷之意．使人丁稍輕．田丁稍重．則不惟有田者免其重差．雖無田之家．丁已稍輕．其出銀之數．無詭寄花分者之冒免．所派亦已少矣．此其便於民者五也．

但已前五年．已經編役．若使已役之年與未役之年．一槩編審．通融起差．則已役之民．前既受病於賠貱之艱．後又不免於重征之苦．雖以久遠計之．誠爲百世之利．而以目前論之．恐有重役之歎．今除前編過年分．止將未役五年通融編差．候役完之日．然後照依十年編派．隨糧帶徵．庶乎未役者得以飫被其澤．而已役者亦得以均蒙其惠矣．

均糧役以除民害疏

照得浙江爲財賦重地．而糧長爲郡縣重差．查舊制俱選殷實上戶僉充．立法可謂詳矣．邇來富豪大戶．欲避重就輕．詭寄花分．姦弊叢出．更相影射．眞莫測其端倪．而貪墨有司．或公行賄賂．或甘受請託．遂不免參以己私．富者未必編．編者未必富．中人之家．每遭此役．未有不蕩覆身家者．甚至坐罪遠遣．流禍子孫．臣每從繫囚中詢及此輩．爲之惻然．近聞各縣以糧長爲病民．乃改屬里長．輪年挨充．有司免審編之勞．富民絕夤緣之弊．一圖之內．自相催督．數年之中．互爲徵解．不以衆人之役．偏累一人之身．權宜變通．法亦未嘗不善也．但里甲丁田．彼此互異．舉一圖而較之各圖．舉一甲而例之各甲．其間有自什佰以至千萬及倍蓰無算．誠有不能以一律齊者．若令上戶應役．固有餘裕．而中戶下戶．里役方畢．復充糧長．連年坐困．其何以堪命乎．而一切科派之煩．解運之苦．悉與上戶均任之．其勢不至於蕩覆不已也．

臣愚欲議令所屬里長一體均平．盡將槩縣田地通計若干畝．稅糧通計若干石．戶口共計若干丁額．該編僉里長計若干名．先操綱領．後分條目．備查某都額設幾里．每里額編廿名・每名下各編十甲・如一都丁糧有餘・則移補二都・如二都丁糧不足・則以三都益之・照依黄冊・挨都順里・通融扣算・分定十年・務令彼此適均・然後將本圖之糧・責令遵投櫃之法・遞相催徵・付收頭領解・週而復始・無使獨累一家・其有飛詭丁田・規避里役・許該圖指實首告・即以前紛紛諸弊・不期革而自革矣・至於每歲一應起存本折・及三辦加派等項錢糧舊規・俱於糧長內定立解頭・今里長名數既多・掌印官於內擇以殷實守法者・督令收解・其間事勢有難易不一・賠貱有輕重不同・各分別差等・某項爲重差・某項爲輕差・某項爲中差・量其費用若干・斷令空閑各里追銀幫貼・使部解者躬任其勞・而衆皆協力以相濟・庶幾無顛覆之患矣・如或水災盜賊・勘有顯跡・亦與衆共之・明著爲例・經久通行・蓋非一圖十甲之私也・但今黄冊已定・似難紛更・合無聽候十年大造之年・撫按衙門督同守巡該道・會選廉幹職官・杭嘉湖紹金五府・每府各二員・寧台衢嚴温處六府各一員・悉照此法審編・事完之日・仍聽守巡道覆覈・如果不畏權豪・不受賄囑・均平圖里皆出於公・即日會疏・以賢能特薦・否則據法參論・決不苟容・其受贓者仍從重拿問・則人知警畏・事有責成・救弊補偏・悉遵成法・小民無破家之苦・錢糧得收解之宜矣・此出臣一人私見・未敢遽以爲然・隨將一切事宜・案行杭嘉湖守巡兵備道・酌議無異・復據會呈・請即委官釐正里役・就令徵錢糧・其有果係消乏者・先行更替・一面將前法遵行・待大造之年・然後均里平圖・爲不易之法・此爲順民情所爲此法也・

伏乞勅下該部再加參酌・如果便民・即行本省撫按等官會行各該司道府州縣・或即時隨宜區處・或仍候大造舉行・此實兩浙士民引首翹足・欲早行此法・眞不啻旱魃之餘・共切雲霓之望矣・仍乞通行各省・照此類推・一體議行・臣愚幸甚・天下幸甚・

清理屯田疏

竊惟天下之事・不患無可行之法・而患無持法之人・國家建置屯田・所以足食足兵・爲久安長治之計・其立法可謂詳矣・職掌雖專於武弁・監督必主於有司・蓋知其不能獨任也・臣於屯田・謬有總理之責・通查各屬・管屯官廉明者少・貪墨者多・束手無能・固不免於因仍之弊・恃才自用・或以濟其漁獵之私・欲其漁獵之私・求其振拔有爲亦難矣・初謂有司既得分攝・則查覈皆可徑行・自今考之・乃不過納一端焉耳・至於屯田之占奪・錢穀之侵欺・埋沒拋荒・置諸度外・非惟不行關白・在有司亦不與責焉・此屯政之所以日就廢弛而不能振也・臣督同各該兵備道及府衞州縣等官・反覆查議・區畫僉同・復會同總督漕運兼提督軍務巡撫鳳陽等處地方都察院左副都御史方廉・巡視直隸屯田・監察御史張啓元議・照屯田兵食重務也・成法初無不具・綜理貴得其人・今以該道提挈綱維・隨時經畧・有司申明職掌・就事責成・其有不奉法者・聽臣等執而糾之・務令彼此夾持・相爲覺察・不得仍其往習・以國家供軍之具・爲貪黷染指之資・此在江北屯田・法應釐正・如此推之北直隸山東河南・均亦可行・除巡歷所至・通行咨訪・及遼東等處事宜・欽遵勅諭條目・開欵具題・伏乞勅下該部・再加詳議・如果臣言可

採．俯賜施行．則百職受成以維持此法於不廢．而屯政於是乎修舉矣．臣無任激切跂望之至．

拋荒者作何召種開墾．一．查得國家設立屯田．卽古者寓兵於農之意．無事耕作．有警用防．此足食足兵長策也．承平既久．成法漸隳．時異勢殊．日就廢格．或旱潦相仍．或催科煩急．或地方磽薄．或官府誅求．以致屯軍流移．屯田蕪穢．而尺籍消耗．屯丁故絕者．亦往往有之．所遺田地．膏腴者盡被占種．瘠薄者滿望蒿萊．已非一朝一夕矣．今議．直隸行兵備道．各省行守巡屯田道．督令各該衞所掌印管屯官．將拋荒田．逐一開報．就令會同附近有司衙門．出給大字告示．召軍民人等開墾．有餘力者則寬其租稅．俟五年七年之後．果有成業得利．然後一體納糧．力不足者則資給工本．凡種子牛具之類．皆官爲處之．或立陂塘．或開溝洫．或有司會同疆理．或衞所酌議請詳．水利之興．務要鑒前慮後．有益於此．無害於彼．庶幾兩利俱全．其一切應用官銀．合用民力．該道通融計議．就近申撫按衙門詳行．若開墾既成．不許原主告爭．及以原負屯糧追逼代納．其管屯官因而有所需求．從重參問．以警其餘．要在信召種之令．寬給貸之恩．定土田之等．緩役使之勞．凡一切事宜．通案行有司兼理．庶乎成效可必．行之而能久也．歲終仍造冊報．臣及屯田御史以驗開墾若干．未開若干．掌印管屯各以開墾多寡．分別獎戒．其有地本瘠滷．力無所施．亦要逐一勘明．以備查考．則逃移之戶日漸來歸．荒蕪之田日見開闢矣．

奪占者作何淸理撥給．一．查得屯田之制．每軍一名．領田一分．每屯設官一員．職專督理．豪强者不得兼併．貪暴者不得多取．其法非不詳且密也．但因管屯官委靡不立．苟且因仍．以致法紀凌夷．弊端叢出．有領種屯地．私行典當．及受價兌賣者．有典種歲久．無力取贖．其地不復還原主者．有因軍丁逃絕．所遺田地．公然占種．久之遂爲己業者．有欺隱屯地．冒認起科者．有將實在屯田．假作無糧民地售賣者．有磨改冊籍．飛詭稅糧．埋沒界至．失其坵段者．有詭名自領數分．多至十餘分而執稱俱有戶由者．有挾勢逼逐貧軍．冒頂其名而私擅占種者．有逃軍復業．而官旗勢豪仍用計驅逐．占不吐者．有假稱拋荒．無人承佃官旗私種者．有食糧操軍正軍仍冒領屯田者．有局騙侵奪．用債準折者．衞所各官．或沉酣於賄賂而不能處分．或受制於豪强而不能糾正．其弊信非一端矣．今議．督行守巡兵屯道．就近分委各有司廉明官．每衞所一員．吊取該衞原冊及戶由．逐一淸查．果係本軍．許其領種．如官豪占據．卽行提問．應追奪者追奪．應給還者給還．應改正者速行改正．應丈量者卽與丈量．如有先期自首者．許其免罪．若假揑詭名仍前霸占者．聽各指實陳告．其屯軍懦弱不敢申訴者．許他人代首．到官定行給賞．其故絕無人而追出原因．見在查空餘軍丁給種．責令納糧．歲終具淸理撥給過文冊．開具總散數目．報臣及屯田御史查考．以課殿最．則法度修明．豪橫屛跡．屯政修舉而兵食有資矣．

有名無實者作何勘處．一．查得屯田原額．皆具載冊籍中．今名存於冊．而田無所考．豈以歷年既久而遂銷滅哉．除附近江河．被水衝沒．據其歲報之數．別爲稽查蠲免額糧外．其腹裏地方．必係勢豪之侵占．軍民之埋沒．夫田有定分．分有定畝．若據軍民人等指實陳告．卽勘處不難．惟逃絕之田．占匿日久．居民地隣．皆以爲世業．而不知其根之所自來．則乾沒隱藏．眞有難於覺察矣．合無令行各該衞所將有名無實之田．盡報在官．備呈各守巡兵備屯田道．分委廉幹有司．查照原冊內來歷．并責令該屯老軍開報．其田一段計畝數若干．坐落某鄉某村四至．與某州縣某衞所某姓氏接界．查覈原冊．沿坵履畝．據有求無．如此田一段．其坐落地名．相隣四至．與原冊俱合．是名實相符者也．彼田一段．不應特異．有名必有其實．通召集屯老居民．挨查四隣之田．某段或係祖遺．或係新置．係何年承買．何人契賣．遡流窮源．求與原冊相合．不得觀望遷延．仍給示布告．有能自首者免罪．其田還官．歷年所得花利俱免追．他人首告者．卽以其田給賞．照畝納糧．永爲己業．其田隣扶同隱蔽者．與埋沒同罪．一體連坐不恕．當必有直發其姦而求自免者矣．若徒稱踏勘而不得其方．反滋騷擾之弊．何能蹤跡其萬一哉．至於責成委官．指授未盡事宜．各該道監督而必行之．歲終造冊報臣及屯田御史．卽以此課其功能．若退託依違．無所考見．聽臣等查覈參論．庶事有明效．不爲緣飾虛文矣．

誅逆賊以正國法疏

臣自爲書生時．讀嘉靖初年欽明大獄錄．前後翻異．若矛盾然．及詢諸海內士大夫．乃知李午係山西太原府五臺縣人．本逆賊李鉞之姪．初名福達．因發戍逃歸．竄居陝西洛

川縣．倡白蓮教．聚衆稱亂．攻殺長吏．屠其城．後餘黨盡滅．惟午變姓名．占籍該府徐溝縣．詐稱張寅．納受太原左衞指揮使．數被韓良相等詰其罪惡．夤緣脫免．已而巡按山西監察御史馬錄捕治之．午卽大賂武定侯郭勛．移書請託．欲待以不死．錄交章劾勛黨逆賊．執其手書及具午反狀聞．尋奉欽依．李午抵法．郭勛著囘話．勛懼先帝怒．禍且不測．遂陰結貴近．陽欺朝廷．流毒縉紳．蔓延天下．如刑部尙書顏頤壽．都察院左都御史聶賢．大理寺卿湯沐等．皆讞議法司也．或逮繫詔獄．或禁錮終身．給事中劉琦．御史姚鳳鳴等．皆抗疏言官也．或埋魂狴犴．或委骨窮荒．山西布政使李璋．按察使李珏．都指揮馬豸等．皆原問三司也．或已遷官．而行提於別省．或已罷職．而追捕於私家．甚或以通問致書．而稱爲朋黨．以偶語立談．而指爲訕謗．其餘羅織成獄者．通計部院各寺科道等官．凡四十餘人．衣冠之禍．可謂烈矣．逆賊李午與其親男李大仁李大禮等．乃脫然於法網之外．業有成案．人不敢復言．臣亦以事經數十年．無從發其隱矣．

近巡歷山西三關至延綏．訪徐溝洛川二縣．皆李午狼蹲之鄉也．質諸故老．益知其詳．復聞嘉靖四十五年．四川妖賊蔡伯貫．反逆就擒．狀招以山西李同爲師．卽李午之孫也．傳習白蓮教．自言爲大唐子孫．當出世安民．結謀倡亂．煽惑人心．隨該四川撫按．移文山西．捕李同下獄．反覆按問．佐驗甚明．招稱李大仁李大禮．皆號爲祖師．查刊刻大獄錄姓名來歷．一一相同．則李午以妖術傳家．世爲逆賊．別無可疑．今撫按衙門將李同等．依律坐斬．題奉欽

依・聽秋後處決・臣復行山西按察司・取原發招由與大獄錄參對・彼此互見・不謀同符・乃擊節歎曰・天之所以誅逆賊・信毫髮不爽・能巧護於生前・而不能遮飾於死後・能苟容於其身・而不免賈禍於其子若孫・如此天網恢恢・疏而不漏・似亦足以示凶德之報矣・然李午身爲叛逆・殺長史・屠城邑・且縉紳之禍徧天下・雖舉族誅戮・人猶有遺憾・乃得仍其官・老死牖下・豈天道乎・今觀李同之獄・而午之罪狀益彰・法當剖棺磔其屍・以正斧鉞之誅・以洩神人之憤・此千古一大斷案也・李同以妖言稱・伏罪當止其身・若以李午之窮兇極惡・盡法繩之・即使闔門無噍類・亦不爲濫・是在持法者權衡於其間・臣何敢懸斷也・午之罪・誠不可勝誅矣・若勛世受國恩・結知明主・乃黨逆賊・陷縉紳・白日撼風霆・蒙蔽日月・使舉朝側目・卷舌藏聲・而樞要之人・悉頤指氣使・會其意・權姦之可畏・一至是哉・萬一陰蓄異謀・人皆重足而立・俛首聽命焉・其爲禍豈忍言哉・正勛之罪・似當革其生前之爵・貶爲匹夫・以示懲創・誅權姦於既往・垂鑒戒於將來・此誠今日正人心銷禍本第一義也・至於大學士桂萼張璁等・時以三法司被逮缺官・奉命典獄・彼皆心膂大臣也・一言悟主・動若轉圜・乃觀望扶同・竄易原案・甘招天下之清議而不恤・使國是淆亂・人心危疑・載筆特書・不免爲清朝之玷・禍端寖長・誰任其辜・似應追論前愆・以明弼直之責・參之往牒・察之輿情・使坐罪所由・當無復他辭矣・

先是獄既定・上以馬錄爲首惡・欲誅之・賴萼等申救・得改永遠充軍・編發南丹衞・錄之免死多其力・他或有所牽制不得自專云・使當其時正色危言・以去就爭之・必不至此・苟以迎合徇時・曲爲自全之地・充是心也・亦將何所不至哉・再照大獄諸臣・多一時忠讜之士・其英風勁氣・百折不回・寧忤權臣而不敢忤國法・世之所謂狂流砥柱非耶・今其姓名官階・具載獄狀・刻本見存・凡未經恤錄者・乞通行擬議・請自上裁・特加優異・以廣天地生成之恩・以伸忠良感慨之氣・其於士風世敎・豈謂無小補哉・

或告臣曰・往轍可鑒・何用招尤・臣謂天地有正氣・宇宙有正人・故天綱地維・萬古不墜・若依阿邪人・埋沒正論・終使亂賊之徒・得以苟容於當世・天地且顛覆矣・國家何賴焉・天道有知・亟當返正・豈渠魁虐焰猶能爲厲於銷滅之後耶・陛下秉道嫉邪・爲萬世計・倘不以臣言爲大謬・乞勅該部覆議施行・臣素抱剛腸・常嫉惡已甚・故得諸見聞・義難緘默・惟陛下聖明・少垂矜察・

乞存恤大臣以勸忠義疏

查得原任總督三邊兵部右侍郎兼都察院右副都御史曾銑・孤忠自許・智勇絕倫・倡議擣虜巢而復河套・朝論壯之・會輔臣相傾・權姦煽禍・遂被逮下詔獄・文致其罪而誣服論死・謂銑貪邊功・盜官錢・夤緣姦黨・冀其說之必行・勘官望風指・扶同羅織成獄・竟破其家・竄其妻孥・以致雞犬無噍類・門祚顛覆・骨肉流離・禍可謂烈矣・恭遇皇上・日月重明・洞燭其枉・納言官之請・下廷臣議・破常格恤錄・贈官蔭子・諭祭造墳・復賜諡襄愍・家口悉從配所歸・感激天恩・光被存沒・雖萬死猶生矣・但銑當遘禍時・先世

田廬・追沒爲贓・僉帷故書・檢括殆盡・酷如抄劄・家業一空・今權葬城隈・身膏野草・行道之人皆憐之・伏蒙聖慈給開壙銀三百兩・官庫缺乏・無從借支・其家環堵蕭然・糠粃卒歲・幾不能自存・竊念銑起家進士・官御史・曾未數年・輒歷陞卿貳・總制三邊・卽令其破家供軍・當亦極力爲之・以報聖朝知遇・乃指其謀復河套・乾沒官銀・豈不寃哉・其初曲意搜羅・已無實狀・後竟巧爲鍛鍊・罪其扣除草料銀三萬兩・必欲窮治以快其私・所謂欲加之罪・不患無辭・彼忍爲此者・寧復有人理乎・夫權黨攢謀・讒言方熾・銑雖百口・亦不能自明矣・今寃抑已伸・公論昭然・原贓之有無・已不待辨・而先是入官之數・法應給還・査得大明律・凡犯罪應合籍沒財產・赦書到後・並從放免・夫犯罪至籍沒・會赦猶獲曲全・況誣坐殺身而蕩沒家產者乎・臣於銑生本異鄉・仕不同朝・獨聞其盡忠報國・心竊慕之・今遭際明時・荷浩蕩殊恩・已置死生望外・而前贓未給・十口凄然・其親男會淳等・初出畏途・驚魂未定・天門萬里・無地控辭・若推銑之素心・愧不能盡死力以報朝廷・雖被萬戮無悔・敢言家乎・

伏乞勅下刑部・參諸情法・若果臣言非謬・行撫按衙門・將原納虛贓銀五千四百餘兩・酌量處給・以營葬具・且使其家復有所憑藉・以活溝壑餘生・卽不獨銑闔門銜結・而天下忠義之士・皆聞風感泣・願捐軀以自效矣・今査其變產原銀已充兵餉・若非委曲區處・豈能照數補還・近見兩淮運司有潮包抽稅及停解景府鹽課・皆數年前正額所未有者・於此量給・或亦不難・其餘沒官田地・縣間有之・乞令有司從宜處置・幸而得此・不爲踰分・亦還其固有者而已・再照收復河套・實爲國家萬世慮・據朔方之險・坐制强虜・峻胡夏之防・潛消顯禍・銑忠憤激烈・誓不與此賊俱生・若非身死權姦・得盡展其宏畧・卽蕩平逆虜・雖未敢期・亦豈令蟠踞跳梁・日甚一日哉・禍起不虞・而事亦中寢・人皆以此爲諱・恐生釁端・今原疏具存・曾經各衙門會議・多可採錄・臣愚・乞勅兵部編輯成書・隨宜講畫・審時度勢・有待而爲・此亦今日禦戎第一義也・若俟燃眉之急・方爲蓄艾之謀・恐不免後時之悔矣・臣守官維揚・偶得其遺稿・三復憮然・義不容默・敢併錄其愁苦以聞・

乞矜錄遠臣疏

提督學校巡按直隸監察御史臣龐尚鵬謹題・爲乞遵明詔矜錄遠臣事・恭維皇上特出曠典・凡在先朝以建言得罪・皆召用恤錄・其應得卹典未經處給者・復令科道及巡撫官査舉・臣仰見陛下表揚忠義・無間存歿・今例應卹錄者・似査訪殆盡矣・然遠地孤臣・埋名草莽・有科道之所不及聞・撫按之所未及舉者・臣請爲陛下陳之・

原任禮部員外郎張濲・居家孝義・特行著於鄉邦・及爲禮官・會先帝集廷臣訂大禮議・相持未決・凡建白忤上意・或落職・或杖發・甚或遣戍・人情洶湧・皆重足而立・濲手疏業已屬草・有同列沮之曰・知者不揚默以移身・義士不蹈禍以立名・獨不思自存計耶・濲內自引決・不以人言移其意・竟死杖下・士論甚惜之・臣竊惟張濲起家進士・守清華之職・使沉默苟容・漸階通顯・顧不易哉・彼皆不忍負朝廷

而曲學阿世．其所樹立．不以難乎．今伏讀明詔．所謂建言得罪．歿者卹錄．張潔是也．獨惜其下世既久．子孫未能直達於有司．其力不能自白於朝廷者．又以該部提奉欽依．不許自陳乞．君門萬里．無階上聞．臣叨居言官．若欲以鄉曲引嫌．不卽查舉．而忍於沮格明詔．將安所逃罪乎．况張潔諫書動日月．忠義泣鬼神．遺牘尚存．可考而知也．臣豈阿其所好浪爲標榜耶．夫人臣以身殉國．卽忠貫天地．功葢華夷．亦其常分．豈爲身後沽名．妄意朝廷優錄．以垂聲不朽耶．但念褒忠魂於既歿．實昭臣鑒於將來．今明詔傳宣．事關世教．臣非敢爲鄉人冒干恩澤也．幷舉原任兵部尚書翁萬達．原任行人司司正薛侃．伏望皇上下該部覆議．張潔等各復原職．或贈官．或廕子．與建言官一體卹錄．翁萬達應得卹典如其祭葬贈諡．照例補給．則皇上廣勸之典．度越前朝．諸臣懷戀之心．光榮百世．人人欲思百世其身．以效國士報矣．其於世道．豈無補哉．

再照南京兵部尚書湛若水．倡明絕學．表章諸儒．伏蒙聖旨優給葬祭．但贈諡尚缺．至今士論復有厚望焉．如蒙聖慈覆行該部議處．以爲儒臣之勸．豈特若水一人洊荷朝廷優渥．懷銜紫誥之報已哉．臣同桑梓．聞諸臣風烈．慨然慕之．近質之都察院右僉都御史何維栢．臣鄉人也．其得諸所見尤詳．今遭遇聖朝．不可使湮沒無聞．臣由是益信之．謹列其事．伏具奏牘以聞．臣無任惓切致望之至．

上江陵張相公書

得君行政．孰踰相公專且久．盖世功烈．直卑管晏．先太師凶問．主上勉留方懇．言臣攻擊不已．主上不震怒譴責言臣．則相公不留．相公不留．則聖母皇皇．若有所失．如顧命何．如國事何．然恐宗廟社稷．尚未諒相公之心也．盖國朝二百年來．史官無廷杖者．有之．自今始．昔羅太史奪情一疏．李南陽實能容之．秩止外移．至今人尤韙太史而指南陽．相公久秉大政．幹旋牽伊周事業．何嘗有點彈文．獨呶呶之口．欲成夔夔之孝．其議固激．其題目甚正．若等均相公忠臣也．相公諒其無他．使以去就爭之．主上樂聽．當如轉圜．自古大臣遭喪．强非上意．此世上鄙夫所不爲．而謂相公爲之乎．鵬爲門下士．耻阿附多官．叩閽請留．又未能效．若等批鱗請去．復不敢依違淟涊．以累相公之盛德．以負國士之知遇．第宥愚蒙．存大體．望擴休休之度．毋使南陽專美于前．鵬所願効忠于相公．謹布其心曲如此．

簡陳偕所中丞

凡士大夫出入．均勞中外相應．以共成久安長治之業．盖自古然矣．念門下持衡重地．坐策廟謨．屬鵬等分行天下．各勉脩其職．使薄海內外．改易視聽．眞曠世一時．鵬惴惴然恐無以稱內廷督責．及仰副門下聲應氣同職業交修至意．間嘗私論．近日之士風．較往年若大相懸絕．今夔龍在列．衆正盈朝．無容議矣．其在外者．職掌既別．聲實難齊．類多俛首攢眉．潛移歲月．究其弊．惟在因循顧忌二者而已．或沿襲故常而因仍苟免．或牽制文法而規避求全．其間有承蠱壞之餘．而更張過驟．倘事變不測．卽詰責隨之．譬之羸疾待盡之人．先是爲庸醫所誤．一旦改付國手．力無所施・乃身爲前醫任其咎・至於人持己見・伐異黨同・指顧之間・動多牽制・譬之岐黃・珍品雜投・百藥中卽能起死回生・何敢必其明效・近以邊事驗之・尤爲切中・何惑乎因循顧忌者皆挾他詞以自解也・鵬智畧短淺・闇於世務・何敢狂談・伏惟明公負世道重寄・憂先天下・故不自揣・輒以此言聞・手握臺綱・風示四海・門下豈與百司概論耶・向奉尺牘・以前驅未至・不果達・今另裁候・輒敢以迂談瀆記室・惟門下矜其狂・

簡吳怡齋

鵬自通籍迄今・浮沉世路・無補時艱・日惴惴焉惟負乘是懼・兄直聲震天地・勁節吞鯨鯢・節義文章照耀千古・以鵬較之・何啻什百倍蓰也・遭遇聖明・同時錄用・豈徒輿論以爲不稱・雖反躬自考・亦獨厚顏・彗星而比朝陽・邱陵而望華嶽・豈不難哉・聞兄視甫彌月・諸所建置・皆經畧遠猷・都人過江淮・往往爲鵬言之・咸謂盛名之下無虛士・其信然乎・鵬冗食以來・就職掌所宜行者・博採羣言・斷從鄙見・近將以封事聞・變通權宜・姑爲是補偏救弊之術・豈能著探本要論・垂百世永利耶・廟堂初議・專爲備邊・鹽政在兩淮・此其根柢也・若論屯田・則邊境內地・其緩急逈然不同・擬於八月後卽行役出遼陽・秋防報罷・凡沙漠絕塞・皆可單騎周行・躬親考驗・顧事勢之能爲與否・當徐圖之・未敢逆斷耳・風塵萬里・關塞蕭條・視兄出入官舍中・湖光入望・百卉先春・談元著筆・坐籌機務・眞天上人間也・邇來災異頻仍・邸報無虛日・而大江南北・旱魃盛行・赤地數千里・時事如此・良切隱憂・徒有曲突徙薪之懷・愧無排山倒海之力・兄以天下爲念・其將謂何・

簡耿楚侗道長

九月事嚴程・入公治境・見兒童俎豆・戶有書聲・所至採民風・而得過化章程・何地非名教也・立馬都亭・輒向臺人作書・欲附致門下・竟無從覓南使・極目風塵・遂投牘而歎・嗟乎・秣陵在吾目中・卽咫尺之書不能達・況奉筆文苑・受經門下・敢妄意計日遂所希冀耶・南北馳驅・獨聞公名滿天下・諸縉紳咸謂鵬職事相等・多舉以相勗・顧聲實並茂・方駕古人・公康莊絕足也・豈下乘敢望芳軌哉・伏念士維風靡・樹立誠難・而遊世虛舟・亦鮮有不逢恕于時者・刓方爲圓・衆稱通才・若破偶爲奇・卽苛意求全・而百毁塞路・殆從古然矣・惟高視濶步者・獨權度於其間・日惟較視此心之影・庶幾無遺憾・卽一切浮塵世黑白・躑躅噓揚宇宙間・不啻如飄風掣電耳・其俄頃變態・有無滅沒・能終朝乎・天地一晝夜・古今一敝廬・達觀者信以此生爲塵劫也・

近有邊帥・偶從公署中談數學・指摘京師樞貴人浮沈死生・其應如響・信乎浮生萬狀・默定於天・雖有高世之智・絕倫之力・豈能侯李廣而壽稽康耶・惟有樞機在手・日低廻於雷雨晦冥之中・不致迷轅左道・獨此心之靈・得以專制耳・外此皆陶鑄已定・卽百其身・將安所施乎・頃出三輔校士・衝寒臥起・漸覺向衰・讀諸士所爲文・常掩卷閉目・忽張睫・卽小星滿室・視燭焰如斗大・非神昏氣頹然耶・强顏祇役・不敢遽言去・俟來歲秋試罷・得薄譴歸足矣・自惟根

弱易摧・器盈多覆・鏡視往古・寧容爲後時歎乎・倘銖積歲月・復謬有委寄・視此爲劇・其濁賢路而覆公餗・殆有甚焉・舉平生顧愛者・一旦毀諸通衢・其不以燕石爲世所發笑者幾希・語云・跖壽顔夭・同歸於盡・長路畸人・雖沒輪蹟馬・猶攢眉事膏秣・眞西山愚夫・不足言矣・今課多士殿最・日掃軌杜門・簡嗜好・薄世味・遂使胸中糾結・頓覺汛除・獨孤陋自慚・捫心怏怏耳・一遇知己・敢布其心曲如此・把臂何期・願各努力・毅然自知・困學然後知不足・反躬驗之・信爲名言・願奉宏規・匡我不逮・

簡郭夢菊督學

昨得郵報・始知法御新從蜀道還・寤寐風神・馳慕轉切・愧未由供掃門之役・通求見之誠・此心長耿耿也・竊惟足下自通朝籍爲尙書郎・已屹然負天下之望矣・及分符典郡・奉璽書・與文學賢良折衷鹽鐵議・此歷試諸艱之日乎・頃移秩柄文衡・海內賢流・方切延頸企踵・願執經欵門・北面事足下・不謂蜀人先得之・英風義烈・岳峙川流・卽以卓異才拔君要路・爲天下具瞻・廷推在旦夕矣・尋聞直道難容・蓋有從中抑之者・遂與時齟齬・坐人言改官・吁嗟乎・持祿養望・苟容悅而都美官者・所至有之・夫誰不可能・然疎節奇氣之士・蓋常辨之早・爭之强・寧却步自全・終不屑以此而易彼者・目中雌黃・身外利鈍・吾知其如人何・人其如天何・此足上所以自信・天道神明實臨之・蓋必有眞知足下・共推轂上前・破羣疑而爲正論立赤幟者・請持鄙言爲左劵而待之・鵬先是以狂戇罷閩役・竟速天譴于老親・不孝孤罪狀滔天・幾於殞絕・夫誰憐之・遠承慰問・已感激不自勝矣・復緘詞望奠・寵渥異常・先人有靈・當改容拜泉下・況鵬猶强顔人間世・敢以一息忘足下高義哉・曩歲曾奉咫尺書・遣一力候足下・追至荆州・聞前旌取道出夷陵・凡數晝夜矣・今檢故牘・封識宛然・謹附塵記室・倘蒙寓目・亦足以占其平生・嚮往拳拳・非敢爲空談也・

冠垢說

六月午坐・聞穢鼠氣・亟人舉室掃除索之・香爇之・復如故・問左右童豎・皆對如前聞・乃張目怒曰・吾家固畜貓・而鼠穢乃流濁吾室・刺吾鼻・若此貓之尸素・當遣而逐矣・姑俟夜取貓・扃吾室徐試焉・時苦熱・餘穢猶襲人・因擲冠・據胡床翼小息以避之・乃汗浹不能臥・起取冠復著・冠積數月未澣・有漬色・稍嗅之・卽疑鼠穢者・正以此也・乃擊案太息曰・冠穢而罪鼠・且求諸貓・天下事不能反諸己・而屑屑焉委其責於他人者・豈獨此哉・夫冠吾首服也・煢煢在疚・不暇爲容・固積漸然矣・舉吾室之人・皆惟鼠之咎・而歸其責於貓・嗟乎・鼠以無辜被怨・何暇計焉・而穢之無與於鼠也・雖百貓何能爲力・冠著吾首・穢盈一室・且不能就其所聞而察之・況遠於此乎・幸早得其故・乃惟鼠與貓之憒且怒者釋矣・否則鼠之穴地而藏・吾猶未能跡其所至而磔之也・若貓也・不能暴此鼠之無辜以謝遣乎・然則以誣抵法・而非其罪・世之不幸如貓者亦多矣・或曰・穢鼠固不足責歟・噫行之穢也・剽竊於深夜・乃白晝而爲人所誣・故仲尼曰・君子惡居下流・然事所由始・不能自吾身反

觀．亦奚責之辭．故曰．君子求諸己．因濯冠去垢．遂書此以自檢焉．

南京兵部車駕司主事青霞李先生傳

君諱時行．字少階．嘗讀書羅浮青霞谷．因自號青霞子．早以顥悟聞．甫弱冠．卽爲郡諸生．多士推下之．督學田公汝成文名擅海內．君獨被鑒賞．會試．君作書擬戾太子辨江充奸．益奇之．謂當魁天下．嘉靖庚子舉于鄉．辛丑舉進士．壬寅授浙江嘉興縣知縣．地當要衝．多宦族巨家．桀驁難治．君更盤錯．若不勞餘力．諸忤法者．悉捕之不少貸．時邑有宦家子．睚眦殺人．君覆案得其狀．竟伏法．舉郡壯之．民有訟其兄析產多自與．君驗其劵．卽令更相授．各俛首慙服．御史行部至．並廉君治行．交章薦于朝．乙巳徵爲南兵部車駕司主事．流言風起．宦豪實陰搆之．而一時同官忌君名太著．復有騰飛語中之者．君不能自明．遂拂衣而起．結方外之士．延攬西湖．臥遊天竺．下會稽．探禹穴．陟天目．臨虎邱．東歷泰山．西上匡廬．發胸中之幽藏．形諸聲以散其孤憤激昂之氣．歸而杜門讀書．逍遙六籍．漁獵百家．小說稗官．搜羅殆盡．他如法書名畫．古今稱絕藝者．多購而藏之．暇日則披圖長吟以自遣．吾鄉甘泉湛先生．泰泉黃先生．倡絕學于東南．君先後及門．多所述作．有重名．西郊築浮邱草堂．北城開別業．題曰小雲林．仍扁曰青霞洞天．嘯詠自如．沖沖乎若與世相忘也．甲子．柘林守兵叛．城門晝閉．內地震恐．君與友人霍鍾錫．抵掌浩嘆．欲請于當道．提偏師身自擊卻之．尋奪于浮議．遂不果．乙丑．命仲子奇蕚爲太學生．君扁舟與俱．由吳越歷燕趙齊梁之墟．謁孔林．登太白樓．所過名山大川．輒艤舟停驂．凝望久之而後去．飄飄乎胸藏五岳．氣呑九州．其所獨得．若有不能語人者．所著駕部集．雲巢子．天求子．癯瘉子．四方傳誦．想見其人．君天性孝友．以其親之心爲心．父友鄧欽人．不能自存．獨顧意厚遇之．早歲遭母喪．遇忌日輒哀慕涕零．兄弟相歡．門庭雍睦．隆慶己巳春二月．卒于城中里第．享年五十六．君先是河南祥符人．宋嶺南安撫使慕陶公．其先祖也．南渡時．逮籍番禺茭塘村．國初．光祿寺觀達．始遷省會．三傳進階．奉訓大夫東城兵馬指揮．君高祖也．父聞韶．好義樂施．授楚府紀善．母費氏．娶龔氏．今居大市街．壬申三月．予得君伯子奇標書．爲立傳．

論曰．太史公云．自古富貴而名磨滅者．不可勝紀．惟倜儻非常之人稱焉．駕部君早謝榮途．鬱鬱不得志．考其所論著．囊括乾坤．濯磨日月．獨希聲古聞人之所以壽其名．使百世不朽．其在斯乎．自古著作無關規勸者．卒不可傳．雖李太白雄視古今．而忠愛不及杜少陵．或猶以此少之．君銳情篇章．多托興寓言．以自表見于後世．蓋有風人之體焉．是可傳也．況天資沉毅．多朗鑒．涇渭甚明．詆儀秦．薄金張．視當世浮沉．無幾微見于色．應事接物．一以誠心．宰邑．撫同年遺孤如猶子．强奴悍僕悉擒之．孤賴以安．卒之前數日．揮毫賦詩．達生委命．力疾奉祠事無惰容．此非可以强顏爲之者．其中之所存．孰得而窺其際乎．後世必有知君者．

龐尚鴻　字少襄，南海人，尚鵬弟，以貢入國學，上書政府復獻飛車飛舟，得旨下部，授鹽城訓導，擢英山知縣，時河決爲祖陵患，尚鴻撰進治河三策，值巡撫與河臣議不合，遷怒尚鴻，謫西安縣教諭，官終崑山縣丞，尚鴻在鹽城時，講求治河方略，設爲或問，成治水或問一書，四庫書目已著錄，阮藝文略稱治水方略四卷注存。

安邊方畧條議

今者譚邊事，譚人人殊，有以易譚，有以難譚，有以非難非易譚，曷爲而易譚也，賈誼曰，匈奴雖衆，僅當中國一大縣，陳湯曰，胡兵五，不當漢兵一，虜雖衆，無紀律，無大志，無攻城堡，無曠日持久，無公輸雲架之械，智伯激灌之術，楚子築室之圍，非有冒頓之猛鷙，尙結贊之狡猾，故曰易，曷爲而難譚也，黃沙白草，一望千里，冬則陰風怒號，捲地揚塵，天日昏慘，咫尺不辨，積雪瀰漫，嚴霜徹骨，敵人之來，動至數萬，馬復倍之，如雲合電發，霆擊風馳，日月爲之奪明，邱陵爲之震撼，彼衆我寡，彼强我弱，彼食肉飲乳，我食粟飲水，彼牧獵閑散而逸，我且耕且戰而疲，彼則因糧於我，我則裹糧以隨，敵不來則已，十來十歸，窮來富歸，無遺矢缺斨之勞，而安取漢物如索諸寄，故曰難，曷爲而以非難非易譚也，敵一也，匈奴突厥之虜則易，女眞蒙古之虜則難，以宋事籌之，二帝蒙塵，强虜壓境，事最難矣，岳飛以五百人而破兀朮百萬之衆，何昔難而今易也，故曰非難非易，夫譚易非也，譚難非也，非難非易譚均非也，大抵譚事易，當事難，當事易，成事難，夫易譚者，口誅筆伐，津津不休，一旦委以重寄，便徬徨四顧，莫展一籌，以難譚者，傷於虎者，譚虎而色變，膽落神泣，懲前慮後，以非難非易譚者，執兩者之中，持模棱之說，未嘗身入敵境，夫建議者多抱經遠之畫，而當事者每懷顧忌之私，輒曰，事濟則後人享其成，不濟則主議當其譴，如撫臣曾銑議復河套，輔臣言主之韙矣，後以擅開邊釁，死于西市，籍滅流徙，誰復蹈之，此爲身謀不爲國謀，爲一時計不爲百世計，得儌倖目前足矣，至烽火告警，羽檄交馳，在主藏則曰，請發內帑也，在本兵則曰，相機截殺也，在輔臣則曰，彼何能爲也，嘉靖庚戌，敵大舉入寇畿輔，本兵尙匿不以聞，肅皇帝震怒，戮本兵丁汝夔，臨刑乃嘆曰，嵩悞我，晚矣，至破拘攣之見，愚有七七之策，雖書生嘗譚，而自謂不可少者。

一曰畿輔，金史表曰，勁卒擣居庸關，北拊其背，大軍出紫荆口，南扼其吭，邱濬曰，漢唐都關中，所以扼天下之吭而拊其背也，京師北抵居庸，東抵古北口，西南抵紫荆關，近者百里，遠者三百里，所謂居庸吾背也，紫荆吾吭也，都幽燕者，切近北狄，則將恐其反扼我之吭而拊我之背焉，萬一入犯，則踰墻而直入京師，不過一日之程，敵人分道，各鎭搶掠，牽我入衞之軍，出彼勁兵，扼我會通河餉道，復以重兵壓境，爲持久計，外變臨門庭，內變生於肘腋，可憂也，所以防敵之者，莫急於議大寧矣，其詳具薊鎭下，不爲曲突徙薪之謀，而焦頭爛額之賞，可乎，此根本之說也。

一曰大閱，我國家凡百禮制，皆循古典，獨於軍禮，所謂簡衆講武者闕焉，夫大閱之禮，天子之禮也，魯以諸侯行之・故春秋譏其爲僭・行之天子・則保民守國之道也・向歲車駕曾一行之而罷・乞行禮官會本兵・考究周官・及漢唐以來典故・著爲軍禮・除逐月將帥于三大營自行敎戰外・每歲仲冬・請車駕幸敎場大閱・考較將領軍士・升黜之・以復古禮・講武事・作士氣・天下四夷聞之・皆頌皇上安不忘危・聰明神武・孰不畏威懷德哉・或謂賞賚難措・三歲一舉行足矣・孰知賞一而勸百・今兵部馬價之積甚多・措處特易易耳・

一曰險要・夫九邊紆廻數萬里・若一一守之・雖盡天下之兵不能也・只擇其險要・敵之所必由者・守之足矣・敵人非十萬騎不能大舉・騎不可一日無水草・沙磧少水・而水草可飲食十萬騎者尤難・敵人須是覘得水草便利處而後敢入・雖來去如風雨・亦豈能以饑渴馬致千里哉・夫大舉之路・不過數條・苟圖畫分明・可以必敵之所入與所不入・則兵可以不多・力可以不分・而架梁按伏・省却大半兵力・

一曰禮將・按六韜・天子命將・齋三日・親授斧鉞曰・從此上致天・下致地・將軍制之・又推其轂曰・軍中但聞將軍令・不聞天子詔・古有此禮・唐太宗欲行參定・而李靖答以出師而先告廟・任將而許便宜・無以異於致齋推轂・此禮久廢矣・我成祖遣成國公朱能征安南・幸龍江・禡祭而親諭能等・儀注詳具有司・眞可爲萬世法・今止以方天之詔・代授鉞推轂・輕易苟簡・畧無禮儀・夫大將司三軍之命・社稷安危所繫・請行禮官・斟酌古制・定爲一代出師遣將之儀・其勳臣出鎭・總督提督由京遷擢者・畧倣六韜遺意行之・孰不致死效命哉・

一曰邊圖・許襄毅向有九邊圖・論詳矣・時異勢殊・先後損益增置互異・古之言兵者曰・知戰之地者・走千里而會戰・各邊要害・曰關梁・曰水口・曰邊牆・曰鎭・曰營・曰寨・曰堡・曰墪・曰城塹・丈五之溝・漸車之水・山林積石・經川邱阜・土名漫衍・平地淺水・某處爲敵所必由・某處爲大舉所出入・某爲零騎所窺伺・某至某幾千里・逐一畫圖帖說・每鎭一圖・九鎭又合爲一圖・瞭然如指諸掌・即敵在吾目中矣・九重之內・亦懸張一圖・遇九邊警報・按圖而審察・洞見千里之外・使元戎甲士・按此而伏奇制勝・馳伺掩擊・又何憂匈奴哉・諺云・胸有全邊・而後能治邊・又云・以圖御者・不盡馬之情・夫圖又不盡矣・況無圖乎・

一曰任事・昔管蔡流言・周公不避位而東征・蜀先主顧命・有嗣子可輔輔之・如不可輔・君可自取・孔明畧不顧忌・前後出師・拜表即行・土木之變・于謙奉郕王即位・也先抱空贄而來・聞社稷爲重・君爲輕・竟奉上歸・蓋社稷臣自任以天下之重也・宋岳武穆當唾手燕雲之日・不曰將在外軍君命有所不受・追奔直北・還二帝于汴・然後刎頸闕廷・伏矯詔之罪・則功勛忠義・動天地而光日月・惜其不然・至今有遺恨焉・今邊臣一點彈文・悻悻求去・信乎任事如周公孔明于謙之難也・

一曰紀綱・夫綱者大綱也・規模之謂也・紀者條理也・節目之謂也・規模大・節目詳・紀綱旣立・則上下相統・漢之紀綱不一・再傳有指大如股脛大如腰之喩・唐之紀綱・季世有藩鎭阻兵・士卒逐帥・宋之紀綱至中葉・元帥畏偏裨・偏裨畏將校・將校畏士卒・朝廷內外相維・體統不紊・紀綱

可謂正矣。近來監司畏守令。守令藐監司。士卒侮主將。主將制於士卒。威令不行。因循隱忍以爲善調停者。尙謂有紀綱乎。此當亟爲申飭釐正者也。

一曰風俗。今風俗日薄。邊方爲甚。夫調東。而西人有其妻。父調北。而南人有其子。夫父子夫妻不能相保。國何以使其民哉。此親上死長之義所以泯泯也。誠勵廉恥。修敎化。使民忠義之氣膠結而不解。張巡所以感泣睢陽。而岳飛陰結兩河。興復宋室。此其要矣。

一曰饗士。夫鋒鏑之下。死生俄頃。飲食之物雖微。而士之感激甚速。昔沛公以黃金予陳平。縱其出入。李牧椎牛饗士。而市租皆入幕府。曹彬下江南。日餉肉數千斤。王全斌得以一州之賦。爲犒軍之費。今一錢一帛。皆從中覆。而賞賜不得決於外。望其克敵難矣。今之將官。自常俸與小賞外。更無舒展。何以感動軍士致其死命乎。

一曰恢復。邊防之制。西起甘肅。以跨寧延。連亘宣大。東盡遼海。又於甘肅之西。封哈密以制西域。大同之西。表東勝以控河套。遼陽之西。闢大寧以遏山戎。國初之規制備矣。今諸險既失。在薊當復大寧。在遼當復三岔河。在陝西當復東勝。在甘肅當復哈密。在延綏當復河套。其詳具各鎭下。議者曰。得兵三十萬。次第出入其間。且戰且築。築尺吾尺也。築寸吾寸也。築城完守。亦易易耳。今大司農告匱。其力可繼乎。若一戰弗得。所傷必多。萬一不勝。必大損國威。悔將何及。是未敢以擅議也。必鎭撫負豪傑之才。相機而動。不以文法歲月拘之。若有開疆之績。大者公。次者侯。餘亦賞延于世。其不樹非常之偉業者。非丈夫也。

一曰國是。夫國之有是。衆非所惡。恐上之不能定也。漢金城之役。趙充國欲罷騎留田。公卿議臣初是者十三。中十五。最後十八。天子猶不能無動。魏相獨謂後將軍策可用。宣帝乃聽從焉。卒之罕幵招降。諸羌瓦解。賴相之主張國是也。邊臣意見互異。畢竟成就一個是而已。羣議可拂。立破盈庭而不嫌。後效可需。即越目前而不狃。是是非非。確乎不可拔。邊事其有裨哉。

一曰屬夷。夫兀良哈朵顏三衞。世受封爵。爲我藩籬。謂之屬夷。遼東宣大山陝開茶市馬市。世受封爵。均曰屬夷。正德中。朵顏酋長花當之子寇馬蘭谷也。參將陳乾禦之。花當子射乾。乾死。本兵王瓊乃請遣使問花當。如花當不知。即執其子來歸償罪。花當不坐不服。則起大兵伐之。以遼東兵攻其左。以宣大兵攻其右。破滅必矣。花當懼。服如令。寧棄其子。竟不絕漢好。今屬夷勾引達虜。爲之向導。擾我疆埸。戮我將卒。不宜置之不問。夫花當。夷種也。輕生善鬥。豈憚我兵哉。貪漢財物。如啖甘蔗。含而不忍唾之也。即如忍而不問。將無忌矣。獨不可按前事固求其人而重罪之乎。

一曰降虜。各鎭將官。多收集降虜。充爲家兵。厚撫其妻子。倍其餼廩。置之帳中。與之同臥起。一死生。降虜亦傾心信之而不二。往往誘殺零騎。奮勇先登。蓋以虜攻虜。最得其死力。將官部下。多者千計。少者百計。雖督府亦收爲所部先鋒者。然非我族類。其心必異。撫馭失宜。反戈內向。在俄頃呼吸間耳。狼子野心。可不爲之慮乎。

一曰職掌・夫職不明・人懷規避・每每憒事・必上而君相同心・則廟謨已定・下而臣工效順・則衆思已集・忠臣之計・不懈於內・勇謀之將・忘身於外・故戶部之銀已發・而軍餉不給・則罪巡撫・兵部之兵已調・而用兵無功・則罪總兵・曠日持久・畧無寸效・則罪總督・而查勘功罪責御史・擬議功罪責本兵・查勘委官・亦宜分別地理遠近・遲速難易・就以參提赴援一事例之・赴援宜速・尤當以日馳百里之外者爲戒・勘官雖嚴・尤當以日行百里之程者爲準・至宜守也・雖頓兵堅壁・不以爲怯・宜戰也・雖輿尸失利・不害爲勇・若一概參提・至勇怯不明・功罪無當・孰不望風解體乎・

一曰重武・國家以非常之禮待人・則人臣以非常之效報國・總兵官奉璽書・掛將軍印・握生殺之權・豈不肅然尊重哉・然衛府經歷卑官・得與之抗禮・兩臺吏承門皂叩首階下・總兵官亦長跪答之・下而副參遊守可知矣・經歷等官・承委查勘功罪・動請點視兵馬・擅役軍士十百人・上將郊迎・裨將以下・負弩前驅・奔走服役不暇・營堡官廳・儼然一郵傳也・副參遊守・儼然一驛卒也・如此尙謂有上下體統乎・至衛武官俸鈔・不分管事與否・有經四十年不得關支者・蓋因武人不學藐視之・欲其死力彊・豈彼心所甘哉・

一曰懲武・國家遐陬絕域・咸置長吏・星羅棋布・遼東宣府寧夏甘肅獨剗去州邑・並建衛所而屬之都司・蓋邊隅狡獪之俗・華夷雜揉之民・易動難安・非可以內地之治治之也・然自郡縣之制罷・而衛所之權專・橫暴侵漁・不可窮詰・惟保釐茲土者・督察而禁治之・盍審操縱之宜乎・

一曰積習・邊臣懼糧草給發不時・班軍遲悞・每每奏據搪報・某達虜結聚・大舉入寇・張大聲息・及糧草足・兵馬調・則又報曰・仰仗天威・驅逐出境・奪回被擄人畜・恭報捷音云云・中間實報者十三・虛報者十七・夫邊方耳目・指據按臣・而地理遼邈・承委官受頤指氣使・扶同奏報・全軍覆沒・反以捷聞・奚獨今日然哉・陸贄所謂賊既縱掠退歸・此乃陳功告捷・其喪敗則減百而爲一・其捃獲則張百以成千・古今積習也・

一曰儲才・夫人才難・將才尤難・而邊才尤難・今不預養而使之履歷邊塞・講求戰守・一旦有事・然後用之・鮮不仆矣・蓋專委兵部堂官一員・選部屬中舍行人進士有才志者・不妨原務數養於京・更番出塞・贊畫巡視・胸有全邊・他日即補邊方有司兵備之缺・以備巡撫總督之選・如駕輕舟就熟道・如庖丁解牛・恢恢乎游刃有餘地矣・視急迫而後求之・相去爲何如也・昔宸濠之變・舉朝有憂色・本兵王瓊謂先置王守仁于贛・計足以擒此矣・未幾而全捷疏至・非儲才之明效大驗哉・

一曰設疑・胡虜之情・利在剽掠・東寇西盜・北擾南侵・近時來亦知兵法・故每入必架梁・一便瞭望・一便埋伏・且畏從衢路・恐陷阱・畏入山口・恐險峻・畏涉湍水・恐沒溺・畏吾兵馬布散・恐搏擊・入重地必團一大營・然後分衆出掠・雖五家之市・必至分掠既還・乃借大營之衆・護疲卒而歸・若於要害之口・必從之路・多張旗幟・盛振金鼓・示形必不可犯・視間必不可乘・虜最善疑・吾多方以誤之・豈敢越險阻・罹困頓・犯兵家之所忌乎・故夜而偸劫其

大營・晝而抄掠其他零騎・刖我兵之肯窾也・

一曰豪傑・豪傑之士・不得志於時・往往亡入匈奴・實始盧綰・綰誘匈奴・侵苦上谷・叛臣藉外寇毒中原始此・夫逞其梟獍・自戕本根・至今有遺恨焉・是故窮狡以售私・則爲中行說・爲趙信・爲張元・爲郭藥師・賈賂以自利・則爲石敬塘・趙延壽・爲劉裕・誘致其兵以擾塞・則爲韓王信・爲盧綰・爲盧芳・噫・可鑒哉・今草莽中尚有豪傑・貢舉一途・未能盡網羅之者・許劭謂曹操曰・子治世之能臣・亂世之奸雄・使韓彭不遇漢高・與盜賊何異・若開收豪傑一路・以優格遇之・不患無韓彭其人也・

一曰積威・夫一人之所以服萬人者・非弓矢之技・蓋威之至也・穰苴之斬莊賈・孫武之戮寵姬・其威習實聞於士卒・故士卒畏將而不畏敵・項羽鉅鹿之戰・人人不散仰視・莫不以一當百・齊威王烹阿封卽墨・而國大治・商鞅相秦・百姓勇於公鬥・亦祖此法意・今主將積威不能懾人・法令廢弛・臨陣者死・脫逃者生・向前者死・向後者生・是以百戰百敗・而穰苴孫武子之事・後世不再見者・非不能・乃不敢耳・若復六韜禮將之權・則必有穰苴輩出矣・

一曰車戰・古來兵車之制・如編箱・鹿角・如意・萬全・霆電等製・善矣・然利於守而不利於戰・行易地則易・行險地則難・沿邊皆崇崗峻嶺・浮沙積石・車之所以難行也・惟飛車則首尾用二人旋轉・其行如飛・或前行・或後行・或率然兩頭行・一可以戰・二可以守・三可以爲營・四可以衝突・五可以載軍裝・六可以代馬力・遇險阻則四人可畚以行・上施利器・有萬夫莫敵之勢焉・人馬見之・莫不辟易・其製與運糧之車畧異・各鎭得此・吾何慮匈奴哉・

一曰長技・虜爲弓矢・以木爲幹・以鐵爲鏃・雖矢不虛發・然拙重不能及遠・三十步之外難至也・我火器有神機火鎗・鳥銃・火炮・佛朗機・發熕等器・其霹靂之聲・如疾雷迅電・虜來衝突・短兵未接・已斃之百步之外矣・而發熕可及十里・人馬當之・輒煨燼焉・五兵而加其一・五行而用其六・此中國自古所無之長技也・至有强弩・積弩・連弩・與諸葛十矢連發之弩・雖披重甲・亦須洞徹・但有之而不能用・用之而不盡其利・與無技等耳・以飛車載火器及勁弩與虜角・兩軍相爲表裏・奚待交戰而後分勝負哉・

一曰審機・夫機者動之微・言貴先見也・尙父之師・猶曰陰謀・管仲作內政以紀軍令・謂兵不詭不足以謀人國・政不詭不足以自謀其國・蘇軾曰・智者所圖・貴乎無迹・事已立而人不見・功已成而人不知者・稍露形迹・虛實先傳・事未擧而機先動・難以得志・故兵部謂之樞密・凡屬軍機事情・兵科不宜發抄・孔子譏不密・管仲戒漏言・正所謂機也・

一曰察時・夫禦虜四時不撤備・而止曰防秋・實以秋高馬肥・虜卽深入・特加嚴耳・匈奴志謂虜若擧事・隨月壯盛而攻戰・月虧則退兵・月如半規・入則深・如全壁・入則淺・昴宿爲旄頭星・若跳躍・則胡兵起・太白出西方失度・則夷狄必敗・然則旄頭夜晦・太白出西方・是我用兵之候也・冬月之初・水凍草枯・人飢馬瘦・虜勢自弱・故春暖秋涼・胡馬易於馳牧也・則聚兵以備之・暑雨祁寒・胡馬散漫而往牧也・則撤兵以待之・崔顥曰・胡兒正牧馬・漢使日徵兵・豈

有爲而發者哉・

一日戰守・夫戰之中有守・守之中有戰・有警・將戰兵以爲守・戰則不足・守則有餘・故整飭軍伍・專以議戰・一以議戰・一以振揚軍士之氣・一以震慴屬夷之心・敵攻城堡・不過數次甚急・捍禦已過・敵亦必怠・乘其怠而懸兵夜出・負炮偸營・敵亦擾亂逸去・昔也先南侵・攻圍京城・石亨・于謙・孫堂・江淵・督精兵于城外・每每攻也先營・殺傷相半・也先卽遁去・此時若嬰城自守・不危哉・故戰而無守・是謂浪戰・守而無戰・是謂株守・惟知戰守一道・故守不忘戰・戰不忘守・是惟無戰・戰則必勝・雖不勝亦不致於敗矣・

一日哨探・夫哨探爲耳目結聚・報向往・報入境・報出境・報獲功失事・報把都兒之巢穴在獨石外・擺腰兀愼之巢穴在陽和外・青台吉之巢穴在西路外・俺答之巢穴在大同左右衞之外・土蠻之巢穴在遼東之外・吉囊之巢穴在河套之外・若遣夜不收於各邊探之・果有結聚之形・其勢衆者其掠遠・其勢少者其掠近・使耳目聰明・不爲諸魔障蔽・而屬夷亦在所哨之中矣・又何大舉之無備哉・

一日修邊・夫往年所修之邊・非所守之地・春防於西・秋防於東・人無固志・若使各鎭之官軍・今年修工於此・明年防守於此・分布既有所定・則將卒自有固志・在將領自爲防禦之謀・在軍士自爲防身之計・不立修邊之名・以滋估計之弊・借此防邊之糧・以盡修築之實・年年修之・月月修之・爲守益堅矣・何金湯之難致乎・

一日料勢・夫勢者・夷盛衰之勢也・夷狄旅盛旅衰・今

値敵人式微之運・宜率我勁兵・以臨彼穴・使彼自顧不暇・何暇入寇・若彼勢方張・我兵便當堅壁清野・以養銳氣・不然・何異驅羣羊飼餒虎也・且敵人大舉・動盈十萬・其全鋒孰能當之・我軍悉衆而戰・謂之孤注・一敗則不可復支矣・故用衆之地・如羣鹿抗麢・多勝寡・用寡之地・如兩鼠鬥穴・强勝弱・然則酌量其勢之輕重緩急・全在主將一人耳・

一日搗巢・昔總兵官梁震・每遇敵人・輒率兵出邊搗巢・敵卽不敢久駐・蓋牽于內顧耳・彼戀巢之心既勝・欲戰之志不堅・故孫臏直走大梁以解邯鄲之圍・攻其所必救也・今後遇敵深入・當發兵搗巢・有功破格陞賞・縱有敗衂・亦不宜以開啓邊釁之罪罪之・或曰・敵大舉・每每空國而來・帳房逐水草住牧無巢居・非然也・若使其盡携老幼男女・則羸弱衆・不易於得志・又曰・敵猶伏虎也・官軍搗巢・入虎穴也・虎之伏也・尙能爲害・猝起而搏噬之・勢將莫禦・殊不知敵之荼毒・非由我之搗巢也・若以伏虎爲憂・而不知行虜之穴果何若也・伏虎尙莫敢攖・則行虎將益畏縮矣・

一日馬政・兵部以大司馬名官・故苑馬大僕寺之設・專司圖焉・然晁錯曰・上下山坂・出入溪澗・中國之馬不與也・險道傾仄・且馳且射・中國之騎不與也・此匈奴之長技也・我馬不及彼遠甚・遇虜卽下馬地鬥・國家雖費百萬・豈能得馬力哉・各鎭馬市茶市・歲得馬十萬・而十不存一・馬戶之苦・日甚一日矣・若稍通其變・除遊擊全騎之外・悉兼馬步・取其半費・以益芻糧・以備行軍輜重・飽歌騰槽・豈難致耶・

一日屯田・夫且耕且守・誰不知之・而人民在田・畜牧

在野・敵騎突入・一空無遺・誰復試之・不知屯田馬政・相爲表裏・耕百頃之田・則足以牧馬千駟・而不知費聚千駟之馬・而輸百頃之芻・則其費百倍矣・今宜盡驅在邊之兵軍・開耕沿邊之曠土・苟以敵人侵噬爲慮・則當如李牧之謹烽火以料敵・趙充國之用游兵以馭敵・況各鎭俱開馬市茶市貢市・敵安堵如故・獨不可乘時修舉乎・若舍屯田之外・而欲邊城充實・雖傾府庫之財・竭生民之力・而軍士數多・歲月久遠・其能繼哉・至將官各有養廉地・多寡不一・盍限其頃數・多餘者割爲屯糧・而皇莊之占據・在附畿甸者太多・有司不敢問矣・

一曰鹽法・太祖制鹽法供邊・每引納銀八分・成祖定制・每引輸粟二斗五升・是以富商大賈・自出財力・自招遊民・自墾邊地・自藝菽粟・自築墩台・自立保伍・歲時豐盈・因尚書葉淇題改折包・鹽法遂壞・今日長股日存積・曰開中・弊孔百出・邊商內商坐困・並無一人在邊墾田者・然通算各邊・歲定七十二萬引・若復祖宗之舊・得粟幾何・所當通變者也・其詳具臣兄條議中・下戶部・覆議未報・

一曰軍儲・夫人情一日不再食則飢・豈能枵腹待敵乎・然開納之例・雖爲濟時之權・而所入甚小・屯鹽之法・雖爲經國之計・而獲利甚遲・所恃救燃眉之忽・不過復取之民耳・誅求已甚於錙銖・剝削直入乎骨髓・若不及時撙節・則江河之水・實難漏巵・況今江河已竭哉・必乘大稔之歲・訪常平之法・一行市糴可乎・宜於歲例之外・每鎭發銀十萬兩・大熟全糴・中熟半糴・至於粟價騰湧・准其借支・秋熟補償・歲以爲例・亦備邊急務也・近於各邊產有銀礦・多盜挖生事・若明白聽其開鑿・處置有道・不大增邊餉乎・

一曰土著・蓋遠調客兵・不如團練鄉兵・邊人生長・與敵爲隣・習於鋒鏑哨探戰鬬・且能尙勇力・忍飢渴・知利地・優於內郡人甚遠・稍加掄選・卽爲精兵・然素無蓄積・無耕種貿易・惟藉兵糧給其家・故沙汰之法不可驟・亦不可苛・蓋邊人得死於牖下戶者・十之一二耳・從來幽并客・盡向沙場老・讀此詩者・盍爲之流涕乎・

一曰歸正・夫漢人棄室家之樂・入犬羊之羣・爲向導間諜內應・以華攻華・罪在不赦矣・然多有被虜陷身異域・多鄉土墳墓妻子之思・彼歸正者・每被殺首級以報功・何忍歸之以就死哉・必遇大敵・臨敵預行營軍傳報招呼・凡我南朝人願歸正者・於敵人回時・見各處插有歸正旗・拔趨城堡・願充兵者聽・願回籍者聽・我兵將若能招降漢人・計其名口・與殺敵者賞同・則全活衆矣・今板升之衆・皆中國亡命之人・幾盈十萬・而各邊之爲板升者非止一處也・孰無池魚越鳥之思哉・

一曰功罪・凡人所以臨陣亡身觸白刃而不憚者・一求榮名・二貪重賞・三懼刑戮・有功不賞・有罪不誅・甚有以功爲罪・以罪爲功・何以勸懲・又有論功者一人焉・論罪者一人焉・惜才者又一人焉・若悉折衷於督撫本兵・持議信賞必罰・賞不踰時・罪不遷刻・大公無我・人心孰不思奮・至于奏帶義士家丁・與寄名鑽刺報効・欺罔攘功・冒濫已甚矣・

一曰羈縻・史遷傳匈奴・大都嗜利無恥・以强弱爲進退・陽順陰逆・今貢市茶市歲費馬價撫賞百餘萬・號爲羈縻・中國之貨賄有限・而北戎之貪求無厭・譬之養虎・當飽

以肉·飢則噬人·又如病瘧之人·雖有時不發·而病根日深·耗損元氣·夫貢市久則邊備衰·必邊備修而後貢市久·而挾恣肆·按臣王之棟養癰之喻·切中其膏肓矣哉·

一曰責效·夫邊方之弊·其一文法繁·其二督責速·其三議論苛·三弊不除·雖孫吳束手矣·邊人何所措手足哉·孟明三戰三北·秦穆公用之而霸·鄧禹漢名將也·出關輒爲赤眉所敗·光武畧而用之·卒興漢業·蓋兵家勝負常事·長若鑒功過之並使·畧得失之細故·則將士張膽直氣·奮身圖贖·無顧忌憂矣·

一曰宣威·虜自也先穴篩入寇之後·未嘗一經敗衄·益輕中國·蓋由將官爵位高·志欲滿·有生之樂·無死之心·魯仲連所以識田單也·晁錯曰·虜若一經大挫·則終身創矣·胡虜最畏勁敵·我能以重賞募勇士·斬其一二先驅者·即嚙指而遁·如魚駭鳥驚·不可復聚·我軍爲之增氣·乘勝長驅·使彼自相蹂踐·空騎而返·可保百年不擾我疆土矣·唐張仁愿之築三受降城在武后朝·蓋太宗餘威所劫也·虜非可以仁感·可以德化·盍以威武代仁德乎·

一曰務實·今之談邊計者·大抵議論多而成功少·宋室所以淪於夷狄·正坐此弊·所謂待汝家議論定時·我已渡河矣·蓋言之者一人·議之者一人·而行之者又一人也·宜以實心行實事·不應甲可而乙否·始行而終變·至于山人墨客星相術士·假權貴書劄薦引·指稱採訪事情·邊將畏其讒口雌黃·下令軍中科派·動至千金·稍不如意·訛言傳布·立中奇禍·城狐社鼠·撲捕爲難·必得言官題奉明旨·凡此輩執權要書到·不分眞僞·許將領梟示·則邊臣實心任事矣·

一曰同心·夫邊臣欲用一將·議一策·必請裁於兵部·欲久任一兵備有司·則請裁於吏部·動一糧草一木石·則請裁于戶工二部·又取決于輔臣·彼此意見互異·動多掣肘·一或不孚·則救過不暇·曷能與敵抗·又督府總兵各認信地·欲失事則分任其責·若胡越然·豈同舟共濟之義乎·

一曰超格·夫眞正豪傑·開口便見肺肝·方可與共事·用兵之才·如金見火·毫假不得·今舉用將官·必求曾經戰陣者·則刖足之孫臏·且以不能戰棄矣·蕭何奇韓信·沛公一見數語·便築壇而拜·再捷而王齊·三捷而王楚·所以能誅秦蹴項·五載而成帝業·如信必待破魏下齊而復重任焉·則漢楚之雌雄未卜也·今邊臣豈無韓信其人·願破格封拜·若曰戮一級·階一等·僅以庸才待·蓋非常之才·不可以常格拘之·顚倒豪傑·莫知端倪·其鼓舞人心之機括乎·

一曰訓練·夫夷狄難以力爭·只可計取·故善用兵者以少爲多·不善者雖多而愈少·衆寡强弱·豈有常形哉·今沿邊之兵·可謂多矣·然以藝技繡刺·差遣役占·十去其二三·訓練不精·又有老弱虛數·則十人不當一人·是百萬之兵·不當十萬人之用·今宜因其見有之人·補其不足之數·以一訓十·以十訓百·以百訓千·以千訓萬·使一人有一人之用·然又訓之義以作其忠·訓之禮以消其悍·訓之勤以忘其勞·訓之技以利其用·訓之相愛以結其懽·訓之相戒以起其玩·六訓舉則少而益精·多而益辦·無敵于天下矣·

一曰攻取·古之戰勝攻取者無他焉·管仲曰·攻堅則瑕者堅·攻瑕則堅者瑕·嗚呼·不從其瑕而攻之·天下皆强敵也·昔楚侵隨·季梁教隨侯攻其右·無攻其左·以左乃彊兵

在焉・太宗曰・吾每戰・視敵强其左吾亦强其左・弱其右吾亦弱其右・使弱常遇强・强常遇弱・敵犯吾弱・追奔不過數百步・吾擊敵弱・常突出自背反攻之・以是必勝・故智者輕棄吾弱・而使敵輕用其强・惟在要其終而已・夫瑕堅兵家之常勢・勝負兵家之常事・盍審其所以攻之者乎・

一曰營陣・自來出師・止而爲營・行而爲陳・諸葛亮生致孟獲・使觀營陳・縱使更戰・七縱七擒・獲曰・公天威也・司馬懿按行營壘・嘆曰・天下奇才・宋時驕虜跋扈・獨曰・撼山易・撼岳家軍難・孫武子曰・善戰者先立於不敗之地・營陳如武侯武穆・有勝無敗矣・各邊所操演者・自謂堂堂之陣・正正之旗・遇敵輒立脚不定・一衝卽動・再衝卽走・安望拒敵・其法今戎政府標營把總何良臣・著有陳紀一書・御史徐元爲之校正・最得肯綮・盍薦而校習之乎・

一曰更番・朱熹曰・臨陣在番休遞上・分一軍爲數替・將戰則食第一替・人旣飽・遣之入陣・便食第二替・人力將困・則調撥第二替人往代・第三番亦如之・只管如此更番・則士飽健而不至於困乏・宋吳璘疊陣法・與張鷟劍南之捷・劉琦順昌之勝・皆以入陳之先後・更番替食・士卒力皆有餘・遂爾克敵・今士卒遇虜・多枵腹以戰・遂爾不支・宜主將哨官有宿戒・遇戰則分班數替・下令軍中依次進飲食・更番而上・士飽而歌・何勁敵之足慮哉・

一曰分封・九邊夷虜・種類區分・各有酋長・犬戎之性・每每羣吠而起・見骨則狺狺而爭・今宜因其入貢歸順・各卽其部署爲官長・不相臣屬・夫國分則弱而易制・勢敵則彼自相吞滅・各自雄長・使其自保全不暇・必不敢抗衡中國・昔突厥降唐・侍郎李百藥曾建此議・以爲安邊長策・而晁錯曰・以蠻夷攻蠻夷・中國之形也・北虜也先爲哈剌所殺・哈剌爲孛來所殺・孛來之後毛里孩乩加思蘭之徒・皆以爭立自相魚肉・因而分封之・携貳之・以空名而當間諜・勝於十萬師矣・

一曰集議・諸葛亮曰・開誠心・布公道・集衆思・廣衆益・岳武穆將出兵・先召諸統制環坐而飲食之・先謀敵所以敗我者・至於六也智竭・其攻必無敗也乃行・故每戰而無敗・始則集衆人之細長・終則成一人之大智・

自古幕府・必有軍師・如蜀先主之得孔明者・今轅門中曾有北面師廣武如淮陰者乎・臣自謂愚夫十慮之一得・故以此終焉・然此其大畧也・而伐謀之幾・望氣之奧・三式之秘・間諜之微・有難以言語殫者・所以不敢洩・故智與衆同・非國師也・技與衆同・非國工也・若夫運用之妙・攻守之策・雖以老將如趙充國・尚曰・兵難遙度・願至金城・圖上方畧・況臣未學軍旅・敢謂其言之可盡行哉・然臣復有說焉・天下可使爲亂者・寧獨北虜哉・季氏有事于顓臾・孔子曰・吾恐季孫之憂・不在顓臾而在蕭墻之內也・范文子曰・惟聖人能內外無憂・自非聖人・外寧必有內憂・秦王漢武鞭撻四夷・自謂繫于苞桑・安于磐石・而外變銷內變作矣・伏乞聖明留意・

黃在袞 字公補，號水南，順德人。嘉靖乙卯舉人，官縉靈教諭，擢廣西賀縣知縣。在袞爲黎民表之甥，學有淵源，負文名，詩尤爲世所重。與弟在裘同舉於鄉，計偕入都，朝士慕其名，爭相結納，每一篇出，衆咸推服，特不竟其用，學者惜之。

拙淸樓社稿序

文章道下，千載瀰瀰矣。肅宗皇帝時，七子崛起，依憑出日之光，力追隆古，世謂明詩自李獻吉先生來。至李于鱗、梁公實諸先生，而後益以大振。于鱗故從歷下搆白雪樓，公實亦從嶺海搆拙清樓，海內共聞。先是家食時，與吾舅黎芮史諸公修粤社，已赫然負望於詞林。余少時，先生數過吾舅與先司成，不佞竊聞緒論，所善客有居上坐者，囅然笑曰：善乎公等之言，信知風調。而嚴先生甫通藉爲郎，是秋，虜薄郊關，先生亟從刑曹說公卿貴人間，請受方畧引當否，上日夜遣中使偵諸將凡十餘，曹先生亦從旁决策，毋使世謂縫衣之士不能抵掌効方寸也。虜退，移病去。夫異才之興，繫於世代，孝廟朝，寓內熙恬，無烽火之警，諸公得銳意爲文。乃肅皇帝時，也先北寇轥入城下，大司馬固轅門，日告急，簡似飛，繕亭障，無停晷，百執事有在公之勞，過孝廟時遠甚。先生顧與諸人奮臂而起，凌厲無前，日飲而醉二參，而又皆以氣節著，譬之型然，本之范土，和以火齊，而稱型利。世有不重梁先生乎？古者采詩民間，則太師職，而先生創起，副以諸曹，超乘而上之，吾黨猶得守功令惟謹，儻異時有飲馬河流者，結伍而當前茅，豈爲不幸，獨其春和僅僅，遽爾卽世，爲可恨耳。

蓋賦人以異而若有所嗇，使不得盡其材，誠不知造物者何心也。第平陽激石而山谷調，大夏吹筠而風雲變，若先生樹赤幟於機文，振遺芳於竹素矣，是天未嘗嗇先生也。前社草，先生故人酬贈詩也；後社，則其子伯耕與諸邑子云。伯耕有材技，躭嗜羣籍，先生故人如方定之左使、吳明御高州，與諸名公又數過伯耕於市，而人稱其克匠名父，卽猶繫庠校中，而隱然是以自見。昔莊生有言，以浠章之流，視今之世，孰能不波。伯耕守家先生之言，理故業如昔，皭然脫矣。狎主山林之盟，執耳壇坫之上，唱豎子爲乃公畫此，而陳孺子之不長貧也，亦可必矣。

夫業竽則竽，業瑟則瑟，乃左右狼顧彼此莫决者，吾懼其以竽而害瑟也。雖然，今而得竟如夙所語，亦已幸矣。比部雅約文，固拙淸樓社意也，同志者儻舉而揚榷之，亦可以盡兊生。拙清樓在城郭間，而居地幽曠，從一徑盤旋而入，夾以嘉樹，徧次爲籬，中有巨石，高二丈許，奇石礧砢，比部喜之，彷彿乎米芾之好。王元彝司寇言，杜門庋圖史冊籍彝鼎之類，一小閣，草木竹石環之，而身吟誦其間，卽此地也。不佞邇入牂牁，與伯耕別，屬之言，漫叙其所見如此。

潘大行 順德人。嘉靖乙卯舉人，官寧化知縣。

送從兄少承公車待詔序

昔司馬奏賦，給札尚書，公孫對策，待詔金馬，當其牧豕自食，入貲爲郎之日，豈知夫西蜀建節，平津封侯之榮貴哉・是以力耕不如逢年・善仕不如遇合・悠悠斯談・非一朝矣・予家從兄就芝氏・早學謝庭・共稱蘭玉・往分阮席・實譽竹林・頃奉詔書・今遊京國・英思逸發・詞鋒凜然・大對從容・豈俟太常之弟・子虛引薦・應逢狗監之言・去櫂乘風・泛綠波於南浦・星言夙駕・同歸雁以北征・羣公餞之・咸有雅詠・諸弟續賦・並紀于篇・酒壺既傾・命予爲序・予也情繫所親・賦難擬別・登高送遠・猶愧淩雲之才・念離增憂・聊當撲滿之贈云爾・

周子造 英德人・嘉靖乙卯舉人・

明化寺新建公館記

古者體國經野・設官分職・衆建諸侯・以爲藩衞・星羅鱗集・輻輳廣圓・朝覲聘問・時修和好・而餼廩館舍・皆有常經・考之周制・司空以時平易道路・圬人塓館・僕人巡宮・車馬有所・賓從有地・隸人牧圉・各瞻其事・百官之屬・各展其物・故賓至如歸・無甯菑害・後世蔑周官之制・古典遂不復振・公館之廢・弊也久矣・英德古英州之地・國初始爲縣治・然當兩廣之衝・縉紳之士・晨征宵馳・往還如織・昔咸野舍・隸人靡所底止・

嘉靖癸丑・邑侯近津公來涖茲土・下車之初・即剔蠹起弊・凡未學者・毅然輒興復之・乃修學校・崇文教也・乃善城池・峻封守也・乃葺堂宇・敦藝極也・乃樹坊表・寓激揚也・乃厚圜闠・愼固圉也・乃立營堡・重保障也・乃砌堤墟・完軌度也・政平事集・百務具舉・顧以公館未立爲政闕典・迺於明化寺之東廊・謀創建焉・經畫秩然有制・矩度歸然以隆・禮重縉紳・無忘賓旅・侯其得爲政之大體矣・館麗於寺・寺得館而名益彰・寺麗乎館・館得寺而賓益至・彰且至也・吾侯之德譽政聲・不綦宣著於旁郡・洋溢於天下矣乎・造謭陋無文・愧弗揄揚・然辱厠門下・義不容緘・謹識其歲月以記之焉・俾四方賢士君子知有吾侯也・是役也・財不賦於民・一捐公俸而創之・程工於嘉靖甲寅年八月・落成於是冬十月・廣可一丈七尺・崇可一丈五尺・深可一丈九尺・翬飛翼舒・不僭不偪云・

李邦義 字宜之・連州人・嘉靖丙辰進士・知上虞縣・盡心民瘼・尤加意學校・以績最召爲戶給科事中・歷兵科都給事・修舉時政・直斥權奸・言多剴切・升太常寺少卿・請告歸・性方直・耻爲媕婀・人多忌之・明興・連士登甲科者自邦義始・大節侃侃・允足表正俗焉・

上剿東南劇賊疏

題爲東南劇賊未見平寧・懇乞聖明申飭督撫諸臣・毋分彼此・毋落常套・悉心剿滅以靖地方事・臣惟盜賊之患・自古有之・征賊之權・聖世不廢・考之紀載可知已・往歲山賊充斥・流毒江閩・我皇上赫然震怒・易將命師・仰仗元威・次第驅逐・猶蒙軫念賊衆巢穴・尙盤據饒平大埔之間・禍本未除・終難平靖・行命各省督撫諸臣・協心進剿・是心也・卽天地生物之心・不忍一方之塗炭・欲救之水火而安全之也・臣愚待罪該科・且禍連桑梓・頗有見聞・敢不爲我皇上

陳之・

夫惠潮之多寇・起於邇年倭患之頻仍・民力旣窮・其力不弱・繇是姦豪無賴之徒・乘時糾衆・刼掠爲生・官司者不能隨時撲滅・年逾一年・惠潮汀漳之區・始紛紛不可究詰矣・饒平之張璉王伯川等・程鄉之林朝曦梁寗等・大埔之蕭雪峯羅袍等・海豐之花腰蜂・上杭之賴秋香等・各擁衆數千・橫行罔制・而其僭據稱雄者・莫過於張璉・官司無如之何也・不得不假招撫以羈縻之・而不知其目中已無官府矣・陽爲聽招・陰蓄異志・招亡納叛・刼庫攻城・始猶晦跡潛踪・今則築城造印矣・始猶毒害一方・今則禍延三省矣・聲勢加於遠邇・良民盡爲脅從・其叛逆之狀・信有如近日撫按所陳者・臣愚反覆思之・張璉不過饒平之一編氓耳・非有技藝之雄也・亦非有萬人之敵也・而其敢於倡亂若此・蓋其所恃者・有蕭雪峯之徒以爲之羽翼・有脅從之衆以作其聲勢・而又有三饒之險以爲之巢穴・葢三饒崇山峻嶺・四塞之固・而其進兵之路・南有左嶺・東有青竹徑・西有鳳凰山・西北有玖村・北有嶺上・東北有烏茶・此皆一夫當關萬夫莫敵之阨道也・今各處皆有賊守之・然多脅從之徒・未必盡爲張璉之心腹也・我能用間以携其心・待之以不死・懸之以重賞・能保其不回心內向乎・諸路失守・則我兵可扼其吭背・此勢旣逼・則彼黨自懼・彼張璉者・不過一籠禽阱虎耳・縛而致之何難哉・然此必須各路兵力齊一・堵截完固・協謀悉慮・方可以次圖之・如或我兵未能齊集・攻進輒有後先・則東擊西潰・勢所不能免・不流突爲殃・則相率航海・其禍有不可勝言者矣・是張璉雖一人・實諸賊之所望以爲進退者也・三饒雖一處・實各省之所視以爲安危者也・臣愚以爲張璉不擒・則諸賊未艾・三饒不靖・則各省未安・何者・艱匱之民・易於從亂・而張璉之兇聲虐焰・又足以鼓而動之也・卽如近日永寗失守・而指揮王國瑞等輒懷印以歸之・可驗矣・是地方雖有彼此・而張璉之害則無彼此也・近聞南贛巡撫與兩廣總督意見頗殊・而福建巡撫游震得・又以履任方新・卽爲叛軍殘寇所牽制・若使人各爲心・則夾剿之功尚未敢必也・此臣愚所以必欲其無分彼此者也・

夫天下之事・實心幹濟・猶懼難成・若以苟且之念參之・未有能濟其事者・近日用兵之弊・大率坐此・其始也・非不悉心經畧・竭力運籌・以求成大功也・然或機會有所未逢・或險阻有所難下・而愆期之憂・老師之罰・又有以動乎其中・則僥倖掩飾之心・不能不乘之而起矣・或攻截未利也・而曰溺水死者不計其數・或斬獲未多也・而曰軍令嚴緊不得割取首級・棄甲遺戈・皆收拾之爲奪取之器・零首散級・皆鋪張之爲大捷之功・如此而保其玉石不俱焚・雞豚獲寗宇者・臣所未敢信也・又其甚者・本一竄賊也・而易姓更名・漫無所據・同一賊黨也・而此殺彼撫・開報頓殊・審究賊情大事也・止憑乎縣佐・紀驗功賢重務也・多責之推官・如此而望其事情不破調・功罪不顚倒者・臣亦未敢信也・此皆近日相沿之弊習・各安以爲常・臣竊謂其萬萬不可爲訓者也・況廣東遠在萬里・劇賊荼毒數年・地方受害亦已極矣・仰荷皇上垂憐・夾剿海隅・殘傷之民・始有生路・萬一前習未除・餘風尙在・地方將何所賴哉・此臣愚所以私憂過計・必欲其毋落常套者也・

如蒙皇上軫念地方重事・俯納臣言・勅下兵部・乘此正在用兵之時・馬上差人前去・申飭督撫諸臣・遵奉前旨・移駐各該地方・協心剿滅・毋相觀望・其福建殘賊・仍聽該省軍門・一面嚴行該道・設法防禦・其夾剿事情・如或一時難就・甯可稍展限期・不得如常苟且・小剉偶勝・且勿彼此揄揚・渠魁未擒・務期旦暮掃蕩・其餘一切不係三饒賊級・亦毋得妄引夾剿爲名・炫人耳目・使臨陣之將・咸持滅此而後朝食之心・赴敵之兵・共勵不肯與賊俱生之念・則責成之餘・銳氣自倍・天討之威・必大伸於嶺表・蕩平之績・可望報于目前矣・地方幸甚・

陳萬言 字道襄・南海人・嘉靖丙辰進士・授池州府推官・擢監察御史・累官至大名兵備副使・萬言習於邊務・風聲所播・民皆感服・其官御史時・鄒應龍疏劾嚴世蕃・懼不測・萬言往訊・相與鼓琴終日・人尤服其雅量云・卒年七十五・

賀吳自湖中丞新建外城序

王公大人負天下國家重任者・必思爲生民休戚之圖・而求建千萬年事功者・豈屑爲目前姑息之計・故智者創法・愚者拘焉・難與慮始者・終可與樂成・此乘會遘時爲久安長治者不容已也・余自甲子歲往按八閩・時吾廣値悍卒爲梗・一旦猝至郭以外・居民汹汹然相驚・提挈滿道・城鑰晝扃・至負板而汲・時公方治兵惠潮・聞之奮然曰・不大創艾・不重保民・未有甯宇也・遂大興師薙獮・殘孽咸授首無噍類・既乃相南城外闤闠・民居附翼・且多盖藏・建爲類郭環之・俾可衞而守・無窮之利也・公謀於按院靑田陳使君・並上其議於朝・既獲命・遂興厥役・俾藩臬郡邑諸司董其事・量崇卑・揣厚薄・慮材用・計會期・料徒庸・畢期月・獲告成功・由是昔之拘者・不可與慮始者・乃帖然服信・是功大有造于吾民也・

始公自甲子歲奉聖天子明命撫我兩廣時・則有倭奴越閩元兇犯我疆土・公卽仗節鉞徂征・獻功獲上賞・又以廣西洞猺弗靖・爰授方畧・皆效革心・南服藩籬恃公爲長城・則茲役也・公以爲杜窺覬之心・而成保障之功・多於數十萬兵革矣・余適竣閩事・還覩其雉櫓歸然・雄視天府・居者樂有所奠麗・商者樂有所息肩・賈者樂有所胠鑰・東西濠塹・舊通潮汐者爲二石門・前引巨浸・風氣渟滀・扶輿精英・洩于人之士者・樂有所涵育以應鍾會・

於是士民嘉公之盛德大業・咸祝公以貴・則願由今晉秉鈞衡・爲天屛翰・奠宗社於磐石之固也・祝公以多男子・則願厥後益昌・代有賢胤・相繼保釐・俾我二廣永賴無疆之休・而茲城視昔甘棠・子孫有重光也・祝公以壽・則願和天倪・錫難老・爲諸老黃耇光・以身係天下而若郭令公・俾壽國脈於萬千歲也・庠士陳某輩告于三學司敎成曰・茲盛舉也・遂命徵賀言於余・余以爲昔盧遵復全義之北門・祛膝與誣・以宜於民・柳子厚謂其可與列於孔氏之徒・黃濟知新州・樹叢竻爲外城・胡敬仲稱其政績得徐氏之體・皆傳美於後世・余不能爲柳胡二氏之文以爲公賀・而公之功・則固與嶺海相爲無窮・非一時建置者所能與比・謹因諸士之請而綴次之・異日太史氏考成・或有徵焉・是爲序・

南海周侯重建惠民竇記

陳萬言

南海九江里・在省會之西南・去邑百八十里・其地負山帶海・上瞰牂牁・離屈之水・南流入於海・下控厓門・西樵大雁諸山峙其左右・洪濤巨浸・中流兩峯・砥柱屹立・州大夫曾公儲題曰海隅亭云・卽郭景純所謂靈洲鬱鬱・嶺南多衣冠之氣・殆此類也・故其地人文蜚英・產饒物阜・甲於他邑・先民奉上令於南丫衝枕海處・引潮入內・設板閘以司啓閉・藉以蓄洩灌溉・十八堡賴之・遂成沃壤・厥後洚水爲災・有隣國爲壑之憂・則以曩昔閘之廣一丈許・且啓閉不時之爲患也・權要者誤聽豪民言・遂決意堙塞之・堤岸懸隔・海潮不通・南丫內河・日漸淤淺・旱不及灌・潦不及洩・禾稼不登・池泉益涸・魚利耗竭・生民勞瘁・鬻妻孥以供賦稅・至於今日極矣・當事者議復古制・而豪民之裔・鼓衆而陰沮之・

會周侯奉例清畝・經九江里・按軾周視故閘遺址・憮然歎息・召父老而告之曰・閉此不竇・則九江之民病・廣設閘・則大同河清之民病・然大同遠而易防・九江近而宜拯・語曰・不習爲吏・視已成事・今之河清・有竇無患・獨於汝民・不爲之所乎・吾聞謀於衆者・貴兩利而俱全・慮其終者・當作始之盡善・君子爲政・圖易於其難・爲大於其細・亦惟審擇利害・損而益之・與民宜之而已・吾將令民改閘爲竇・高不逾七尺・廣不逾五尺・旱而開・潦而閉・一如河清之例・越此者有誅・民或貪利・擅開竇而不顧隣人之陷溺者有誅・民或健訟・壞成法而忍視一方之饑渴者有誅・明有國法・幽有鬼神・若等自保之・於是遠方之民・言不便者踵至・侯曰・試爲之・令旣具・布之國・父老率其子弟・樂事赴工・荷鍤如雲・負土成丘・選石以爲砌・擇材以爲門・門之闔闢・隨潮消長・內作重板・以資蔽障・高廣如式・蓋不逾旬月而工竣・潮汐之至・膏潤百里・於是枯者榮・涸者蘇・浸者洩・昔之勞瘁而無告者・盡力於農畝・昔之囂訟以鼓衆者・革心而向化・曰・而今而後知侯之能仁我也・衣冠者歌咏載道・感侯之惠・惠而能文・貿遷者舟楫咸集・感侯之惠・惠而能均・侯時方膏車入覲・里中父老詣予請記萬惠・稽首曰・

古之人有高世之功者・負遺俗之累・有獨智之慮者・任驚民之怨・夫天子加惠元元・簡侯以治南海・侯知澤國之民・急在水利・故決策以疏導之・而遠方之人求多於吾里・必欲終訟・衆言淆亂・苟非明足以察・勇足以斷・事未有不沮格者・侯之任怨任勞・以底厥成功・宜於今而不泥於古・悅乎近而不忽於遠・殆善之善也・鄉諸大夫謀於父老・勒碑以紀盛美・名之曰周侯惠民竇・名義殆攸稱焉・嗟我子孫・遵法而世守之・尙亦有利哉・遂爲之歌曰・

汪汪牂牁兮・歷蒼梧而東流・至於南海兮・拔我靈州・帝命循良兮・憂民之憂・疏導以廣水利兮・澤我田疇・樹藝黍稷兮・亦乃有秋・順彼遠鄉兮・彼不我仇・□□可通兮・社醉里謳・侯之還朝兮・黼黻王猷・於萬斯年兮・勒功羅浮・

開西山大路記

大憲副瞻嶽陳公備兵羅定・新開西山大路成・該山營總許子應明輩・介幣屬筆於余以求記・余知陳公稔・且爲地方之幸・深欲辭不可・於是援筆言曰・

偉哉陳公之功也・羅旁地方爲猺蠻巢穴・所自來舊矣・世數弗可詳矣・萬歷丙子・大征蕩平・開創善後・其道路只以羅定州爲總會・自州而南・則由羅鏡岡轉入函口懷鄉・以通乎高涼・自州而北・則循小河透出大江・以接夫壽康・東西二縣・南封二所・雖各有路遙通・然皆崇岡叠嶂之所恃也・叢菁茂樹之所蔭也・蛇虺所蟠・甝虪所遊・介然用間則塞矣・隔離天日・往來爲艱・然在東安・猶易聯屬・而西寧則又有定康感化從善信豐四都・皆自信宜茂名分割・介廣右岑溪之間・接連七山六十三山之猺・伏莽乘墉者歲有殺越・剽毀者橫行・以故四都雖號編氓・而足跡無由至縣庭・今逾一紀于茲矣・前備兵鄭慕唐公酌議應闢・諸猺屢沮・功莫能施・時以初輯・姑置弗問・公於戊子履任・廉知風土習俗難爲狀・按圖而觀・喟然嘆曰・嗟夫・是非所以言治理也・夫遠邇之勢・猶人一身・治身者必血脈流通・然後手足運動・而無痿痺之不仁・治民者必遠邇流通・然後上下情達・而無奸宄之隔閡・今新民之不通於縣・猶手足之不屬於己・失今不治・得無廢痼乎・乃謀諸大參戎侯德源公・力伸前議・公即謀於制府・而下檄授州大光潘君・仕紳邑令尹林君致禮・綜理其事・分委許子應明・欣然舉作・即號召所部兵民・相地分程・計日課功・披荆斬木・芟險就夷・即詩所稱作屏就平・不加於此矣・乃頑猺未諜懷保之規・陰行沮撓之計・伐樹埋拋・伏鎗設魅・衆受慘毒・重懷疑沮・公復奮然作曰・嗟夫・是非所以言任事也・夫非常之原・黎民懼焉・及臻厥成・天下晏如・人情難與慮始・大率然也・今撫猺既稱向化・乃頑梗猶然若是・毋亦以除道驚疑・故令反側・即遣許子應明・深入其峒・宣示朝廷威德・諸猺警悟・相率駾喙・於是兵民得偕作而梗途遂成・大道蓊翳・無所壅蔽・而晻昧獲耀光明・即頌所稱岐有夷之行・不烈於此矣・比歲以來・行者歌・耕者樂・寃者伸・輸者赴・商賈貿遷以化居・官府往來以巡省・深谿絕峒久外天日之民・習見漢官威儀・而欣欣鼓舞若更生・諸猺在撫治者・心如其面・不敢越志以啓釁・在鄰封者・畏威歛跡・不敢越界而爲盜・凡有舉動・朝發則朝聞・稍有邪謀・夕發則夕撲・官政下達・民情上通・疏逖不閉・襁負日來・數百年虎嵎鬼窟之域・一旦轉而爲平平蕩蕩之區・我公開闢之功・誠萬世賴也・

昔禹抑洪水而天下平・姬公驅夷狄而百姓寧・自古大聖賢作用・固非瑣尾齷齪相牽故常者所可望藩籬也・語曰・有非常之人・然後有非常之事・有非常之事・然後有非常之功・言非常之功・必非常之人乃能建也・以公驗之信然・余無庸・老矣・無能工藻繢・揚盛美・第據事直書・塞許子之請・以備志史者知公之績・爲不在抑洪水驅夷狄者下如此也・路起自羅旁口・由西寧封門夜護抵懷鄉・以丈計者凡三萬六千有奇・自懷鄉掘峒由羅鏡崗抵羅定州・亦三萬八千有奇・又自夜護由思慮東至亞婆灘・以丈計者凡八千有奇・自逍遙歷振彝嶺抵西寧・亦不下八千餘・其橫若闊・則隨地勢

之險易・而俱不離夫丈之上下・經始於己丑年・告成於辛卯年・其東山中路・則各有紀者・故不敢備及・公諱文衡・江右鄱陽人・以戊辰進士遷御史・歷今官・茲以奏最陞任湖廣大參云・

埭學田碑記

埭學舊未有田・惟巡按直隸監察御史董公稅駕以來・宣暢威靈・宏振綱領・明慧所照・纖悉畢達・而恒持大體・蠲辟繁苛・不屑事精甄別操・清澹表節・義振貧乏・懲奸慝・滌刷寃抑・索剔盜賊・省不急以給公上・請閑產之鬻・以貸加賦・比及期年・盖四境之內・安樂職業・煦嫗靖謐・穆如清風・肅如嚴霜矣・

爰念方今天子・壽考作人・勸學興禮・以風起四方・顧惟勤庶績・不勸先學校・俾民覿德有格心・何以稱樸棫・大化育意・會諸郡邑學各置田・增廣廩餼所不備・萬言始謀於攝郡同知詹公・僚判涂公・以石埭首事・方白狀允・而太守陳公至・卒實成之・爲金二百兩・買田二十餘畝・校其豐凶盈縮之數・而入其中・程其科條・每歲杪給多士・厥惠既均・永承休緒・無斁多士咸自奮曰・公控制提封・無遠數千里・私於埭・埭又私於我・我猶萎焉・是奮雷而不甲拆・槪潰而不猥大也・吾其槁歟・於是相與躡蹻鼓篋・宵隸時術・口𤜱呫嗶・手茶鉛槧・出而講習・入而圖維・析疑義・繹微旨・攬括古今・茹納華菁・使藻麗湧溢・器規碩茂・射甲乙如破的・銘旂鼎如拾遺・猶以爲未也・必師師翼翼・精白一心・矯翼厲翮・不安故常・砥礪廉隅・醞釀道德・孝弟敦於閨闈・禮義蒸於州黨・行以顏閔爲矩・志以伊周爲法・羹墻閩洛・寐夢洙泗・以丕顯文明・楨幹王國・庶無負愷悌之心・多士式思丕績・樹碑勒銘・其辭曰・

桓桓柱史・惟明惟允・左蹈規矩・右中繩準・湛恩融融・嚴度凛凛・稽古作人・帥是庶尹・旣示我則・復恤我隱・錫茲土田・以畦以畛・載刈載獲・載浙載飪・其用爲何・承我髦俊・髦俊陽陽・曷裕曷窘・如釀在觴・如握得瑾・惟茲多士・私相告諗・埭自周土・田自魯來・廩明制額・監茲不泯・惟公廣心・我食我飲・匪飲食之・我掖我引・如金在爐・如絃在軫・日就月將・孰敢不敏・孰敢鹵莽・孰敢矛盾・鳳山峨峨・舒水潾潾・永配貞珉・不騫不殞・

董公名鯤・浙江海寧人・知府陳公名應和・浙江歸安人・同知詹公名萊・浙江常山人・通判涂公名億・江西新城人・知縣江進卿・江西貴溪人・石埭縣知縣徐邦謨・湖廣善化人・

鄭　旻　字以穆・揭陽人・嘉靖丙辰進士・官兵部主事・出守大名・終貴州布政使・旻官大名時・秩滿入覲・力陳馬政之弊・言地以養馬・戶有編也・自馬廢而租輸于官府・租存而地沒於豪右・民以不勝誅求・斃死囹圄・冢宰上其事・得旨豁免・民深德之・著有奎山談・言旻拙稿・阮藝文略注未見・

節孝蕭婦鄭氏傳

節孝鄭氏者・潮陽蕭守鎮之妻・而平湖鄭承亮之女也・潮鄭同源異派・而平湖之別・世以質行昌其家・蕭則奕世衣

冠・潮推世族云・兩姓締姻・節孝婦年十六・笄字而歸守鎮・端肅雅靜・事舅姑以孝謹聞・閨門之內・和敬穆如也・蕭族尊卑行最盛・曁內外戚屬・無不敬頌鄭氏・無不願得如鄭氏賢行以爲冢婦者・越二年・守鎮以病卒・當是時・節婦方十八・齒未也・而貞松之操矯然・白日之心皦然・悲痛其夫・骨立矣・乃敬姜哭穆伯之禮・無違越者・姻連姑姒見其齒穉・或以改圖諷之・節婦輒正言曰・夫亡矣・既無胤息・終鮮兄弟・未亡人舅姑所當視・祊祀所當奉・節義所當完・餘不知其他・人見其言詞切至・志意堅定・悚然嚴憚之・父母憐其無子・規奪其志・節婦已知之矣・既免喪・垢容縞衣・獨坐一室・母家僕婢歲時問遺・不踰閾而與言・父母知其不可奪・愈欲早爲之計・令人紿以母病垂喪・召之永訣・于是渡江一至母家・遂防錮而留之不遣・節婦固順之・言色自若也・密令一親信之媵婦歸約其姑・拏舟江滸・稱歸自和平・泊舟順訊其婦云者・節婦欲謁姑于舟次・母初尙難之・節婦曰・豈有我姑親到吾鄉・兒婦不一見其面乎・策往俱・如舟見之即回矣・母以爲然・修具携婦至舟・即哭臥姑舟中不起・遂與姑共載而歸・自是斷跡于父母之門・朝夕承事舅姑・饋滫瀡・躬練縷・潔蘋蘩于祭祀・久而不懈益虔・其節孝乃天性也・舅蕭廷由疾篤・鄭焚香籲天・刲股爲羹以薦・廷由絕而復甦・比聞鄭之刲服也・伏枕而泣告家人曰・吾命盡今日矣・尙延數日者・神感婦之孝誠也・世無無死之人・宗祀應有昭穆之繼・我死無以報吾婦之德耳・舅姑死・附身附棺・盡誠盡愼・創鉅痛甚・聞者爲之感泣・理家持戶・勤儉淸白・數十年猶一日也・以其志操而求其所至・其共姜辛憲英輩之流亞乎・

余聞鄭氏節孝風槩已久・乃陳子玉淵・鄭子見田・以鶴臯蕭君書來・請欲闡之以傳于世・岺山鄭某曰・余言何足以爲鄭氏重・雖然・三綱五常・人道之所以立也・君子將以樹人紀・扶世敎・舍節義何以爲風哉・蓋嘗論之・臣之事君・輔德策勳其心也・不幸而遭君之難・確然艱貞扶危・至勢不可爲・則納肝伏劍・鼎鑊之甘如飴・要其忠之無懈于心焉・然足以愧天下之爲臣而事二君者矣・婦之事夫・宜家蕃胤其心也・不幸而値夫之變・確然矢死靡他・至勢之無奈・則投崖觸刃・碎首之慘不懾・要其節之無懈于心焉・然足愧天下之爲妻而更二夫者矣・以鄭氏節孝之堅定・一死以殉其夫・顧不易哉・其全身完節・蹈夫人之極難而爲之去・蓋見之眞而守之裕也・彼其孤闈不以爲苦・刲股不以爲怛・拮据不以爲悴・歷歲月而不以爲憤悒・委曲成是・從容就義・卒之家門賴以植立・舅姑賴以養送・三綱人紀賴以維持・于此見鄭氏志識之高・而其所存之大也・

於乎・若鄭氏其足以爲女師矣・世之爲人婦者・其聞鄭氏之風而自淑乎・然則鄭之懿行・固其心之自盡焉・非蘄夫人之傳也・乃任風敎之責者・如鄭氏之節孝・則不可使之落莫無傳也・

總督閩廣殷公靖寇綏民碑

大司馬新安殷公・秉鉞殿南服也・蓋屢奏奇勛云・聖天子灼知公精忠壯猷・錫命至三・維是揚越甌駱・戈船下瀨之將・百司之吏・盡屬公統領・軍行曲折・進止功罪・悉節之

而誅賞之・公開誠布公・紀律整暇・先是西粵山夷・據險洊食・公懸旌深入其阻・一鼓蕩平・既而惠陽巖箐之區・不軌嘯聚・黎元塗炭・吏氣沮傷・公設奇捕剿・殲之海豐永安長樂縣道・昔之鞠爲萑葦者・今皆雲徹席卷・蕩爲有夷之行矣・乃潮郡羣盜中・有諸良寶一夥・梟桀尤甚・憑恃海堧險遠・螳怒猱升・恣睢自若・公以其昏迷不悛・罪不可宥・乃馳檄三鎮・尅期進師・幕府乘六傳蒞羊城・凡行營奇正止齊之法・熟籌帷幄・授成于監軍副憲陳君・盡護諸將・仍檄潮守今陞海道副憲李君・暨二三僚屬・用軍興・具儲[illegible]・以待三鎮將士・赴命如書・無敢如漢人後期・及以海風波爲解・師壓賊巢・卒乘輯和・護軍底厲其節・踴躍先登・無敢或觀望逗撓・兵不崇朝・而逆酋之首已致戲下・諸助惡之黨・折馘執俘・無一脫者・縱炎火以炳飛蓬・灌滄海以沃漂炭・曾未足喻大捷之勢也・匝垂尚有四巢・負山阻海・先已聽招・顧魄褫膽落・束身歸命・監軍陳君及兵廵道新任金君言于公・公誕放曰・汝輩曾有善・固宜待以不死・然今擁黨據壘・意欲何爲哉・好生之德・遏惡之典・奉朝命以從事・孰敢干焉・其熟圖所以生計・會不食言・四巢讙呼・以手加額・歸而罄剗其壘壁・釋戈賣劍・扶老携幼・分解各附編氓保伍中・兵不血刄・而十餘載之忍以身棄爲盜賊者・一旦耕食鑿飲・得復爲良民・於是閭閻無枹鼓之警・撫衆始知有民生之樂・盜賊衰息・姦宄無容・海外于焉有截・王猷于焉允塞矣・朝中縉紳章掖之倫・與夫黃童白叟・北向稽顙・戴聖皇軫念遐方・簡任元老・遏寇虐・底敉寧也・又西向再拜・感司馬公時雨之師・廓清海嶠累年氛沴也・郡守汪君等・嘉靚士民戴頌至情・通守顧君・則典出師之役・爰授簡于鄭生某・俾紀其實・繫之詞曰・

皇明御宇・萬國咸寧・蝡蝡蠢賊・潢池弄兵・聖主欽明・總攬乾斷・授鉞元老・興衰撥亂・顯允殷公・協德召虎・兩藩貔熊・在我旂鼓・發縱運籌・多多益善・如霆如雷・有征無戰・桓桓天威・一月三捷・蠢爾兇殘・逆命肆桀・馳檄哀師・尅期致討・武旅踴躍・薙獮如掃・剷其巢穴・汚爲行潦・剪其鯨鯢・橫尸載道・孰爲不順・視此兇殘・怙終剿絕・我武維揚・率爾四巢・昔曾聽撫・目擊膽寒・束身幕府・夷灶挈壁・釋戈賣劍・携挈妻孥・各自解散・公布威德・許其自新・昔逋盜藪・今歸齊民・民之質矣・優游田里・念昔昏狂・愧汗無地・賑恤饑寒・渤海慰安・式辟疆理・江漢旬宣・湛恩龐洽・武節飄逝・順治威嚴・八埏光被・闓澤旁暢・海不揚波・跂行喙息・涵毓太和・經營告成・錫祉篤祜・聖德緝熙・天保孔固・

張大猷　字元敬・番禺人・嘉靖丙辰進士・官戶部主事・治徐州河有功・後出判外郡・復疏陳漕河利弊甚悉・工爲文・嘗謂文・大成於司馬・靡於班・壞於韓・作文章原委七篇・今不傳・傳者惟河漕一疏云・

申成議以權河漕疏

今之議者必曰・河流須聽其自然・難復故道・此在歐陽修言之・施於有宋・已歷可驗・殊不知當宋之時・鼎都於汴・河患南徙・不患北嚙・且魏博商胡之口・開塞止于東

行・雖處有紬曲・抵掌可信・要其歸趣・則直洩于清源天津之墟而止爾・若今則與宋大異・蓋河流已南由徐州而出・則徐沛蕭碭之間・皆其下流・爲大河所必行之道・所必啓之口・玆欲河流而無礙・通而不塞・須爲之宣導・以順其就下之性・爲之排阻・以衛其旁溢之勢・爲之流濬深廣・以大其容受會歸之地・賈至所謂順之使行是也・若縱之順其泛濫・聽其博洽・則河水終無歸一・漕流終無定處・不知指何處爲新渠・何處爲故道乎・且河水平演・泥必日高・盡徐沛之境而爲湖沼・其勢必逮乎濟寧臨清・汪汪萬頃・莫知紀極矣・此乃塞其口・扼其氣・抑其吭・而俾之中絕也・今一切固執歐陽之舊章・而束手無策・希圖苟且・待命於天・則浩蕩無情之水・膠濘轃積之坭・日月相乘・南北大壅・漕河終爲梗塞矣・其亦何時可已乎・只謂南行則恐犯祖宗陵寢・此議乃前河南都御史臣方鈍・刑部侍郎臣吳某言之・誠爲有見・然據地勢・則前所決者異乎今日・是以昔所論者・不可槩於玆時・蓋前時河決・正在上流・而議者猶欲南開趙皮賽孫家渡二處新河・以殺水勢・此乃擠之使就濠亳淮泗之中・是以二臣之疏・力爲遏阻・所以爲當・若今則在徐沛之地・乃東過蘭陽・南離蕭縣・而雲龍保安諸山・磷峋砥礪・亘聳其南・況水勢北汛・東行南徙・與昔所決曹縣殊異・而今之指以爲論者・直驅車陸行・預計路衢之曲折・而實未嘗睹記其所歸駐・及其所勢便也・夫地勢有遠近・漕渠有輸納・乃欲一律而勉合之・豈理也乎・前疏所指・自司家道口以下・爲南直隸山東之境・自此以東・南北兩岸・皆無高隄大壘之防・是以水勢至此・奔蕩靡定・而流不歸漕・今若南絙以大坻堤・北繞以重埽・則水由中行・同條共貫・攢合專一・日見其湍衝直瀉・而無有於橫潰・日見其旋斡深入・而無有乎積聚・去徐州則東行而無阻・抵運河則南行而不礙矣・所以然者・蓋徐州黃河之所必由・水下之所必至・合則不分・分則不合・南北關係・兩河權輿・比之宋時魏博・大有不同者也・

且大司空親涖其事・國漕之所不可少緩・軍需之所必資者・今一切拘攣無措・既知其力役之不可已・又不知其緩急修治之方・因復過信舊聞・以誤大事・其不宜輕聽明矣・若謂經無排築之文・則禹之排淮泗・獨無見乎・國朝丘濬・謂宋元地勢相去不遠・其塞築流濬・尚可尋議・此誠識時務之言也・今若當塞不塞・則渙散無統・當濬不濬・則淤壅愈甚・當開不開・則淜湃妄行・徐沛之口・放蕩而不止矣・由是積久泥多・下流高亢・其勢必決於上流・不北而清濟・則南而汴梁・北上清濟・則盡委於天津・兩洪俱涸・而漕挽不繼・此可慮也・南趨汴梁・則大播於濠泗・汪匯於鳳濠・而陵寢不測・此尤可慮也・此二害者・皆由前二說以誤人・而實堵徐沛之口・誘水使之妄行・若使身履乎黃河下流之區・沿歷乎南北上流之地・指而論之・則必有曉然而明白者・不俟乎多議也・

且水之所流・散行則平漫・專合則深濬・今幸宋時都汴・前後修築河南一帶南北兩岸・隄防嚴謹・復歲有管河之官・下埽壘臺・是以盡河南之境・無崩潰之患・實今日之利也・惟出河南之境・至于南直山東之地・則棄之爲隩壞・置之不開・聽其馳縣・副使僉事・力職于簿書兵防・洪閘主

事・謹守於期會歲挽・至于都御史之在濟者・陞遷更迭・地方廣遠・無由稽作・而河之遷徙・又在于咫尺之地・瞬息之頃・是以終無救藥・而卒至于大壞也・若使徐州山東之界・盡如河南故事・及時堤附相地・則河流會聚至于境山矣・奚有今日之患哉・是故今日之急・則蕭碭豐沛之間・築堤最緊・疏濬次之・廣大以容其流・會合以專其勢・庶幾其可也・至于所用之器物・所支之錢糧・所需之人夫・所圖之利害・則臨境而議方畧・又不盡于茲云・伏乞陛下俯念微臣之愚衷・博閔萬民之陷溺・上念國漕之大計・遠慮久安之鴻猷・下臣所議・詳覆施行・則億萬年河洛禹功・陛下遠紹而近取之矣・臣不勝惓惓之至・

李茂魁　號雙江・番禺人・嘉靖戊午舉人・潯州府同知・家波羅南海神祠之西・嘗築西臺・延陳獻章講學・子化龍・歲貢・赴廷試時・在廷諸人咸重之・著有旅懷書・奇行最多・黎遂球爲之傳・

番禺穆侯去思碑

齊安穆侯治番禺□載・澤洽雨化・流蕩蕩乎・若陽春之湛四境・士民載歌之・臺使者首薦之・天子聞而召之・則侯者天下之侯也・行將功施六合・名紀四郵・何有乎一邑・而況區區鹿步・不足以當番禺之一指・乃其鄉之民・竊竊然謬欲私侯德・碣而頌之懷之・以當圖祝・得無以爲不知量歟・

雖然・亦古咏甘棠遺意耳・伯之德・在成周宇宙間・而蹤跡不能不寄之棠樹・棠之咏・必邇乎棠者私之・且不能遍讓召南也・吾鄉僻在海隅・民生鮮識官府・唯是南海一祠・屹峙於往來之衝・以通冠冕之迹・侯五六年間・八九至焉・至則捨官舫・乘一小舟・盡屏其繽紛夾導呵呼之役・曰・無驚懼我父老子弟爲也・煦煦然・務誘進而問其病苦・以故三尺童子・無不得盡言於侯・靡論其他・廟圮矣・是神之依而民之庇也・以白侯・侯□戴司馬之德而推廣之・揀鄉之民十七人・以課其務・而耗蠹以清・工堅觀美・上下通達・如流水之源・利害興除・若轉丸之石・皆此類也・是以頻年以來・盜賊衰息・夜戶不閉・魃匿蝗殄・墉櫛斯登・間若□隆・刻期而禱・應期而解・毒蛇猛虎・同日而震・除我戒心・吾鄉殆若私焉其忘之也・予抱疾不出戶庭・無由一望見侯・乃父老爭爲予稱述者若此・且曰・今而后過祠下・視若侯之宇也・望波羅樹・視若侯車蓋之停也・予怪鄉之氓・未必盡知詩書・而旨悉與蔽芾之章合・良由侯之爲召伯・吾鄉亦何幸以一祠而遂比南國乎・予土之人也・卽卑卑無所辭其役・敬爲父老子弟薰沐紀之・侯名天顏・字邇元・別號象元・湖廣黃岡人・登萬歷戊戌科進士・

陳克侯 字士鵠・順德人・嘉靖戊午舉人・與黎維敬歐楨伯袁茂文梁彥國爲詩文社・署閩縣教諭・擢令永福・遷騰越州・值地震・下令救一人予三金・存活甚衆・州徼近緬甸・緬人來犯・張幟爲疑兵・緬不敢逼・高國春木元瑞赳徒步・爲萬戸侯・感克侯恩・以千金爲壽・正色却之・土酋例以五百金贄・畏其廉・不敢進・遷大理郡丞・仍管州事・從民願也・所部屢薦行能・以事罷・尋復官・致仕家居・卒・著有南墅集・

飛雲樓集序

嘉靖中・黄宮詹以古文倡海內・一時嶺南人士遊其門者・斌斌然嫻古詞賦・吾邑梁比部公實・歐虞部楨伯爲冠・其同門相倡和者・則潘光祿少承也・梁比部請告歸・尋卒・予不及見・而獲之歐潘兩君・潘君兄事歐君・聲稱與歐君相埒・惜早世・不獲大顯於時・其子少遷・雄於詩・放浪於風塵之表・飄然有揮斥八極之意・歐君大奇之・謂光祿有子云・

所著詩文數十種・斐然成一家言・題曰飛雲樓集・而問序于予・予受而讀之・連三晝夜而後卒業・何其富也・少承君固有集傳播海內・盖潘氏兩世以詞名・濟美競爽於藝林之間・盛矣・潘氏在邑以厚貲聞・而少遷父子所尚如此・其視世之紈袴氣習・豈可道里計哉・顧才非元晏・謬引三都・則予有愧也夫・則予有愧也夫・

鹿門李公墓志

公諱元禧・號曉齊・世居順德鹿門・自高曾以下・以財雄里中・父得川先生・爲邑諸生・鑿池開徑・流連觴詠・所與遊多一時名士・宏治中・庶常鄒合州智・以星變上疏・謫石城吏目・多出邑境・邑令吳公廷舉邀致之・鄒公嘗至鹿門・得川先生爲築謫仙亭・環植嘉樹・以標勝概・邑令吳公偕客李嘉魚承箕・時常過從・輒窮日晷・先生亦時載酒以從・由是謫仙亭聞海內矣・公時在諸少中侍賓客・習聞諸名公雅論・屛謝芬華・沉思六籍・諸名公咸器重之・長益崇禮讓・好施與・不爲世俗鄙吝態・嘉靖甲寅歲飢・爲粥以賑・又率鄉人置社倉・預積貯以備荒歉・鄉人賴存活者甚衆・直指旌其門・邑大夫以賓禮聘・賦詩稱觴・可謂世濟其美・不佚前光云・

梁枏 字挺豫・番禺人・性孝友・嘉靖戊午舉人・官合州學正・累官戸部郎中・督鳳陽糧儲・出守貴州都勻府・勤於撫字・都勻人尸祝之・弟桐・亦博雅・潛心性理之學・著有續近思錄・

贈藩伯芹山陳公序

芹山公以嘉靖乙丑服上命・右伯於東藩・越四月・有詔陟左・又越期年・而枏以諸大夫之命徵贈語・我國朝近事・諸名卿位至方岳・被簡擢・數月遷去・而公由右陟左・不易地而久柄焉・此其意可謂淵沈顥邃矣・東藩齊晉之墟也・輔翼畿甸・王化所守焉・昔者太公之治齊也・報政於兩月之間・魯公秉周公之教而治魯也・報政於三年之後・久速之宜・難易之軌也・天子之意・其欲公爲太公乎・魯之治遲矣・而周公固曰・魯後出・北面於齊者・何其孱也・齊之治

疾矣。孔子曰。齊一變。而後魯。可治又何艱也。夙覽前軌。徵述其行事。太公之政。尊賢而尚功。激馭之微機乎。魯公之政。尊賢而親親。敷錫之徽化乎。機之激也。朝發夕至。而化之入也。流演漸濡。必遲以三年成者也。周公逆其勢於功烈施顯之後。孔子揭其本於誨化衍澤之中。伯王之際。則其昭灼者甚著。而樞運者固微也。記曰。君子仕其鄉。則思學其故。有不能舉者共耻之。博極矣。聞故實。柄所舉以所聞。故思其則。公將爲魯乎。將爲齊乎。然齊魯當成周之盛。以丕謨丕烈之君。顯承於太上。公本敬信之義。以弘鷹揚之才。魯公服赤舄之訓。以恢乎不弘不遺之道。雖其報政遲速殊科。而治之成也。則固德所由先。而時之所由際乎。王者法制殊革。然必作其所成。而不安其所未至。告人者。每望以德之所可就。而不强以時之所難爲。信義之魯。功利之齊。風固未之殄也。是其已成之俗。未至之善。所當盛振而更治一也。

今天子式道懋中。弘曲錫極。玄夷沕穆之化。固不讓於文武之時也。以公之德日嚴。而亮采之承宣。而嘉靖上下化。不在茲歟。公以畿甸進士起家。敭歷中外二十年。而至今官。予向從公後。見其心翼而巽。履秩而和。才猷卓裕而炳蔚昭。其清忠寅亮之懿。休於前哲。將亦赤舄者之與師。鷹揚之與徒乎。承之以淵沉顓邃之思。而需之以流演漸濡之候。將亦徽化之所先。而微機之所後乎。易曰。聖人久於其道而天下化。成之積也。非一朝一夕之可徑也。仁人君子所爲去迫促。持悠遠之方。而不可易也。如以久道而不可易。則期之賀。余猶以爲速也。請拭目以俟乎公之化成。

岑用賓　字元穆。順德人。嘉靖己未進士。授衢州推官。擢南京戶科給事中。劾福建巡撫汪道昆。闒茸不宜久握兵柄。又劾大學士高拱剛愎。宜令致仕。全進退之節。時道昆負文名。拱柄臣。人莫敢犯。用賓論列。不少假借。故居諫垣三年。直聲籍甚。拱憾之。出爲紹興知府。會入覲。拱方掌吏部謫宜川丞。貶所著有小谷集。太倉王世貞梓之。今阮志藝文畧注未見。

請公勸懲疏

臣惟國家之禮大臣。其生也固重其爵祿。以寵異之。其歿也亦必優其卹典。以旌褒之。所以示君臣一體之義。終始存沒無間也。然是恩寵之澤。加於忠良則爲公。及於匪人則爲僭。公而不僭。則君子以勸。小人以懲。臣伏讀皇上登極之詔。內一欵有曰。一近年病故大臣。有應得卹典而未得。亦有不應得而得者。科道官舉奏定奪。欽此。欽遵。臣有以仰窺皇上之新政。固將欲使朝廷恩寵之大典。昭大公於天下萬世也。臣備員南垣。敢不祗承德意哉。臣謹諮之縉紳。參之見聞。

查得已故原任刑部尚書林俊。歷官四十餘年。屢陳讜言。忠誠剴切。抗犯顏敢諫之節。尙簡素消約之風。迭仆迭起。朝野推重。在四川則撫剿藍鄢之劇寇。在江西則裁制寧藩之逆萌。暮年遭際。保終完名。居家遘疾。具疏預辭身後卹典。竟爲不合者所忌。乘機排沮。至今公論惜之。

已故原任南京兵部尚書新建伯王守仁。筮仕三十餘年。敭歷中外。所至有聲。而討江西宸濠之叛。平廣西思恩田州及斷藤八寨之賊。功烈尤著。且博極經史。究心理學。倡明

良知之訓・洞暢本原・至今爲人士所宗・不幸其歿也・遽爲忌者疏論・削去伯爵並䘏典贈謚・迄今人以爲恨・

已故原任南京兵部尚書湛若水・歷官三十餘年・立朝正大重厚・有休休有容之風・治事經緯詳明・有濟世匡時之畧・倡明正學・接引後進・自始至終・孜孜忘倦・凡所造就・多爲時名流・致仕家居・逾二十載・壽考而終・其子孫曾陳乞䘏典贈謚・未蒙俞允・

已故原任南京工部尚書吳廷舉・歷官四十餘年・材畧優長・節操素勵・犯逆瑾之怒・而剛正不回・諭姚源之寇・而誠信允布・始終一介不取・歿後殯殮無資・廉潔風高・古今鮮儷・訪其贈謚・向亦未與・

已故原任戶部侍郎唐冑・歷官四十餘年・始終正直不變・迭任藩臬巡撫・勞伐最多・在部建議陳言・忠讜更切・後以忤旨・被杖削籍・衆皆韙之・昨吏部題請・雖已復職贈官・而祭葬並謚未議・猶爲缺典・

以上五臣・其任職先後・雖稍不同・而負忠良重望・則無二致・明詔所謂應得䘏典而未得者・此其最也・

又查得已故禮部尚書顧某・其先後局居官・臣無暇論・獨其晚年・挾持邪淫詛術・干求進用・因而濫叨恩賞・穢濁清曹・迄今輿論・咸羞稱之・其始而鍊合秋石・繼而鍊製紅丸・妄行進御・至使方士人等・踵跡效尤・皇上所謂王金陶倣等妄進藥物・致損聖躬・臣愚以爲若誅求首惡・則顧某尤不容逭・其存日既倖逃刑憲・不與方士人等同就誅夷・則其死也・寧可復使之濫冒朝廷恩賚於泉下也哉・明詔所謂不應得而得者・此誠其最也・

夫表揚善類・則天下皆知爲善之利・排斥姦諛・則天下皆知肆惡之非・乃治世所不容緩者・伏乞勅下該部查議・如果臣言不謬・即將林俊王守仁湛若水吳廷舉唐冑五臣・查照舊例・一體追補贈謚祭葬蔭子等項・顧某前後所冒官職贈蔭等項・盡行削奪・其王守仁伯爵應否承襲・並行集議題請・取自上裁・如此庶乎予奪明而恩威不忒・賞罰當而勸懲以昭矣・

再照臣子寃抑・久當獲伸・殊恩濫竊・終宜釐正・如已故原任吏部尚書李默・生平博雅能文・清修鯁介・居官守職・茂著風猷・止緣入柄銓曹・不阿權勢・遂致姦人承望風旨・竟爾擠排・含寃囹圄・賫志而死・今際遇昌時・彼泉壤之下・寧無昭雪之望乎・

已故原任江西按察司副使汪某・在昔統兵征勦・始無料敵之明・繼無禦敵之策・坐使狂寇衝突・命殞兵殲・較之守備不設・誠爲一律・儻若憫其死事・姑不追論・存其官職・猶或可也・乃隆之贈蔭・崇之貌祀・其爲冒濫・不已甚乎・當時與某同事者・僉事王某也・王某被虜贖回・尋冒陞秩・旋被參論落職・王某不當冒陞・則汪某不宜贈蔭明矣・再乞勅下該部查議・將李默一員・比照遺詔䘏錄之典・復其官職・加之贈祭・少雪寃魂・將汪某一臣・遵照明詔不當得之旨・奪其贈蔭祠祀・毋畀終辱明典・則予奪益彰・而淑慝益著・未必不爲聖朝平明之治少裨也・

陳末議以效愚忠疏

臣以疎庸寡昧・逮事先帝・仰荷拔擢・署之留垣之末・

南來供職．已踰兩載．旦夕兢兢．重以瘝曠．不稱任使是懼．恭維皇上．繼天立極．四海具瞻．臣幸際聖明．益思勉竭．蓋追先帝之殊恩．欲報之於皇上也．爾來南京禮科員缺．臣暫署科事．竊睹朝廷之事．有屬在該科者．臣不揣狂愚．僭成條議．一曰崇重經筵．以敦治本．二曰廣購書籍．以備纂修．三曰議祀儒碩．以隆正道．四曰愼擇師儒．以端風化．此固臣衷一得之見．誠知迂疎無補也．然葵藿之誠．不能自已．謹忘其椎陋．開列條件．仰瀆宸聽．伏望皇上鑒臣微悃．俯賜采納．臣不勝懇切待罪之至．緣係陳末議以效愚忠事．理爲此開坐具本．專差辦事吏周明齎捧．謹具奏聞．

一曰崇重經筵．以敦治本．臣聞人君一身．爲天下國家之本．而務學者．又人君出治之本也．語曰．道無終窮．學無止法．又易乾之象曰．天行健．君子以自强不息．古昔聖帝明王．如堯之兢兢．舜之業業．湯之汲汲．文之緝熙．是皆法天行之健．致不息之功．務聖學以端治化之原也．我朝自高皇帝肇創大業．暨列聖繼體守成．未始不肯重經筵以隆聖學．蓋資啓沃求．多聞實不外乎此也．陛下卽位以來．去歲春秋二季．兩舉經筵．中外臣庶．固莫不踴躍鼓舞．頌說聖神務學之美．然每遇沍寒盛暑．俱輒報罷．臣愚．以爲陛下於乾健不息之義．猶有所未協也．於堯舜湯文武之學．猶有所未逮也．雖寒暑輒講．在祖宗時．間有此例．然陛下春秋鼎盛．初嗣天位．正海宇改觀．聖作物覩之日．寧可遽藉此爲口實．而啓宴安之漸乎．且經筵日講諸臣中．惟今南京禮部尙書趙貞吉．素稱剛方正直．才識優長．頃陛下幸太學．貞吉敷講詳明．詞多啓發．足以興起感動．今講章傳布．臣讀之．未嘗不悚然起敬也．有臣如此．陛下奈何遷之於疎遠之地乎．夫講讀之臣．陛下左右．不可旦夕離也．卽貞吉資俸宜遷．惟當加其官秩．仍留供事．未爲不可．卽今二月仲春．適値開講之期．臣愚．伏望陛下勵終始典學之心．秉無怠無荒之志．銳情務學．無或作輟．毋以經史爲具文．毋以講習爲常套．更乞勅下閣臣並吏部．酌議召還趙貞吉．以備講臣之列．俾之專意啓沃．以副任使．庶聖學益純．而治本懋矣．仰候聖裁．

二曰廣購書籍．以備纂修．臣聞之．語曰．文武之道未墜於地．在人賢者．識其大者．不賢者．識其小者．蓋言典章文物．不特載之方冊．凡士庶之賢愚．亦得以紀述而識存之也．我國家二百年祖宗之聖德豐功．列聖之洪猷懿範．雖纂之史局．藏之金匱石室．固云詳且備矣．然宏綱細目．顚末曲折．有當時所司之未能悉紀．而縉紳士夫或私著備錄者．有當時朝著多所曲避．未能紀載．而海內田野或直書者．自臣所知者言之．如原任刑部尙書鄭曉．則有吾學篇．原任學士廖道南．則有殿閣詞林記．原任學士王鏊．則有震澤紀聞．原任裕府長史高岱．則有洪猷錄．原任陽信縣知縣陳建．則有皇明通紀．他如傳信錄．傳疑錄．如此類者．難以枚計．其著述雖人人殊然．要之皆鋪張揚厲昭代盛美也．苟不乘時采輔而收錄之．則日久淹沒散逸．將何以備國史之缺耶．目今禮部題請纂修世宗皇帝實錄．已經遍行各該衙門．查纂條件事實矣．再乞勅下該部．備行兩直隸十三省各該撫按衙門．着落各該府州縣．逐一查訪．不拘官員士庶之家．但有人昔所藏書籍．或私著書錄．果係中有具載累朝事跡．及載有世宗皇帝嘉靖年間事實者．俱收到官．繕寫進呈．付之史館．再加繙校．如屬在先朝之事．則錄附先朝實錄之末．如屬在世宗皇帝之事．則參附今修實錄之內．庶乎采輯無遺．而信史有資矣．仰候聖裁．

三曰議祀儒碩．以隆正道．（闕）

四曰愼擇師儒．以端風化．（闕）

精鑒別以定國是疏

臣等陸續接到邸報．伏覩五月十一日該兵科左給事中魏時亮等各一本．內參大學士高拱．奉聖旨．高拱留用．已屢有明旨．爾每又何奏擾．拱着速去供職．以副眷知．吏部知道．欽此．又十七日該廣東道御史齊廣一本．內參大學士徐某．奉聖旨．徐某內閣首臣．勳勞久著．先帝簡託．以輔朕躬．方切眷倚．這御史何敢輒肆詆誣．又連李某．好生狂妄．且不究某並某．俱著安心供職．吏部知道．欽此．

竊惟言官各據見聞．盡言指斥．無復顧忌．乃其常職．苟蒙皇上俯賜優容．或屢瀆而不加譴．或狂妄而不加罪．敢言之風．自是益振．隱伏之情．自是悉達矣．臣聞之．不勝慶幸．臣等伏念人品邪正淑慝．判爲二途．譬則薰蕕白黑．分爲二品．非眞有渺茫隱僻而難知也．君子小人之分．惟於其大節大本定之．察君子小人者．亦惟其大節大本辨之而已．正人君子如祥麟靈鳳．爲一世之所快覩．其立身行己．事上使下．顯然明白正大．毫無隱曲．天下之人．莫不是之與之．間有一二微瑕．爲人之所苛摘．然其人不害爲君子．何者．其大節大本．孚於人心．衆好之公故也．憸夫壬人．如魑魅鵋鶹．爲一世之所嫉惡．其立身行己．事上使下．奄然閃倏．狡獪不可方物．天下之人．莫不非之議之．間有一二小智．爲人之所稱譽．然終不免爲小人．何者．其大本大節．乖於人心．衆惡之公故也．語曰．人君之職在論相．言其重也．書曰．任賢勿貳．去邪勿疑．言其斷也．我朝設立內閣重臣．以爲股肱輔佐之任．事權所有．誠有非輕．諸大臣同寅協恭於斯．使行誼相孚．則道揆尊而法守一．如其趨向不類．則猜嫌起而怨謗興．自古未有忠邪並進．而能成天下之治者也．

陛下登極以來．日月臨照．朝著大小臣工．心膽肝膈固常畢見矣．況茲閣臣徐某高某等．旦夕輔弼．近在左右．凡其心術之孰邪孰正．行檢之孰臧孰否．度量之孰廣孰狹．其中能逃聖神之洞察者乎．正者當留．邪者當去．臧者當留．否者當去．廣者當留．狹者當去．此誠不容毫髮爽者也．則熟思審處．以建九重用舍之極．定人心趨向之端．寧不深有望於陛下之神斷乎．傳稱君子難進而易退．小人易進而難退．蓋君子忠誠剛直．以禮義自閑．以廉恥自持．一或不合．則必奉身而退．不俟終日．惟知守其出處之正耳．此其一人之去．似不足惜．然若一一退．則善類沮抑．陽者皆消．其關係於天下國家之計則甚大．猶之治宮室者．主人得大匠而委屬之．使工程未就．大匠或去．則大廈之成．將誰託焉．臣等固願陛下之愼其去也．小人貪饕無厭．以竊權固寵爲心．以鑽刺彌縫爲事．攀援依附．漫不知羞．清議公非．漫不加省．惟思滿其患得患失之慾．則此其一人之留．

似不足恤．然小人一進．則羣邪得志．陰沴日長．其關係於天下國家之計則甚大．猶之主人豢虎豹者．朝月縱觀爲樂．自以爲無患．不知爪牙毒螫．竊伺在旁．使圈檻稍疎．則禍機隨發．謂不有隱憂乎．臣等固願陛下之愼其去留也．臣等受國家覆載生成之恩．際遇昌時．得事陛下．惟思竭誠畢議．效忠於明主．以希芹曝涓埃之報．凡寸言片簡．俱誓心天地．矢對神明．寧敢有絲毫作惡作奸之心乎．伏望陛下俯納臣等葵藿之誠．重爲天下國家之計．留神舉錯．旌別忠邪．毅然行於朝堂之上．使薄海內外．忻忻然仰戴陛下維新之治．則國是永定．綱紀永張．所以皇明億萬年無疆之基者．端有在矣．臣等待罪留垣．北望天表．犬馬之忠．不勝惓惓祈懇之至．

贈鄭禹承賓貢之京師序

鄭子禹承學於黃太史氏．受毛詩．粵中言詩者．多推禹承子．禹承子之名．燁燁於薦紳間矣．我國家之制．廩士于郡邑之學．比歲．督學憲臣論秀士之賢者．貢于天府．以需任用．著爲令甲．嘉靖三十六載．廣州郡學以禹承子薦．憲臣較其文．嘖嘖嘉歎．循制賓興之．粵中人士．咸謂憲臣得人喜．禹承子顯庸可及也．禹成子受命．戒行李．告行于朋舊．屆期畢會粵國南門外．設祖席于珠江之濱．酒半．小谷岑用賓執爵揚言曰．禹承子辱與諸君子遊．其志同．其道同．禹承子之行．諸君子共慶之．請各賦詩爲禹承子贈．僉曰．唯唯．有歌淇澳之首章者．禹承子曰．余小子不佞．獲奉教於諸君子．切磋琢磨益矣．敢不早夜以終諸君子之教．有歌南山臺之章者．禹承子曰．光邦基國．實藉令德．夏也否德．懼忝明典．以遺邦家羞．願君子尙翼而成之．有歌卷阿鳳凰之章者．禹承子稽首曰．斯夏之志也．夏也竊伏海濱．忠貞之懷有日矣．倘協帝臣之願．曷敢不輸媚愛之忱．以圖報稱．敷惠厥庶民．有歌江漢之三章者．禹承子曰．美哉．其世德乎．閩余祖也．入粵以來．代有聞人．惟余考亦樹勳名邑．以循良顯．施及余小子．卑卑碌碌．罔能紹美前休．用是大懼家聲之殞．箕裘似續．其敢或忘諸．歌既．小谷子曰．禹承子以詩進者也．諸君子與之言詩．其應也如響．其識精．其學邃矣．登庸利見．固將有聲于世矣．有賡歌匪風之卒章終焉．有訊之者曰．蓋聞勁翮者必迅舉．洪響者必遐震．乃禹承子厚積而遲報．何也．小谷子曰．君獨不觀之馬乎．駑駘之乘．角力爭能．其始也．奮力驅馳．如不可禦．然或五十里而蹶．或百里而蹶．何者．其材力不稱也．惟良驥則不然．平居蓄其材．養其力．舒徐就道．若與羣駟無異者．旣而步驟不亂．任重致遠．卒致千里．謂其德有餘．而材力豫也．禹承子不謂吾粵之良產者乎．蓄材養力念餘年矣．茲鳴于冀北之野．固伯樂之所顧．而九方臯之所詫異者也．行將進之天閑．以服鸞和之駕．騁步康莊之衢．其致千里．又何疑焉．同坐者咸竦然曰．子之言幾是矣．禹承子因下拜曰．人之好我．有如此者．載歌鹿鳴之首章而別．

玩月賦

庚戌之秋．七月既望．是夕涼風滿座．爽氣逼人．長空如拭・竹徑無塵・玉峨子披衣夜坐・張眸遠盼・但見花影搖金・碧池泛玉・清景可人・於是玩庭草以怡情・鼓瑤琴以自適・未幾・有客危冠素袖・風采如玉・帶月而進・乃呼童子・捲簾幔・舒素屛・拂石凳・啓朱扃・焚香迎坐・元談片時・客乃啞然笑曰・鳴珮疎林・餘光曳地・文波渙漫・長天洗空・景入人間・子何頁耶・玉峨子曰・孤館岑寂・雅興安舒・聊以待子・歡賞同裾・于是相作而歌曰・

月皎皎兮風何涼・雲蒸蒸兮水何長・偕子遊兮樂未央・發長嘯兮鴻雁翔・童子聞歌舞足而言曰・良會不常・清賞難再・適乃床頭甕虛・墻無過醪・蔬畦就荒・餚失斷庖・若何以賞客也・玉峨子曰・呼元酒・出酪奴・可以飲賓也・於是拂衣而起・抱甕出汲・惟時酒星輝映・銀河瀉繩・玉露低垂・月華盈盈・數聲點滴・元罍乍鳴・偕子一吸・羽化身凝・客乃怳然獨得・撫掌笑曰・飲我以元酒・賞我以酪奴・八方清氣・自我呼吸之・劇興豪吟・心涵萬古・順逆相忘・天地我一也・余乃過虹橋・步芳徑・臨碧沼・俯雕欄・斯時也・金鱗弄影・琅玕戛玉・上下相鳴・如斷如續・於是撫景空談・拂石危坐・馳盼四虛・鴻冥七里・適有漁燈遠照・倒影流蘇・輝入長松・空林競彩・有如虹跨長空・綿綿延延・有如螢光觸地・斷斷連連・玉峨子曰・夜氣常生・襟懷澄霽・誠收天地萬物景象于肺腑也・

噫嘻・王子山陰・蘇子赤壁・因樂適情・千古一轍・慨此風流・附之冥滅・今安在哉・今吾與子遨遊於風清月白之下・脫塵囂以自適・飄輕袂以吟謳・悲紅塵之滿目・悵滄海之東流・樂琴書以笑傲・繫天地之長秋・客復忻躍起舞・莞爾而歌曰・盼皓月兮・天漢清・挹清風兮江水平・吾復何求兮高其簪纓・玉峨子歡賞擊節・長笑而罷・童子曰・夜漏滴殘・疎鐘停奏・瑤鏡西墜・啓明在東・

霍與瑕 號勉齋・南海人・嘉靖己未進士・授慈谿知縣・歷官至江西鹺憲・與瑕爲韜仲子・官慈谿時・與海瑞齊名・鄢懋卿巡鹽淮浙・亦與瑞同被劾去官・故世多其風節・著有勉齋二十二卷・今存・

復代巡陳青田書

瑕治下之騃民也・投閑以來・閉門省過・不敢足跡公門・辱頰世故・乃者以寡婦敝帚之說・持示友人・誤塵淸覽・方切驚懼・無地措窮・顧辱洪慈・不深加罪・賜之報章・亹亹盈幅・瑕感激殊甚・細誦教札・其下問也詳・其諏謀也遠・其憫俗也切・其憂世也深・亨屯拯溺之懷・起敝維風之志・振勅綱紀之念・式遏禍亂之猷・一一備具・而至誠有加焉・瑕思維美意・佩服嘉謨・若遊上苑之春・接目不暇・若飲滄溟之水・飽腹爲期・又安能贊下風之萬一哉・

瑕聞之・春風普物・而黃鳥好音・秋月揚輝・而蟋蟀振響・天機感觸・蠢動且然・瑕今在春風化育之中・若不悉愚以復・豈不孤秋月冰壺之良遇・

瑕昔年謁項甌東・縱言及地方事・甌東云・與我兵・與我糧・假我邊練三年・地方不寧・我當其咎・瑕曰・公所言者・家常茶飯也・病人命在旦夕・須有起死回生之丹・甌東曰・何如・瑕曰・察院欲平盜賊・祇須三五拍案耳・甌東大笑・踰半歲・順德盜賊數百作亂・縣官招撫之・文書通申・

守廵依允。黄葵峯爲憲長。碎申文投地曰。盜止五百。縣官招撫。盜滿千餘。縣官投降矣。縣官大懼。身督總甲。領民壯捕逐。不旬日。盡獲賊。時甌東已物故。瑕每恨彼不及見也。故曰。信義者。療世之靈丹也。一拍案而信義申。威嚴暢。下官用命矣。

譚二華公爲浙東海道。半歲間。民壯弓兵。無不揀練。二華離任。倭大至。盡數殲滅。無一人免者。計平日額外之輸。皆養海卒。而當時首級之獲。盡屬陸兵。軍門奏捷。追論二華之功。以爲第一。是知任將者。固不可不久。以專爲將者。亦不可不果以敏。詩有之。我日斯邁。而月斯征。夙興夜寐。無忝爾所生。若今歲不揀。來年不練。今歲不戰。來年不征。豈不浪費財賄。虛度良時。遺生民無窮之害哉。古人達而在上。則工師互相督勸。以獎勳猷。窮而在下。則朋友互相琢磨。以隆德業。蓋未有委靡偸安而能樹徽光於永世者。鄉村盜賊。責社里甲。洪武舊制也。今編保長保甲。同事異名。大抵皆周官遺意。愚以爲用人勿疑。疑人勿用。既以盜賊責之。又以結賊防之。防之之念重。則責之之意輕。疑之之心多。則用之之誠少。古云。上失其道。民散久矣。今保長保甲。家報戶僉。愚恐用之不專。而僉報之無益。美意之不究。而良法之無功。是以有蘗谷焚香之說。有禮下良材之說。大意欲上下相體以誠。相與以信。相責以效。相假以權。至於縣官無以用其明。里甲得以行其詐。如台右武斷。虎噬之云。此則公輸不能授拙匠以巧思。后羿不能易拙射以巧目也。錢糧催徵。吏玩民頑。二弊俱有。眞如台右之教。而枷號該吏。尤中事情。番南一體耳。何彼之易完。而此之不納。番禺未嘗差人下鄉也。南海正官陞任。署掌更替不一。去年里役已滿。新役已滿。新役元宵後乃承接。夫以更替不一之長官。而馭承接未齊之里役。恩信不孚。號令不肅。毋怪乎吏民之玩且頑。而徵輸之拖以欠也。新官到任。稍加嚴切。即當辦耳。察院積贖十萬。瑕昔年得自傳聞。今承台教。數目悉備。乃知縛影捉風。瑕言多謬。而揚箕揭斗。公帑已空。雖台右救恤之心無窮。其如公私之告匱何哉。然而充餉一萬。助城五千。則慈母所以恤赤子之仁。蓋已先於赤子所以望慈母之厚者矣。嶺海之民。感何有極。以上數節。皆承台右委曲開諭。瑕不敢不悉心回覆者。末承垂示。憫民力之艱難。歎盜賊之猖獗。慮錢糧之靡措。念協助之無由。且申之以日夕思惟。罔知攸措之云。惻怛至誠。溢於言外。紆謀運用。妙在心中。非但瑕之淺識所不及知。亦國之機事所不敢議也。

昨在樵山。承金幣之賜。裁書馳謝。而霜臺峻肅。不得申達。今附獻左右。瑕聞善兵不戰。善戰不陣。古人神武不殺。傳稱黄石公有秘法在人間。皆仁人無敵之意。今先破散其黨與。剪落其牙爪。則不勞而收效。但此意不可洩。洩則不誠。不誠則不應也。他時勞來安集。似尤當用斯道。若夫添以縣治。衞以城池。連以鄉落。捍以兵卒。此又隨時立法。以貽久安。瑕之所陳。不過法外之意。古所謂老生之常談耳。昔官東土。軍門下兵事之議。瑕妄自申覆。二華公見之。以爲頗切事情。曲加獎借。此乃諸葛信馬謖之誤。非蕭何奇韓信之明。幸其來歸。是以免街亭之僇。使其效用。安能策歷下之勳。過辱名世之褒。徒切終身之感。忽捧金玉之

敎・彌增銘鏤之私・恨山高水長・至今未及脩書一候也・燈下草率具啓・言多狂妄干冒・皇恐皇恐・

躍魚賦

朝踵武於君子・爰遨遊於芳園・樹陰森以覆徑・澗漏石以潺湲・臨野塘之漾漾・圍碧水之淪淪・疎萍排風・斷葉拍岸・長潭牽鏡・微波引練・俯青天而在下・渺白雲之燦爛・則深淵之無底・庶可方其涯畔・忽細鱗之悠洋兮・窺澄波之凌亂・餓唼藻之參差・樂依萍之泮渙・或跳梁於日影・或追隨於征伴・或撥刺於中央・或揚鬐於截矸・或忽沉而復浮・或方聚而遽散・或倏駭於人聲・或乍驚於飛翰・揚波鼓浪・逐隊爭羣・急如赴敵・慢若遊春・黃金燦燦・白玉璘璘・出將聽樂・沒豈避綸・王孫罷釣以憑檻・公子鼓瑟以臨津・斯亦一壑之足娛・在藻之所爲燕・周王於牣之所・爲樂仁人也・

待神龍之深潛兮・終不見其頷尾・或時躍以在淵兮・沛九天之雲雨・霜淸日朗兮・復歸其處・彼神化之無方兮・孰得而執其所・三千之靈鯤兮・隘五湖之迫塞・揚鬐鬣於東海兮・泛浩瀚之無極・海鰍之出入兮・漲八溟之潮汐・耀戈旗之數百里兮・乃其一鱗而一翼・豈尋常之沼沚兮・可豢茲之奇特・睨青魚之唯唯兮・誠滄海之一滴・余昔年之竭澤兮・覩披離之龍蛻・僕夫紛其爭攫兮・吾得首牙之細碎・蛻形換骨兮・愈蛻愈奇・豈一躍而遂已兮・將騰碧空而上之・惟神物之屢變兮・固能大而能小・潢汙行潦之可居兮・抑何隘乎斯沼・又安知躍者之不爲龍兮・吾且觀於春濤之杳淼・

且夫萬物各有性兮・自性自形・龜短蛇長兮・鳧縮鶴擎・蜾蠃不病其細於腰兮・跛鱉不歎其短於脛・蚊蠓不謂其微於軀兮・蜉蝣不嗟其嗇於齡・得造物而爲之抱負兮・均無餘欠於天靈・然則斯魚之游躍自得・又何羨於鯤與鵬也・

病鶴獨舞賦有序

隆慶二年・歲在戊辰・三月初旬・勉齋子至・止滁陽太僕之署・旣十日・李槐亭公招賞牡丹于環山之樓・乃往觀焉・有鶴折翼・毛羽枯槁・心殊憐之・忽焉鶴出幽篁・逐流泉・循園徑・往返數十・展翅屢舞・一張一垂・不自知其憊也・衆驩然笑・余愈憐之・默自念曰・是尙欲屈伸導息愈斯翅耶・秋空天高・尙欲奮飛於霄漢間耶・感而爲之賦・其辭曰・

彼白鳥之淑質・夙稟受於仙靈・在羽族爲最異・每多歷於千齡・元裳像漆・縞衣振雪・絲趾間紺・朱頭染血・高山大澤兮是其鄉・空原曠野兮是其方・長天碧落兮其翱翔・寒江古瀨兮其徜徉・依汀洲以擬潔・巢喬松而比貞・旣高棲以遠害・亦横飛而適情・抱長饑而獨立・何毛羽之鮮明・照隻影於秋水・愈瘦削而彌淸・豈其一日之不戒・遂爲羅網之羈攖・虞人以爲奇貨・克獻享於公庭・

始入樊籠・逼迫狹隘・隻身束楚・四顧拘械・適非其天・情無聊賴・撞頭拍翼・支離決潰・方性命之不惜・何折傷之足怪・主人見其如此・乃爲開籠・置之園中・俾自來而自去・仍自西而自東・顧一翼之已折・被毛羽之蒙茸・朝仰食於輿人・夕托足於蒿蓬・借晨輝以自煖・漱野水以自充・

雖安飽之足賴．豈霄漢之可衡．爾廼節入晚春．風和日煦．萬品齊榮．羣生順序．蛙奏部於芳池．鳥轉簧於高樹．茲欣欣而有感．遵篁徑以得路．始鶴鶴以低鳴．若有求乎伴侶．既逞步以疾趨．以作勢而高舉．乃張兩翅．一揚一俯．且跳且憑．如戛如拊．頸屈曲而復伸．徑每窮而廻步．似欲頻於導引．張自療其折羽．及九秋之清飈．庶橫翮以遐翥．伊斷臂之可續．矧屬毛而離裹．三折肱以彌良．豈一傷而不愈．嗟夫．斯或有用意之慇懃．設心之獨苦．無怪其忘形容之憔悴．而爲是中庭之屢舞也．

我思夫青田之遭射兮．期遇主於三秋．比馳驅於蜀路兮．忽覩箭而綢繆．何斯禽之無緣兮．終抱傷以處幽．彼久病之瘦軀兮．閣三尺之長脛．逢達人而爲之嘯歌兮．亘終古之垂名．何斯禽之無緣兮．委弱質於茅亭．長鳴人莫知之兮．奮飛又莫之能處．幽昧之卑微兮．尙疑慮乎繒繳．安能得夫仁人之惻隱兮．傳妙術於方外盧．起病軀而完之兮．重騁翼於雲衢．俯九州而下視兮．歷萬里於須臾．游華表而息玉山兮．從吾志之所如．

亂曰．麟之仁或不辰兮．龜之神或自焚兮．不觸不噬．百折而未改兮．守氣伏神．無時而或怠兮．君子守道．若此類兮．折其右肱．時所值兮．明夷垂翼．又安足累兮．鼓翅跳梁．導血氣兮．屈伸伏息．虛靜致兮．舞之婆娑．聊以樂其天兮．物率其眞．莫之然兮．彼不知其然．吾又何以爲之惻然兮．

粵山烟樹賦

余歸棲於樵山．自三春以徂夏．鋻闘異以誇奇．花互開而代謝．尋漁父之眞源．足溪翁之清話．攬景勝之幽幽．將永矢而弗借．胡三城之舊侶．結情話之綢繆．訂白蓮之素會．續眞率之風流．循縹緲之芳徑．陟飄飄之危樓．極東海兮遠望．羅三島兮千洲．羣峯兮獻秀．古木兮爭妍．夙雨兮初霽．朝旭兮呈鮮．掛芳蘿之婀娜．雜薜荔之綿芊．雲霏霏而乍覆．霧濛濛而成繪．初紛紛以去來．既溶溶而靉靆．中森森以似畫．上亭亭而如蓋．分諸峯之重疊．辨百卉之小大．橫山腰之素練．抹樹杪之青黛．葉蒙密以增碧．枝扶疎而凝靄．因返照以流霞．借夕暉而結綵．染桂子以飄丹．潄山花而送馥．既遠眺而情怡．亦近浥而心會．把清酒而崇觥．賦新詩而增彩．一何景色之娛人．余以爲明都之上最也．

乃若嶺北遐征．江南久戍．心每懷歸．身焉羈處．時登高以送目．烟朦朧而隱樹．魂凄凄而欲斷．恨悠悠兮延竚．又若幽閑淑媛．窈窕芳年．夫壻遠役．角枕顚連．憑青樓以寄望．窮碧樹之晴烟．鬱春心之不可裁．結芳恨之纏綿．至如孤臣去國．逐客尋津．緘情蘊怨．撫景傷神．纜扁舟以前進．悵僕夫之軏駪．望輕烟之帶樹．增勞思於蒼旻．

嗟乎．此一烟樹也．天何機而自露．物何心而自呈．何悲歡之異感．乃觸目而殊情．彼春暉而綢怨．此悲賦於秋清．遡流光於夜月．托遺響於空明．聞秋聲之脫葉．感綠鬢之星星．心有殷而永歎．意有會而長鳴．又何疑於烟樹．覃遠恨之盈盈．嗟夫．吾固未嘗臨流而遠送．亦何有於荆門郢樹之爲縈．且坐茂以濯潔．樂考槃之幽貞．

蒙詔 字廷綸．別號近野．番禺人．嘉靖壬戌進士．初官行人．擢監察御史．提督南贛韶汀軍務．詔負經濟才．其爲御史．巡歷延慶宣大．轉差浙直．督運漕糧．皆有陳奏條議．切中肯要．又著有百戰奇法一書．論用兵之要．自爲之序．今存其奏議十八卷．蒙廷綸文集六卷．阮志注未見．

與趙瀔陽太史

門下以金馬詞臣．持憲嶺表．金相玉度．霜肅春溫．吏治咸飭．百度維貞．士民歡聲．洽於遠邇．某也與沐帲幪之賜．喜甯有既耶．伏念敝省山川之氣．不盡鍾于人才．顧多產異物．爲地方重累．而南海西北．有貪泉焉．名甚不典．偶閱吳匏庵公所爲廉石記．慨然有感．竊謂風有位者．有微權焉．示之以廉．猶懼其貪．名之以貪．弊將何極．此勝母之名．曾子所以絕跡也．某不揣．請易其名．更求大雅．以挽夷齊不易之介．孝肅不特之風．或亦澄源之一端也．高明以爲何如．肅啓投上．惟恕狂戇之罪．尤荷．

百戰奇法序

戰有法乎．曰．非規矩不能成器．非律呂不能和聲．曲藝且然．況兩軍對壘．衆命恒於斯．國命恒於斯．無法．何以操縱哉．然法以正行．何取於奇也．曰．勢有常變．事有經權．正主其經以制常．奇主其權以應變．因正爲奇．出奇濟正．而後戰無不利．猶不越規矩之外．而心手相應．至木鳶流馬之神．不越律呂之外．而生變相．或以至魚聽馬仰之感者．謂非法之奇耶．今夫師之行也．必觀天察地．驗物揆人．未有舍此而可言戰者．然審支干．擇旺相．正也．而赤壁之風．蔡州之雪．有可乘焉．天時容無奇乎．度州川．愼營壘．正也．而晉陽之水．滹沱之冰．有可乘焉．地利容無奇乎．穀甲冑．牯馬牛．正也．而入舟之魚．集纛之梟．有可乘焉．物理容無奇乎．知彼己．審强弱．正也．而夷監之椎．盃中之血．有可乘焉．人情容無奇乎．正有恒度．而奇無定衡．有恒度者不可撓．無定衡者不可測．存不可測之妙．以運不可撓之神．古稱善戰者．要不越此．

頃予奉命按飭宣大．正邊方重鎮．驕胡出沒．其爲必戰之地．不待言矣．時當清廟．綱紀振肅．材官武士．爭先效命．較之曩日僨師濫食．不戰自潰．固爲有間．然韜畧弗講．兵機罔識．且有目不知書者．雖有奮揚之志．敢死之心．嘗爲賊誘．中計僨師．往往而是．予深惜之．暇展笥中．得百戰奇法一帙．不著何人所輯．上揚兵書之要法．下實以合法之名將．變生如掣電．妙應如走丸．呼吸間化裁出焉．雖神鬼有莫度者．眞法之奇也．因出授口北道秦杜村子．梓行窮徼．徧示甲胄之士．使有矜式焉．

秦子請予序其首．予曰．兵法盡于奇正兩端．而奇爲要妙．世之所稱奇者．不曰兵行詭道．則曰兵不厭詐而已．君子不取焉．何者．嘗觀仲尼以戰則必克自許．曾不一闡其法．及教子路之行三軍．不與暴虎馮河之勇．而與懼事好謀之人．乃知聖人之奇法．固有本耳．蓋虎有搏法．河有涉法．兵有戰法．惟懼則不敢不法之循．而又爲之謀焉．謀且好焉．好且成焉．奇在其中矣．奚用詭詐哉．方齊人之伐魯・仲尼深爲之懼・然不操戈躍馬・而弱齊存魯・乃在子貢之一遣・此其謀之明證也・奇哉此法・千古一見・曰懼曰謀・非用奇之本乎・凡我秉鉞專閫及有疆埸者・尙沉潛是書・而探本於聖訓・時操戒愼之念・以廣其謀・謀之天時・謀之地利・謀之物理・謀之人情・迎機輒悟・動中肯綮・由是可以奇・則奇固奇也・可以正・則正亦奇也・正中有奇・固奇也・奇中有正・亦奇也・方正列而忽變・奇固奇也・方奇犄而忽變・正亦奇也・皆法之所通也・極之則趙充國之便宜・蕭何之發縱・方叔之壯猷・皆是矣・奚啻百戰・雖千萬戰豈不遊刃有餘哉・夫然後茲刻之行・敵愾有賴・固長城萬里之一助也・若懼心罔存・不素厥謀・是本之則無矣・蹈尾遊梁・自取噬陷・其不爲趙括之徒讀者幾希・予之望豈其然乎・吁・勗哉夫子・吁・夫子勗哉・

鄂國尉遲公廟記

自昔豪傑之生・鍾天地剛大磅礴之氣・豈特揚耀吐精・樹勳業於當時已哉・雖其沒也・而是氣流通於天地間・與日星並明・與陰陽並運・每有感觸・輒形諸夢兆・若桴鼓影響然・嗚呼烈哉・予昔閱唐書・嘗壯尉遲鄂公之爲人・嘆其眞豪傑士・非特將略之雄也・每讀其傳・斂襟起敬久之・而公則朔產也・今歲・予奉命按治宣雲・夏四月・廵歷至朔・一夕夢金甲神・英姿瓌特・乘馬蹀躞・宛若龍狀・金戈翠旗・導從前後・謁余若有所訴者・予覺・大偉異其事・翌日・出見遺祠・翳草莽間・叩其所自・邑尹吳子進曰・是爲鄂國公之祠・褻於兵燹有年矣・予曰・異哉・向夕予夢金甲之神非歟・祠前有金龍池・池水淸漣・流合於桑乾・邑尹復進曰・舊傳池有龍・時化爲馬・一驪一黃・人莫敢御・唯鄂國驍勇絕倫・能跨而制之・予又曰・異哉・予向夢金甲之龍駒非歟・夫鄂國輔唐昌運・其所樹立・固雄偉不常・而臨陣決勝・指揮馳驟・無能當之者・蓋得於馬力居多・然則馬之爲龍昭昭也・乃千有餘載・予夢中歷歷見之・一何奇哉・

於是諸武士跽而言曰・惟我鄂公・生此朔方・靈憑於茲・凡軍旅所向・咸有陰助・吾人藉神威久矣・廟貌不稱・何以振揚士氣乎・於是諸耆民跽而言曰・惟我鄂公・恲懞茲土・民有寧宇・尸祝禱祀・應靡弗豫・患爲之驅・而災爲之禦・吾人蒙庇久矣・祀典不修・何以慰愜人心乎・予曰・韙哉・予與守土者之責也・夫有功於民則祀之・能捍大患則祀之・神實兼焉・盍祀哉・盍祀哉・乃語冀北分守范君曁邑尹吳君謀新之・乃爲正祠三間・矗如也・爲左右廊房六間・耳旁六間・櫛如也・爲二門三間・大門三間・翼如也・圍以堡牆・周六十一丈六尺有奇・曠如也・戢如也・地仍于舊・紀芳躅也・費出于公・杜私擾也・經始于夏孟七日・落成于季秋十日・周綜理也・復買近地一頃・以給守祠之役・圖久遠也・聲以鐘鼓・樹以干旌・俾民耳目有觀聽也・祠宇既成・廟貌攸妥・瓣香瞻拜・宛若夢中見者・於是士氣奮揚・人心孚悅・而范吳二君復言於予曰・鄂公見夢于公・豈惟其祠祀是崇哉・亦將賴公文以垂不朽・予曰・有是哉・顧予安能文之・雖然・公之勛業・載在汗史者・則不可不勒諸貞珉・以告於世・予謹按史・稽首言曰・

嗟嗟鄂國・其眞古豪傑士哉・方其崛起兜鍪中・遭際英

主・乘時奮翥・常先登陷陣・環甲而擒世充・攘臂而平黑闥・搴旗而降建德・奪槊而墜雄信・一時智勇如衛公褒公・皆自謂莫及・則公勳烈・豈不翹然出諸將之上哉・世人皆知公雄勇冠軍・至論公人品・世未必盡知也・

予嘗究公爲人・大類關雲長云・赤虬飄颯・卽美髯絕倫逸羣也・所向披靡・羣雄膽落・卽羽威振敵國也・躍馬突陣而脫秦王・其視解圍古城者無愧也・擒王琬萬人中・叢刺莫傷・其視馳斬顏良者何恧也・羽于玄德・投以肝膽・公事太宗・攄以赤心・尋柏之誘不去・建元之賄不入・其精忠大節・相符契也・羽乘赤兔・公得驪駒・類皆龍種・蓋天所以默賚以弼成奇絕之績者・又相脗合也・雖羽不幸死國事・公幸而興唐・其大都實等埒焉・然此特論公人品耳・至其心術之微・世又未必盡知也・是故席次憤毆・人謂公爲非禮・不知公忠義不容奸邪・乃其天性・覩誤國之許敬宗・懷奸之徐世勣・不啻犬豕・肯甘與爲伍哉・富不易妻・人謂公守己介特・不知公欲因是悟主・使當時知此義・則才人不選・貞觀無養虎之忩・昭儀不立・永徽無牝雞之惡・又安致顯慶以後紛紛哉・

噫・此公處心積慮之微・世莫能知者・予敍公勳業・因白其心如此・使後之爲將者・知先立根本・毋徒恃勇略爲也・嗚呼・方今邊陲多警・安得如公者坐鎭帥閫・叱咤風雲・使醜虜不敢南牧・以抒當宁西顧之憂哉・予聞朔俗慓忮・好氣慷慨・磊落士多生其地・庸知不有繼公而出者哉・文信國曰・歿不俎豆其間者・非夫也・今廟貌赫奕・人心敬仰・又庸知不有興起奮厲・思接武俎豆者哉・予願公靈當默佑於斯也・

郭棐 字篤周・南海人・嘉靖壬戌進士・初授戶部主事・改禮部・遇事侃侃・嘗疏陳十事・如設史局・錄于謙後・進薛瑄陳獻章從祀孔廟・皆見采納・出知夔州府・晉擢臬・入爲光祿寺卿・致仕・棐少師湛若水・著有粵大記・嶺海名勝志・西陽正俎・阮志並注存・又明史志有所著四川通志三十六卷・右江大志十二卷・賓州志四冊・皆未見・其自著之夢菊集・正心堂摘稿・亦未見・

與劉晉川方伯書

昨席中承下問・不佞柬面書端字之義・謂或者欵爲避張太岳諱也・嗟夫・人心一而已矣・何謂有二・民生子三事之如一・則自君與師之名當諱・而祖與父之名亦在所諱・此外・義不得諱者・誰得而諱之・蓋不佞先祖諱正先・大夫於柬面嘗書端字・以避親諱也・不佞遵父遺訓而書端字・以避祖諱也・爲人子若孫・不忍呼其父與祖之名・詎非同然之良哉・而謟諛權貴之門・又非大不美之行哉・事不協情・而顧蹈之・可鄙孰甚也・某自結髮爲儒・遽濫鄉薦・無一柬一札不書端面者・同鄉同朋可質也・自壬戌叨第入仕・交遊海內・無一柬一札不書端面者・同年同官可問也・今太岳物故十餘年・凡自某所出柬札・又無一不書端面者・同時同志又可詰而知也・先大夫之書端字・在太岳未生數十年之前・不佞之書端字・又在太岳既死十數年之後・豈以其死・猶尚諱耶・此不爲太岳明甚・

不佞生平意見・最與太岳相左・丁丑理楚屯鹺時・太岳

曾以瞿某事囑轉辯復・不佞曰・縣官業已罷斥・舉人决難復留・太岳心嘿銜之・履任後・同官有勸往謁謝其家・不佞執不往・已而轉蜀督學・有勸候別張封君者・不佞直應曰・拜官公庭・求通私室・大非人臣之義・某何冒昧赴之・卒過其地・不投一刺・太岳又愕然心銜矣・及視蜀學・於太岳所行新法・一不肯徇・是以不沙汰生員・不裁抑正貢・不拆毀書院・不變賣學田・此四事・蜀中士夫人人能言・後試保寧・諸生以叱馭回輪爲問・大意謂入不能孝親・出則何以能忠於君・又刻程表・不佞自序・大意謂表學當祖孔明出師・可爲忠訓・李密陳情・可爲孝訓・是時不過任眞措詞・非有意觸太岳・而自招罪咎沽虛名也・不謂某廵撫遂密揭於太岳・逾年而策勵之命下矣・然則謂果徇太岳意乎・否也・當丁丑時・荆州之墟・張氏之門如市也・不佞曾有一箇及焉否也・人瑞之錄・榮壽之篇・獻諛希進者・紛紛綸綸・不佞曾有一字入焉否也・新法盛行之日・諸君子唯唯諾諾・奉行恐後・不佞曾有一事行焉否也・

夫持正柁以馭飄風・屹砥柱而障狂瀾・自信稍有微力・今風浪平定矣・彼隨波逐流者・不諒其避祖諱之實・妄加以避宰相之名・此於不佞中心・一無點缺・獨造言者・則殊譎耳・嗟嗟・一時名・無避也・千百年之論・不可廢也・一身榮・可苟也・千百年之心・耿耿不可磨也・一人詆・可肆也・千萬人之是是非非・不可掩也・不佞所恃・達之昭昭者・亦可質之冥冥・何復敢置辯也・非門下愛不佞深・則不得聞此言・既聞之・則不容不竟其說・語端字之書・將終不佞之子若孫・世世效之如式・守之勿失・亦惟門下諒之而已・

答岑小谷黃門書

昨閱鴻奏・眞可謂朝拜官・夕抗章・敢言之氣・赫赫動朝端矣・何幸何幸・抑愚竊有獻・夫諫官係天下之望者也・則所言天下之事・所任天下之責・今聖天子總攬乾綱・大奸詎脫・一二年來・海內蒸蒸・慶淸世矣・然有大可憂可愕者伏其中・豪傑所爲握腕慨歎者・在執事宜無不知也・是故庶政雖淸明・而官官日盛・四夷雖賓貢・而邊防日疎・宗室蕃矣・而祿食日薄・民力竭矣・而國用日奢・以至大臣日諛・小臣日靡・貪官日滋・四方盜賊日發・此於世道何如也・執事如不以天下爲己責則已・或慨然有憂天下之心・亟宜欵列數端利害・上達闕廷・曰・官官日盛何以汰・邊防日疎何以緝・宗藩日困何以調・民力日凋何以恤・諛者期正・靡者期振・貪饕使淸・盜源使塞・凡此可明目張膽・吐露於聖天子之前・若曰・吾但劾一二不職・聊塞責已耳・庸詎知其他・則何以荷天下之重・稱天下之望・而副簡用意哉・僕與執事・同筆研於衡茅・相期意氣甚重也・僕官郎署・言蹈越俎・鬱鬱于于徒緘結・概時事之愈波耳・知己如執事・亦爲予樂乎否也・每思進不得行道・則當退以明志・卽圖請假・歸奉祀母・間或理殘編緒論・印正大方・庶不碌碌與草木同泯滅爾・若執事所遇・與僕迥別也・職可言・道可行・而時又不可失也・願大加努力・毋負夙昔相期・世道乃終有賴焉・

朴楫二弟字說

族弟朴楫・皆負慧質・而志于學・一日謁余問字・余字朴曰・維玉・楫曰維桂・而語之曰・朴來・汝知玉之義乎・夫朴古樸字・一作璞・昔鄭人謂玉未理者爲朴・周人謂鼠未腊者爲朴・周人懷朴遇鄭賈出示之・則鼠也・因謝不敏・是故君子貴玉而賤鼠也・朴也・其尙精乃思・淬乃力・其溫潤而澤乎・其縝密以栗乎・其瑕不揜瑜・瑜不揜瑕乎・其自珍於玉而毋斲于璞乎・不則爲鄭賈所謝者無幾矣・楫來・汝知桂之義乎・昔先王刳木爲舟・剡木爲楫・以濟不通・古樂府曰・沙棠作舟桂爲楫・夫楫必桂者・掄厥材也・維桂之堅・利涉大川・苟以樗櫟・蔑有濟矣・是故君子貴桂而賤樗也・楫也・其直爾體・鋭爾志・其礱德以自守乎・其時濟以利用乎・其風其波搖抗・而罄誓中流乎・其思以桂自勗乎・不則去樗櫟無幾矣・二子懋哉・或曰・二者古有並稱乎・曰・有之・蘇季子曰・楚國食貴於玉・薪貴於桂・晉郤銑曰・桂林一枝・崑山片玉・二者並貴・古記之矣・二子其競美哉・

抒衷疏草序

葢聞人臣有經世之書・言以黼黻治道・敷陳民瘼者・必發抒淵衷・而根柢正學・非徒繡鞶帨也・今直指方麓李公・代廵吾粵・德威茂著・嶺嶠敉甯・所陳悉經綸石畫・所建竪多駿偉焉・粵自有直指廵方來・鮮與並駕齊驅者・廣州司理陳公某・獲公台中洛中廵曹廵粵諸疏・彙畀剞劂・委不佞弁之・而南海令王君某・番禺令穆君某・咸造余請・顧某渥霑鴻化・言奚辭・葢嘗遡觀唐虞三代盛時・人臣攄忠・必資於言・故虞治・則臯陶陳謨・熙禹績・則益稷失訓・翊商運・則有說命・衍周歷・則有周公梓材無逸・諸篇言・未有不由衷・亦未有不根于學者也・公以抒衷名疏・意可繹已・當其在台也・言時事萬分可虞・宜乞勵精圖理・以正國本・言寧夏賊平・督臣功過相準・懇賜矜容・以廣皇仁・言平播善後十事・以周萬年計畫・皆經時之讜論也・其按洛也・言中原亂離・請大破常格・以救倒懸・言比例兌換額・解錢粮以抒驛困・言疲敝未蘇・復罹水災・請蠲恤以安地方・皆籌世之宏猷也・其廵漕也・言漕儲關係最重・總理不可無人・請速推補・以專責成・言振刷漕事・條行數欵・以一漕務・皆救時之急畫也・茲持節粵東・首請裁稅額・幷議調節採珠開礦事宜・以寬黎庶・所減者數千金・所活者已數萬命・條約二十八欵・事事切于民艱・言言灼於時弊・此又濟世之深仁也・至進賢汰否・剔奸惠良・著之剡牘者・班班璘璘・皆公由衷所披露矣・昔賢於賈誼治安策・稱曰通達國體・於陸贄奏議・稱曰疏附宏才・公又何愧古名碩哉・公葢得諸問學・而益醇焉者・其鄉有淮海孫先生・以主靜爲學・有同野李先生・以體仁爲學・公崛起其間・與聞奧旨・故措之治・精明惇大・咸自心學中流出・尤特疏請淮海之謚・而於粵志・表同野於理學・公所造可知已・不佞未能究淵微・祇聊述梗概・俾觀斯草者・有以見公衷赤・而幷知公學問之正云・

廣東通志序

粵有紀載・其來遠矣・高固相楚・鐸椒發其微・嗣是王

範有交廣春秋．楊方著吳越春秋．或輯十三州記．或編瓊海方輿．各成一家言．然猶未全也．皇明道化淪洽．裨乘粗備．戴直指璟．創爲初藁．屈有體裁．黃宮詹佐．始成全書．備極藻績．第自絕筆以來．迄今又四十禩．凡吏治之因革．學校之創修．城郭官署之建置．以及職官選舉．名宦人物．所改而縣．縣而州．皆時政之大者．是不可以無紀也．

制府陳公大科．直指馬公文卿．爰議重修．左轄游公應乾．右轄明公心得．僉謀允符．肅幣詣不佞棐．偕王祿勳學曾．袁藩參昌祚總其事．以選貢林生挺．文學黃生作霖．霍生尙守．盧生廷龍．朱生完．劉生克治．張生鴻．黎生遠昌．各司分校．未幾．馬公代去．游胡二方伯並以擢行．而制府戴公耀．直指顧公龍徵繼至．則偕左轄王公泮．右轄王公任．憲使王公民順．胡公桂芳．大參李公同芳．憲訓章公邦翰．余公夢鯉．李公開芳．陳公鳴華．少參周公應治．劉公一瀾．胥議以己亥九月某日開局．咸各矢公．綜覈志務．辛丑春．直指李公時華．攬轡遙臨．覗志益虔．催竣惟亟．憲副袁公茂英．朱公燮元．相繼至咨詢參閱．而直指尤加精研．別傳理學．羽翼斯文．若梃．若作霖．若尙守．若遠昌．特留編校．越八月．事竣．制府戴公．直指李公．左轄陳公．督學袁公．各有弁言．陸離炳蔚．足垂不朽已．

顧不佞棐．謬總茲役．當序厥由．葢志者志也．尼父曰．吾文在春秋．夫春秋．魯史也．仲尼二百四十年．行之權．筆削之．列而爲經．褒善貶惡．以尊周室．仲尼之志見矣．茲粵志．何志哉．亦惟尊王朝．崇省會．聯都邑而已．故志緣乎治．而因乎勢者也．以近事論．張官置吏．以爲民也．如析置羅定州新安普寧等九邑．各設守令撫綏之．是子惠之澤也．崇墉新築．以鞏海邦．外寇突來．可恃無恐．是保障之衞也．琶州建塔．以樹捍門．衆水所趨．一方攸奠．是華表之勝也．郡學鼎修．規模宏廓．直闢前門．以暢靈氣．是文明之會也．飭條鞭．蠲夫甲．禁加耗．杜接濟．抒忠瀝悃．則救世之仁也．察二廣之蠹弊．定七欵之規則．以寬商而利國．則濟時之畫也．此勢力所得爲者．志備載也．至時勢齟齬．力不能爲．君子寧無慨乎．昔士行運甓於舍．投博塞於江．士心惕然．知向於正．今則法禁勢諭而不能正其趨．是風俗不如昔也．伯和居衡．杜跡公門．人不一覩其面．曰．神龍以不見爲德．今則望門投刺．諂笑締交．是士氣不如昔也．哨船募兵．以防海也．今則船圮朽不足以衝犂．兵老羸不足以戰守．器械苦窳．不足以擊刺．是兵之蠹也．供餉歲有定額．而驟加賦二十萬．民何以堪．直指抗疏．未奉俞旨．是餉之蠹也．黠夷據我海澳．遠裔復滋交訌．伊川辛有之嘆．得不動君子深長之思乎．湞鬱諸水．合流西南．遠赴朝宗．自昔然也．今則沙壅水蘊．形勢久悖．得不廑君子經營之慮乎．此皆勢力所不得爲者．志之所深念也．

或曰．志猶藏府．而宦績獻徵尤重焉．管子曰．十年之計樹木．百年之計樹人．一樹十穫者木也．一樹百穫者人也．粵之宦賢樹植．葢有自矣．測景疆理而下．酌泉．惜陰．停碑．却硯．非皆百世之儁耶．李忠簡常言．曲江之張．日南之姜．晚得劉瞻于湟．訖炎方之多賢也．繼若增城之湛獻文簡．瓊山之文莊忠介．新會之白沙．順德之文康．

南海之文敏文襄・德業焜煌・詎不爲斯志重・余得而尙論焉・

是役也・右轄蔡公應科・憲使林公如楚・大參盛公萬年・任公可容・朱公東光・憲副程公有守・各虔志事・遹觀厥成・廣郡前守方君遂・今守沈君鳴雷・節推陳君三槐・又悉殫精課督・前南海令黃君琰・今令王君循學・前番禺令蔣君之秀・今令穆君天顏・則先後襄成鉅典者也・至若韶郡守王君以通・惠郡守何君偉・肇郡守陳君濂・德慶州守沈君有嚴・前南海令吳君夢相・香山令張君大猷・順德令倪君尙忠・東莞令稷君汝新・四會令周君思稷・淸遠令劉君幼學・新甯令熊君文華・連山令林君裕陽・揭報惟勤・皆與有勞・例得備書云・

四川通志序

萬歷七禩・歲在己卯・帝德淪浹・蜀宇敉甯・時維中丞黃岡王公・御史義烏虞公・協心抒猷・下奠黎庶・既標鴻業・爰考稗乘・顧念蜀居坤維・號稱天府・自神禹造夏・吉甫輔周・勳烈邁夷・流風斯邈・典謨方貢・書述纂詳・江漢蒸民・聲施溢著・蜀之文獻・所從來遡矣・秦資其富・兼幷七雄・漢借其力・奄有四海・于是司馬相如・楊子雲・王子淵・任文公・各述所聞・用存故典・及陳承祚別紀耆舊・至嘗道將備志華陽・下逮趙閱道之集古今・張唐英之編檮杌・唐求之輯圖經・李文子之撰蜀鑑・咸極蒐羅・足垂規勸・逮我昭代・運際嘉隆・道化丕宏・倫物宣朗・時有玉壘王氏・升菴楊氏・芳洲楊氏・並摛鳳藻・各擅麟書・聘厥菁華・咸臻元妙・然才高而綜核或疎・歲久而漫漶滋甚・矧茲相曠・四十餘年・政治因革・時事代謝・儻缺弗書・後將何考・乃檄叙州府同知魏樸如・成都府推官游朴・文學董良遂・彭師古・楊秉鉞等修之・徵諸郡邑長吏・各覈故實以上・而成都知府張大器・成都知縣印一中・華陽知縣唐棟・稽藉供饌・聿勤夙夜・凡五閱月・編次稍成則覈・今布政使劉公庠李公江曰・茲惟習蜀敷猷・宜統厥任・申檄提學副使某曰・廣勵學官・修明掌故・茲其大者・惟爾總校之・以終厥成・某承檄惴惴・唯弗稱是懼・秋杪・大比事竣・始克授簡・則作而嘆曰・奕奕蜀都・煌煌獻籍・聖賢神明之淵宅也・金纏玉壘之隩區也・緬厥省乘・實鉅且重・何容易哉・乃固扃窮晷・殫精研思・刪譌訂訛・芟繁補闕・又缺五□・始告成事・時則虞公政竣入朝・以今御史福淸薛公代・至銳精志務・益毖且篤・庚辰首春・以完帙上・兩台報可・軫茲鉅典・爰戒梓人・式昭往烋・用闡來鏡・謹次第序之・序曰・

軒轅畫州・神禹底績・周秦綿邈・寓縣分析・峨峨蜀都・民萌允殖・皇哉堂哉・天府之域・述沿革第一・

緊古炎帝・申命正黎・三辰肇序・七政翕齊・熒煌鶉首・實次蜀西・察政授時・畲茲坤維・述分野第二・

巖嶪巴土・蜿蜒龍蟠・西崢岷嶠・東阻夔門・峽關胥倚・劍閣雲盤・是稱金城・德守孔安・述形勢第三・

蜀城峩峩・蔚若鳳翺・祥徵龜出・義愼虎牢・諸郡連綿・百雉崇高・永言保障・長屹江皐・述城郭第四・

惟蜀自昔・生齒滋繁・周從牧誓・漢驅項頑・際茲宣朗・宜郵艱難・何以蕃之・國脉攸關・述戸口第五・

蜀稱沃壤．粒我蒸民．厥田維上．厥賦維均．義卻繭絲．以阜閭閻．是在司牧．毋貳乃心．述田賦第六．

赫赫禹功．石紐發祥．桓桓昭烈．漢祚再昌．倬彼正統．勳績維揚．帝騤王馳．振茲要荒．述國紀第七．

岷峨錯峙．屏翰丕隆．獻王肇跡．詩禮是崇．毖茲侯度．恪爾孝忠．匹休三代．帶礪穹窿．述藩封第八．

世化代遷．忠文迭創．蜀次井參．風多質戇．俗仍朴野．士則倜儻．斲雕挽浮．職在磋磢．述風俗第九．

岷嶓矗矗．江漢洋洋．水存廉讓．山辨陰陽．靈氣翕發．雲靄高驤．屈茲西南．繡錯虬翔．述山水第十．

山澤蘊崇．土毛是出．維古職方．獻彼珍錯．蜀壤所宜．桑麻孔獲．節以阜民．君子攸度．述物產第十一．

設官分職．維國之程．法嚴位署．義慎經營．蠡則修飭．壯則儀型．君子居之．攸芋攸寧．述公署第十二．

漢代尊經．文翁化蜀．比齊埒魯．仁摩義育．士際昭明．率循軌轂．棫樸菁莪．彬彬郁郁．述學校第十三．

賢轍攸經．爰有創立．以時觀省．亦節勞佚．錦官峨峨．籌邊屹屹．夙範如存．來驂可匹．述宮室第十四．

易嚴禦暴．詩美爲梁．民無病涉．江有隄防．鄭輿非惠．張銘有光．時戒慎守．終焉允藏．述關梁第十五．

靈爽在天．怳如必燭．祀事維虔．明禋嗣續．億萬斯年．彝典攸屬．孔惠孔時．靡淫靡瀆．述祠廟第十六．

帝胄經營．惠陵歸若．禁採崇封．政之莞鑰．羣哲斯藏．九原可作．以時修之．勿滋蓁落．述陵墓第十七．

勝區雄域．標傳自昔．陵谷時遷．桑田代易．以茲有盡．視彼無斁．因名紀思．彪流罔極．述古蹟第十八．

維皇經國．設官分職．位別崇卑．義均休戚．曷以擾民．惟仁是極．鑒戒在茲．毖哉羣辟．述職官第十九．

業業莞樞．堂堂圭組．奠樹勳庸．丕彰矩矱．代有循良．踵方嗣武．煒煒鴻名．式茲西土．述名宦第二十．

緬遡蜀川．遙馳簦笈．峨山錦水．世多賢蹟．鴻以遠弋．鳳或栖棘．流風餘韻．江山增色．述留寓第二十一．

賢科拔儁．制肇隋唐．逮我皇明．蔚然炳烺．龍乘風雲．驥騁康莊．得士之盛．前葉罕方．述科第第二十二．

岷峨呈秀．江沱耀靈．虎嘯風烈．龍見雲蒸．濟濟鉅公．卓卓名卿．流鴻樹茂．王國之楨．述人物第二十三．

周美白駒．莊寶靈龜．秉我明哲．養茲天倪．白雲蒼茫．紫芝葳蕤．永矢弗諼．榮名兩遺．述隱逸第二十四．

百行之原．萬事之紀．厥維孝義．君子所履．抗表湧泉．漆身沒齒．順變雖殊．齊驅並美．述孝義第二十五．

關睢侈詠．汝漢覃風．孀操接袂．坤輿所鍾．懷瑾茹荼．持以令終．懿茲貞媛．世遠名崇．述列女第二十六．

眉峰雲台．鬱鬱仙都．奇傳寰宇．若有若無．三乘法遜．萬劫輪徂．子不語怪．胡世競趨．述仙釋第二十七．

國任師帥．維以安民．匪抒經畫．曷助陶甄．蜀山險塞．奸宄凌憑．懷柔廓清．實藉鴻勳．述經畧第二十八．

萑苻之潛．鯨鯢爲梗．祥祲之生．蒼穹垂警．曲瑣纖微．亦關時政．蒐羅靡遺．鑒觀乃竟．述雜記第二十九．

元黃融結．沱濬毓靈．咸擒白鳳．爰壯元精．源開四子．派衍羣英．豈伊蜀珍．允爲國程．述文苑第三十終焉．

總之省志有目十・郡志目二十有二・經略志目二十有一・雜記目五・文目二十有五・詩目十有四・爲卷三十有六・體則不更乎舊・事變兼紀乎今・顧鼯技易窮・豹斑未廣・尙冀海內名賢・廓所不逮云爾・

粵大記自序

謹按昔雲陽氏肇都沙邱・迨軒轅分野・厥維荆揚・吾廣介焉・是爲揚粵・古有九邱志・河內司馬彪有九州志・然皆略於嶺服・高固相楚・始傳鐸氏徵・蓋鐸椒作也・漢楊孚撰南裔志・晉王範著交廣春秋・而粵之聲名文物・彬彬緗素・後禩有考焉・唐宋以來・紀載多缺・自曲江・武溪・菊坡文溪數公外・史佚其傳・迄我皇明・德化醇洽・肆於嘉隆・文治宣昭・於是泰泉黃氏者出・鏗鏘炳蔚・大豔厥詞・極意搜羅・爰成通志・探古懸其藻鑑・摛辭綴其菁華・洵宏博之鴻裁・而稗乘之駿藝也・然浩迢等伏節不書・非所以勸忠也・漢晉間年號有誤・非所以紀實也・邱陳湛霍諸傳・多含貶詞・非所以傳信也・盧循么麽小醜・而列於刺史題名中・非所以懼亂臣賊子也・諸如此類・不一而足・昔賢云・史者萬世是非之權衡也・志者郡國是非之權衡也・其所是者・必天下之公是・而不敢誑以爲是・其所非者・必天下之公非・而不敢誣以爲非・有似是而非者・則亦不得梔蠟而飾以爲是也・有似非而是者・則亦不得羅織而詆以爲非也・昔司馬遷稱良史・論者猶譏其是非頗謬於聖人・況未望遷眉睫者乎・是故必公是非・不虛不隱・而後可以無愧於月旦之評也・予家粵・自先大夫・素有志於百粵典故・爰於命棐・棐向來浮游齊楚蜀燹間・未展初心・頃得乞休南還・訂盟泉石・思以酬先大夫未了之志・乃取黃戴二氏通志參訂之・旁蒐瓊台・白沙・甘泉・渭厓・西樵・東所・青蘿・白山諸集・凡數十百家・標其所可書・補其所未備・各類分爲三十二卷・幸際制府如岡陳公・耀德宣威・經文緯武・直指望海劉公・敷治綏猷・肅綱振紀・而藩臬暨郡邑諸大夫・咸銳意拊綏・殫精安攘・士民賴有甯宇・棐得樂田里・操鉛槧・勒成茲編・孰非諸名公賜哉・謹綴次自爲小序・序曰・

粵山標英・粵海鍾靈・秦漢郡縣・爰有釋名・作紀勝釋名第一・

周闢佗臣・定粵誅循・蚩蚩僭叛・桓桓崑崙・作事紀上第二・

皇旅轟轟・平粵獻琛・靖彼山箐・掃茲海氛・作事紀下第三・

制科羅儁・維張及李・龍頭之會・光流珠水・作唐宋科目第四・

昭代多才・鼎甲魁壘・寄言後彥・力媲前輝・作皇明甲榜第五・

明明聖學・端有源流・在崇正派・勿侈旁求・作聖學淵源第六・

爲臣盡忠・斯乃正鵠・烈烈羣公・貞聲鏗鍧・作忠貞正氣第七・

天步艱難・職在幹蠱・美哉鴻畧・百世可覩・作勛勤駿績第八・

國有重臣・專閫授鉞・開誠布公・勳乃巇嵲・作綏撫鴻

勳第九．
波流㢮靡．誰回其瀾．懿茲清風．千古所難．作清白流
風第十．
牧民之職．重在循良．漢唐及宋．賢聲鏘鏘．作循良芳
躅傳第十一．
皇明御吏．訓嚴六條．朱絲五紽．實式百僚．作循良芳
躅傳下第十二．
煥乎文章．煒茲黻黼．爰以明道．亦資稽古．作詞客珠
華第十三．
粵嶺以南．鬱有太傅．倡明正學．以覺吾徒．作理學正
傳第十四．
臣之大閑．矢忠秉節．赫赫海濱．明明義烈．作精忠大
節第十五．
太微台象．維帝之輔．猗茲元老．有光伊傅．作相桓勳
業第十六．
八座焜煌．兩台巇嶫．美厥鴻猷．偉茲駿業．作部院風
猷第十七．
峨峨藩伯．侃侃臬司．旬宣彈壓．厥職攸宜．作藩監宣
勞第十八．
清乃臣綱．直爲國紀．皎皎素絲．光于青史．作清直高
踪第十九．
郡邑長吏．義在愛民．詩稱豈弟．傳美慈仁．作循良懋
績第二十．
百順以事．一介不易．是曰孝廉．爲世之則．作孝廉懿
德第二十一．
篤行修身．正義忘利．前芳未遠．後美須繼．作行誼芳
標第二十二．
學以用世．要惟經濟．潛而不躍．道則可貴．作文學經
綸第二十三．
吉人之詞．無取繁縟．根沃膏華．鞶帨徒繡．作詞華黼
藻第二十四．
考槃之貞．儉德之珍．獨善其身．以倡後昆．作巖泉隱
德第二十五．
滄海溟濛．鯨鯢沸空．廓而清之．賴茲駿功．作嶺海武
功第二十六．
武曲縣象．誰能去兵．遹嚴法則．庶壯經營．作兵職軍
制第二十七．
廵司綦列．營堡星攢．海澨山陬．防禦須嚴．作弓兵營
堡第二十八．
瀕海之利．要在節宣．珠池之守．先以清廉．作水利第
二十九．
富國大經．屯種是急．湟中可墾．渭濱可則．作屯田第
三十．
鬻海興利．維茲炎方．毋令官滷．侵於私航．作鹽法第
三十一．
溟海茫茫．鯨笑皇皇．蠢俾小醜．窺茲大荒．畫而守
之．庶固苞桑．作海防第三十二終焉．
其事斷自萬歷丙申以前．其未悉者．伺釆而續入之．但
顧猥劣中多疎遺．徒勤蠹編．未窺豹管．仰冀大方．斲而正
之云爾．

右江大志序

郭棐

蓋邃古有丘索編．爲史家鼻祖．自後若周竹書．楚檮杌．蜀華陽志．則志郡國者宗焉．迨晉王範作交廣春秋．言百粵典故甚析．考古者韙之．紀載胡可略也．右江舊無志．綜治遡繇．靡所考鏡．不佞某．以甲申春奉璽書備兵其地．視政之暇．訪諸耆舊．旁加蒐輯．時維制府連江吳公．緯武經文．撫台龍溪吳公．宣猷宏化．代巡麗江黃公．肅憲貞度．百蠻喁喁嚮風．廼府江弗憓．爰整六師平之．順掃象落昏翳．某奉檄監調．日馳甲楯劍戟間．未敢輟鉛槧．自秋徂春．武事告竣．越夏而賓志成．先是慶遠守王君文炳．撰慶志．象郡人御史呂景蒙．輯柳志．某又總括其大且要者．爲右江大志．凡十有二卷．首輿圖．以控御阨塞．必先形勢也．次沿革．以歷代創置．鱗次臚析．有因有變．不可無紀也．官備任使．惟其賢．用蓄民生．故述秩官．官師蟬聯．爲時型範．出政宏化．以端世風．故述名宦．宦績攸章．庠序攸設．俊乂登庸．故述選舉．舉維俊髦．則華藻可觀．德業可法．故述獻徵．文德克修．武功奮揚．擊柝禦寇．先備無恐．故次以兵防．經營四方．疆理南海．厥功維烈．故次以經畧．有言入告．以仰輸藎猷．俯固屏翰．故次以奏議．言之有章．行之斯遠．實爲國華．故終以藝文．志之大端．於斯爲具．其顯而該者．諒可信而傳．其隱而約者．咸可惕而守者也．

或謂子言兵事．何縷縷乎．曰．予兵官也．言敢越俎哉．柳先民謂．西土十年不征．地將無民．斯詳於兵．固切膚之談．非類杞之憂也．然則志學校．闕財賦．何居．曰．周武建辟雍．四方服．魯僖作泮宮．淮夷懾．此關武事非尠．且先保障．後繭絲．尹鐸嘗談之．而各軍糈具兵防中．庸可闕哉．

緬維聖天子恢中興之烈．肅清甌駱．三院奉之．日兢兢然闡經綸之畧．講安攘之謨．炳若奎璧．信如金石．某率循之．冀毋曠闕官．玆志之有成緒也．孰非名喆已行之成法哉．夫成者法也．神而明之心也．昔九方皐相馬．神存於馬．無遺良者．傳諸其後．一失爲駑．再失爲蹎駑．猶類也．蹎益遠矣．是知悟之難也．彼但泥於驪黃牝牡之內．而豈知超於鈎繩規矩之外乎哉．是故法莫備於志．神於悟．謹序．

重刻三蘇文集序

昔叔孫豹稱三不朽．言詎不韙哉．夫範世立極之謂德．輔世安民之謂功．經世傳遠之謂言．三者巘與霄漢並峙．功德雖隆重乎．然予觀二帝勛華．匪典謨曷述．三王德業．匪訓誥奚彰．則言立功德所托不朽於世者．言何容易哉．世傳禹生石鈕．其功德萬世永賴．言著於經．則稱言者莫盛於蜀．漢興．相如．褒．雄．爭鳴一時．作者斂避．則談賦頌者．亦莫盛於蜀．彼其翺翔藝苑．揚詡詞林．美則美矣．然說鈴鞶繡．君子或誚焉．言何容易哉．晉唐以來．蜀才益尠．求如相如輩．不可多得．矧知穆叔所稱不朽者乎．宋治昌明．眉山孕秀．明允父子應運而出．世稱三蘇先生．其言根極于經．其藻取裁於史．汪洋浩瀚．奇怪雄崛．各成一家言．予

嘗論之・

雄壯俊偉・輝光潔白・指事而必揆本・引物而必搜原・辨奸一論・舉世駭愕而不敢言・彼獨毅然吐露・此則明允氏之爲言也・

入自檀弓・悟由漆叟・雄追左馬・博掇卿雲・其應制等篇・非商彝周鼎耶・其立朝諸疏・非忠肝義膽耶・跡竄炎徼・氣淩秋旻・飽餐惠飯・醉和陶詩・萬世下猶想見風軌焉・此則子瞻氏之爲言也・

至奇而不詭・淡而不厭・從容而有典則・抗疏則剴而不激・敍論則確而不浮・其巧勁遜父・而淸爽絕倫・其雄放遜兄・而雅淡可則・其秀麗不羣・有出於言意之表・此則子由氏之爲言也・

嗟乎・歷漢宋上下二千餘載・三先生翶翔其間・冀一代之文明・振垂世之盛烈・而陋唐劉柳諸子於下風・豈徒以詞藻哉・識者謂有辨奸獨特之識・則必不爲狗監干進之事・有浮海不挫之節・則必不爲金馬碧雞之行・有諫張燈論新法之疏・則必不貽美新投閣之悔・此三先生偉節高誼・足以維世・固宜言之傳而久也・

嘉靖初・學憲霽川宋君・刻集眉州・歲久漫漶・豕亥是虞・萬歷戊寅春・予承乏文衡・校士暇日・稍補缺畧・併述三先生之概・庶幾觀斯集者・知所重云・

酉陽正俎自序

唐段氏成式柯古・嘗寓辰沅・著書三十篇・其言多四方剿說・而繫以酉陽・其事皆奇怪嵬瑣・而名曰雜俎・夫雜非正也・味雜則非正味・言雜則非正言・言不可不正・而俎可雜也歟哉・予戊子歲・來分司湖北・得其書讀焉・博物炫奇・足資談塵・亦語林所膾炙者・惟謂之雜・其於道葢無當云・夫古昔聖賢於經・非正言弗摭也・於俎・非正味弗登也・是故駝峰熊掌・可以養口・而不可以養生・豹胎麟晶・可以養生・而不可養性・深乎味者・斯達乎言矣・予因是有考焉・披菁華於囊帙・纘葩藻於元林・述往古之傳聞・補郡乘之闕畧・彙次之・爲十篇・平易而非怪也・核實而非瑣也・言正而經・不雜也・此非臆說也・因翻柯古之意・而以正俎名焉・

葢聞之・仲尼曰・人莫不飮食也・鮮能知味也・又聞之・孟子輿氏曰・義理之悅我心・猶芻豢之悅我口・明於仲尼之知・達於孟氏之悅・則知藜羹不糝・傳食非泰・夫孰不由於正也・言正民興・斯無邪慝・然則知正味者・非直達於言・且通於治矣・又孰謂俎而可雜也歟哉・因翻柯古之意・以正俎名篇・付之剞劂・與同志者覽而考焉・庶幾可以挽雜而歸正也・

贈胡肖元任象州司訓序

予聞之・涑水氏曰・朝廷有敎化・則士人有廉恥・士人有廉恥・則天下有風俗・嗟嗟・名言哉・然爲朝廷司敎於天下・則莫若師儒重矣・是故自古綦隆之治・必擇經明行修之士以爲官師・而所以敎之之法・又纖悉具備・其服御則有縞收端哻韠紳綦幅爲之飾・其蹈舞則有珩璜琚瑀齊夏鸞和爲之節・其器數則有籩豆簠簋鐘鼓磬鐸爲之文・其講肄則有典謨

雅誦射御書數爲之業．而又有春夏秋冬之學．以調攝其身心．有旦晝向晦之養．以涵濡其德性．以故其所造．則通乎君臣父子夫婦長幼朋友之倫．而不牿于口耳之粗．其所能．則適乎天下國家民生日用之實．而不襲夫矯飾之僞．其學之成．則足以明體而適用．其敎之五．則足以化民而成俗．流風餘韻．雖歷數千百年．人猶鰓鰓起慕．而況親炙不薰而善良者哉．

三代而下．斯道澗畧．我國家稽式古典．國都郡邑．莫不有學．而服御之飾．舞蹈之節．器數之文．講肄之業．與夫時日之訓．又蔚然大備．爲之師者．習矩矱．端模範．日委蛇於其中．職雖有長貳．而其責任則一．地雖有中外．而其握敎化之柄則均．宏正以前．彬彬有古風矣．邇來法紀弛而學訓漸湮．經術漓而士習日壞．剽竊多而實學蕩然澌泯．其高者虛談性命．汗漫誇詡．而不諧於世用．其卑者[illegible]婀脂韋．乞墦登壠．而不概於名檢．大都士人．重廉耻者少矣．風俗何觀焉．雖然．流水按絃．則知音者倚柱而和．穿楊擅巧．則射者思援矢焉．何則．重所倡也．今欲興古學．敦古敎．亦顧師儒者倡之何如耳．肖元胡公．績學茂修．遊庠序者三十年．鏘然有聲．以貢試于春官．居京邸者二年．遊於巨公貴人之間．皭然弗染．銓部拜公爲象司訓．求當今士之經明行修．孰有踰公者．持是爲師．則凡崇飾名節．修文舉業．端本嚴訓．以養士人之廉恥．厚天下之風俗．其在公乎．予辱公葭莩．故於公行也．以復古敎望之．

贈黎瑤石吏部轉留都職方序

今歲春．吏部司務瑤石黎先生．拜南職方員外郎．屆行．同鄉例有贈言．或諗於余曰．夫富華藻者．弗閑韜鈐之畧．習儒碩者．或眇励勳之用．惟先生涵精毓粹．接武重席之庭．蜚聲授簡之苑．吐詞則協元典索．發韻則凌躐鮑謝．以是簪筆承明．潤色皇業．固足雄當時．光前禩矣．施諸武事．吾懼枘鑿弗入也．余曰．唯唯．否否．夫文經武緯．若陰陽並運．然其用一也．昔韓昌黎文士耳．然贊畫入蔡．克懋厥勛．他日論文．又以其摧陷廓清之功．比諸武事．是故文之用．與兵一也．今先生善于文矣．其何難于兵政乎．先生豈徒藻其文已哉．吾見其禔已廉．其涖官愼．其執事恪．其與人信．其敦倫厚誼．又出于天性而不可解．居嘗悒洽思清矣．韶山侍御公．有澄清天下志．□□□□□□□雲野．□□□繼先烈□□操觚翰苑□□□天曹者將滿考．而雲野者自考功郎出．參廣右藩政．先生念萱堂八秩．棠棣萬里．定省無期．幾圖歸養．弗果．客冬桂林寇發．越城刼庫．雲野挺身當賊．死之．事聞．遐邇傷盡．先生愛切同氣．涕日泫泫下．欲棄官去官．數上．不允．然憫先生孝友勤懇之思．乃擢官留都．俾得便道承顏祝壽．少慰慈闈．且得撫亡邺孤．而篤友愛．恩甚渥也．先生既遂志訖事．寧無思勵官策勛．仰報主上曠蕩賜乎．

嗟乎．留都根本重地也．兵部參贊．重權也．而職方又重秩．凡兵務悉統焉．慨自正德以來．諸衛額兵．彊悍難制．頃者囂然一動．卽不可束縛．豪傑之士．扼腕抱憂．今大司馬克齋李公．奉上威德．振制芟剗．不遺餘力．跋扈者稍稍畏戢．先生茲往．必罄鴻猷以宏協贊．而上建久安長治乎．夫陳黃鐘大呂於庭．而笙管不舉．則八音弗得而諧矣．車之馳於周行也．輻轍效力焉．否則千里弗得而至矣．職方氏之於本兵也．猶夫車之輻轍．樂之管笙也．先生勉之．俾音無缺節．而小昭大鳴．車無虛飾．而任重道遠矣．夫然．則謂有文事必有武備如昌黎子者．吾於先生覩其似矣．又何枘鑿之虞焉．予復有以語先生曰．邇年倭奴跳梁．寇閩及粵．士民惶惶弗安枕．向雖奏滅水之捷．然將來叵測．矧濠鏡澳爲佛郎機諸夷盤踞．猶幸目前不卽變耳．此皆桑梓隱憂．而職方氏所當講畫者．先生尙著爲平倭策．徙戎論．告大司馬以轉聞于朝廷．少寧我粵人否．

送吳制府擢留都司空序

皇帝御宇十有五載．文敎武功．雲湧風動．海內翕然順治．維時小江吳公．總制二廣．撻伐耆定．遐邇敉寧．主上嘉公鴻功．晉參留都機密．代行有日．西省藩臬蘇君某等．圖爲袞衣留．不可得．俾不佞有言以贈公行．不佞執觴曰．猗歟我公．洵當代所稱漢二伏波韓襄毅王文成後所傑出者也．蓋公持節鉞而涖二廣．籌機宜．握形要．廣儲蓄．練甲兵．僉知西寇惟昭平三屯．强梁無狀．虔劉我人民．公是以有三屯之師．北三河池咘咳諸蠻．挺刃叢嘯．柳賓遷來之交爲梗．公是以有北三之師．頃者府江犬桐諸猺．與昭荔象洛洞蠻搆禍．勢將叵測．公是以有府江象洛之師．時値金鵝松柏深涌白邊等巢．交通煽患．公是以有懷賀開建之師．岑岡等峒．自宏正間．陽撫陰叛．剽嬰剚貣．民被荼毒．公是以有岑洞之師．厥後程鄉妖徒．起掠城邑．惟嚴偵諜．卒果自縛渠酋以降．珠池盜艘數百．猖獗海上．公談笑授算．殲其七軍．餘悉喙遯．瓊厓諸寇．負固已久．公分兵重創．計握咽喉．賊窘乞降．願輟輸者萬餘戶．而瓊海劃然大靖．是八役．皆超世之鴻功．而經時之駿畧也．蓋粵西之寇害在山．公前五役．嚴以擣穴．無遺算矣．粵東之寇害在海．公後三役．密於防海．波警悉矣．每功上．天子輒爲褒重．廕子加秩．錫金幣有差．良由我公勤事効忠．乂安疆圉．是宜膺寵擢之逾格也．

竊當宁任六卿．宏化理．猶天道之運四時以成歲功．自春而夏而秋冬．四時之氣．天實統之．今公晉留都．爲列卿長．是寗遽足酬公哉．佇入而掌天曹．統百官．均四海．則任官之義．固亦取法天道也．百粵士民渥涵濡者．胡忍舍公旌麾．遠吾嶺嶠．而藩臬諸大夫．得効職恪官．以承甄拔者．又胡容已於揄揚哉．蓋公德盛而禮恭．寬中而大度．卽諸轄屬諸將校．循循諭訓．不假聲色．至姸媸臧否．則卓有定衡．若燭之罔逃照矣．又於用兵之際戒妄殺．以故舉八大役．上首功僅數千．而降活者以數萬計．公誠仁人長者哉．夫昔稱粵大師者．遠如漢二伏波．近若韓襄毅之斷．王文成之畧．皆世所謂魁壘卓絕也者．較之今日爲何如耶．不佞竊謂公之功在百粵．韓王可埒．公之仁在萬世．不能埒也．行且入輔黻扆．操大庖以調和寓內．俾世世沐公之仁者．亦世世頌公之功．謹爲序以賀．

賀鄧元宇將軍平黎序

瓊黎倚五指爲窟穴．憑磎門爲峻險．時有跳嘯．震動海堧．屢煩大兵．創之旋復猖獗．歲己亥．制府戴公．疏上請討．選將分兵以進．東山參戎元宇鄧公．由定安攻其東．雷陽副總兵黎公．由澄邁擣其西．瓊厓參戎莊公．則卒瓊山諸兵當其中路．以夏六月興師．逾月報捷．從來勘黎．未有奏績若此速者．輿議僉頌鄧公首功．而公往往讓弗肯居．固足嘉矣．葢三道之兵齊進．乃磎門獨當其難．公則謂磎門不拔．我兵無可進之地．而敵無可尅之期．且門非有大險．所恃者山磎箐竹耳．黎非有長技．所藉者弩弓箭芒耳．我兵選鋒銳進．擁牌盾而前．人持三箭．佐以神砲．當敵則牌盾直進．箭砲齊發．險不可守．弓弩不可得而逞也．我可决勝者十之九．於是朔越八日．合師大戰．果奪磎門．黎人震慄．驚謂我兵從天而降．公又於黎母山擒其渠魁夙號七虎者．悉斬以徇．軍聲大震．磎門既拔．則諸黎膽落．無復有可守之險．自七虎就擒．則羣豺魄喪．無復有可戰之人．諸黎巢穴．一旦掃芟都盡．洵奇哉．

黎地亦至廣矣．而以奪磎門爲首功．何也．葢磎門者．黎夷咽喉之地．握其咽喉．而腹心能無恙乎．故漢路將軍征粵．破尋陿石門．建瓴之勢．遂不可禦．由是呂嘉可縛．而漢統可一也．我明廖將軍入蜀．必先攻夔門．青篓運船之計行．而渝峽担山之險失矣．奪門之功．從古稱奇．茲公之破磎門．視路廖二將軍．詎不古今雁行乎．雖然．大將之成功．固在智勇．然尤在忠義．公決策於磎門．智也．攻磎門而奪之．勇也．至一念忠誠．由於淵衷．生平義烈．得諸天性．此又成功櫜籥處也．公家高密事漢．建武朔．宣威百戰．首列雲台．當時勳臣．無與比埒．世爲列侯者二十三人．爲大將軍十有三人．此豈直毅然一代虎臣哉．今公赤心勁節．何殊高密．至勔勷戎馬．累年於嶺海．而東山尤公所鎭節地．然多不拔功．則席庇遠矣．矧也禔己不驁．居功不矜．讓大美而不伐．臨戎決策．則桓桓有大將風．說禮敦詩．則恂恂有儒者氣象．其視高密投戈講藝．息馬論道．爲儒將冠冕．又何愧耶．他日元勳入奏．主上褒寵．錫邑封侯．奕世與高密後先相望．此尤擅清朝之盛烈哉．

贈王印州節推金華序

國家建官親民．郡守司理均重云．葢守爲一郡司牧．推爲一郡司命．司牧司命得賢．則闔郡蒙其福．否則民胥匡以生．故郡多繁劇．理讞非甲科負才望者．不可以權．與守並重故也．壬戌．予試春官時．同出鎭翁邱老師門下者．二十有一人．心同道合．則無如豫章印州王君矣．君貌古而心夷．性澹而守確．識諳練而材諝精敏．與權衡人物．如承蜩累丸者．愈多而愈不爽．與之談法理．又如論斮柏者之必持平．剖鼠獄者之邁老吏．予嘗謂使君司法．民必蔭福．居無何．拜君金華節推．同門諸君卒問贈言於予．予曰．印州君之爲推．亦知權侔於守．而爲一郡司命之寄乎．夫知權之重．則自任必不輕．知寄之大．則自待必不小．凡民懼於刑也．猶馬懼箠策．其待生於上也．猶苗生於耘耔．御馬者亦調其性焉耳．苟鞭策之不時．控縱之無度．若東野畢之御．

則馬力必竭矣・種田者必是蕪是蓘力穡・乃克有秋・苟鹵莽而耕之・滅裂而耘之・若莊周之喻・則苗生必戕矣・今之理讞者・大率類是・非威燄以錄之・則玩忽以棄之・故大其梐梏・猶謂徽纆弗稱也・廓其犴狴・猶謂拘縶弗廣也・肆其煆煉・猶謂羅織弗密也・有不然者・則委於吏・律當下・吏指⿰阝單以駭之・弗附上律者尠矣・律當上・吏設端以惑之・弗附下律者亦尠矣・其弗爲東野畢之御・莊周之喻苗者幾希・是其自任甚輕・可以勝重・其自待甚小・何以圖大・而守將何賴以爲輔・民又何恃以爲命・噫・弊久矣・予嘗綜覈往古・得賢推者四人・請舉爲印州君藻鏡・故言行剛直・吾得狄兼謩之正焉・原赦決讞・吾得趙閱道之識焉・持己廉介・吾得錢宣靖之守焉・勤幹不休・時稱眞宰相器・吾又得韓忠獻之度焉・今君莅東陽・將公平其心・有不爲兼謩者乎・諳練其識・有不爲閱道者乎・確澹其守・雋敏其猷・有不爲宣靖爲忠獻者乎・如是則其自任重而弗輕・自待大而弗小・其必不爲東野畢之御・以竭馬力・必不鹵莽滅裂・以戕苗性・而守將倚以爲重・民將恃以爲命・卓異之績・恍與華山並高・汪洋之澤・與天湖梅溪同深矣・春秋修故事・瞻謁諸先哲祠・遠如忠簡東萊・近如濳溪文忠・當必有所以印證諸名公・無愧色者・庶幾仰副朝廷建官親民之意・鎭翁知人・錄賢之哲・而峻陟台衡・胥此焉基・諸君子曰・如其然・則以理東陽者理天下可也・遂書以贈・

讀汲冢周書

古書自六籍外傳者・蓋眇少矣・劉向班固所錄・則有周

書七十篇・晋太康中・盜發汲郡魏安釐王冢・得之・所言皆文武周公及穆宣幽靈之事・故曰汲冢周書云・予披閱之・就中時有格言・度訓篇曰・天生民而制其度・度小大以正・權輕重以極・明本末以立・中武稱篇曰・美男破老・美女破舌・淫圖破國・淫巧破時・淫樂破正・淫言破義・大明武篇曰・其維天命・王其敬命・祭公篇曰・汝無以小謀改大作・汝無以嬖御士疾大夫卿士・汝無以家相亂王室而莫卹・於外尙以時中乂萬國・芮良夫篇曰・民歸于德・德則民戴・否則民讎・民至億兆・后一而已・寡不勝衆・后其危哉・王佩篇曰・王者所佩在德・德在利民・不過在敬・施予在平心・不幸在不聞過・福在受諫・基在愛民・固在親賢・至哉・斯數篇者・即壁中書奚加焉・謚法解・則周公之所制・時訓明堂・乃禮記所采・王會解・博於鳥獸草木之名・史記解・明於治亂興亡之迹・卓有可觀・他篇蓋多誇詡詭譎・如利維生痛・痛維生哀・哀維生禮・禮維生義・義維生仁・則非文王之謨也・射之三發・擊之輕呂・斬之黃鉞・懸之太白・則非武王之烈也・六則・四守・五示・三極・則非周公之訓也・春違其農・秋伐其穡・夏取其麥・冬寒其衣服・則非司馬之法也・世俘解言・凡憝國九十有九・馘魔億十有萬七千七百七十有九・俘人三億萬有二百三十・則嬴秦之暴・不酷於此也・官人解言・設之謀以觀其智・示之難以觀其勇・煩之事以觀其治・臨之利以觀其不貪・濫之樂以觀其不荒・醉之酒以觀其恭・從之色以觀其常・則儀衍之詐・不深於此也・又奚謬戾若是・故或謂戰國時纂輯・出逸民隱士之手・然閱其云・勇智上不登於明堂・則晋狼瞫稱之・綿綿不絕・蔓蔓奈

何・毫末不掇・將成斧柯・則蘇秦引之・夷羊在牧・蜚鴻滿野・則史遷周紀述之・其蓋似出春秋戰國之前・抑周之野史歟・未可知也・謂爲周之誥誓號令・經孔子删定之餘・則吾不敢信・

讀世表

按太史公世表・本於大戴禮帝繫篇・舜之與禹・皆黄帝子昌意之後也・嚳堯禹稷・皆黄帝子元囂之後也・夫黄帝德極盛・至子若孫・相繼而衍唐虞夏殷周之鴻業・理固有之・然其世次・則不可信・夫以舜爲黄帝九世孫・則於堯禹皆爲四世從孫・而乃上承堯之傳・下啓禹之緒・何次序懸絶如是・舜於堯既爲從孫・則堯女於舜爲從曾祖姑・堯釐降之・而舜納之・何瀆倫如是・既云高辛生帝佶・則佶爲黄帝五世孫・又云起黄帝至堯・佶四世・號高辛・則是一人折爲二矣・又何謬戾如是・從黄帝至桀二十世・湯伐桀者也・乃云去黄帝十七世・從黄帝至紂・四十六世・武又伐紂者也・乃云去黄帝十九世・此又何説也・其曰禹稷同世・禹十三傳爲成湯・稷十三傳爲王季矣・然湯二十九世乃至紂・王季一傳爲文王・再傳爲武王・則其謂湯與王季去禹稷各十三者・尤不足據・

讀本紀

按三皇名號・不見述於仲尼之門・自春秋運斗樞・以伏羲女媧神農爲三皇・秦博士以天皇地皇人皇爲三皇・尚書大傳則云燧人伏羲神農・號謚記則云祝融伏羲神農・孔安國則云伏羲神農黄帝・説不一而足・其後班固譙周二氏・皆主尚書大傳・應劭亦云・燧人以火紀・故託燧皇於天・伏羲以人事紀・故託羲皇於人・神農悉地方・故託農皇於地・皆非確然之論・今觀是紀・蓋採斗樞博士二説而成者・竊惟古文可考信・無如六經・繇仲尼删定・原無三皇之文・宋儒謂夫子定書・斷自二帝・不言三皇・劉道原亦云・六經無皇道・故太史公作帝王本紀・特首五帝・不及三皇・豈非卓然之見・不詭于聖門者哉・貞所補大失遷意・且其載蛇身牛首・折柱缺維・煉石補天・斷鰲立極諸説・皆謬戾不經・無足傳者・（右三皇本紀）・

按五帝・諸書所載不同・大戴禮記・孔子答宰予論五帝德・曰黄帝・曰顓頊・曰帝嚳・曰堯・曰舜・家語載孔子答季康子・言五帝之運・則以伏羲配木・炎帝配火・黄帝配土・少皞配金・顓頊配水・與前説相牴牾・史遷作紀・蓋本於五帝德・其後孔安國書傳・皇甫謐帝王代紀・鄭夾漈通志・蘇子由古史・皆以少昊顓頊帝嚳堯舜爲五帝・五峰胡氏・雙湖胡氏・又以伏羲神農黄帝堯舜爲五帝・説皆不一・竊嘗觀孔子繫易之辭曰・古者庖羲氏之王天下也・始畫八卦・以通神明之德・類萬物之情・庖羲氏沒・神農氏作・神農沒・黄帝堯舜氏作・之五帝者・或先天以開人・或因時而立政・萬世道統之傳・皆本於此・然則論五帝者・以繫辭證之可也・彼兩胡氏之言・確有見哉・（右五帝本紀）・

文成王陽明公祠記

明興二百年來・道化醇邑・眞儒輩出・以聖賢傑稱者・

則惟文成王先生云・嘉靖丁亥・先生奉璽書・以大司馬新建伯總督湖江兩廣軍務・先是右都御史姚鏌・有田州之役・土酋盧蘇王受搆亂・廵按御史石金疏入・朝議罷鏌・起先生・先生至・則盡徹諸路兵・一意招徠・蘇受駢首請降・先生條議・改田州府爲州・分設思恩九土廵司・各守其地・而築府城於荒田・以便控御・又移師破八寨・及斷藤等峽・斬首三千・諸蠻震慴・累息帖服・夫自荒田之徙城也・則漸近內地・夷獞不敢闖其樊・自九司之並建也・則勢相聯屬・而土司得以世其守・自八寨平・而三里有藩衞也・則柳賓安堵・無桴鼓之警・先生功在西土鉅矣・

往者士民感德・祠祀先生・茲歲久棟宇零落・丹堊漫漶・萬歷丙戌秋・余備兵歷其地・謁焉・徘徊慨嘆・語郡守臨汀趙君曰・今九土世食德於先生・奈何廢弗祀哉・其亟修之・趙守涖官甫數月・一下令・而諸土士民・子來趨役・越丁亥春・落成・予當有記・嘗伏讀先生書・知先生才本豪傑・學爲聖賢・跡其所至・建樹踔絕・是故靖江西之變・功在社稷矣・定八寨藤峽之亂・功在邊圉矣・移府置司・厝思恩九土於衽席・功垂千百禩矣・先後節制二廣者・勳烈孰如先生哉・先生識超神悟・天縱獨優・志欲上繼仲尼之絕學者・漢宋以來・諸儒侈譚性命・博而邃矣・然皆無當於先生・先生學以致良知爲本旨・曰・知者吾心意之所獨得・致者吾靈覺之所獨詣・以是心・致是知・知自內融・非由外鑠也・故曰・心之精神・是謂聖之精神・吾人良心之根柢也・良知者・吾心精神之運用也・此先生學問之大端・而建功立教之根本也・良知者・吾心精神之運用也・此先生學問之大端・而建功立教之根本也・世皆謂說出楊慈湖・而得於陸象山・先生第宗之・然不知原實發於孔子・逮慈湖象山・始揭示來學・先生特舉而擴之耳・余嘗謂先生之學・一宗仲尼之正・至於靖宸濠・定西土・與卻萊兵誅少正卯事・若合符節焉・豈理學無關世用・而致良知之教・果異孔門也歟哉・昔宋儒謂豪傑而不聖賢者有之・未有聖賢不豪傑者・持是可品騭先生矣・頃上探廷臣議・進先生從祀孔廟・則先生之道・如日月著明宇宙間・豈直精爽照耀於九司之陌已耶・某不敏・無能窺先生之樊・聊識景慕・併述梗概・俾世守先生之學・又申命九司之長・俾世修先生之祀云・

重修漢伏波將軍廟碑

漢伏波將軍・蓋千古人傑哉・當光武起白水・掃赤眉綠林諸兵時・落落難合・將軍一見・即以帝王有眞而委質焉・所稱哲於知人者非耶・隗囂雄飛于天水・公孫述龍躍於白帝・一時錚錚佼佼輩・鳴劍抵掌從之・將軍遨遊其間・見謂無足共事・而獨指畫形勢・卒平隴蜀・所稱明於料敵者非耶・事光武二十年・其摧先零・靖氐羌・從擊銅馬・咸著震疊功・交趾徵側等盜發・帝拜爲伏波將軍・往討大破之・立銅柱爲界・交夷至今守之唯謹・非其勇足制勝乎・溪蠻煽寇臨沅遺討・如馬成劉尙二軍皆覆沒・將軍奮激請行・且據馬顧眄・示可用狀・逮次臨鄉・斬寇二千餘級・先聲已足碎逆膽而褫魄矣・非其將畧之雄乎・進次壺頭・蠻據險拒我・將軍亟作士氣・期于必克・馬革之志・曾不少餒・又非其蹈義之果乎・大功垂成・將星遽殞・帝顧惑于譖謗・即軍中收印

綏・君臣相知・洵其難哉・嗟嗟將軍・能識帝王之眞・而不能免羣小之擠・能嚴華夷之限・而不能表精白之忱・能決述輩之無成・而不能杜梁松等貝錦之傾陷・豈非天耶・二酉五溪・將軍祠在焉・鶩桀者瞻之・靡不回心易慮・而投戈反正・則徼靈將軍不既多乎・彼雲臺諸將・勳烈非不燀赫・乃獨祀將軍於不衰・其故可知已・辰中故有祠・歲久丹青剝落・且堂門卑陋弗稱・予萬歷戊子分守是邦・虔謁有感・爰與郡守宛陵趙君健謀修之・屬沅陵令常君眞傑董其功・不數月而墜者興・湮者理・剝落者煥然新以飭・亭於左方・顏曰大觀・將軍由漢歷我明數千載・而廟貌巋然獨存・可類觀其大已・非但山川之勝爾也・特撰次將軍功忠之大者書于石・爲迎神祠・俾祀者歌之・怳如見將軍乎・其詞曰・

　鳴鼉鼓兮東華鐘・車騎來兮駕蒼龍・奠桂醑兮願年豐・庇生民兮將軍之功・翔元虹兮馭蜚虹・香烟縹緲兮五雲中・靈漠漠兮思蘢葱・佐國家兮將軍之忠・

東莞布衣陳一教墓誌銘

　士居蓬蓽而疏白宸嚴・條敷鹽筴・思以甦廣民之困悴・卒遇無良・齎志以歿・誠士林之所悅歎・而世道之所深悲也・此予於隨緣陳公之落落有奇節・弗偶於時・而林艾凌先生之季子孝廉君垂・嘗爲予述其梗概・至是以其子朝文所請狀・倩予言銘其墓・予辱交於孝廉君・諗知公賢・又奚容辭・按狀・公諱一教・字在修・別號隨緣・始祖儻者・自閩徙居東莞之亭頭・築釣臺以居・五世祖應辰者・登咸淳進士・爲一邑儀表・其曾大父用賓・由辟舉掌教長樂・大父士章・由歲貢掌教興業・父振經・欽州庠生・始市居自市・隨緣公其次子也・生而岐嶷・長有智畧・天性孝友・知綜儒業・及父捐館・家益寒澹・公乃棄儒就商・筴鹽泛海・日乘長風出沒於波濤中・母念之・有不豫色・公乃佚己而任人・不數歲以鹽筴起家・樂周人之急・即有貸者・不較錙銖・厚與之而薄收・貧而負者弗問・開館延賓・以訓子姪・鄉人敬之推長約・有不平之鳴者・悉歸而平之・蒼頭自侵里人者・自納罰金於約・鄉人嘖嘖歎服・辛巳歲有度田之役・經畧得宜・人心悅服・居常念鹽法弗通・民用告窘・江右行鹽路狹・廣西積引未消・皆起於鹽法之弗講也・於是詣闕・上封事數千餘言・奉主上下戶部議・竟沮格・尋以五筴干撫按諸監司・有採行者・中有一二齟齬・欲擠之法・而番禺令馮君渠灼知其志・彼深求者亦不能肆其毒也・後來臺諫交章有陷害善良等語・所謂善良・葢指公云・而公之寃可知已・先配翟孺人・出自右族・歸相名門・居貧茹苦・而拮据劾力・一絲一縷・一蔬一粒・無弗躬自檢理・隨緣公昆玉嘗遊金陵・大母每念之・孺人輒爲寬解・或供需不足・則脫簪珥助之・生三子・長朝樂・能承父業・既卒・次朝表・商而好禮・次朝文・邑庠生・有志姱修・繼配鍾孺人生二子・朝璿邑庠生・季朝玉・孫男如初等十人・朝樂等奉公柩與翟孺人合窆焉・居孺人右・倩予誌其墓而銘之・

　銘曰・士非志節・雖居廊廟而澤弗覃於鄉閭・士果志節・即居江湖而仁莫先於梓里・予觀隨緣陳公疏上鹽筴・以甦廣民・謂自志節之士非與・其配惟賢・同室同穴・令善孔嘉・咸正無缺・厥昌后昆・名登魏闕・予爲勒銘・以風百

郭棐

廣州太守周公傳

周啓祥·字源伯·浙之海甯人·諸生時·每爲文研精·輒以指撚其髮·髮落若禿·人多笑之·率自如也·由進士授刑部主事·獨坐署中·講讀律例·曰·居官須此·猶儒生之須經書也·掌部西石王公·鑑川王公咸重之·每從咨决乃奏·多奉俞旨·爲西曹之冠·萬歷戌寅·出守廣州·政尚簡一·以節愛爲主·謝絕餽送·不狥請托·自奉尤儉約·省輿從·日惟陋服蔬食·或饑時遇公冗·袖出數錢市餅一二啖之·即不再食·署中每乏糧·不敢輒以白公·蓋公不欲擾民也·日坐堂皇·視案牘·剖詞訟·悉從己斷·兩造稱平·左右無敢骫法·尤和易近民·即村夫里婦隱情·咸令畢達·會布涌劇寇搆釁煽亂·軍門調兵征剿·諸將率掠蜑民爲功·公建議只錄其生擒者·全活甚衆·壬午再入覲·囊無餘物·靡所顧慮·行至贛州·病劇而卒·啓其笥·僅以供歛·訃聞·廣州士民羣於寺觀爲位哭臨·仍建祠祀之·直指羅公從輿論·進祀名宦·君子謂其清足埒吳隱之云·

柱國太傅虞坡楊公誄

嗚呼我翁·三晉偉人·一代元望也·齠齔稱奇童·聰邁摛星之咏·弱冠登甲第·名高奪錦之遊·鳴琴埒單父之芳·製錦流東阿之譽·循良特荐·省署騈登·爲曹郎出履邊疆·夙閑武畧·任督學專司黌序·茂振文紘·敭歷諸書·超躋八座·謹暮夜四知之節·來講堂三鱣之祥·肅皇帝英畧神謨·長駕遠馭·翁時爲夏官大司馬·遹勤奔奏·克詰戎兵·撫七卒以孚心·洞諸夷如眡掌·熟龍韜則運籌制勝·振鼉鼓而拉朽摧枯·威讋遐荒·聲施絕徼·深耳雕題之國·靡不稽首獻琛·鴟張獍嘯之酋·咸皆傾心欵塞·寰宇戢其丰采·關西夫子·赫矣有聞·醜鹵識其姓名·中國司馬·巋然相望·昭代本兵重臣·未有如翁之駿烈鏗鍧者也·睿皇帝治極熙明·世臻寧謐·公時爲天官大冢宰·爰司樞斗·洊握鈞衡·秉一德以肅羣工·統百官而均四海·有道擅人倫之鑑·左雄別流品之公·辟耆舊於鈞綸·典刑斯在·登英賢於岳牧·俊乂咸升·部院監寺惟其賢·班聯玉笋·藩臬郡邑核其實·才振金聲·分妍媸則親舊不能移·此夕可談風月·別韶鄭則邪正不能混·當年望在雲霄·明年典銓大臣·未有若翁之藻鑑焜朗者也·愚嘗竊觀翁之運籌飭武也·侃侃翼翼·乂安中外·天下靡不仰爲人中之龍·暨其握銓掄賢也·師師儀儀·登庸才哲·天下靡不挹爲人中之鳳·夫龍出而利見·鳳翥而鳴陽·舉世爭覩·以爲愉快·何其六翼忽墮·九苞殞元·易爻存道窮之嗟·孔語重吾已之歎·詎非士林同悽·寰海同悼者哉·棐本樗庸·叨承甄鑄·且以年誼·辱冢嗣本菴公締膠漆之歡·投芝蘭之好·仰式情勤於執御·臨風悲切於束芻·敬綴誄詞·用申哀臆·詞曰·

天祚我明·篤生碩傑·秀毓嵩華·道高弼翊·懿哉虞翁·古之遺直·允文允武·有德有烈·未躋上算·遽歸窀穸·於虖哀哉·維翁[illegible]·雅稱奇童·弱冠掇錦·出宰花封·治標三異·化覃八封·敭歷崇階·克令厥終·海內仰思·如司馬公·於虖哀哉·翁掌職方·兵務素練·翁司學

憲・士風丕變・茂勳烜赫・奇猷鍛鍊・正笏青樞・紆紳紫殿・老成凋瘁・中外悲泫・於虖哀哉・翁在本兵・克壯厥猷・宣威靖遠・制勝運籌・智如韓范・勇走楊劉・爲憲邦國・永謐邊鄙・俄催靈爽・帳憶芳烋・於虖哀哉・公仕天卿・持衡總銓・惟公惟明・克勤克斷・賢儁同登・巖穴斯徧・如茅連茹・士彙需勸・忽棄塵遠・悲悼寧諼・於虖哀哉・公仕三聖・殫極寸心・大節卓特・精慮淵沉・翩翩翽翽・鳳翥岐林・磊磊落落・鶚立秋旻・翀霄弗返・朝野涕隕・於虖哀哉・冢嗣人豪・開府西北・上紹箕裘・爲國柱石・仲執金吾・季紓黼紱・孫紹賢科・蘭芬玉立・慟翁遐升・孝彌思孌・於虖哀哉・棐忝年家・荷翁甄品・筮仕計曹・改蘭官省・違時出守・聞訃滋哽・追慕儀型・德馨未泯・遠望陳詞・有懷耿耿・於虖哀哉・

墓頤津賦有序

唐拾遺孟昭圖者正也・立朝直言匡國・方嗣音鳴陽之鸞鳳・竟見忤於當道之豺狼・擠茲冠裳・投彼津水・自古貂璫氣燄・莫酷於斯・而簪組流離亦莫慘於斯矣・唐社安得不屋哉・予以春暮鼓棹墓津・訊諸榜人・指所泊處・潸然灑涕・憮然陳詞・聊寫悲思・弗籌工拙云

際涒灘之暮春兮・予鼓檝於墓頤・弔拾遺之孤貞兮・掩元袂而歔欷・維先生之竛俜兮・攬瓊玦以自持・紉芳馥之澧蘭兮・佩芬馨之江蘺・燃大乙之青藜兮・立當軒之文螭・侍黃樞而捧簡兮・直青瑣而簪珥・言必關於民社兮・慮每謹於淵微・憤貂璫之煽燄兮・爰昌言以排之・借上方之雄劍兮・斲長樂之封豨・翊皇路於清明兮・掃霄漢之昏霾・何乾綱之弗斷兮・反酷燄之橫罹・投簪紱於清流兮・望天闕而涕洟・同三閭之魚腹兮・類伍胥之鴟夷・自古皆有死兮・先生獨殉國而捐糜・俯流澌之回瀾兮・沉文光之陸離・覽滄波之東注兮・緬浩氣之巇巇・悵彼昏之無知兮・憚末路之陵夷・瞻銅駝以浩歎兮・擲白馬而同悲・噫嘻乎・先生不可作兮・徒令人千秋萬禩臨淵水而漣漪・彼覥人目睫以千寵偷生兮・寧無愧丈夫之鬚眉・盪木蘭兮溯江湄・濯津波兮漾朱曦・奠絮酒兮薦霞卮・望翠羽兮駐元旂・悲風蕭颯兮孤鴻飛・元雲黯淡兮烟雨霏霏・邈岷山之嵲屼兮・浥墓水之漣漪・嘉忠貞之不偶兮・尚萬禩而流輝・

崑崙賦有序

予讀宋史・至狄宣徽崑崙之捷・靡不歎其用兵之神・匡國之忠・千禩下猶令人想見衷赤也・迺余襄公靖・孫樞密沔・克咸厥功・今邕有三公祠・而賓寂寥無聞・宦祠則以宣徽偕儐軍之陳曙竝列・而余孫弗及焉・嗟乎・澠淄淆則正味湮・雅鄭糅則正聲駁・賢佞亂則正治蠹・關係豈小哉・爰賦崑崙・以旌斯義・辭曰・

望崑崙之巉巖兮・摩青霄以崢嶸・虎豹之雄關兮・壯翬飛之經營・黃鵠之飛尚不能過兮・猨猱欲度愁營屏・嗤儂蠻之崛崌兮・恣桀驁而憑陵・憑綠林以嘯聚兮・岸赤幘而睜矃・肆螳螂之羣臂兮・當車轍以抗征・猗桓桓之龍驤兮・帥洸洸之虎旅・指桂林以軒翔兮・次嶺荒而容與・憩十日以偃息兮・當元霄而燕處・張煌煌之華鐙兮・宛飛觴而笑語・忽銜

枚以疾驅兮．拔天險而超距．如轟雷之閃擊兮．若迅電之飄翥．瞻將畧之神力兮．掃欃槍於一舉．

方其旌旗耀日．鎧甲明霜．騁騂騮之蹀躞．樅金鼓之鏗鏘．拊鳴劍以一發．控機弩而叠雙．蠢穴狐之潛遯．驚春鴈之高翔．棼前徒之倒戈．洵我武之維揚．轟轟乎．闐闐乎．如巨霸之戰昆陽．既取崑崙之關．直擣歸仁之野．力攘魃以紛馳．氣焚山而可赭．振赤幟之峋嶙．挺綠沉之飄灑．遠摧銅馬之鋒．長寒元狼之罅．既除凶而耀武．亦撫良而戢詐．鏗鏗乎．鎗鎗乎．若淮陰之驅垓下．維宣徽之忠耿兮．昔奮迹於金徽．標奇功於西夏兮．參樞務於北司．憤儂寇之陸梁兮．自請命而出師．艷春宵之燈火兮．輸石畫之機宜．竟握夫元虎之吭兮．可問乎金龍之衣．緬精忠之磊落兮．稱純臣其庶幾．

偉堂堂之武溪兮．以儒臣而整旅．清南粵之妖氛兮．指西甄而軒翥．贊漢臣之令猷兮．協元規之良侶．咸輸猷以制勝兮．均標勳而播譽．亮三公之同心兮．流休光於環宇．繄開封之峨峨兮．奪銳氣於前殳．羌先登以摧敵兮．誕執綏而捐軀．後紅衣以助戰兮．義足愧夫奸諛．嗟士堯之卓犖兮．雖斷首而猶驅．惟貞忠之如在兮．奚賓邕之異區．仰二烈之芳躅兮．貫金石而不渝．美寶臣之鷙猛兮．當三銳而獨往．偉右軍之沉毅兮．乘高原而倜儻．絨屼屼以當鋒兮．信才猷之爣朗．供蹇蹇而匪躬兮．闢丹衷之彌壯．撫綏則有壽隆兮．鏖戰則有文廣．藉諸公之揮霍兮．宏一方之保障．彼崇曦之嵬瑣兮．廼節制之弗遵．以救焚而左次兮．致黠寇之入賓．迨三帥之蒞止兮．又輕戰而先奔．驅轅門以敕法兮．嬰劍鍔之嶙峋．愧瞿相之弗入兮．胡俎豆之因循．遡武襄之赫靈兮．肯儷之而明禋．

噫嘻．鸞鵠同棧兮．薰蕕並植．彪大鼓之雷鳴兮．混天球於瓦礫．昵反理之俗評兮．黯彼昏之無識．維風紀之在茲兮．尚抑邪而崇直．樹三公之巍祠兮．景諸賢之芳蹟．聊端崇夫世風兮．庶表正乎臣極．

石門泉賦 有序

夫君子必矯時獨立．斯能挽頹風而歸諸正．昔周武王孟津之師．諸侯從者八百．獨夷齊扣馬．恥食周粟．孟子輿氏稱爲聖之清．風自足以廉頑立懦．斯非獨立一時者歟．吳隱之處默．生晉之季．時尚清談．而行多詬䶢．處默爲廣州刺史．酌泉以咏志．卒之沉香于浦．不易其操．慨盧循劉裕．爲盜爲篡．歸而杜門．甘貧不出．屹然頹波之表．眞不愧爲夷齊矣．蓋夷齊憂萬世無君．處默憂萬世無臣．所感不同．其清忠不二．有裨風化一也．處默酌泉杜門之心．即夷齊不食周粟之心歟．然則謂處默爲晉之夷齊可也．予乙未夏自滇南歸．伏謁祠下．鄉士夫繕公祠新成．少參袁茂文業記之．闡揚清節．關於風教甚大．予復表不事二姓之心而賦焉．

繄兩山之軏嵲兮．挺粵嶠之門屛．傍有泉之涓涓兮．噴碧流之泠泠．何昔人之孟浪兮．羌汨之以汙名．曰一歃而懷千金兮．豈知其源之深而漪清．處默之瓌瑋而卓犖兮．抒淵衷於題詠．爰大勺以引滿兮．豈云遽移於吾性．維太乙之濬潔兮．掀朗照之如鏡．詎波蕩之能洄兮．乃天君之素定．嗟典午之不綱兮．腥膻穢乎華夏．紛指駿以爲鹿兮．漫以牛而易馬・詫嶺海之遐裔兮・金夫張而廉貞・喑啞彪流泉之在茲兮・冒貪名而長夜・噫吾心之賦於天兮・本至虛而至靈・涵萬象而弗遺兮・秉一介以爲貞・豈因世之溷濁兮・而能易吾之淸明・乃命酌以自信兮・洗茲泉之汚聲・時荻龍之弗名兮・盛挺戈鋋而作蘖・熀臣衷於皎日兮・唯矢貞而抗節・哂么麽之匪茹兮・肆穽蜂之毒螫・飲茲泉以自葆兮・諒丹心之不易・赫黃堂之榮名兮・儔不茲夫鐘鼎・惟公志之澹泊兮・僅一魚而一茗・即片香亦必沉兮・汎桃花而晻映・亮孤節之亭亭兮・超塵氛而守正・晚退居於邱樊兮・慨皇祚之陵夷・熒惑見於東井兮・彗星掃於紫微・嗤太尉之跋扈兮・歎世途之嶮巇・竟憂憤以易簀兮・終全身於義熙・偉亮節之磊落兮・殉國之節・甘罍犬之艱貞兮・蹈猶龍之巇嶫・不委身於二姓兮・媲夷齊之孤烈・唯不易於一心兮・足蜚聲於萬葉・

亂曰・人臣之職兮・淸以成忠・惟夷與齊兮・百世可風・美哉處默兮・良二千石・一酌流泉兮・萬古爲烈・鬱彼孤貞兮・不事二姓・憂憤以歿兮・爲臣之正・粵山巃嵸兮・粵泉洴泠・先生之風兮・山高泉清・

懷賢賦 有序

余甲子冬・偕張伯鄰赴試南省・道出長沙・昔漢賈太傅左遷其地・感墜馬而獻欷・竟賦鵩以淪逝・遊者輒增憾焉・夫太傅起弱冠・抗疏漢廷・其通才朗識・直氣豪文・當時碩儒・未知能儷・洵一代豪賢哉・追慕高風・用綴賦言・

維困敦之陽月兮・余北征而溯長沙・乘風泝流以鼓檝兮・懷往躅而咨嗟・緊太傅之懿美兮・天畀之以修能・抱貞白而不阿兮・遭蒙霧而蘙嗔・棄赤電騄耳而弗馭兮・謂欿段之猶龍・羌陳詞於未央兮・竟出傅於藩封・澹容與而去國兮・謇胡爲乎中路・心𢡟怳而蘊結兮・情依依而回顧・被楚氛而不敢怨兮・念宣室而不能忘・吊靈均於汨羅兮・歌離騷而徬徨・濯湘水以自潔兮・紐秋蘭之芬芳・苟心曲之無瑕兮・雖殞𧂐其何傷・噫嘻・薰蕕混臭兮・松蘿倒植・土鼓雷鳴兮・天球若礫・萋斐貝錦兮・廉貞屛斥・醜正爲邪兮・緣曲詆直・自古皆有此兮・豈先生之獨盡・是故比干剖心・仲尼削迹・子奇履霜・萇宏血碧・虞卿窮愁・韓非憤慼・伍員投淵・申徒抱石・或幽縶於南冠・或遭刖於荆璧・或三黜而不回・或一言而輒叱・美固惡其獨擅兮・名不可以早揚・誠知前轍之搖鼿兮・又不能突梯滑稽與世徜徉・燦予心於皎日兮・未改此度・鳳翽翽其高舉兮・豈羣乎鷄鶩・歲冉冉其颸逝兮・途歷歷其紆長・遠紫闥而觀元扈兮・恐多歧而亡羊・嫫女妬其蛾眉兮・固恒態也・懷瑾握瑜而見擯兮・又何怪也・睠帝閽以長顧兮・知丹衷之不能諼・悼先生之瓌特兮・廼長籌而短算・綰予棹以而徘徊兮・心侘傺而悲思・氣鬱結而不可平兮・緬流風而薦辭・

亂曰・惟昔太傅・抱忠赤兮・夙呑文鸞・卓瓌瑋兮・弱齡趨闕・鬱儻朗兮・治安徽謨・以匡國兮・厥識通達・才亶奇兮・絳灌之徒・茲巧詆兮・一出長沙・竟賦鵩兮・志在成仁・遑卹私兮・忠憤內鬱・靈在茲兮・顧瞻楚雲・我心悲兮・於虖先生・諒有知兮・萬禩江都・同涕洟兮・

弔湘賦有序

自長沙而上・厥惟湘水・三閭大夫所沉汨羅在焉・宋儒謂其忠而過・予殆嗟其忠而難之也・霜風飆蕭・寒雪晻映・觸景懷賢・精爽如見・怍既生長沙之悲・茲復愴湘江之弔・詞曰・

朔風飄兮颼颼・木葉下兮湘流・越青草兮碧波・蕩桂槳兮蘭舟・瞻水天兮一色・眺島嶼兮三洲・盼汨羅兮淶滃・悼靈均兮悁憂・何行雲兮縹緲・悲往禩兮紛尤・望九天兮靄翳・莽九野兮氛繆・彼觳觫兮蟬鳴・此俶儻兮岨幽・訾照乘兮爲石・寶珷玞兮爲球・鳳覽色兮霄翥・魚遊餌兮淵泗・越奮袂兮長往・違咳詢兮旁遊・昕予發兮蒼梧・夕予宿兮靈邱・澧之浦兮皛皛・湘之水兮悠悠・適容與兮囘盼・思九重兮凝眸・心戀戀兮宗國・目炯炯兮方陬・紉秋蘭兮爲佩・集芙蕖兮爲裘・浥雲液兮可掬・搴瓊蕚兮自修・燦予心兮皎日・邈楚道兮騰虬・睠閶闔兮太息・付流湘兮沉浮・拉馮夷兮作侶・與彭咸兮夷猶・宅魚腹兮偃蹇・攀龍鱗兮淹留・嗟孤忠兮淼淼・感予衷兮樛樛・汎江流兮四野・弔大夫兮芳烋・爇江蘺兮維馨・奠桂酒兮斯柔・水龍吟兮莽泱・山鳥怨兮啁啾・永予思兮鬱悒・覿景曜兮無由・身雖往兮長存・志苟得兮焉求・敬陳詞兮哀些・異宋玉兮悲秋・

拚愚文

有介慧公子過拚愚先生而問曰・夫士抱名世之器・爲萬物之綱・飲精沉瀣・孕秀元黃・舌吐虹霓・氣摩青蒼・文若雕龍・辯如鼓簧・揚眉金馬・縱步玉堂・或顧盼而激昂萬乘・或談笑而彪流八荒・是以明哲者乃達人之上務・愚鈍者特曲士之固守耳・今吾子遭祝網之世・處如連之時・曾不攀鱗致顯・運籌出奇・颺六翮・逝天池・使見之者景慕・聞之者風馳・顧乃斂其華而居其朴・知其雄而守其雌・侏僂罔識・混沌無爲・意者得其翳而弗通耶・何爲其自拚於愚也・且武公疾庶・仲尼傷今・揣子之意・將無同歟・拚愚先生囅然而對曰・公子之言・所謂採華庶子・忘實家丞・徒自炫燿・未足爲明也・夫元元默默・人道之常・悁悁抑抑・人道之綱・日月退禪・陰陽互藏・玉處璞中・珠韞淵茫・鵲巧而勞・鳩拙而康・鶴癯而壽・翠彩而亡・蠙以呆全・龜以靈殭・驥困鞭策・駑厭稻粱・睹茲物理・何愚不臧・且子獨不觀今之世乎・彼突梯滑稽者・巧於趨名・掉尾逐隊・狗苟蠅營・福不溢背・禍已滿盈・犬縶東門・鶴唳華亭・吾守厥愚・儉德居貞・藏器俟時・孰戕吾生・脂韋污觹者・巧於趨利・虎視饕餮・抓行詭媚・郲賄未盈・魯盜已伺・金谷既富・珠樓亦墜・吾守厥愚・遠彼垢貳・若兔驚罝・如魚防餌・考槃之歌・其樂泄泄・由是觀之・巧者未必得・愚者未必失・子徒知予之爲宋人・予亦悲子之爲東家邱也・介慧公子曰・然則靡愚無所葆眞乎・古昔聖哲・何必愚哉・拚愚先生曰・與化推移者・聖人之撫臣也・抱道養晦者・貞士之律身也・故愚非襲戇也・將以養其明也・亦非韜談也・將以完其眞也・詩曰・哲人之愚・老子曰・盛德容貌若愚・莊子曰・大智若愚・稽之古訓・有明徵矣・粵惟甯武賂醫納橐・匪但全身・亦以匡國・猗彼子淵・終日不違・克復請事・步

趨思齊・爰逮徐穉・不答國事・渺渺冥鴻・南州高士・亦有柳州・妙契愚溪・玉佩瓊琚・大放厥詞・使愚而可擯・何數子得之爲居身之珍耶・夫甯武之愚・愚而忠者也・子淵之愚・愚而睿者也・孺子之愚・愚而哲者也・柳州之愚・愚而文者也・使抱甯武之忠而不濟以愚・則灾膚矣・禀子淵之睿而不韜以愚・則叢咎矣・秉孺子之哲而不守以愚・則踵蹶矣・摛柳州之文而不晦以愚・則凶終矣・故不當愚而愚・則爲蕭宏之吝・當愚而不愚・則爲國武子之凶・若夫東方俳優於執戟・南郭濫迹於吹竽・終童抗辨於白麟・張相頓悟於元珠・牙曠審聲於鳴石・斛斯察形於惇于・雷子搜奇於華表・陵生惇識於閭扶・馮老怡顔於長樂・陶卿濡足於名姝・師鐸獻巧於吠犬・晋公趨媚於拂鬚・予誠不能追踪于數子・故塊然獨執吾之愚・

歐大任　字楨伯・號崙山・順德人・嘉靖癸亥以歲貢從天下郡邑士試・瞿文懿景淳得其卷・驚曰・一代才也・初授江都訓導・轉光州學正・入爲國子助教・擢大理寺評事・終工部虞衡司主事・大任與梁有譽黎民表李時行吳旦・稱南園後五子・其北遊歷下瑯琊・諸詞壇一見爭相推轂・與七才子並驅海內・出黃泰泉門・讀書纘言・並有原本・頗脱躡張叫囂之習・識者尤有取焉・所著百越先賢志四卷・虞部集四十三卷・明史作二十二卷・今並存・

論殷相割肝狀

伏承鈞帖・委覈殷相割肝事・訪之旬日・江都士人・每彌縫曲護・以割傷支體者・衆冀冒衣冠而免輸調也・比以豐肝之慘推究・當割腹時・覓其肝自割而自羹之否・卽莫能置對・頗亦疑信相半・大任以理決之・不必求其事矣・蓋聞孝於孔子曰・生事死葬・祭之以禮也・人孰無親・當疾病危篤・醫藥祈禱・禮之所得爲者・雖聖賢亦如此已矣・故責臣於沈湘・非所以勸忠・表士於抱柱・非所以敎信・必割肝以爲孝・是聖賢皆無存乎・卽使殷相救親垂死・一念眞切・其事無所欺罔・倘不幸因而傷生・則毁傷滅絶之罪大・孰以爲孝耶・昔鄠人剔股・令尹旌門・韓愈氏謂不腰于市・已黷于政・則其不可爲訓昭昭矣・伏覩高皇帝詔・申明孝道・凡割股或致傷生・臥冰或致凍死・自古不稱爲孝・若爲旌異・恐其倣效通行・禁約不許旌表・此聖神垂示萬世之敎・皇上詔書・表揚孝行・核實奏請・亦高皇帝意也・廣陵大郡・董永・吳奉・盛彥・高悝・孝著漢魏・史籍炳焉・未聞割肝之事・屬邇以來・純孝不舉于閭書・旌典濫及虛冒・甚非所以示旌別之公也・明公下車・出敎率先實行・以崇鄉里之化・州邑萬戶・旣已改觀易嚮・伏請嚴示一切・割肝剔股・不足爲訓・必孝廉如董永吳奉之徒・乃請旌表・以奉高皇帝申明之詔・廣皇上浩蕩之恩・淮海遠近・斌斌益多實行士矣・謹狀・

答梁公實論藝書

損辱遠書・函寄山館・商搉懇至・詞旨綢繆・夫詩文六藝之緒言・不朽之盛事・雕虫篆刻・壯夫不爲・僕嘗笑子雲失言也・作者必包括古今・研搜典籍・凝精鶩八極・坐馳役

萬景・理在方寸・而氣凌霄漢・言在目睫・而情託山河・此思之所以元・作之所以合也・學自五經論語外・老氏・檀弓・孟子・左傳・國語・國策及史漢二書・必枕席與俱矣・如莊・列・荀・屈・淮南・韓非・山海經・穆天子傳・焦易・參同契・楞嚴・圖覺・維摩・金剛・其變化開闔・何其窈冥曼衍哉・非參求精奧・肆騁心機・斲輪之妙・運斤之巧・其可得乎・足下謂漢魏樂府古詩・尚不得比嶧山諸銘・曷可繼三百篇遺響・僕以爲不然・何闔而晦・何開而明・角宿未旦・曜靈安藏・如山如嶽・嵩如不傾・如江如河・澹如不盈・豈伊不虔思於天衢・豈伊不懷歸于枌榆・如此數語・孰謂非小雅十五國風之流派耶・大風・垓下・郊廟・房中・鐃歌十八・枚乘十九・蘇李贈別諸作・則誠非東房諸人所能及・明興以來・獻吉實挈日月以麗中天・烏生八九子・君馬黃・公無渡河・襄陽浣婦行・雁門太守行・白馬篇・赤鳳曲・差足樹赤幟矣・足下毋便謂今人不如古人也・省覽二十四詩・意象俱合・工緻獨造・古佛齊眉・弟子斂手・何論吾黨耶・僕猶恨其興寄頗饒・風骨尚乏・以足下之定力・可詣千古・九仞及泉・願勿中止・僕雖疲羸・尚能具畚鍤以從足下也・崖山碑且勿出手・返答率直・不敢剿說・既蒙許與・幸悉教焉・

河圖洛書辨

圖書莫非理也・而後世索之於數・圖書之理莫非天也・而後世鑒之於人・聖人默契乎天・會通乎理・取則也大・立教也正・本理之出於自然者・足以周天下之物・成天下之務・世儒推象數以原經・而經晦惑・意見以傳經而經疑・圖書於是誣怪而支離矣・余嘗觀邵子於易・既出橫圖於其前也・又作圓圖左右分析・以象天氣・又作方圖交加八宮・以象地類・規橫而爲圖・塡圓而爲方・天地山澤風雷水火八卦對待之體・乃別而圖之爲先天・由是行乎四晦・序於五方・則流行之用乃別・而圖之爲後天・上古之易何若是其紛紛・孔子傳易未必爲其圖說也・黃氏東發謂天地定位一章・必非先天卦位・疑圖學之不可從信乎・圖學爲邵子之易・非上古之易也・蔡氏作皇極內篇以疇目・合書之九九衍之而爲八十一・八十一衍之而爲七百二十九・極之於六千五百六十一焉・自以爲補洪範不傳之數・然玉齋胡氏已謂大禹之作範・未必拘拘於書之位次・以定疇之先後矣・夫地十之數不可通於洛書之九五・行一疇不可通於八疇之義・箕子陳範又不可陷於緯書之流・矧洪範籍蔡氏以推衍・何其敢於誣經哉・夫龍馬出河・伏羲明其文以畫八卦・神龜負文而列於背・有數至九・禹因而第之以成九類・此孔安國之言也・伏羲繼天而王・愛河圖而畫之八卦・禹治洪水・賜雒書法而陳之九疇・此劉歆之言也・河圖呈於伏羲・而十以揭其全體・洛書錫於大禹・而九以著其大用・子明堯夫諸人・未爲無見也・其必謂圖以龍馬而制・則龍馬所載爲何・圖書以洛龜而成・則洛龜所負爲何象・至於劉長民又以圖書互藏其用而托言於陳希夷・以爲皆出於伏羲・信如是・則易出於圖・無圖則八卦不畫・範出於書・無書則九疇不成・何異於緯・侯謂河以通乾出天苞・洛以流坤出地符・聖人必有神物以授之之說也・附會神怪實起於此也・且如河圖之數・析補八卦・孰爲一六而下・

孰爲二七而上·孰爲三八而左·孰爲四九而右·孰爲五十而中·孰爲乾兌離震·孰爲巽坎艮坤·其卦也因其上而上·因其下而下·因其左右而左右·因以四成數·常處其方·因以四生數·各補於隅·聖人之效天也亦拘矣·以洛書之數·參合九疇·五行何以居上·五事何以居下·五紀何以居前左·而皇極何以居中耶·八政何以居左·稽疑何以居右·三德何以居後左·而庶徵福極何各專一位耶·一三五七九奇也·而五行八政皇極稽疑福極何以屬之奇·二四六八十偶也·而五事五紀三德庶徵何以屬之偶·因其自一至九之文·則又奚必縱橫黑白錯綜位置·神聖第而成之秘而傳之耶·余謂鴻濛之初·天地萬物之情·陰陽鬼神之狀·寓于法象·易已行乎其中矣·伏羲神而明之以定畫·故曰·仰則觀象於天·俯則觀法於地·觀鳥獸之文·與天地之宜·於是始作八卦·平成之後·立極綏民之法·事天治人之本·布於文命·疇已具乎其中矣·大禹會而通之以作範·故曰·天乃錫禹洪範九疇·彝倫攸敍·又曰·河出圖·洛出書·聖人則之·蓋聖德格天·河洛效靈·圖書之數·未必不可通于經·第不必如世儒托異徵秘·分配推衍以鑿之耳·程子有云·孔子感麟而作春秋·麟不出·春秋豈不作·如畫八卦·因見河圖洛書·果無圖書·八卦亦須作·朱子有云·伏羲仰觀俯察·遠求近取·安知河圖非其中一事·三氏之論·稍爲得之·隆慶丁卯于刊上讀潘啓明圖書測言·因爲之辨云

詩二南辯

邠岐豐鎬之間皆秦也·文王二南之化·見于兔罝羔羊·而風於光漢汝墳者遠矣·今自車鄰駟鐵小戎無衣之詩觀之·皆貫戍馳馬之人·發乎性情·播爲音節·彷佛于急笛清笳·鞞鼓交作之時·足以勵介胄之氣·而動旌旗之色·其慷慨激烈之義·十五國風·秦而已·信乎周之舊也·其詩如黃鳥渭陽終南蒹葭皆有據·不俟言矣·惟晨風刺康公忘穆公之業·棄其賢臣·朱子以爲婦人以夫不在而言·權輿刺康公忘先君之舊臣與賢者·有始而無終·朱子一不信小序·而以爲不可考也·秦人專精果毅·敏於有爲而不媮·其風義所激·雖或怒猛·實皆出於性情·而不失先王禮義之敎·被之絃歌·用於蒐苗獮狩·嚴戒軍旅之前·足以盛氣而發容·則其慷慨激烈不可以要歸於雅耶·即晨風權輿之所刺·亦風刺譎諫之正·非他國之詩可及·而必以爲婦人思君子·吾不知其何說矣·嗚呼·讀詩者不達於先王之敎與周之所遺·其何足以知秦風哉·

詩自秦火後·漢求遺經學·士大夫采里巷所諷習者以補亡·其錯簡雜出·蓋難言矣·鴟鴞一篇·金縢詳焉·蓋周公之心可以示天下萬世者矣·余嘗病毛鄭諸家誤解金縢之居東·混於始末·或謂周公攝政·管蔡誅後·爲詩以貽王·或謂旣爲冢宰中避而出·作詩貽王·後乃攝政·而誅管蔡·或旣誅管蔡恐成王疑己·作鴟鴞以喩成王·殊不知成王之幼·未能踐祚·周公負扆而朝諸侯·實以冢宰而攝行天子事也·管蔡外挾武庚·倡爲流言·公於是退而居東·居東者·非東征管蔡也·蓋人臣當居攝之時·值羣疑之際·且謗起于骨肉之間·計必返居于魯·去位旣久·三年而罪人斯得·公乃作詩以貽王·猶未敢明言武庚管蔡之罪·而猶托於鴟鴞以感悟

焉・大抵自喩保定國家之艱難・返遭流言・如鳥巢爲鴟鴞所破・既取其子・又毁其室・羽之譙譙・尾之翛翛・爲風所漂搖・可悲孰甚・故曰・予唯音曉曉・此其忠憤屈結之所發也・書言王亦未敢誚公・是其疑猶有未盡釋者・及風雷之變・王啓金縢・得公所自爲功冊・秘願代之說・釋然悔悟・出效迎之・復冢宰之位・逮武庚挾三監已叛・反狀已著・於是始東征誅之・以定殷人之亂・大誥多士多方所由作也・如伐柯九罭狼跋諸篇・則東人頌其賢而惜其遣・歸自東征・賦東山以勞征士・而從軍者答以破斧焉・始末之可考如此・余因毛鄭諸家之誤・恐終未明周公之心也・注經君子・其或有所取也夫・

詩問

諸生曰・詩人之作・古今每不相及・何也・歐子曰・今之於古・體以代殊・固不能及也・諸生曰・何仲默云・漢無騷・唐無賦・宋無詩・徐昌穀云・安世房中・温純厚雅・孝武樂府・壯麗崛奇・可爲雅頌之詞・鼓吹奏乎軍中・童謠發于閭巷・亦十五國風之次也・東京以來・歌詩之聲微矣・李獻吉云・眞詩每在民間・匹夫匹婦・途咢巷歌・勞呻歡唱者也・三子之論如何・歐子曰・仲默之論騷賦誠然也・魏晋以下無雅頌之作矣・詩猶有存者・體裁或殊・民間童謠・孺歌□□□風也・昌穀獻吉知言哉・諸生曰・唐人以近體□□□祖唐人矣・可謂今不及唐人邪・歐子曰・余謂今不祖唐人也・祖唐人者・仲默獻吉昌穀而已・而三子之樂府古詩・唐人能及乎・樂府古詩之必祖西京・猶近體之必祖唐也・今也舍其祖而祖他人之祖・尚何古人之可及耶・諸生曰・士亦可學詩乎・歐子曰・成也者・樂之成也・均也者・審聲之高下使和平也・鹿鳴四牡皇華魚麗嘉魚南山之爲黃鐘清宮・關睢葛覃卷耳鵲巢采蘩采蘋之爲無射清商・此詩之叶于律呂者・樂必本于詩・即正宮越調・尚可以求聲歌之髣髴・况唐人近體乎・况樂府古詩乎・諸生曰・問詩知樂・然不爲魏文侯聽而欲臥者幾希矣・

百粤先賢志序

粤越一也・禹貢州職方・揚州外境・五嶺至於海・盡越之南裔・始禹周行天下・還越・會計諸侯・少康封庶子無餘於會稽・以奉禹祀・文身斷髮・披草萊而邑焉・無餘後二十餘世・至允常子勾踐・竟滅吳稱王・徙都瑯琊・雄方國矣・勾踐六世至王無疆・伐楚・楚熊商敗之・無疆去瑯琊・止東武・越遂散・諸子或爲王・或爲君・濱於江南海上・臣服於楚・謂之百越・葢楊州分野・會稽以南・星紀鶉尾・實負南海・嬴秦滅楚・王剪畧取揚越・漸爲三郡・曰南海・曰桂林・曰象郡・佗子孫歸漢・合浦・蒼梧・鬱林・交趾・九眞・兼儋耳珠崖郡・而九矣・今自南越・北屆姑胥・盡會稽之境・故大越也・東自無諸・都東治至漳泉・故閩越也・東海王搖・都於永嘉・故甌越也・譯吁宋舊壤・湘灕而南・故西越也・牂牁西下・邕容綏建・故駱越也・漢人謂越近海・多犀角玳瑁珠璣銀銅果布之湊・豈但然哉・陽德之盛・鍾爲人文・衣冠禮樂・不於唐虞聲敎暨南交始耶・余聞太史公曰・越雖蠻夷・其先豈嘗有大功德於民哉・夫句踐在春秋・

書於越入吳・夷之也・其時越之人・蓋有爲苦身戮力・深謀秘計・以報羈棲之恥・號令中國而尊周室者・卽秦漢以來・騶氏之爲無諸・爲搖・趙氏之爲佗・爲光・越人左右毗贊之者不少・至劉氏東西二京・功業文章之臣・出於越之南北七八千里・薄海至交州・益多矣・於是綜史牒・搜遺佚・自周迄漢・百二十人・荒逖遼邈・大賢小賢・故備錄焉・章武黃初・下逮唐宋・別爲紀載・不揣漏畧・此則志百越先賢云・

理學簡言序

蓋聞王通氏著書曰十二策・若行・則六經不續矣・蓋炫然於仁壽大業之際也・唐貞觀初・御史大夫杜淹・始序中說及文中子世家・未及奏進・爲長孫無忌所抑・故王氏經書・散在諸孤之家・易代莫聞焉・世每責房杜不能揚師之道・而嘆福郊福時・未知疏屬汾水之廬・彈琴講道志也・嗟乎嗟乎・亦足悲矣・任先七世祖九峯府君・當景定末・自太學引歸・胡兵南下・猶敎授諸生於長林之間・今講院遺址尙存・當其時・豈但太熙以後・春秋元經斐然有述而已耶・宋籙既終・夷氛益患・子孫荒遯皂幕嶺・武仙不錄・家祚中微・遺書日就散落・明興・民脫湯火・稍稍復業・按諸譜・府君所著有理學簡言一編・二百年來・偏於皂幕遠近故家・訪求弗獲・近始於禾坑佃戶掇軍冊末得之・其家出岡州尺籍・故同避兵皂幕來也・年久蠹蝕・幸可補輯・與余家石臼所藏九峯集・若劍合焉・似有神護哉・編中錄曾子・子思・孔叢子・晏子數章・及董楊王韓氏・必以爲六經孔孟之外・所論學論治者・散見於諸家・猶理學之纖・而末支者也・第府君宋人也・錄歐陽修林逋二氏・始逮濂洛關閩諸大儒・張陸呂三子而止・中不及邵雍・楊時・尹焞・李侗・羅從愿任也・膚淺何足以知之・或者是時講學・多牽蔓語・故於曾也思也坿也嬰也之下・網羅數代・止南渡未取・其醇而明・峻而奧・鑿鑿皆談理之學・因曰簡言乎・於是蠹蝕不可讀者・則削之不敢增一字・刻而藏之於家・雖然・誠不知府君著書之志之所存・敢庶幾無媿於河汾之嗣人哉・

六藝流別序

六經者・聖人所以啓天地之秘・明人倫之叙・而究萬物之宜也・孔子之徒・傳而習之・述而效之・自源徂流・濬一達萬・則爲藝焉・若子夏之序詩・公孫尼之記樂・商瞿之訓易・左邱明之傳春秋・以至禮纂於戴氏・書闡於伏生・六藝備矣・易變而爲老莊・詩變而爲楚騷・書變而爲秦制・禮變而爲錦蕞・樂變而爲新聲・春秋變而爲史記・蓋亦氣運升降之由也・厥後詞人・互相祖襲・方其翫索窺元・廣蓄德之閎度・鐫思抽緒・奮摛藻之異能・孰不謂人韞苕華・家藏明月・然究其標鵠之志或殊・放浪之懷靡一・是以序錄之家・品裁精核・銓總詳審・夏璜以一類而捐・和璧以微瑕而廢・卽蕭統所選・鍾嶸所品・例於王微・鴻寶任昉緣起諸篇・固亦存什一於千百者也・然而識異辨澠・泛眞知之決・聰慚顧曲・無聽熒之審・未能衡鑒百代・原本六經・則纂類之學・亦難矣哉・

吾師泰泉先生・辭榮金馬・高臥碧山・集儒書之淵藪・導學子以津梁・嘗曰・精一博約・聖賢之道也・川流敦化・

天地之德也・非求之于萬殊・曷貫之於一致・乃閔九流之横決・壓諸家之紛紜・括綜百王・上窮黃帝・馳騁千載・下迄有隋・撮史籍之英華・漱詞林之芳潤・因體定篇・泝源聖蘊・斷章摘節・彙集羣言・搜隱側則宮閫□□・闡幽潛則芻蕘必錄・三復斯編・信學海之鉅觀・冊府之淵滙也・譬之疏導九川・功同神禹・流異其派・派別其歧・畎澮瀃濼・蹄涔瀸汋・雖殊潤澤之利・皆出崑崙之源・故不曰經而曰藝者・是人返求也・視彼補亡之徒事贅疣・續經之妄爲潛擬・詎可同日語耶・鉛槧既就・殺青斯竟・某也爰因校讎之役・輒敢論著先生述古之志云・歐大任序・

入粵集序

樵李沈君純甫・令番禺三年・有詩曰入粵集・屬余爲序・余惟越勾踐都會稽・遷瑯琊・自王無彊後・或爲王・或爲君・濱於江南海上・丹陽・臯鄉・梅里・至於嶺表・是爲百粵・無諸王閩中・搖王東海・無諸孫丑・爲越繇王・繇王居股・爲東成侯・萬戶皆勾踐之苗裔・禹之餘烈也・海濱廣斥嘉禾・爲澤國・漢以下・斌斌多文學之士・莊助朱買臣・蓋其著者云・明興・浦江義烏諸君子・黼黻皇猷・彪炳海內・二百年來・風雅始振・世宗時・王元美徐子與・競起於太湖天目間矣・純甫閎覽潭思・嫺於詞賦・夙講業於學士先生・而洽比齊盟・將結軌於二三大夫焉・卽入粵諸篇・贈答懷思・讌談賞適・寄托遐緒・發舒懽悰・雖古今體裁不能合轍・大都言含諷切・音協宮商・出自情興・蓋風人之遺思也・昔莊助諭意風指・嬰齊入衛・持節發兵・東甌請徙・朱買臣難公孫宏・置朔方之便・十策紛論・丞相絀焉・然聲詩不少概見・能與純甫入粵同耶・余聞季札聘魯・觀樂有言・七子過鄭・稱詩諭志・純甫亦越人也・異時太史採之・殆於此得粵風哉・

襜帷集序

敬美以符丞使秦也・奉天子璽書・持節出都門・道趙魏・涉朝歌之行・上蘇門・問孫登隱處・渡孟津・行大梁・縣長吏負弩前驅・出崤函潼關・關令望塵而拜・二華故在秦疆域中・由是而拊蓮花・弄仙掌・究太陰之故・睹萬物之華・視黃河如帶・而渭涇雒漆澧滈滻灞諸川錯流其下・不知爲練幾匹・大哉觀也・振袂而歌・豈不翩翩然壯遊哉・入長安・賢王郊勞・拜天子之貺・請覿使者・敬美故善爲頌・樂且有儀・其辭令又足以宣上德意・王禮燕驩甚・執禮愈恭・謂上重秦・故以文學待從之臣辱使敝邑・自以爲得重客・敬美傳遞所至・獲覯長公・並登元嶽・禮天桂・盼嵩衡・西極岷峨之觀・俄而授藩豫章・分署九江郡・杖屨枕席於五老香鑪間・稱匡廬長矣・自奉使至分藩・不二年・所其遊覽酬答・聲之于詩・凡若干篇・李侯惟寅錄而梓之・曰襜帷集・以屬余序・余聞古有采詩之官・王者以知得失・鄉大夫交接以微言相感・必稱詩喻志・且輶軒之使・周爰咨諏・每集方言以獻好事・如揚子雲者・持尺二油素・從而書之・敬美周旋中原者二十餘年・詩與長公埒・今復以襜帷著・無論馮軾問俗・卽謳詠於三秦二楚者・殆渢渢乎大風哉・長公爲元美先生・敬美稱其家弟・海內謂之王長公王次公云・

奥川集序

詩者樂之遺也．余觀三代春秋之際．師襄師曠伶州鳩之爲樂官．審音知治．豈亦登歌清廟大師所掌之遺乎．嗟乎．二南歌于房中．雅頌奏于堂上．蓋闕有間矣．周衰官失．散之河海．于是列國有詩．以其風俗之美惡．政治之得失．諸侯采之．貢于天子．天子受之．列于學官．是其爲詩．民間歌謠之音也．途咢巷謳．勞呻歡唱者也．孔子曰．禮失而求諸野．非耶．詩有六義．比興先焉．途巷疇隴之人．靡知聲律也．而其咢也謳也．呻也唱也．行坐寢食．勃然而呫．卒然而吡．比焉興焉．自然而成聲．殆樂之遺乎．余從兄奥川先生．隱人也．有詩四卷．余嘗受而讀之．謳謠居半．諷詠雜陳．往往頌官司之循良．刺政俗之淫虐．言不迫而意有餘．喜其罔襲文人學子之辭．而無組織綺繡之習．庶幾乎列國之風也．先生生敬皇帝時．君臣和豫．朝野晏然．官姓給足．四夷卽叙．可謂興道致治太平盛際矣．當是時民猶有誠慤之心．而羞邪侈．卽其言未雅馴．猶質而未漓．尚可以本途巷疇隴之風而達之朝廷宗廟之上．授壺饗射工歌．用之奚不可哉．正德嘉靖以來．人文拯盛．詩則工．而氣已激．音已曼．風曷存焉．余猶及見奥川先生詩也．逮予再入京師．先生詒余書曰．若兄年八十又一矣．一旦溘先朝露．闇坳邱壑．若能無意乎．噫．嗟嗟擊壤之老．康衢之民．世不獲睹矣．宏治之風．今豈復見哉．於是序之．俾宗族閭里知有奥川先生詩云．

泰泉全集後序

今海內學士大夫文章著錄者．無慮千百矣．率巵辭無當．故實罕稽．其建標獨詣．力障橫流者．功固不細．或弗能原本六經．故其言不雅馴．每歎夫著述之難也．泰泉先生集六十卷．嗣子在中在素在宏刻已成．大任歸自河洛．俾序來簡．嗟乎．摳衣受業四十年於茲．無所發明．奚足以窺先生之蘊也．夫仲尼不作．著述誠難矣．漢去仲尼不遠．七十子之徒遺教未泯．易詩書春秋三禮皆顓門師授．高惠文景以來．文章爾雅．陸生新語．賈生至言．劉安鴻烈．馬遷史記．子政說苑．次鹽鐵．楊雄太玄．庶幾乎著述也．他如過秦二論．天人三策．長卿諭意巴蜀．莊助風旨淮南．晁錯實塞下之議．吾丘挾弓弩之駁．斯咸謨畫宗社．施著令甲．非經術之彪顯哉．後儒高譚頓悟．詭志乎虛．工尚藝文．競馳靡曼．志子虛則聞見黜．習靡曼則懿實寡．豈仲尼所謂論篤君子者耶．今自先生集觀之．其於陰陽律歷之變．山川輿地之廣．性命道德之原．帝王經綸之業．備於論著．遜志好古．日新富有．聖以爲的．道在人倫．故恥於標立門戶．心以爲師．學宏天則．故究於參贊璣衡．蓋篤信乎洙泗之實學．而發揮乎西京之鴻裁．視子虛靡曼之徒．廣越萬里矣．惜鼎鉉未登．著蔡已沒．天不憖遺．哲人其萎．車服禮器．故在精廬．徒能與諸生誦河東之篋而已．先生所著．又有樂典．通歷庸言．鄉禮．小學古訓．姆訓．詩經通解．春秋傳意．六藝流別．革除遺事．翰林記．南雍志．廣東通志．廣西通志．廣州志．香山志．羅浮山志．不在集中．百世之

下・論著述者・於先生之書・可按睹矣・小子譾劣・誠奚足窺先生之蘊哉・萬歷改元・歲在癸酉二月朔・

重刻徐廸功集序

昌穀先生・吳人也・官廸功郎國子博士・所著詩文卷・幷談藝錄・稱廸功集・故刻於豫章・歲久漫漶不可讀・崑山陳君敬甫之守光州也・爲之翻刻・夫吳人之好文學・自古記之矣・季札歷聘諸侯・交叔孫穆子晏平仲公孫僑韓宣子蘧伯玉之徒・而達於禮樂・偃也北學中國・與顏閔冉卜端顓孫伍・翩然引孔氏詩書之旨・以修飭其俗・風氣鬱勃・開先倡始・功孰可誣・漢魏至唐・才盛江左・所謂南方之學・得其精華・詎不然乎・明興・高陽詞人・一時領袖・宣德以來・海內和豫・廬陵長沙・鑑鳴館閣・三吳作者・張節之劉欽謨吳原博王濟之張亨甫趙栗夫文宗儒邵國賢數君子・同聲齊響・翕然並興・大都以□□爲工・轉之流易・揆之昔人・蓋不能無朱絃疏越・大羹元酒之思矣・昌穀摛詞稺齒・束髮登朝・北地信陽・閩中歷下・儀封寶應・建業亳州・七八大家・雅見推重・益共切磋・標界懸旌・匠心師古・於是窮奥研深・搜奇獵秘・潄羣籍之芳潤・擷百世之英蕤・每有屬綴・肆其定力・以就千秋之業・今考集中・樂府古詩已窺漢魏・歌行襍體準則盛唐・騷賦頌贊書記碑誄・駸駸乎藩陸江鮑之譔著矣・嗟乎・延陵之業・以齊魯大夫・言氏之業・以孔門二三子・廸功之業・不以獻告諸君哉・且昌穀評事廷尉府中・厭棄糾纏・起家進士・位不過國學掌故・爵祿不入其心・卒成空言以自表見・此瘻瘵所以用志凝神・熊渠所以射

石飮羽也・大任不揆淺陋・於昌穀謬謂能私其指・喜敬甫加意斯集・因語之曰・中原憑軾之士奏聞雅於闔閭之墟・所不以曩昔吳歈相詫者・其無忘徐先生哉・

九峯先生集序

昔大夫正考父得商頌十二篇於周太師・歸以祀其先王・至孔子編詩・而七篇亡矣・孔子於正考父七世祖也・遷魯之後・名頌或佚・故曰吾猶及史之闕文也・夫商詩在宋・孔子家書也・美盛德之形容・以其成功告于神明・是之謂頌・刪後至大毛公傳矣・余七世祖九峯先生・宋淳祐末與樂清劉黼・吉水鄒瀛同游大學・景定初・率三學諸生伏闕上疏・論賈似道專政誤國・及何夢然孫附鳳桂錫孫劉應龍承順風旨・排逐善類・不報・遂去國・闢書院講授于家・故有詩文集十卷・宋社旣屋・先生亦卒矣・元季之亂・家藏是集・佚去且半・今所存者三卷・卽不敢比商之名頌・其所遺什一・不亦類闕文之史耶・謹裒錄其副刻而傳之・嗟乎・士丁衰運阨矣・漢道盛時・販繒吹簫之夫・椎魯不文・猶且析圭儋爵・先生一登澤宮・以布衣終・曾不百石卒史也・其論恢復大計・與上陳丞相書・草茅憂困・豈爲名高乎・溘死牖下・自幸宋室完人・卒不失爲忠孝士・景公千駟・夷齊採薇・百世之下・邱山鴻毛・竟何如哉・雷宜叔氏謂投匭時・流涕太息・似雒陽少年・然才名汨沒謝長少矣・嗟嗟先生・誠有如賈大傅者・好學世家・余小子於嘉也終負愧焉・於是益恨七卷散軼・不及早編輯如遷魯時也・

送林幹夫掌教確山序

余幼學於泰泉黃先生・三四十年不更他師・今海內人士傳其學・爲卿貳侍講讀者頗多・而轉相授受・支分派別・不可勝紀・困於章句・不能纂序舊業・以衍大其敎如余者・碌碌人也・是年春・謬來典敎光郡・獲與河東林君幹夫爲同官・君以經學與光之諸生談質疑問難・開發旨要・出於箋註帖括之外・朝夕尤以行誼相砥礪・見其樸而儉・毅而有守・甘淡泊於虀鹽・嘗過余齋中・歌詩鼓琴・聲出金石・悠然如聆鹿鳴伐壇文王騶虞之遺音・愛其閑雅・詢之・乃知其爲涇野呂先生判解時弟子也・淵源信有自哉・無何・擢爲確山敎諭・確山於光不三百里而近・王君崔君俱以寅好・悵然難別・光之諸生・樂君之敎・又知余於君者深也・問所以爲贈・余謂古之職於敎者・嚴而重・今之職於敎者・輕而卑・古之受其學者與今之受其學者・面則唯・背則嘲・久則忘其姓名者異也・夫學制盛於成周・州黨之間有鄉老焉・贊鄉大夫而書其賢者能者・獻之於王・國老詔於王者無北面也・其嚴而重如此・漢興・齊魯諸儒治孔門六經・天子敎詔・茂材受學高第都講・更數傳譜・列千有餘人・猶必曰伏氏書也・田氏易也・申氏轅氏毛氏韓氏詩也・廣川董生齊胡毋生瑕邱江生春秋也・魯高堂生禮也・國家有大議論・下太常會公卿於庭・令博士傳經義以對・往往曰・臣師之說云云・諸家弟子之業・豈能一日忘其師耶・余曩聞黃先生每稱薛文清公爲眞儒・而又於呂先生最久・余又及見呂先生於金陵・誦其甘貧寡過・力行求仁之學・今碌碌尚終身守黃先生家法・期不辱於儒林・況確山爲汝南多才之地・篤信好學・游於君之門・必如光之人士樂承君敎也・嗟乎・予何以贈君・君經術行誼甚備・將以博士弟子待舉上第・益衍大呂先生之學而不忝薛公之鄉矣・

送尚寶司丞王君敬美使秦詩序

夫使臣者・周爰咨諏・豈徒辨方位・計道里・列山川・紀物產而已哉・將資眺覽而寄遐志・采風謠以備實錄也・昔在盛漢・司馬遷耕牧河山・誦習古文・及其涉歷徧宇內・然後浹洽貫穿・罔羅天下・放失舊聞・所紀載前代備風俗政事美惡得失之故・非得於眺覽咨詢者耶・王君敬美與二三大夫及余講燕中・當明天子親睦諸侯・敬美以尚璽郎爲使者・展禮於秦・方出國門・涉易水・遵太行・望大海・趨關陝・陟二華・以盡于龍門・砥柱終南惇物之大觀・問非子秦仲蓄牧之所以西傾朱圉之區・壯哉游乎・余聞秦聲音節粗厲・意氣怒猛・急笛清笳・鞞鼓交作・大卒振揚介冑之容・宣耀戎行之色・今觀車鄰駟鐵小戎無衣諸詩・非但戰鬥殺伐而已・其專精果毅・敏於有爲而不渝・誠文王周公之化之遠哉・季札觀周樂至於秦風・知其聲之夏出於周之舊也・其由此夫・敬美本吳人也・於太史公之書獨窺其深・家以詩聞・其所紀載・每采觀風謠以示百世之軌・上秉冲睿・宏攬典謨・遵帝王之事・興治立功・敬美會逢其時・自燕而秦歸・必有所獻也・行矣勉之哉・

題三江水利圖說後

往余從交戟內．聞柱史懷安林公江南治水之勞也．及抵金陵．睹水利圖說．始知其自吳淞闢四十餘里以受太湖諸水．及導澱泖秀水蒲滙於黃浦．又導崑山太倉虞溼諸水於劉河．盡復三江故道．丹潤江陰孟瀆大江之所從入．於利漕渠．又深濬白茆港以入海．其間爲堰爲堤爲埂爲壩爲閘．資灌漑．植秔稻．反覆其所爲圖．考究源流通塞之故．畚鍤先後之方．工役法約之程．行水使者．率而循之．隨時變通．可百世利也．昔夏忠靖周文襄廟食茲地．吳人頌其治水之功居多．今視懷安勞績．殆倍之矣哉．語曰．不習爲吏．視已成事．異日太史志河渠溝洫．必求斯篇於掌故氏矣．

翁尚書傳

翁萬達字仁夫．揭陽人．生而頴異．五歲能誦書．比長有文名．嘉靖丙戌登進士．授戶部主事．督稅監兌．所至有聲．権河西務．疏戚畹侵奪語甚峻．上可之．庚寅升署員外郎．督通州倉．會權貴阻撓運河．使人奪其舟．乃不敢犯漕令．謗言朋興．屹不爲動．辛卯升署郎中．議奏鹽政利弊．會圻轉大饑．奉命出賑．減去騶從．巡行勞來．立法簡便周至．民甚懷之．咸曰．活我者翁也．屆平．上嘉奬．有金帛羊酒之賜．癸巳升知梧州府．時方興兵．供億經畫．悉力立辦．而尤以厚學校正風俗爲首務．咸甯侯仇鸞縱健卒橫行市肆間．即縛其首十餘人．杖擊之乃遣．于是相戒無敢犯．丁酉討安南．擢廣西副使．首列征南事宜．白督府蔡經

行之．登庸懼．探毒藥以試刃．收巴豆困集置上流．截竹筒埋地中翼．陷馬足．陽言先襲廣東以撓我．時路邊民覘伺我事．以一關吏飫賂往來．不復能禁．萬達于是密募敢死士入僞都．旬日盡得其狀．乃下禁令曰．敢有出境與賊通者磔之．藉家．能擒莫賊一人者．予百金．登庸聞之．愈恐．莫知所爲．乃上議于經．尋復議善後之策十四事．皆原始要終．足爲經制云．秋八月．升浙江右參政．督府上疏．以萬達通達國體．曉暢戎務．宜終始安南以贊成安壤之功．上俞其請．改參政廣西．時尚書毛伯温奉命征撫．九月萬達承檄分屯龍憑思明等處．簡士卒．礪器械．足饋餉．誓師以聽．于是登庸詣鎮南關親繫組以降．遣其姪文明與士目許三省奉表入朝．其辭甚哀．于是伯温經鸞會廣西三司以登庸投降區處機宜奏聞．上是其議．報可．罷安南爲都統使司．班師論功．進爵行賞有差．是役也．萬達之功居最．初．登庸來降．萬達與諸同事步出鎮南關．登庸持箋筆乞言其意．故以窘我也．諸同事讓于萬達．萬達執筆大書．首言朝廷以好生爲德．待以不死．恩至渥也．中言宜永肩一心．臣服南荒．詞氣慷慨．筆力嚴勁．以授登庸．跪讀惶恐．稱萬死．匍匐而退．壬寅擢四川按察使．癸卯擢陝西布政使．時諸藩以祿聚訟．比至．裁取適宜．無不懽悅．甲辰二月擢都察院右副都御史．巡撫陝西．釐奸剗弊．煥然一新．時出拊循．關中晏然．十二月擢兵部右侍郎．兼僉都御史．總督宣大偏保軍務．兼理粮餉．疏報謝．大約以鞠瘁自誓．遂劾奏將官邵永姦貪．善奭衰老．于是選將帥．集客兵．廣峙畜．修器械．固險要．謹偵探．明賞罰．西鄙邊備．堅不可犯．秋七月大

同宗室充灼等·潛謀出邊·勾賊爲害·禍在門庭·萬達廉知其情·密行總兵周尚文擒發奸迹顯露者以聞·不動聲色·坐折逆萌·八月賊大舉入寇·萬達督官兵奮勇鏖戰·據險遏敵·射死者亡算·賊畏遁去·捷聞·上悅·賞銀五百兩·紵絲四表裏·寫敕獎勵·乃議築邊墻·延袤萬餘丈·親自區畫·又序次畫圖說以進·省費約九萬餘兩·兵部以聞·升右都御史兼兵部左侍郎·蔭一子·賞銀五十兩·紵絲四表裏·冬十一月宗室謀叛·獄成·上曰·翦除禍萌·功出非常·兼官蔭賞如舊·萬達復爲河套議凡數千言·大要論復套與搗巢不同·惟欲謹亭障·飭戒備·和行伍·固元氣·以俟其隙·爲計之得·聞者稱善·己酉春鹵入宣府·將逼居庸以入·萬達諜知之·夜草疏·請以周尚文卒領精銳以遏寇衝·大戰三日夜·萬達躬擐甲冑·督兵數十人來援·麾下將請曰·賊騎充斥·未可進·達曰·我志決矣·誓不與賊俱生·于是馳驅先入·衆無敢後者·會西風大作·萬達輒索車數百輛曳柴以進·塵霧蔽天·賊大驚曰·翁太師兵至矣·解圍而遁·上密遣人緝知·賊勢猖獗·及萬達親督戰狀·已而報捷·疏至·上大喜·升兵部尚書兼右副都御史·五月召入爲兵部尚書·冬十月奔父喪·庚戌秋七月大同帥挑鹵邀功失事·詔以金革奪情起復·萬達適病疽·扶病上疏·乞終喪·會寇由古北口入·蹂踐畿甸·京師戒嚴·上特趣召·萬達聞之·慟哭曰·主憂至是·豈臣子養愛身之日乎·即日哭于几筵·不告妻子·力疾單騎就道·間關萬里·未及四十日抵京·仇鸞譖萬達殊急·時鹵雖出邊·浮議蠭起·上屢問曰·翁萬達未至耶·有疏不得達·上訝以爲遲·奪秩候用·不數日·起爲兵部右侍郎兼右僉都御史·經畧紫荆諸關·會兵部抽民兵令急·遠近騷怨·萬達疏其未便·寢之·省費無算·三鎮賴之·萬達晝考公事·夜念家艱·憂瘁殊甚·足疽忽作·不能動履·又上疏·亟賜罷退以終守制之情·語意迫切·乃得解歸·瀕行·謝疏中字訛誤·上責斥爲民·冒暑歸鐵林葬父·廬于墓側·爲書數千言·告泰泉黃佐·述其墨衰不得已之情·誦之莫不感愴·鮀江故有河通諸邑·潮久而淤·疏治之·舟楫通利·居民大悅·壬子冬十月·詔復兵部尚書·而萬達方遊武夷鯉湖·至清流縣病作·謂其僕曰·亟歸·吾將逝矣·越十三日至上杭·舟中大劇·張目仰天哭曰·我遭逢明主·受國厚恩·乃今長已矣·其何以報·問其家事·不答·瞑目而逝·又二日抵家·歛之時·眉宇欣欣如生·又四日·簡命臨門·則已不及見矣·萬達性剛志絜·思深猷遠·視抗千古·心雄萬夫·坦而有制·沉而善斷·胸襟灑脫·洞然如青天白日·時出經濟·眞如迅霆之不可禦·鬼神之不可窺·故能達變傾否·動有成算·雖古社稷臣亡以逾也·所著有稽愆集·平反紀畧·總督奏議若干卷·藏于家焉·

趙按察傳

公名勳·字彝伯·姓趙氏·先世出宋支裔·自金陵戍廣·今番禺人也·少秀整頎碩·長好學·博通經史·弱冠補郡學諸生·督學憲副歐陽公鐸·蕭公鳴鳳·廵撫御史蘇公恩·咸器重公·嘉靖戊子舉于鄉·辛丑銓授江西瑞金令·瑞金爲贛小邑·鄰于閩之汀州·使傳旁午·供給繁苦·泰和安福勢豪多以寄莊優免·土著民久患差役·貧不堪命·公申請

均田・始得蘇息・節省費・興起學校・瑞金素乏科名・弟子
員戴汝器・公所授經也・輒舉中式・龍南信豐饑莩載道・委
往賑濟・存活者衆・署他邑事一如瑞金・循良之聲・出于他
邑・民不啻若瑞金民矣・江西巡撫都御史張公岳・巡按御史
魏公謙吉交章薦之・先是安遠有黃鄉賊・洞路通閩廣・萬山
巖險・征剿莫及・賊葉氏世統其衆也・曩設軍門・奏給千夫
長印・使之羈束・乙巳冬千夫長妻曾氏代夫主洞・二子沖
幼・姪葉經糾衆剽掠・提督南贛都御史虞公守愚奏征之・官
軍敗于賊・殺一千戶一縣丞・勢張甚・于是兵備副使薛公甲
謂虞公曰・事迫矣・非趙瑞金莫辦此賊・幕府召問方畧・公
曰・賊方銳・戰必敗也・今聞賊亦自困・且厭其首亂者・可
往諭使自縛・虞公壯而遣之・遂挾四小隸單騎入洞・初往賊
猶未信・列兵露刃・夾道擁視・公推誠慰撫・曾氏相率跪
伏・手縛葉經及梗化肆掠者數十人以獻・餘黨悉降・公又
諭曾氏曰・官軍征汝奏聞于朝・今雖縛姪・而二子不詣軍
門・何以稱效順誠悃・曾氏即出二子付公曰・二豎子之命在
公矣・公曰・二子即吾子也・當是時・諸邑聞瑞金縛賊・且
得曾氏二子・懽呼道路・公以二子入軍門・觀者萬人・無不
稱快・虞公不待奏報・即以便宜赦曾氏二子・送郡學觀禮・
公再入洞・築城寨・設巡司・而黃鄉賊無不歡呼樂業者・是
役也・不餉一軍・不廢一矢・百年逋誅・一旦歸命・非公籌
畧預定得其要領・能不戰屈服耶・幕府奏公論賞・虞公特疏
薦焉・丙午考最・獲封父桂如其官・母梁氏妻鄧氏爲孺人・
蓋殊遇也・其年適以治行徵入矣・丁未選授南京四川道監察
御史・舊規內守備守・監太守備國・公不理細務・惟人命賊
情許兵馬司引稟・時漸不如制・且役辦無名・竊盜扳指・最
爲民患・公疏五事・禁無名之差役・革官司之借辦・罷竊盜
之工價・嚴巡捕之考覈・省引稟之煩勞・世宗皇帝下其奏南
京守備・諸司爲之歛戢・武職犯法・憲臣窮治・波及無辜・
幾至激變・事聞覆議・公參鞫之・懲其首惡・餘皆薄治・上
兪允之・壬午遷山東按察僉事・巡東兗濟南二道・執法詳
明・存心忠厚・審錄獄囚・決配者即遣・寃抑者即免・齊魯
之間・稱明決焉・歲大饑・人相食・巡視拯卹・不遺餘力・
預檄州邑・告賑即發・不待報可・民賴以生者萬計・救荒之
策一如龍南信豐矣・僉事三年・所巡按巡鹽劉馮孫楊四御
史・前後論薦于朝・甲寅以憂歸・遂不出・家居課子思謙思
基思學・令與蒲君凝重鍾君繼英爲會・戊午蒲鍾二君登科・
辛酉思基遂領鄉薦・乙丑蒲鍾登進士・思謙積學郡庠・日駸
駸起・可無憾矣・公爲名令尹・名御史・而按察尤有聲・五
十懸車・論者惜其位不究德云・所著有遺集五卷・藏于家・

外史氏曰・余爲諸生時・趙按察以御史歸見泰泉先生・先
生方授予經・離席立侍先生・顧趙按察曰・御史好官須造好
人・趙按察盤辟伏對曰・敬受教・袁參議者・分宜氏壻也・
與趙按察舊同官・强之起曰・君但行・外舅必能爲君地・久
次可中丞也・趙按察謝曰・君意良厚・第烟霞已癖・夢不到
長安陌矣・夫趙按察砥礪名節如此・其得于泰泉先生者豈淺
尠哉・此可以觀趙按察也已・

漢二孝頌

羅威唐頌・番禺人也・威事母寒溫被席・暑扇蚊蚋・遺

喪日進溢米食蔬醯者三年・結廬墓側・白鹿馴擾・如家所畜・頌喪父母・負土成墳・墳左為廬・寢處其中・扶服哭踊・朝夕奉盥進膳・事之如生者凡六年・有甘露降于冢樹・馨郁湛靄・彌月不已・唐人以威頌皆先賢・嘗尸祝之・南齊永明中・范雲為廣州刺史・至任・首遣使祭墓・余嘉靖丁酉秋經其祠遺址・感其為嶺南風教之倡也・敬著頌焉・

德仁惇慤・孝不遺親・躬耕負郭・給養食貧・隣牛犯穡・納芻其門・日對妻子・有如嚴賓・謝絕貴勢・井汲自存・徵辟不就・鄉里歸仁・溫溫德雅・内行純正・孝實人經・毁不滅性・郡察孝廉・布山作令・拊柔民夷・鬱林歌詠・粤塋菴藹・二公所廬・馴鹿如在・甘露尚濡・舊俗澆矣・幽蹟歸如・漢治近古・炳列策書・高風不泯・式此遺墟・

孔林頌

明嘉靖乙丑冬十二月乙亥・余同比部郎黎君天啓趨曲阜・拜闕里廟・衍聖公尚賢率諸子弟迓于廟門・拜畢・導觀手植檜・於是出城北四里・謁孔林・自漸門入二百步為夫子墓封・高丈餘・有漢刻石・宋刻至聖文宣王墓石・則在漢石之前・洙水環其下・西南側有子貢舊築場・東南隧道左有駐蹕亭・饗殿前有二石人・四石獸・甚奇古・壇石四十九・則造於後・漢魯相韓叔節伯魚墓在東・子思墓在南・相去密邇・四代白墓在西北隅・五代求墓在東北隅・六代箕墓在東南隅・七代穿墓在西南隅・自漢中興・祖墓以下皆列於外林・廣十餘里・樹木皆弟子四方之植・下無荊棘・上無鳥巢・南為防山尼山鳧山嶧山顏母山・東為九龍山蒙山陪尾山夾谷山龜山・北為甑山杏山梁父山云云亭亭山介邱山徂徠山・咸宗于岱也・水則沂汶洙泗皆西逝・蓋地傾東南・非岱巖諸山為齊魯青徐之障・則黃河衝潰・不但碣山淪於海而已・障海地勢之完固・千萬年元氣之運所由啓歟・幸獲瞻謁・謹奏頌云・

峨峨岱山・四方宗兮・業業孔林・萬年封兮・沂泗既下・淮沛淙兮・肇啓洪源・鞏林宮兮・

建饗殿・脩嘉薦・乃告成・乃侑奠・八音諧・六羽獻・來子孫・走髦彥・奉聖靈・歆錫羡・祚無疆・永詒燕・

鬱鬱墓林・靈秀所盤・日之月之・維乾維坤・元氣攸萃・四方來觀・宇宙不毁・喬木長存・本支千億・吾道萬年・

漢江都相董子祠堂頌

嘉靖乙丑冬・余出京師・過河間・望廣川下帷講誦之地・鄉往久之・蓋停車低徊不能去云・余時以江都文學掾之官也・明年夏至江都・既三日・謁董子祠堂・祠在廣陵城東・即江都時所居故址・董井存焉・余惟孔子明先王之道・志在春秋・春秋孔子之政也・七十子衰・田方・吳起・馯臂・段干木・禽滑釐之屬・學出孔門・為王者師・六國之際・儒術既絀・陵遲至於秦極矣・漢興・干戈甫定・尊用黃老及治司空城旦書・鄒魯薦紳先生雖稍稍出其闕節遺編・共相傳授・然未有發憤六籍・續墜緒於孔門者也・唯董子明於春秋・修學著書為事・三年不觀其舍園・學士咸師尊之・其

對策言春秋大一統・宜罷斥申韓蘇張之言・純用孔子術・自是邪說滅息・道術明・統紀一・推尊孔子自廣川始・當是時孝武皇帝所用者・張湯杜周以刑法・桑宏羊孔僅以徵歛・衞青霍去病以戰伐・文成五利以方術・枚皐東方朔以滑稽・鄒枚司馬相如以詞賦・主父偃嚴助朱買臣吳邱壽王以縱橫・趙過任光以農利・皆紛紛進矣・此董子所以出相江都也與・易王好勇力・治宮館・招四方豪傑・驕奢甚・董子以正誼明道之學事之・而三仁之對・尤兢兢焉・則孔門政敎・江都其首善之地哉・流風百世・經術之盛・殆有所繇・余數經祠下・益想見其爲人・乃作頌曰・

洙泗之學・董子醇儒・春秋在趙・學士爭趨・齊則胡母・精篤不如・潛心大業・講授生徒・進退容止・禮度罔踰・漢廷博士・乃相江都・倬哉儒行・國之球琛・具官待問・蓍蔡規箴・竟持廉直・取嫉佞壬・寧治生產・與世浮沉・著書脩業・博極宏深・玉杯繁露・淸明竹林・久次相受・詠歌德音・弟子通者・百數冠簪・中郎掌故・雲蒸霧霪・伊昔西京・表章六藝・著令立官・勸學講議・濟濟廣川・發微啓祕・鄉推祭酒・家守典記・蓬館石經・羽陵山笥・遺言炳蔚・可示百世・江都舊蹟・井泉閟寒・蒸嘗伏臘・儼若講壇・高山仰止・萬方表觀・九河已湮・碣石已殘・不絕終古・秋菊春蘭・小子作頌・以繼斯干・

臨雍頌

萬歷丙子八月二日・皇上駕鹵簿視學・至門外止輦・具皮弁服・釋奠先師・更翌善冠黃袍升輿・幸彝倫堂・文武百官咸侍・祭酒臣應鰲・司業臣淵率學宮習禮公侯伯諸生・跪聽傳制・是日雨・上諭免講書・免俟送・次日上御皇極門・文武百官慶賀・衍聖公臣尙賢・祭酒臣應鰲等以表進・上御門頒賞・次日上賜勑勉勵師生・恩至渥也・臣大任以助敎從學官後・自幸躬逢盛典・伏聽綸音・雖位卑才微・然紀述頌歌・亦文學職也・其詞曰・

赫哉我皇・龍飛冲歲・□秉德知・勑躬寅畏・保傅在前・凝丞在位・兢業克勤・政學並勵・南北郊禋・大禮成備・尊事兩宮・同于天地・廸哲因心・謙挹自貴・孔聖維師・數罔失墜・竹簡六經・木鐸萬世・二祖八宗・崇儒致治・巖巖辟雍・閟宮嚴祀・於焉訓胄・於焉造士・皇心仰止・曰聖可至・治謹日中・重明以麗・維孔是師・夙夜不貳・輔臣贊襄・釋奠有事・爰詔伯宗・考議辨制・爰詔司空・命工修廢・太卜筮日・太常陳器・牲醑夙虔・歌鍾在肆・六鸞鏘鳴・交龍羽衞・冠冕鵷迎・衿佩麕至・大昕甫臨・甘雨先被・具弁執圭・奠爵獻幣・靈睠儼來・神禧報至・洙泗凝祥・闕里增貴・橋門執經・槐市講藝・賜及師儒・恩加髦稚・乃召三氏・乃召諸生・告之求己・告之力行・功由業廣・治以實成・範金乃器・直木必繩・懋乃斆學・樹之風聲・惶惶彝訓・穆穆迓衡・鰲足攸奠・亥步所經・三韓百濮・諸羌二庭・獻琛於笥・貢馬在坰・同文同軌・以淸以寧・自昔唐虞・獸舞鳳鳴・爰及姬姒・廣敎演兵・瞽宗米廩・辟雍鎬京・化成天下・臻于太平・作之君師・維億萬齡・小臣矢詩・以頌我明・

大婚頌

上之六年戊寅二月十九日庚子・奉兩宮慈訓・遣使持節・以金冊金寶迎皇后於行館・文武臣僚・肅班承天門外・俟皇后入宮・二十一日・上御皇極殿・詔告天下・嘉禮告成・臣民胥悅・於是國子助教臣大任奏頌曰・

六龍御天・湛恩四方・乾坤定位・日月重光・皇帝握萬歷之紀・修五禮之常・思嬀汭嬪虞之吉・求塗山配禹之良・泰筮獻占・文定厥祥・幸應期之奕奕・協和鳴之鏘鏘・於是承慈闈之簡命・遵列聖之彝章・竭奏告于郊社・徧謁啓于宗祊・曰惟淑德・靜壹端莊・緱山肇祉・沙麓嗣芳・儀刑任似・媲美英皇・六禮於焉迭舉・九賓於焉敷揚・令月吉辰・九門有閌・鹵簿具舉・旌旂抗張・冊寶玉節・元臣肅將・騎驂驔而傳警・燈煒煜而成行・翳翠葆於星漢・翌五軍於天閶・集冠弁於橋南・百僚儼而趨蹌・皇后蹕入・升儷袞裳・明兩既麗・陰教以襄・於赫褘翟・燦彼珩璜・於論鼓鐘・叶于笙簧・兩宮孝養・九廟蒸嘗・母儀函夏・內範姬姜・關睢正始・葛覃化彰・樛木逮下・卷耳傾筐・禮於高禖・蠶于公桑・將衍本支於百世・而基風教於萬邦・綏帝祉于合德・介萬壽以無疆・嘉釐既兮・徽音允臧・一人有慶・受天百昌・

秦關銘並序

秦始皇取南越陸梁地・置南海桂林象郡・以謫徙民戍五嶺・於是大庾嶺上有秦時所爲關焉・今爲走中原道・卽庾將軍塞上嶺也・其險要在封守者・銘曰・

巖巖嶺陽・百粵門戶・開道豫章・周祛橫浦・東南一尉・叢薄雜處・戈弩靡弛・饟餉足賦・屠睢史祿・鑿漕典武・任囂趙佗・甲卒屯戍・關旅既通・牝畜鐵鑄・方物入貢・庭實飛輸・犀角象齒・南琛太璐・翟羽鮫皮・孔雀桂蠹・鬉于魚稻・湊以果布・軍寓中權・貨盈外庫・肥國域民・實繇斯路・越裳白雉・重譯以赴・黃支牽犀・航海而渡・逸豫是虞・盛隆宜懼・勒銘關門・思我王度・

鄭用淵 順德人・嘉靖甲子舉人・官松江府通判・

報馮令公書

父母台旌甫蒞賁邑・銳意作新・謂爲政先造士・樹表在得人・務蒐滅明守己之賢・期追武城絃歌之化・甚盛心也・第蒙過采・謬以領袖屬不肖淵・欲延至學宮以表多士・顧淵譾劣・方將楷人而能楷於人哉・聞命莫措・謹瀝下誠・三致謝于下執事者・夫學校爲朝廷養士之關・欲居其地以率人・惟德望隆重者當之・臺下稟英雄蓋世之資・居父母斯民之任・才長萬斛・學富五經・誠名世高標・士林赤幟・請于政暇集諸士于學宮・耳提面命・使其善勸惡懲・賞罰不忒・行見標立而人趨・表端而影正・及門者悉覿德而從風・觀聽者亦感化而滌慮・淵且樂在薰陶涵育中・何幸・何幸・必欲立一會長・當擇諸士中之學行優長者以充・孔子曰・十室之邑・必有忠信・未嘗求之・不可謂下無其人・淵嘗作育於禺宮・十有七年・今幸我明公蒞止・政教並舉・人己兼成・能

自棄門牆哉．第以邇來年力衰邁．痿痺聾眊．即欲奔走而沾化雨．拜清塵．心涵而力不逮．倘或下采葑菲．寄聽蒭蕘．乞處以僻靜祠宇．間一枉駕．或光顧寒廬．時賜清問．僕雖譾劣．謹當抒一德以獻高明．如果引而置之學宮．使某與明公諸先生並肩而偃然諸士上．是重不佞之罪也．曷敢當．曷敢當．懇瀝如斯．伏祈俯聽．曷勝感激．惶悚之至．

龐一夔 字仲虔．南海人．嘉靖甲子舉人．知蒼梧縣．歷官至九江同知．擢唐府長史．不赴．一夔爲嵩長子．能承家學．政治行畧與嵩近．而見忌亦同．著有蒼梧養利志．江門正脈．諭俗編等書．阮藝文畧皆注未見．

言之必可行說

湛甘泉先生曰．言之何以必可行也．行以踐言．以言順也．所以成政事．興禮樂．修刑政．化民以遷善．而不知爲之者也．夫正名爲急．衛之名．將何以正之乎．胡氏曰．必將上告天子．請于方伯．命公子郢立之．則名正言順．而事成矣夫．待我爲政．我並其父子廢之．豈人情事勢之可行者．且魯哀公二年．衛靈公卒而輒立．十六年蒯聵入而輒奔．輒之爲君十五年矣．與於諸侯之會．方伯不敢非矣．六拒晋人之師．國人不敢叛矣．左傳曰．初衛侯遊於郊．子南僕公曰．將立汝．不對．他日又謂之．對曰．郢不足以辱社稷．公卒．夫人曰．公子郢爲太子．君命也．郢先生．有靈公之命矣．遵公命以立郢．則輒免以拒父之罪．而聵負殺母之名．必不敢動．衛無後來之亂矣．然之．郢言曰．君沒于吾手．若有之．郢必聞之．是靈公欲立郢．以蒯聵在宋示决也．至哀公十六年．郢之爲別子．而臣服於輒亦十五年矣．而代之．是叛也．蒯聵之復於衛也．使鄢武子告于周而王使單平公命之曰．余嘉乃成世復爾祿次夫．聵在外十八年而王不抱定也．輒立十五年而王不能令也．晋置蒯聵河上．又遣兵納之．而衛臣子不肯從也．雖告天子請方伯．而何益也．

經晋趙鞅帥師納衛世子蒯聵于戚．胡傳曰．蒯聵出奔．靈公未嘗有命廢之而立他子．及公之卒．大臣又未嘗謀於國人．數聵之罪．選公子之賢者主其國．此所以稱世子也．晋師納之．於義未爲不可．晋以霸國不能奉王命．聲大義以正之．夫蒯聵奔而公不召．至卒時四年矣．父不以之爲子矣．左傳曰．衛侯爲夫人南子召宋朝會于洮．太子羞之．謂戲陽速殺之．夫人見其色．啼而走曰．蒯聵將殺予．公執其手以登台．太子奔宋．是聵實有殺母之罪．得罪於母．而自絶於衛也．經齊國夏衛石曼姑帥師圍戚．湛先生春秋正傳曰．國夏與曼姑不能因晋之納以輒．近蒯聵于戚．而避位讓父以正倫理．乃助人之子以圉人之父．是無人倫矣．公羊以輒不以父命辭王命而宜立．以曼姑受命於靈公．義可以拒之．是不知天理人倫．爲君國之本也．是則然矣．以亡人借鄰國之援而遽以爲君．昔之拒者．何顏立其朝乎．胡傳曰．爲輒者．宜辭於國曰．若以父爲罪．將從王命．父之命則有社稷之鎮．公子在我．焉得爲君以父非罪．則乃世子之有也．天下豈有無父之國哉．而使我立乎其位．是故輒辭其位以避父．則衛之臣子拒蒯聵而之可也．是名之可言者也．然曰輒自辭其位．則臣子拒聵而輔輒．是使輒僞辭也．有父子而無君臣臣爲民．而祠遷非訣已．

愚謂輒能授夫子以政．則夫子必以誠意感動．輒而使之辭位．以迎其父．又必以誠意感動蒯聵．而使之歸國．以政屬其子．如後世之爲太上皇者．父父子子．君君臣臣．庶名皆正而言皆順乎．李見羅以引其父襄敏公之言．曰．夫子畢竟是個不仕於衞而已．必也正名．蓋明示之以不可行．而即寓見夫己之不可屈也．是夫子不爲衞君．衞知之．子路後亦知之．故待子爲政之言不再至也．

改建龍王廟記

蘭津支流伏地中數百里．穿九竇。上出大保東麓．滭沸潏漏類九龍．北水棘人附會爲沙．一觸沉木孕九龍．故地若商玄鳥而周履歆也．荒唐不經．乃滙爲易羅池．東西溝分澮．列四十一號．灌田二萬四千三百畝．雨或愆期．齊民襏襫披星．需次頃刻不相讓．得水寸陰猶寸金．夫神瀵出滋穴．四埒注醪醴於終北．奇矣．未見灌溉之利．涇渠鄭陂．澤斥鹵爲沃壤．利矣．未見其發源之奇．兹池兼利與奇有之．禮貍沉所宜祀乎．歲久甃缺．岸善崩．葑礫妨壅．龍王祠舊去池遠．撓傾漫漶．旁風上雨．神不福民．歲癸巳大旱．水流幾不屬．郡侯淸江文恒陳公嚴曲防以均利民．越甲午大熟．則晉署邑．騰越守王君僉謀捐俸．濬池治堤．環植桃柳．以固岸土．匪爲遊豫．遷祠池上．棟宇閎翼．肖土像神．今日顧諟靈源．無俾壅塞．民大歡悅．起工冬十月朔．落成於乙未春初正吉．千戶夏世臣董之．予紀其成．嗟乎．有功於民則祀．守之職也．興雲雨以時利民．非神職乎．甌窶滿篝．汙邪滿車．予效齊禳之祝．以責之神．庶神與守交

廣東文徵

改編本卷十四

番禺吳道鎔原稿

明 九

葉夢熊 字男兆・歸善人・嘉靖乙丑進士・初授福清知縣・入爲戶部主事・歷官至兵工兩部尙書・加太子太保・平生忠勇過人・多智畧・萬歷中・哱拜擾寧夏・殺撫臣・刦宗室爲亂・朝命夢熊自陝西移撫甘肅・與總督魏學曾同討之・學曾尋罷・以夢熊代・卒平寇亂・戰功爲一時最・所著運籌綱目十卷・決勝綱目十卷・四庫著錄・阮畧並注存・雲華集注未見・

祈聖斷請勤政疏

題爲懇祈聖斷・日講勤政之實・以圖安攘大計事・切惟帝王之學・感發於一念・卽造萬民之福・懲創於一事・遂建百世之基・古昔無怠無荒・而誓師振旅・自朝至日中昃・而克詰戎兵・遂稱來王咸賓之治・務實學則有實政・務實政則有實效・所注意者微・而所致者博也・今皇上晨興而臨朝・可謂不怠矣・日講而竟午・可謂愼德矣・然數年以來・西北多警・東南不靖・是豈潔名而不索實者之過乎・近見文學士李一本以貞觀政要進講・是欲陛下親賢納諫・或於唐太宗慕虞周之名・亦可法其一二也・至謂宋神宗以後諸君事蹟・猥瑣不足仰煩天聽・請罷講・夫史所以垂鑒戒・非徒美觀也・殷之鑒不遠而在夏・周之鑒以殷・漢以秦鑒・唐以隋鑒・宋以五代爲鑒・我朝接統于宋・宋之所當鑒者・聲容盛而武備衰・議論多而成功少・以因循爲鎭靜・以治兵爲失策・奸邪進用・戰守無據・其間事蹟・讀之有令人扼腕而嘆者・以此進講・則陛下英明・必有感發懲創・反而思之・上下恬然・置邊事於不問・乃讀以爲憂・如李綱者・今有何人・渡河剿敵・以身殉國如宗澤者・今有何人・孰爲种師道趙鼎之必戰・孰爲張韓劉岳之必勝・有此諸臣・尙不可恃・况未必有乎・陛下念此・將有勃然不自安者矣・邇者邊報告急・幸而不敢侵・此恃陛下之有福・非恃中外之有備也・以在內則營務之紛更不定・或分或合・更無歸一之宜・在外則擺邊單弱・或守或戰・未見銳然之氣・據兵部稱・薊遼總督揭報・邊長兵少・力不能支・是無事則練兵築臺・有急則稱邊長兵少・將委其責於誰乎・又據各鎭哨探・倏然而犯古北・倏然而犯黃花鎭・朝報分爲五路・暮報分爲二枝・忽而報祭旗東行・忽而報爭扨西返・忽而報三十餘萬・忽而報絕無虜形・近日宣大都督稱・九月初旬差人深入朶顏部落・探得黃酋尙未聚兵・則前後所報信皆屬夷及將領附惑之言・是虜形且未知眞况・望其得虜情而禦之乎・又據兵部請調河南山東壯快民兵各一枝三千赴援・夫各鎭養兵・歲費餉二百八十五萬餘兩・竭天下之財以養之・謂其可恃也・今一有警・而調

壯快入援．何其弱而不智也．數千壯快果可以敵强虜乎．寇未入邊而調河南山東之兵．旣入境則江浙閩廣之兵皆將調乎．且欽奉集議邊防諸條陳．奉聖旨．是這所議．着二鎭諸邊總督鎭巡等官着實舉行．如有仍前欺怠的．兵部科道及巡按御史．卽便指名參奏．陛下之勵精邊事．何其切也．數年間．諸臣所奉行者何事．所可決勝者何將．所可衝鋒者何兵．一聞警報．錯愕不能措手足．是今日之武備．視宋何如．今日之議論紛紛而無實效．視宋何如．今日之臣工泄泄因循．推調將誤國．視宋何如．況今四方之災異頻仍矣．各省倉庫搜括殆盡矣．太倉之財用告匱矣．嶺海之盜賊蜂起矣．時勢如此．幸屬寇狼棼豕逐．無有他志．設有投鞭立馬之雄．何以禦之．故宋事可爲永鑒也．伏乞聖斷英明於日講時．令講官將宋神宗以後邊事戰守之得失．及今日所宜轉弱爲强之計．請陛下俯賜淸問．面與大臣講求萬全之策．必如祖宗驅逐夷虜．使之匹馬不敢南下．以貽萬世之安．是一注意之間．而來王咸賓之盛．可並駕虞周矣．又豈但貞觀之政已也．冒昧上陳．不勝戰懼之至．

虜詐多變早決大計疏

題爲國勢當强．虜詐多變．懇乞聖明申飭經畧之臣．早決大計事．臣徧歷臨河關隘．觀虜出入之路．慰恤各村堡傷殘之衆．閏三月二十二日至洮州．據洮岷兵備按察使劉副總兵唐呈遞夷書．扯力克差番僧在土官楊臻處內稱．順義王的文書．着泥土官楊臻等頭腦．洮州的大小各官的盔甲．並一坐白帳房．巴什都餽我十副好甲．好馬十匹．好皮子五十張．段子絹子一百．老人茶三百．黑茶二百．速忙饋我．火落赤等者不送着來時．帶累洮州地方．不要怨我等情．蓋楊臻等於扯力克出口時．曾習兵堵截．見其所搶輜重．行十二晝夜不休．因而乘間奪下馬匹．故有此索取以圖報復也．臣拘集土官及番僧面審無異．矢楊咎諸番．與洮州同處一隅．皆係內地．其在外生番數百族．直聯松茂．正虜所垂涎也．一旦有此夷書．眞可駭愕．夫祖宗以茶馬之利．撫摩諸番．爲中國藩籬久矣．萬曆六年．邊臣縱俺答西搶．明白以番爲魚肉而媚虜也．此天地一刼數也．所遣火眞諸酋渡河．南牧莽川．然一向不敢內窺．至十七年邊臣又縱扯力克西來與火眞陰約內犯．於十八年正月始入莽川．未幾而撦酋亦渡河矣．此入犯根因也．又天地一刼數也．夫一誤陛下而不已．又至於再誤陛下．安知從此不有源源而誤者哉．祖宗以萬全金甌付托陛下．前後爲邊臣所誤．東殘西破．荼毒生靈．隕將喪師．主憂臣辱．誰爲厲階．禍延至此．此忠臣義士所爲痛哭流涕者也．臣所巡歷．父老千百攀輿而訴．謂二百年享太平天子之福．不意有今日．聞皇爺發兵討賊．幸須臾無死．以待返我子女．久未見下落．臣羞媿無以對．蓋虜自耳記入山．而河州．而臨洮．而渭源．殺戮之慘．從來所無．若非輜重難行．卽直趨長安無所顧忌．此與庚戌之變何異哉．致陛下赫然震怒．節奉聖旨．撦力克襲授封爵．欵貢多年．却於西鎭生事．黨助凶逆．侵掠邊境．顯是背恩犯順．着該鎭停革市賞．候經畧大臣相機處置．欽此．又諭輔臣．欵貢亦不可久恃．若專務媚虜．使虜心驕意大．豈有厭足之時．是天地九廟之靈．啓陛下以必戰之氣．明如日月．怒如雷霆矣·乃邊臣不能爲陛下雪恥·只圖了事·十月·虜聞大臣奉天征討已到蘭州·莫不恐懼·各思解黨東歸·乃通官都司王夷使計龍武天祥等·絡繹交通·卑詞厚賂·惟求結好·遂稱撦力克不曾與火眞同行·今日稱服罪叩頭流血·送還人口矣·明日稱亟圖東歸·乃酋長之恭順者矣·今日川底卽歸矣·明日稱有小事未完·又欲從內地矣·挾秦賈之術以奉虜·愚弄中國如同兒戲·豈知有明旨哉·夫兵情貴速·宣大延綏精兵既集·加以甘固兩鎭之兵·不爲不多也·自十月至正月不爲不久也·火眞晏然於莽鯢間·享中國子女財帛之樂·置而不問·乃朝夕懇乞撦酋東歸·而謂之調停·竟不發一矢於火眞·而謂之持重·縱放踏冰而去·機宜全失·果可謂之廓淸兩川乎·虎之潛形·專圖伺人而食·既食之而飽·不去何待·歸者自歸·去者自去·任其縱橫·輒云認罪·輒云宵奔·信若此·則陛下何必用經略·何必用撫臣·止用計龍武天祥等·則天下之能事畢矣·

經畧疏云·入河西三月·驕虜已創塞遠遁·五郡一時可謂寧謐·及杏兒搆之搶·屯住三日不欲入報·而遊擊一報·遂疏論之·臣面詢延綏遊擊吳帶兵一千防弘化寺·指揮陳帶兵三千打冰橋·皆云虜撲黃河·見冰斷遂回·搶黑長匝爲哈刺韓六斬首級六顆·生擒一名·解驗功官賈登儒·件件皆實·反謂其虛·此則敗將劉承嗣以並無虜縱之言·誤經畧也·至於招番之議·不探其本·夫祖宗以來保固諸番如兒女之在堂室也·今縱虎狼入室以噬其兒女·不能驅虎狼以救兒女·而曰收兒女以驅虎狼·豈不大可哀哉·統握重兵·坐視驕虜爲急·而以招番爲功·捕捉風影·一日報收幾萬·但憑鬼籙·指爲强兵·獨不思將士如雲·尙畏縮如鼠·又何籍番以禦虜乎·夫人心向背·惟勢是趨·勢在虜則歸虜·勢在中國則歸中國·吾能制之命則能爲番之主·彼之來歸·卽赤子之慈母矣·惟廣布恩信·願市馬者許之·願立堡者許之·蓋王政之體·聽物之自附者·固也·未有歆招者以敘功·餌來者以厚賞·日忙然建鼓以求亡子·奈何媚虜未了·而又媚番哉·夫水泉之捷·殺住牧者也·非入犯也·宜卜失兔忿忿不平·而總兵張臣讐怨之慮不爲過也·近日又送還駱駝以解其意·臣不知何說也·莽川之捷·其所棄殘黨耳·於火眞未能有損益也·乃移民該道·及總兵官欲將夷女僞稱火落赤兒婦·臣又不知何說也·旨意之分順逆·指東邊諸酋不動爲順·撦酋爲逆也·今欲縱虜·乃改分順逆·自南歸北者·准借路·是以撦酋爲順也·非所以奉明旨也·又給與白旗戒約·軍民不許起釁生事·違者處斬·以慰其歸回之誠·夫虜起釁則爲歸向·軍民起釁則處斬·非所以令衆庶見也·經畧近有書與臣云·四月中欲兩川出兵·臣益加惶懼·夫大兵初臨·當爲電擊之舉·而虜馬瘦弱·宜伸席卷之威·二者兩失焉·更復何爲也·方今撦酋要挾·而氣燄愈驕·火眞滿志·而蹤跡暫伏·臣屢行偵探·而兩川固無恙也·兵出將何之乎·或者見我師既老·日有千金之費·兵無一鏃之遺·恐無以結局·將假此一出·舍彼豺狼·掠取狐兔·遂如疏稱·揚兵出塞可以奏凱還朝矣·臣恐將士邀功·川原寥闊·紛紛搜捕·不分番漢·其禍有不勝言者矣·夫兩川可往可來之地也·一空能斷其路頭乎·番人可反可覆之性也·虜來能保其不順乎·遙度者信爲美談·誇張者借以塞責·斯西事之槩

也・臣不敢不備陳之・願陛下視河湟如几席間・則邊臣不敢欺矣・

百務煩瑣・臣不敢請・惟舉其最急者・在夫大計而已・決之不早・則國勢不可收拾也・自陛下至閣臣・以及中外臣庶・皆奮然欲正撦酋之罪・蓋以九邊觀望所關・國勢强弱決於此舉也・此舉一失・而敗盟侵犯・反加恭順之名・快意東歸・不失市賞之利・誠如聖諭所謂心驕意大之患矣・自此以往・安知一二年不再來・而諸酋亦何憚而不再犯耶・犯而中國如之何哉・夫四夷知中國惟恐失和好・則恃和好以挾中國邊臣・知朝廷惟在保守和好・則恃和好以挾君相・欺蔽養亂如二十年之前・再加二十年之後・大敗極亂・皆非諸臣所及見也・而憂則在朝廷矣・所謂不可收拾之勢也・懇乞陛下獨秉乾斷・以國恥民怨爲祖宗所□恨・申飭經略臣鄭・務在實心爲國・仰體陛下毅然必戰之心・聲罪致討・數撦酋之惡・一面先革去王號・永不開賞・宣諭各邊貢市守法之夷・共擊背恩犯順者・仍諭延寧甘固撫臣・各選精鋭死士・埋伏要路・按兵以待・所經過地方・不許撫賞宴待・開市賣馬・如有挾賞作歹・別生事端・即許相機夾剿・有功不惜封爵・即有損失・亦不深罪・使邊臣得從便宜・是盟自彼渝・釁非我啓・彼犯中國・既不畏結我之怨・乃堂堂天朝・反畏結虜之怨乎・懲一撦酋以風動九邊・使其喪膽奪魄・知天威之難犯・永守約束・斯制虜强邊之上策也・彼火眞等形勢既孤・進退無據・急則窮追・緩則計□・又何難誅鋤哉・夫經略大臣・才望動名方爲陛下倚重・臣素庸劣・何敢輕言・但廟堂知報虜二月出邊矣・不知尚在境上有此夷書也・知報兩川無虜矣・不知又刻期出兵搜剿也・夫驅虜則機不可失・揚兵則心不可欺・皆臣責任所不能辭者・故感慨激烈・不得不言・惟知忠於陛下・不知有他・如或臣言不當・請先就斧鉞・庶不至邊事之誤也・臣不勝惶慄隕越之至・

崇敬畏以安社稷疏

臣惟人君爲天人之主・天人交與而后社稷安・臣切覩近來天變・人心大有可畏者・往臣初至臨河時・即廵歷洮岷地方・軍士環而鼓譟・以缺月糧三月爲名・臣慰諭量爲處給・比過朱家山包家頂・白骨煒煒・官軍慘然指曰・斯非枵腹而赴敵者乎・及渡河而西・所過在在糧草缺乏・皆曰陝西往歲災傷・積欠民運二十餘萬兩・無從解補・而京運數千里外・往往愆期・以致兵心洶洶・未幾即有寧夏之變・而人心益動矣・忽于三月初六日黃氣蔽天・白晝黑暗・徐而變爲紅色・天鼓大鳴・初七日夜子時從正西虛・空降火一塊如盆口大・后生三尾・落西地方・據平山等處守備謝等搪報相同・而人心愈益動矣・又查自十九年至今・天鼓時鳴・地鳴地道數震・火光冰雹・暴雨颶風・青氣吐于獸吻・白氣横于斗傍・彗自天飛・血從地湧・海內人民・驚訝以爲從來無此非常之變而且多也・至于連年兵亂・如廣西浙江四川郎陽靈州甘肅・近而京營・雖變有大小・皆蕩然陵替・然未有如寧夏叛逆之甚也・若醫者不視人之瘠肥・察其脈之病否而已・若計天下者・不視天下之安危・察其紀綱理亂而已・紀綱脈也・請陛下視國家命脈今果何如哉・夫天變于上・人變于下・岌乎可畏孰有過于今日者・乃陛下靜養深宮・朝講時輟・自以

爲何所畏也．亦謂人君之尊猶天也．威雷霆也．任性所發．其誰敢當．豈知天變之來．有非人君之勢力所能强制者．其將若之何哉．夫天變之來．必有所以．人心之搖．必有所因．固內外大小臣工失職之罪．然其轉移搖動之機．先繫于人主一念之敬畏．如成湯之自責．成王之悔悟．而后天人爲之響應如桴鼓也．詩曰．畏天之威．書曰．可畏非民．自古帝王．兢兢業業．如履春冰．如朽索馭馬．視天下爲至危．故曰．弗畏人畏．願陛下孰思之也．

夫此時天下亦多故矣．狡虜雄視于外．叛兵僭竊于內．又安知四方無奸邪乘風側目而起者．以兵言．則籍者僅備戎守．招募者坐見驕悍．以餉言．則內而帑藏空虛．外而小民愁怨．徬徨四顧．束手無策．祖宗二百餘年全盛天下．何以至此．獨不寒心哉．惟願陛下恐然．日夜危懼．自爲社稷計．臨期決事．諭講諮詢．和顏温旨．以敬大臣．召囘諫官．以扶正氣．惟忠言是聽．宴安是戒．大發內府之藏．以養敢死之士．不惜封爵之典．以勵有功之臣．奮發威靈．以制胡虜．獨秉剛斷．以平僭亂．如是則天心可囘．人心可收．易危爲安．易亂爲治．臣所謂求之命脈者也．臣孤鎮在祁連天外．自寧夏報后．遠近飛語．紛紛搖動．椎埋屠狗之徒．人人皆欲爲廵撫．爲總兵．不知有朝廷．是時凡爲陛下臣子者．孰不痛哭流涕．剖心裂肝．何顏以立民上．况臣才能淺簿．不堪彈壓．恐終誤邊計．伏乞陛下選才望之臣．以充甘肅之任．專責臣統領精兵．尅期滅此逆賊．以報陛下．臣雖肝腦塗地．臣願至也．臣不勝憤激懇切之至．

請愼處納降疏

題爲愼處納降．以杜邊釁事．臣惟今日之可憂者．莫甚於邊境．自古邊事之難處者．莫過于納降．該兵部仰仗天威．夷酋欵塞．酌議安置善後事宜．以弭邊患事．奉聖旨．這虜酋慕義來降．宜加優撫．把漢那吉且做指揮使．阿力哥正千戶．還各照品賞大紅紵絲衣一襲．該鎮官加意綏養．候旨另用．其制虜機宜．着某等照依原奏．用心處置．務要停當．欽此．夫諸臣爲陛下畫此計者．亦考往事．酌時宜．以爲安邊之上策乎．抑不得其說．而姑爲權宜之計．以待其變乎．或者恐其啓釁流禍．懼爲難首．而互相推調乎．臣竊以諸臣爲國家飾虛問而招實禍．快目前而無遠覽．是遺陛下以憂者也．臣考自昔受降之君．如漢武唐宗稱雄矣．東夷降而燕齊騷動．渾邪降而府庫空虛．酋長皆願內屬．而坐煩中國．可爲喜功之鑒．建武之治．萬世稱焉．以其謝西域也．且諸臣知宋之作難乎．遼郭藥師以城降．張瑴以平州歸．是時宋人以爲得計．未幾．金斡離不襲平州．乃函瑴之首還之矣．郭藥師以燕山叛矣．然後悔不用虛中廟謨失策．主將非人之言．不旣晚乎．或者曰．彼皆因背盟約而致亂．與今日異．夫漢唐宋來皆講和好而後中國得安．我祖宗鑒前代之失．惟有驅逐嚴禁之而已矣．今日邊事視漢唐宋强弱遠甚．視祖宗時强弱遠甚．謀臣空談．邊將脆縮．中外無備．帑計匱乏．任黠虜之縱橫．隨其所向．斬將喪師．莫可奈何．此何時也．尚可以無故而結仇激禍乎．且把漢那吉等果如諸臣所稱．欵塞效順乎．果視中國爲逃罪之地乎．逆祖敗□在中國之民猶且驅之化外．乃將叛祖逃罪之夷．謂其欵塞效順．且掠之爲功．徑先納之而後報．何其輕視國事也．先臣邱濬論唐不納悉怛謀事．謂李德裕初得悉怛謀．宜密以其事聞之朝廷．且致書宰執．俟報而行焉．報可則行．不可則姑已之．此老成謀國之言也．臣因是而又服牛僧孺之見遠矣．夫悉怛謀以維州降．孰不知其當納．然元和之末．優柔不斷．閹寺橫肆．其憂有不在邊鄙．而在朝廷．此僧儒却降之徵也．臣又反覆論之．今塞降夷□□．臣審係俺答親孫．與外虜不同．當拒之於塞外．請命而後決其去留．不可即稱欵塞以飾虛美．而啓邊禍．在廷臣會議酌古今．量時勢．度始終．未可快目前即授以官爵．而不預爲區處安置之方．掠其美而不竟其說．將爲他日推托之計也．如謂令其執獻趙全以相抵換．然後具奏遣行．是司馬攘牛以抵羊之喻也．市人且恥．況堂堂天朝乎．且此端一發．則函張轂之首而叛者．不止一藥師矣．

又謂把漢部落相繼未降．容收近邊駐牧．夫置金城屬國以處降羌．有趙充國則可．近自野人女眞之附．牙木蘭之歸．諸臣費盡經畧．終爲禍孼．往事可鑒．即使把漢之黨盡來歸．吾能制其死命．憐而納之．猶且不可．況未必其能制乎．即能制之．將以何地而處之乎．夷狄盟誓之言．涕洟之語．未必皆其血誠．一旦反噬內向．變出意外．悔何及哉．此唐太宗有不用魏徵言．幾至狼狽之嘆也．諸臣爲陛下秉持國是．不能出一策以强邊制敵．銷禍未形．以造宗社萬年之安．乃粉飾虛名．以開兵連禍結之釁．近日俺答擁衆索降之報甚急．事勢至此．還之則示弱而損威．留之則搆釁而養亂．驅之則已授官爵．而爲中國之臣．庶它日部落以漸而來．則疲中國以養饑鷹餓虎．其禍無窮．臣謂諸臣以憂遺陛下者也．願陛下愼圖之．召廷臣面質．其許納降者爲誰．授官爵者爲誰．見今可驅逐俺答索降之衆．其將爲誰．可主張安置把漢那占等．不終爲邊境患而身任之者爲誰．明目張膽．與之定計．早決機宜．是社稷之福也．臣不勝戰慄之至．

邊籌議

兵家有勝算之策．有制勝之器．今之言禦虜者．非不備矣．然只各得其一端．而其策其器多散漫．而嘗試反不及虜之精專．虜之所長惟射惟騎．自少而壯．止一藝耳．故箭不虛發．騎追逐如飛．飄風疾雨．頃刻蹂躪．勢不可當．此其所長也．中國豈獨無長哉．火器也．輕車也．挨牌也．此吾之長技也．虜弓雖强．必近發而不能遠．矢雖如雨．可以善避．惟火器一發．避之無措．一銃可殲數人．千銃齊發．可殲萬人．加之萬銃．雷震山裂．絡繹響應．即虜騎百萬．亦無不撓亂矣．古人以車戰．後人失其意．僅用以守．戰車宜輕．可便馳逐．守車太重．僅可備營壘轉輸耳．成化年間．工部及大同所製．用十八人推挽．即今薊鎮偏箱．亦用十六人．後又改衝鋒車．亦非多人不能運．皆安營輜重之具．非戰具也．今製雙輪稍前．遮扳退後．着地如飛．平地二人可推．遇險四人．舉上列鎗刀．行時摺堅．戰時前向．火器從中而發．隨虜所往而逐．彼止則我進．進則我止．人遇之披靡．馬望之辟易．可戰可守．萬全之計也．挨牌中用薵板．

內外皆竹片藤編密釘・試以硬弓・十步內射之不能入・萬曆三年本職任贛州時・曾用以破黃鄉寇三萬・彼長鎗硬弩飛鏢・俱無所施・今以直抵虜箭・一齊挨前・用砍馬力與長短器相夾・翼車而衝・然後騎兵隨之・是兵法所謂馬步車混爲一法・敵安知吾車果何出・騎果何來・徒果何從・潛九地而動九天者也・蓋制勝之器・中國所長也・

然惟專而後精・惟精所長・欲其精專非練不可・欲練非選鋒不可・兵不選鋒曰北・蓋貴精也・秦漢擊胡・常用兵三十萬・往往不利・然出塞千八百里・窮極其地勢・不得不用衆・如我成祖北征・亦用至三十萬是也・若虜入犯・與之對敵・則可以計取・如岳飛以五百人破十萬・劉錡以千餘破十三萬・我太祖用中山開平岐陽・分道驅逐胡元・皆以精銳襲擊・所向無敵・此用寡之効也・夫虜之擁衆而來也・徒以鷙悍自驕・蜂團烏噪・奔掠無紀・若能設伏出奇・一大創之・如鳥之傷也・可以空弦下矣・故出奇之兵必練・練必選鋒・密雲遵化三屯・俱有標兵・每標選一千・西協四路選五千・中協四路五千・東協四路五千・以二人之食食一人・以二馬之食食一馬・南兵三營・每營選一千・又責成總兵選家丁五百・副參遊以下・或二百・或一百・汰遊食冗員・虛糧冗役・積餘以陰蓄死士・則兵馬不必加也・錢糧不必增也・於常額之中・而得轉弱爲强之術・蓋今日制虜之勝算也・戰車每輛車正一名・挨牌六名・長鎗二名・鈎鐮二名・佛朗機手二名・百子銃手二名・百子銃手二名兼火箭・三層推車夫二名・馬八匹・馬上各梢百子銃一把・騾一頭・駝滅虜炮一丞・百子銃十把・共計步兵十七名・馬兵八名・以二十五人爲一隊・十隊爲一司・十司爲一部・十部爲一軍・分爲三營・合爲一大營・勢小則分擊・勢大則合擊・處處有節制之兵・人人有敢戰之氣・此薊門之命脈・帝畿之神靈・忠義之臣・所宜剜胸裂眦而圖者也・

夫天下之禍・莫大於不見形而有其實・今之虜形與實・大勢可覩矣・虜未嘗一忘中國・則中國亦不宜晏然無事而坐待其變也・自貢市撫賞修工之外・宜問兵其芻菽不飽者能戰否・宜問馬其羸弱不堪者能馳否・宜問火器・其棄置已久者能習否・宜問將其煩支縟節以急阿奉・憂讒畏譏・以希苟延・一旦有急・果可以當虜否・夫時方以歸義欵誠爲賀・而無故發深憂過計之談・昔遭譴斥・今復不戒・將至於三刖而後已也・誠不自知其狂悖・惟臺下計安社稷・熟思而鋭圖之・幸甚・

處長昂議

太祖驅逐胡元・建寧府・於潢水之北處迤北降夷・置三衛・命其酋長爲都督等官・成祖靖難・乃襲劉家口取大寧以三衛兵從・因其有功而陟朶顏於此・泰寧福餘於廣寧・夫以成祖睿武神謀・豈肯輕與人以地哉・逮永樂八年・北伐至鳴鑾戍・語金幼孜曰・滅此殘虜・惟守開平陽和大寧遼東寧夏甘肅・則邊境可永無事矣・是棄大寧非成祖意・後世不知祖宗初意・謂欲借屬夷爲中國藩籬・誤矣・誤矣・至宣德五年幷開平而失之・喪地三百里・由是左右之臂俱折・而松關潢水之險・顧在虜而不在我・則安在其爲藩籬哉・夫不得祖宗之意・而揣摩其影響・以幸苟安而無遠慮・此二百餘年之大

誤也．

奉石司馬書

日者不自知其狂陋．瑣瑣請正．蒙臺下一一耳提面命之．又賜以百將傳．誠起聾瞽者而視聽之也．感何可當．夫宋事之壞．惟終年議論．迄無成功．東牽西制．坐視國事之去．當時諸臣之過也．今者虜勢日益强．國勢日益弱．所昭昭共見．不待智者而知．乃邊臣多方彌縫．以隱蔽爲事事．以軟熟爲調停．以挨得一日過．爲一日之幸．躐取尊官．濫受恩廕而已．曾有以國事爲念者乎．至於武臣有一二年而數轉者．有僅一年而無故腰玉者．有托身內豎爲牆壁．而任意肆志．人莫敢誰何者．兵馬器械．誰曾開口談及．不肯見此時景象．中國蕩然若無人矣．臺下忠義今古．又當可大有爲之柄．言出而主上信之．計定而大臣從之．亦何所恃而不可爲．語曰．時不可失．願臺下留意夫忘死生於批鱗折檻之時．臺下所易决安危於旋乾轉坤之日．量非臺下所難．不肯延頸望之．近日製成輕車利器送軍門撫臺驗之．以一車可衡百馬．其於制虜似爲上策．改車營之制．即因車營之兵勢甚便也．諸公難於題請．莫知其故．不肯願以一副使老於邊疆．以完此事．若借此爲希寵要榮之徑．如鵰鳶之逐腐鼠．則熊至不肖．不忍爲之也．惟臺下鑒之．

萬世文字之祖論

聖人所以先天下而立極於無窮者．亦惟會道之精而已矣．夫道果有始乎．始而無始．道未嘗秘也．道果有終乎．終而無終．道未嘗息也．而其精則具於人心之初通於天地．貫於古今．極於始終之變．而未有窮．然不可以無所寄．而不得不寄之於文．文者則根於無言．呈於有象．所以載道而行之也．聖人者出．則爲斯道之主．而會其精於一心．夫是以發之而爲文．法天下．傳後世．人見道之不廢於天下後世者．聖人爲之也．而不知其至文之所寄也．人見聖人之寄斯道者．文也．而不知其至精之所會也．天不息而道亦不息．而聖人之文亦不息．噫．此其所以爲萬世文字之祖也．且夫道之在天下也．以爲出於天地矣．謂其原也．而所以居天地之先者孰主張．是以爲出於聖人矣．謂其至也．而所以爲聖人之精者孰綱維．是原矣．必有大原．是謂生天生地爲化之始至矣．必有極至．是謂生人生物爲理之先．渾渾然爾矣．沌沌然爾矣．無意無象然爾矣．初何有於道之名也．道且未有其名．亦何有文字也．故文字者．已非道之初矣．然而聖人未生．道在天地．聖人既生．道在聖人．聖人者．天之所生以爲斯文計也．天地之心也．生民之命也．萬世之太平也．均之係焉．故文之不可以已也．

當伏羲氏之作也．天垂象見吉凶．聖人則之．以通神明之德．以類萬物之情．始於一畫而已．有象而無言也．有數而無文也．列之而八推之．而六十四極之．而千萬以至於無算．非有異也．即其一焉者也．渾渾者至是而啓矣．沌沌者至是而闢矣．意象之無者．至是而露矣．夫聖人何心於一畫哉．天不愛道．河出圖．洛出書．造化且不秘也．况聖人乎．自是而精一之文出焉．十六字所以開闢心學之傳也．自是而爲湯銘武範焉．建中建極．亦心學也．是故潔淨精微．

易教也・窮其一之變矣・疏通知遠・書教也・彰其一之用矣・和柔惇厚・詩教也・道其一之情矣・恭儉莊敬・禮教也・綜其一之紀矣・屬辭比事・春秋教也・正其一之分矣・始之一畫・文非略也・固所以爲萬殊之宗・祥之六經・文非繁也・固所以爲一之著・作之於伏羲・此心之精也・前乎百世之既往・非此無以開其始・述之於列聖・此心之精也・後乎千百世之將來・非此無以要其終・何者・一畫在天・爲變化之始・在人爲未發之中・若鑑之未照也・若太阿之未出匣也・不見其錯綜往來・酬酢纖悉之動・所謂無體之文也・由是而萬化行焉・性情發焉・洪鐘扣而聲揚矣・瑾玉啓而光煥矣・所謂成章之文也・天下人心之所同也・萬世人心之所同也・聖人會其天下萬世之文之精・而立人極於上・而文章之盛・由此以傳之無窮・此其所以爲文字之祖也・是故堯舜傳之禹・禹傳之湯・湯傳之文武周公・周公傳之孔子・至於孟軻・均之會道之極也・均之具經世之文也・達而在上則謨訓典章・詩歌篇帙・燦然灼然・非有加於一畫之初也・窮而在下・則刪述修正・著爲經傳・炳炳然以敎萬世・亦非有損於一畫之初也・外是而戰國策・則亂世之文矣・太玄書則衰世之文矣・中說續經之作・則僭世之文矣・要之・其精蘊不足以內也・故其文不可以爲法・求之唐・則原道一篇・其庶幾乎・然而博愛之語・未得其眞・亦未足以與於斯文也・求之宋・則濟濟盛矣・周子之太極通書・實與大易之旨相爲表裏・而程子定性書・易傳序・則所以發明一畫之微・至於朱蔡之易學・張子之西銘・亦何莫而非羽翼乎斯文也哉・是故尚論古今之文字・伏羲其祖也・文王衍之・周公彖之・孔子繫之・繩其祖武者也・顏曾思孟諸子之文・則無忝乃祖者也・而焚於秦・注於漢・決裂於唐祖・脈如綫矣・大明於宋・使如綫之緒復續・則有功於祖德者乎・噫・亦有本矣・所謂吾心之精是也・易有太極・而吾心即太極也・吾之心通於天地・則天地之文會於我也・貫於古今・則古今之文會於我也・求之不睹不聞之中・以觀其未發作何氣象・則一畫之妙・且渾然在我矣・精之莫見莫顯之際・以觀其衆動百爲之化・則一畫之變・且恢然在我矣・文思而曰欽也・文明而曰塞也・緝熙敬止・文之所以爲文也・知此可以論於文字之外矣・

龍南縣志序

余往遊龍南・得遍觀其崇山絕壍・交錯糾紛・以爲江廣必守之地・比守虔・因盡知其風俗變遷・民心治忽之政・惜其不得賢者宰之・可以臥理・王尹溫恭愷悌・蓋吳中名士也・宰龍南三年而大治・初見邑志缺・自下車抵今未嘗忘・凡耳目所及・轍所至・往牒遺編・章縫之士・田野故者・延攬博訪・積久而成編・授余生琳爲之撰次・請序於予・余曰・國史家乘之重・豈徒以文哉・蓋齊治之具也・龍南建五百年・志獨缺・其間沿革興廢・疆甸財賦・漫無所考・即矜名樹勳者・奮起後先・而光景湮滅・鮮能舉其姓名・況所謂治具者哉・王尹創爲是志・無可憑藉・惟即其所嘗治者以志之・其意遠矣・大山巨壑・故壘猶存・宜有以防之・穨墉短堞・樓櫓弗飭・宜有以備之・腴田瘠畝・供輸低昂・宜有以辨之・祀典報祈・或淫或濫・宜有以正之・洪潦衝激・室家

流離．有堤障之法．險瀧峭壁．棧崖阻絕．有疏鑿之方．佩綬者何爲靳於循聲．橫經者何爲鮮於召對．哲士貞媛．能無遺於細微．刻方雕樸．能無競於侈靡．豪家鉅黨．能無梗於馴讋．靈巖秘洞．則探奇窮幽之暇也．紀事咏物．則懷古憂時之概也．卉木獸禽之產．災祥常變之數．與夫瑣語叢說．纖悉具載．至於凡例．則立爲二編．自建置至古蹟．皆因於地者．屬之輿地．自職官以至藝文．皆成於人者．屬之人物．簡核而精嚴．爾雅而道古．可謂良志矣．

夫志之良非難．而難於無所襲．無所襲非難．而難於本乎身之所至．而政之所出．是所謂適於治之具也．雖然．此成法也．有所以爲之法者．故狐梁之歌可隨也．其所以歌者．不可爲也．王尹卒其愷悌以保赤子．而求之甚誠．由是化其耳目所及者爲精神．轍跡所至者爲心膂．遐搜僻採．民間疾苦．與其藹然惻然者相淪洽而不可解．然後爲之記載．猶父母登其積藏田廬之數．下及於筐篚豕犢之微．以遺其子若孫也．夫即其登記者．以得其不可解之心可矣．不然挾筴而求．惟其物焉耳．是見削木爲鐻．而不知其巧之專．捶針爲鈎．而不知其察之到也．尙得爲善治乎．輸子陽爲其子曰．良工漸乎矩鑿之中．無物不周．聖王以治民．造父以治馬．醫緩以治病．同材而各自取焉．然則後之觀是志者．善取而用之．即其所以爲法者．以化民易俗．而制其嵒陸之勢．則知天下無不可易治之邑．而輒稱化理之難者．亦司牧之過也．故王尹之所爲志．其意誠遠哉．

重修商阿衡伊尹墓記

古今事多遐闊．其載籍詳略．陵谷遷變．何弗齊也．後襲謬喜異．間欲侈勝山川．嘗强附奇蹟以爲重．故自昔賢聖墓相傳．易失其眞．黃帝橋山．舜九疑．類多荒忽．司馬遷登箕山疑許由之冢．劉向稱殷湯不知葬處．而舊唐書載女媧風陵事．尤爲不經．豈藏之中野．不封不樹之遺歟．以故莫得而稽也．郃陽故有伊尹墓．爲廟歲時祀之．舊志稱縣南二十里爲莘國．尹所耕故處．東南二十里爲尹墓．據朱晦菴傳註．莘之在郃陽無疑．惟括地志諸說．頗相戾．故尹廟祀於郃．與其墓之廢興亦無所考．余以罪謫至．首詢其事．民間長老爲余指其遺蹟．登覽低徊久之．夫天地萬物．凡有形者不能不盡．人生至愛惜者．莫如形體．已不可必其長存．况身後纍然邱壠哉．夫聖人之生．其形體與人何異．愛而惜之．與人何異．不能長存也．亦與人何異．然而不同者．則有不與形而盡者在也．夫不與形而盡．則我大而物小．我無盡而物有盡．故天地不能限．萬物不能竝．古今存亡不能變．此聖人異於人也．方伊尹在野也．一農夫耳．囂囂自號爲天民．視堯舜之道．若其家左劵執之．以責償於世．其佐湯革夏也．若從容畎畝不遺餘力．視太甲天下若己物．取而攜之．而復與之．寵利成功．若觀鳥之影過於前也．復政而告歸．嗚呼．非其中有至神者．何以與此．夫出處進退．富貴生死．常變經權之際．亦大故矣．衆人以形貿貿然入於其中．聖人以神出而游乎其外．夫由物之外以觀物．則天下之物皆小矣．皆有盡矣．是故一介至細也．可同於繫馬千駟．

行一不義至細也・得天下而有所不屑・誠以六合非巨・毫芒非小・要之不離於形也・故不足役聖人之神・神之所注・天不得不高・地不得不廣・萬物不得不生・堯舜不得不禪・禹不得不繼・湯不得不興・太甲不得不歸於亳・環中而應之無窮・窅然而收之無迹・是故天下信之・後世諒之・無古無今・無存無亡・此聖人之大也・儒者之論・乃謂其不汲汲動心於富貴・足以服天下・噫・此節士之槩耳・豈所以語聖人哉・今去尹蓋幾千年矣・人心崇祀如一日・復修其墓之故址・神爽宛然・况有莘川原雲・物猶昔也・時而瞻謁・懷古興思・慨吾生易盡・而求聖人所以無盡・則知纍然峙者・不徒坏土之形焉耳・不然・關中自昔豪華・故地興廢迭更・而邱塚相望於榛叢茀草之墟・影響銷滅・使過者憮然以悲・則人生果不足恃如此哉・郃陽藉聖人遺澤而地益重・固非强附而失其眞者・且訪求勝美・以維風化・有司事也・墓成而記之・是役也・縣尹趙君津實助之成・教諭趙君國相訓導于君三聘主簿顧廉典吏張容相與以視其役・生員趙艮佩捐地出貲・獨倡義舉・皆知所重・宜并書・

歸善天泉書院記

葉夢熊

夫道在天地・亙古今・一聖愚・昭昭若揭日月而行・何後世紛紛多歧也・混沌一氣・相忘無言・至孔子正學大明・當其事・羣弟子互相辨質・曾無異説・以詑奇行怪・孟氏遠紹不傳之緒・自謂守先王以待後學・異端角立辟而闢之・雖目爲好辨不辭・寥寥千載・至宋諸儒・多所發明・顧濂洛關閩各説亦不能盡一・學者各守其師説・以求指歸・如紫陽幔亭鵝湖白鹿・彬彬盛矣・明興統一・道眞・則河東餘于新會餘姚・毅然以斯道爲己任・後學羣起而宗之・雖自分門別戶・要以升堂入奧而止・今宇內人士・猶然各守其説而不背・蓋道固不假名言・乃輓近非獨異端亂道・即吾儒各執其是・不有明辨・使後學將奚主也・

鼎石周公・少講賢聖之學・多所解悟・正慮夫後世之多歧也・惟闡明道一之旨・往督學齊魯・日引諸生爲談説理道・亹亹誨之不倦・齊魯翕然化之・頃以參藩入粵餘兩年・所復引諸生談説如齊魯・按部至惠・公暇即徧遊羅浮西湖諸形勝・聚十校弟子爲之辨晰・而四方聞者・亦莫不負笈至・生徒聚者日益衆・戶外願受・教屨常滿・諸生患絃誦無所・咸願假館・庶幾得一造就・以告於郡邑大夫・乃允諸生之請・爲相地西湖之北・湖光拍天・一碧萬頃・望之若天然・故曰天泉・剏講院居之・爲堂五楹・旁列號舍・庖湢備具・復置田百畝・贍四方來學者・諸生欣然樂羣・公於是設條規・擇博士之賢者・爲之督率・月凡會者・四方期登堂進・諸生辨質疑難・諸所陳説講義・彙而成編・名曰道一・不佞獲受而卒業先・啓發答問纚纚・非一歸之大要・惟求反之於一而已・古今聖愚同歸一致・公之學固已識其大哉・郡邑大夫以不佞宜一言以記其盛・余謂宋諸賢講學・直將與霄壤相終始・粵自元公以提點至・文成以軍旅至・其流風餘韻・粵人士至今服習尸祝之・公固元公之裔・文成之鄉人也・粵人士服習公不異兩公・則百世尸祝之何疑・西湖去江門相距非遙・玆院且將與碧玉樓後先輝映也・使後有聞者・知斯道之明・自天泉始・天泉之名於世・自周公始哉・公名應治・號

葉夢熊

鼎石．浙江鄞縣人．庚辰進士．

重建弦所李侯卻金亭記

卻金亭者．爲故長樂令李侯弦所君建也．侯令長樂八年．歿．而去長樂又二十餘年．而民合力以葺亭．民於侯深矣．侯以嘉靖壬子來令．己未引疾去．始終持仁義以自蠲潔．去之日．亡所爲．芻車帑有鍰百餘金．代者使使告侯曰．以貲從者．侯卻而完之帑．士氓憐侯去．效會稽父老意．各獻錢若干爲壽．侯又卻而還之士氓．士氓環轍下泣．侯慰而別．至上杭卒．旅櫬露野舍．訃聞．士氓縞素爲位哭已．釀金祠侯於東嶽宮右．歲時伏臘走祠下．祭已．又葺亭於驛河滸．顏曰卻金．以昭侯明德．亡幾何．洪水漲溢．灌浸亭址．亭圮．今年夏．士氓僉儀重葺侯亭．邑胡侯採巷議．上之郡．郡太守黃公上之守道韓公巡道鄭公．二公曰．塗卻神守．淡利質義．其聲揮綽．其名高明．上之制府少司馬郭公．郭公下其議曰．令故莆中高士．沒而莆人祭於社．長樂其桐鄉也．長樂愛令甚於莆人．亟舉亭．毋觖物情．顧其名卻金．足廉頑激濁．維風助教．胡侯受諸公意旨．出諭父老．父老驩然．鳩工始於十月朔四日．已事於十二月二十四日．橫三丈．高一丈有五．視故益閎麗．名仍其故．而屬記於熊．熊惟侯長樂之政非徒是也．是其所卻於長樂也者．非所貽於長樂也者．侯之貽長樂夥矣．甫入境適有增城役．侯董理有方．而民忘罷．劇寇楊立等弄兵．四遠騷動．侯誅其魁．釋其脅從者．丁巳春徂夏不雨．侯以身爲犧．暴烈日中．少選．雷雨大作．四郊霑足．五穀豐熟．侯加意造士．而先養蒙．自四隅及比落．遍刱社學．刻朱文公小學．擇師課之．曰．毋癘雛鷇大麛麑也．邑當閩廣之衝．賓客沓至．侯酌供億．省里甲．凡行人脩春秋之禮．過者如歸．先是．邑南山阜．童赭若火．侯曰．是形家所忌也．下令禁樵牧．茂松檜．而又甃董源之梁．粟預備之窖．厲博賽之禁．增聖諭之詁．圉譯誋之鬬．其德淳越．其事靜止．後先八載．四民如春．侯之貽長樂．詎有涯哉．

乃今祠而亭之．他績畧不書．書卻金何也．龍食乎清而遊乎清．螭食乎清而遊乎濁．魚食乎濁而遊乎濁．孔子曰．邱上不及龍．下不若魚．邱其螭耶．侯不能令民不餽金以遊乎濁．而終不餌於金．以食乎清．螭行也．舉世遊濁．侯亦遊濁．舉世食濁．侯獨養清．制府畧侯他績而書卻金．風世之魚而螭者耶．熊往過齊昌邑．邑城北故有楊伯起卻金臺．□往吊問．咨嗟噫嘆．願爲之執鞭不可得．侯事適與楊類．移昌邑之臺．植之長樂．何厚幸焉．侯卒上杭旅櫬．弗克歸．伯起卒城西夕陽亭．布被裁足．蓋形其窮苦道途．又甚相埒．伯起改葬潼亭．時人立石鳥象於其所．思忠也．今此之亭猶立石鳥遺意乎．嗟乎侯非遺金以殉名也．齊求岑鼎於魯．魯給以他鼎．齊侯弗信．必得柳下季一言而受之．季曰．臣亦有鼎於此．破臣之鼎以完君之鼎．此臣之所難也．夫侯亦有金於此．奈何破侯之金以受民之金乎．史載楊氏子孫潔白．位登三事．如其白環．寧獨爽於李氏乎．天之所以祚李氏者在銓部君矣．侯諱德用．嘉靖庚子舉人．以銓部君貴．贈戶部主事．銓部君諱多見．萬歷甲戌進士．

平哱拜露布

伏以世際雍熙．六合仰同文之化．時當亨泰．九邊懾耀武之風．普天來玉帛以趨蹌．誰甘後至．極塞見氈裘之匍匐．敢不先馳．雖聖人不殺爲威．穆穆垂衣而治．乃天下不言而喻．暐暐鼓腹以遊．或不得已而用兵．惟誅不義．亦聞有時而撻伐．務在安民．恭惟皇帝陛下．德超千古．恩洽八埏．日月同明．盆盎豈能逃照．雷霆並列．魑魅那敢潛形．以故內治敉寧．潢池之警不作．外攘修舉．老上之庭已宜．惟茲寧夏．建玉節以控臨．實祖宗制馭之成憲．衍天潢以彈壓．顧世代封守之宏猷．宋室以前．淪爲元昊故穴．正德之際．變成安化妖氛．近歷熙朝．稱爲樂土．詎意哱拜哱承恩．生長胡地．狼性難防．劉東暘許朝王文秀．結約陰謀．虺兇愈肆．殺憲臣以起難．奪勑印以憑陵．劫庫放囚．何所顧忌．招夷納叛．共結誓盟．擅置職官．頒布衛所要地．播傳諭檄．傾搖關隴愚民．殘辱縉紳．拘囚世子．逼勒附己．少有抗者．立見分屍．强押從姦．一不順者．致令割腹．金帛子女．盡輸沙漠．厚招蛇承之羣．甲馬戈矛．共助天驕．薄逞韓盧之技．勾吉囊撦力之衆．深入郊原．調山後套中之夷．燒截糧道．寧夏爲家．長安爲國．欲噓金元之死灰．哱氏稱帝．劉氏稱王．將據漢唐之故址．此其志不在小．何止宋江之强．謀出非常．不異祿山之僭．加之連雲堞雉．反資猛虎之嵎．環月池壕．益護封狐之穴．慨七旬未格．尙費誅鉏．而六月興師．竟難攻取．惟仗聖明剛斷．賜劍以震天威．廟畫淵微．決策以收全勝．

總督尙書魏學曾竭智殫忠．復囘衛所四十餘處．困賊退虜．安全堡寨幾萬餘家．寧夏巡撫朱正色親冒矢石．而展臂生風．監軍御史梅國禎身任戎行．而揮戈起日．提督總兵李如松與虜對敵．斬首一百二十級．虜謀絕而大勢成．始末皆其有功．寧夏總兵蕭如薰固守平虜．相持者數月．賊氣沮而根本定．牽制尤多勝算．副總兵麻貴城下石溝之戰．先後出奇．總副參遊．牛秉忠．劉承嗣．李昀．王通．何崇德．王國柱．楊文．馬孔英．李如樟．李寧等．轉戰防守之功．拮据極苦．藩臬監司楊時寧．馬鳴鑾．蔡可貴．顧其志．張季思．相與分猷之助．經理爲勞．兵部主事趙夢麟倡始籌畫之方．先收奇策．遼晋宣大之驍將畢陳．浙湖川貴之健卒咸至．合四鎮之主客．列犄角於東西．衹金浴鐵之夫．雖百折而不囘．斬將搴旂之雄．合萬人而同志．旌旂影動．賀蘭雲嶂總如龍．劍戟光浮．河水晴波堪絢綵．臨衝動地．何有堅城．疊架自天．應無峻坂．檻中猿猱．心怵刀砧．鼎內雞雛．魂飛湯火．九月初八日．關城自獻．將士先登．忽聽楚歌．知重圍之難解．囘看漢幟．驚故壘之俱殘．乃賑瘡痍．幷收骸骼．人心一動．如水建瓴．衆志旣歸．猶獸走壙．隨於十六日．羣酋互殺．劫氣遂終．懸東暘許王之首於城隅．鬬哱拜承恩於窟內．救焚絕燼．芟草求根．承恩生擒．哱拜就戮．舉家百口．付之烈炬．眞夷千衆．伏於鑕刀．勢如雷霆．功收漏刻．乃嚴焚林之禁．益溥解網之仁．蔡人卽吳人．直披肝膽．吳地卽我地．何隔藩籬．道有壺漿．王師至止．兵不血刃．帝德旁敷．萬戶生靈．喜漢官之再覩．兩河父老．頌舜日之重逢．顯行劉闢之誅．不貟靈旂之西捐．謹函呂嘉之馘．急趨驛騎之東馳．神武丕揚．九邊側目者．爲之喪魄．聲教洋溢．四方率服者．自爾承休．從茲武庫韜戈．戎亭撤堠．奏鐃歌而祀淸廟．稱壽斝而御軒圖．臣夢熊惟以丹心矢日．賊不滅則刎頸爲期．詎知玄鑒私衷．幸底績而據鼎可免．恃皇猷之遠暢．而僭亂削平．舉世難忘帝力．愧效忠之未盡．而羣謀畢集．小臣敢竊天功．臣不勝欣忭之至．爲此專差指揮張親齎．謹奉露布以聞．

陳吾德 字懋修．號省齋．新會人．嘉靖乙丑進士．初授行人．擢工科給事中．以諫令中官崔敏言市珠寶事．削籍爲民．尋起用．因忤張居正．出守饒州．復坐削藉．居正死．以紹興同知起用．終湖廣按察僉事．卒官．所著謝山存稿十卷．四庫著錄今存．又有律呂說四卷．未見．

禁戲豫以迓天休疏

臣聞古者君臣之間．元首股肱．同心一德．一遇災異則恐懼修省．輒相規戒．是以格于皇天．變不爲害．故雲漢憂旱之詩．鞫庶至疚冢宰．至于趣馬師氏．膳夫左右．靡人不周．無不能止．蓋君任臣事．臣分君憂．分宜爾也．臣於先年七月十五日赴中軍都督府護月．見各臣工多從業□．亂行無禮．徒肆喧嘤．有頃而散．僅同兒戲．臣私心竊恨之．然猶以爲暮夜之際也．昨元旦日食．於禮部救護．復見三五大臣．僕從喧豗．至攜茵褥．肆然安座．臣欲告之．不敢越位．詩曰．敬天之怒．無敢戲豫．又曰．不愧于人．不畏于天．夫日食於元旦．此陰盛侵陽．不常之變．我皇上避殿徹樂．側身而懼之時也．臣子於此．其爲貶損示畏．宜何如者．況白日公廷．御史侍儀．鴻臚贊禮．卿輔在前．百僚在後．禮法森嚴之地．於此不謹．當復何謹哉．而乃使胥卒溷雜其間．倨慢無禮．其敢於戲豫無所愧畏也．甚矣．豈所以仰體聖心．分憂同德之義也．諸臣皆在大僚．禮義所出．非臣敢望．然事關國體．臣節偶有所見．不得不言．但往既不咎．來猶可追．茲月十六日．復當護月之期．伏乞勑下該部．先期告示．即有老疾預自告退．毋得仍前雜亂無禮．如有故違．許糾儀御史指名參劾．若御史阿縱不舉．臣等一併參劾．以懲怠慢．臣又竊惟春秋之義．貴元愼始．元旦元夕．日月交蝕．厥異非細．恭維皇上頒修省之詔．躬減損之文．其於克謹天戒．固甚盛矣．然臣竊以天心聖意．無感不通．在修其實以應之耳．伏望於退朝之際．法宮之中．深自克念．不敢荒寧．凡娛耳目．悅心意．一切無益勿復爲之．使大小臣工．知聖意所嚮．罔不寅恭兢惕．以修實政．而天休可迓矣．臣愚陋罔所知識．然一念犬馬報主之情．實由肝膈．惟聖慈鑒納．

斥姦邪以肅官常疏

臣聞良莠亂苗．凶人敗類．是以大舜爲君．首去四凶．孔子攝相．先誅正卯．蓋邪說小人．能以是爲非．謂白爲黑．縱橫顚倒．無所不至．一或失聽．則名實混亂．政理因之．自古有國家者．莫不以爲戒也．臣昨見兵部尙書譚綸．查參車駕司主事熊某恣肆失職．已奉旨降調外任．臣昨出省．復聞衆論沸騰．謂某之事．皆由禮部精膳司主事宋某搆之．謂某揑成章卷．謗毀聖政．誣衊大臣．指誣熊某．以致有此・臣不勝駭愕・夫熊某之驕肆浮躁・固所自取・然陟降臣僚・以示勸懲・國家自有大公之典・而宋某以險佞浮言・飾成貝錦・遂致搖動廟堂・眩惑觀聽・其敗理傷化・莫有甚焉者也・陛下親政勤學・千載一時・大小臣工・莫不思精白一心・以承休德・某不以此時勉圖報效・而崇飾姦言・以亂政理・臣不知其何意也・詩曰・讒言罔極・交亂四國・又曰・取彼讒人・投畀豺虎・豺虎不食・投畀有北・有北不受・其宋某之謂矣・尙可使之一日立於聖明之朝乎・參照禮部精膳司主事宋某・腹有劍刀・行同鬼蜮・謬切館職之選・復占春官之司・不思同寅以協恭・乃敢懷姦而飾詐・明肆蠆尾・陰蓄狼心・詎獨傾陷於朋儕・幾至變搖乎國是・騁讒賊於聖明之世・意欲何爲・施傾險於師友之間・孰不可忍・良心已喪・公論難容・所當亟奪官職・投之四裔・以禦魑魅者也・乞勅吏部查・果臣言不謬・將宋某早爲竄斥施行・其於官常肅然矣・

白沙先生遺稿序

邑侯袁君・政先化原・表揚前哲・既于白沙先生故居請建祠堂・俾崇家祀寢廟之成・奕如也・復又裒輯先生遺稿・鋟梓以傳・刻成・移書與德曰・子先生鄉人也・宜有叙述・德惟堊居荒落・弗能爲言・顧誼不得辭也・迺言曰・珠玉之沉于淵也・其流方圓・知寶者得焉・干將莫邪之埋于地也・其光燭天・望氣者識焉・方其淪落幽翳・埋光掩采・豈有期於世耶・及其出深淵而發重壤也・罔不愛而重之・彼其光輝照耀・赫然動人者・人知其然也・其神靈變化・蔚爲精光者・是孰知其然哉・莫知其然・是之謂出於自然者也・君子道成而言立・言立而人傳・此豈有邀於後世者・其道亦猶是而已・傳稱死而不朽・非謂其身沒而言立耶・然自立言之旨・不明於是・修詞者斧藻其言・著述者摹擬爲工・要以成一家之言・希聲來世・匪不傳也・然巫步多禹・抵掌類敖・以形寓而不以神傳・昔人等之書肆說鈴已耳・又况其遺落散逸・孰從珍惜求以物色之・如恐不及者耶・

我白沙先生崛起嶺南・蓋自明興百餘年・始一洗詞章功利之習・使學者反求諸心・陽明繼之・要以貴易簡而去支離・功用並鉅・而先生實首倡明・非夫命世眞儒其力量當時爾哉・先生絕意著述・而遣興寄情・大都於詩見之・此豈有意於言也・然言出而人傳焉・固已流布海內矣・其篇章散落人間者・人爭寶之・若有神物護持以有待・豈非若珠玉之流方圓呈象・干將莫邪之發洩紫氣衝射・有不容遏滅者耶・蓋先生之學由勿忘勿助・而深契乎舞雩三兩之趣・不離日用・而獨見鳶飛魚躍之機・故終日乾乾・惟以收拾乎此・庶幾宇宙在乎手・萬化生于心者・而要之一本於自然而已・惟其出於自然也・故其爲文與詩・不刻意尙詞・而天趣自足・不牽拘往格・而聲律自諧・所謂發乎性情・澤於仁義道德者・非耶・其感人之深有以也・孟子曰・誦其詩・讀其書・不知其人可乎・是以論其世也・學者論其世以知其人・知其人而誦讀其詩書・則千載如見・世自有知言者・亦奚俟余言也哉・是刻也・總詩五百四十首有奇・行狀附焉・君得之邑博蕭君・更爲訂定・先是全集邑侯羅公僑刻於宏治十八年・距今八十載・而袁君有今刻・君名奎・字文卿・與羅俱江右人・

其尙論淵源固有自云。

贈新寗揭大尹考績序

新寗爲邑，當山海之交，環以藤九古兜北峰諸險隘，南控三洲浪泊泥澳銅鼓諸大洋，內多崇岡深箐之阻，而鮮樹植土實之饒，外有風帆寇突之虞，而無舟車泉運之利，其地瘠薄民窮，豪右宿猾弱食其間，其俗雄健好訟，一或失馭，則羣嘯而走險，故治寗獨難於他邑，頃歲履畝均賦，遠邇嘵然，加以大造版圖，里甲遞更，吏因緣爲奸，朘削日甚，富者轉貧，貧者重困，凋敝之後，實厪撫綏，故治甯尤難於曩昔，廣昌揭侯來尹茲土，期月而敎化行，三年而治績丕著，茲當考績，入奏闕下，諸藩臬大吏以及柏台制府，皆署侯上考，治行當爲天下最。

稗史氏陳吾德曰，余觀寗之治而知王道之易易也，夫遇盤錯而利器運，則根節無留堅，經霜雪而陽春布，則枯槁易爲潤，故抱負深者立業大，乘勢便者取效速，治理感應，捷於影響，由今觀之，寗之政，難乎，易乎，自侯之至，興學育才，振窮摧暴，汰浮濫之征，嚴扃鑰之守，潔白以褆身，上帝之鑒臨，勤卹以惠民，若痌瘝之切體，文德以北，會寗接壤，犬牙錯居，萑苻之警，爲害滋多，侯是以有廵兵之置，□坐以南瞰海，艖舶私販，實繁有徒，豪右頑黠，煽訌交梗，守禦空疎，遙制良難，侯是以有廵司之調，異邑巨豪，竊據上川，憑恃城社，誘我逋逃，敗我王畧，邀功飾過，虐焰彰聞，侯是以有革置之請，諸所措注善狀，更僕未可縷數，譬人一身，肌理腹心交病，善醫者祛散其客

邪，消導其積聚，而加以補養之劑，是以精神煥發，元氣完固，如侯者，固倉公越人之手與，德嘗與侯語，援古證今，探之不窮，如倒囊而出物也，如入槐市之肆，墳索竹書，商彝古玩，無所不陳也，又如入碧海，明珠寶貝，珊瑚犀玳，警心駭目，無不畢具也，彼其蘊藉者深矣，而出之固自有本與，昔虞廷考績，周室時廵，天子皆躬行方岳，以陳詩觀風，採里巷之歌謠，民俗之美刺，於以知其政治之得失，蓋不獨敷奏受言而已，侯賢聲藉甚，姓名將列于御屛矣，不佞愛莫能助，聊效里巷民俗之言，書之，俟觀風者採焉。

送朱山人北還詩序

余閱往牒，見顏魯公遇陶八八故事，心竊異之，魯公勳名節義，照耀今古，雖死猶生，固不假托神仙以炫駭世俗，然其精忠格天，鬼神默佑，安知非有神人者，逆知其履難而厝之安全之地耶，吾德待罪饒州，實魯公故所治郡，私心向往之，乙亥之秋，遇青霞老人，迎上郡邸，授余養生之訣，逾年別去，復有黑馬金熬之約，或謂公宦業方顯，未來事不可知，又逾年，且解組歸矣，歸臥林皋，荏苒虛度，而老人雲遊海內，渺難蹤跡，己卯夏，忽書從秣陵來，復申前約，許茲時面白出世之因云，壬午八月，果先期至，至，詢老人以孟夏出長安，跨特驢至白下，浮長江，度庾嶺，竟抵蓬室，何異梟舃翩翩雲中墜也，余大喜過望，連榻者累旬，既而與老人游羅浮，信宿朱明，往來四百峰，物色陶顏故跡，了不可得，而仙舃行矣，余何敢望魯公，然老人何異八八，九還之後，當無碧霞丹者投我於黃雲紫水之間耶，書此以

待·

賀梁處士六十壽序

萬歷辛巳季秋廿有九日·梁處士蒼屛先生初度之辰·於是先生春秋三百六十甲子矣·晝筵高張·賓朋滿座·各以方物稱觴爲壽者·吾德時方逍遙於芙蓉之園·采眞於玄玄之圃·探其笥·空空然無有也·客有持古鏡三來售者·蒙以皁縠·襲以錦囊·發函出鏡·丹綠外施·紺黝相錯·圓周弗殘·鼻紐幾絕·叩如哀玉·其聲戛戛然·覽如古甓·其色蒼然·奇哉鏡也·胡自來哉·客曰·昔軒轅氏命伶倫採首山之銅·鑄爲十二·協月甯以寫孤竹之管也·而以其殘屑餘瀝製鏡十二·以象四時之月焉·爰及三代·流傳人間·暨乎李唐·郡國方岳·購求畢集·爲明皇壽·是鏡藏在內府·天寶之際·散落弗存·余得三焉·其一曰·羲明之鑑·廣徑九寸·配黃鐘之律·以象天也·其二曰舒光之鑑·廣徑六寸·配林鐘之律·以象地也·其三曰八卦之鑑·廣徑八寸·配太簇之律·以象人也·藏之則禎祥蘊室·發之則光輝射入·內照則晶搖五臟·外視則洞見纖微·此蓋數千百歲之物·天下之至壽者也·以語乎圖大椿蟠桃·于世罕徵·于人弗庸者遠矣·以爲蒼屛子壽·可乎·曰·能鑑人而不能自鑑者·以形用者也·無所鑑而無不鑑者·以神用者也·以形用者窮·以神用者通·吾之鑑天地以爲罏·陰陽以爲炭·五行以爲銅·鼓鑄鎔萃·其廣方寸·藏之丹府·納之靈臺·光明洞達·幌朗昭融·上照往古·下照將來·鑑窮塵界·而不爲多·洞見絲毫·而不爲少·君子得之·葆光聚神·聖人得之·四海和平·老彭得之·駐世長生·其爲鏡也·至虛至靈·無價無形·以納蒼屛子·拂之拭之·祛六塵也·濯之磨之·還大淸也·用之弗勤·以嗇精也·操而弗舍·保常明也·持此可以躋上壽·是天下之至寶·千金弗與易矣·若以若之鏡爲寶·吾以吾之鏡爲寶·不如人有其寶·客曰·善哉·余之鏡三不如子之鏡一·遂獻以爲壽·

王宏誨 字紹傳·定安人·嘉靖乙丑進士·官編修·歷官至南京禮部尙書·宏誨在翰林時·張居正用事·嘗作大樹篇春雪歌刺之·又嘗以廣東提學·考校駐雷陽·瓊之考生有渡海之險·疏請海南兵備道就近考校·諸生稱便·所著天池草二十六卷·四庫著錄·阮志注存·又有尙友堂稿·注未見·

東閣大學士申時行誥命

朕尊親致孝·徽稱特薦於慈闈·錫類推仁·寵數先加於近弼·矧茲新忝之任·實惟舊德之良·屬柄用之方殷·宜眷懷之示異·茂揚休命·敷告在廷·咨爾太子賓客吏部左侍郞兼東閣大學士申時行·道負天民·才兼王佐·有濟世之謀畧·而涵養皆醇·有華國之文章·而學術尤效·起自殿庭之首唱·蔚爲翰苑之名流·歷事三朝·咸有一德·校書祕閣·典墳歲效於編摩·進講經筵·道德日親於啓沃·翺翔重地·洊歷華階·常供奉於燕閒·殫勤勞於夙夜·綰院章而裁史局·直筆彌彰·宅詹尹而典文衡·得人爲盛·賓客崇東朝之望·秩宗副南省之榮·比會推於羣僚·遂丹華於少宰·識懸明鑒·綜國典以詔王·節秉素絲·贊天官而聽治·乃言嘉績之可底·時會慶禮之甫成·是用陟之舊僚·加諸相位·俾參紫

樞之務．晉聯黃閣之班．雖獨斷自朕衷．實允諧夫僉舉．幷稽功載．申布贊書．茲特進爾階通議大夫．錫之誥命．於戲．惟帝賚予而夢弼．將康兆民以正四方．故岳降神而生申．乃揉萬邦而聞四國．爾尙思．至難得者君臣之遇．至難成者德業之隆．其克勵於明時．庶有辭於永世．

少保大學士張四維誥命

朕肇稱嘉禮．晉號慈闈．爰敷慶於明廷．肆酬庸於秘殿．睠予良弼．茂殫純忠．望切台衡．釐百工而熙帝載．位隆宰輔．咸一德以承天休．寵數宜先．倚毗斯稱．咨爾少保兼太子太保禮部尙書武英殿大學士張四維．命世英資．匡時名佐．沉涵卓識．該皇帝王伯之猷．奧學高文．追謨訓風雅之烈．自昔翱翔玉署．以至供奉金華．制作多一家之言．開陳悉二典之蘊．徧儀法從．同踐淸塗．眷注夕屬於先皇．簡在聿勤於初服．爰從南省．入踐中台．同攄軍國之籌．竝授樞筦之重．爾則忠可以任大事．道足以覺斯民．當國家閒暇之時．基夙夜宥密之命．平章庶政．則房杜之謀斷相資．明勗沖人．則旦奭之師保有合．使漢文煥乎其可述．而周道燦然其復興．惟時中外攘安之功．悉爾左右弼丞之效．頃茲典禮．尤藉宣勞．肆晉位於孤卿．仍升銜於殿學．丕延世賞．載沛恩綸．茲特進爾階光祿大夫．錫之誥命．於戲．堯舜之隆．疇咨茲宅．揆商周之盛．夢卜求賢．翳明良一德之孚．應貞元千古之運．朕方得人共治．喜起交魚水之歡．卿尙遇主紓忠．游歌嗣鳳梧之響．欽哉．

征剿黎寇善後事宜疏

奏爲叛黎罪惡貫盈．神人共憤．懇乞天兵征剿．亟圖善後．以永保治安事．竊惟瓊州爲古珠厓儋耳之地．幅員廣袤計三千里．孤懸海島．中盤生熟黎岐．負固爲梗．而三州十邑．四面環之．譬之人身．黎岐心腹也．州縣四肢也．心腹之疾不除．勢且浸淫肢體．而爲一身之患．黎之爲害何以異此．自昔以來．叛服無常．撫剿靡定．大率始之萌芽不折．終則斧斤尋之．未有隱藏痼疾于腹心．而肢體得晏然無事者．由漢開疆至今．千七百餘年．制禦之道．其多端矣．有一日而忘黎患乎．請以國朝近事論．始弘治十四年．苻南蛇之亂．嘗大征矣．去嘉靖辛丑．曾無幾也．復有征黎酋那紅那黃之舉焉．又去嘉靖己酉．益無幾也．復有征黎酋那燕之舉焉．夫自明興以來．瓊之以大征見者凡三．乃其近者十數年．遠者不過四五十年而止．黎情大畧．其故可知也．自己酉至今又將五十年矣．天心厭亂．夷數當終．拯溺亨屯．考時則可．司世道者．其寧恝然乎．先臣都御史海瑞當世宗朝上言．嘗謂當弘治十四年大征也．若亟圖善後．可無後來三歲再舉．繼之嘉靖辛丑己酉大征也．若亟圖善後．可無今日歲歲爲患．由此觀之．前事之不忘．後事之師也．爲今之計．亦惟尋往歲大征之舊轍．修目前善後之良規．建必然之畫．爲久安之圖．俾邊海黎元．若出湯火．而登之衽席．誠策瓊事者所宜亟講矣．臣等草莽儒生．世居瓊海．稔知黎情．備嘗艱苦憂患．處心積慮．蓋亦有年．茲幸當會試之期．類聚京師．快覩天日．乃得以試事之暇．伏闕叩閽．罄

所欲言・敢昧死以聞・伏惟皇上試垂聽焉・

緣黎自嘉靖己酉幸漏網逋誅以來・生齒漸繁・黨類日衆・加以四方亡命・爲之勾引・內通外合・聲勢益張・萬歷十五年始寇陵水縣・焚草子營・擄掠人口無算・該去任兵備道易可久參將王椿漢・伐未收全勝而歸・至萬歷十九年・一日流刼瓊山縣二十餘村・二十年・二十一年嘯聚定安萬州澄邁臨高等地方・覇占民間田土・勒官兵移營避之・煽惑搖動・幾成大變・該去任兵備道龔錫爵誤聽黎人詭計・服招不知・反爲所愚・自是諸黎望風日起・日甚一日・二十二年・該見任兵備道胡桂芳・參將黎國耀・始興兵剿之・民欣欣有來蘇之望・不意功垂成而班師・僅招一黎酋王璉而止・萬歷二十三年以來・黎益縱橫得志・而瓊山峝・若居林沙灣居碌三峝・一時並起・尤爲猖獗・中有渠魁黎馬屎者・糾合諸酋酋長及案賊王蓋老黎廣孫恩華孫恩弟法滿可記諸流徒・千百成羣・布滿山谷・於萬歷二十五年三月間・突來攻刼定安縣白托龍塘等處・自是羣醜益藐官兵・全無忌憚・擁衆大出・流毒瓊山澄邁定安會同文昌五縣地方・歲無虛月・月無虛旬・官兵所向・如羊禦狼・望風披靡・其殺戮之慘・擄掠之害・不可以數計矣・即今人民離散・田地拋荒・國計日虧・寇亂方熾・又其威刼擒村・則凡所經過・大小村落居民悉挾制投降・接應酒飯・不則立誅夷之・民間號泣赴愬・官司惟有仰屋竊嘆・不能爲主・嗟嗟・蠢爾羣醜・向猶乍叛乍服・我可招而撫也・今則隨服隨叛矣・向止倚山爲勢・蠶食一二附近黎村小民也・今則蹂躪郊原・橫行都市・今日報將犯某縣・明日報將犯某州・即衣冠縉紳之家・懍懍然朝不保夕矣・向只鳥獸出沒於深菁巉巖之中・椎髻跣足・刻面文身之習未改也・今則堅甲利兵・竪旗張盖・鳴金伐皷・公然與官府爲敵矣・揆厥所由・皆因數年以來・上下相蒙・以賊爲諱・其初出刼不甚大・則以爲常事・而不必報・至後殺擄已多・勢不可掩・則但以地方有警移文遮盖・而不敢盡報・及賊滿其所欲・纍纍載道・時有漏脫尾獲・或被擄人口・遂以截殺奪回・聳報官府掩敗爲功・而未嘗實報・弊所從來・爲日已久・失今不圖・將來之禍・愈有不可言者・

臣等訪得肇慶府羅旁地方・從古以來・猺狼盤據爲害・自萬歷五年大征之後・建州立縣・至今蕩然太平之區・瓊州黎峝聯落五指山旁而居・其地四方僅可三四百里而止・大不能及羅旁三之一・而其據險肆虐・實與羅旁相同・前此大征・官兵犂庭掃穴而歸・聞其間平原沃野・儘有可建立州縣之處・只緣當時任事者寇平即已・未及經理善後事宜・遂致根株蔓延・釀亂至今・竊觀兩廣軍門兵食足用・只須量移廣西狼兵・合本處營兵土兵約三五萬人・即可縱橫諸黎中・如以泰山壓卵・初無難者・特未嘗加之意耳・若自今一舉蕩平之後・伐山開道・建州立縣・移一二不甚緊關屯所・若南流靑寧等處・就近守之・畫之井里・時其訓誨・一如羅旁之例・不過數年・當盡入版籍・化爲編民・澤可遠施・威可遠加・萬代瞻仰・在此一舉・當事者亦何憚而不爲也・或謂山菁深險・賊勢出沒無常・恐我軍未易得志・惟當隨時撫守・及責成土舍鈐束招徠・宜無不可者・此皆因循苟且・似是而未中事機・何也・臣竊見頃歲黎叛以來・當事者多方招撫・既給以魚鹽・又犒以花紅羊酒・如巨魁王璉父子兄弟・皆寵

以冠帶把總名色・又將黎童充生員作養・賊所需索・無不應付・如奉驕子・懼失其意・可謂委曲極矣・而諸黎實潛結交通・聲勢相倚・彼招此叛・此招彼叛・甚者・今日見官服招・明日回巢又叛・此以姑息爲撫・無益而反釀患之明驗也・環黎而置營堡・增兵邀將・非不粉飾可觀矣・而一二守營衛所武弁・率多紈袴孱弱・專一買放營卒・尅減月糧爲自潤計・其於地方利害毫無關心・甚者通同黎寇・漏泄事機・下以威脅小民・上以欺弄官府・卽今營堡官兵・有陰爲黎所擒者・何云禦黎・此以支吾爲守・無益而徒耗費之明驗也・至於各峝・雖名爲土舍管轄・其實此中土舍人微權輕・非若廣西雲貴兼有土地人民・得制生殺之柄可比・且自黎耗以來・法紀陵夷・卽王土王民・尙慮不保・何暇問及么麽一二土舍其先世以來所羈縻之舊物哉・臣等愚見以爲決須用兵征剿・亟圖善後・然後撫可定・守可固・卽責成土舍管轄・彼亦有據而可循・故敢拳拳以用兵之說進・若畏避勞煩・隨衆苟安・名爲撫守・如同兒戲・瓊州之事・當不知所終矣・伏惟皇上神謨雄斷・獨見萬里・乞勅該部查覆施行・地方幸甚・生靈幸甚・

請改海南兵備道兼提學疏

竊惟今天下稱邊遠而苦多事者・則廣東是已・而廣東所屬最遠而苦者・尤莫如瓊州・瓊州去京師水陸計將萬里・上官大吏終歲不至・其地中間吏情民隱・蔽而不獲上聞者・常十而九・職姑不暇具述・獨儒生之苦・乃職生長于斯・自少所稔聞而身歷者・感激一念・積有歲年・幸今叨蒙國恩・備員史館・復際聖化雍熙・四海章縫・輩舉蒸然・仰見德化之成・而職海邦儒生・苦切至情・遠望天門・無由自達・故敢不避斧鉞・披瀝爲皇上陳之・該瓊州府所轄地方・爲州者三・爲縣者十・環海而周爲里者凡三千有奇・青衿學子・每歲集督學就試者不下數千計・然遠涉鯨波之險・督學憲臣常不一至・每大比年・惟駐節雷州・行文吊考・自瓊抵雷・航海而北・近者如瓊山定安文昌澄邁臨高會同樂會七縣・或二三百里・或四五百里・遠者如儋崖萬三州・陵水感恩昌化三縣・多至七八百里・或千餘里・貧寒士子・擔簦之苦・已不待言・乃其渡海・率皆蛋航賈舶・帆檣不飾・樓櫓不堅・卒遇風濤・全舟而沒者・往往有之・異時地方寧靖所慮者・特風波耳・邇來加以海寇出沒・幾無寧時・每大比年・揚帆海上儒生・半渡盡被其擄・貧者殞首而無還・富者傾家而取贖・其或幸無事者・皆出一生於萬死耳・言之可爲痛心・至於督學憲臣・多不知其苦・祇執常格・嚴程限試・諸儒生迫於期會・不憚危險・所傷甚多・如嘉靖三十六年覆沒者數百人・臨高知縣楊址與焉。併失縣印・可爲往鑒・間有一二提學・能體悉亦不過行文該府截考・夤緣作弊・黜陟不舉・考察不行・教化廢弛・士習厭怠・甚如隆慶三年・恩貢例・惟瓊山定安澄邁會同等三四縣考・餘各州縣以一時遠不及試・竟置不錄・致使朝廷浩蕩之恩・遠方士子・未獲霑被・職竊觀天下儒生之遠而苦者。未有如瓊州之甚者也・

査得陝西甘肅地方・先因隔遠・提學廵歷不周・改屬該御史・至今稱便・瓊州之遠無異甘肅・而艱難險阻・抑又倍之・揆之事體・誠爲相同・卽今廵按提學俱不至・而海南道

額設有兵備副使一員．駐劄本府．職以爲此事誠宜屬之．伏望皇上勅下該部．如果職言不謬．即照甘肅截考事例．改海南兵備道兼管提學道．換給勅命．每遇員缺．必選甲科之有學行者充之．其瓊州一帶師儒考試廵察．任其便宜行事．如此．庶見聞習而人才之賢否不淆．法度新而德化之流不壅矣．

請朝講公疏

唐魏徵有言．願爲良臣．毋爲忠臣．夫爲臣守職奉公．將順德意．俾上無疑慮．下無直名．豈非至願．不幸而有言．又不幸而有逆耳之言．斯豈其情則然哉．是必有大不得已者存焉耳．皇上自去冬以來．深居大內．加意靜攝．常朝日講．一切報罷．蓋已經年於茲矣．前因萬壽聖節．一再視朝．天下臣民．莫不舉手加額．以爲繼自今皇上可以臨御如常．不意復有今旨．臣等備員留都．遠在數千里外．不得從在廷諸臣後時問起居．曷勝犬馬私戀．第伏而思之．皇上春秋鼎盛．精力方强．正如初升之日．雖有纖翳．旋當大明．豈宜久而未復．是果靜攝之未至耶．或名雖靜攝．而所以靜攝未得其道耶．臣觀自古大臣．愛君莫備於周公．無逸一書．其大指乃謂自殷王中宗及高宗及祖甲咸克祇懼．不敢荒寧．至周文王懷保小民．惠鮮鰥寡．自朝至于日中昃．不遑暇食．故其享祚長久．多且百年．厥後立王生．則逸不聞小民之勞．惟耽樂之從．德既下衰．祚亦不永．由此觀之．憂勤則精神强固．玩愒則志意抗頑．理有固然．無足怪者．

我皇上神聖天縱．問學日新．臨御以來．憂勤匪懈．論者以爲庶幾古帝王之盛．乃今偶以違和．遠至常朝日講．久曠而不舉．間舉而不繼．豈不有忝于無逸之指．而爲盛德至治累．豈渺小哉．臣聞佳冶窈窕伐性之斧也．甘脆醇濃者．潰中之毒也．今宮中燕閒等．不敢與知．然皇上端居．獨念飲食果盡節與．寢興果以時與．喜怒果適中與．寵御果盡遠與．有一於此．皆足以搖神而搰精．夫靜之適所以搖之．攝之乃所以搰之．則無乃名雖靜攝．而所以靜攝不得其道乎．或謂皇上動法世宗．意者左右諛佞謂世宗久不御朝．故享祚長久．遂以此熒惑聖聽．臣竊以爲不然．夫世宗初年．敬一有箴．五箴有註．常日幸文華殿視朝臨講．未嘗一息自寧．晚乃齋居西內．然猶聲色鮮御．幾務獨裁．御札．批問．或一日累下．大臣入直奏對．常封進不時．以故四十餘年．神明不衰．天下晏然無事．乃精志澄慮之功．非深居簡出之驗也．皇上自度淸心寡慾．果能如世宗否．而徒欲效世宗之久不御朝．不亦遠乎．

抑今之時．視世宗時何如也．南北水旱頻仍．饑饉疫癘相繼．天鼓地震之異．時時踵聞．邊郡內地之兵．在在蠭起．太湖泉竭見底．蘇松斗米百錢．詢之父老．皆謂二百年所未見．當此時．雖宵旰焦勞．夙夜警省．尙懼無補燃眉．而欲效世宗齋居大內．坐享治安．其將能乎．且以世宗英斷．卓越千古．然自輟朝後．不免九閽阻隔．聰明壅蔽．奸權乘間．猶得以竊太阿而擅威福．今之閣臣皆潔己奉公．固萬無敢奸竊者．然恐皇上聽覽不出宮闈．自茲上下久暌．中外日隔．諸司之玩愒易起．左右之瑕釁潛萌．語有之．一指在前．泰山不見．壅蔽之謂也．且如近日章奏多見留中．不知果盡徹御覽否．其或睿照未及．而因緣窺伺．播弄爲奸．寧保必無否．奏報既不以時．往往動淹旬月．有如倉卒之際．機宜所關．能保其無坐悞否．此皆臣等所爲夙夜皇皇．拊心切慮而莫知底止者．不知皇上亦念及此乎．故區區愚忠．以爲欲保治安．先調聖躬．欲調聖躬．先節嗜慾．欲節嗜慾．先御朝講．伏願皇上仰念上天之仁愛．俯鑒下臣之固誠．如聖躬稍平．非甚不得已．朝講無息．而又御門之外．時賜召對．進講之頃．特垂清問．自然夙夜有定期而興居節．心思有專寄而慾竇消．涵養粹而七情和．堂陛交而羣疑釋．將聖心日臻．聖體日康．商周之治可臻．高文之壽可致．是一舉而衆美附．所謂繼志述事．善法世宗．而不泥其迹者也．伏奉明旨．責以爲國任職．爲民任事．臣等雖駑愚．然荷國厚恩．竊抱魏徵之願．方矢志捐糜．勉修職業之不暇．安敢以言博譽．顧皇上如天．臣等如四時．天道常運而後四時得以成功．皇上如元首．臣等如股肱．元首喻志而後股肱得以效力．故唐虞交儆．君臣克艱．自古未有人主不親政而人臣可以成功于下者．用是不避忌諱．爲皇上言之．伏惟聖明留意．宗社幸甚．臣民幸甚．

請建儲公疏

臣等待罪留都．備員九卿．嘗於去冬及今春．連疏陳請建儲豫教等事．伏地傾耳．以俟明詔．于今閱歲．一無所聞．皇上寬仁．雖不加誅於狂愚．然亦未賜採納．臣等竊自悚恐．言微人輕．不能發明國家安危大體．無以感動天聽．方兢兢然席藁俟命之不暇．何敢復有塵瀆．頃因司農告匱．該部題奉聖旨行兩京九卿科道條議．又接邸報．西鎮虜情猖獗．宵旰焦勞．臣等夙夜憂惶．寢食靡懈．每思攄一籌畫一策以求濟時事之急．仰紓君父之懷．其道無由也．已而思陳平不答錢穀．以爲各有主者．趙充國圖金城便宜．謂兵難遙度．百聞不如一見．臣愚雖欲有言．計無有先於在廷諸臣之所陳說．獨冀皇上躬節儉之道．決安攘之策．毋以居積自隘．毋以貢市自愚．亦惟是君臣協心．經營數年．庶幾當見成效．顧臣等之所深慮．獨以爲當今最大最急之患．惟在本根未建．衆心危疑．國勢倉皇．時事叵測．釋此不憂．而顧彼之憂．藉令有高才之臣．能歛財如桑孔．禦虜如頗牧．而本根未定．猶爲舍肝腑而救四肢也．況復細於此二者．又烏足道哉．

臣聞唐太宗從容問左右曰．方今何事最急．岑文本汎言禮樂爲急．帝以不切．未然之．褚遂良曰．今四方仰德．誰敢不率．惟太子儲立．未有定分．帝曰．有是哉．卽詔長孫無忌與遂良等定策．立皇太子．宋太宗時．寇準入見帝．曰．朕諸子孰可付神器者．準曰．陛下爲天下立君．謀及婦人中官不可也．謀及近幸不可也．惟擇所以副天下望者．帝俛首久之．遂屏左右決策．立眞宗爲皇太子．由此觀之．唐宋二臣．皆可謂明宗社大計．而二君皆可謂知所急者也．今建儲一事．自三公九卿以至諸司庶僚．言之非一人矣．自萬歷十四年以至于今．圖之非一日矣．而分尙未定．無所以副天下望者．豈以是爲不急之務耶．抑謀之而尙有淆其說者耶．胡不引唐宋之事以觀之也．臣等往歲條上其畧．謂我祖宗以來至于今．其間建儲者．不過臨御後遲至二三年而止．

升儲者不過自二三歲遲至五六歲而止・未有如我皇上握圖御歷已十有八載・皇元子發祥啓睿・已歷九齡・而冊立尚未舉行者・失之今圖・年復一年・悠悠安決・盈庭聚訟・幾成道旁・豈惟有忝於唐宋二主・抑無乃非我祖宗成憲耶・臣聞之・決者智之君也・需者事之賊也・今海內謳歌・孰不歸心吾君・元子即我皇上・今春召見輔臣・長幼秩然・倫序素定・似已洞然無可疑・今特患需持不決・既非早諭敎之道・而亦非所以絕猜疑之端・此有識者所深慮耳・匹夫匹婦有百金之產・猶能定謀托後・事出于素・況有天下者哉・傳曰・簡宗廟・不禱祠・廢祭祀・逆天時・則水不潤下・今主鬯未定・祭享多缺・連年水旱爲虐・災沴頻仍・未必不由於此・皇上誠穆然深思・超然遠覽・圖遂良之先急・預寇準之愼謀・陋唐宋二主之風・式祖宗萬年之典・一旦發德音・下明詔・豫定來春冊立吉期・至於出閣講學・及一應朝賀禮儀・青宮內外侍從・一應職屬・鑾輿麾仗・一應法物・特勅各該衙門查照舊規・次第題請・中外人心・見國本既定・則歸嚮益切・協氣薰蒸・而時和年豐・內寧外附・財當以漸而日充・兵當以漸而日強・所以培國家之基・定天下計・將無以易此・故臣敢披瀝肝膽・再申前請・始終以建儲之說進・伏惟聖明留意・宗社幸甚・生靈幸甚・

謝恩陳言疏

臣以嶺海孤踪・叨蒙皇上起廢留用・殊恩種種非一・入春因病辭免・章凡數上・未奉兪音・頃茲連疏乞休・兼請補考滿節・奉聖旨・准臣致仕・給與應得恩典・我皇上大造鴻仁・所以下逮微臣・如雨露沾濡・無時或息・而微臣之所以仰承天地・乃如頑石朽株・略無生動・此雖禽獸異類・稍有知覺・亦不能忍於其心・是以每一念及・則涕淚哽咽・不知所云・

嘗讀史・見衞史鰌一小國臣耳・乃既死猶以尸諫・忠感其君・孔子稱之・又臣之同鄉友人・故都御史海瑞・爲戶部主事時・常抗疏諫世宗皇帝・自分必死・以身後事付臣・然猶屬臣雖官翰林・亦當思所自效・毋徒若蠹書蟲・生死陳編中爲也・臣每繹其言而愧之・乃今屢病阽危・一息尚存・正朝聞夕死之會・苟利社稷・昧死言之・萬一感悟聖心・俯垂天聽・遠希史鰌尸諫之風・近免海瑞蠹蟲之誚・臣雖死之日・猶生之年矣・請因臣病爲喩・臣始病元氣虧損・因而外強中乾・生意憔悴・伏而思曰・國家元氣在民生・書稱民爲邦本・本固邦寧・非乎・而今何如也・竊觀陛下・邇年以來・天下日多事矣・東西告急・則有增兵增餉之擾矣・上天示警・則有採木營造之擾矣・猶可諉者・曰・此萬不獲已之役也・曾無幾時・而採礦採珠・榷稅榷馬之役・布滿天下・甚者皇店設而都城之根本幾搖矣・餘鹽增而淮揚之咽喉幾扼矣・中外猶引領而望曰・庶幾有令圖乎・頃接邸報・見應天等府又有編審舖行・加增蘆課之議矣・寧國池州等府・又有採礦洞徵收舖面之議矣・夫留都根本要地也・邇來上流則有湖口・下流則儀眞與夫大江南北相望數百里內・抽稅之使・絡繹道途・彼此交征・如張密網・民已不堪命・更聞此舉・都城內外洶洶然狂呼疾走・如不聊生・此豈盛世所宜有哉・臣待罪於茲・抱疴牀榻間・覩聽幾何・猶且流言盈耳・幾不

可聞．不知四方光景．更作何狀．竊謂及今若不改圖．後來將不知所終矣．其病在民生．有如此者．

臣嘗病頭目昏眩．因而肢體顚危．五官百骸．俱失其職．伏而思曰．國家治體在君臣．書稱君爲元首．臣作股肱耳目．非乎．而今何如也．自陛下深居大內以來．天地不交．元首虛位久矣．至心膂股肱之佐．所賴以啓沃贊襄者也．耳目手足之司．所藉以翼爲明聽者也．乃在廷大小臣工．無一足以當陛下意者．即今委任不專．信疑參半．大寮多缺．庶寀常虛．或因一事而並罪一司．或因一人而並疑羣辟．或因甲而怒乙．乃甲罪矣．而乙之怒尚不解也．或罪後而及前．乃前罪矣．而後之罪又加重也．揆厥所由．臣等誠不敢謂無罪．乃陛下雷霆摧折．得無太過乎．至如懷利以事君者．雖么麽市井之流．百言之而百聽．懷仁義以事君者．雖公孤師保之佐．百言之而百不聽．無論事體利害．當否何如．即朝廷之上．越俎而談．卑踰尊．疏踰戚．若此紀綱陵夷盡矣．其病在治體．有如此者．

臣嘗患中氣脹滿．醫者以爲上實下虛．榮衛不貫所致．因而思世之虛實．通乎上下者．莫如財．而損上益下則益．損下益上則損者．亦莫如財．今陛下所爲皇室理財計者．固亦治世所不諱．第生財亦自有道．天子以四海爲家．豈必親操筦籥．握奇贏．較多寡之爲快．要以治天下．使菽粟如水火．即財不可勝用耳．陛下誠欲效成周理財乎．第本之以王人導利之公．行之以大學絜矩之道．聽主計者劑量而調停之．職內職外．書倣周官．宮中府中合爲一體．臣可保陛下濬不涸．而藏不竭．隨取隨盈．決不致匱乏．以貽宵旰憂爲也．如開來征榷二事．中外諸臣言之詳矣．夫豈好爲吸吸沮撓．誠權利害而忠國家之遠猷也．陛下即未能一切停止．第改委憲臣．屬之有司．設法調停．尙不至爲太甚．何可偏聽羣小．任意誅求．至在在脫巾鼓譟．悉藉明主以爲口實．異時釀成土崩瓦解之患．此輩之肉寧可食乎．陛下幸無堅持成心．而置人言於不足恤也．至若內府外府．何者非天子之積．顧所用如何耳．乃陛下動稱內府匱乏．輒令外府那移解進．今外府虛空極矣．軍國之需．毫不可缺．不知陛下亦將通融內府以應之乎．抑謾諉主計者而置之不理乎．彼主計者豈能爲無米之炊．亦豈別有神輸鬼運．兩利俱全之法．不過巧立名色．厚歛橫征．徒以困陛下之赤子耳．乃今赤子不能勝困矣．語曰．皮之不存．毛將安傅．藉令天府有如山之積．而海內嗷嗷．人心思亂．陛下誰與樂此．然則臣所患脹滿而榮衛不貫者．今之病．得無似之乎．

臣嘗患上焦閉鬱．醫者以爲內熱外寒．關膈不通所致．因而思世之通內外之情者．莫如章奏．而其易以壅蔽扞格．使內外不通者．亦莫如章奏．今諸司章奏．往往留中不下矣．無論內外忠言嘉謨．矢心入告．一切如水投石．即尋常用人行政之間．所爲牴牾而窒礙者不少也．且如錄用建言諸臣向陛下遇災求言．不嘗有詔許之乎．風憲急缺行取．內外諸臣不嘗有旨允行乎．乃至今尙寢閣．何也．至於推陞題補皆銓部職掌常事．何至該司候命亦累日積月不下．即今官妨職守．政就叢脞．人無固志．士多懷疑．遠邇相傳．皆以章奏留中爲聖明至治之累．然則臣所患閉鬱而關膈不通者．今之病得無似之乎．宋臣崔與之有言．士大夫不敢昌言於公朝而隱憂於私室・不敢明告於君父之前・而竊議於朋友之間・非盛世所宜有・臣觀今時事實大類之・嗟乎・弊也極矣・孟子曰・七年之病・求三年之艾・今何時也・病而畜艾・所宜早圖矣・乃上下之間・恬然以防口忘言爲得計・譬之久病者・失聲不語・庸愚之人・以爲無憂・乃倉公扁鵲望之而走者也・是不可爲痛哭流涕長太息哉・

臣以此因臣之病・而思及天下之病・又念臣之病所關只一身爾・無足憂也・天下之病・所關在宗社矣・大可憂也・憂之如何・亦係乎陛下一念轉移之間而已・語曰・良藥苦口利於病・忠言逆耳利於行・故夫逆耳之忠言・固醫國者之良藥也・陛下誠穆然深思・超然遠覽・念元氣在民生・則思以培養之・急治體在君臣・則思以聯屬之・念上下之榮衞不流・則思以調停之・念中外之關膈不通・則思以宣達之・將會推閣部大臣・獨斷簡用・以司政本・錄用先後建言・諸臣因材授任・以襄庶務・又亟下行取考選之令・以通言路・速罷掊克聚斂之臣・以除民害・以均貨賄・檢發先後之章疏・以開壅蔽・舜之舍己從人・湯之改過不吝・何以加此・由是而二帝可三・三王可四・此長治久安・祈天永命之道也・臣雖不知醫・而所言者・皆醫國醫民苦口良藥・願陛下嘗試之・抑臣今已奉旨致仕・去國歸田・無官守・無言責矣・豈不知緘默苟安・容容自保之爲便・獨念大臣之義・身雖在外・乃心不敢不在王室・矧臣受恩深厚・涓埃無補・及今不言・將無可言之時・是用昧死・竭惓惓爲陛下陳之・

上大行皇帝諡議

伏惟大行皇帝以深潛純粹之資・撫豐亨預大之運・昔在藩邸・毓德青宮・比嗣鴻圖・薦登寶位・恭默以居民上・沉幾而爲物先・莊敬威嚴・凜若秋霜之肅・寬柔和裕・煦然春日之温・郊祀有常・敬天之意獨至・視朝不懈・勤民之念彌周・錄用建言諸臣・則納諫之途廣矣・汰斥競進羣夷・則入仕之門清矣・躬幸太學・宏開經筵・有崇儒重道之風焉・大閱肇行・京營定制・有安內攘外之畧焉・念宮闈之當謹・則禁地必肅・中貴不阿・家法之嚴殆遠・同乎聖祖・思稼穡之惟寶・則藉田必親・農桑時勸・民事之急・蓋無忝於哲王・邊政久廢弛矣・乃議兵曹廵視于外・而屯田必舉・鹽法必舉・百廢爲之具興・漕政久紊亂矣・乃命重臣總督其間・而河道以復・海運以復・曠典爲之再振・威行朔漠・則氈裘之長・如俺答咸稽首而稱臣・化洽蠻荒・則桀驁之醜・如古田悉歸心而向化・財以不蓄爲富・而蠲恤之政・每軫念于瘡痍・刑以不殺爲威・而愼獄之恩・屢致厪于詔旨・不貴異物・不作玩好・則節儉之美爲可想・無作聰明・無亂舊章・則安靜之矩爲可遵・他如思謨烈之重光・則世廟實錄・惓惓在念・爲社稷之重計・則儲宮正位・汲汲不遑・與夫親覽奏章・信任宰輔・皆其治功之章明較著者・是以六年之間・吏修其職・民安其業・薄海內外・號稱隆平・臣等嘗得之擬議・而窺其萬一・則冲漠而無朕淵・德孰尙焉・温柔而賢善・懿莫加焉・恢恢乎量包萬物・即成湯之寛也・藹藹然愛洽羣生・即帝堯之仁也・煥然而光明・毅然而振作・文武至矣・

備道而全美．永言而錫類．德孝隆矣．惟茲衆善之具臻．實皆篤恭之發越．遺詔一下．朝野呑聲．附心如摧．攀髯莫逮．

夫自古英君誼辟之在當世．率皆有鴻名顯號．以垂後人．嘗觀詩人贊天曰．於穆不已．其贊文王曰．穆穆文王．我大行皇帝尊謚．揆之於穆．誠爲無愧．宜天錫之曰．順天隆道．淵懿寛仁．顯文光武．純德宏孝．恭皇帝廟號穆宗．上以配九廟之神靈．下以新萬民之觀德．臣等拜手稽首謹議．

許敬菴敬和堂集序

周衰而聖人之學失其統．士生其間．各就其才之所近以爲學．世亦各因其學之所至以爲名．蓋自遷固以來．迨于脫脫宋史．上下千年之間．儒林文苑道學判而爲三．固已久矣．夫儒未有不通于文．而文未有不根于道者也．故曰．夫子之文章可得而聞也．夫子之言性與天道．不可得而聞也．茲非儒者立言之準耶．外是或駁焉而不純．或曲焉而不該．甚又果於叛道．徒挾其捭闔之口以簧鼓天下．而攘襲於外．藉令掞藻如春華．曾何益於殿最．況又才非天授．質本中庸．偶見一班．未覩全豹．不免侏儒大雅．糟粕微言．以自掩其孤陋．顧囂囂然自命曰儒．將誰信之．吾嘗持是以尚論古人．乃今于敬庵先生竊有概焉．先生少負異稟．博綜載藉．沉精篇翰．發爲文章．風至泉涌．彬彬足名一家．若序記傳贊書問辨說．以至表疏碑銘之類．無不研精極思．求與古之作者符合．至其粹然發抒胸中自得．則又詞皆當物．意足命詞．非徒規規藻飾．以襲取于外者．大卒羽翼六經．則儒林之赤幟也．經緯萬象．則文苑之白眉也．折衷羣言．則道學之言龜也．兼總史家以來三傳之長．而一洗末學不該不純之陋．先生其庶幾矣．嗟夫．是可以易言哉．蓋先生自早歲卽有志聖人之道．甫通籍．卽與海內同志切劘性命之學．嘗謂國初人才眞實．乃學者滯於舊聞．未達天德．江門姚江相繼崛起．主張吾道．如日中天．流派相傳．浸明浸蝕．淮南亢而高之．山陰圓而通之．顏梁之徒．本於亢而流於肆．盱江之學出於亢而入於圓．其後姚安者出．合圓與肆而縱橫其間．始于怪僻．而卒于悖亂．其所持論者如此．故其爲學必求端于身心性情之際．體驗諸日用倫物之實．活潑而不涉於放．沉寂而不墜於冥．西方學者紛主印證．輒爲剖破藩籬．直指天則．其原性必歸繼善而不□無善無惡之宗其原．學必貴躬行而不取談說□□之謬．其深造自得之際．見之論著．喻廣而托微．□嚴而致委．思夷而氣[illegible]．叩之冲然．讀之淵然．而玩之悠然．若大羹元酒之於味也．若黃鐘大呂之於音也．昔人謂不求有功．不得已而功見．不求有言．不得已而言彰．其斯集之謂乎．

先生淸標勁概．逈出時流．如秋空野鶴．嫺然不滓．甫莅登朝．屢起屢躓．最後以京兆罷歸．講學居苕中．慨然有終焉之志．尋於推轂．强起田間．由開府晉貳．留樞所在．功勛彪炳中外．尙不忍私生平所得．出其著述．冀以海內同志互相考訂．種種微言．皆足以箕裘先儒．鼓吹來學．嗚呼．先生豈得已哉．不佞於斯道甚淺．向待罪留都．獲與周旋．時聆謦欬．先生嘗屬予商訂斯集．躊躇數載．未敢執役．因先生門人吾邑大平錢君．輒忘固陋．藉手請正．豈云能窺先生之大全．聊以志景仰之私云爾．

重刻文章正宗序

自秦漢來．古文歌詩作者．無慮數什百家．皆顯書深刻．汗牛充棟．不無雅俗並陳之誚．予嘗以爲必有統宗會元之地．使羣言若出於一．而後觀者得其旨歸．方欲自編．而牽於舉業弗遂．已得眞西山氏所選文章正宗讀之．殆所謂先得我心者．第其書流傳既久．亥豕多訛．予乃參互考訂．付剞劂氏以傳．而爲之序．

或曰．文以正宗名．何也．予曰．憂業文之失其正者作也．夫標準於的．射者趨焉．揭於象軌．藝者由焉．正宗者．固文之軌的也．故曰正宗．正者．正也．宗者．中也．此正宗之所以作也．或曰太上立德．其次立功．其次立言．夫以言自見．已非上世．矧言之飭而文也與哉．予曰．然．有是言也．不曰言之無文．行之不遠乎．夫民生有欲．不能無言．言而精焉．文斯出矣．孔子曰．有德者有言．乃於鄭國之辭命．美其兼長數子．而及門高弟若端木氏宰予氏．俱以言語名科．至其陳詩示小子．謂其可興可怨．以及于鳥獸草木之多識．由此言之．文章何嘗廢於聖人哉．第古之學者．道德文章合而爲一．今觀典謨訓誥．賡歌颺言．則其人皆已有得於道．故發爲文章．第發抒其胸中之所自得．不求文而文生焉．後之人極力模倣．非無一二之近似．而於道未必有得．則亦優孟之學叔敖而已．是古今之變．非文之變．空文之病也．或曰．文章與時高下．故朱子謂六經爲治世之文．國語爲衰世之文．戰國策爲亂世之文．而詩自離騷以下．迨于唐世．分爲三等．眞氏乃文祖國．詩宗漢魏．果可擅作者之林乎．予曰．此朱子特概論文章之與時而變者然耳．夫維純與駁．何代無之．如以時而論．則皇帝王伯．遞降而下．即五經已不可同日語．惟其本諸道．發諸性情．則古今固不能易也．且夫太虛垂象．元默示人．而雲霞卷舒．終日爲之萬狀．即仰觀天文．且不能一律．而况於人乎．嗟夫六經鑄羣言之品．固文字之鼻祖也．一變而孔孟揚其波．大宗之宗也．再變而漢唐以後名人學士衍其派．小宗之宗也．餘若諸子百家．則支庶之昧其本宗者耳．

竊謂自有删述以來．文之載道者．盡入孔筆．後之續聖人者．似不當更出其上．然而好古君子．節取其間．則以其於道不乖．猶可爲六經之羽翼焉．夫學而必始之六經．以求其端．參之語孟．以盡其變．考之百家諸子．以博其旨趣．俾大宗小宗燦如指掌．則深於正宗者矣．不然．彈省之喻．買櫝之譏．識者嗤之．而何正宗之足云．蓋里有好忘者．與人終日言笑．僅能識其身與身之所自出．詢其氏系．則默無以對．故夫宗古文而不知祖聖經．是亦里人之忘其自出者也．或者去．因次第其語．書之篇端．且以告夫世之讀文章正宗者．

送陸宮諭典試還朝序

萬歷辛卯秋．南畿復當比士于鄉．上命宮諭葵日陸先生．偕宮允雲衢余先生．暫輟講筵．出典試事．事竣還朝有日．留都諸縉紳酌酒舉餞于都門之外．酒數行．或有執爵而言．高皇帝定鼎金陵．是稱首善地．文皇帝雖建北都．而舊京內史如故．王氣長發．名世代興．無論諸藩．卽輦轂之下．無以踰也．諭德公懸冰鑑而秉六衡．宇內得人．於斯爲盛．業已歌鹿鳴之篇．乃今無以藉口．敢歌文王之三章．先生曰．維周之禎在是．庶幾稱王國克生哉．敢不拜貺．或有執爵而言曰．大比掄材．自昔重之．簾內外各司其事．無相黷也．當在鎖闈御史．實司防範．而公諏謀詢度．周慮畢圖．內外稱貞肅矣．敢歌皇華．先生曰．公稱所以靡及者．命不佞．不佞敢有惰心．敢不從聽．或又有執爵而言曰．昔我高皇帝之作大誥也．有以君臣同游爲言．亦惟是馮翼孝德之士．以奬王室壽考福祿之所由也．公覽德輝而下其翽羽之鳴鳳乎．敢歌卷阿．先生曰．藹藹吉人．則吾有望矣．敢不重拜．三爵既具．於是有酌而祝曰．國家需材甚亟．所求者博．而所用者奢．補袞職．保王躬．司喉舌．明若否．今日所進．皆後日所需也．公身兼數器．何減山甫．乃以人事君．庶幾稱夙夜靡懈哉．某等愛莫能助．敢歌烝民．先生曰．保茲天子．有公等在．余小子敢拜淸風之誦．又有酌而祝曰．國家並建兩都．提衡而治．而政本專在京師．非館閣詞臣不敢望焉．蓋其重也．先生畢使而還．在帝左右．首端揆而佐密勿．爲基爲光．在此行矣．敢歌南山有台．先生曰．諸君子式是德音．邦家永有攸賴．余不佞不堪也．卒享．余復加爵申布曰．賓興重典．隸在南宮．兩都特命儒臣．而諸藩間以省部會試．則總之館閣．而省部參焉．要之省部諸曹．不得一再與執事．而儒臣非資望崇重．卽兩都未易及也．諭德公以戊子典試江西．丙戌己丑連分校會試．迨奉今命．桃李盡在公門矣．彼交匪紓．天子所予．信不誣也．余猶記己丑與公共事南宮．無論品藻衡鑑．羣無留良．且宏深毖愼．余與相國許公實坐而仰成之．固知公三命茲益恭矣．天子葵之．福祿膍之．敢歌采菽之卒章．

公避席而起曰．辱公等交譽．不佞何敢當．思量多士．中允與不佞所同也．不曰豊芑之所遺乎．祖宗之所休養乎．天子之所紀綱乎．聖明在宥．卒先敎化．廣設章程．申布功令．其于文體士習．不啻面命耳提之．余不佞畏此簡書．朝夕惟謹．乃今幸告成事．不敢隕越厥躬．以對揚天子休命．其何力之有．敢歌棫樸．而佐酬爵．中允余公曰．祖宗以來．最重賢科．頃緣一二不戒．自蹈危機．以絓吏議．賓興之地．幾爲懼府．日者與諭德憑軾而入．夙夜矢心．求無辱命．北望鐘山．高皇帝之靈．實式臨之．諭德美而不居．歸之天子．有禮哉．余賴諭德知免於戾矣．敢歌伐木之首章．於是兩都縉紳先生．咸嘉二公．果能相與有成．並享和平之福也．遞起爲壽．行爵無算．余厪京兆公之命．敬操牘載之．無敢飾辭．

贈藩伯胡瑞芝平黎蒙恩序

萬歷庚子播酋煽亂．摽掠四出．綿亙川蜀黔楚之交．道梗不通．歲無寧時．當事者以師請．詔可之．命三省撫臣會兵征討．維時湖廣參藩胡公．爲左監軍鎮辰沅諸道．公朝受命而夕飲冰．矢心天日．誓不與虜俱生．爰布功令．明賞罰．飭隊伍．皷士氣．中權後勁．節制森嚴．左右前行．罔不共命．時方六月酷炎．重以險砦危巢．有猿猱不能越．飛鳥不能度者．號爲天險．公與大將軍密策向導．揮戈而前．

所向拉朽・至稱青蛇瑪瑙三度鬬・漸次剗破・尋抵海龍砦・獲楊酋妻孥・黨羽悉擒・其府庫版圖・宣慰司印・盡封藉之・計後部下擒斬八千有奇・降撫者以萬計・公所全活餉夫數十萬衆・無不人人加額・頌爲福星・斯舉也・廓萬里之妖氣・平數年之逋寇・雖諸司將士・同心戮力・實公發縱指示居多云・君子曰・懿哉爍乎・公之功在社稷遠矣・方廟議首事時・聞者卻步・談者咋舌・孰不稱難・一謂崇岡茂箐・鳶跕虎踞・即勁卒不能前・深入不能大索・得地利難・一謂土酋玩命・徵調多愆期・日久春深・瘴雨毒霧・堅瑕殊操・主客異軌・安能與之持隔阨也・得天時難・一謂播酋自前朝累葉以來・遞以治夷法羈縻之・一旦窮兵遠討・轉餽繕守・罷於奔命・得人和難・向當黔兵失利・浮尸蔽江而下・人情洶洶・莫敢自必其命・非公忠誠自許・智勇兼長・力贊大軍・決策鼓噪・直探虎穴・安能出萬死一生・成震世之伐若此乎・故曰・公之功賢於人遠矣・

往公在職・方諸曹郎相聚談兵・無不人人自喜・公獨嚚嚚若無短長・然沉幾用晦・所在以功名著稱・其鎮撫吾瓊也・值黎蘖始芽・預爲決策・迄擢去而黎虐大煽・當事用公遺策・一舉殲之・迨列功狀・而公不及追叙・談者不無致慨矣・焦頭徙薪之喻・以爲缺典・然由今而觀・黎特穴中封豕・視播負隅之衆孰雄・黎僅從當事者・疏捕擒剿・與天子聲罪致討孰重・戡黎所袵席止一郡・視定奠安三省之功孰多・知公固不以此易彼也・頃公自楚擢粵・晉長臬藩・廣布德意・以覆露我全粵・瓊無俟言・乃今本兵奏定平播功次・上嘉公丕績・賚予特優・自茲保大定傾・爲國家畫長治之策・樹永甯之烈・即吾粵且不得私公・何論瓊・是褒書始至屬・公當拜表稱賀・適與行會・在昔有唐平淮之役・裴晉公嘗以滅賊朝天爲期・公是行與晉公先後若合質券・且也・對揚休命・適當稽首萬年之日・有如天子念戎功而錫爾祉・圭贊矩鬯・山川土田・行當次第爲公酬之・公之業具在江漢・六章平淮之雅・又不足言矣・易曰・在師中吉・承天寵也・王三錫命・懷萬邦也・維公以之・於是粵中諸守相聞公行成・色喜相賀・而吾郡二三大夫・以公舊所過化・欣躍倍萬・相率詣不佞・祈所以贈公・爰不揆譾劣・納之行李・

贈冢宰立峯孫公北上序

天官尚書缺・帝若曰・茲惟予統均銓衡重寄・其愼簡以充・於是廷推一再・上最後得立峯孫公名・報可・且敦促就道・是時公由南冢宰改司馬參機務・詔墨尚濕・復有今命・一時朝野相顧動色・謂天子神聖・爲能知公・謂公忠誠・足當聖天子知・而南都諸縉紳尤習公而儀式者・乃授簡不佞・俾摛辭賀焉・

或曰・明興・人才莫盛於淅・自昔記之・於今所見・若公與平湖陸公・相繼由南大宰入秉銓軸・而蘭溪趙公會稽羅公相繼由南少宰入輔之・今趙公且巋然登政府矣・此豈惟淅省盛事・亦南中一時之光也・請以是爲留都賀・或曰衡鏡儀羽之地・其選最重・即千里一士・猶比肩也・乃公與少宰羅公陳公俱同郡・而陳且同里巷・豈惟二百年所希覯・即稱百里聚星・何以加茲・請以是爲公桑梓賀・或曰・惟公乃祖乃父・世篤忠貞・蓋自忠烈公以御史中丞仗節宸藩・進秩大宗

伯・予專祀・而文恪公繼之・復由進士及第第二人・致位宗伯・膾炙人口舊矣・文恪公有丈夫子四人・而公爲長・次則月峯公・發跡北畿第一人・由翰院致位少宗伯・鶴峯公由御史歷藩臬・今爲冏卿・月峯公由南宮第一人歷銓司・今拜中執法・居御史台・一時同官于朝・露冕鳴騶・並公而三・而先由武科第一人致位樞府・簪纓世世者・則公之伯氏也・今官比部・以直聲顯朝著者・又公之哲嗣也・其諸子姓・象賢濟美・接跡而起・日蒸蒸未艾・無論明興・世家之盛・海內無兩・即古稱元愷虞廷・何以加諸・請以是爲閥閱賀・於是不佞誨・乃拜手颺言曰・允若前言・可謂能揄揚公所際之盛矣・抑知公所自爲盛・又有進此者乎・自昔人臣・莫盛於周・周公以文王之子・武王之弟・成王之叔父・位冢宰・匡太平・復建元子而啓爾宇・夾輔周室曲阜之墟・于今爲烈焉・茲亦遭際遇極已・乃史記其孜孜求賢・至於握髮吐哺・又謂所執贄而師者十人・所友而見者十二人・窮簷茅屋先見者四十九人・似不專于其家鄉・何也・冢宰稱天官・謂其至公至平・如天之無所私・是故不貴其才・而貴善用天下之才・古之君子量包宇宙・器納河海・道孚於鄉・而不爲其鄉・彼其視天下猶一鄉也・教始于家・而不有其家・彼其視天下猶一家也・此鈞衡之極・而帝臣之選・姬旦所爲・稱盛良以此也・若公者・殆庶幾乎・

公重厚少文如周絳侯・不言躬行如萬石君・持大體・不責苛小若丙丞相・凡歷官所至・咸有聲稱・而恬退淡泊・尤爲鄉里推重・常由光祿卿養痾姚江之上垂十年・頃歲應召始出・遂晉廷尉・貳司寇・改少宰・尋至今官・亮采惠疇・無一息不以延攬人才爲念・而其謙益虛受・尤綽有姬旦遺風焉・不佞侍公公教有年・嘗竊嘆盛德雅量・以爲不可及・計今入掌邦治・吾不知其進用賢才・汲引善類者有幾・其調劑燥濕・解紓糾紛・導和宣屈者有幾・其宵夙匪懈・邃謀密識・俾海內陰受其賜而人不及知者又有幾・要以休休一念・推其必審知宅俊振・拔幽遐・俾小大各得其位・共效用明時・永保治平之休必矣・豈徒若世之卑卑者・私樹桃李・隨時浮沉・俾天下所稱美艷羨・第如前所云云・一鄉一家之盛焉已哉・此聖天子所爲選衆而舉公之意・亦中外搢紳所爲顒顒注望於公者也・請以是爲公賀・於是公戒行有日・誨不佞・無能闡揚南中諸搢紳之意・以諗于公・第爲鋪張前語書之・以附行李・公聞之・拜稽首曰・鑣不敏・敢拜昌言・庶幾無忝祖考・亦永有辭于冢宰・用對揚我聖天子之休命・

贈大參董公奏績序

董公之出而參藩巡守北海也・實用十年郎署最遷云・而是時廉當多事後・外則交夷未盡帖服・內則元元未盡乂安・瘡痍未盡起・四夷之業未盡復・法紀未盡飭・公至而蒿目焦思・慨然曰・以夷人之叛服靡常・動爲國難・自古患之矣・豈眞奠安之圖不可幾耶・無乃官之師旅・實有所闕以携諸夷心・而徒咎於屢叛・何其疎也・星言夙駕・稅于郊原・討軍實而申儆之・慮勝之不可保也・拊民人而訓誨之・念民生之不易・戒懼之不可以怠也・龍門牙山防城山陬海澨・巡歷殆盡・而新羈屬夷蠔丫等村・且不避瘴厲深入焉・謂諸夷實並生覆載・毋庸剪棄・稍稍進引慰勞・示以威而結以恩信・欲

使長爲盛世不侵不叛之民也．謂所經畫．必愼必周．其大者修城池而金湯固．定久任而山海得人．通操練而紀律互習．究悍兵而法紀以明．嚴通夷而釁孽潛消．鞠失守而疆埸振飭．移守備而更番逸．起月糧而兵食足．他如米價給而民困甦．案牘淸而弊蠹剔．詞訟禁而濫受杜．糾察嚴而墨吏懲．若乃冰蘗自持．敦素絲之風．獎懸魚之節．以風示有位．則本原之地．籌之豫矣．

葢公爲欽州慮猶深．故其謀畫獨至．或採於諸司詳議．或出於帷幄運籌．或修飭夫舊章．或改易其弦轍．要以撫慰元元．奠安疆圉．能邇柔遠．皆鑿鑿遠猷也．然亦未嘗專武備而廢文事．居恒延見諸生．惟禮教信義是率．至於文學經義．時時談說不倦．海南道缺．公當署竟辭．備兵而獨理學政．海江視士．去煩蠲苛．嚴持大體．浹辰之間．竣事而還．其規模宏遠矣．夫以公之訏謨碩畫周至於廉．豈獨難海南一兵備哉．其再三辭讓而不居．則有深意存也．詩曰．文武吉甫．萬邦爲憲．其公之謂乎．是以報天子矣．漢臣趙充國之言兵勢．國之大事．當爲後法．臣不爲陛下明言兵之利害．誰復當言之者．夫進而疑功．退而疑名．乃不一避焉．而務爲實以示後之憂社稷者．何昔臣之忠篤懇厚若此．公今且以奏績行．有如當宁問公何以能使邊境晏然．士民康乂．斯不亦公可得而明言．而務實以示後法乎．卽欲辭讓．又安能也．由茲以談．國家三載考績之意．豈獨爲人臣功名已哉．乃世視位遇．患得患失．不勝染指焉．彼其騖於顯名而厚實之疎可知也．公於樹立若契．而於位遇常若避．葢泊澹寗靜．正誼民道．此眞社稷臣矣．

夫建康古都會也．余鄉嘗登牛首．涉台城．覽雨花獻花諸勝．江流浩渺．建瓴而下．鍾阜奠之．山川噴薄．英俊所鍾．公今其人也．在昔季子言游．下及六朝王謝諸賢．文雅風流．猶有存者．而我明二百餘年來．闔闠詩書．衿裾禮樂．名公碩輔．屢相望于鼎台之間．今其在公乎．余故於廉守之請而序之．爲他日左劵也．

書狄梁公傳後

予讀狄梁公傳．至其北上大行．望雲興嗟．未嘗不投牘而歎也．曰．勤矣哉．孝子之用心乎．乃觀其他日處鄭參事．鄭母老且疾．當使絕域．狄請以身代．又何其勇而壯也．嘗意其代鄭之事．或在幷州法曹之後乎．不然．白雲雖遠．顧不猶近於絕域耶．嗟乎．世之拘儒局士．側守一隅．每見退然若有所慕者．則以爲莫肯任事．而至於忠勇立大節．則以爲必忘身不顧家者流．而不知達權之士．其用心緩急固如此也．夫君子事親孝．則忠可移於君．狄公孝心誠篤．豈特見於處人已之際．卽其他日定社稷大計．竟以母子天性數言得之．吾於是益見孝道之塞天地．而天性之理在人心者．雖惡如武氏．亦可挽而化也．嘗怪呂后之擅漢．其禍不殊于武．而王陵之面折庭爭．其所遭之變．亦與梁公無異．然陵以棄母仕漢．卽此心已不能無歉．故雖危言正論．而安劉一事．竟非陵所能．與梁公以至孝稱其於母子天性之際．要皆身有之．故言之親切而有味．夫是以己言之．而君信之．挈唐家之神器．還之廬陵．若持左劵然．然則大人出處之際．誠不可不愼．而格君心之非者．要自有道．而非口舌之所能

與矣．讀史至此．爲之愴然．故書于后

方正學先生祠堂記

王宏誨

我成祖文皇帝靖難師入金陵．一時抗節死義之臣．則正學方先生爲尤烈云．始門人王稌輩．收遺骨葬聚寶山．其事秘不傳．越二十年．姦黨禁除．而先生之事．𣪽以章顯．迨今上改元．初下褒祠之詔．天下言者．益以不諱．而先生之名．遂炳烺寰宇間矣．萬歷己丑冬．客部新安汪君．祠部臨川湯君．間過聚寶山吊古．訪先生墓而封志之．於是余與少宗伯常熟趙公爲辟墓道．建祠山上．一時南中大小九卿．及諸縉紳．捐俸相工．不謀而合．祠部蔣君爲之潤飾有加焉．於戲．是不可以觀人心哉．

夫以先生天挺之才．醇儒之學．高皇帝常稱爲異人．欲老其才．須後用．稍擢漢中教授．建文中．召入翰林進文學博士．日侍宸扆．備顧問．其遭時遇主爲何如也．文皇帝靖難師入．所至嚮應．乃卽位一詔．非得先生草定不可．其倚任托重．又何如也．藉令與時委蛇．垂勳竹帛．天命人心之際．先生豈不籌之熟哉．乃衰絰哀號．峻詞拒命．至赤族不顧．鼎鑊如飴．先生之心何心也．余讀其絕命之辭．至忠臣徇君兮．抑又何求．感慨噓嚱．有足傷心流涕者．間嘗律之夷齊扣馬之事．則易姓受命．視家事慰諭之日．其所處孰難．首陽全身．視萬死不磨之秋．其爲情孰若以取義成仁．可爲後世人臣懷二心者之媿．則所謂易地皆然．百世以俟聖人而不惑者也．乃若夷齊得武王而臣節益彰．武王得夷齊而王度益顯．今天下知與不知．皆謂先生之節．文皇帝成之

矣．至文皇帝他日有言．彼食其祿．自盡其心．然則文皇帝之度謂自先生啓之．奚不可乎．余故表而出之．俾後之知先生者．因以知文皇帝．而尙論千古君臣之際．我明與成周實異代比隆云．

適致仕通判程君心得．同其子儒士近光董祠堂之役．來告成事．聊敍數語系之碑陰．其死事始末．詳本傳．祠堂建置．別有紀．茲不復載云．

水會所平黎善後碑記

瓊州府志卷三十九

珠崖海外一寰區也．裨海旁．羅郡縣．而五指黎婺諸山荆枳其中．醞釀黎岐．世爲瓊患．自漢兩伏波將軍啓土以來．歷代叛服靡常．無能拓封疆之咫尺者．朝廷三勤王師．每大舉衆．無慮十萬．雲集境上．斬蓬蒿而夷之．始未嘗不發蒙振槁．而後稍稍蘖芽尋斧柯也．豈非以善後術疎．而經遠之畧當日未暇亟講乎．頃歲．黠酋黎馬矢倡亂．糾合諸亡命黎廣王蓋老孫恩第等入內地．肆行寇掠．州邑震動．數年莫可誰何．歲己亥．督府戴公燿始下車．憫其狀．亟探羣議．疏請鵰勦．得旨報可．乃攷山川．掄將帥．選徒御．偫粮糗．飭戈矛．刻期興師．始命東山遊擊將軍鄧鍾率所部精兵．偕雷陽副總兵黎國耀．瓊崖參將莊渭陽．各率所部廣雷瓊土官兵共八千有奇．分道協勦．監軍則雷州府同知萬煜．紀功則瓊州府同知經仁木．而分守海南道參政林如楚兼督之．議者謂盛夏酷炎．進師不利．宜少須以待．秋初．鄧將軍持不可．夫智貴猝．力貴突．賊恃險煽亂．乘其無備．一鼓可克．今秋未將熟．逡廵不進．賊得穫而守．一人據險．

千人莫過・師老矣・何克之爲・督府善其議・趣令進兵・
維時硤門爲賊關隘・最爲天險・鄧將軍獨當之・黎將軍兵嚮定泉・莊將軍共嚮水焦・約閏四月初八日會戰・賊料定泉水焦層巒絕巘・勁弩蹣伏・我軍不敢深入・硤門當孔道・率其饒牛坡星等守之・先是四月鄧將軍移兵馳皷嶺爲水焦合擊狀・倏初七夜撤而趨襲硤門・諸士有難色・將軍登定功峯觀天象・適見水星盖於金星・晶光燭天・大喜云・此破黎之兆也・諸士皆奮躍・賈勇先登・銜枚而前・賊兵殊死戰・兩岸矢下如雨・軍士用皮牌擁衞・各以三眼銃火箭亂射・殺其驍牛坡星諸賊・驚哭曰・官兵自天而下耶・追奔嶺背・大破之・賊首王興天引小崖賊徒七人・號七虎・圖爲策應・立斬之・軍聲大振・次日莊將軍兵由水焦進・又次日黎將軍兵由沙灣進・後先夾擊・直搗居碌嵩・焚其聚落・鄧將軍誡兵固壘・因粮於敵・窮搜五指乾脚・賊首黎馬矢等數十人・計窮就縛・賊衆潰散・怖死者・蹎僵者・澤跳者・伏箐林而立枯者・不可勝計・棄弓矢納村落者・咸待以不死・甫四閱月・黎悉定・計俘斬一千八百有奇・拓地三百餘里・督府下令班師・瓊父老子弟鼓舞・懽若更生・爭操牛酒遮道・爲將軍賀・旋核功次以聞・上嘉考丕績・特晋督府兵部尚書・守道參政林如楚加秩憲使・將軍鄧鍾擢副總兵・鎮瓊崖諸文武長佐而下・各紀錄給賞有差・

遂議築水會城・置守禦千戶・所謂萬千年不拔之基已・海南道副使程有守至・區畫經營・屹然金湯之固・憲使林如楚副總兵鄧鍾撫黎通判吳俸相繼踵至・規畫先後・不遺餘力・乃留戍守・興屯田・勾軍伍・稽畝籍・創公廨・伐山開道・東通萬・西通儋・漸次疏通・又設巡司・以備譏察・立墟市以通貿易・建鄉約以興教化・豎社學以訓黎庶・時屆王正・諸峝蠻扶老携幼於新城・觀燈玩彩・熙熙然快覩昇平氣象・而後督府聞之・喜可知也・頃鄧將軍時巡水會・諸黎父老・携壺漿・勞苦道旁・拜手加額・謂微將軍吾儕何以有今日・將軍避席稱謝・硤門之役重邀主上寵靈・遵督府碩畫・一皷而俘罪人・諸凡善後事宜・種種稟受成命・何敢自多・父老曰・喜督府暨將軍大造於瓊・吾儕宜謀世祀・率衆創生祠於新城之西・以志不忘・而屬碑文於宗伯氏・不佞辱在宇下・聞見最核・念事端初發・未嘗不與衆同憂・及兹側聽驩聲・又不能不與衆同樂・雖文辭萎弱・竊以爲桑梓之幸無以加此・顧兹役之預有勞者・不能盡載・謂宜著在碑陰・並垂不朽・若督府戴公燿副總兵鄧君鍾則終始其事・勞苦而功高・衆論攸歸・又不容不表而出之也・

遂系之以詩曰・皇矣聖明・威加六合・慕義嚮風・莫不震疊・蠢兹黎岐・溟甸中窟・蟲我腹心・世爲蟊賊・弄兵四出・煽亂一方・叛服靡定・虐焰方張・帝曰來燿・保釐南服・哀此瓊人・歲罹蠆毒・誓清大憝・受命徂征・謀而淵默・斷乃雷聲・桓桓將軍・允文允武・仰覩乾象・潛移師旅・用奇奪險・宵襲制勝・銜枚破關・裂竹嚮應・會是螳臂・而當車轍・載扼其吭・載窮其穴・橫屍血流・山海之崁・狐妖憑邱・鹿鋌走陰・天厭盜虐・師不踰旬・執訊獲醜・其捷如神・王路載清・黔黎相處・遐荒既平・四國是定・雪夜破蔡・五月渡瀘・視此鴻功・千載同符・捷聞當宁・褒賞酬庸・天掀地揭・宴歌彤弓・帝睠南顧・還我將

軍・經營善後・保我黎民・畝澮潺潺・崇墉言言・百千萬禩・炳烺長存・定國勳勞・昭哉祀典・飲食必祝・垂休琬琰・將軍讓功・曰維督府・督府不居・歸之天子・天子萬年・垂衣舞干・勒此豐碑・昭示百蠻・

清海碑

國家承平日久・文武恬熙・鋒鏑燧銷・孼孽間作・往歲嶺海劇賊若張璉曾一本林鳳之徒・始不過乘時盜販・因緣忿怒・恣行剽掠・久之聲應氣合・所至望風奔潰・遂至竊名號・屠城邑・流毒閩廣間・至煩天子大興問罪師徒・一時文武羣臣・宣力用命・僅乃平之・蓋自嘉靖丁卯以迄于隆慶壬申・而其變極矣・天未悔禍・鳳賊既殄・其黨李茂陳德樂嗣起・跳梁睢盱・寖不可制・當事者以粤中連年苦兵・不忍毒民於險・權以撫綏之・用是狼心益逞・陽爲降以嘗我・而陰樹徒黨・列柵連營・于瓊之鋪前・盤據不解幾二十年・每每弄兵禁池中・犯我海防・盜我珠貝・虔劉我人民・蕩搖我邊疆・當是時・內有新順東莞吳川諸處亡命奸人・爲之窟穴・外有漳泉異境豪俠惡少・爲之聲援・而戍守巡警官軍・又有遊說行成通關納賂之奸圖・有迎分子錢・歸送海儀之名色・自是豨穴鯨奔・所至蕩然・而禁池失守・祇爲盜資・萬曆戊子春直指蔡公夢說按部至瓊・始詰責二酋・命有司焚其聚落・移徙城中・見謂坐困・乃其徒衆侵池四出・而二酋依憑城社・顧隱然有負嵎之勢・識者患焉・少司馬劉公繼文既有總兩廣之命・首詢禁池失守狀・喟然嘆曰・吾聞養虎者不以全物與之・謂其決之之怒也・安有養二酋而以珠池爲之全物者乎・請先言清池・而後及二酋・此制虎之術也・遂下令議調募・議資粮・議賞格・部署已定・乃用軍興法・禡師誓衆・分道並進・

先是廣寇陳鏡合二酋之黨・聯艘百餘・出沒池中・不可究詰・至是大將躬率戎行・諸師奮勇爭先・罔不用命・自戊子九月軍行・至己丑正月一戰于白峙澳・賊亡者十之二三・再戰于楊梅池・賊亡者十之四五・終戰于斷望池・賊亡者十之六七・最後俘獲二酋之屬李春養陳朝綱朝紀等・獻捷轅門・公乃密檄擒二酋繫獄・其黨蔡克誠陳良德等・復擁衆一呼・奪官民舟出海・旬數日間・有衆七百・所至焚掠城市邱墟・徒侶日衆・不可數計・時直指王公正色方按部雷廉・下令招安不服・於是賊窺我兵未集・危言挾宥・二酋猖獗日甚・遂以某月襲陷清瀾所・突犯文昌・及沿海州縣・尋撼郡城・海南北洶洶震恐・諜報日至・公曰・附膾之癰弗治・病必深・治不拔其根・病亦益深・是在今日・乃由蒼梧移鎮五羊・以便調度・時有五雲夾日及靈鵲繞簷之異・公賦二詩紀之・爰命總兵李君棟渡海臨戎・嚴督前此清池諸師・急擊勿失・益簡將練兵・分道防守・下令曰・某某塞賊掠道・某某塞賊走道・某爲正兵從中入・某爲奇兵從左右翼之・受吾筴而賊得以一卒闌入者死・逸出者死・士亂行者死・當先縱而却者死・則又曰・無窮追・無殄類・無馘脅從・不用命者法無赦・令既具・賊計窮蹙・乃使其黨狡黠者數人・潛貽二酋書・約某月日挾囚徒刼獄・出舉火以應・事露伏法・於是所司誠期舉事・諸將歡忻・賈其餘勇・復以三月合戰于白鴿門・賊衆披靡・斬獲無數・又追至硇州洋・大

破賊・焚其舟・擒賊首陳良德陳良輔李朝華等・時賊存者不滿數艘・狼狽大困・五月乘勝逐北・至抱虎灣盡殲之・是役也・自冬徂夏・先後移師者二・大戰六・小戰十餘・凡斬捕數百餘級・俘獲半之・兇渠悉面縛致戲下・諸焚溺死者不可悉計・捷聞・天子嘉悅・自總督而下・褒賞酧勞有差・公乃疏善後事宜・俱荷俞允・下所司行之・

君子曰・乘弱之後以用威則強・其今日之謂乎・夫二酋之不靖久矣・顧撫之則惠不能懷・而幾於褻・攻之威不能制・而幾於玩・釀其患以至今日・非早見而預圖之・將丁卯壬申之禍豈待異日而後見乎・顧茲役之預有勞者・武自總兵參游以至千百夫之長・文自撫按藩臬以及郡巡巡檄之衆・官爵名氏・不能盡載・諸宜著以碑陰・並垂不朽・若總督公緯武經文・霆決斧斷・奮長策而制羣醜之命・開久曀以成廓清之勳・尤當特書大書・表而出之者・是用詮次其事・勒之穹碑・傳信罔極・

其辭曰・於赫皇明・無競維烈・四方攸同・海外有截・治久弊匿・城復于隍・虎帳既塵・鯨波乃揚・爰有島孽・煽起溟渤・擾亂天常・閃鑠飄忽・帝嗟炎徼・民苦瘡痍・暫是用綏・以奠黔黎・蠢茲么麽・怙終迷復・包藏禍心・陰叛陽屬・猙獰噬狙・縱橫禁池・蔑我官守・撤我藩籬・明珠寶貝・大盜是資・直指蔡公・設誠開諭・徙之攜之・庶其悔悟・嗟嗟彼頑・倡獗日肆・蹂躪剽掠・千百爲羣・血人呀呀・虎噬狼吞・遠近驛騷・若火燎原・顯允司馬・總是荒服・轟然悼傷・哀此慘毒・有赫茲怒・桓桓于征・簡將練卒・裒雄聚劾・禡維良辰・攻用吉日・參以文武・分以營壁・元甲耀日・朱旗彗雪・天聲殷殷・震于海濱・元戎啓行・雲鳥呈瑞・鼓枻無前・望風奔潰・我士愈勵・我武維揚・下攻九池・上入穹蒼・流血成川・積尸填壑・禁池既清・元兇就縛・馬騰士飽・農耕女作・蕩蕩平平・謳歌熙皞・孰時使然・壯猷元老・匪我黷武・神怒天討・捷書上奏・天子揆之・策勳行賞・福祿膍之・哲人訏謨・圖厥善後・撥霧掀曀・搜匿塞竇・於鑠奇功・光昭宇宙・昔周方召・歌功于雅・明與虎臣・厥有司馬・四郊寧謐・海晏河清・對揚稽首・永保昇平・

重修忠義熊氏祠碑

熊之先出楚熊繹・其上世有鬻熊子爲文王師・忠義之倡・所由來矣・南宋時有曰元者・由江西南昌來判廣州路・任滿・卜居東莞榴花村桐嶺之側・四世祖曰飛・別號花溪・丁宋祚式微・元兵入犯至榴花村・公以布衣倡義勤王・率鄉兵往惠州・投文丞相麾下・與元兵大戰・斬其將姚文虎于銅嶺之原・再往廣州・合新會縣令曾逢龍兵・堅守梅關・力戰不支・遂死於韶之曲江・予每讀史至此・爲擊節壯之・

嗟夫・公草野布衣者流耳・非有封疆民社之寄也・仗義勤王・保障鄉關・非有一旅之衆・足當健兒悍卒之雄也・揭巾持梃・非有金鼓之文・進退之節・可恃以緩急用命也・藉令公少懷顧望・卽全驅保妻子牖下・亦與儋爵析珪・而奉頭鼠竄開戶待敵者殊科・獨念丈夫負堂堂七尺・忠義自矢・天日不二・甘與洛邑之頑・首陽之餓・同聲異代・卽捐驅原野不恤也・茲非天植其性・而浩然之氣・歷萬古而常存者乎・

然以公之忠・可以貫金石・質鬼神・勇可以起懦夫・奪梟將・乃竟不免於曲江之斃・豈其所能者人・而不能者天耶・抑天將以綱常屬公・且以愧天下後世人臣懷二心者耶・公祠建於大明成化某年・扁曰忠義・後其子孫星散不一・在本邑居者・則有綠蘭水頭石碣等村・各立宗祠以祀公・而今重修石碣宗祠・且徵予文以記・則予邑廣文熊君叶夢也・謹按祭法・以死勤事祀之・且本仁以率親・自義以率祖・皆孝子仁人之所有事・因爲之記・且授樂歌數闋・俾祀者歌之侑神焉・

其詞曰・伐鼓兮考金・瓊芳薦兮椒糈斟・雲馮馮兮天陰・神渺渺兮幸臨・望而不見兮愁予・心歸來兮自今・（右迎神）雲爲車兮風爲馬・神洋洋兮來下・怒目烱兮顏渥赭・志呑胡兮殺氣振野・操長劍兮控鳴弦・耿丹心兮鑒皇天・忽若近兮倏遠・我心懷兮孔殷・（右降神）神格兮利成・焱遠遊兮揚旆旌・横海岱兮騁歷・排閶闔兮上征・山有崑兮河有珉・遡厥源兮流慶・延秋霜兮春雨・顧予蒸嘗兮爰適我所・（右送神）

少保王襄公毅祠碑

國朝稱社稷臣者・嘉靖中葢有宜陽王公云・公以兵部尚書歸・十年復起原官・協理京營戎政・無幾何・卒・上震悼・下禮官議卹典・贈公太子少保・謚襄毅・遣行人護其喪歸・勅有司營葬域・諭祭恩禮嘉隆焉・而宜陽父老子弟・日夜思公・欲祠于鄉未果・隆慶間天子褒卹忠誼・詔卿大夫死職事・勞勛最著者・有司得專祠於鄉・於是巡撫都御史楊某・始采輿議・謀於藩臬諸司暨督學使者・檄所司建祠祠公焉・而公之伯子少司寇正國・乃以記屬予・

予嘗覽國史・而參之家乘・乃知公之所以受知肅皇・而得稱社稷臣者・盖有由矣・始公巡撫寧夏也・寧夏介在河曲・三隅逼寇・烽火貫四時・公至嚴號令・謹斥堠・招携降虜數百人・又設間諜・刺虜中事甚悉・虜嘗乘水一入・輒失利・遺其酋而去・終公之日・虜不敢近塞而飲馬・公乃益修邊垣二萬餘丈・水洞整垣百餘所・墾田數萬畝・又請以花馬池建學立師・如中衞例・夏人至今賴之・上用是知公名・遂遷大理卿・不數月・入爲兵部右侍郎・尋改吏部・適大虜擁衆入犯・直薄郊闗・分命文武大臣防守京城・公乃以吏部左侍郎總督九門・得節制便宜行事・盖特簡云・是時變起倉卒・人心皇皇・公自疏五事以請・復勒營兵郊外・示决戰・啓門納避寇者・中外恃以無恐焉・屬倖帥仇鸞陰導虜入・而陽倡義勤王・握重兵不動・公疏切責鸞・督戰甚力・揮指中軍四十餘日夜不解甲・虜退・上銜本兵失筴法之・乃以公署兵部事・兼提督團營・公憤營伍積衰之弊・議更制・其畧曰・兵散無統・十二營非制也・請合爲三大營・營將非紈袴子則諸僨郎木偶而衣甲耳・請選任諸邊將久行間者・以備操練・又寺人典兵・大辱國軍・半以供厮役・請斥去勿用・上應奏嘉納・所條畫即著爲令・既乃改公兵部左侍郎兼憲職・贊理軍務・尋拜爲大司馬・其知遇如此・公自是益以安攘爲己任・諸所條奏・咸鑿鑿當石畫・上一意虛己聽之・而是時鸞負提兵入援功・虛矜怙寵・與分宜相及中貴有力者・內外比周・得拜戎政・主將睢盱胡著閒・獨不便公・鸞欲節制九

邊總兵．公不可．欲易邊將不附己者．公不可．欲寢築薊鎮邊垣．公又不可．最後鸞藉口提兵出塞．一大創虜．實欲肆爲奸利．公嘆曰．丈夫昔尾賊不以一矢相加遺．遠討之謂何．有細在廷．有大在邊．禍心叵測矣．遂上疏劾鸞跋扈無人臣禮．不報．鸞終憚公．計沮．日夜求中公．適公條上五事中復多備鸞．鸞乃與分宜及前所革典營諸中貴人交譖之．幾中公奇禍．賴上明聖．察公無他．僅免歸．公去．鸞益横．以反狀伏誅．上始服公先見．拊髀思不置．每謂公才如余肅敏．爲社稷臣云．會協理戎政員缺．手詔起公．甫復任．踰年竟以勞瘁致疾而卒．惜哉．

公諱邦瑞．上起公時．嘗更其名爲邦奇．尋仍舊．字惟賢．自幼倜儻負奇．年十四爲郡秀才異等．嘗上弭盜十四事．郡守大異之．如洛陽生云．登正德丁丑進士．選讀書中秘．以藩戚例．出爲廣德州守．例解晋留都．銓曹郎．歷關內督學僉事副使參政．遂超拜都御史巡撫．以至今官．中外咸赫然有聲稱．語詳碑誌記傳中．不具論．論其關社稷功大者如此．王宏誨曰．語有之．知臣莫如君．信矣哉．公之爲社稷臣乎．今夫鞠躬盡瘁死而後已．忠也．昌言發難．逆折亂萌．智也．秉道疾邪．難進易退．勇也．備衆美而時出之．非社稷之臣以安社稷爲悅者而能然乎．嗟乎．以肅皇帝之明．始終知公．不可謂不遇令主．得久居本兵十年之間．必有大可觀者．乃不免中罹讒間．膏澤尙屯．君子所以致憾于昊天之夢夢也．

考之祭法．德施於民祀之．以勞定國祀之．能禦大災．捍大患祀之．公實兼焉．今日專祠之典．豈非質諸輿論．俟之千萬世之公議．咸協諸義而協焉者乎．祠在郡治．負陰面陽．堂凡三楹．門如之．翼而廊．重而堂備而厨而庫罔缺．制詰遺籍在焉．經始于隆慶辛未春．越秋告成．邑長吏歲時致祭．徵予記者．爲公之仲子正直．嘗從予成均．予于公有通家之誼．即不文．何可辭．爰志其始末．爲樂歌以侑神焉．

其辭曰．嵩高兮崢嶸．河洛兮澄泓．中有至人兮綽約娉婷．笞鞭風霆兮撻犬羊．逆龍頷兮剪梟獍．芟荆榛兮宿莽．雜辛夷兮芳蘅．蘭宮兮玫垣．蕙宇兮瑪甍．靈何爲兮夷猶．蹇淹留兮中洲．擊鼉鼓兮推繭牛．耀靈匿兮心煩憂．望三塗兮長鶩．乘天室兮返顧．元冥洒兮解酲．欃槍掃兮清路．靈之來兮驂文螭．佩虹劍兮光陸離．欻欲去兮將安歸．鸞與翔兮鶴與飛．提天綱兮補地維．奬忠魂兮永無期．

太保工部尙書龍塘葉公神道碑

予讀漢功臣表所區別五等勳庸．大抵非常之士．抱命世王佐之畧．其生也有自．其出也有爲．故遭時遇主．隨試輒效．功施社稷．而名炳旂常．非苟而已也．若吾鄉太保葉公．殆其人與．公諱夢熊．字男兆．別號龍塘．惠之歸善人也．生有異徵．頭骨隆焉起．雙眸炯炯如電．少從兒嬉．即號召羣兒惟命．間育鷹犬爲戲．立幟分部伍．鷹犬皆馴服．識者已知非凡．年十二．侍父宦邸．授書過目成誦．十六入庠序．遂知性命之學．負笈南海何宗伯端恪公門．端恪公大奇之．一日．讀書西湖．遇異人．往來傳秘密．世莫知者．臨化留衣爲別．謂公勳業當代無兩．

嘉靖辛酉以壁經魁於鄉．乙丑成進士．令福清．以廉能卓異徵拜戶部主事．改監察御史．居臺三月．所論列皆國家大政．侃侃無所避．會虜酋俺答以其孫亡入關中．舐犢愛乞款請封貢．公抗疏不宜許．致忤當事意．幾杖．尋謫承陝之郃陽．二年量移歸德捐官．遷南戶部主事．督理鳳陽倉．裁羨額．絕侵漁．歲省數萬萬．曆甲戌轉郎中．遷贛州知府．肅清羣屬．罷關市無名之征．郡有巨盜葉楷葉柱．聚黨安遠山中．前守不能制．公謀之督府江公．既合．乃密購楷柱厚善．令召楷黨．復因楷黨來歸者．令召楷親任推赤之．令入楷巢穴中．間離其衆．楷腹心內潰不知也．竟帥萬餘人反．公率兵深入急擊之．楷衆倒戈內向．遂馘斬楷．擒其餘黨．以其地設長寧縣治．百姓就在所祠祀公．而監司中有忌公功者．會賴推官以履畝深入賊巢．爲餘黨十四人所脅．將乘此中公．公以計盡誅此十四人．而賴幸無它．尋丁內艱歸．苫次中．猶出奇俘楷黨賴玉讚．致之軍門．闔境晏然．疏聞．詔賜金幣．服除．起補安慶府．會有弓田之令．上下一切以苛刻爲能．公崇寬大．務從民便．致緩期奪俸不顧．歲大旱．公禱雨立應．百姓建留雲亭以志德．又計縛潛邑天堂巨寇．上最．荷璽書旌異．贈父爵如公官．母稱恭人．壬午陞雲南副使．未上．改浙江海道．公至．周視形勝．悉召境內兵．益以海艦．令寇至敵于外．無俾闌入．海波息警．

會有詔求邊才．臺省交章薦公．調永平兵備．公治兵能用間．又能因敵間爲我用．復以間用間．輾轉于不窮之算．所制輕車神礮尤精．一試遼東．虜披靡．當事者上聞．下其議于九邊．仍温旨慰勞．加右參政．適鄰部士卒沸亂．遂丙夜馳定之．卽感受約束．無敢譁者．丙戌大計．舉廉能第一．居三年．長昂不敢窺邊．尋推山東按察使．晉右轄．己丑陞都察院右僉都御史．巡撫貴州．兼督川東湖北．節制三省．故事．各撫按以幣交皆取償公費．公獨命典謁互易其幣以報．舊習一洗．草坪苗殺一千戶倡亂．公立筴殲其首惡．事聞．再下兵部紀錄．土舍楊應龍驕蹇縱恣．多不法．公力欲除之．而兩省異議．應龍竟逋誅．至今爲梗．談者始服公先見．公又念貴筑咸土司難馴．請增新貴縣治．民用帖然．庚寅陝西中火酋．調公撫陝．會與經畧尙書和戰異意．公畫不得展．然猶密遣將擊走火酋．莽剌工川之衆．倡一時敢戰氣．辛卯擢副都御史．撫甘肅．威名日盛．松虜套虜及海西諸虜遠遁．而壬辰遂有寧夏之烈．初．寧夏哱拜哱承恩劉東陽等皆戍卒．自恃家丁强衆．又虜方黠悍．而邊備素單弱．遂決計勾虜叛逆．戕撫臣．脅宗室．虐燄張甚．公灑泣上疏．願捐身討賊．得旨趨寧夏．入靈州．虜數萬騎突至．公命驍將麻貴等出其不意破之．虜復以叛賊召傳城北門．公率兵搏戰城下．士殊死．入其陣．虜大挫喙遁．賊失援喪膽．然猶堅壁以拒我師．朝廷憤師久無功．下封侯之賞．賜上方劍．俾當事者得專決．尋逮總督魏公．而以公代．公召將士激勸之．示之劍．士人人競奮．晝夜蟻城．決水灌城．公親冒矢石督戰．用神礮燔其樓櫓．擊破卜著二虜酋援賊者．賊意氣沮喪．公益耀舟師震賊．而間貽蠟書以移其黨．俾爲內應．某日．遂以神礮克南關．百道攻擊．承恩等懼不知所爲．斬劉東陽許朝玉文秀函首．行成不聽．益進兵攻之．礮連發如震．呼聲動天地．哱拜自焚．馘之．俘承恩承寵．傳首九邊．捷上．朝野大慶．公一切推功前督臣魏公及諸將之敢戰者・論定擢功・擢公右都御史・廕一子錦衣衛正千戶世襲・公請移鎮還固原・休兵偃甲・未幾・疏乞骸骨・乙未吏部疏修舉邊功・陞公兵部尚書・廕一子冑監・父以公貴・贈太子少保兵部尚書兼都察院右副都御史・妣俱贈夫人・配廖氏封夫人・子男三人・世儀邑庠生・蚤卒・世仍廕錦衣衛指揮僉事・世俟廕國子生・女六・孫男一紹履廕國子生・爲世儀嗣・公以萬曆己亥葬于遊龍山・世仍等以予於公有兩同年誼・相知最深・爲書致光祿卿郭公所撰行狀・使人詣南都徵銘勒諸墓道・

予憶往嘗與公談鄉先達安攘之烈・至大司馬翁襄毅公・心艷慕之・每竊以歸公・而公遜謝不居・今公勳秩駸駸出襄毅上・惟是贈謚大典尚有所待・總之日久論定・皆所謂先後若合符節者也・公與襄毅俱產嶺東・詩有之・維嶽降神・生甫及申・有以也夫・是宜銘・

銘曰・五嶺毓粹・乃生人傑・襄毅崛起・公也超軼・允武允文・萬夫之特・服勤中外・懋著勞績・贛有逋盜・公擣其穴・義旗一麾・魑魅屏息・陝有叛戎・公憤請殛・尙方賜劍・海內有截・摧陷廓淸・所向無敵・方駕范韓・叔虎攸匹・帝嘉丕勞・寵數晋錫・宮保推恩・金吾世籍・海內景從・式是百辟・角中南還・稅駕何亟・天不憖遺・星隕棟折・訃聞當宁・卹典絡繹・宗伯予祭・司空治穸・褒功刻表・余史其職・螭首龜趺・德輝是勒・太保新阡・過者必式・

右都御史西洲唐公神道碑

自予髫時・見父老談西洲唐公立朝節概・私心嚮往・比長・入仕中朝・與修國史・因讀公先後建白諸疏・乃擊節嘆曰・嗟乎・若西洲公者・豈不毅然大丈夫哉・嘗觀縉紳士夫・平居矢口言天下事・卽引裾折檻・見若無難・至當國家利害事變之衝・輒相率鼠首兩端・甚則卷舌固位・嗟乎・此其人視公何如哉・公以嘉靖戊戌夏・議獻皇帝明堂饗禮・忤旨・詔獄廷杖・爲民而歸・是冬復冠帶・踰年而卒・又踰年・葬陶山潭緝之原・隆慶初・奉詔卹錄・乃晋公官都察院右都御史・賜祭葬如例・故事・仕登三品・法得樹石神道・公嗣孫恪走書京師・以碑銘請・予雅重公・茲復忝公後進・載筆貞石・以揄闡幽美・詔來世・責惡可辭・

按狀・公諱冑・字平侯・姓唐氏・西洲其號也・先世桂林之興安人・宋淳祐間・始祖震刺瓊州・卒于瓊・迄太學生乾畀生正處士・太學生・處士・則公之王父・父也・俱以公貴・贈通議大夫都察院右副都御史・戶部左侍郎・王母吳・母陳皆贈淑人・公生敏頴・於書無不讀・宏治戊午舉於鄉・壬戌成進士・皆以禮記魁其經・授戶部山西司主事・丁外艱・服闋・値逆瑾擅權・公謝病不出・瑾誅・起・公復以母老乞終養・益肆力于學・葢家食者幾二十年・肅皇帝入嗣大統・始赴召爲戶部河南司主事・時蘇杭織造遞遣中貴人往・大爲民害・公上疏諫止・詞甚剴切・已又疏請出內象・又疏爲宋死節諸臣請謚立祠・其所論列・皆關正體・時論韙之・癸未春考會試・所得多名士・陞本司員外郎・擢廣西提學僉

事．公以身範士．督師生習冠射諸禮．即僻邑遐陬．廵歷皆遍．丙戌陞雲南按察司副使．備兵金騰．飾號令．治軍旅．境內肅然．土酋莽信橫虐．莫敢誰何．公遣壯士計擒之．逮其黨八人．俱論死．保山令趙九皐與其子明．引逆賊劉七餘孽承檄漁民．民苦郡吏弗能制．公械繫之．九皐坐盜邊錢粮例．斬其首以殉．明坐抵命．宣慰木邦孟養爭地．構兵連歲．鎭廵議興四省師往討之．公曰．毋煩師．是可不戰而下．乃檄木邦先世與地所由．諭以國恩．木邦感激獻地．兵遂寢．丁亥改本司提學副使．其所造士．一如西粵時．會有尋甸之變．總制提兵來者．柄臣私人也．囑公以故人子．不聽．時三司憚其威．議迎參皆跪．公獨不從．疏乞致仕．不允．陞雲南右參政．己丑表賀．如京諸郡邑例．餽夫廩皆卻不受．既至．見京貴一無所遺．上疏請崇聖德．上嘉納焉．陞本司右布政使．壬辰入覲．陞廣西左．其年至廣西．時桂林盜發．喜掘富家塚．王府諸巨姓．惴惴旦夕．公計獲渠魁七人．誅之．而古田鳳皇寨韋賊尤．又肆掠．時調土漢兵征之無功．公屬其令劉朝輔曰．往諭吾意．天兵不可再．不如急來．吾能生之．朝輔如命往．賊曰．是布政果前提學耶．即解甲與朝輔偕至．受質而還．輯其衆．境內大安．盖公往提學時．嘗諭諸猺送子入學授書．遺風尚有存者．先是各鎭守將．月領銀賞．猺名鹽魚銀．軍器局月支粮結．軍名軍匠口粮．公按掌故．謂嵩首能戢．諸猺無掠乃賞．今各處警報何嘗爲．祇官吏冒耳．軍器局造以年．今元造未已．而支粮至十二年何也．悉禁絕之．靖江王府宗人受封．輒謀補錄．自登名玉牒日始．公曰．祿與爵封應始自拜封．從前誤也．

且以靖江一府月補祿米八十石．合天下諸藩費當何如者．遂疏其弊于朝．宗室羣齮齕之．公屹不動．尋得旨俞允．通行各藩．著爲令．盖公在西粵功績殊尤類此．他如疏請不隨王府慶賀．不行王府扣頭朝禮．及戢客兵不敢爲暴．人聞之皆吐舌．癸巳陞右副都御史．提督南贛汀漳．公以開府四省重鎭．而贛城卑小．何以示威．乃增築樓櫓雉堞．擬諸郡會．按兩廣軍興條例．著賞格置湖西道．檄守令分駐臨江吉安．令緩急可倚官軍．遠邇帖然．僅半載．改山東廵撫．再乞致仕．不允．時値旱．公焚香祝天．藩司分禱嶽瀆諸神．果連日大雨．郡邑多蝗．公撰祭文．命長吏倣周禮春秋禳祭．是歲無蝗．子生盡爲蝦蟆蟻子食．有蝗飛自邳淮來過沂州不下．歲則大熟．是時公方尋黃河故道．以疏三郡水災．厪通省荒田．給民牛種墾之．爲世世永利．未就．而陞南京戶部右侍郎．丙申春改戶部右侍郎．迨秋轉左．會安南弗靖．廷議興師往問罪．公曰．交南道路險絕．出師必無成功．且得其地不可郡縣．永樂中事是也．因疏力言其不可者七事．武臣郭勛怙寵．謀其祖配享功臣廟．公復疏諫止．上皆虛己可其奏．嗟夫．公于君臣之際亦已遇矣．乃明堂之議．聖心有獨契古禮者．在廷諸臣．未必能知．公亦坐此不合．然肅皇帝之明．與公之忠．皆可以流光千古．若公者．可謂終不遇乎哉．

公卒爲嘉靖己亥．距其生天順辛卯享年六十有九．配鍾氏．貞惠有聞．累封淑人．子男三．長穆．戊戌進士．禮部儀制司主事．次秩．次稼．女三．孫男二．恪．惇．恪官生．都察院照磨．卽來謀予碑銘者．孫女一．公天性至孝．

事處士公敬養備至・疏歸侍養時・會陳淑人有疾・公手調藥・朝夕不解帶・舍旁忽產蔬菰・取以供母・人以爲孝感・治家嚴而有方・冠昏喪祭・一遵古禮・衣履不擇敝好・處滇中數年・珍寶一無所攜・所至供張器皿・悉署籍以俟來者・自提學備兵至開府東南・士民無不遮道攀轅・送出境外・久而不能忘・爲文章根本六經・不務綺麗・著有瓊臺志・廣西通志・江閩湖嶺都臺志・詩文若干卷・行于世・初・公既罷歸・有詔復公冠帶・人謂上意原公且召公・而公逝矣・公生平以范文正自期・身任天下之重・乃不獲竟所設施・惜哉・是宜銘・銘曰・

於爍唐氏・實始興安・爰及司徒・碩大且蕃・通籍廿年・優游林壑・幡然而起・雲蒸龍躍・中外敭歷・藩臬薦更・乃簡中丞・乃陟貳卿・文武憲邦・動猷名世・侃侃論列・弗嚴貴勢・批鱗削籍・易世旌忠・贈爵祭葬・愍卹優隆・已化者人・弗朽者德・鬱鬱佳城・過者共式・

都御史霖宇梁公墓誌銘

萬曆甲辰九月・楚藩悍宗稱亂・殺巡撫都御史趙可懷・搆成大變・羣情洶洶・僉以爲宸濠復起・天子患之・集廷臣推可任者・一旦・上手敕湖廣布政梁公拜都察院副都御史・巡撫其地・公時方分道澧陽・聞命亟馳之興都・受節鉞・至則檄會城吏士・嚴飭保甲・防禦于內・檄荆湘各道鎮守要害・犄角于外・乃榜疏順逆・陳禍福・從中播告・以安反側・而寢邪謀・于是兇黨當日解甲・而巨憝數十人次第就擒・公始入武昌慰勞・楚王綏定・諸士庶特疏請法司會問・天子罷問官弗遣・悉畀撫按便宜行事・明年乙巳正月・公乃俘諸兇詣興都舊寢・會多官詳讞罪狀以聞・其畧謂悍宗狂逞・起于誣・假王而怨歸聖明之獨斷・讎國主而禍移執法之羣臣・遂致逆天抗法・背祖訓・蔑條例・請分別處治・詔以第一等蘊鍌而下五人置重辟・二等至五等遞減有差・不崇朝晏然無事・公乃議善後及諸興革事宜・次第條上・凡十餘疏・悉見施行・說者謂是舉也・不動聲色而置宗社于泰山之安・明興自王文成而後・惟公一人而已・

公諱雲龍・字會可・號霖宇・其先世自宋金紫光祿大夫諱肱者・謫守瓊厓・家焉・至公生而豐偉不凡・乃少孤食貧・嘗挂角讀書・年二十補郡諸生鄉生・達督學鄭公廷鵠忠介海公瑞・一見稱爲海內名人・乃游揚于所親王翁・贅以女・是爲王夫人・自是夾持于學・而文藝日進・以嘉靖甲子舉于鄉・萬曆癸未成進士・往諸進士守部・多營差自便・公敝裘羸馬日逐逐天官署中・暇則究心墳典韜畧・講求濟世安邦切務・因受知當道・有大制作・及諸疑難事・咸屬焉・遂受兵部武庫司主事・提督武學・典試貴州・贊大司馬經畧臨洮・秩滿陞員外郎・晉憲副參政按察使・敭歷井陘天津開原隴右莊浪諸邊境・戊戌大計・以參政聽調・尋復原官・遷右布政・起補湖廣・進左布政・俱由外道加銜攝司篆・特簡開府・晉今官・其督武學也・釐稾杜倖・嚴考課・習技射・鷹揚之衆・翕然改觀・其贊經畧也・運籌設策・裨益宏多・而最有聲人口者・在斷甘凉假道・收兩河諸羌・以扼川海之吭・而絕强虜之援・經畧如其言・果奏奇捷・退虜和番・功成最鉅・其治兵井陘也・適倭躪元菟・聲言入犯闕下・而天

津爲京師咽喉．鎖鑰尤要．故公在井陘甫七旬．卽天津兼程而至．勑吏士增繕陴隍．親歷要害．置水陸偵探．警備軍府．事咄嗟立辦．會有使者先後叙邊功．特詔復原官．進右布政．蓋異數云．明年庚子以播急起．補湖廣分守荆南．六月至澧陽．播適報平．而皮林叛苗又起．當事者移征播兵討之．檄公治餉．一切用兵機宜咸取决焉．八月苗平．解餉務還澧陽．澧故簡僻．公治以鎮靜．行所無事．日與諸大夫士子講學譚藝．及進諸父老詢風俗．修舉廢墜．穆如也．明年壬寅以國慶獲錫典報最．更以征苗功荷特旨褒擢．甲辰楚藩變起．公先是守澧陽攝司篆時嘗與其事．及領開府．不旋踵而芟夷大難．若駕輕就熟．自後申飭吏治．精明博大．務在休養安全．而中璫黃瑞者守武昌．横甚．至縱羽流窘辱郡太守．公抗疏論列瑞諸不法狀．請旨褫囘．丰裁凛然．一旦以疾終．訃聞震悼．贈兵部左侍郎．賜祭葬如例．復廕一子爲太學生．恩卹備至．可不謂希世之遇哉．

初公未第時．嘗闢舘授徒．造就多名士．復蒞官天津黎平澧陽．每進諸士．談說經藝．多所發明．聞風者甚衆．至身心性命之旨．尤諄諄．所著有學習錄藝林緒論藏于家．馭軍紀律嚴明．在天津治兵．嘗梟示一人．皮林治餉．嘗磔一人．悉用司馬法．諸軍股栗用命．先後以經畧閱邊奏捷．賚金幣奬勞優擢與進俸級．歷歷可紀．且家居有常法．雖顯不殊寒儉．天性孝友．痛二親違養．每臨祀泫然．事兄嫂如父母．視猶子若孫．婚配均財．不啻己出．女弟早嫠．撫卹獨勤．自少莊王夫人．白首如初．絕無姬媵聲色之好．遇人渾渾不見圭角．又仗義好施．親族黨閭．待以舉火甚衆．然志守端潔．不可干以私．居里中歲餘．謝干謁．乃枉抑無控．不吝自爲解說．竟不使人知也．凡公所爲．行之終身者．有能履其一．君子以爲難．而公兼總條貫若此．可謂振古豪傑非耶．

公卒萬曆丙午．距生嘉靖丁酉．享年七十．病瀕危．尚致書胡廵撫議陵工．口呫呫不休．語畢翛然而逝．庶幾得正而斃已．公祖考以公貴．俱贈布政．祖妣妣贈夫人．配卽王夫人．有婦德．治公喪事．扶櫬歸至新安亦卒．附公葬新英之墟．而公葬龍坡．從公所夢卜處也．子二．長思孚．貢選太學生．次思泰．叙太學生．予與公往侍同朝．嘗述吾鄉先達邱學士與邢都憲．同時意氣．爲公先談．慙予非邱．而公之于邢．不啻過之．自謂知公之深．宜莫如予．故不辭太學君之請．而爲之誌如此．銘曰．

猗璵先達邱與邢．都憲學士同時鳴．嗣邢開府代有興．忠介海公最知名．平生好古敦鄉評．梁公當日媲休稱．公起溟甸騎赤鯨．跨邢學海推人英．胸富韜畧贊本兵．出入九塞揚威靈．懷羌破虜繫長纓．平苗定播四郊寧．指揮叱咤鞭風霆．逆折狂藩遏亂萌．保釐全楚江漢清．登壇爭烈王文成．帝曰來嘉汝忠貞．褒賚顯擢寵數盈．胡不憖遺天冥冥．九重震悼軫宸矜．贈廕恩卹備哀榮．龍坡勑葬潛幽銘．公神在天燦列星．百年考德此其徵．

擬無逸殿箴

大君凝命．統御萬方．總攬威福．調劑紀綱．得之則化臻上理．失之則治用不臧．故克艱者惟治．而不易者惟王．

緬惟聖人．自强不息．度天祇民．不遑暇食．保惠念稼穡之艱．抑畏勤康田之卽．享國以之彌長．皇后因而丞式．豈如叔季．棄眇忽微．以天位爲可樂．捐小民之所依．履冰無兢兢之戒．集木無惴惴之危．迷途旣遠．覆轍何追．是用覽鏡興亡．提衡善敗．取公旦之陳謨．法成王之受戒．比前事若韋絃．奉聖言若蓍蔡．揭無逸于便殿．拜昌言於往代．夫適情肆欲．其逸乃足．無亦誦眈樂罔壽之旨以自畜．而伐性之斧．不使陳於目．勞民動衆．其逸乃重．無亦鑒觀逸游田之訓以自訟．而馳騁之娛．不使投其空．輕改舊章．其逸乃長．無亦察變亂刑政之文以自防．而紛更之議．不以易其常．不恤衆怨．其逸乃見．無亦引違怨呪咀之規以自善．而防川之術．不以施於賤．淫刑窮兵．其逸乃盈．無亦徵無罪無辜之語以自繩．而草菅之念．不以瀆其經．嗚呼．一念之逸．萬事之隳．一時之逸．終身之疵．法天行健．惟日孳孳．克念罔念．無不在茲．堯兢舜業．幷稱嵬嵬．惟無逸乃能有逸．惟有爲是以無爲．彼秦氏之衡石．隋室之傳餐．徒爲叢脞．奚取圖難．吾將企四王之廸哲．措九有于安瀾．固朝乾夕惕之不暇．而遑卽夫世主之所安．

李家都盟約引

蓋予他日讀秦風而竊有感於無衣之咏云．說者謂秦樂戰鬥．其民平居．懽愛之心足以相死．是則然矣．然其意主勤王．至於同袍同澤同裳．不一而足．皆以王如興師爲言．其立功報主之衷．隱然寓于言表．又何其勇而好禮也．豈其先民遺風．猶有存者．抑其濱戎狄而怵於利害．故其牢騷感憤之氣．卽形之聲詩．至今猶使人擊節興起與．

吾鄉李家在定邑．居四方之中．山海稍遠．夙號承平．而自邇年以來．始數受黎患．侏儷魋結之衆．一旦橫行白晝．大都刈人如草菅．閭閻無寧日矣．當事者方待重審機．未聞興師之期．而吾民愁苦無聊．嚣然喪其樂生之心．居常有同袍同澤之思焉．予蒿目時事．不得已乃與里中父老子弟束牲載書．講求鄉兵之法．其尺籍則稽之司農．其訓練則倣之司馬．大率家自爲戰．人自爲兵．要歸之出入相友．守望相助．患難相救恤．無秦越其視而後已焉．古稱寓兵於農．庶幾近之．其亦秦人賦無衣之遺意耶．若乃因內政而寄軍令．取管敬仲之法．自吾鄉推廣之．以致三州十邑皆然．又進此而陳師鞠旅．廓淸妖氛．一洗積年養寇媢黎陋習．俾戈矛甲兵之柄．不在下而在上．則又在當事者加之意哉．語曰．禮失而求之野．予於是乎有感．

李家都會盟防守約

粤自東牲命齊．持盤定趙．而盟約之設．所由來矣．吾定中據瓊莞．李家尤中據諸都．往柳塘周公來守郡時．嚴行鄉約．閭閻肅淸．卽流賊如李容．周時集謝章馬京之黨．搆結爲患．不旋踵而授首．迄萬曆初歲．窮倭燒船．橫戈瓊定之區．所過灰燼屠戮．衝突東廂．居丁去處．如入無人之境．竟爾退舍李家不敢深入者．皆本之衆心一．而防備嚴．先聲有以奪其魄也．自後承平日久．約束弛而武備疎．又值連歲凶荒．黎酋弄兵．逃亡勾引．烏合蜂屯．肆爲劫掠．今村舍洶洶．朝不保夕．當事者往往指倡首爲激變．等擄搶爲

狗偷・蔑視民隱・若秦越人肥瘠・莫之加意・蒿目焦心・不知何所底止・吾輩平居・若厝火積薪之上・安得坐觀其變而不爲之所哉・

走謝病里居・不遑假寢・敬約吾鄉父老子弟・借箸而籌議者・咸謂村落丁男・約數百許・寓兵於農・可敎而用・宜遵照先任本道舒操練鄉兵事例・挑選少壯者・責其整飭器械以壯威・簡閱部伍以精技・賞罰信必以作勇敢・就中復選優於勇畧者・分屬統率十人爲一隊・三領爲一哨・每隊製小旂一面・木牌二・弓矢二・刀槍二・石砲二・每哨舉一號頭・或角或梆・或鑼或鼓・服色各有分別・一號一長・不時查督・團練調度・每月一小操・每季一大操・小操者・東西南北就各哨而練習也・大操者・會東西南北於尖峯・演武而比試之也・小操有罰而無賞・大操賞能而懲玩・吾里以尖峯爲中・東西南北共約有五十餘村・就其近者・前後左右互爲唇齒・稍遠者東西南北相爲策應・目下多艱・各有長撥所督鄉兵於附近衝要路頭・裝塘埋伏・總督者不時查點・鼓舞而振作之・萬有變故・唇齒者接踵追踪・策應者舉號飛報・哨長招集壯丁備粮・隨後追逐・期抵巢穴・或分哨裝塘・或遊兵奪擊・能向前衝鋒者・論功優賞・擊賊所獲財物・盡給本哨・捕獲賊顆送官・有執讐扳指・大家齊力分寃・餘饒者捐已弗吝・被傷者爲之醫治・死難者爲之殯葬・優恤妻子・如是則衆心齊・衆氣壯・吾子弟可以衛吾父兄・吾隣里可以爲吾城廓・吾佃僕可以爲吾營衛・不俟官兵而保障有餘裕矣・尚何山海寇之足虞哉・

李一迪　號我山・高州人・嘉靖乙丑進士・歷官彝陵知州・戶部郎中・廣西左江浙江金衢嚴副使・所至以風節稱・其爲政便於民而不便於津要・故亦不得大用・所著有拙宦存稿・

甘雨亭記

張侯守高涼之明年夏六月・不雨・祝融布烈・舊土龜拆・桔槹無功・苗就槁者半・農人戚・國人懼・而請於侯曰焚巫・侯曰・天不雨而咎之巫・惑甚・曰・某瀦之龍靈焉・可怒而雨也・侯曰・人則不能而求之龍・惑滋甚・曰・無已則遏糴乎・侯曰・公則不儲而閉之糴・是遷其旱於鄰也・卽國無年・民固自爲備・焉用禁之肥津吏・毋乃使人幸災耶・曰・爲之奈何・侯曰・責在太守・太守禱足矣・

乃大戒於國・市毋屠・道毋除・小訟毋興・省刑緩斂・蔬食減從・素服撤蓋・率屬步禱於壇・其衷疾・其詞傷・其容有瘁・如是一之日禱・二之日再禱・乃令於郊曰・固而隄防・疏而溝洫・堅而塍竇・張而具・祝而種・雨且應矣・明日果大雨・街塵瀉湍・原隰鳴瀨・奔壑注溪・入於陂地・達於阡陌之間・瀕槁之苗・勃勃有生意・農耜偕出・婦子喜饁・國人謳歌・微侯之力不及此・侯聞之曰・天則悔禍於爾有衆・太守其何有焉・君子謂張侯於是乎善禱・

夫善禱者・不禱於禱之日・侯之是舉也・責則歸己・功則歸天・其占雨也如神・夫罪己者必無罪歲・而其政若六氣四序之不忒・不忒則順・順則應・讓功者心能以禮爲國・而其心若水之善下・故受其占雨也如神・是以謂至誠・誠

故動・三者侯之所以禱於雨之先也・國人謀登其事於石・使後之長民者・知取法焉・侯名邦伊・字孺覺・淅之鄞人也・

姚光泮 字繼昭・南海人・嘉靖乙丑進士・官山西道監御史・出知泉州・告歸・闢郭西荒畦・結社賦詩・題曰亦自丹邱・

乞酌定禮儀以資法守疏

竊惟我國家監古爲治・因事制禮・所以約臣工之趨守・而肅朝廷之體統・固彬彬然備矣・臣也待罪留臺・竊見南都所行之禮・或略於儀文・過於繁縟者・猶有一二焉・其在今日・似當隨宜而損益之也・敢以陳之陛下・

蓋慶賀者每乃人臣以時而輸祝頌之誠・國典莫重矣・故南京各衙門・遇萬壽千秋長至正旦・例有慶賀表箋・則輪流遣官類進於闕廷・大小臣工則同拜送于禮部・體統固甚隆・臣敬亦甚肅矣・惟南京太僕寺・職雖並列・禮獨分行・臣嘗疑之・考之典籍・皆無所紀・或者謂國初定鼎金陵・該寺守職江北・比之朝參官員不同・故凡有大慶・差官表賀・後遂因以爲常・審若此・今日南京諸臣既無朝參之禮・而有進表之文・該寺亦列衙南都外職九卿者也・獨不可一體行之乎・況近覩我皇上登極以來・省去繁文・敦崇實效・又因言官論列・已議裁減本寺少卿一員・大官既裁而差復仍舊・將來應差之官・致誤大禮・勢恐不免・是尤不可不預爲之酌處也・臣以爲自今以後・凡行慶賀表箋・該寺宜與南京各衙門列御併進・其輪流齎捧之例・赴部拜進之儀・一如各卿寺衙門・行之則事體協一・大禮益尊・而寺臣乏人失禮之患・庶乎可逭・雖專事致敬・固臣道當然・而因時通變・以慎重典禮・亦不害其爲敬也・

若夫南都乃太祖高皇帝建極之地・鍾山之陽・孝陵奠焉・凡羣臣使于兹・有事于兹・入則謁・出則辭・其儼君父之在上・而竭臣子之敬・亦云至矣・第辭謁者・原無常時・惟任其便・甚或有近暮而後赴者・良以彼此相沿・歷年已久・雖達禮者・亦且恬然行之矣・況報名止于守陵太監・又乏贊禮之宜・縱有愆儀不到・莫從稽考・夫儀文之簡畧如是・恐非所以慰太祖在天之靈・而達我皇上尊祖之孝也・

臣以爲南京之鴻臚寺・視之北京・其煩簡自有不侔・今以謁陵報名付之該寺・而贊禮取之序班・似乎可行者也・如不然・則付之南京太常寺亦可也・至於謁辭行禮・貴有定刻・愆儀不赴・亦當糾舉・即以是而責之贊禮之官・有不恪者・報于南京禮部類題亦可也・是雖此禮原無隸行・然以義而起・亦在我皇上一斟酌之耳・臣愚陋不識大禮・竊念國家禮制繫羣臣法守・故不自揣量・輒以己見・論列其間・裁制損益・非臣愚所敢議擬・伏願勅下禮部・再加參酌・如果臣言可採・即賜裁定施行・則儀慶得煩簡之宜・臣工有畫一之守・尊朝廷而廣聖孝・端在此也・

譚清海　字永明．東莞人．嘉靖初以布衣上十事於朝．穆宗即位．復上三大典禮疏．大學士張居正都御史龐尚鵬尚書葉夢熊皆稱爲當今奏疏第一．將留讀中秘書．固辭．其生平足跡幾徧天下．嘗仗劍出關．閱戚繼光營伍．論置守勢．爲戚推服．旣歸．以家近羅浮．每朝翔見日臺間．自稱見日山人．著有靈洲草．阮志注未見．

三大典禮疏

布衣臣清海謹奏．爲應詔陳言．正典禮以垂萬世事．謹按我太祖高皇帝．奮起淮甸．定鼎金陵．一傳而至建文君．任用腐儒．紛更法制．剪忌宗藩．成祖文皇帝．于是訓兵除之．遂即皇帝位．悉復洪武舊制如初．夫建文君變亂成憲．固皇祖之罪人矣．臣則以爲成祖未即位之先．建文君猶君天下也．四年以來．其措置雖不足觀．然有一日之君．必有一日之政事．而使之湮沒不傳．將來者何以徵也．高皇帝聖神文武．動罔不臧．今以建文君之紀．而貫于洪武之年號．後世疑以傳疑．將毋以其所過舉者而誣之我太祖乎．且洪武三十一年爾．今曰三十五年．是賓天之後猶撫綏四海．統理萬幾．此必無之事．難以示信也．請敕令史官修其一朝實錄．仍以達文年號復告高廟．而追謚之．庶幾文獻足徵．可以信今而傳後也．

又按土木之難．爲國家大變．當是時．社稷爲重．君爲輕．使非景皇帝預登大寶．臣恐天下之事難言之矣．獨不見宋人靖康之禍耶．及英宗皇帝駕還．景皇帝迎拜．相持而哭．推遜良久．授受之意．昭如日星．一旦不豫．英宗復位．此天之所順也．人之所歸也．而賊臣徐有貞輩廼貪天功以爲己功．首倡奪門．動搖國本．駕言定策．獵取侯封．備骨肉無已之禍端．損國家萬年之元氣．遂使景泰七年君臨天下之號．一旦改除．于謙社稷之臣．竟死刀下．每讀國史．流涕傷心．不能不於羣姦焉飲恨也．英宗復鑒其誣．深懷怨悔．未及改．遽爾上賓．憲宗敦念親親．用成先志．上尊謚曰恭仁康定景皇帝．然而未得稱宗．未饗太廟．歷朝因循．實爲缺典．夫人臣有功於國者．猶得附饗于廟．而況正位于九重之上．內輯億兆．外當强敵．七年之間．社稷攸賴．以德而言．德在天地．以功而言．功在祖宗．不幸晏駕．一二讒誠之臣．乃隨而媒孽之．遂至不得以列羣宗．而安廟祀．孔子所謂正名之義安在哉．今陛下即位之始．正宜崇典禮．以一人心．蓋亦明詔中外曰．景帝臨御天下七年．屬國事多艱．惟帝其能勘之．宗社繫焉．其以恭仁康定景皇帝謚爲某宗．祔祀太廟．以正一代昭穆之倫．以敦萬世親宗之義．仍以于謙配饗．用報有功．復敕有司震暴有貞之罪．削其官爵．夷其墳墓．以爲將來不忠之戒．庶幾．祀典可明．而典刑可正也．

又按太祖高皇帝．首建太廟．爲同堂異室之制．而奉玄恆裕淳四帝．居之成化間．九廟已滿．下詔議祧．于是以玄皇帝爲始祖．以太祖太宗爲世室．于寢殿後建祧廟．羣主以次遷入焉．至嘉靖十七年．先帝斷自宸衷．獨奉高皇帝爲不遷之祖．改號太宗爲成祖．復上獻帝爲睿宗．而並附九廟祀焉．夫太祖有功于天地．創業垂統．爲萬世計．尊之爲始祖．禮之正也．獻帝篤生聖子．入繼天朝．我先帝一念報本之心．不能自已．而尊之爲帝．祀以天子之禮．此猶可以義起者·若陞祔九廟·而與列聖並饗·臣不知于義何取·于禮何居·于天下之分奚辨乎·昔武王纘太王王季文王之緒·以有天下·是天下者·太王王季文王之天下也·故武王得以追王太王王季文王也·猶我太祖之追尊四祖者也·今先帝所嗣之緒·果纘之獻帝乎·抑纘之祖宗列聖乎·使纘之祖宗列聖·則先帝之天下·祖宗列聖之天下也·先帝不得而私其親也·今而饗其親于九廟之中·則是先帝之天下·既受之祖宗列聖矣·而復受之獻帝·謂非有兩統乎·此一人之私也·非天下萬世之公也·我朝之制·子為天子·其母獨稱太后·不稱后·不稱后·不得並嫡同饗·于是有奉慈之殿·所以明微也·陛下謂君臣之分·與嫡庶之分奚殊焉·獻帝本安陸之藩王·曾北面于武宗者也·今陞祔九廟·而與羣宗並列·是偃然居武宗之上矣·為天子之母者·不可以庶而並嫡·為天子之父者·獨可以臣而尊君乎·是可以例論也·

臣聞獻帝在藩邸時·克遵朝廷制度惟謹·天下稱順焉·故于其崩也·而武宗諡之曰獻·夫生而能恪守藩臣之禮·未有死而肯倒置冠裳者也·今偃然居武宗之上·臣恐獻帝在天之靈·必以上下之分不可踰也·禮義之防·不可越也·祖宗相傳之統·不可私也·將蹙然不安于其位矣·夫祭者所以安先人之神也·既蹙然不安于其位·則又何愛于祔饗·何取于太廟哉·陛下方將秉正奉公為天下矜式·必不以私親之故而廢禮·其勅禮部會多官集議·再訂廟儀·務求典禮之正·庶于祖宗祭統·不至生嫌·獻帝神靈·得以安饗·而亦不失先皇尊親服親之心·祀典由是而正·禮義由是而安·天下之分·由是而辨·而萬世人心之公·定于此矣·臣學不足以稽古·識不足以通今·而於此三事·深知其為我國家之大計·伏惟皇上俯聽焉·

薛虞畿 字舜祥·海陽人·明嘉靖間諸生·隱韓山之麓·嘗按春秋紀年·自隱迄哀·於三傳國語檀弓·及莊列寓言·外綜舊史遺文·輯為春秋別典十五卷·其弟虞賓續成之·四庫提要著錄言秀水朱彝尊惜其未注出書·其後南海伍氏得曾釗所藏浙人洪筠軒借鈔本·刻入嶺南遺書·則已有注·蓋陽湖孫星衍所補云·又著有聽雨篷稿·阮志未著錄·

春秋別典序例

昔仲尼作經·口授弟子左邱明·懼其妄意失眞·廼推論本事作內傳·復采諸國名物作外傳·蓋侈哉博乎·其紀事也已·觀周篇常載孔子將作春秋·與邱明乘如周·觀書於周史·歸而作經·邱明作傳·若是乎·其於二百四十年之蹟·蓋目覩而備言之也·惡有所謂別典哉·今考其書·或先經而始·或後經而終·辨理者依·合異者錯·皆彬彬乎條分臚布·猶五兩焉·公穀後出·譚經不睹·史記耳而傳之·厘厘什一二耳·然舊史遺文無關聖筆·左氏捐而不錄者尤衆·劉知幾亦謂邱明紀載當世得十之四·豈非深慨夫記事之未周歟·不佞嘗閱往牒·見春秋君臣往蹟·醇雅奇袤不下千事·散著百家·皆三氏所弗錄·間或微掇其端·而未究其緒·存其半而不掇其全·見輒觖之·因不自度·畧仿左例·分十二公以統其世·稽三傳人名·以繫其事·年不盡考而附諸人·人不盡知而援諸事·參稽互證·務極恢宏·幽章纖鉅·兼收咸紀·蓋庶幾哉·疑於舊史遺文之猶在焉·嘗僭自謂言箴

乎一家・功可稗於三氏・題之曰春秋別典・殊三傳也・荀說有言曰・立典有五志焉・一曰達道義・二曰彰法式・三曰通古今・四曰著功勳・五曰表賢能・嗚呼・典無當於五志・奚取於典也哉・或者曰・拾金者汰沙・掇珠者捐蚌・三氏有作・鏐銑也・夜光也・子何用砭砭沙蚌是營哉・且也無關於聖賢・何必春秋耶・不佞謂不然・匠石不遺輪囷・醫師不遺溲勃・爲取用者衆也・且柤棃可以充品・吹竹可以聞聲・前鋒後距・兵之所以萬全也・左驗置對・獄之所以平反也・春秋旣曰刑書・何厭乎具兩造哉・比事屬詞・豈盡無取爾耶・況鏡古可以觀今也・軌前可以循後也・準得可以形式也・典皆有焉・凡十五卷・書目凡例列在左方・

凡輯事盡春秋・匪春秋之年事無輯也・起隱盡哀・一如左氏・間詳晉大曲沃・趙保晉陽踰二百四十年之外・爲晉主夏盟宜詳始卒・從左例也・

凡輯曰別典・匪別弗提・左氏內外公穀檀弓既列於經・家傳戶誦・無用取焉・諸子百史・希於聞見・蒐羅殆備・義取翼傳・不妨癖左也・

凡輯主分年・年據三傳・或人可年繫・則隨年引經・或傳有其人・則因人繫事焉・史世家不無同異・用列分註・以資考索・

凡覇盛桓文・烈稱管晏・自非孔氏・誰不道之・二氏有述桓景獨備・若概錄著・斯亦繁矣・畧加鉛黃・唯存馴雅・

凡事取實錄・不列寓言・鄭圃濠梁・僅存可據耳・

凡史載事輯史例也・標僅及事・言因事見・耑言弗錄也・

凡輯萃百家・事多錯見・此詳彼畧・甲工乙拙・要在參提・事必不遺・文資簡要・

薛虞賓　虞畿弟・有春秋別典跋・稱先仲氏未脫稿而下世・不無挂甲漏乙・年代倒置之病・故特參互考訂・删其繁複者十一・苴其闕畧者十三・蓋兄弟二人相續而成此書也・虞賓仕履未詳・

案陳伯陶明遺民錄・虞畿在第四卷潮州府志・列入隱逸傳・言其棄諸生隱韓山之麓・郡長史欲致之・鑿垣而遁・不詳時代・唯虞賓春秋別典跋言・郭郡公臚其目於郡乘藝文志中・郭名春震・嘉靖間修潮志・似虞畿卒於萬曆以前・不及見明亡也・

春秋別典跋

先仲氏輯春秋別典未脫稿而不幸下世・郭郡公用唐詞部言・亟取而序之・臚其目於郡乘藝文志中・公其賢於中郎遠矣・顧其甫成於草創・而考覈未加・不無掛漏甲乙・年代倒置之病・貽好事者之惜・走謂昔邱明受經作傳・廣記而備言・表時而記月・藉令輯別以翼左・乃采摭未廣・而世次乖舛・曷稱別典哉・故特廣閱博蒐・遇有異聞・輒嘿識以歸・參互考證・不遺餘力焉・世懸者更・類殊者析・删其繁複者十一・苴其闕畧者十三・事則咸備而罔缺・序有條而不紊・崇之以三氏之遺者・庶無□□逾越之歎・嗟夫・躬太史者亡十篇・司蘭臺者遺八表・□創之難以從事於此・且又無年・何怪乎立言之罔終哉・長志未信・責於後人・走媿纘成・殫精極慮・聊以自塞其責云爾・若曰・妄干載筆以附於作述之林・則吾豈敢・弟虞賓跋・

葉懋 字維新．南海人．嘉靖間任文昌訓導．與教諭李遇春同修邑乘．著有瓊厓集．幽居集．阮志注未見。

撫安崖州亂夷記

嘉靖甲子秋．崖州黎夷平．門生李楚問於王懋德周敦仁曰．自吾師葉懋之署文昌縣也．端軌勤課．捐貲修學．旌烈輯志．推之而選士舍．革夷餽者．吾知其職如是焉耳．至若崖州太守陳謨激夷反．不啻千萬．圍城數日．吾師乘機獻俘．挺身出城．撫慰諸夷．赴明倫堂稽首解散．部院交旌．斯必有奇策必至於此．懋德敦仁曰．子以爲奇也歟哉．不知卽選舍革餽之條．而妙運之耳．夫士舍伏懷京．獵夷奇貨．以陰媚於陳謨．而那寶花等部遂反．吾師計擒寶花．併懷京等而殲之．復單騎出撫．明示以朝廷禁歛德意．此酋長所以伏罪而退也．楚曰．吾師其瓊崖之鎖鑰耶．因述而告於予．予曰．子過矣．曷足言功．然予每悲夫撫黎岐者．旣不能易鱗介而冠衣裳．又不能選士舍．革夷餽．反喜其亂而兵之也．斯亦貪功結禍之尤矣．噫．楚因唯唯而退．遂記其問答如此．

陳一教 字在修．東莞人．以鹽筴起家．嘉靖以後．兩廣積引壅滯．課逋商困．一教以布衣上疏．乞止官運．並敕下江西袁臨等路復銷廣引．得請允行．鹽課無滯．商灶大甦．爲人有智畧．又嘗以五策干撫按．有不逞者欲擠之法．番禺縣令馮渠夙知其志．故得無事．南海郭棐誌其墓．

復通鹽路疏

爲懇乞聖恩．查復舊規．疏通鹽法．以甦民困．以安地方事．某等住居瀕海．水鹹地鹵．不堪耕種．多以曬沙煑海鹽及販賣鹽斤爲生．故沿海一帶．額設鹽場二十七所．遠近鹽船大小不等．大約不下數千．各船水手多寡不等．大約不下數萬．此數萬人者．勇健精悍之夫．俗稱之爲後生．各挈其軀命．自試於海洋洶險之中．僥倖萬一．以爲糊口養身之計．一遇海寇．則人自爲兵。不待官府而行剿滅．故當時商本不虧．國課完足．邊海之民。有所取給．而不至爲亂．良以鹽法通行無所奪于上．亦無所阻于外也．故論者謂欲廣東無事．在復鹽船。欲鹽船咸利．在通鹽法．眞知之論也．

乃今日則鹽法日滯．邊隅生計日促．其流禍之深．將有不可勝言者．某伏覩大明律一欵．凡軍民利病．許諸人直言無隱．某所以籲天疾呼．而不容已於哀鳴者也．某惟往年廣鹽．一由廣西以達湖廣．一由南雄以達江西．在廣西則係民商貿易．價值與時低昂．未有官府抑勒如今日者．在江西則袁臨吉三郡皆食廣鹽．未有淮鹽多端攙奪如今日者．彼此貪奪．日控日深．閭閻膏血．日朘月削．邊海不得聊生．貧民易以生亂．事勢之危．莫甚今日．某請畧陳其故．某查得廣西官鹽．原自前任總督兩廣殷．奉征古田地方．借用帑金一十四萬．議取臨桂鹽利補額．設立木馬運船．與民參賣．每運計利一萬餘兩．以十四運爲止．不過求補帑金額數而已．豈知法立弊生．官賺利於上．民朘削於下．今已十八運．原額已過．額外運金積於無用．況當運官取鹽之日．但知按數取盈．抑勒賤賣．豈顧小民財本虧折已多．及至該賣地方嚴爲限禁．官民互相配賣．官鹽雄據以爭利．民鹽壅塞而不行．老引日積．鹽本日耗．豈知小民破產造船．揭債作本．

出死冒險以圖微利．乃餉以輸官．鹽不售於民．又爲官鹽限禁以阻撓之．某見瀕海小民．日就窮蹙而已．安望有可生之日乎．此則廣西行引之路塞也．又查得江西袁臨吉三郡．原食廣鹽．蓋自正統年間已爲定規．故鹽利日通．民生有賴．地方且有寧宇．嘉靖年間．分宜嚴用事．不由覆議．徑奪袁臨二郡．以惠淮商．厥後鹽漸不行．烏艚等船．亦因以廢．致海賊許朝光曾一本林鳳林道乾相繼爲亂．嶺海騷動．二十餘年．某惟國家行鹽．自有各該地方．彼此遵行已久．豈容狥私攙奪．今淮鹽布滿諸省．廣鹽獨行江右一隅．而袁臨尚未退還．所以爲淮商者得矣．如廣民何．此則江西行鹽之路塞也．二路已塞．鹽法不通．昔廣西額消二萬餘引．今爲官鹽所限．官鹽每運只消四千引．民鹽亦只消四千引．比額則失去一萬四千有奇．連韶額消二萬餘引．今爲官鹽所限．只消七千二百引．比額則失去一萬二千有奇．江西五郡額消二十萬引．今爲淮商阻塞．吉安只消六七萬引．南贛只消一萬五千餘引．比額則失去一十二萬有奇．在江西則行鹽之路太狹．在廣西則配搭之限未除．故在竈民．則煮海無益．徒坐困於饑寒．在商民則生理無路．而待斃於旦夕．某見載鹽之船千艘．皆無用而停泊於內河．駕船之夫數萬．人皆無靠．而流離於外海．其勢非聚而出海盜珠．則烏合而奔投番舶．將有嘯聚徒黨．據險阻兵．如曩時許朝光曾一本之所爲者．計所必致也．

夫人非生而有盜心也．衣食無所給．窮迫不能存．則爲一切偷奪．以苟須臾之生計．今日沿海之船數千．其徒數千萬人．計出無聊．安得不爲之慮．某目擊時變．實切剝膚．爲此遠慮千里．冒死上陳．請乞皇上推利西省之心．以利東民．推憫淮商之心．以憫廣商．勅下都察院轉行撫按衙門．議復舊規．除官鹽於西省．俾民財無殫于官府之誅求．復故地於袁臨．俾舊額不失於兩淮之新議．庶鹽法疏通如舊日．而國餉亦賴以充．窮民生養如昔時．而邦本亦賴以固．某不勝感戴天恩之至．

李以麟　字應叔．號滄湆．新會人．諸生．與兄以龍皆慕白沙之學．署其軒曰敬存．尤工書畫．爲世所重．著有宋儒格言．阮志藝文畧著錄．又稱其編薛文清公讀書錄．及諸儒履歷粹言．是不純宗白沙者也．子之世．有逸才．萬曆丙午舉人、官池州府推官．著有鶴汀全集十卷．阮志注未見．

刪定畫山水賦

畫奪天巧．機動神隨．求之有道．古法是師．尺樹丈山．豆人寸馬．多不欲繁．少不欲寡．峯則峻拔．岑則平夷．巖藏深密．巒疊高卑．通冗者屯．峭壁者崖．兩山夾路而爲壑．兩山夾水而爲澗．路下牢土爲坡．似土而高爲坂．泉通川曰谷．水注川曰溪．似此名目．種種不齊．先觀精神氣象．次辨淸濁妍媸．定衆峯之拱揖．列羣岫之逶迤．遠人無目．速樹無枝．遠山無皴．遠水無漪．峯腰雲塞．道路人塞．石壁泉塞．樓臺樹塞．石分三面．樹別兩枝．楓葉橫披．兩葉下垂．灌木凌霄．多暎層樓．複閣秀林．當路類蔭．茆店竹籬．路盡而橋梁可着．洲長而舟舶可依．人煙起於平陸．寺宇占乎崖嵬．酒旆則當衢高挂．蒲帆則遠浦低飛．根露而藤纏者．乃懸岸之古木．嵌空而冰嚙者．爲斷岸之魚磯・松皮似鱗・柏皮纏身・生于土者修長而體直・生于石者拳曲而體新・無葉枝硬・有葉枝柔・古木節多而半死・寒林扶疎而蕭颼・路尋歸止・水覓源頭・上有飛泉瀑布・下有跳波怒流・後有村莊廬舍・前有縈紆道周・凡若此類・可以意求・

春則樹木隱隱・霧鎖煙籠・遠水拖藍・山色菁葱・夏則林木蔽天・綠蕪平坂・瀑布倚雲・凉亭依岸・秋則天水一色・霞鶩齊蜚・沙汀蘆渚・木落鴻歸・冬則水淺沙平・木葉盡脫・酒旂曳烟・樵夫踏雪・雨則不分上下・難辨東西・行人傘笠・漁父簑衣・霽則雲收天碧・薄靄依稀・山光淡宕・網曬斜暉・曉則千門欲曙・輕霧霏霏・朧朧殘月・氣象熹微・暮則山啣落日・犬吠疎籬・僧歸遠寺・帆卸江湄・行人歸急・半掩柴扉・或烟斜霧橫・或遠岫雲歸・或秋江古渡・或荒塚斷碑・或洞庭春色・或瀟湘雨迷・凡此之類・謂之畫題・

筆法布置・更在臨時・大抵神妙本於性生・工巧在乎習熟・筆斂者滯・形斂者俗・縱放者易爲力・或拙直而麤疎・細密者易爲工・或綿弱而拘束・工緻而有力存・豪宕而生態足・靜若井蝸・動如驚鹿・點抹見意趣・尺寸藏機軸・乍見脩然・徐觀含蓄・江山如履・烟霞若觸・心曠神怡・驚魂駭目・非天下之至精・孰能與於此・雖然・看畫以形似・見與兒童倫・驪黃牝牡外・別自有傳神・是故神而明之・存乎其人・

馮思皋 番禺人・父元・師香山黃佐・嘉靖辛丑進士・官知縣・擢郎中・致仕里居・著天文邃體・詹詹草・思皋補邑諸生・有學識・達治體・嘗論屯營馬政・人皆稱之・所著文賞齋稿・武夷遊記・並佚・

屯營策畧

我朝制・邊方衞所三分守・七分屯・內地八分屯・二分守・一軍受田五十畝・納糧六石・當立法之初・以爲承平日久・餘丁益多・增屯日廣・歲入日倍・舉天下之屯糧・足以資天下之兵・兵衆而民糧・惟上所用矣・乃今升斗之給・盡出於民・兵餉之費・悉仰縣官・有軍而無可屯之田・有田而無能屯之利・此何故哉・兼并於豪强・侵佔於總鎮・耕種少而賠補多・拋荒甚而逃亡衆也・

馬政策畧

嘗考馬政・漢人牧於民而用於官・唐人牧於官而給於民・乃宋始則牧於官・中則給於民・後則市於戎敵・明之馬政多仍宋弊・川陝茶馬之設也・非舊制・近之俺答馬市・載金銀至邊・而其養之於民者・又襲宋人保馬之法・且市馬歲費・而廐數不增・損威靈而墮狙詐・已爲失策・而其牧之民者・害尤甚於宋之保馬・旣爲丁而差・復爲馬而役・生必報數・死必責償・生歲增而供給愈難・死日繼而賠償無已・民又何堪・爲今之計・亦惟官爲養之而已・

劉鴻漸　字紹嘉・東莞人・世稱磬石先生・著有格物要・致知辨・易說彙雅。省勸錄・蘭軒詩文集・皆未見・

示諸生手帖

海內之講道學・至今日而盛極矣・然橫豎看來・都不出禪和圈套子・以其基本弊病・總在亟求心得故也・夫求心亦曷嘗不是・不知心無空求之理・必須從學問以求・所謂從學問以求者・明天道・察人倫・講聖言・通世故・使之義敬交修・知仁克盡・而後自得隨之・非徒完養神明而已・若夫遺棄一切・屏黜百慮・專務虛靜以爲心得・此便是達摩面壁之學・任到得淨智妙圓・直證本體・終與養道不相交涉・蓋釋子認心在氣之明覺處・其貴先於絕物・故所求不過如是而止・吾儒認心在理之總統處・修身齊家治國平天下・皆從此出・如何鑿空以求・今海內諸公・何嘗肯自謂禪・何嘗不高談學問・然着求心工夫・終另有一節事・納入學問裏面也得・不納入學問裏面也得・安得不剗去大學下手之第一事・而反以爲務外乎・僕之提倡格物屢矣・率而致之正・所以件件椿椿・密引此心於天理民彝・聖經賢傳之內・此乃求心之大本領底・請細思着・請細驗着・

東莞宋八遺民錄序

文臣相天祥・自江西奔循州・進屯麗江浦・遂大收兵・辟吾邑趙玉淵必瑑參其軍・已而張宏範襲五坡・丞相被執・軍士盡潰・必瑑不得已遯歸・明年宋亡・遂隱於温塘村・與陳庚陳紀相倡和・同時有武夷謝翱者・亦以參軍遯匿民間・其後間行抵越・依浦陽江方鳳以居・永康吳思齊輩爭與之游・事之本末・悉與必瑑相類・金華胡仲申稱翱走越之後・嘗上會稽・循山左右窺祐思諸陵・歔欷流涕・又嘗浮七里灘・登嚴光釣台・北向舉酒擊石・歌魂歸來兮之辭・哭失聲・而予少時聞諸父老謂必瑑隱温塘・足跡不入城郭・惟西走大奚・東走甲子・短衣敝笠・徘徊海岸・不挾一童・每望厓山・則伏地大哭・嘗畫文丞相於廳事上・朝夕泣拜・蓋此三君子者・其客幕府同・其流離顛沛於兵間同・其埋名晦跡・哽咽悲歌・自長牘大篇以及單詞隻字・無非寫其麥秀黍離之感・則又同也・乃翱以往來吳越・所結交多當世英豪・其人與文・遂以大顯・而必瑑退居巖邑・錮守荒村・故天下無有知之者・而所著覆瓿集亦不傳・少參袁莞沙先生懼其久而湮沒也・特爲採摭事行・綴以遺文・自庚紀兄弟而下・一時與必瑑唱酬如李春叟翟龕皆附焉・又益以趙東山何文李邵績・都爲一集・而俾予序其意・

予謂數公・當日惟必瑑以疎遠宗室・春叟在散秩・餘皆閭巷布衣・非有高官厚祿於朝・而宋室既亡・乃拳拳思慕之不賓・至爲之甘托泉石・屏絕仕進以終其身・彼其心豈爲後世之名也哉・然在先生之表章則不可以已也・先生博極羣書・著述甚富・尤喜談古今忠義事・以爲此天理民彝之所由不滅者・嘗讀吳立夫桑海遺民錄序・而惜其書之遂亡・因論次吾邑諸賢・以附于程篁墩宋遺民後・使鄉邦先哲・皆得見于其書如此・雖然・先生亦有不盡書也・昔吾祖處士公玉以家世仕宋・不忘故君・酒酣賦詩・一字一泣・當厓山覆沒・即與伯兄特奏進士・司法公宗・退隱員山・而先生所

錄・尙未之及・然則歲月旣久・所謂遺民舊簡・半隨雲滅烟沉・雖有博雅君子・亦安能一一網羅之也耶・予故幷書之・使論古者有慨焉・

格物要序

天下未有不格物而能致知者也・釋子絕物以爲知・餘姚先知而後物・二者微有不同・均非大學之所爲知也・大學之所爲知者・一則致之於其所已然・一則致之於其所未然・夫致之於其所已然・則良知是已・而不能不致之於其所未然・若不取之格物・而何取乎・且未待未然已也・卽其所謂已然者・離事以尋求冥心・而獨運究其流失・卑者拘而不廣・高者虛而鮮實・僻者跢蹵而遠於中・彼所詡詡然自以爲知者・將有日漸於其非所知者矣・

古之聖人・知其然・是故爲之學以聚之・問以辨之・寬以居之・凡內而天性人心之善・外而人倫日用之正・精而吾道源流之蘊・微而異端學術之差・大而王霸純雜之別・極而上下古今氣數無窮之變・其所以格之者・蔑不盡焉・非但爲是涉獵於物・如無根之木・無源之水也・吾心之思・可以通微・吾思之睿・可以無乎不通・然非卽物以用其思・則吾之睿亦終於有所蔽・有所止・惟格而通・通而至於全體大用・一旦豁然・斯二者之患亡而已・未然之知・悉集於我矣・釋子絕物之知・非知者也・餘姚先知後物之知・亦釋子之眷屬・非知者也・爲其非知・故所爲無善無惡之說・當頭便舛・夫天下有無惡之心者・天下乃有無善之心乎・心而無善・將所爲仁義禮智者何物乎・釋子以氣爲心・謂之無善可矣・吾儒以理爲心・亦謂之無善可乎・總緣其不藉格物而專務致良知・故若此・餘姚之後・一傳而爲山陰・再傳而爲溫陵・眞是所鄉亂道而無忌憚已矣・予懼承學之狂惑・而聖學之充塞也・爲著格物要以與及門共證之・

趙應斗 字運垣・東莞人。趙秋曉之後・諸生・

北坡趙公行狀

公諱良駿・字駒仲・秋曉公第五子・秋曉公隱于溫塘・生公兄弟六人・各散處異鄉・惟公定居北街・因號北坡・公天性孝友・賦質醇和・人未嘗見其疾言愠色・生値厓門之變・痛悼獨深・終身誓不仕・惟以詩書自娛・日與文應麟何文季曁宗人華巓野偲諸公・遨遊山水間・愛脈溪林臯之勝・鑿池構亭・賓從過訪・輒擊鮮浮白・敲棋考古爲樂・酒酣則高歌長嘯・以寓黍離之悲・尤仗義輕財・樂周人急・雖罄家儲弗計也・晚喜讀易・從祖有諱善湘者・繇資政殿大學士封郡公・曁其季子少卿汝楳・世傳易學・善湘著有學易補過・或問・續問・約說・輯畧諸書・汝楳著有易雅叢書輯聞・筮宗諸書・公得其說而精之・十翼九師了厥宗旨・嘗言易卦六十四・厥爻三百八十四・一言蔽之曰・懼以終始・其善易益得之家傳云・又嘗手輯藝祖以來詔書二卷・藏于家・元配孺人板橋錢氏・履齋公之孫・縣府尉公之女・（按邑舊志履齋錢益字・益淳祐元年進士・官至淸江府通判・子夢驥咸淳十年進士・官陽江縣簿尉・宋亡不仕・）

公慷慨好客・不事生産・孺人多方彌縫・嘗脫簪珥置寮

邊田數畝・爲祀贍之資・公得瀟然物外・而無內顧憂者・錢孺人力也・生一子・而孺人蚤世・繼配孺人廣州林氏・篤鳲鳩之愛・撫前子如己出・爾時諸子雋朗彬彬・皆以季世韜光・迨歲戊申・大明麗天・林孺人囅然謂諸子曰・養晦多時・欣逢聖主・汝曹可以出而行世矣・其識時知義又如此・洪武癸亥歲・李子友正以從龍功授鎮南衞百戶・蓋仰承先訓也・

　北坡公享年七十有八・祔葬篁村白泥坑先塋・孺人錢氏享年三十有□・葬篁村鷓鴣岡・孺人林氏享年九十有六・祔葬公塋下・子五人・長友眞・錢氏出・次丙・次友安・側室劉氏出・次友觀・次友正・林氏出・斗幼讀時・博搜先世典故・得公遺囑・幷所輯謏易說・宋詔・于家藏叢藉中・謂公之學行・與兩孺人之聖善・不媿古人・而碑石闕焉・因述梗概・勒之簡編・當代鴻儒・倘不以爲謬・惠採斯狀・而傳之銘之也・則我祖不朽・裔孫應斗謹述・

朱士讚　清遠人・官詹事府主簿・士讚有出山詩云・奉檄非余志・山雲顧未違。暫時通仕籍・何日遂初衣・一爲紅塵役・其如紫蕨肥・遲回不忍去・魂繞瀑泉飛・蓋亦懷抱高尙而託迹微官之士也・

前飛泉洞記

　余生嶽里・性好飛來十九峯・遂號十九峯主人・志樂也・歲凡數遊・遊必招朋侶・載酒核・上高入深・幾盡此山之奇・今年五月十有一日・是爲萬歷庚辰歲也・余從諸君子餞從弟少良涵碧堂・餞已・散步江滸間・猶子顏儀輩報余・

茲洞大奇也・客有陳明伯黎仲華孔元錫者先登・如諸子語・余遂躡屐從之・路由圓通殿渡木橋・踰綠雲樓循水道而北・石徑猿崖・攀蘿跣足・三折則瀑布飛泉・如環如珮・飄飄然別一仙界也・泉左有巖・巖上廣盈丈・深半之・懸崖間下者枕泉中・中有石牀・巖澗瀠曲・可流觴・顧童子取酒・羣列飲焉・載咏載歌・月上酒闌・始尋故道返・

　余謂寺肇梁・唐代著寰以下・至一石一水之異・咸藉品題・傳播四方・而諸洞寂寞林斧中・迄千百載始得露奇見知・果造物者有所待耶・而余幸逢其適・不可不藉而彰之也・爰命工作洗石磨崖・於泉所勒瀉玉字・澗則勒流觴字・併置石桌一・石凳二・上巖曰靜觀・下曰臥仙・澗下有池・淸徹可浴・題曰滌塵・屏惡水・夷險徑・而環植梅竹松各數本・洞口爲門・扁曰飛泉洞・嗟嗟・士君子遇則乘風雲・與天下同春・不遇則依考槃・藏天下之春于肺腑・進亦樂・退亦樂・任吾所之・而功名富貴不與存焉・若茲洞者・非其地耶・余爲茲山添一奇喜・又爲異日得棲隱地喜・因記開洞始末・鐫石告諸來遊者・若夫古木奇花・紛紅駭綠・種種可人・遊者當自得・余莫窮其技也・

鄭學醇　字承孟・順德人・隆慶丁卯舉人・官武緣知縣・工詩・著有勾漏草一卷・存・

潘松原誄文 有序

　萬歷乙巳八月廿日・松原潘公卒・潘文學子遷狀之・羅孝廉蓋侯銘之・曾秘書人倩表之矣・仲子悅心又以誄文見

屬．余聞之．誄者．累也．累其德行而表之也．展禽之誄於妻也．知其德也．陳思王之誄仲宣也．華其文也．顏延之之誄陶潛也．高其志也．嗚呼潘公．挺生南服．運際重熙．韜光戢耀．逸豫無期．高名卓行．喆人所思．是用表德．懸之素旗．其詞曰．

猗歟潘公．系遡虞黃．公高佐命．變代大商．篤生哲嗣．勛業有光．養采於潘．祚爾滎陽．天眷合德．奕世克昌．昌後伊何．蜚英唐晉．赫赫黃門．採芳擷閏．楚楚太常．流鴻樹駿．卓彼體元．嗜此松泉．逍遙之谷．帝命重宣．迨此江都．名以詩傳．俾司胄教．匪以伎衒．爰及瓜山．下帷詿易．首挈儒林．希踪聖域．由閩而廣．鶴林奕奕．十世綿延．子孫千億．業拓樊陂．忠効卜式．乃有司徒．恪恭厥職．乃有光祿．雄文偉識．

公禀奇資．懋纘丕績．墳典索邱．竹書龜歷．無幽不探．靡奥弗析．懷瑾握瑜．不僭不忒．孝本性生．義由天植．蠢爾强禦．睨我先瑩．公奮厥怒．强禦潛屏．孰營寢廟．妥我先靈．公庀厥材．寢廟乃成．美哉輪奐．翬飛鳥革．推遜仲氏．卜我安宅．

民之盖藏．亦孔之少．歲云大祲．途有餓莩．公取其陳．瞻彼隸氓．富行其德．何擇交親．鶴渚之陽．龍橋之側．有田井井．有水湜湜．捨田析水．公靡所惜．式穀爾子．允文允武．寧爲刻鵠．毋爲畫虎．節儉思唐．忠厚訓魯．麟趾振振．蘭玉膴膴．德聯族黨．望溢公卿．鴻軒鳳舉．揚藻飛聲．

爰辭百越．遠歷二京．徜徉齊楚．慷慨幽幷．雕龍何辨．屠狗何榮．既恢壯遊．返而高臥．道既喪世．吾亦喪我．如彼龐德．世以爲左．如彼袁閎．道以爲可．年逾七秩．帝者其躬．霍然病已．和氣冲融．兕觥迭壽．子姓雍雍．日祝平格．如喬如松．昊天不憖．令命考終．嗚呼哀哉．

山河之奥．玉韜珠藏．惟公之德．潛而逾光．江河之決．源遠流長．惟公之澤．遠而逾芳．嗟嗟天運．聖賢靡逃．昔苦帝懸．今解天弢．實以誄華．名以實高．爰有史臣．華衮其褒．嗚呼哀哉．

李學一 字萬卿．歸善人．隆慶戊辰進士．選庶吉士．歷刑科吏科給事中．出爲湖廣參議官．終苑馬寺卿．學一在籍時．目擊山寇充斥．當事彌縫掩飾．及居言路．發憤疏陳．廷議大舉．始就殲滅．其後長寧改府議起．學一與潮陽工部尚書周光鎬合疏諫止．復與戶部尚書王國光力陳其六不便．卒寢其議．二事尤有功於桑梓云．

擬貢禹節儉疏

臣聞國家之有財用．猶人之有元氣也．元氣竭不可以爲人．財用竭不可以爲國．故愛身者．必加調攝榮衛之方．愛國家者．必加撙節休養之道．然後元氣固而財用裕．身可以安．而國可以昌也．臣嘗觀古昔聖王之際．茅茨不剪．藜藿不糝．宮女不過數人．廄馬不過數匹．車輿器物之有常．苑囿遊畋之不事．是豈天下之大．不足以供其口腹耳目之欲．而故爲是之儉嗇哉．誠不忍以一人之故．病天下以傷國家之元氣也．故當其時．什一而稅．而國用饒．家給人足．無咨嗟愁怨之聲．天下安寧．享國長久．漢興承秦之敝．海內凋耗．民不聊生．高祖孝文孝景皇帝．躬脩節儉．與天下休息．當時宮女不過十餘人．廐馬不過百餘匹．孝文皇帝身自衣綈履革．後宮衣不曳地．露臺費惜百金．故能上下咸儉朴．百姓殷富．至武帝中年．邪臣煽孽．於是好神仙．事土木．窮征遠討．後庭宮女至數千人．其他蠹財害政之事．不可勝舉．海內蕭然一空．凡此皆憸媚邪臣．蠱惑上心之所致也．

今陛下卽位．承昭宣二帝之後．國家休養生息．雖與孝武之世不同．然比歲以來．年歲不登．郡國多困．人民流離．轉死道路相屬．而太僕食粟之馬盈廐．水衡食肉之獸充囿．後宮之費．視昔增加．乘輿服御之器．奢靡無度．甚非所以憂恤黎元．圖安邦本也．夫天生聖王．固將使之惠養斯民耳．非徒自爲娛樂而已也．今爲民父母．百姓日阽於死亡．而莫之省憂．天其謂陛下何．臣竊爲陛下不安．臣愚以爲養身者．嗜欲不節則元氣必衰．爲國者．用度不節則海內必耗．賈誼有言曰．百人作之不能衣一人．欲天下之無寒不可得也．一人耕之．十人聚而食之．欲天下之無饑不可得也．陛下宜敦崇儉約．近自乘輿服御之微．而遠及於宮觀苑囿之際．小自禽獸玩好之費．而大及於闕庭宮掖之間．皆大賜減損．以風示四方．正賦之外．其他稅斂繇役．悉從蠲免．以紓貧民．近以守文景之家法．遠以追古先聖王之遺風．則民困可甦．天意可得．而宗社其永康矣．臣不勝大願．

七日來復說

天地之有陰陽．猶人之有理欲也．猶國家之有君子小人也．天地一日而無陽．則造化幾息．人心一日而無天理．則生意幾絕．國家一日而無君子．則世道幾喪．是故天道變化．四時錯行．而一元之氣．未嘗不默運於其間．卽以一日言之．自午至亥爲陰．而自子至巳則屬陽．是天地之陽氣固未始一日而無也．然觀易自姤至坤．則元陽之氣爲之剝落殆盡．而聖人之於復乃始．曰反復其道．七日來復．然則自來復之前．陽氣固中絕耶．吁．是不然．蓋一陽之氣．天之所以爲心者也．天之心．未嘗一日忘乎物．則茲一陽之氣．未始不流行於霄壤間也．然自姤以後．羣陰競進．蕭索日深．卽有微陽．不至終絕．然尅剝已甚．不能復居其職．復司長養之權．所謂龍戰于野．其血玄黃．如病人之未得平復云爾也．及其來復．亦卽此渺然之陽．諸陰之攻奪皆退．而得泰然復居其職．復司其長養之權．如疾人之諸病皆除．而得復其神氣之常也．非謂剝極之時．陽遂中絕．而剝極之後．乃始復生．如病人已死於前而復生於後也．是義也．其在人心．則旦晝之皓．淸明之本體非無也．但欲衆交攻而淸明者不得寧矣．及夫夜氣所息．而本體見焉．亦卽吾眞機之不容滅者．而待平復之爾．非謂淸明之體已滅．至此而復生也．

其在國家．則閉塞之秋非無君子也．但小人道長而君子不得寧矣．及夫上下交而連茹以進焉．亦不過卽前之阨窮者至此而平復之爾．非爾閉塞之時．卽無君子．至於時之泰而後有也．嗟夫．此固一陽未復之義也．然而必謂之七日者．何也．蓋寒不極則不能生暑．暑不極則不能生寒．物盛則衰．勢極則反．理自然者．此之所謂日．猶詩之所謂一之日二之日也．夫卦之自姤以至於坤．是陰之生於午月而極於亥月也．自午而亥．其數爲六．六陰之後．而一陽復焉．是謂七日來復也．是復也．盛衰之數．消息之常．皆天道之自然者也．故曰．天行也．雖然一陽初動．天地之復也．而先王必閉關以養之．然後微陽著．而品彙亨．一念淸明．吾心之復也．而君子必涵養以培之．然後全體昭而義理著．君子方進．世道之復也．而人君必培植以固之．然後治其道泰．而國運隆．此又聖王調元贊化之術．君子存心養性之功．人主保國持家之道也．學者不可以不察也．

六有箴

天生蒸民．厥性有常．克念作聖．罔念則狂．於維君子．務學不遑．卓哉先正．張子橫渠．闡明斯義．六有備書．六者維何．言動晝霄．曰息曰瞬．厥論昭昭．自今觀之．言何有敎．矢詞循理．毋事佞巧．動何有法．惟在端莊．遵道遵路．率履不忘．晝無怠志．是謂有爲．孳孳爲善．與舜同歸．夜氣淸明．是謂有得．容感容形．無復戕賊．一息之頃．爲時幾何．此猶有養．而況其他．一瞬之間．時亦有幾．此亦有存．曷維其已．吁嗟六事．作聖之門．功惟不繼．乃塞其垣．君子法天．自强不息．於斯匪懈．優入聖域．譬彼種樹．灌漑既良．生生不已．終爲棟樑．又譬璞玉．剖治有方．磨礲既久．終成圭璋．斯理固然．豈曰荒唐．爰作斯箴．置之座傍．凡我同志．愼勿怠荒．

秋防無警頌 有序

竊惟蠻夷猾夏．自古爲常．往城于方．先王所重．故虞廷有有苗之師．而成周興六月之旅．蓋古先帝王．不恃夷狄之不來．而恃吾有以待其來爾．然而漢唐而下．被害最深者．何也．大都窮征遠討者．啓報復之讐．懦弱不振者．召侵凌之患．其詳不足述已．我朝列聖相承．重熙累洽．制馭之術．遠過漢唐．其間醜虜竊發．雖曰無常．然而隨起隨滅．國威不損．則亦何害．同符帝王也．恭惟皇上．德合重元．誠孚九壤．踐祚之始．匪茹之虜．猶肆猖狂．今則懷德畏威．陸梁不作．故今秋高馬茁．而烽燧罔驚．是豈邊防將領所能讋慴．而屈服之哉．蓋由我皇上聖化日新．神威遠被．是以夷狄爲之效順耳．然則我皇上謂非德冠三王．而功高五帝者耶．昔唐室之平淮西．特中華之寇耳．而詞臣猶誇詡揄揚．以彰盛美．今我皇上覆冒華夷．干戈不試．其功之大小何如也．而揄揚之典．顧獨闕焉．愚竊恧之．於是乃稽首以作頌曰．

明明我后．恭己垂裳．文德以洽．武烈以張．念茲醜虜．夙肆跳梁．命將分符．脩我疆埸．明明我后．志在康攘．匪以黷武．惟固隄防．於時將帥．既武且良．有威如雷．有令如霜．惟茲羣醜．震疊不遑．望風遠遁．莫敢倔强．戎壘巍巍．河流湯湯．居民安堵．樂我耕桑．鴻雁載歌．民用以昌．明明我后．德配虞黃．德配虞黃．四夷來王．於萬斯年．宗社永康．

陳　堂　字明佐．南海人．隆慶戊辰進士．父其魯．出湛甘泉門．堂承家學．居官多著風節．初授嚴州司理．以治行最．徵拜南京監察御史．屢奉敕巡視京營及上下江．監兌漕糧．所至激濁揚清．釐奸剔蠹．萬曆丁丑以星變上疏．論河套貢市．漕河段疋諸宜興革狀．及請斥權璫．易樞部．宥諫臣．纚纚數萬言．皆切中時弊．會張居正奪情．抗不署保．留狀貶歸．再起爲廣西僉事．轉光祿寺卿．復疏裁冗費．請皇太子冠婚．危言激論．如在南臺時。遂以南京尚寶卿致仕．著有朱明洞稿．及湘南皇華南歸諸集皆未見．

陳邊事疏

臣惟天下之患．莫要於邊防．所以總其控制之權．而爲長駕遠馭之策者．其責則本兵而已．本兵者．內而共圖順治．外而佐理威嚴．天子賴之．四夷仰之．中外臣民．倚重而厚託之．非有智慮審固．則不足以運其帷幄之謀．非有精神康强．則不足以端其具瞻之體．而衰遲驕躁者．祇見其日就瘝曠耳矣．甚而僨事誤國．則意外所不虞者．臣猶有隱憂焉．

臣見兵部尙書某．蓋所謂衰遲驕躁者．臣請爲皇上陳之．頃自某總督宣大以來．過蒙先帝特恩．憫念邊臣之勞．槩以叙遷入總京營戎政．庶幾亦欲休其足力．譬如田獵之犬馬然．以待用將來．非徒爲彼養老計也．比蒙皇上簡任．歷轉今官．豈不以老馬識途．曾亦更歷邊務．或者熟知敵情而嘗試之哉．然而精神日憊．驕恣日生．瞻拜天顏．則起伏潦倒．進退朝著．則喘息倉忙．承旨則局促失常．侍對則聰明皆隤．此皇上之所親見也．語曰．騏驥之衰也．駑馬先之．孟賁之倦也．女子勝之．豈駑馬女子筋力骨勁賢於騏驥賁孟哉．則年衰而氣倦者累之也．某亦中材之資耳．視騏驥孟賁遠甚．跬步之內．已力不勝任．又安望其能折衝千里哉．況本兵具瞻．無論中外臣庶．四境遠使．朝貢之間．見其舉止狼狽．有所旁觀竊笑．謂不損中國之望而生叵測之心．臣不敢信也．此其不宜本兵重任一矣．

敵酋俺答悔禍納欵．莫非朝廷威福使然．然亦乘此爲羈縻之術．以修內治．何嘗恃之爲久安計哉．乃某則以此而藉口徼功．於敵書問往來．歲時不絕．彼亦以此德某．而又見其典本兵也．若曰．一切貢市有某在耳．遂致玩視初盟．曩者市約．以春初爲期．以逾秋爲戒．爲國計慮至深遠也．今聞七月二十八日始入該鎮．而又稱往西行迎佛．莫之忌矣．當事者亦付之無可奈何．不過申明撫賞．務爲市恩結納．以滿其欲心．而未嘗有先事預防．臨事制馭之策也．臣愚無論其果否與河套諸人救援西番仇殺．卽往返甘肅等地方．皆中國內地．而又秋高馬肥之候．借使老酋或能約束部落．而漸此歲復一歲．習以爲常．則將來意外之患．何以弭之．且貢市之議．始於某俺答．亦知有某而已矣．若又使之掌握本兵．則恐敵量中國之謀臣．謂無人也．豈所以示夷狄哉．臣愚以爲不罷某．則敵無畏心．敵無畏心．則欵貢不足恃也．此其不宜本兵重任二矣．

貢市之議始於宣大一鎮．謂敵酋不納亡．不入犯．且料俺答年老厭兵．姑與邊人暫與休息云爾．此蓋一時操縱權宜．非謂各邊皆可視此爲長策也．乃邇年來．人情厭勞而幸安．思利而忘害．一切沿邊將帥．皆務爲投戈息肩之計．搖動耳目．借口貢市．以爲故事．日圖覬幸．欲效宣大之所爲・不知宣大原非得已・敵有降心・不予之恐無以示信・予之亦得以內修・當時廟堂長慮却顧・亦既籌之熟矣・乃今或借入犯爲乞貢・或以敵掠爲輸誠・曰敵願如俺答稱臣也・不知外盜虛名・內賈實禍・將來互相倣效・日漸偷安・則將沿邊爲市而後已爾・豈朝廷封貢初意哉・今某既典本兵・將欲依邊臣之請・則恐復蹈和戎之戒而不敢爲・不依則無以服邊臣之心而不能爲・愚臣以爲不罷某則事體不便・事體不便・則日就曠瘝・此其不宜本兵重任三矣・

皇上御極以來・綱紀振肅・吏治修明・百司庶府・靡不洗心易慮・以承休德・惟是武夫積習・故多倖門・賢者有所不爲・而不肖者則寅緣倖進之路未盡塞也・某涖任之後・未聞查一奸・察一弊・日擁其血肉之驅・若尸素然・據臣所聞・則有謂某陞轉由某囑託・某起用由某賄通者・此猶曰風聞・臣不敢妄有指實・以誤傷善類・若把總任賢・已經提問・而驟擬陞遷・則巡按御史之彈章可據矣・指揮盛愈謙已經廢棄・而驟蒙錄用・則道路耳目之沸騰者日著矣・夫大臣爲天子進退人才・勸懲將帥・而使賢否混淆・法紀蔑棄如此・猶謂其爲稱任乎・此其不宜本兵重任四矣・

貢市初議・謂許貢之後・得輒有增益・如其敵心無饜・閉關謝絕・而又歲遣大臣閱視各邊臣果實修舉內治・以憑勸懲・曾不一二年敵欲漸肆・某不能申布朝廷恩威以堅守初約・輒爲請乞印信等四事・原議閱視大臣・又未聞本兵奏聞差遣・當是時・臣隱憂具疏論列・荷蒙皇上俯納・戒諭某與各邊將帥及大臣閱視・亦卽奉命而行・臣之深憂過計・爲朝廷・爲邊境・非有所仇怨於某而爲之也・乃某不自引過・每深啣臣・臣待罪南中・叨役巡江・兩經復命至京・輒語人曰・御史陳堂何不令某死於邊也・夫扞禦之臣・死於封疆・亦臣子分義・古人矍鑠猶以馬革裹尸爲願幸者・某苟有志於古人・卽以身報朝廷世賞厚恩・莫非其所分內・而顧悻悻怨怒如此・使皇上耳目之臣・將鉗口結舌而不得肆・此豈皇上責成言官之意・亦豈臣之所以塞責於皇上者哉・臣聞大臣者・以國家爲急・以休休爲度・若其祇爲其身圖計耳・安望其能容人也・此其不宜本兵重任五矣・

夫大臣責任與庶職不同・非如小官下吏・必有犯狀挂于刑書・而後謂之罪也・苟有所循默無補・卽爲竊位・況某可指摘彰彰如是・豈謂臣苛責之哉・參照兵部尚書某・濫有才名・謬膺顯秩・年衰力憊・既無事君盡禮之恭・智短謀疏・竊取因人成事之譽・勇畧不足以制敵・徒幸朝廷之福以市恩・明察不足以燭奸・漸售黜陟之權・而罔利不知大體・蔑視百官・所當議處以爲大臣進退之戒者也・伏乞勅下吏部・再加查議・如果臣言不謬・將某罷斥・或恐重失敵情・暫當留用・以防貢市之變・亦乞特賜改調別衙門・必不令典本兵・然後可以肅吏治・防外患・而保治安於無虞也・

再照人臣守一官則有一官之職・任一事則有一事之分・督撫邊臣・以禦邊爲事・要在修明戰守・巡按御史・以執法爲事・要在釐革奸弊・他非朝廷之所以責效於臣・而亦非臣之所以自效者也・頃見邸報・得讀遼東巡撫張學顏一疏・爲敵酋分攻城堡・仰仗天威・防堵無虞・乞賜審處敵謀・以尊國體・以固邊防事・大畧謂土蠻犯邊・挾要比照俺答事例貢市・其間處置得宜・誓戒明切・眞可以聳聽聞・而昭勸懲

者．及讀疏終．有謂土蠻雄據漠北．昔稱讋於西敵．近見俺答受名王之號．宜其日切垂涎．使能斂兵境外．遣使乞哀．朝廷憫其無知．准其自首．或亦不拒其來．又謂土蠻自茲以後．永不入犯．容臣察其情狀果眞．奏請定奪．臣恐學顏微遠之意．亦爲將來和戎之計而言．未可知也．幸而仰仗皇上明見萬里之外．首下該部．卽以不宜輕許爲言．然後部覆不敢違越．臣愚猶過計者．竊恐將來人情未息．苟有再言．東敵今已效順．輒以貢市爲請．則各邊轉相效尤．日惟和戎之望．而不修戰守．貽患非小耳．

又讀巡茶御史李時成一疏．爲遠夷歸順．乞賜俯從．以固邊防．以隆聖化事．據守巡洮泯道呈稱．外夷邊遠生番．擄去人口質當．告要每歲貢馬三十四．許其和市．臣愚謂守巡洮泯道等官轉呈之意．卽遼東將士覬幸之故智也．再乞勅下該部．詳加議覆．仍釐天語丁寧．諭各邊當事諸臣．各守本分職業．務以戰守爲永固．勿以和戎爲得策．來則拒之．去不窮追．毋輕率啓釁．而亦毋僥倖苟安．毋嫁言邊言之請．而陰行己智．毋藉口宣大之例．而自貽隱憂．爲萬世之長策．而不爲一時之暫謀．使大小將卒．曉然知朝廷專圖自治之意．如此則內益順治．外益威嚴．安攘大計．或在於此矣．臣本書生．又生長南服．不諳邊務．偶有所見．不敢不吐其愚．伏惟聖明裁察．臣愚幸甚．邊境幸甚．

陳河道疏

臣惟當今國家之所最急者．治河是也．河之通塞．卽漕之通塞．如人身之喉然．咽則不食．而其要莫先於得人．臣觀總理河道侍郎某．素知其無能爲也．臣請悉其治河之罔效．所不堪重任者．而熟數之於陛下之前．試詳察焉．夫某起自廢棄之間．荷蒙先帝使過之仁．陛下采菲之義．加之任使．則某之感恩效力宜何如者．乃一切肆爲欺罔之計．獵取虛聲．凡可以炫耀耳目．苟安一時者．則雖非有利於國家．亦甘心而漫爲之．頃因茶城淤塞．陛下洞燭其姦．窮詰而切責之．兼之科臣論列．如宋南雍如吳文佳者．累歲交章．莫能自解．彼欲今而報茶城爲塞．則自往歲秋七八月已然．而未嘗聞之於陛下．欲於今而以茶城爲通．則自往歲秋九月間．偶一衝決．僅通往來．而業已塞責於陛下．卽某近日所奏報．臣知其智已窮．而力已詘矣．其議疏治茶城淤淺曰．壽州衞頭幫糧船一百二十隻入口．止於境山魚脊梁二淺水滿三尺之處．重者止利米二百包．計五十石．則茶城今日之淺．卽某亦不能自掩矣．況未必止於五十石．使繼此者．每船每幫皆如此般剝淺．則無論人力之困．而歲月遲延．夏水將至．其何能支．今聞舳艫鱗次淮上．皆壅隔不行．苦於剝淺．據稱正月初六日興工．一面小河．一面濬河．乃今三月以來．淤淺如故．猶謂人夫取之二司．椿草取之沿河．全不費事者．某將誰欺也．

其議修復境山閘座曰．已備行徐州洪主事張登雲等．嚴督徐州管河判官余國英等．支領河道官銀．採辦石料．俱以齊足．擇於正月興工．隨以新運已到．夫力有限．暫且停止．待運盡之日．併力兩月．可以告成．則境山工役後時．卽某亦不能自掩矣．夫自去秋茶城淤塞以來．已有境山閘座之議．某不於此時併力修復．乃延至新運已到．而始借此爲詞．不圖之於未然．而欲文之於事後．所謂未辦石料俱已齊足者．又將誰欺也．

其議保護房村一帶堤岸．止築遙隄掃灣之處．似矣．而又欲於黃鐘集之上．暫分一枝經通舊河與陳孟口流合．由符離縣出小河口中間．不計地里遠近．工費多寡．其利之與否．臣不敢遙度．臣議竊計房村一帶．五百里遙隄．業以爲築之難．而守之亦難矣．今又於黃鍾集之上．再通一則．將有隄乎．無隄乎．其築與守．視房村一帶孰爲易乎．且謂尋常之水則竟塞之．是通之無益也．異常之水則隨分隨塞．不知黃水卒至．即可臨時取辦．既輒能通．又輒能塞乎．且今茶城淤塞．不能展一籌．晝一策．坐視以爲常有之事．而聊取無所關係．無所緊要之處．搪塞虛文．而謂某忠於所事．臣不敢信也．

其議接窑子頭古隄．欲暫免興築．以省財力．似矣．乃境山至留城一帶運河東堤．謂於夏間始調募人夫．加築高厚．則亦月攘一雞．姑待來年然後已者之說也．且謂其熟察河勢．舊年黃河已六分由陳孟口．四分由秦溝．河身將有棄茶城而入陳孟口之機．則茶黃可無交會之淺．此則其因循搪塞之情．已畢露於此矣．不圖之於人事之當然．而欲料之水勢之未然．若曰茶城之淺．可無深慮云爾．此豈謀國者之言哉．夫茶城以爲不能保其不淺．且曰每歲所以預待者不過如此也．境山閘座則曰暫且停止也．房村隄岸則曰不必槩築也．留城東隄則曰夏間始築也．然則某亦可謂尸素矣．

反覆其勘報．情詞皆支吾苟且．以了目前之說．今又杜門稱病者已三閱月矣．諺曰．千人所指．不病且死．況旣病哉．臣待罪南臺．去某所駐劄一千餘里．不知其眞病與否．借使託病．則値此運事倥傯之時．而付之無可奈何之計．其智力之窮．益可知已．病而眞實．則朝廷國家重任．豈宜用之衰老羸弱之軀哉．且某之才能．陛下業知其不可矣．今日詰責．明日策勵．求之愈殷．而效愈不至．譬之駑駘服乘．即日事鞭策何益．況其履任以來．無一善狀．河道領糧河南山東等處．歲入不下二十萬金矣．復欲盡括瓜儀淮安呂梁洪徐州等處額外商稅．而盡輸之於某．卒使下民愁苦．瓜州等處脚兵枵腹待斃．非所以恤民情也．

淸口等閘．原爲漕船．今乃利在通商．收稅無算．以至啓閉不常．淮水橫溢．高郵等州田地盡爲淹沒．公賦不充．非所以經國計也．挑河公用．以一指十．牌取各屬銀兩．每處不下千金．半入囊槖．至如起造泰山暴經等石亭．疲斃夫匠．所費千金．祇爲浪遊觀美．非所以惜民力也．議建瓜州二閘座．委州縣掌印官．希其賠補．卒之每官每州縣私派各色銀兩．償費共三四千金．外飾節省之名．而官民內耗．至通州諸知州因而致死．非所以表下僚也．

不圖當務之急．謾議修築寶應用河．計工程二三十萬兩强．屬官估計止五六萬兩．而又輕議巡按巡鹽各濟邊銀助費．乃卒撓於勢不可行．聚訟數月．尋乃中罷．僚屬笑之．非所以通國體也．三年考績．國家定制．某到任日淺．例不准考．而乃朦朧奏請．希圖蔭子．與古之不爲子孫求恩澤者異矣．非所以明公典也．

凡某所爲．皆誣罔欺詐．平生故智．畧不改圖．況今智已窮・力已屈・閉門謝事・於國家何賴・而顧隱忍不去之哉・昔以爲河道重務・此時已急遽難得人臣・愚以治河如治病・俟之旬月・藥石不效・其勢不得不更醫而治・若復拘泥・則病勢日深・後雖有扁鵲・難爲力矣・況彼已久不視事・百務壅隔・雖有某若無某哉・

參照總理河道侍郎某・本以疎庸・謬躋華要・高談闊論・功不加於一簣・而妄擬前人・朽質衰年・行不掩其片言而欺罔君上・視荼城若故事・任意因循・以商稅爲利媒・惟圖壟斷・虛文塞責・黷貨殃民・所不可一日容於堯舜之世者也・伏乞陛下憫念漕河大計・勅下吏工二部查議・如果臣言不謬・將某卽行罷斥・另選才望相應者推補・督令兼程起任・庶幾及時整理河務・而善後可圖・國計有賴矣・臣不勝激切祈懇之至・

再陳河道疏

臣愚以爲今日治河之難者有五・曰・事權不專也・羣策不一也・利害不審也・錢糧沮格也・功罪不核也・何以知其然也・國家以理漕屬之漕司・以治河屬之河道・俱以都御史重職奉璽書行事・豈非使之各盡其分業・無有推諉・無有阻撓・以共成國計哉・乃邇年來・輒因河之不治・遂於漕司而責之天妃閘以南・於河道而責之天妃閘以北・畫地既分・遂成彼已・一設官也・而或去或留・一決口也・而或築或否・以至有司下吏・彼此觀望・迄無成功・近雖部議・欲以河道都御史仍照勅書行事・而撫屬地方水患・又聽漕運都御史從宜料理・言非相悖・而行不免於牽制・卽有不治・當責之誰・且黃河之與淮河・其流雖二・其爲運道相維繫貫通者則一・未有黃不治而可以治淮・亦未有淮不治而黃可以無事者也・今之議者・爲黃河計曰・築崔鎭口矣・今聞崔鎭而上至於邳州一帶・決者不下一二百處・大者百餘丈・小者亦三四十丈・何可勝築也・卽築之又何保其不復決也・曰・復老黃河矣・然引黃河東流・將必引淮逆爲北向而後可以與黃會而全運道・竊恐非水之性・勢難成功・益退而壅決於宿邳之間不可爲也・曰挑正河矣・然河之決也・由下無所歸・故上有所壅・今河無入海之路・雖使河身日濬奚益哉・爲淮河計者・曰・築高家堰則工費不貲・束手無策・曰・築高寶黃浦堤則隨築隨決・漫不可支・欲引淮泗而入之江・則江上流也・而海爲下・海近而江遠・高寶之間所經興賢等縣・皆爲入海之路・豈能盡隄防之而使必逆而南哉・兼之草灣海口淤澱如故・遂使河身日高・黃水日漲・不圖爲疏道之計・而惟築堤以防之・將見堤之高也有窮・而水之高也無限・其勢必內灌而並泗水以趨于淮・黃之一日不治・則淮之人一日不安枕・此定勢也・以是數者・積時累日・坐觀其大敗決裂・而不可救・此何以哉・

臣愚以爲天下之事・有利必有害・未有有其利而無其害者・擇其利多而害少者爲之・則可矣・漕渠古無有也・自漢唐以來・宜莫如劉晏・然史稱晏盡得運之利與害各有四・當時卽盡以漕事委晏・使晏得盡其才・固未嘗以利而諱害・亦未嘗以害病利也・今之司河漕者・能如晏自按行浮淮泗・達于汴・入于河・循底柱硤石觀三門遺迹・而至河陰鞏洛・視前人宇文愷等之所爲者乎・每藉口必曰神河・而皆付之曰不可

治．又曰神禹而不能治．不知今之人．有能八年於外者乎．三過其門而不入者乎．胼手胝足而不勝勞瘁者乎．大抵治河者．委于治河之官．故事行勘．一聽之于州縣佐貳．彼以河爲職．遂見黃之害．而不見淮之害．見黃之利．而不見淮之利．不知淮利而黃亦未嘗不利．淮害而黃亦未有不受其害者．其治淮者．輒委于郡縣之守令．彼以守土爲職．其所見又復然．如之何而不互相持衡莫決也．臣愚反復思維．以爲國家今日河漕計．莫如特遣大臣．集廷臣推議有才望者．或見任戶工二部侍郎．或嘗有事于河道．熟知水勢地利不鹵莽者．會同新任河道都御史．見任漕運都御史．協力共理．重之璽書．定之期限．河平之日．照舊分職管理．則庶幾乎目前可以一事權．可以定羣策．可以審利害．可以酌錢糧．可以據功罪．而俟命于朝廷．以行賞罰．夫自古成大功幹大業者．豈因循掣肘者之所能辦哉．今河漕二臣．勅書曰便宜．部議亦曰便宜．而卒不能破格一努力而爲之者．終爲文法所拘．而不敢自越也．語曰．役不大興．害不能已．又曰．不一勞者．不久逸．臣愚以爲誠遣大臣則視河與漕無分彼此．視黃與淮無分秦越．勢可便漕而不便於河不爲也．勢可便黃而不便于淮不爲也．河道之臣齟齬．則以漕運之所宜遷就者通之．而不使涉于忌嫌．漕運之臣牴牾．則以河道之所宜委曲者導之．而使相忘乎彼已．腹心臂指．脈理貫通．無相礙滯．無相阻阨．其有狥私害公．病人利己者．輒得以其理直之．而請命於陛下．然後可以惟其事之所欲爲而能有濟．臣故曰．可以一事權．

誠遣大臣．則崔鎮口之應否築塞．老黃河之應否開復．宿邳一帶正河之應否挑濬．高家堰之有無關係淮泗扃鑰．高寶等堤之能否阻遏橫流．淮泗入江．果否順水之性而無所礙．草灣海口何以成功．而務補于目前．或疏濬．或築塞．能否可以並舉而取後效．折衷議論．舉衆說而量其長短．如不出是數者．而可以黃淮兼濟．則力主其說．而在于必行．如是數者．而皆無益于黃淮久遠之計．則博採輿論．而務爲究竟．必得夫事機之肯綮．可以措手然後已．臣故曰．可以一羣策．

誠遣大臣．則必循行河道．考察地形．往復江淮河南山東直隸之間．備詳要害．何者爲支流．何者爲正道．何以遏其狂瀾．何以適其本性．是非利害．皆屬之於一人．淮南淮北．皆視之如一體．郡邑長吏．與夫佐貳治河之屬．皆如四肢手足之率相爲用．而不相背．利在于河者多而漕者少．則從其利多者．而不以爲私圖．害在于淮者少而黃者多．則從其害少者而不以爲嫁禍．利一害百．毋以害掩利．害一利百．毋以利冒害．不拂于人情．不撓于衆口．臣故曰．可以審利害．

誠遣大臣．則奉命而往．以陛下之心爲心．如陛下之親行．耳聞目擊．確有可據．一手一足．一木一石之力所不能辦者．皆得以請命于朝．而無所窒礙．內而視戶工之臣相爲一體．外而視河漕之臣相爲一家．陛下既擇人而用之．亦能以大臣之心爲心．聽其便宜行事．大破故常．利必期于大興．而不惜小費．害必期於盡去．而無惑人言．其有事在兩可．勢不俱全．利害相關．勞費難度者．亦可以詣闕借箸．禀受方畧．而期于共濟永賴．臣故曰．可以酌錢糧．

誠遣大臣・則請命而行・事竣而返・功有底績之期・事有責成之日・河漕二都御史而下・以至于百司庶府・卑官小吏・苟有一毫之豎立・效勞國事者・皆得以其功而叙錄・奏議陞賞・其或因循搪塞・苟安目前・及浪費不貲・闒茸罔效者・亦得以其罪而奏聞處治・一如沿邊重鎮・或年終奏報・或三年類報・使人心鼓舞於獎勸激勵之中・而唯吾所聽命・然後羣力可協・而百工可成・臣故曰・可以據功罪・而受命于朝廷以行賞罰・夫由前觀之・而今日河之為患如此・由後觀之・而異日河之庶幾如此・陛下何靳于一官之命・而使運道民生・日復一日無平成之期哉・

說者以擇人為難・臣又以為不然・夫堯之知人・猶必先鯀而後禹・若慮諸臣之有負任使・而寘之不問・是因噎廢食之說也・借使所遣大臣・名位與河漕二臣不相上下・才識與河漕二臣不相優劣・而朝廷顓使・一鼓舞作新之下・則河漕諸臣之耳目心志・皆為之丕振・而思以自奮・寧復尋常之苟安已哉・若唐之淮西・久不能下・李愬諸將・非不可以計日成功者・乃裴度在廷獨曰・臣出而諸將爭功・則元濟就擒矣・夫自古成功建業・其所鼓舞之機類如此・臣誠願皇上之治淮南北・如唐之克復淮西・而特遣大臣如裴度之效職也・則庶河患可息・運道無虞・民生國計・皆非小補・雖有星象之異・亦不能為之災矣・臣不勝激切俟命・

台鼎崇瞻詩序

萬歷辛卯五月廿有三日・實督府某先生覽揆之辰・粵之縉紳大夫・從文武吏士後・上觴稱百歲壽・會天子召先生入為少司徒・懽聲溢於遐邇・于是大夫士迭為詩歌以紀交會之盛・且藉此以贈行李・題曰台鼎崇瞻・而屬堂不佞為序・夫先生何以得此於大夫士哉・余惟非大夫士之私言・粵之里巷歌謠・大夫士特敷而揚之・以致於先生者也・九罭之詩曰・我遘之子・衮衣繡裳・又曰無使我公歸兮・無使我心悲兮・夫東人於周公既喜其來・又悲其去・至究其用情之所自・則曰周公東征・四國是皇・哀我人斯・亦孔之將・由斯而譚先生之功・未暇論其周公相似與否・而其秉鉞居東・亦既三年矣・粵人之德先生・豈後東人哉・蓋自有李圓朗之捷・則妖氛以寢・有珠池之捷・則海波不揚・有楊郭塞之捷・則禍釁以息・其所最大者・莫李茂若・李茂弄兵潢池二十年所矣・其間秉節鉞而睥睨之者・亡慮六七公・不窘於用兵・則嫌於首難・撫茂若驕子然・先生獨毅然獵纓曰・是伏發之癰也・不早決必大潰・當是時・將吏猶以故事嘗公曰・非十萬兵不可・先生麾之去・選能集謀・諸道並進・計所費餉不踰千緡・所調兵亦僅千人・師出七十日・而獻俘幕府・人人驚喜・謂神兵自天而下・非人力也・事聞天子・嘉先生功・增俸一級・有白金文綺之賜・無論四國・即吾粵士不釋詩書・農不釋耒耜・工不易肆・商賈不虞貨賄・伊誰之賜・謂之哀我人也・然乎否耶・謂今之東人・即周之東人・豈不可耶・

雖然・此為粵人言・先生今去粵為司徒矣・司徒掌邦賦以節財用者也・堂不佞・竊抱桑梓之慮・將為粵發大難・而徼終惠於先生焉・粵自有西鹽・所資西餉者・歲僅萬五千緡・而其官稱病者倍之・商稱病者又倍之・近且阨於衡永・阻於吉虔・行鹽之地日蹙・而商日困・乃逃遁而盜珠・是往

事可監也．難一．

粵自軍興以來．今日不啻三十年矣．其地依山阻海．萑苻之警．無歲無之．羅定嶺東之役．動稱十數萬．自救不暇．而又往年閩淅倭患．每日借資於粵．至一切商稅．歲日加增．而又贛州額外設橋．初謂倭息而止．乃今可幸無事．而稅增如故．且每歲不止取盈．而任權之官．藉此爲能聲．則商益困難矣．難二．

國家設十三省．一省有一省之用．嘉靖末年．三殿大工．蜀有採木之役．當是時借資于粵東者四十萬．不爲尠矣．初謂稍甦而償．今事竣已三十餘年．休養似有餘力．猶然逋負．當事者傳舍去粵．誰則知之．難三．

嘉靖盛時．堂不佞童年．習見會城倉廒陳米．官軍月支．至朽腐不可食．此太平之象也．不知起自何年．議改半折解京濟邊．今折色者．遂爲歲額．而本色卒又不敷．倉廒隨入隨出．無旦夕之儲矣．曩自柘林及曾賊之變．城門晝閉者三日．守城衞士不及千數人．且謂食盡．賊再三日不退．城中鼓噪呼矣．今者四海無虞．誠可安枕．設有不測．何以應之．難四．

粵有夷舶不但通商．亦以惠民．粵中之地如喉咽．然四方之商．不以夷貨則不集．而生理蹙矣．南夷與北虜不同．北虜猶然貢市．謂羈縻之．若南夷則權常在我．且彼未必肯以重貲博奇禍也．恃吾有以握其柄而毋令倒持耳．曩夷舶浮海而來者．歲不下二十艘．今僅四五止耳．此誠未知所稅駕也．難五．

嗟夫竭澤而漁．明年無魚．國家一粵．雖不足以當東南財賦百一．而聖天子惠養元元．不必令一方受病也．幸先生拜司徒．入相天子有日．獨不惟粵人計久遠哉．客有聞余言．輾然笑曰．甚哉．子大夫之迂也．先生拜司徒爲邦賦計．蓋天子欲令得志於邊．行當領樞莞．繫單于頸乃已．獨能爲粵人私哉．堂爲之憮然．然吾聞之．周公去東入相成王．作多士．作無逸．成成王守成令主．東人不獲有餘澤哉．甚矣．吾粵人之似東人也．是詩也．崇曕云者．蓋有翹望之意焉．然則謂九罭之歌．再見於今日何不可也．堂不自揣．僭而爲之序．

送按察使陳公遷徐州序

往余叨南中列御史臺．當河淮壅淤．公私病之．有司忽不問．余不自揣．按兩河不治狀疏奏天子．天子不以遠臣之言爲非也．如所請．特遣大臣總河漕事．動內帑一百萬緡．脩治事平之日．照舊分職．竟得御史大夫潘公成功．當其時所與共事肼胝疏濬者按察莆田陳公爲最．所司論治河功．潘公遂入爲大司寇．公陞一級．未幾潘公以他事歸烏程．天子以公才．留治河．由司空郎歷山東參政．管漕事．先後河淮之間凡八年．即禹之相堯勞績．無以逾矣．

萬歷戊子春．公始以按察使治嶺南兵海．至粵東不逾時．天子念潘公功．起御史大夫．仍治河．復移公備兵徐州按察使如故．夫徐州雖以職兵乎．而實爲河漕樞莞．若曰某善治河．所嘗與潘某共事底績者．河不可一日無潘某．亦豈可一日無某哉．遂有是命．命至．粵之大夫士重違公造余而言曰．子嘗浚淮治河．河何以必得公耶．天子念公．何不蚤令徐州・乃令之之嶺南・而後由南趣北・數月之間・而使一人之身踣頓道途爲也・余應之曰・騏驥騄耳不易途而騁・韓哀造父不改轅而御・且子大夫不聞公儀伯之射乎・發發相及・矢矢相屬・前矢造準・後矢之括・猶御絃視之若一焉・庖丁之解牛也・肩倚膝踦・砉然奏刀・批大郤・導大窾・恢恢乎有餘地・其理會也・以公素習於河而致之徐・而與潘公協恭胼胝於其間・可疏與疏・可鑿與鑿・是主上得公與潘公而可以坐享平成之績・所謂無爲而治者・主逸臣勞・而公亦何暇計乎南北途道之踣頓哉・諸大夫士憮然曰・子非粵人也者・則其言非過・子誠粵人也・獨柰何・知河之有公・而不知粵之有公也・

公以巡海臨粵・粵故多海寇・而公所使防海戍卒・棊列星布・而又時出奇策偵詰之・使之不墜・而寇亦藉以消弭・粵故多悍卒・而公法行自近・間有失盜而又妄殺平民以邀功者・卒置之法・不諱盜而亦不諱兵・民乃大安・粵故多濫獄・公虛心平反・令捕詰獲・見盜不搜羅攀指以及無辜・稱不寃矣・粵故多海賈番舶・翡翠玳瑁之屬・互易於中國・而公職譏察・緣法而止・而不竭澤以漁・中外阜通・而羔羊素絲之風・又其性所自植也・以彼其才・而所繫於吾粵人者・彰彰較著如是・子豈不知有粵・而若忻忻然於公之行者・則何以哉・余亦語塞・

雖然因能授任者・明主操世之權・隨事效忠者・哲臣事上之節・公亦惟上所使耳・何能有私於粵・而粵亦何能以徼公也・卽如河道御史大夫潘公・所嘗按吾粵以風節稱・漕運少司徒舒公所嘗令吾粵以循良稱・而皆生享俎豆・而不得

長有二公・異時主上念二公久勞・召寘輔弼左右・而公且代二公纘緒・以底于永賴・則粵人何日得再見公也乎哉・公行矣・見潘公與舒公爲我謝曰・粵人之不忘二公・猶二公之不忘粵人也・於是諸大夫士以余爲不佞・而徵其言以代道祖・

重修月溪禪寺碑記

粵城外東北有月溪寺・宋紹興時蘇太尉紹基所建・其初爲月窟菴・不知何代・易菴爲寺則始自太尉・暨天目僧月潭與其徒作溪・太尉卒葬於寺後・今仍爲月溪禪寺云・元季遭兵燹・遂成煨燼・明興化宏治間・僧慧鑑東明祖誠輩・因其故圩修復之・後稍爲勢家所奪・太尉後有給諫君應旻以先塋所在・乃獨力復之・今日知有太尉公墓者・給諫君力也・宗之人嘉其功・以墓前餘地酬給諫君・則寺趾亦在其中矣・今又百餘年來・僅存大雄殿三間・餘皆傾圮・榛莽蕪穢・寺僧亦去住靡常・非復昔時之舊・萬歷戊子有悟性寺僧普潛者・周遭延眺・卽殿前隙地諗之・知地爲太尉故物・乃求□□其裔孫蘇嗣中滋白・願得棲禪方丈奉佛・以增山川之勝・蘇氏許可・已鳩工聚材・廓爲前殿三間・廣四丈三尺有奇・翼以兩山房・卽僧禪處也・中塑某佛像三尊・旁有伽藍十八・應其殿前爲院・雜植松竹・院前有溪・瀦水如半月形・故名月溪・溪前爲山門・僧普潛紹介梁生思年謁予一言以記歲月・

時余以言官忤執政・廢謫十年所・又性嗜山水・一歲中城居者十一・園居者十九・頗狎鷗鳥・輒喜寺僧之所爲・

欲得僻地而棲遁之・以自悔悟・乃偕梁生暨友人及余家兄弟・且出城北門・至月溪禪寺・望之・寺後峯巒崖巘如屏・綿亙數里・左右兩翼如門・儼然一獅一象對峙・中爲月溪・溪水自山而下・迴合環繞・一碧泓澄・可快心目・入寺・舊殿歸然獨存・隆隆起林莽中・水遶新廚・廚人汲之甚適・徐酌山釀・飲之微醉・相携步出寺前・循象菴遊蒲澗始歸・已而普潛報工竣・促余記・余詰其所以・則曰世之人好善而利福・余持治家之說以勸相之・勸之家一而應十・某不敢私・以故不數月而寺工告成・余聞而嘆之・曰・善善之心・人皆有之・吾儒誦法孔孟・日持天道福善之說・以化誨天下・而又有一王之大法以維之・而世俗趨下・卒不勝彼・此何以故・則吾黨之過也・余荒廢已久・於福利之說固不暇計・獨以其山水與性相宜・故不辭而爲之記・右刻在白雲山月溪寺・碑石已佚・據任志・此寺萬歷十六年修・南海進士尚寶卿陳堂撰文・故附錄於此・

李燾 字若臨・河源人・隆慶戊辰進士・授泉州司・李以廉敏稱・改金華郡丞・遷南職方員外・晉營繕正郎・擢守楚衡・遷長蘆鹺司・參知粵西・化猺戶爲編民・道不拾遺・改楚臬・値楚宗鬨法・奉勅五路會剿・賴燾寢格・諸藩帖然・晉巡撫雲南・加都御史・爲治七載・囹圄皆空・膏潤不染・歸休・改邑城・濬濠源・興學訓俗・鄉人感其德・年八十二卒・

河源遷縣治始末記

河源今新城・蓋古正州故城舊基・元末廢棄・至明嘉靖二百年間・置爲曠土・識者惜之・隆慶辛未五月大水・時値狼兵擄船・船盡遠避・人民被溺死者甚衆・當是時・父老議復古城・邑令林公以請・得報・遂先開築四門城樓・兵憲王公化親臨爲民考卜・坐桂山向東北・以爲縣治・時因民災後困甚・未能卽遷・然築北邊一帶城垣・與四門相望・是爲新城・其規模已宏遠矣・林公遷去・繼之者不曰費鉅・則曰格議・置之度外・萬歷戊寅邑令曾君・始以請分守李公盛春・議上・兩臺皆報可・乃建縣治及各公署・未及遷・以他事去・壬午五日大水・視辛未爲災更甚・是分守胡公時化臨視惻然・請於制府長樂陳公瑞・給餉二百兩以賑・刻期督縣令湯君民仰先入居新城・以爲民望・士民從之如歸市・是爲癸未正月初六日也・

河源縣儒學記

河源縣儒學洪武二年建於舊城東南隅・歷二百餘年矣・顧舊城河濱・夏潦爲災・學宮屢遭水患・隆慶辛未大水・廡門齊亭壞・萬歷壬午又大水・文廟明倫堂盡壞・先以古城地勢高塏・議建復以居民・築城垣遷縣治焉・是爲新城・乙酉歲・邑令歐陽君珣・循初議始建學於新城西北隅・東向以臨灃湖・會天子采禮官議・以我朝正學三先生從祀文廟・而吾鄉陳白沙先生與焉・斯遇亦奇矣・然祠亭猶未建・而以名宦鄉賢牌附於兩廡之末・御箴敬一亭猶在廢學草莽中・典禮猶缺・學制未稱・諸生以爲言・邑令周君炳以狀聞郡守林公相國・議請工價於制府・按臺監司俱報可・於是鳩工聚材・建二祠于戟門之左・建亭於文廟之後・學宮規制・悉以

漸備矣。

然灃湖在學宮之前。秋冬水涸。形勝不滿。太守復以諸生言白于當路。會監司鄭公邦福行部至邑。親覩形勝。作而嘆曰。此誠衞城便民急務。而亦文運所由關。何獨後乎。亟具以報制府陳公。慨然給礦餉二百金以濬湖之源。貳守邱公一鵬署縣。奉令唯謹。不兩月而工竣。天池銀漢之水自古散出二溪五瀝者。今俱繞城而合流于學宮之前。遷學大工自乙酉迄今已十閱歲。亭祠告成。始完備而水滿。適維其期。機會所值。豈偶然者哉。

陳大猷 字鳴翊。南海人。隆慶戊辰進士。雲南副使。

助修城隍廟記

歲戊子。善士樊君助修城隍廟工竣。嘉平之吉。謁神建醮凡三晝夜。用安神靈。禮也。余舅氏孺可徐公。暨君肅鄧君。持道士盧復紀所出重修城隍廟碑記造家大人。命余言記之。余惟南威等容。淑媛可議。龍泉並刺。斷割可期。猷不文何能爲役。則以樊君於予有一日之雅。誼不得辭。夫天下之事。有舉之數年而未成。有成之一年而神速者。今日是也。吾郡城隍崇奉舊矣。先後吏茲土者。時加修葺。而廟貌棟宇。歲久漸湮。郡侯中宇郭公□之。左轄龍陽蔡公力爲修飭。塑神像於中拜亭。兩廡儀門亦既煥然一新矣。樊君每朔望必詣廟拜謁。有感□廟石之多圮也。密禱於神。可之。

乃聚工商謀。易以大石。未幾。西樵山巔忽自墮石。廣者逾丈。長亦如之。與□□購索者相符。覓匠如式琢削。舟載以歸。衆駭愕。懼重不能勝。增人數十。稍稍動。將抵廟。樊君再禱。屬販子併力徙之。若馳矣。人謂至誠所感云。

君本閩福清人。占藉南海。已三十餘禩。雖習計然之策。而孝友著聞。□□仗義。若以古人意氣自期待者。茲舉不事緣斂。捐金數百。顧工斧削。既成而砌植之。督工必親。時嘗慰勞。自萬歷丁亥二月起工。至戊子十月而告成。自廟堂拜亭兩廡甬道。一望不下數百丈。堦墄截然。昔之殘缺。□卑窪者。坎坷不平者。皆周道如砥。歲時伏臘。趨謁祈禱。以安神靈。以壯觀望。終將賴之。

余觀世人。其力有可爲者不少矣。而卒未之修。脫有修者。亦惑於築室道旁之議。若出不貲之財與舉廢墜。能人之所不能。如樊君者。幾何哉。幾何哉。語云。至誠可以動金石。感神明。以彼之誠。不惟克相司郡二公之美。而精誠所至。天必佑之。所以昌大其家聲。長發其胤嗣者。駸駸乎未有艾也。稽往牒。布施獲報者有四。一曰財施。二曰法施。三曰無畏施。四曰心施。如樊君者。所謂心施財施非耶。其厚報當有在也。遂不揣記之。樊君名昇。字繼平。別號次軒云。乃系以詞曰。猗歟城隍。主宰一方。正直秉德。福庇無量。惟彼高人。至誠孚格。堂構載新。四方之極。載新自今。□□□功。藩堂肇始。郡守攸同。助厥有成。今績可紀。香火萬年。永綏純祉。

夏　宏　字用德・號銘乾・海陽人・隆慶庚午舉人・官詔安知縣・罷官歸・授徒講學・深硏性命之理・學者稱銘乾先生・

說太空何所有

太空何所有乎・曰・當無不有・曰・有胡不見・曰・是惡得而見之・萬石之鐘・懸之十里之外・僅如一甌・百里之外僅如一盃・千里則雖邱阜如繩・萬里則泰山貌不及一流塵・猶無覩也・今空中之爲萬里者・不知其十而百而千・以至無窮極・而欲恃人有限之目力見之・惡乎可・莊子謂鵬背若泰山・其翼若垂天之雲・世皆以爲寓言・而不知其實有也・星非小物也・寧下鵬哉・然必恃光後見・光爲日掩・則列宿四匿・而不見其形・月又非星比也・其大如星・且十百倍也・其弦也半化而爲碧・夫星猶故・月之體猶故・而有時乎不見・彼飛鵬者無星之耀・無月之輝・則雖交馳橫鶩于其上・其孰得而見之・或曰・鵬而果有・胡不卑飛乎百里之下・而令人視也・曰・集庭除者雀耳・集櫨棟者燕耳・自燕雀而上・其爲羽愈大・則其飛愈高・僅一鶴也・而猶嘯唳於雲霄之上・矧彼鵬者・水擊三千里・搏扶搖而上者九萬里・去以六月息者也・而奚暇乎數百里之飛爲・

說中土何似

中土何似・其一巨山乎・山有巔有岡・有麓有長巒・有曲坳・有囘崖・有平阺有巘有坡・有阪有陆・有坑壢・有溪澗・總之不外乎山亢蚼穴・山之隅自謂雄萬垤而不能既・磈磝當前・則目爲危峰千尺・培塿跨側・則視爲喬嶽萬尋・徙倚乎濎濼之涔・則虢爲潢漾無際・躃躚乎峽崥之嶝・則嗟爲竭蹶迢遰・舉足之所跆・目之所覩・千形萬狀・不可思擬・而不知其猶局局乎一隅・崑崙之上有懸圃・高一萬一千一百里・夫非中土之巔耶・西南界以五嶺・嶙岩峛崺而下・其諸長巒之迤也・荆豫揚越・則岫崿之坳也・雍梁蜀滇則其岡・閩粵則其麓也・冀兗青徐則其阺之蕩也・五嶽則其巘之聳而突也・五湖九野則其澗涔之聚也・振衣縣圃之巔・附杖章亥之武・縱目四謼・謂之一山非耶・吾猶昔中土具山之體而微也・或者乃以中原坦曠迴異・與山形不類爲疑・不知方壺蓬萊之山・其巔之平者・亦以九千里計・夫以九千里之巔之平・而未嘗不謂之山・又何蕞爾中原之疑・彼拘拘以中原爲說者・猶然元均之見也・

說衞夫人

衞夫人見王羲之筆法而流涕曰・子必蔽吾書名・不知衞夫人書名・反因羲之重・知此而何得何失・張季鷹放縱不羈・對人曰・使吾有身後名・何如當時一杯酒・然竟以此言芬馞青簡・是謂不名名・知此而何取何舍・識牀頭捉刀之雄慧鑑也・而竟以此殞身・知此而何智何愚・鷂化爲鷗風・鷗風化爲鶕鴘・鶕鴘復化爲鷊・知此而何死何生・鶼剖形而合飛・鰈分體而合行・蠣奴蟣蛣異象而合食・知此而何物何我・蛆蝶食帶・帶食蟾蜍・蟾蜍復食蛆蝶・知此而何弱何强・風燃火而亦因此滅火・卽燃卽滅・知此而何怨何德・土之築也・得爲闍・而其墜也又爲土・土乎闍乎就得・知此

而何成何助·木雞啼子夜·芻狗吠天明·解者曰·有口便啞·知此而何語何默·鼇無耳而目可以聽·蟬無鼻而鬚可以蜈·螬蠐無足而背可以行·知此而何全何虧·一熠之火·可散萬熠·萬派聚爲一派·知此而何合何離·鳶嚇鼠·飛鼯甘烟·走貘嗜鐵·知此而何瞱何苦·鈞可以教騎·箕可以教弓·裘可以教冶·知此而何彼何此·秋毫之末·淪於不測·小不可爲內·大不可爲外·知此而何巨何細·幽朔以丹徼爲南·鐵勒以幽朔爲南·而北海又以鐵勒爲南·知此而何遠何近·善乎得其一萬事畢·不得其一·分之而愈□□□而愈□·巃兮·拂兮吾安知其極·

說海有四

海有四乎·曰·無也·見之小者四之耳·譬之數畝之塘具一榭焉·榭之隅有四也·而塘則一·何嘗以榭之故·而呼塘爲四·中土特海中之一榭也·而何足以四乎海·且也島夷之在渤澥·若頓遜·若毗騫·若狼牙·若波利·纍纍小者國·其地方各以千萬里計·亦已喌然大矣·明者捲圖而論·則曰是何以其□□者乎·是其爲渤澥之飄萍已乎·飄萍奚足以障海·今中土之比島夷固相懸·要亦飄萍類耳·明於論島夷·而不明自見·惑也·偉哉·龍伯大人登五山之所而大觀焉·然後知茫茫一壑·灝溔無際·戎耶·夏耶·波利而毗騫耶·九夷而入狄耶·若□若蠅·若□若□·其閃忽於無何有之鄉耶·

說有影不移

公孫龍謂有影不移·聞者駭之·不知此固理耳·何駭·隙駒之移·移而進也·非隙駒有移也·生者生·而滅者滅·有似於移·而人遂以爲移也·夫移者·謂均此一物·移而置之他所之謂也·而影則前影非後影·亦猶駒之前駒非後駒也·奚得謂移·無亦其轉變微茫·人不察乎·火之傳於薪也·俄而炵·俄而烞·俄而熚·俄而燎原·亦謂火爲移乎·嗟呼·物之屢變·而人不知者·寧獨一影·

說西北骨利幹

唐定載西北骨利幹國·晝長夜短·日入後常曛而不暝·晒羊髀熟東方已曙矣·然則是國幾無夜乎·曰·非也·天地間有晝則有夜·晝長則夜短·夜短則晝長·四時互爲循環·不可易也·故有偏長偏短·而無獨長獨短·骨利幹非無夜也·夜其偏於冬乎·嘗考歷家測影·惟嵩台夏至·晝六十刻·夜四十刻·而冬至反是·自嵩台而北·則夏至晝愈長·冬至晝愈短·自嵩台而南·夏至晝漸短·冬至晝漸長·其夜反是·愈遠則愈甚·骨利幹之曛而不暝·意其夏至之候乎·冬至之無晝·唐史未之考耳·屈子天問謂西北有無日之國·燭龍銜燭而照·同一西北·而胡乃相懸如是·無亦唐史見其夏而不見其冬·故稱無夜·屈子見其冬而不見其夏·故稱無日耶·且屈子又有羲和未揚·若華何光之說·其亦在西北也·此正與曛而不暝之說同參而論之·其義自見·彼以骨利幹爲無夜者·昧晝夜之情者也·

說草木有知

草木有知乎·曰·有·生意非知乎·有知而若無知·此

所謂不言而躬行也・瓜之麗乎籞也・漑則傾而爲之附・攀則繞而爲之束・若有目爲覩而手爲掋然・草木之掩於陰翳也・勃勃若有不獲挺・幸而隙陽可乘・則欣躍而出・莫之閼遏矣・是爲有知乎・無知乎・葵傾日以衞其足・荷挹露以毓其華・其知酷與人同・屈軼之知佞也・蓂莢之知歷也・雨師之知雨也・其知迴與人異・紫脫華朱・英秀同穎・異畝而生・九莖連葉而出・每每爲國家先事之應・是又知人所不及知者・庭荆枯而可榮・祥桑拱而可瘁・則天曉風一唫・而上苑花木競奇・明皇鼙鼓一撾・而軒間柳杏爭翠・又何其知之迅而捷也・草腐而螢出・木朽而蠹生・翔蛾起乎麥潤・飛蚊熾乎木實・此其知又灼灼乎人之耳目矣・夫彼有知能堅免不露・叩之而不應・撼之而不驚・可生可殺・而不爲動・非如人之沾沾一知而喜爲暴也・間有如前所云・斯亦其伎癢之一說乎・是高漸離久困庸作□隱約無已時・乃取匣中善衣冠・更容貌・而前上堂擊筑者也・

周光鎬 字國雍・號耿西・潮陽人・隆慶辛未進士・初除寧波府推官。累官至四川副使・邛筰不靖・朝廷發兵征討・光鎬爲監軍・事平・叙功擢四川右參政・値寧夏哱拜之變・擢臨鞏按察使・移駐賀蘭・寧夏平・晉左僉都御史・巡撫寧夏・尋轉大理寺卿・致仕・築明農草堂於峽山先墓側・即以名其集・阮志注未見・他著有出峽草・武經考注・兵政集訓等書・阮志皆未著錄・

陳邊務疏

題爲摘陳邊務民瘼・懇乞聖明採擇・以振積衰・以蘇凋瘵・以固邊圉事・臣自受事以來・日兢兢惕厲・自維智度短淺・無能攄布一二・亦以甯夏新定之區・事勢難以驟舉故・臣習聞醫家標本之說矣・邊圉之政・亦猶是也・頃者・以虜情順逆・糧餉空匱・兵馬鎧伏敝缺・具列以請・荷聖上軫念殘邊・勅下部議・業已見之施行矣・顧攘禦之策是圖・而內地之謀未逮・此正急以治標之說也・故臣復廣詢而繹思之於斯時也・法度所當釐正・兵旅所當振飭・儲餉所當節省・殘暴所當蠲恤・與夫一二規畫措置間・有臣可得徑行・不必瑣瑣敷陳者・但人心愓於危亂・事勢便於因循・上下習於欺蔽・其來久矣・臣雖日與將吏諄諄相約束・而猶然泄泄相視者・無亦未奉上命・不足以一衆人之耳目心志・使之有所警惕持循・而不敢終於違越也・故臣敢罄一得之愚・謹列條欵・恭爲皇上陳之・如蒙俯念凋敝・曲採芻蕘・勅下該部・俾臣奉以從事・邊圉幸甚・臣愚幸甚・

一修邊賞・觀內地之政嚴以密・邊徼之政疏以闊。而其所以疏且闊者・爲其地既要荒・人多武悍・難以必治治之・然亦少寬文網・加意撫摩・非謂盡宜貶損其法紀・而聽之欺詆悖逆爲也・若寧夏者・何等地・亦何等時哉・論者但知哱劉之亂起於朘削・而不知不掉之患・生於陵替・故平居無事・羣武弁惟見侵牟之得利而已・惟見夸毗以得幸而不已・知有法紀可畏也・不知約束部伍爲何事・爲士卒者・惟見偷惰以成習・鼓譟以成風而已・不知何者爲紀律・不知親上死長爲何義也・故畏心勝者・日縱而日怯・玩心勝者・日狎而日驕・無威之恩・但呴呴於平時・難繼之惠・遂囂囂於一逞・則其弊豈盡在下哉・今當人心亂後思治・正宜昭然以法示之・然非一於嚴以行法也・於衆庶則撫字之・於士卒則拊循之・糧餉當給者・給之無後時・徵輸可緩者・緩之無束溼・無驅之以不急之役・無縛之以毛摯之令・於吏之恣睢者・法必加之・卒之驕悍者・法必加之・干紀僨事者必問・作奸犯科者必問・使彼昭然知所趨避嚮往・則庶幾心志服習・罔有變渝・而反邪歸正之機在此也・

一重邊選・甯夏一鎮・所屬衛所皆紈袴世胄之夫・延袤千五百里之地・僅設一理刑・四監收之府佐・凡錢糧之出入責之・盈縮之會計責之・屯鹽之徵輸責之・邊徼之刑名責之・軍興或寄之贊畫・查盤或委之覈勘・使皆强幹有力者・尚在逡廵辦治・乃大有不然者・蓋邊荒之地・人所不樂就・米鹽細碎・又非儒生所素曉・故每選此官者・多出貢途・或以遷調・非擁腫之與居・則巽愞之與處・又多有懸缺不補・補而不到者・間係新選者・則事未練習・係遷調者・則志已廸隤・拮据不勝其難・叢脞不勝其積・臣半載於斯・凡有查閱稽覈修造等務・每恨其不能如期・嘆其無所挈手者・此也・乞勅部議以後遇邊鎮監收理刑有缺・即以附近舉人縣令・或腹內府佐・曾經薦剡・素有才名者・陞調以補・不必取之遠方・庶幾励勸有人・其爲衝邊之賴匪淺矣・

一愼邊儲・臣惟積貯者・天下之大命・況邊疆之儲峙・尤爲喫緊之需・奈之何不調劑而加愼之乎・甯夏遭叛・所費帑藏不貲・公私積蓄且罄・克平之後・所宜撙節愛養者・又當何如也・臣自受事以來・無日不討軍實而劑量之・乃知胠篋之盜・與侵牟之費大約相當・其中乘機乾沒・與夫挪借影射者・又無能爬梳而剔發之矣・大概錢糧之項數多端・出入之頭緒紛沓・其所以坐致歲虛日耗者・其故有三・一則責成不專・而開支之無法也・一則正額不徵・而挪移之任意也・一則歲派逋負・而隔屬之難追也・夫所出既不爲之撙節・且蟊賊生焉・所入既不充其所困・且逋負積焉・滄海漏卮之喻・良可痛也・合無自今以後・專責成布政司嚴督各屬依限征解・分别參題・庶幾責成嚴切・民糧可望多完・而邊餉庶幾乎日充矣・

一恤邊民・看得甯夏地薄河壖・勢極廣衍・向故以沃土稱矣・其賦役視他鎮獨重且繁・乃歲久河流變遷・田半衝壓・加之兵荒頻仍・人多死徙・臣自抵鎮以來・日見軍民老稚・咸以糧差追逼・閭里逃亡・節據五衛旂甲石朝臣等連名哀告・臣心惻之・而未敢有以許也・三月間・臣偕總兵官廵閱邊關・遵河以南・由賀蘭山以北直抵中衛・每遇村屯・多集父老指點觀視・但見黃沙接天・白鹵滿地・舊時畎畝・今半汙萊・卽布種有幾・亦鹵莽滅裂・無如中土深耕易耨云者・山椒河畔・又不見牛羊牲畜・咸曰前年被虜搶掠・牝牸無存也・嘆此邊之民一何至于此極也・卽使今歲無恙・人亦無恙・尚不能了一年之事・欲其完前年之逋得乎・故思蠲之不完・不蠲亦不完・反以舊稅而新租・轉使人心憂戚・乃勘功接臣建議盡蠲・深爲有見・臣守在邊疆・惟恐糗峙不給・寧敢市恩・顧臣職在拊循・尤思皮毛安傅・曷忍坐視・以故不得不哀鳴於君父之前也・

一練邊兵・秦四鎮之兵・延寧稱勁・今則寧不逮於延矣・延人敢於死敵・寧人敢於生變・今變後・弱者死而壯者衰・所營伍多係新集・不逮於前遠甚・及今不明以紀律・操

以技藝・使內有以一其心志・外有以習其耳目手足・則愈因循・愈驕惰・其稱技擊之士不可・況望云節制之兵乎・故器不精利・及今製之・馬不任乘・及今驚之・若兵不服習・在將官加意簡練而已・但其姑息日久・拘攣難破・不可不立法以整齊之也・營伍中・年未二十・與五十以往者汰・不習騎射者汰・驕悍者汰・每月各營將領逐隊校閱・春秋二季・臣與總兵官逐營校閱・因而稽驗馬匹・量行賞罰・以鼓舞振勵之・禦虜莫利于大器・此中家丁羞於執銃而樂其弓矢之便易也・不知家丁既另爲隊・則百十隊之中・豈盡穿楊落鵰之手・可無大器槍銃相兼乎・臣近題請製造三眼槍銃・滅虜砲・佛郎機等大器・今完且半矣・未完者・日夜併工造作・臣與總兵官約每隊選十五人爲三眼銃手・四人爲大砲手・火砲故虜人所忌・然今習聞而巧避・每見放了却纔裝藥・虜便突來衝躐・須十五人爲三疊・更遞入藥・可以接放・又多用紙炮先後混之・此引申前人之法・亦多方誤敵之意也・至於車戰有雙輪者・有隻輪者・鎮寧地多平衍・勢可長驅・於車戰最利・且考漢衞青用武剛車擊破匈奴・正此地也・舊皆雙輪重滯・今變通其制・務在輕便精堅・先製隻輪戰車六百輛・輛用二鐵鎗・五火炮・一牌・四步兵・居則環爲老營・行則用以布陣・選二千四百步兵習之・一應火器具・的見其必可用而不可少者・方備之・既備而後練之・欲其不致妄費・又不徒爲虛具已也・

一罷邊戍・查得先該叚功巡撫御史劉因・見朔方亂後患無土著・建議凡西南中原省分・有永遠充發・俱定寧夏衞所・以填實爲期・查自奉行之後・陸續解到新軍・河東河西總計三百有餘・每名月食糧八斗・歲該支糧三千餘石・繼今解到者・迄無虛日・則坐增糧食・又未可以數計也・查得鎮內外軍兵殺戮雖多・然開城之後・軍戶食糧之數如故・家丁亦隨時招補・俱已叢集・至今已逾往額・而屯種軍餘・因借給牛種逃亡者・亦漸次復業・則今所患者貧・不患其人之寡也・矧此等充發之軍・非垂老待斃之人・則亡命兇猾之夫・不閑武藝・不習水土・徒充數耳・夫老者不任征戰・而壯者尤作奸犯科・其機械至熟・亦非朔方多變之地所宜有也・糧餉虛糜・竟鮮實用・行伍賣放・又增弊端・頃行該道查議・皆以爲停之便・蓋彼一時也・按臣條列・適瘡痍未起之秋不得不急於填實・此一時也・行五充溢・又糧餉告乏之秋・不得不急於節省・事若相背而實相成也・乞勅部將前議發填實甯夏新軍・文到俱行停止・庶幾軍有定額・而錢糧得以少節矣・

一消邊孽・臣惟內夏多夷・昔人防之深矣・非我族類・其心必異・其豺性豕心・貪黠無常・絕與華人不同・蓋非信之所能結・非恩之所能懷・先臣邱文莊濬嘗引晉時諸胡爲喩・良有深遠之思也・他無論矣・寗夏哱氏之變・麻氏之禍・不昭然在目乎・方哱氏以胡孽爲副總兵・握强兵在鎮・世襲指揮・其受朝庭之恩・亦既渥矣・乃一旦稱亂僭竊・震驚中外・豈其猝然舉事・蓋由包藏禍心・其所蓄積者素矣・麻氏所蓄虜丁・衣錦綺而飫粱肉・出入中冓・恩愛莫有加焉・乃稍失其意・便一刀剸之・亦豈一時突然感憤・良由平日睥睨其將領之命・久在其掌股中・又何有感恩眄戀之思哉・故古人不以番將爲正將・至處諸部落・亦番漢別爲一

法・尙終不免有雲擾之禍・我祖宗朝有歸正建功者・卽厚之以爵賞・未嘗使之握重兵・慮及此也・哱氏之御・早已失其策矣・乃今之降虜部落・查甯夏一鎭・收爲家丁・月食二石糧者・三百有餘・各將官養爲親丁者半之・且叩關而投者・時時不絕・夫一鎭城勁兵幾何・而能容此數百虜・且彼來降・我安得保其箇箇眞心・我之待彼・亦安能一一如意・又安知百十之中・無一二細作・窺我虛實・泄我事機・又安知臨陣之際・能無嘶北風・懷故土・或有挾憤候隙・乘便倒戈者乎・此郭欽之所深憂・江統之欲必徙也・臣愚謂用虜爲將・自偏裨以上・不宜任之・一旅之衆・不宜與之・卽有顯功・升之俸級可也・用之爲兵・則當散之各隊・隊不過五人・則其居處時・不得羣聚・其隊長又時察其起處・稽其出入・無使生心・已前所收者・難以徙去・自今來投者・不宜概收・庶幾於納降之中・寓區處之法於部伍之間・施制禦之術・是亦漸消隱禍之一端也・

爲狡虜順逆靡常疏

臣伏思虜情狡詐・繁言旁起・臣欲言則似於競辯・欲默則闇於事機・且當紛擾之際・各酋之助逆與否・尙未分別・臣仰服我皇上先後兪允部議・所謂熟察虜情・觀其向背・與夫所謂審時度勢・多方區處者・炳哉廟謨・眞洞燭遐荒・卽有安懷攘外碩畫・疇能加此・故知近來議論繁興・非故輕於責人也・大都未察甯夏之時勢・不念甯夏之凋敝・謬論羈縻爲媚虜・謂許欵爲眞和・豈不思自古禦夷・和非策也・然而欵非和也・前代之和・和以婚姻・和以歲幣・辱斯甚矣・若彼來納欵稱臣・我但羈縻無賞・一則爲國家保全生靈・一則爲邊疆撙節財賦・欵亦惡可盡非哉・但如今日・則萬萬非所宜言矣・於今所當亟圖者・非守與戰二者乎・然守不可一日少懈・戰固不可一日不圖・若審甯夏之時・度甯夏之勢・則欵亦未可顯然遽罷者・往無論矣・近如卜酋修怨・內訌業已經年・一旦砍垣長驅・直抵西固三鎭・將兵尾後逐之・竟使洋翔飽歸・雖有殺戮・不遭大創・此其所守所戰・在他鎭尙如此・甯夏復何言哉・

臣自受事以來・見其邊關傾圮・士馬疲羸・鎧仗殘缺・饑饉薦至・眞如窶人之謀朝夕・步步艱難・件件費處・卽腐心熟計・鎭靜安輯・尙慮不足以暫調停・周料理・若復好事喜功・一有妄着・其不致迷局潰亂者・幾希・故因宰酋之獻逆・黃婦之叩關・就中牢籠羈縻・冀罷戰息爭・俾得因時蓄艾・固非有厚賞以結之・亦非敎之以掠鄰也・若以朝廷之臣子守朝廷之邊疆・至視比鄰爲秦越・狃强寇爲媚己・少有生人之氣者・决不如是・卽有之・果能逃三尺之誅乎・若不量彼己・不審强弱・一旦峻拒叩關之虜・遽張撻伐之聲・則未能制人・而先制於人・不惟舍我之士馬器甲・掩覆自欺・抑恐凋殘稍生之地・將來不知所終矣・臣卽至庸愚・必不敢希逃怯弱之名・以求杜言者之口・以誤陛下之邊計也・

今臣別無所籌・惟在亟於簡兵買馬・招屯積餉・日夜併力・整造盔甲戰車火炮・以備步騎兼用・戰守互旋・冀或有用於他日・稍及春融・亟於催築未完邊關・與繕修近議墩堡・使之界限嚴明・烽火接續・歛備有資・寇小至則相機以圖之・大至則堅壁以待之・欲其我備常先・虜狂莫逞・倘彼

遣使復來求欵・不妨以通丁傳之以諭帖・責之酋以大義・往來誘講・暫示羈縻・在賓妻則仍舊與之・在他酋則謾言許之・不便峻絕・彼固以欵愚我・我亦以欵而籠彼・如此日修日愼・待我元氣充壯・神氣振揚・然後乘時以奮・觀變而動・或禦或擣・期萬全以伸朝廷撻伐之威・以洩邊鄰積歲之憤・此臣膚淺之見・與各道臣所籌之策・大意如是・即廟謨所謂多方區處者・當亦不出於此・然而犬羊叵測・訛言易搖・局面倏變・機宜靡定・臣不敢逆臆於將來・萬一責臣不以大義興兵・問臣不早閉關絕虜・臣將何以任之・臣嘆今時無李牧者爲朝廷守邊圉・即使有之・人不以爲怯敵・則以爲媚寇矣・如蒙皇上勅下兵部・如果臣言不大紕謬・再加擬議・上請行臣遵奉・并乞嚴諭將帥臣・振勵士氣・毋習虛憍・治賦臣經畫儲峙・毋狃故常・勿徒繁於議論・惟務臻於事實・庶幾精神專一・戰守有據・而衝邊少有攸賴矣・爲此具本專差親齎謹題・請旨・

與梅禹金孝廉書

嘗觀世之需材・與材之需世・均之不能相舍・而恆見其不相值者・此其故將誰諉哉・乃材有不同・如通達國體・明練世故・抱經濟之猷・當潤藻之業・文與質衷若足下者・其材又豈世多有哉・辱所賜書・云別不佞恰十年・四入金陵・每徘徊於故署蘭若過遊之地・令人悵然・嗟嗟・人生幾回別・能有幾許十年哉・乃十年中・不佞望足下扶搖飛搏將九萬里一日也・詎今猶然故吾・則豈世果不需材・而材之大者果與世不相值哉・駑駘上駟・國色下陳・自古嘆之・如始進之階梯・士人之羔雁・則或者其故在我・年來足下肆意辭章・淵暢浩麗・諸凡白雪之篇・綠水之節・布滿天地間・蓋將傾一代而左袒矣・然則意有所適・則功有所虧・甯無所重者此・所輕者在彼哉・然足下兼材也・睢渙之績藻・與鄒魯之精純・皆素所精詣・則隨施而應・何有偏滯・屠客部所言・雄儁爽鶻之氣發而爲纏綿婉麗之音・則亦弢光自適云爾・以彼獨以才情節俠云者・非盡然也・然則造物以才籠足下・足下以才玩斯世・此其故似有之・古人之學幾變而後至道・尙爲知己望之・手教大篇・懇切縱臾・未嘗不感所規而媿所獎・小草乃邊徼外寱語爾・不意一時不能自藏・而反辱足下之暴露其拙也・以犬羊之質鬻龍虎之文・冒非其宜・媿死無地・惟心乎愛矣・敢忘所期・附言私衷・兼以布謝・偶出臨卭道上・匆遽報椷・惘然神馳・

寬嚴論

公孫僑謂子大叔曰・唯有德者能以寬服民・其次莫如猛・夫火烈則民望而畏之・故鮮死焉・水懦弱則民狎而玩之・則多死焉・仲尼曰・善哉・政寬則民慢・慢則糾之以猛・政猛則民殘・殘則施之以寬・竊謂此非夫子之言・抑或救偏一時之論・非可以爲法也・夫政者正也・以之治己・以之齊民・有體有用・若一於寬至流而民慢・然後於猛糾之・則未糾之先・政已不勝其弊矣・若一於猛至慘而民殘・然後以寬施之・則未施之先・民已不勝其害矣・何以言正・故知嚴寬二字・不可分言・嚴者其體也・寬者其用也・嚴者禮也・法也・分也・寬者情也・節也・和也・試觀之先王制禮・辨上

下・正名分・别嫌明微・三千三百・儼然毋不敬・何嚴如之・而其爲用・則周旋舞蹈・雍容揖遜・又何如其和焉・先王制律立刑・五服五流三宅・載在竹書・條目至累千百不盡・其所以繩民者・何嚴如之・至其爲用・則有議有減・有比有贖・又何如其寬焉・故嚴者所以使人不敢犯・而寬者所以恤人之有犯・蓋寬寓於嚴之中・嚴以立夫寬之體・猶之寒暑晝夜・猶之琴瑟弓矢・不相得則不能相用・若狃于一偏者・政之敝也・

盍自近而言・今夫人之一身・居處念慮・頃刻不恭敬戒懼・則偷慢之心入之・故務嚴矣・然時而游衍・時而吟覽・所以宣暢抑鬱・舒發志意・使天君泰而情景融・此一身之寬嚴並用也・家庭梱閫・內外尊卑・名分繭繭然・截截然・庶無狎侮嘻噑漨瀆之禍・然而情意不周洽・和氣不流通・則不免乖氣應之・故慈孝友愛和睦・此則一家之寬嚴並用也・至於爲政・則凛凛持三尺・堂簾之分肅然・事使之義截然・善惡之彰癉斤斤然・一毫越法縱舍・則自蹈匪彝・抑或需徐猶豫不決・則留獄之姦生焉・可不嚴乎・然而體恤不周・開導無素・不哀入井之無知・徒見武健之可喜・則民將重足屛迹矣・故見文法輒取者・酷也・操下如束濕薪者・酷也・微文深詆者・酷也・鷹擊毛摯者・酷也・酷非嚴也・猛非酷也・是皆無益於治安・史所傳如此者・不可勝數・然未有不身自罹之者・惟念念體認天理・本我好生之心・視法之所在・若不得已而用之・寘人於法・若不得已而加之・孔叢子言惡其意不惡其人・曾子所言如得其情則哀矜而勿喜・是則服官寬嚴並用之道・傳所言一張一弛・書所言惇大明作・是也・然則嚴以制寬・如隄之禦水・如啣之御馬・寬以濟嚴・如酒之有蘖・如鹽之有梅・寬嚴並用・如水火之相濟・如寒暑之相生・如金石之相和・蓋所以相資・而非所以相救也・若主於一偏・俟其弊而後救之・則未救之先・其害已莫勝・恐非君子所以論治也・乃子產所言・若以嚴爲主・既卒・仲尼聞之曰・古之遺愛也・則其政不專於嚴可知矣・而所謂有德者然後能寬・此其寬之所以難乎・惟有君子之道四・則幾乎有德矣・

李侍御抒衷奏疏序

貴筑方麓李公之召拜西臺御史也・實自渝州理官高第始・不佞初役蜀・習知司理狀甚具・蓋故事・理官奉部使者檄・按視列郡・往往操法比尙武健・以表見風稜・惟渝不然・大都歛視聽・流精誠・持衡在心・烱炤以識・每挹言論風槩・則委心曰・是足爲天子之嚴臣也・無何・被召命擢臺郎・乃時從邸報中・覩所上封事・首以諫怠朝・憂時艱・謂第一義・則又驚嘆曰・世寧有漢長沙中壘其人哉・人臣委贄以身・成信以言・言務攄悃・身在匪躬・是疏也・君子可以觀衷矣・已而讀前後諸所陳天災民瘼・國本時艱・與夫邊塞夷虜事・機宜緩急・所彈劾貴倨大臣不法・罔不的中窾・蓋至是奉簡書・代天子省方事者三矣・初而漕運・再而河洛・又而粤之東・所至靡特示一方威命靈爽而已・靡不有鉅艱之遇・有叵測之憂・與夫疽癰內附・跋扈不掉之勢・如漕河之衡決昏墊・中土之災沴顚越・與我粤之中涓横噬・其勢震撼擊撞・其機紛紜轇轕・其景象瑣尾流離・侍御皆身嬰

之・今讀所條列封事・或請蠲卹・或請求賑・或乞免榷征・在河北中州固難・而百粵尤其難者・蓋陵阤積憒後・昏墨滿前・豹虎在側・激之則勢反重・縱之則萌罔瘳・公乃鏡爽留之機・運獨詣之智・蒿目焦思・張膽臂畫・其爲喁喁控籲請命也・大都婉以通其意・蓋以攄其衷・至陳災異・則箴儆召之由・抑覬倖・則擿大難之端・蓋幾乎犯顏・苦口卽痛哭流涕者・奚切于是・然而聖天子不少譙訶・諸閹宦亦浸屏息・竟能調停拯援千百萬生靈命脈・此其道豈易致哉・蓋精誠不二之衷・有以格之也・不則當積貯求盈之侯・言路未闢之秋・公于漕上一疏・竟留兌運十三萬糈・兩河一疏・予蠲予賑・至費金錢數十萬緡・卽粵之二稅未停・而採榷之勢漸杜・其斡旋回天之力・良苦心矣・

余故嘗閱西京以後・以諫諍名者・如漢賈太傅之痛切時務・劉中壘之災祥禍福・旣而陸敬輿之事中唐・田表聖之在宋初・皆諍諍能言之列・顧後世每有軒輊其間・豈其操術有異・抑亦遇主不同・大抵臣子對君・一以篤忠憂愛爲本・以敷析簡徑爲要・彼矜長濟辯者・見爲能・確切叫呼者・見爲直・攻發陰慝者・見爲察・蓋以術勝・不以道勝・此長沙不能容于盡下之臣・而中壘之屢擠于元成之世・匪他誠不足也・宣公非唐中艱時乎・亹亹千萬言・隨事納忠・表聖至使太宗甒其諫草・旌其直以待嗣君・今二臣之言・纚纚具在・陸則一以誠信爲本・田謂事君之誠惟恐不竭・此其格君之道在是矣・余謂侍御君抒衷之草・攄盡一腔・上觀下獲由衷者誠也・視贊錫不翅隃勝之・而其素結主知・流通道術・豈漢之君臣所敢望・噫・後世自有定評者・不佞奚敢知・

韓子選鈔序

班固謂法家者流蓋出於理官・乃刻者爲之・至於殘害少恩・傷親薄厚・則申韓法術之書・宜其擯而不使之行於世也・竊謂不然・今夫養生以粱肉・俄而疾病・則粱肉不可瘳以爲常也・必徙而用藥石・病止則可以御粱肉者如故・越人有母病者・其子不以醫視・而奉母以呼西方摩訶之號・謂慈悲可以濟苦度生也・此大謬不然矣・故法者整齊畫一之具・攻邪救弊之需・術則察虛實・審緩急・明標本之妙用・法其方書・術乃醫者之意也・古人相魯・亟行兩觀之誅・相周不廢三叔之辟・非其操法一・而用術明乎・至於慘刻少恩・舍人愛而一任刑辟・卒使元氣彫殘・身爲大戮者・則豈盡法術之故哉・良由所用意非也・於此而欲盡舍其法術・一以仁柔呵煦爲之・則亦佞佛而望母瘳・日進粱肉于沉疴者之前・必無瘉矣・

韓公子憤時嫉弊・務在闡明刻核・攻察擊辯・其言不一而足・其意則戒浮淫・務本實・明賞罰・督耕戰・君操其權・臣矢其慮・盡破當時詐欺怠慢之習・不深刺切中不止・蓋隔一垣而洞見人五臟腑者・其文則猋騰橫佚・奇詭峻潔・波蕩飈生・謂非先秦之國手不信・余蚤歲喜之・旣爲理官・輒舍去・丙戌歲再以守吏入計・恒自悼其碌碌往返也・又竊有慨于時弊・則深愧漢人上計簿具文之語焉・舟行多暇・偶取閱之・惟時溯流巴江楚峽間・峭壁千霄・下臨無際・流江自岷峨來・數千里洶涌澎湃・所過觸穹石・軋盤渦・濤激湍喧・洞壑悲響・未嘗不愕眙而褫魄也・則仰而嘆曰・非是奇

也・何足以當之・然其險亦猶是也・君子其愼所由哉・因選錄一帙・蓋亦孟堅所言・舍短取長・可以通萬方之畧之意云・又二年戊子南服之後・因叙而授之梓・

朱明洞全集序

猗與・此南海光祿卿陳明佐公所論著・若文章・若詞賦・若諫草・爲編八・爲卷百十・爲言幾萬・類之曰朱明洞集者・志勝也・明佐家世西廓・枕浮邱之麓・爲羅浮門戶・擅東南最勝地・自蜀藩歸・益拓而園之・沼之・樓臺亭榭益佳以邃・日讀書著述其中・若所稱四園八境者・天匠地毓・即艶說寓內名勝・無以加此・以故明佐屢推轂起・而屢引疾去者・誠不能須臾忘此林邱也・至是將以洛誦副墨藏之四百峯絕巔・乃曰・是不可無國雍氏一言・國雍不佞某也・緘而郵之潮・則余不佞臥海上山・敕斷不律久矣・於是强起卒建・已而撫然嘆曰・幸哉・余今乃悉明佐矣・

初余承乏留銓・明佐爲南臺御史・日侃侃上封事・大都議擬國是・評騭權奸・條畫疏河禦鹵大計・一時直聲震兩都・時以梓里臭味相過從甚歡・不見其談文藝事也・久之・明佐出參蜀藩・逾數年・余亦一麾入蜀・聞巴渝人士道述當年旬宣偉績・迄有茇憩餘思・亦不聞其談文藝事也・

既余守土備兵・倥傯於蜀十餘年・則明佐爲忤柄臣・故擠而罷歸者・亦逾十年所・韓子所言・相慕之殷而相遇之疎者・是之謂矣・無何明佐被召命起・觀察右廣・尋入拜光祿卿・出使藩封・載馳載驅・有懷靡及・於是湘南皇華諸稿・稍稍出人間・余始寓目・則嘆明佐其作者・非耶・何秣陵西

川之勝・不足辱當年筆札・而必浮邱漓洞六巒周原・方足以紓眺詠・翩翩發藻思於遨遊間耶・噫嘻・而固知之矣・官先事・士先志・李格非序洛陽名園・謂當時公卿進於朝・放乎一己之私意・忘天下之治忽・語若深於刺者・明佐立朝・節業卓烈如是・其文格力沉雄・造事宏達・不作西京以後語・有韻之篇・則才足以命景・聲足以暢情・業有諸家評品在・余無贅・

惟余所心折者・竊謂古今文人未有不足於中而能不受變於外者・明佐志於用世・而不以桎梏其心・其天素定・當其伏青蒲・操白簡・佐天子・定是非・決疑難時・氣不加揚・既而中萋菲・罷岳牧・則卷而懷之・以烟雲魚鳥自適・了無啇憯拂阨氣・蓋進則以天下國家爲政・忠之屬也・其於焚餘諫草足徵矣・退則以彝倫名教・孝之屬也・其於追遠錄・宗祠義田諸記足徵矣・故其自叙則曰・或憂國是・或戀主恩・或念松楸・或懷鄉土・以故斐亹篇章・皆抒發性靈・聲融景化・實惟江山形勝之助・不朽大業・與名園相映流傳・則洛陽諸家・惟富趙事業賓客・司馬文章・庶足媲儷・他所最羨者・文潞公年九十餘・尙杖履與諸遊從者・往來東園藥圃間・我浮邱公定不讓焉・

出峽草自叙

余領蜀安漢郡之明年・入朝・其明年還郡之三年・又入朝・維時辱在郡五年所矣・例得一徙・於是僦裝出峽・故以出峽名篇・乃明年・又還郡・久之・方握兵符・入靈關・叩笮道・討西南夷之不奉漢法者・橫槊多暇・爰類是・屬友

人華陽楊孝廉氏證之・楊曰・草中自巴蜀下湘江洞庭以東可言出矣・乃遡高唐夔子而來嘉陵西也・業且半之・槩以出峽名者・何居・余怍然曰・初志也・若亦有見於峽中之勝・而知余志之所之乎・予向經怪蜀人譚瞿塘灩澦之險色變股栗・終其身不敢問巴東舸者・左太冲賦蜀都・自謂揚榷詭譎・旣麗且都矣・乃三峽圖經・畧未之及・聞當時訪岷卭事於著作郎・遂從而載筆・此與以耳食者何異・是峽余故三入而再出矣・當其出也・秋爽霧消・凉風凄厲・崖門丹壑・濯濯然彌望千霄・亙千百里・雲根石色・昏旦殊觀・有不能引睇以窮者・入則每當春夏之交・峽波新漲・豁谷歊浡・捎舟以上・邐磧凌濤・日不能引尋丈・以故行稍緩・則峛崺寃窅・愈益探歷・然亦惕息於是者數矣・故玆出也・非儗速化・實戒畏途・庸出峽以自名・惟長往之是念・乃不免於復入也・蒙莊不云乎・天下之大・戒二義也・命也・余方祇役・以畢我分・義敢必於往而不返・出而不入・爲廻車汎舸者流哉・顧是草也・無足以當是奇・請以竢乎再出・楊子曰・噫嘻夫・惡乎知之・今者因問而奇矣・且見而志・請爲而授諸梓・

大峨山詩序

閩行省陳玉叔公寓書不佞曰・吳孝甫有武夷峨眉之興・今來武夷・不必見不佞・倘入蜀見明公・不必見峨眉也・是將以大峨山弱孝甫哉・乃孝甫竟游大峨以歸・歸憇於錦城之金沙寺・會不佞自試闈出而勞焉・覩抄欏杖頭皚皚・帶天峯雪色・已而解擔・出所吟咏者纚纚讀之・則七天二水・紫芝白雲・山靈莽莽・奔走應接不暇・若聖燈佛火現光・熒熒在楮墨間・已復揮寫七聖閣一圖・題所作歌數十韻於上・起而浮三大白・詡不佞曰・八十四盤嶺上那有五馬使君轍跡哉・不佞口噏不能張・

嗟夫・蜀險遠三峨・巋於西土・故未嘗與宇內名岳爭雄長・然而今古抱奇詭好游者・孰不緬然懷之・卒不能一躡足寓目者・猶之譚理道性命之士・罔不嗜釋氏敎・游心貝典・卒鮮悟解・若悟解矣・即不必身際竺國・參莊嚴色相・故了然一慧光圓淨境也・讀而詩・披而圖・則三峨山靈・余且五步遇之・若能與我神遊乎哉・於是孝甫瞿然起・退而類所得詩若干篇・與所爲壯孝甫游者詩若干篇・錄之・歸以證之玉叔・庶知孝甫不爲山陰棹也・

大竹縣志序

余初入蜀道・白帝夔門迤而西・則順慶治境也・爲大竹界・崇山峻嶺・絕壑黝林・綿亙數百里・多虎狼暴噬・而行者戒於途・越二日抵邑・則百雉在山・隈民之伏道左迎者・執干鋋・羣以譁・余伏軾思曰・巖邑也・牧斯土者・非精幹有力・不溺厥職乎・惟時中丞臺方峻令行保甲均田之法・民疆半負戈弩・晝夜伺道左・稍黠而爲里正胥吏・則日履畝握算・此有知盡能索耳・旣入郡下要束・罷諸負戈弩伺道左者諭之・警察如初・乃均田賦不可急・急則亂藉・不可緩・緩則叢姦・張而弛之・劑而平之・是在有司・惟大竹首報竣事・俗故多譎訐・豪右橫舉責役・使平民負險阻・居者率多窰穴・爲宵人嚆矢・椎埋作姦・稍窮詰則鳥舉輕徙・爲西北子邑最・於是令臨安張君秉智殫慮・操三尺凜凜・廉數渠魁

寘之法．庶幾窮櫩漏室．帖帖然臥．爰築兩虎哨．撲殺諸猛噬者．無爲旅人憂．已而集父老子弟議．築七師灘河隄．灌漑田畝．歲可萬鐘．事輒報可．咸有底績．

逾年．則邑志成．蓋屬筆於邑之文獻江君．且緘江君書徵不佞叙．不佞復竊嘆曰．令其有餘力乎．曩余進羣司牧用相誥語．語更僕未及此者．愼之也．如此何其可闕之．語云．遠而不可不任者．事也．卑而不可不因者．民也．粗而不可不陳者．法也．守令之職務．大有造于境土．豈俾之一時驩虞．實惟世世隸賴之．假令匪志其何以徵．故志者．志也．是用可以風焉．竹之土剛．剛則民悍．竹之風剽．剽則民猾．有司畢陳之以法．柰之何務一切勝之．亦惟柔馴擾．齊以禮教．俾萌不觸禁．而境無夜燧．吏治烝烝不主於姦．斯亦庶乎．毋溺所職矣．詩云．君子有徽猷．小人無屬．則斯志也．豈徒飭具云乎哉．

武經考注序

蓋聞語云．三辰不寗．取士爲相．四夷不軌．拔卒爲將．其事見於商宗之求版築．漢祖之登亡虜於壇坫也．嗟乎．與其求之於倉卒．孰若樹之於平日．兔罝棫樸．周室材不乏於文武．而壽考作人．周王之所樹材者．亦未嘗文武殊也．故出而扞艱禦侮．入而弼亮宣猷．所謂熊羆之士．不二心之臣．皆其人爾．何晚近世之不然哉．國家涵育二百年來．廣厲嵬躬．卒多右文而緩武．然世優諸武臣祿秩不絕．高皇帝令軍官子孫．講讀武書．通曉者試用．則所以教之養之．亦既深矣．乃僂指一代將材．可與古儔匹者有幾．余自伏草莽時．事嬰日本之禍．每痛憤當時之建旂鼓．在事者卒多僨君嘗賊．頃有事於西南夷．則身護戎陣．而時捦掔思之．夫冠猳冠佩．魚服短後之衣．插韔拾決．矜鬥樂戰．一卒之任也．所貴夫將者以運籌令統馭制用耳．若而佻儇蹶張者流．遽以干城許之．則古所云佗佗勇夫．射御不違．與截截善諞言．我皇多有之者．抑何以焉．至而稽其所爲．又不過虛尺伍．藉利重糈．恣睢忿忮．以僥倖人耳目已爾．其於司馬法何所持循一二．頃者南夷之平．一是稟司馬中丞徐公猷畧．惟時董將命師．自部領偏裨以上．咸自瀘外推擇．睥睨卭南數十衞所．無一嬰搴旂枹鼓之任者．夫家人子起用非素養者．間有軒奇抱壯心．尚欲鳴創伊吾．一當要害．爲天子請纓繫．名士乃介胄世祿之子．不思紹乃祖父．庶幾自樹尺寸．卒多狃於豢養．舉冠裳而弁髦之．其無所督習之效．不亦可覩見乎．或云．其責不專在下也．無亦未有以倡而作之者．於是兵羽少間．謀之行閫監撫郡佐．取武經校而鋟之．俾茲八方之官校子弟習焉．

夫兵之談．匪易易也．上將用之以道．中將用之以法．其次用之以幸．孫子言道者．令民與上同意．卽陰符言天生天殺道之理也．法則本之道以施於用．使後世有所持循．能奉此以行．亦可以行．亦可以知勝負矣．荀卿非醇乎道也．所論五權三至六術．而處之以恭敬無曠．以爲天下之將．其亦庶乎兵之道矣．然則法者迹也．道者所以用法也．槩之七書．純駁相半．道法寓焉．此之剞劂所願爲邊圉樹將材．與爾將家子之自樹者．意蓋在此．

兵政集訓小序

今之談兵者．必曰司馬法司馬法云．無不喻其義．且至於書無所覩記．猥云霍驃騎言方畧何如耳．何至讀孫吳兵法．其無所習見於步伍行陣者．謬以李廣簡易．程不識煩擾爲言．是將盡古人之法而芻狗之．故每見介冑之士．桓桓握槊．平居矜鬥樂戰．一旦俾之勒兵統卒．冥然且不知攻守之大致也　嗟夫．天地間事必有法．無文武巨細精粗一也．學者循其迹．悟者超於神．故未有不習而能悟者．國家諸制大備．凡刑獄錢轂典章靡不時廣厲而飭新之．惟兵法則寥寥二百載．未見有施之訓肄者．豈眞以千萬年承平無所庸於武事也．亦不然矣．

夫南北邊鄙晏然．可不語兵．脫一旦有事．則蓄之不豫．求之倉卒．將安施之．餘猥有事於西南夷．見諸所建旂鼓者．楚楚多頗牧材．以故克成南服．然亦屬有天幸爾．既暇．卒所轄戍衞武弁子弟．屬有司羣而敎之．問古之兵政書．云邊鄙地無有．且不知田穰苴與孫吳諸家爲何物．即其書在矣．太史公謂其文少閎廓深閎．故且未暇用也．如漢文成曲逆二氏．次兵法百八十二家．孝武帝時任宏論次．書爲四種．今皆不少槪見．惜哉．李唐以後．類多僞書．難盡用．間閱經傳子史諸家．凡有切於兵之事者．摘要類爲三卷．名曰兵政集訓．出而梓之．匪徒以廣荒陲之耳目．亦因以考所事．庶幾不悖於古人成訓爾．

夫兵非易談也．上將用之以道．中將用之以法．下者用之以幸．陰符言天生天殺．道之理也．法則本之道以施以用．奉此以行．亦可以知勝負矣．若不知有法．行且悖道．乃遽使之嬰旂鼓．登壇坫．推轂以出．何異委愛子於庸醫．以封疆爲博進．必無幸矣．古今士大夫於司馬吳兵法爲談者非不多．然其善用者不少槪見．故趙之長城．馬之街亭．房之陳濤非不知法．不知道也．古今得失鑑觀．或者其在斯乎．

賀總制葉龍塘戡定朔方序

今上在宥廿年．海宇中外謐如也．歲壬辰春．寧夏胡孽哱承恩．帥所部劉東陽許朝稱亂．戕撫臣兵．侵奪諸符命．掠官私帑藏萬億餉鹵．鹵至出城中子女金帛事之．約長驅西寇．事已．割地分封．鹵悉盟．故寧夏無勁兵．哱氏以胡投行伍．累功遷副總兵官．父拜集知邊鄙事．陰養死士．蓄異志．非一日積矣．承恩最黠．慮有成敗．乃先擁東陽．僭爲號．宰黑牛白馬祭天地．指斥乘輿．囚慶世子．發兵寇靈州．所至廣武玉泉諸衞堡守者．率望風走．占據四十餘城．狀聞．天子震怒．中外惴惴恐．

總督涇陽魏公移鎭于靈．徵調諸路兵畢集．踰十旬．攻益堅．虜入益衆．時復啖我以撫．魏公業且許之．公時廵撫甘肅．乃疏請自擊賊．上嘉壯之．促就道．公廉程抵朔方．以所載火車神器五百輛從．至之明日．布四面攻．俘斬計數百有奇．虜始一大創．顧城堅．頓師久．衆議首鼠．公誓不滅此賊者有如日．復驅軍士．決唐渠水浸城．鹵萬衆渡河．分道入．公命諸將簡精騎格之．大破鹵．鹵始北遁去．城中賊自是如釜魚矣．遂用間諜奪南關．越三日．哱氏斬劉許以獻・冀不死・議者將惠而免之・公獨咈然曰・予是奉璽書・首誅哱氏・劉人許人我何問焉・脫如佚哱・則齒此尙方劍・於是承恩衷甲遁矣・所部將立擒之・進兵攻哱氏牙城・殲無遺・日漏下二鼓・公秉燭草露布・詰朝馳上・天子出御明堂・受百官朝賀・首進公殿中丞・視上卿秩・節制四鎭如故・廕緹騎世官一・錫朱提綿綺百・葢殊賚也・諸文武將吏有差・

初予塡在楚・每讀秦中兵事疏・知公必平大憝・至是嘆曰・天眷於我國家・威命靈爽・其軼古昔盛世哉・禍亂世嘗有之・惟未亂而生戡亂之人・則天也・初公在張掖酒泉・去朔方遠甚・如狃佐鬭者言・則將袖手觀・人何求焉・乃慷慨臨戎・然使遲三日至・和議成矣・如國體何・又立排訌喩・一主於戰・已而城拔・脫佚禍本・則遺君父賊者非耶・卒械哱酋以戮于京・具載丹書・昭示蠻夷華夏・此誠一獨斷之指・天實開之也・

寧夏非宋拓跋地乎・當仁宗盛時・韓范握重兵在西・然而今日寇涇・明日寇渭・稱王僭制・終有宋不能復大夏尺寸地・哱氏父子跋扈・豈出德明元昊下・而據堅援鹵・公卒能左縈右拂・殪三孽而靖九土・此非宋敢望可知也・唐元和討淮西・四年不克舉・朝議罷兵使・裴度獨請督戰・誓不與賊俱生・卒擒吳平蔡・受晉國爵・至今讀平淮碑・惟斷乃成之語・益信昌黎知言・公之自請擊賊・與必滅哱氏・絕與晉公類・即靳一爵賞・儻如唐天子命文史臣勒石・紀中興威伐・以昭天眷之隆可乎・夫武國之經也・四方之則也・漢營平云國之大事・當爲後法・今之戡亂翦逆・保大定功孰有逾於此者・柰之何可蔑視之・固鎭觀察楊君某・鎭守張君某問言於予・因附之爲朔方經畧志・

贈惠陽司農竇李泉德政序

檇李竇君以惠陽倅來攝我邑事也・葢借材於異郡云・初君署祿勳郎・職内供奉・歲所節省浮冗費至數萬緡以上・事又斤斤辨治・以是克當上意・下天官部紀錄・旣擢而倅惠陽・首攝河源令事・河源人食惠甚渥・於是御史臺李公特知之・因按潮見邑事敝壞極・夫潮故淳龐易治・士彬彬向學・夙有鄒魯稱・乃今大謬不然矣・風日呰窳・人日凌競・衿帶之徒・不復禮讓事・間有巨族厚貲・甘爲萑符窟穴・爲樗蒲雄長・歲又大祲也・民貿貿然無能須臾延喘急・君至・問民間疾苦狀・亟次第下令・首勑諸曹謹守舍・毋以身試法・禁隸卒毋溷里閭爲吠擾・最嚴令賊曹尉・毋鬻寇爲貓鼠姦・無何・羣盜陸繹就擒・諸渠魁毋一得脫・自是閭閈阡陌間・行者不手兵・居者不驚枕・

惟是粒食日難・斗米至百錢以上・民幾有殍矣・君亟上書當道・請發庾以賑・顧又思焦喉之渴遙指滄海・此涸轍之喩也・立爲發棠令四日・裒數斛粥以哺之・邑故多豪右・積儲居貴・乘時十倍其直・衎衎以窘鬻者・君盡廉其名・率吏持直躬造其廬・請平糴以佐貸・諄切勸諭・吻噪神焦・卒有應與不應者・乃仰而嘆曰・吾其忍辱比邱士・爲潮人募化來歟・每一褰帷・出則瑣尾携扶從者軹塞・又時時袖金錢散與之・其諸山谷老稚疷羸不能赴者・則移粟就之・尾尾爲汎舟之後・惟恐賑哺之不逮也・自是遠邇之民日蘇・而君之容臞・

且瘁不自覺。

喩月而新令至。衆皇皇走當道。願借君須臾。俾飢者得嘗新乃已。旣度不可留。則謀之士大夫。屬不佞致謝言。不佞謝不敏。會庠中三博士以四文學冒暑雨走山居。申所請。不佞作而言曰。嗟夫。天人之際。精祲相蕩。有之亨屯拯溺之機。天曷嘗不爲生靈地。然必極而後反者勢也。姑毋遠論。我邑邇年來。政瘝昏耄。三尺盡弛。諸閭巷惡少。剽刧椎埋。掘塚作奸。皆呴呴不問。盜寇橫於闤闠。即間有執訊者。或以賕免。或以居間脫去。反以告捕者罪之。以故人寧佚盜。無寧將吏。邑中起大寃獄。陰翳蔽天。怨詛鬱結。識者久知有今日也。非勢極必反之時乎。以故君蒞事纔三月爾。起溝壑于衽席。全活千百以上。父老言百年未有景象。宜乎希所遘而深所感也。

不佞故知君之世矣。君起家文學。升上舍。素愛經術。爲宗伯陸平泉先生弟子。先公以孝德旌。家世嗜義。樂施舍。今吳越間稱樹德之門。幾不讓禹鈞之世。君則一念慈悲。視彼衆生。如同腔膜。雖有所賑施若不知有所賑施焉者。固無分於兄之赤子與夫鄰之赤子也。不則俄頃代庖耳。雖袖手旁觀又孰求多焉。君暇時相過從。嘗扼腕譚海陬疆埸事。至戎賦積弱。垢弊所當振飭者作何。所當修繕者作何。纚纚多策畫。令人爽起。嗟嗟敻絕用世之材。又何嘗盡於甲乙第中哉。向非部使者鑒別而推任之。亦何繇以自見。我邑人知所以感使君。當推本於御史黔南李公云。

送趙少河戶部轉北序

葢於趙少河君之由南戶曹郎召而北也。則知主爵者爲國家任人以理財。計蓋愼云。夫縣寓之內。南北中外。勢不相及。非謂輕重異也。問之民物登耗贏絀。與夫機勢緩急疏滯。非其耳目睹記。親于其身操理之。即有明達之才欲其揣摩無遺慮焉。亦難也已。

我國家肇起東南。而諦造于西北。並建兩京。財賦自東南入者。恒十之七八。歲運漕粟以數百鉅萬計。上供乘輿百官六軍之用。邊圉時不給食。所當食者。亦往往請發充餉。諸藩封祿食賜予費。亦不下十百鉅萬。皆取辦于大司農。北誠重矣。其在南。數十羽衞官校以護陵寢。六曹百司之長貳庶屬。以正百事。亦皆仰給于司農。而天下戶口尺籍茶鹽錢鈔之政令。罔不隸焉。以故諸子部無間署人恒攝數事。則亦未始不比重也。

今茲何時哉。聖天子沖睿勵精。諸大夫寅恭夙夜。所以講求積貯之理備至。加以兩朝崇節儉。四海熙洽。無土木征伐徵調之費。近且踰十年矣。宜朽貫腐粟。中外充滿。然而京邊之儲。聞不支二三。歲留之齎。亦僅備三五。水衡錢又不甚溢齊魯衞鄭宋薛之墟。趙君所習知也。頃以鑿渠興役。山東之民徭焉。江淮間水溢隄決又蕭然煩費矣。大江之南。非昔所稱沃腴上賦者乎。乃肅宗皇帝末年。夷寇蹂躪戶口籍數具在玄武湖者。視累十朝耗宿幾何。飢寒轉徙嶺之東西彌甚。此又非趙君南來所覩聞哉。夫時方無事矣。而百度告乏。征斂日繁矣。而逋負益衆。雖兩奉蠲免之詔。恩尚格而不下・此其故未可以易論也・語曰・滄海莫大・漏卮泄之・林木莫繁・野燒竭之・毋亦節縮之方有未至乎・夫財猶泉也・泉有源有流・有瀦之也惡泄・故藏於不竭之府・取于不爭之官・尙矣・次則窒其孔・而厚封之・孔出于一則足・出於二則詘・出于三詘則甚矣・今上下公私之孔・可以指數言乎・則今日之計・莫有先于得人以理財者・卽一司農屬主爵者・蓋愼之矣・

趙君西人也・初領咸陽邑・咸陽故西地・則趙君習于西爾・以故徵入復俾之而南・欲其習于南也・其明年又召而北矣・皇皇伏軾・不煖于席・孰不爲趙君勞・顧爲國計・擇人務明習南北事・將以大任使之・奚恤于勞・趙君非心計之臣也・治邑以循良著・語具諸使者疏中・旣南來・則治京衞九倉粟・出入稱平・居嘗廩廩自持・同舍郎靡不爭下趙君者・今行矣・以將仕于南者而靖共于北・舉所自知者調劑稱量以輕重布之・以備他日緩急・趙君得無意乎・余不佞・以治粟役從趙君後・竊有慨于中・故于趙君之行也・辱同省諸大夫之命・謹次之以代祖・

香山九老圖序

朱明洞主人兼浮丘社祭酒・南海陳明佐公者・前留臺侍御・今以勳祿卿懸車・廟壽踰七秩・甚盛・都人士祇歡與公・乃取公龍津三徑・幷諸所同遊耆舊・擬之香山九老・繪圖而賦之・以佐公壽觴・一日・張生某區生某鄺生某鄺生某馳緘幣・越千數百里・而遙囑不佞曰・先生非吾明佐公莫逆者友乎・願辱一言以爲斯圖弁・且曰・布境雖像龍津・取意實在履道履・道云者・蓋唐白賓客居易所與胡杲吉旼等九人者結社地・不佞喜而思之・僂指與公別且三十年所・今旣喜其蚤遂初・而健飯無恙也・喜其得名勝而觴詠自適也・又喜我嶺海多舊碩・眉壽無有害也・乃諸所同遊者・不必問氏履之詳・亦不必問香山同否・惟其擬明佐於樂天・則文物節槩・跡有不必盡同者・

昔蘇子瞻爲韓忠獻記醉白堂・見其交重而衡論之・其意不無軒輊其間・以予觀樂天初拜拾遺・忤執政出江州司馬・尋入典制誥・無何・又調刺杭・難進易退之節・與明佐出處亦畧相當・然樂天以宏敏材稱・不知當時所建白者何狀・當明佐持白簡・伏青蒲時・章疏數十百上・咸侃侃披丹吐赤・抨射貴倨大臣・力阻邊虜互市不便・他如條畫漕河・疏徙機宜・乞停採辦珠石・亹亹皆宗社生靈遠大計・不識白公能比其烈否・初明佐由侍御外補・旣自蜀藩解歸・爲忤權相意也・已而起憲臬・擢勳卿・則駸駸柄用時矣・乃三投檄・再墾疏・急流勇退・超然愉悅・每見當路推轂起者・偃若罔聞・豈彼嘆白首・濕青衫者能之・載觀白公歸洛・擅園林池館之盛・極酣歌燕飲之適・至今誦池上篇如覩・然其自云・三任所有・率爲池上物餉・不覩其所推本及衆者・何如明佐公歸解橐中裝・剏祖祠・購義田・其禋祀燕翼者・旣隆且永・且施及疏屬・閭左右德焉・合之沙村合族・無慮千百指・儼然舉而俎豆之・以此血食百世・又何啻手植三槐・

嗟嗟・論古今者・不必稜得失于異同・惟聲詩流傳・則高風餘韻在焉・情神衍逸・則年壽不朽均焉・向嘉醉吟先生不讓五柳・今盡讀明佐朱明洞稿・則忠赤寓于感慨・經濟斂

于煙霞・即篇什中神氣矯健・敷澤且軼會昌而上之・知公與社中客樂壽未渠央也・予不佞・自塞上猥以三疏乞歸・桃谿玉峽先人舊隱地・湛文簡留題在焉・亦足鷦鷯一枝・惟朱明浮丘緣未了願・他日操觚荷鍤以從諸耆舊・寧無許我・敢先以此證之・

褒節祠堂碑

今上在宥廿年・威靈燀赫・華夷砥厲・邊徼晏如也・維寧夏越在黃河之西・爲慶藩食封地・歲壬辰封疆吏不飭於防・胡將哱承恩帥所部劉東暘許朝稱亂・戕殺鎮撫大臣・虐焰熾天・剽掠逮于王宮・先・憲王妃方氏孀居・年甫廿七・懟諸冠裳弁校之屈辱於鹵也・痛諸宮墻寢殿之噉謔日逼也・懼孀幃弱質之不免於强暴也・於是憂憤激烈・謀藏世子窖中・尋自縊帛以死・逾五月亂定・事聞於朝・下禮官議・凡諭祭殯葬・視常典有加・特遣官建祠表楔・屬有司春秋俎豆永享・爲可以風也・

又一年・某奉天子命以節鉞鎮撫茲土・爰稽亂時諸死事者・狀稍悉・竊怪當時不爲妃特疏・而故雜於部伍閭閻諸男婦物故者章牘中・又諱自經云驚逝・不明慷慨就義之狀・嘆至漏一於斯矣・即經營諸費・未有所出・於是復具疏曰・臣某初入秦・聞憲王妃死節事甚烈・既涖鎮・采輿議益眞・乃躬奠殯・次覩世子孤九齡・煢煢儼在衰經・臣不覺淚沾襟而髮上指也・乃荷主上嘉憫表卹・信今古焯烈盛典・讀禮臣言・用智以保孤・捐軀以明節・足以追配前聞・感發忠義・吁・盡之矣・顧茲建翌費計二千六百五十緡・乞勑陝之主帑者發以畢役・允之・又一年・乙未秋祠成・世子孤亦以此時奉冊立・端凝明睿・固一藩之主也・

一日長史楊躍川奉令旨屬某爲記・云某實成厥事・於是拜乎言曰・嗟哉・下宮之難・立孤死節・于丈夫猶然・校量推遜・須十五年後方兩無愧於生死・妃孀婺芳歲・初未遽殉者・爲撫若孤耳・猝而亂起一時・朔方諸文武將吏・列鬚眉・拖金紫・食祿守土者何限・其能毅然以死討賊者有幾・其巽懦覬望苟延殘喘于漏刻者・人猶能歷歷指之・矧以綺紈珩珮・持宮闈筦鑰・凛凛不屈・既全其孤・復完其節・卒之・孤全則隉甈宗祊傀斷而復續・節完則陷溺之人心痛激而思奮・滅賊反正之幾・昭昭繫此・由是而罪人盡得・大憝克平・此其事雖與日月爭光可也・視彼匿褓襁以存趙孤者・難易久近如此・顧茲宮闈之貞・實足徵祖宗之烈・葢二百年來所培養覆露于宗藩・德澤湛閎・而母儀陰教實陋・漢唐以下・故諸藩封壼範凛然稟焉・嘗讀召南行露野麕之詩・見當時江漢侯國被文王之化・女子咸能以禮自守・不爲强暴所污・以是知彼笄褘者流・能蒙難正志・固其天性然也・抑亦化之所繇漸哉・

妃之生系歲月備載壙誌・綸音彤史・宜登宗牒・皇皇天語・炅炅正氣・所以昭垂罔極者・具在不斁・敢以職事述斯大者・祗勒元珉・以托名于外史云・其辭曰・於昭邦媛・作嬪天潢・徽音景冑・濬發宗祥・既淑且貞・壼儀內則・燁燁霣霜・胡天不吊・載罹多難・三孽無將・淫夷鼎沸・虓闞宮墻・嫠抱孺孤・京籲憤激・曰離我裹・實維國脈・甘碎楚珩・先定趙璧・義聞聿宣・三軍丕振・狂狡既殲・疆埸者

定・誰其風之・爾烈無競・帝用軫傷・褒崇有特・籩豆豐禋・祠宮舄奕・姱節彌芳・彤管孔揚・維予祇役・明典是將・嗣德方興・益彰母懿・我圖貞石・永偕帶礪・

王婦張氏奇節傳

晉常道將所載蜀郡廣漢間士女多矣・其以節紀者・將百十淑媛・無奇也・嘗閱華陽本傳・如黃帛求夫喪・沉身中流・積十數里・持夫手以出・廣柔長郟姚超二女・隨父宦・陷于九種夷・不辱自沉・越數千里而夢其兄・果迎其尸而得之・若此者・非稽之往牒・得之近覩・驟而語之于人・人不以怪誕・則以爲虛詡也・誰爲聽之・余觀定遠張侍御之女・始傷而駭焉・然不得其所以故・乃求之冥冥・決其爲不死之節・爲伽闍解脫之力・爲鬼神呵護・爲蛟龍魚鰒所驚畏而不敢近者・有神存焉・爰爲之傳・

按女・侍御君長女也・幼淑而貞靜・年十九・適里庠生王憲明・憲明學且勤・五年未成名而卒・遺一女・在襁褓・時惟氏青苔・且夫家無可倚以爲命者・乃隨父令關中・再之京南・久之・母携以歸・嘿有聽其改適意・屬中戚强之・不聽・且恚且泣曰・未亡人無所天・幸有生我者在・且一女・可待其笄而贅・以庶幾不忘王生也・衷念存歿・何二適爲・丁丑・侍御入南台・母孺人復挈以南・則惟時父母知女心靡他・而女之心・亦安于父母之心・無沮惑矣・于是禮金粟大士・日持金剛經讀之・朝夕不輟・一日・告侍御曰・兒得其詞矣・未得其義也・甯無有迦譚解者乎・侍御素不蓄佛子書・乃爲他求之・得一部・注稍爲演說・遂了義息心・慧智日啓・遂而旁通于孝順事實・旁通于漢唐史傳・蓋超然若悟者・即不能操管以書・而慧照之中・已識不捨之檀・可以施洽庶品・無緣之慈・可以濟渡羣生・時見侍御解罪人・輕贖鍰・埋骼掩髗・則喜進觴爲父壽曰・此陰德事也・久之・侍御移疾・歸抵廬舍・氏即以宦中拮据所有者・盡分給夫家之姻戚・與隣之嫠且老者・于是之鄉人・咸知有王氏婦云・

女既笄・贅徐生莊行・勉之出就外傅・越乙酉秋・霜露興思・一日率女若壻登王生墓而酹焉・會積雨・歸賃小舟・渡嘉陵江・舟覆盡沒・侍御哀皇走江側・具大艘・橫纜江上・下求之・十日不得・次日・僅得其壻徐生與一蒼頭奴・容且毀矣・越次年夏五日・忽自江上湧出肌髮・衿裾無恙・襦中玉佩・猶可辨認・里人走報・侍御收之・遠近觀者不下千餘人・咸嘖嘖驚異・道路相傳而相告語者・信疑且半・余聞而語人曰・嗟嗟・無異哉・余故習若父官于南也・則知有女之貞云・蓋所事佛氏甚虔・曩覆舟時・余過侍御・侍御强爲余飲・言必泣下・哀其志也・誰謂沉淵之璧・毀可復全・入水之珠・沒有復出耶・今茲無意湧江上尸・殆佛家所謂渡一切殆危・登朝夕池・來彼岸者・非耶・常據所紀廣漢・犍爲在廣漢時爾・其巴渝以下・與漢魏後未之及者何限・如張氏女不可信・則彼載黃帛求姚超諸女・盡疑筆耶・侍御以丙戌冬授余狀・會余提兵征西南夷・又一年渡瀘・乃載之筆・

征南氏曰・蜀人事佛・凡涉江海度橋樑・每載大乘經以往・云不壞物也・張御氏平居不言佛・不語怪・余恆破之・以余觀其女・自誓柏舟・誦金剛經時・已具不濡不毀之眞矣・語曰・藏丹易遠・寶炬難灰・故知三障既空・四大何

凝・不生不滅・無成無毁・皆是物也・載沉載浮・是此貞身・衆等迷津・告汝以信・

黃河賦 并序

余壯時偕計吏・北入燕・浮淮涉泗・歷黃河之委・既守西蜀・再上計・每由豫州渡以行・久之・備兵臨鞏・按部枹罕・登積石關・覩禹道河所自始・乃今撫鎮朔方・則挾河爲塞・有界限戎夷之險・澍溉舄鹵之功・且蔑有汎決之患・食利甚鉅・于是乎重有感焉・夫九有莫長於河・故列之四瀆・特號爲宗・然江有郭農賦・亦既彬彬侈言之・由漢以來・未有沿源討委・總攬萬殊・收歷代之遺文・畢體物之能事・以及于河者・有之・自應成亦寂寥未備也・然河在中國・古今所稱利害・彼此夐殊・蓋治之臧否・而利害之小大參之・朔方者利亡害・越在上游・其勢使然也・若今泗沛間・漂齧漸滋・爲害時盛・則治者或未兼善・豈盡河之罪哉・茲余聞命召還・且渡河東矣・軍旋小間・不量寡率・揭其源委・遂含毫賦之・蓋以誦河之德・且折衷近議・治者之異同云・

其辭曰・維河流之靈稱・肇億禩而不忒・經流別之爲宗・萬水崇之爲伯・逮禹功之所加・既經矚而可悉・粤重源之載導・復冒流于橫石・開隴西之上遊・逕金城而東出・翼賀蘭以包朔方・並陰山而望伊闕・左拂雲中雷首・右薄太華二崤・循平陰而北・轉乎鮪渚・遵洛汭而東・抵乎成皋・由是捐故瀆而不赴・指宛邱以捷馳・擅淮濟之所道・並委輸于朝夕之池・昔之播九以周于碣石・爲逆而瀉于東齊者・已屮枯而成陸・或分歧而背趨矣・其來同者・則洮兼大夏・湟引閤門・高平芒于奢延湳汾・渭涇洛伊汝潁汴濉・又附之而俱建者・槩不可以殫稽・蓋四瀆之流總其三・九州之水領其七・咸千里而一折・乃九折于中國・其水則渾渾淈淈・溾浽漫淢・瀇滆汳以旋營・汩黃濁而洽集・不藉颷而騰波・詎湼蘖而成色・及其下桃花之新漲・溢竹箭之疾流・浩滉瀁而高出・濊軋沕而轉浮・隄齧之而善崩・山懷之而欲虔・奚兩涯之可測・尙復致辨乎馬牛・

至若越呂梁・潰龍門・觸砥柱・下集津・阨崤巇・束嶙峋・莫不湱滈滂湃・瀏漂滃澟・奔溜下垂・若瀑布之高曳・駴波上躍・若雪巖之雄峙・飛沫類澍雨之四垂・振聲又疾雷之薦至・搖撼山嶽・動盪天地・聞之者改聽・覩之者魄悸・佽飛犯之喪其勇・樗里遭之失其智・其漆園所稱善游之大夫・亦寓言而若是・其鱗族則有鮒鱅鱒鯷・鮐鱄鱯魾・元鮦白鰊・青鰻文鯢・豪魚朋游・王鮪亢棲・或蒼文而赤喙・或鳥首而龍題・或曝腮而未化・或具翼而善飛・喜挾濤而出舞・每泝流而升危・其介族則有素蛟丹蚪・黃儵黑蜧・朱鱉玄鼂・赤螭黃貝・唇蠙蠣蠯・浮蛇賁龜・八足之鮠・三足之能・潛者逗泥而汎沫・出者緣厓而曝暉・故隨地而孳育・亦隨波以遷移・其羽族也・鷺鴛鶄鶬・鵁鶄鸕鶿・王睢白鷺・溪鶒鮭鸐・朱目之鳩・赤尾之梟・春鉏彩纓・涸澤垂胡・當扈以鬐而奮體・白鷁以視而孕雛・陽鳥往還而旅處・鷫鸘沈浮而托居・鸊鷉互舉・而相呼・要羣而集・引子而哺・巧歷不能以乘計・司虞不能以目書・

其下又有青璣白珠・藻璆杏玉・曾青茈石・櫨丹碧綠・浮磬羽碮・文碒元礵・或流自他山・或產于深澳・覩水折之

圓方．察精誠之隱燭．知寶藏之所興．驗珍錯之所伏．其天子之秘寶．咸載之子于河圖．金膏燭銀．玉果璿珠．是河宗氏之司衞．非庸人所得而闚窬．其神則河精巨靈．陽侯馮夷．黑公之從．趙見五老．來告堯期．或興兩蛟而挾舟．或駕兩龍而負猿．或化星而入昴．或授圖而還淵．或玉牘遺于濬次．或掌跡寄于山顛．稽歷代之禮祀．其備物之或殊．或刑正牲而沈白馬．或射元貉而獵白狐．多榮玉之圭璧．及紺蓋之輿車．若夫王澤寢銷．君人失德．徵廢則徙移．表亡則竭絕．澤枯則山石崩壅．陰盛則陵阜漂沒．封原割而流分．下民恨而波赤．至于帝王聿興．聖人將出．則榮光以之錯起．休氣以之四塞．潤至于九里．清變而五色．川后爲之貢珍．水祇爲之效職．有如庖犧之卦畫．軒后之綠圖．放勳受圖而作記．重華剖驗而得符．負之以神馬．挺之以龍魚．折溜而至．□水而去．寧靳乎靈府之悶睨．孰不及期而來輸．

又若白魚之入舟．赤烏之流火．玉龜之呈讖．神魚之出舞．金人捧劍于秦昭．黃龍彰異于世祖．皆能告世運之休徵．着瑞應之盛事．蓋藏往以察來．亦知微而益彰．通神明之懿美．目德水其克當．獨昉稱乎嬴氏．雖允臧而弗揚．喟時代之廢興．慨昔人之遺跡．誓功者表其如帶．階圖者載其分域．晉君赴哭而遂流．武帝興歌而遂窒．宏農被化之虎渡．晉代亘渚之魚出．尚父之號倉兕．大尉之斬青牛．葛元使魚而吐書．秦伯濟師而焚舟．趙決之爲．卻魏之策．嬴引之爲．滅魏之謀．申徒負石以自沉．方叔抱樂而赴溺．古冶救驂而斃黿．子羽斬蛟而棄璧．濟嘉君子之名．渡賜竇門之鬻．宋中一韋之□．孟津嗟捧土之塞．伯繇湮之而竊息壤．女媧止之而畫蘆灰．延世使隄東郡而豐賚．延平奏決胡中而太奇．王尊祝水神而患息．江使遇余且而禍罹．緯蕭子探殊于驪頷．商邱開得珠于滄隈．復有金狄之所沈．木罌之所渡．宣尼臨之而不濟．魏侯浮之而稱固．亡人投偃璧而結誓．篡夫沈周寶而邀祜．諸雖美刺之有間．咸傳牒牘而昭著．其堧有甌脫之地．斥鹵之墟．分以萬洫．激以千渠．漑糞兼資．黍稷載敷．變墝埆之瘠壤．爲畮鍾之上腴．雷雨以之動蕩．垢濁藉之滌除．汎千艫以遠達．通萬國之貢輸．限戎翟于荒外．若夷夏之分區．興家利而不匱．設重險而有孚．宜先王之典禮．後比秩于諸侯．

于是集周穆之征．紀夏后之荒．經漢儒之載乘．酈氏之所稱．法顯之所歷．騫英之所尋．具玟濫觴之所在．咸云自崑崙之靈邱．本神明之顯質．發東北之一隅．下夫中極之淵．逮于河伯之都．劃凌門穹陽紆絕罽賓之國．畧皮山之居．招葱嶺之所在．喩于闐之所儲．包且末牢蘭之所聚．挈龜茲疏勒之所趨．盤廻于荒服者三十由旬．乃會三源而來瀦．至于泑澤．海曰菖蒲．又潛行千有餘里．始及乎中國之西陬．後使者薛氏之所訪．云得之悶磨崎嶇．而勝國之佩金虎符者．復云自星宿之區．謂越遐而遺邇．譏前記之盡誣．竊意夫河源之遙集．所來非一流．而後先之所執．抑同歸而殊途．彼見夫顯行者之卽是．而于伏流之爲虛．不然．其經見萬里．而滙于泑焉之拗澤者．豈自有沃焦而爲歸墟．況稱有電轉隱淪之跡．茲非其冒出于積石者乎．夫天一之闓下．惟四瀆之爲經．歷桐柏而淮出．及王屋而濟興．江溯之以爲水・亦僅止乎蜀岷・探茲源以及委・貫方輿之兩端・首西極而尾乎東極・上應雲漢之竟天・周祭雖並列乎瀆・秦郡亦參稱乎川・爰揭衆流以挈校・夫孰與之而克配焉・

歷覩往昔利害之所由・深惜夫今時之所治・不察夫常變之宜・以極會通之致・夫彼一石之濁流・兼六斗之泥滓・緩行則爲之分滯・急疾乃爲之並駛・放乎海澨而成壤・又梗夫尾閭之所委・其控淸以引濁・亦非曩者之失謀・獨兼三瀆而枝淮・曾弗災異之爲憂・豈容使一衣帶之廣・克任七州之浲流・不經本而障末・難乎圖遠之鴻猷・獨不見夫乘四載者之疏導・鑿上流而行乎高地・度迅悍之怒湍・非弱土之能載・恐一川之不勝・濬九道以分殺・虞暴溢之爲災・委曠土以儲待・自元圭之告成・閱千春而罔害・後乃淤故道而不修・幷屯氏而偕廢・卽炎祚置重使而提防・捐億萬之歲費・竭薪石而徒勞・亦屢塞而屢敗・此已然之效・曷不纘神聖之上計・幷賈讓之首策・猶可備采于近世・顧泥古者拘拘舊迹・守經者安于小利・司農惜少府之藏・司土重膏沃之棄・其孰肯建非常之私業・而以天下爲吾事・遂終無不拔之訏謨・是豈河焉之爲害耶・

亂曰・出自夷服・利中邦兮・任坎之勞・澤無方兮・與能災祥・德神明兮・祭先江海・王禮臧兮・人謀之觳・世罔殃兮・君德之修・祜無央兮・

袁昌祚　原名炳・字茂文・東莞人・隆慶辛未進士・初授左州知州・調湖廣彝陵・歷仕至四川參議・王世貞極重之・嘗稱彝陵守袁君爲文古而暢・且其人長者・以憂歸・優游林下二十年・與王學曾郭棐同輯廣東通志・著莞沙文集十卷・阮志注存・又輯東莞宋八遺民錄・劉鴻漸爲之序・今佚・

答劉天虞司鹺書

手札至・慰若承顏・至詢以嗣法・尤足徵博雅好古・而留意宗統之大義也・敢悉以俟採擇・按古者始統而世世・繼重者爲大宗・旁統者爲小宗・大宗一・而小宗有四・何休云・小宗無子則絕・大宗無子則不絕・重本也・顧考諸儀禮・女子適人者・爲其昆弟之爲父後者期・子夏傳之曰・爲昆弟之爲父後者・何以亦期也・婦人雖在外・必有歸宗曰小宗・故服期也・據此則小宗亦有立後之義・不獨大宗・何休似非通論也・但古重大宗・皆適適相承・百世不遷・中或無子・則以旁親之支子爲後・故子夏傳曰・何如而可以爲人後・支子可也・又曰・大宗者・收族者也・不可以絕・故族人以支子後大宗也・適子不得後大宗・賈公彥疏解云・大宗子當收聚族人・其他適子當家・自爲小宗・亦以收斂五服之內不可闕者・故適子不得爲後・必取支子・則適妻之第二子已下庶子也・不言庶子・而云支子者・庶子妾子之稱・變庶言支・取支條之義・不限妾子而已・其小宗後者何人靡可考見・意古者當必有之・亦必倣大宗立支子爲當爾・自秦郡縣後・官不世及・宗法類多不講・縉紳家無論大小宗・無論支若適・然皆以繼絕爲義・則槪以證於左氏曰立子以適・無適以長・長均以年・年均以德・如是而已矣・不知立有兩義焉・父子相

見・父命其適長子繼體曰立・譬則如今冊立云者・左氏立子之謂也・父無子・或生前死後取旁親子以繼絕者・亦曰立・則今立嗣・卽儀禮爲後之義也・兩立逈殊・而任臆以相證引・斯亦未察而失當矣・

不獨此也・卽適長亦有數解焉・夫無適以長・是以首生子爲長矣・長均以年・又以同時而先生者爲長矣・喪服小記注云・大宗之世長子・兄弟宗之・其第二子以下長者・親弟宗之・爲繼禰小宗・是適長兼者爲世長子・其第二以下長者亦禰長矣・是長有四解也・內則曰・冢子未食・而見必執其右手・適子庶子已食・而見必循其首・則是言適子・皆以長而適者爲言・禮亦謂之冢子・其適妻所生第二者亦謂適子・而見禮與庶子埒矣・是適亦有兩解也・故曰・分莫大於名・名之不辨・雖天分亦豈能遽定哉・或曰・然則公羊云・立適以長不以賢・立子以貴不以長・何解也・曰・古者繼體必以適夫人之長・故曰適以長・自適夫人以下有右媵・有左媵・又有適姪娣・右媵姪娣・左媵姪娣・皆以廣宗嗣・若嫡夫人無娣子・兩媵子皆同時生・則左媵貴不如右・先立右者・姪亦如之・故曰・子以貴・此侯國之禮・不可通行・兼以其言較左氏亦未盡當・第其曰適・曰子・爲義井然・斯亦於名甚愼矣・

晚近世之言嗣法者・皆始於名之不辨・而概以經傳迎合己意・於是取諸家言繼體者・而附入於繼絕之科・故有以適繼適者・長繼長者・又有擇賢及所親愛・與古支子之法五・甚至一父而兩立・父子而兩立者・而爭竇愈啓矣・顧人情沿習已久・力難遽變・後聖人者起・始權爲律例以防制其爭・今考律文・凡立嫡條・其繼體者乎・若立嗣條・其繼絕者乎・例則以補立嗣條之未備・然皆不曰嫡長支庶・而概曰昭穆尊卑倫序・若曰失序者罪・方改立應繼之人・或不得於所後之親・亦聽其告而別立・餘若賢能及所親愛者・但於倫序不失・卽不許告爭・而嫡長從可知也・昔稱律治大法・禮人情・是律亦人情耶・無不緣世變而姑爲是科條以防流濫也・故竊意據儀禮則立宜支子・使大小宗皆不失其統・雖近世力儒者若王浚川氏・亦嘗有以長繼長之說・猶不可從也・經也・據律例則兩立者・獨子者・斷繼不可・餘若適者長者・支子者・賢及親愛者・但倫序不失・及於所後之親無間言・則皆聽之矣・何也・權也・儻亦從周之意也乎・故名義辨可以考古法・經權審可以酌今宜・業門下博雅好于斯已有折衷焉・顧不敢以虛明問・而竊用詹詹也・

答潘肖江書

夫律以象氣・而黃鍾蕤賓二律・當子午二至・冬至則陽從地而上升・夏至陰氣亦如之・故二律皆上生・鄧固失之・蔡固亦不如朱子以此・至其以九六分配乾坤六爻・亦本禮疏・與今圖說小異・彼兼數而未言理故也・若蕤賓大呂・皆當上生・呂覽淮南已見大畧・蔡氏不及一之業・其義圖說已備・故序亦但舉其大・不能詳焉・要以陰陽各歸其宗・最得肯綮・前此無道及之者・故特表出・以明研精獨得之義・餘皆可畧云爾・史記律書不言損益旋宮・而獨冠諸家・何也・律呂爲萬事根本・其用以聽軍聲・審時序氣候・應辨分野・定度量權衡・靡不由之・至損益旋宮以正五音・則用之大合

樂・爲制之最大者・故見於禮經・然其爲用・皆不可廢・故史記皆揭其畧而著之・其說甚簡奥・若律數生分生黃鍾以至終篇・此三條具矣・得其解即損益旋宮由此引伸焉爾・若十二律名義・猶之易有釋卦德・有言卦體・有言卦象卦變・故多不同・即史記漢志伶州鳩三書幷觀之可見・今尊見謂州鳩奥妙・而獨譏史記爲贅・何說也・

至於十母十二子原出月令・云其日甲乙・其音角律中太簇等・言非彼創爲之・以母即父之總稱・若拘以有父則聲韻家有字母・道家有氣母・又將何言・但此難以縷悉也・非博極羣書不能更僕・黃鐘管九寸・具聲數之度則用八寸一分・即九九八十一數也・自漢後至宋俱無異說・惟宏治時・閩有教授李文利・因觀呂覽有伶倫截竹三寸九分爲黃鐘宮之說・遂著律呂元聲一書・謂黃鐘聲極清而不濁・以詆蔡氏・當時儒臣若王廷相輩已力辨其非・近刻王喬桂乃踵用其說爾・不宜附入史記・自有智者能辨之・

至其論陰陽大小・即不肖序中所云・順序爲經・對待爲緯・與圖說皆不同一理・若仲呂八寸・蕤賓九寸・皆無據之談・不辨可也・尊見謂管寸短則不能成聲・此義最確・而呂覽云云者・是推伶倫始制律時・適吹三寸九分・合于宮聲・後乃制十二管起自九寸・非即以一宮即爲一管之謂也・蕤賓鐵則博物者・偶得之不必據以論律・至王氏左旋右旋之說・則本諸禮疏・六陽繇左而順・・六陰繇右而逆・至旋宮則自黃鐘上行・而皆左旋・彼置旋宮不言・而以常饒常乏分左右・亦左祖李文利之說也・夫言律至師曠尙矣・伶州鳩但言十二鐘・未言十二律・其以無射新鑄近於大林・而知景王心疾・則見殊卓矣・萬寶常累黍造稍合黃鐘・因而用之調樂・未嘗兼律呂而精之・魏漢津佞人也・請以徽宗中指一節定寸・謂之身爲度・以諛其君・而製大晟樂・宋世有深議焉・尊見謂萬魏奥妙・竊不知之矣・

律呂圖說序

劉向別錄古樂記二十三篇內說律呂第十七・今禮經惟樂記一篇而已・別有古律呂算法一卷・世不傳・漢興・司馬遷始著律書・語旨簡奥・讀者未知其解・時去古未遠・得諸前聞居多・故獨冠諸家・而淮南副墨也・迨兩漢志出・則劉歆粗舉大畧・不考蕤賓大呂皆上生・京房廼益以六十律名數・云傳自焦延壽・推之則每律六日七分・可通於歷卜・而溷淆生焉・自是用九章則主算・用七始則主調・調沿久則聲高急・又不得不取律數而析秋毫以調之・故杜佑子聲・又引周禮鳧氏之鐘爲據・至於音不五・律不六・第以正變倍半・與七聲諧協・而漸離其宗・王朴疑之・始爲十二淸聲・用去急而轉傷於緩・尋有約用淸聲四者・入宋益顓顓然論徑圍黍尺・幾聚訟矣・蔡元定後起・欲以紹明前緒・著律呂新書・遇今儒臣表章上成祖・詔下列在學宮・大都以生鐘分析其數・調用杜佑譏呂覽淮南・而蕤賓大呂二律宜重上者・不一及之・似沿前志承其訛・至旋相爲宮・僅錄孔氏禮疏以爲無甚意義・備一臠而已・夫律以雌雄奇偶爲對待・以一歲十二辰氣序順布爲流行・旋宮則以氣序之・陰陽爲經・奇耦之陰陽爲緯・有錯綜無奪倫・故曰流而不息・合同而化・而樂與焉・子謂始作翕如・蓋言律也・從其律而審聽之・又不雜不

袁昌祚

亂・而繹如爲旋宮之成・以是知樂・樂斯至矣・

余蚤歲與潘伯登同爲諸生・習知其家大人鍾岡君博雅好古・研精於律呂・著圖說二卷・心竊嚮往久之・去歲夏以伯登徵序・始得奉而竟業・其言本易太極・洞發蘊奧・至謂應鍾之生蕤賓也・仲呂居旋宮之盡而復生黃鐘也・此天地大義・陰陽各歸其宗・余方欲著一書・願以正蔡氏之闕畧・深有味乎其言之也・鍾岡君顧獨慨未見古律呂制度若何・豈以神使氣・氣就形・必神形合於古人・斯爲徵信也夫・其用心勤矣・伯登復取圖說・繼以義疏・因圓廣爲分圖以明奧旨・豈獨良冶能裘哉・將必有傳於來者・

鳴絃一得譜序

古者雅樂・其聲譜在詩・迨孔子反魯・始刪取三百餘篇・可被諸絃歌・故稱關睢盈耳・與雅頌各得其所尙矣・其後疇人子弟・寖以散失・有志者始著譜以存聲・而樂之養德者・莫善於琴・其譜尤多專身・大都聲出於辭・辭雅調雅則雅音・辭俗調俗則俗音・豈不較然辨乎・廼其中若思賢瀟湘諸操・猶雅俗半者・何則・指法未精致之也・彼撞揉者・綽注者・合上合下・飛遊而兜放者非指法乎哉・假令以是法按古詩・奚爲而不可・彼且耳食於舊聞・謂古詩辭簡而調不繁・向固難譜・故雖有善操者・不能手也・善聽者・不能耳也・欲學焉・並手與耳而莫知其解也・於是稍以俚語入繁聲・使易曉・易曉則沿習無苦難・故雅俗半者・廼操縵安絃之初音・非至音也・如至音者・雖不純用古詩・而要其辭調必不詭於大雅・夫非專精好古・眇契而獨得者能之哉・

余同年黃愚任甫・骯髒而博雅・一切煬炎闒捷・不槩其心・雖再仕爲令尹・非其好也・惟彈琴詠詩以樂先王之風・將終身焉・不佞頃得從事浮邱社中・詩暇論琴・顧獨喜余言・因出其所著鳴絃一得以相示・共五十操・多易俗歸雅之辭・嘗請取其一鼓之・其平和沖雅・眞足使人養德而忘倦・社中皆稱爲希聲云・愚任性內慧・幼誦毛詩・於孔氏所云・洋洋得所者・已漸窺其旨・及與計偕・歷友燕趙吳越齊楚閩諸能絃者數十家・皆不一當其意・廼益考鏡古今諸譜・超然自信・不惑於俗韻・而指法最精熟・隨所撞揉綽注・皆能用雅辭以譜其音節・故折衷損益・至今七十有八歲而譜始成・其用心勤矣・昔崔遵度嘗稱琴箋率諸大易・謂易畫偶三爲六而成卦・琴畫偶六根一而成徽・故易畫六而琴徽十三・及其應也則皆一必於四・二必於五・三必於六・氣氣相召・節節相感・其聲應本・自然總之皆不過二・故卦之德其方經乎・蓍之德・其圓緯乎・合而占萬物不能逃其象・徽三其節經乎・絃五其音緯乎・合而鼓衆音不能勝其文・世稱其知音・至求諸辭間猶槩乎未之釐正也・不佞竊謂有遵度箋不可無愚任譜・誠合而並傳・以俟志古者・雅琴其將可求乎・殆非一得之愚慮也已・

籌海重編後序

孫子曰・校之以計而索其情・巖棲者烏足語此・竊嘗考鏡往事・則倭之情計可得而求也・夫夷性狡詐・嗜利如蟻慕羶・業非以貢爲市・無繇通萬一・故洪武初・趙秩始使・朝貢或人・其後或詔禁絕・或予限例・或羈留徙邊・瘦死獄

中・或數創以兵・然彼之市心終不爲衰止・其情在利也・吾因是以校其計・大畧有三・林寶磔市・繼以望海堝之捷・國威甚盛・故積百餘載・雖有楊舲奮距以抗吾執事者之顏行・然終不敢大逞・此其計主於伺・朱紈入倭・禁綱始濶・繼若孝巳許棟皆吾中行說之倫・而王直徐海最驍・日夜從臾・倭以厚集・其衆飇忽而日攻之・欲使我疲於奔命・則力詘・而歲市必通・可以得厚利・此其計主於脅・關白後起・顧前之伺者脅者・昏爲鯨鯢・且東南雖饒・不足當重地・而朝鮮引遼海爲畿輔左臂・廼蹈瑕而走・李昖欲使我方震于鄰・復陰結諸行間者・數恫愓我以不測之辭・謂彼志不在小・欲求封貢市・皆宜少徇其情・否則須兵・遼左將爲吭背憂・此其計主於要・夫要也・而遽聽計乎哉・則因利制權・茲固較計索情之後所必用者・孫子因已言之・今欲用以破其要・我之計使三輔無近憂・而國勢常重・則權在兵・異時胡尙書之籌畫可尋矣・

或曰・兵家之勝不可先傳也・若編所云儻傳入海東・得無隱乎哉・不佞請以醫喩・夫治病大畧・疇能舍方書・然有主方者・有主主方者・此誠獨運于心不能以一較用也・即令關白妄欲推行・視前王直徐海輩其事能一較否乎・故察病而治病者異・察變而制變者異・語曰・觀智用智・探奇效奇・此醫之所貴於神聖工巧也・童將軍慷慨有智畧・雅喜孫武子兵法・不佞向奇之・粤西前制府蕭公數與策海上事・謂雖將家子乎・於主主方者稍得其肯綮・因授定編・屬令繙校以傳・若以其爲隱慮也者而秘之・則今中國之神聖工巧者・豈乏於司馬門哉・獨何得善方勿以示人・若公乘陽慶之屬蒼公也・編中訂訛增益・附以論著・則連帥鄧君居多・蕭制府自叙之・其義甚偉・不佞何能有加焉・

韻會小補後序

夫六書非直爲游藝用也・其經緯人文・實與八卦九疇相表裏・而古文籀體繼焉・猶未離其宗・及篆隸出・寖變本始・諸好方言奇字・往往附子雲・馴至俚俗喧卑・幾與竹素分十之一・即象胥氏通譯萬里時・豈有貝典梵文者乎・脫有之・亦必雅馴者錄・詎若今所傳以二三四音鍛合爲一字・無異轂音啄鳴焉・不哇則幻・然世且曹好之・吾師翼軒李太史・數蒿目而欲振其靡・謂黃氏韻會要舉・義幾近焉・顧從參藩疏歸・得塾師方子謙甫・與論舉要中濶畧者數事・因屬以訂益・太史有叔弟某・亦博雅好古・時從臾子謙三年而草成・太史躬復校定・序其首・祚不敏・何能贊一辭・顧惟字有三詮・其含精爲義・敷華爲音・精華合而比其節腠爲韻・以古韻較今繁簡何啻十百・然譚藝者・每言爾雅最古・主義不主音・若沈約四聲・斤斤然主於音矣・第爲近體操繩墨・泛應則否・惟許愼說文・猶及見籀書與古經傳音訓・故隨所箋釋・當有簡有繁之用・斯足術也・世顧鮮修其業者何・小學廢肄書・名者爲汗漫・稍能事佔畢・守章句轂・得一自好・謂外此靡所用之・斯積習難言矣・而梵俗相較・則梵尤善入・能使高明之士・耳食於所聞・是簡與繁兩無當也・

儻欲如漢故事乎・學童十七以上試諷籀書・郡移太史得以殿最擧・劾有不苦難者無有・故曰待其人而行・茲非可與拘儒道也・今觀韻會所補字・仍一萬二千六百五十有二・不

加於前・惟字或數音・音或數義・必考鏡羣書・用爲黃氏補闕刪訛舉逸・雖一字必嚴至一切・梵俗悉汰去・務不詭於雅詁・用以上下數千載・前茅爾雅・後勁四聲・中權說文・而於六書也・爲能鼓行而張全・雖棼籍若百家・靡曼若辭賦・幼眇若樂律・且辟易無當前矣・廼知師乎吾師乎・却軌數載・猶之梓慶爲鐻・巧專而外滑消・其直諒多聞若子謙・斯亦天性形軀至矣・故能以天合天・而經緯之文備・謂小補者自道也・

粵東名臣志序

古者外史掌四方之志・以萃文獻・備故實・不列傳・後世作志者・祖述司馬遷史例・皆傳矣・較言其用・則史內掌・志外輯・內掌者・在國可得言國・而在鄉言鄉・則孝子慈孫詎能無望心・是志不難而傳難・聞諸縉紳言・國家八開史局・已且於液池焚草秘之・況在方志・故日者訶林之役・祚不敏・幸從郭王二勳卿備執管以窺粵乘・所共事皆奇士・至言例傳・皆遜謝不敢當・亦稍苦意見有異同・廼定議以分郡責成・若祝不代庖・合之始幸告成事・時霍益方甫顧謂茲役也・較不若彙收而獨爲一家言・與林喬化語同・余皆聆之逡巡而已・

無何・益方還西樵博采羣籍・暇輒慨然曰・史遷不云乎・余小子何敢讓焉・廼取志中諸傳蒐遺刪要・摘其稱名臣者・別志之分・爲正續外三卷・以稍寓陽秋微指・而體裁論贊・一軌於遷固・非徒作也・或謂益方不博取・似疑於峻・余深察其意・蓋有三重焉・自昔鴻雋之興・恒與治化運會相表裏・故秦漢而後・吾粵豈無名頌尚論者・猶謂稀奇・入明始雲翔而出・其大者燮贊勿密・稱槐棘元工・次總安攘之偉畧・以綏靖疆圉・而勁直弼違・廉能效職・亦皆聖作之符與熙運相得而益彰・故重宏濟・孔孟歿・道鮮宗盟・陵夷至宋・諸儒黽黽然共翼聖德・始傳道學・而粵則今祖江門所傳授諸君子・均的然昭挈理要・爲士指南・故重正學・粵遠在南紀・士多質行・或不耐淹歷・則無以大攄其志而見功・譬之荊山韞璞・不剖不珍・浮磬出泗濱・懸而擊之・可以諧九奏・非是猶礧砢之石爾・故傳若而人・彼皆自處若石・而廟堂磬玉也者・故重質行・且也・遠不遺賢可以基郅隆・近而景行・可以矱懿矩・明君志士・必居一焉・其用宏矣・益方篤行好古・雖諸生而博雅已重流輩・足稱文敏公家子・語曰・鄧林無弱植・斯志亦其標幹者耶・余信其必傳也・請俟史氏・

新寧縣志序

古者・國有政典・其因時注厝・久必散佚而無徵・于是書之方策・主紀事以備考鏡・而無序傳・是謂方志・外史掌之・自司馬遷作史記・始有志有傳・合而成一家言・爲後世祖述・自茲志悉彙傳・用史體以爲掌故書・亦史之副墨也・新寧自弘治十一年戊午臺臣建議・以扼諸猺險要・始析新會畫封焉・顧其地山海相犬牙・時則有海寇番舶之爲慮・復析建廣海一所・于城中調士伍以司扞掫・迨今保息百十餘年・其文物幾埒壯縣・維志獨闕聞・嘉靖間地官陳大夫出守德慶・始奉檄作志二卷・不存・其民間故老所傳・又率見聞互異・舉大凡而已・前令熊公始博採爲志草・會公攝政吾莞・期月餘・而諸生黃裳吉黃美中李藹春至自甯・以草就請公質

諸徐侍御・得譚隱君請與商榷删討・潤爲成書・適遷代矣・今仁和朱令公甫受事・卽慨然留意傳志・議以舊草爲型・而更鑄完之・余門人博士戴君仁行・偕其僚黃君卷及諸生等咸慫恿願加蒐輯・以補前所遺畧・四閱月而志成・徵余言・余又能以不敏無言哉・

儒者新試吏・方以事功自許・至言紀載・則視爲岐路之中又有岐焉・而謝曰不暇・乃大儒紫陽氏向宋南康・下車卽詢郡志・君子謂其識先務・何者・土地人民政事・國之三寳・載諸志・皆爲政典・未可概視爲緩圖也・顧志不啻史・而論史可以例志・若唐貞觀中詔儒臣分修五代史・其五十二列傳・則顏師古孔頴達等譔次・上之・又詔于志寧令狐德棻等共加裒掇爲十志・其未易速成若此・而志可例矣・故曰者・余序熊志固喜其有體・惟是百年散佚・一旦得諸草創・必不詳・故篇終于咨求三致意焉・冀之也・朱令公以儒飭吏・首進諸生言經術・示以嚮方・而其才復長於史・故爲之分局授事・俾師若生各得以其才並效・而躬爲綜覈删潤之・于是傳志較前寖備・是謂識先務而成務隨之・足爲大儒繩武矣・故論紀載・則陳熊創始均之・俟令公以集其成・雖謂之始・其未始有始焉可也・

三合初詮序

譚地者何其多門哉・要其指歸有二・曰巒頭・曰天星卦例是・孰從始之・按崔豹古今注云・指南車黃帝作・鄭樵志藝文・凡葬書四百九十七卷・內有黃帝葬山圖・及玄女彈指連山鬼運・周易括地林諸家・儻後儒緣飾爲耶・將衣薪中野之後・孝子慈孫不忍以僅掩虆蘊・而卜兆從起也・今其書世莫概見・漢初張子房作赤霆經・其狐首青烏・郭璞錦囊・楊筠松胎腹・皆祖述其意・而郭楊爲稱首・諸同形異質・則又有九星九曜出焉・張子微推本李淳風・述爲玉髓・雖專主物象・然腴聞者無能及之・近世又以化生腦爲入穴要樞・復著大小巒頭・益備矣・星卦則有青囊・僅三篇・赤松子著黃石公傳・陳摶加以箋註・自干支肇制以及河國雒書・分野律曆・運氣禽遁・皆賅而存焉・其閎奧足以極造化之變・先此楊氏又撰三合聯珠・何云用卦錯耶・吳景鸞繼之・以六十神殺增爲百二十局・本納音配・以用天度數・辨其吉凶・爲說益密・迨廖禹出・始兼總論・卓然專門・劉秉忠玉尺・第緒明其畧・與夫四垣宮路・則善用者兼焉・總之巒頭雖中人能道也・

至語星卦・則上智猶困・豈獨以閎奧故哉・彼且耳食於舊聞・謂五行一爾・安所事諸家・且諸家五行至紛駁也・猶衆雌而無雄・其誰使夘之・故不謂刺謬必謂謬悠・不則又以爲拘攣而多忌諱・又或借甲飭乙・强護其所不知・而於用無當也・是孰知其解哉・夫天地有正氣・有間氣・正氣凝成主一・其方位有常正・五行以之・間氣流轉錯綜・其方位互變・諸家五行以之・玆星卦之大宗哉・又試以正氣喩巒頭・間氣喩星卦・則間合正乎・斯生旺墓・各歸其宗・生氣完矣・卦合巒乎・斯生旺墓・各止其所・生氣確矣・雖縫針之必合正針猶是也・此可與株守一隅者道哉・不佞閱人多矣・坐是少許可・邇得濟陽李子獨能精察二氣・究極指歸・質行而訥於言・因出其手着濟陽經求是正焉・其龍穴水口必與生

旺墓合・可爲聯珠玉尺羽翼・間以景鸞諸殺佐之・至謂穴不離脈・脈不離峽・吉砂抵・惡水無・但逆抱者吉・雖順退亦爲進神・則從前鮮能道此・聞其向挾博士業游虔・因求廖禹後得時川氏授以撥砂及卦例倒杖法・居數載・始得家藏秘本錄以歸・故今所著書・簡而精・甚有條貫・足爲諸家領袖・顧其意甚遠・雖益以或問相宅諸條・然猶有引而不發者・余因易其名三合初詮・有玄解者引伸之・

歷考芻言序

余杜門索居・歲久・於律歷頗游其藩・第心識之・今歲壬子夏春沂劉君以所著歷考爲介・懇言其端・亟披閱之・盡議法三欵・喟曰・思深哉・其博涉在諸史歷志・而潛心布算獨精・豈惟抱杞國人之隱憂・儻所謂禮失而求諸野者・將不在茲乎・即以余所心識者・亦願與君面商畧也・夫周天行度三百六十有五四分度之一・日月行黃道中・日三月九以繞列舍應五星與斗柄相環轉・而中星爲其候・自黃帝顓頊已造歷・而二典首紀之・羲和專命・副以仲叔之四臣・宅四遐以司守望・廼爲璿璣玉衡・以齊七政・使分刻定・而度數明・則歷宗也・今臺司銅儀・倣古璣衡遺制・閟莫能窺・而爲臬爲漏・實與銅儀相表裏・則諸藩郡邑皆有之・其守望在役者・皆不出三十步之外・而仰觀止矣・故候望欲廣・而推測繼之・推測者・測其所候望之五星列舍與斗柄所指者也・惟同道同度明日月食最著・以所食晝夜刻數分秒悉心測之・間有大同而小異・則差可辨也・故推測欲詳而參度繼之・諸史歷志自晉虞喜始・以五十年爲歲差・其後言人人殊・所損益多寡可考鏡不可畧・故參校欲多・因多而步算則又欲細・斯二者・歷考具矣・總之則研覈欲定・定者非他・孟氏所謂求其故者也・歷象天度・古以晝夜百刻・經周天之度數・是度以刻計・刻差則度差・遡而求之・天行建晝夜一周・而又遇一度・日月亦一周・但不能與天行齊準・是則差之大原・差乎其不得不差者也・

即以古歷叢辰家所稱・日有百刻・因而通晝夜之故・則冬至日道去北極近南極遠・故晝短夜長・夏至日道去南極近北極遠・故晝長夜短・二分則日道去南北極中・而晝夜亦中・然中無幾何・而推遷繼之・是爲氣朔有盈虛・斯分刻不齊而差在此・若置閏則以斗柄指兩辰・原無中氣・故古歷無中節・直以三載月小所歸奇・從交節時刻中判之・以日分屬前後月・若剪綴然・余宗了凡氏欲於閏餘增二刻以立差法・亦良工獨苦之心哉・然竊疑其刻之十有二也・謬意欲求其故・則以分刻不齊積爲日差・閏日屬前後月積爲月差・積日月而酌其乘除・以定歲差・表中星則今在壁而堯在昴・當幾何年而復是・盡大圜之內・旁蠡象緯・上下古今・皆以天覈天・不復以人覈人・庶幾哉・修歷有定議矣・杜預曰・治歷者當順天以求合・非爲合以驗天也・世稱確論・予謂順而合者・今未易言・則爲合以俟驗・而合法復法・不妨兼用・禮失而求諸野・必將於歷考乎取之・君獨何以居肆自猥薄哉・世有太史公作日者傳・當與司馬季主而並有聲施也矣・

粤大記序

儒者譚粤故・則南交分宅・茲其最章明較着哉・余至中

宿．其上有黃帝二子禺陽廟焉．遡湞望鳴絃之峯．觀韶石虞泉．想重華遺跡．顧所從來．則邈然遠矣．伊尹作獻令．珠璣瑇瑁．翠羽文犀．世載南貢而粤不著焉．其時甌鄧桂國故介壤云．周道興而蠻楊之翟．掌蒂幣者紀之．列於□會．翟卽雉也．史稱越裳白雉．倘亦兹事．而載有詳畧耶．其後諸侯力爭熊渠．始伐揚粤．徽以高國相楚．穗石表祥焉．則言臣服于楚者．當不大謬．其實至秦始置尉監鑿渠轉餉．發卒五十萬爲五軍．其兵力甚設．粤人顧入叢薄中莫肯爲．秦置桀駿以爲將．則所繇與虞周異也．然任囂趙佗擊平其地．漢武因襲其遺烈．遣伏波樓船兩將軍會兵番禺．旋定置九郡．自是易魁結世任衣冠．事因有一勞而永逸者．未可以拘攣道也．其最可爲千載．於邑則厓門南狩．宗祚波濤．而忠義駢死．視田横之島上尤烈．故立國者必務仁厚．而優禮才賢．豈直爲羽翼太平計哉．語曰．觀一隅知天下．兹非古今得失之林也夫．

明興．何眞李質奉土歸命．廖平章弭節而拊定之．於是文武將吏灑惠暢威於上．縉紳逸民淬質遹文于下．宏正而後．相垣臺省日彬彬然．其宏猷勁節與九齡諸賢相雁行．而陳獻章從祀孔廟．近世儒者莫敢望焉．顧其曠谷重溟．雖平世不能廢斧鑕．故自昔爲用武國．況以釜山封使．靡有成議．其隱憂將倍徙之乎．故艅艎水犀之軍．其部署以東中西爲三路．而中路切會郡．又以虎頭厓山爲二門．嚴戍鐍焉．業非水利屯鹽無以盡地力．佐軍興而制緩急．兹大記之以海防終也．思深哉．郭勳卿語余云．異時新城先大夫嘗志兹事．謂通志作於宮詹黃太史有年矣．欲補近事而緒正其浮濫．因詮次留笥中．間以草示蜀諸生．未就也．頃幸天子憐其筋力．蚤賜歸．得弛負擔．因檢舊笥．自山川周紀．良史獻民．與夫兵食諸重防．時加論着其間．庶以紹明先志．嘻其用心亦勤矣．卽偉抱未盡柄用．然上下數千載已能自見其意．將使論世者鏡焉．經世者籌焉．咸以其言爲質．夫孰而非功．故權利其儻來乎．而顯素中又孰非鐘鼎業也．賢者識其大者．謂是哉．謂是哉．且也．金匱石室．邇方出秘藏．授儒臣以爲國史記．有以大記上者．何但褒譚粤故．足當黃太史後勁哉．其載筆有藉矣．

贈北溪任君擢守永平叙

高皇帝旣受命．遣大將軍徐達畧定北地．出盧龍塞．移臨榆．置山海關．故永平爲重郡．然猶與都圻相遠也．自文皇起燕甸．始三輔永平．于時武節亢稜．虜騎歲鮮南牧．猶稱內地．其後兵力稍詘．虜日驕狡．思盜邊．乃設開府大臣于薊控制之．已復設憲臣元戎□城而治．已復命司徒司馬之屬各一人以職儲庤．司譏察．日兢兢然爲畿輔重鎭矣．諸所倚辦在永平．而守郡者闕．主爵大臣以司徒郎任君請．報可．諸同曹張祖於都門．顧謂任子宜有言佐觴．袁子曰唯唯．昔李廣守右北平．匈奴號爲將軍．避之數載．不敢近邊．君兹綰章行．非廣故所治郡乎哉．天漢時．太守佩銅虎．掌握戎馬．得以備緩急．而程功能．今守爲親民吏．雖兵甲錢穀悉隸部下．然弗領兵符．君固奇業．何自見功哉．

余聞之．治國猶治家然．胠篋探篋之盜．其外伺而旁睨者．孰能無之．顧吾能嚴其扃鐍．固其垣墉．而睦戢其子姓・雖善盜弗能入・士固有握腕抵掌・思一當擊胡・何啻攖盜急哉・然要視其內治何如爾・夫垣墉者法也・扃鐍者令也・子姓者吾民也・今海內蒸庶・其不疲頓於賦役者・夫能有幾・而北地爲甚・故戢睦爲最急・乃其地接輦轂・豈不斤斤然習法紀哉・然權者得以勢撓・奸者得以智弄・盖畿輔大抵然者・則以恃法之習・而反生玩也・而邇時稱吏治者・又數喜繁令以示能・故紛更靡常・民聽滋惑・夫是以治室・且不暇爲室外寇慮也乎・君長才而兼辦・夙聲曹中・茲誠於三者愼圖之・使其慈愛相孚・法令相守・其四民日安於田里・而靡有攜心・斯內慝不生・而先聲足以却敵・文武將吏・行得因君以爲功・寧夏虜黠哉・夫漢都關中・距北平千餘里・卽廣能憚匈奴・不過邊郡雄爾・君治郡乃能以其保障之勣・外蔽諸胡・而內屏天邑・其功視飛將軍孰高・天子修漢故事・行不次遷君・余不佞・尙能操筆而侈談也・於是諸同曹咸喜爲君舉觴・而納余言于行李・

贈青濱張君擢守晉陽叙

余讀經至晉・輒壯其民俗憂思勤儉・有陶唐氏之遺風・文公起而用之・卒以富强霸盟中夏・迨至襄子之世・三氏鼎逐・而尹鐸以一晉陽・猶然却敵・而亢趙宗・乃知洪河勾注・臂引恒嶽・其形勢可恃・雖不下秦隴・然非得其民孰守之・故能改爲要云・自國家宅燕鼎而山西爲右掖・太原其會郡也・塡之親藩・與藩臬使者錯治其中・而郡大夫爲上下之若置樞焉・郡所領多當虜要地・異時設御史大夫提重兵於太原・以控三關與雲中御史大夫兵爲翼・故其民歲所耕穫・不供二鎭・則供諸藩・然猶以虜不大橫爲愉快・自嘉靖壬寅窺兵我郊・曾不一創而去・馴至丁卯殲石州・盖自昔所稱內地者・幾岌岌矣・

頃者文武大吏奉廟畧制虜・因得少休息・爲備復完・顧綱紀於上下・使其民幸有寧宇・則守司之非得人不治・主爵大臣爲言張君才・上可之・是有太原之命・君之初被命也・或竊謂君資勞最・乃太原哉・君起謝曰・士顧自效爾・袁子曰・壯哉・張大夫之志也・夫古之仕者・不外計地而內度才・自度其才足當之・卽雖舉並所稱繁且難者・孰非表樹所哉・

君守曹郎六載餘・其職內帑金錢・與將漕粟・能瑣委繁會爲難事・而君顧談笑當之・靡不精覈・其向令濟源也・部使按盜・急欲挺戈・爲變不解・君挺身入稠衆中諭之・械其首・餘悉底定・其才畧若是・顧難太原哉・昔漢世郡守・兼領戎麾・故其時稱師帥・非具文武才・不以綰郡符・今山西諸郡・歲徵騎士・良家子詣郡城以繕・戎伍多取諸太原民兵・而調度兵食・總歸諸守者・猶庶幾漢制之意・顧聞其兵頗怯懦不習技擊・而南畝齊民・胼胝其手足・以供二鎭諸藩之賦・日告罷焉・夫民俗不甚相遠也・何昔之憂思勤儉者・今顧不能用之爲富疆業耶・頃虜西牧無東志・誠及是時・條其計策所宜者・與諸大夫及州縣長吏行之・使其民厚於蓋藏・足以食兵・兵得奮力以抗虜・而民益安堵如故・斯之爲能政也・端自今始矣・詩曰・文武吉甫・萬邦爲憲・茲非太原已效哉・君至・遡往軌而繩之・不日且召入爲公卿・以其文武之畧・大法於天下・余當爲君歌焉・區區尹鐸・無足爲

侈談也・

海鰲塔記

會郡自白雲龍嵸・逆趨東北隅・而入其厚阯盤於海・右海珠・左海印・以束扼二江及溪河之輸・而東山左臂稍伏・兩涯林巒・雖與人居相錯・猶纍纍釜鐘然・故形家者流・皆言會城水口宜塔・是人文之英鍔也・今光祿勳丞唯吾王君・再以諫謝歸・每於斯厝意焉・會有言河南赤岡者・君以其偏南而逼近郊圻・未可也・萬歷丙申適還舟自波羅・遙望琶洲・去郡可三十里・其山川葱秀刺目・遂息棹登之・洲踞二水中・呑吐潮汐・勢逆而面巽・二山連綴・巃然若魁文之邱・內一山石頂高・平爲塔基・若天造焉・亟以語同行憲副金持甫・及甘山人・皆奇之・歸而謀之郭篤周勳卿・楊肖韓曹郎・姚繼昭郡守・相繼命舟往視・皆曰可・繼惠郡楊貞復少宰往・益慫恿之・猶以費浩爲慮・會制府通州陳公移鎮至・政暇・觴二三縉紳于君之飛雲洞・因以間言建塔請徼・惠然制府訢許・第須諸生白事廼可行爾・次晨・君以屬其弟今太學生學羲・諸生戴科唐裔光游應旂等上言・卽報可・助以千金・直指惠安劉公凡六百・藩伯婺源游公與藩臬諸大夫皆協助・通計二千餘金・士民募義又千餘金・繼直指貴陽馬公金二百・乃命工師龔坤司其度・擇耆民能者程其工・營畫度支・則總諸篤周肖韓與君三人・數往督視・所私費再倍其所題金・而篤周應諸工料費更倍之・不計也・工始於丁酉年三月初五日至庚子年十二月十五日而成・稜觚峻起・凡九級・曰海鰲塔・則先陳制府命名之・原夫塔起西域・本爲佛氏藏舍利而豎・至漢攝摩騰竺法蘭・姑請明帝剏造於白馬寺・故中國始有塔・自是尊教則以敬田・故建徼其庇則以福田・故建亦有以壓伏毒龍・建者姑不縷譚・迨唐之慈恩・又取名於瘞雁之義・登第者紀名其上・益赫然爲士林標幟矣・於是形家又謂其宜鎭水口・可以固風氣之所未完・其徵應亦往往不虛・此猶六書有假借・而其義寖廣未可少也・矧吾粵列郡・以會城爲冠冕・會郡壯則全粵並壯・理勢固然・而琶洲綰轂其口爲扃鐍・意者山川韞靈・以待今之文人・始大興起耶・顧設科以來・望赤墀而願致身・粵非乏士也・大率以樸直孤踪・有晉有蹇・將亦風氣致然・茲塔成・屹然與白雲並秀・爲捍其門・其勢皆遂趨而上・地力益厚・引海珠海印爲三關・並海關遠山壁立・而外護靈氣完矣・

自是科名不乏於庠・奔走不滯於國・弓旌不遺於野・樞華不缺於朝・今年春黃君士俊遂大魁天下・此一驗已・寓內人士・將謂粵人質行不改其素・而聯鑣天路彬彬也・敢忘諸大夫建始之賜・先是塔建至五級・物力漸恐不繼・今制府長泰戴公・直指無錫顧公・共捐金六百・郡守京山方公遂爲檄十六屬城・助輸磚石有差・今憲副前郡守沈公・今召佐司馬番禺穆令公・與先令南海王公・則不獨捐金且協相之・制府戴公復起海堧・築石道上・屬之塔・塔前爲神祠門樓者三・助金居多而前功益以完美・詳具副碑・

袁昌祚

重修晉刺史吳隱之祠記

夫貴清修而賤臭詬・士能言之・一握便勢・輒以昏心易

其素・故曰利令智昏・周官計利有六・而首皆重廉・蓋思深哉・恐其志不素定・而勤民以自封也・況粵處萬里・禁網故稱踈濶・異時吏者因得以操柄取盈・念無以謝粵民・則委罪於石門之前曰・是飲焉・能使人易心而墨也者・顧泉非爲吏獨注也・樵夫牧子・羣渴而飲・終身不過短褐・將誰使易之・又將誰使貪之・吏私其贏・固使泉蒙詬於數百禩・不亦大可哀乎・

自晉吳刺史隱之甫入郡・即酌泉賦詩以自明其志・既而終始一節如所言・迨召還・檢笥而得沉香・其重盈觔・或曰・夫人劉以薰衣被也・亟投之水・世稱爲沉香浦・浦與泉・皆對枕海濱・粵人言吏者・必廉隱之・顧祠未有樹也・前太常江浦魏校・嘉靖初・典博士弟子・力毀淫祠・浦上故有韋內璫建西華寺・因撤而祠刺史・其禮佛田地・即予僧守祠・入其租以修伏獵・甚盛舉矣・前南海龐中丞尙鵬・隆慶間・會署其堂曰清風萬古・顧祠日荒落・田池至不知業者何人・今南海陳少參・嘗語於故方伯安福鄒善爲廢之・緣久已去其籍不報也・邇者順德曾秘書使還・語及祠刺史・遂重修焉・迨今甲午夏四月・少參偕郡縉紳往視祠所・歸以語番禺李方伯・遂主醵義金・以某月某日始事・浥漏者補・蕪穢者刊・剝損者塗・欹仄者植・卑湫者壘・埃積而浸漶者刷・蠹而朽者堅其木・蠣而仆者厚其垣・門堂復聚堊而周飾之・門外爲樹石綽楔者一・令過者得瞻望焉・以某月某日而告畢・

昔之善爲政者・孳孳於民俗之多寡・故蜀鮮儒而文翁化・桂罕禮而衛颯教・粵少清修之吏・則刺史誓志焉・均足以維世風・要以六計之義・則刺史有裨吏治矣・今天下大法小

廉・稍攫金冠・惠文者已操三尺論・夫誰不自愛・烏得以汙粵吏而錮前聞・儻萬其中而有一奊詬焉・或幸以逃文網・試過祠宇・豈盡其無心目者耶・故勸賢而戒不肖・將在茲舉・顧非氓粵者之所敢任也・南海蔣令公聞始事・爲捐金以佐工費・夫非其有素定之智・而暇此者乎・同好相慕・自昔非虛言也・餘未盡載者・則碑陰在・

里中鼎建炳靈祠堂記

循象嶺之麓・入里城門西・有丹堊藻繪・周垣而閣者爲魁星祠・聞諸髦雋持議・或主斗魁・或主文昌・故祠額未有署也・頃余以參藩過里・諸君爲卜日觴余其中・曰・子幸額且記焉・不佞因避席而請曰・聞之魁與文昌・皆星也・精氣所麗・豈有形象・乃近世取魁而神之・則瞪目磋齒・朱髮蒙茸・縵裳緋帶・秉彤管而操褭蹏・若爲踉蹌忭舞之象・而文昌則祖張仲・乃雅詩所稱孝友者也・以爲歷世蛻化・最後復降生於梓潼・其端若冠玉・余皆未能深考其說・而爲文士所嚴事・則已久矣・暇因按諸星經・則春秋運斗樞有云・斗一星爲天樞・二璇・三璣・四權・五衡・六開陽・七搖光・從一至四爲魁・從五至七爲杓・即文曜鈎以魁爲璇璣・杓爲玉衡・說亦同之・是魁乃斗前四星也・至史記天官・則謂斗一星・枕參首而平旦建者魁斗・魁上戴筐六星曰文昌宮・是魁昌殊象・而元精相貫・又若不甚相遠・顧其所主・有不專於文墨圖書・而祠亦莫詳所始・將以斗爲帝車・臨制四鄉・靡不繫焉・而文昌六星・其三曰貴相・理文緒・四曰司命・主灾咎・六四司祿・主賞功・進士青矜之子・馳思脫穎・始踵

斯義・以專意而祁靈・而道家者流・則竊聞古有勾龍氏配后土之説・因緣飾其事・而以文昌稱梓潼也・至世俗所傳象贊・以爲出自文山・有酒清殽馨之祝・於是士之伏臘・魚菽必祀魁星・余亦未能究辨・顧士人執經白屋・語以文山公・靡不延頸跂踵・思見其人・若梓潼事・於經傳靡所考見・則寧取其近於文山者・請額之曰炳靈・亦贊中語也・

傳曰・天不人不因・人不天不成・故斗魁昭格・而炳耀於人文・則成之者也・習服道藝・以完吾精英・而副其靈貺・則因之者也・自余遊里中・向未有祠・惟茲會聚精誠以爲義舉・既翼然閎敞矣・得無有顧而思奮曰・昭格在上・毋余怠也・日亹亹然以淬礪其德義・而追琢其文章・俾璣衡會心・而芒潁觸手・用是以上公車・奏大對・皆裒然爲鄉國天下冠冕・其尊用之・則身爲張仲・攄發孝友・以佐太平・如天之福・寧論宋代・脱有緩急・則慷慨仗節・視文山無靦顔焉・斗樞有靈・行且訢然動色・謂是文明昌運・賴以章顯・而藉有榮曜於無窮也・余將竦意俟之・其敢以不敏謝・祠費取諸廣濟橋租若干金・不足・以里中助義又若干・今始事於庚辰年十二月十九日・迄次年辛巳八月告成・諸與事者名刻碑陰・

葵午童將軍去思碑

袁昌祚

始安童將軍・頃拜粵西之命・前茅已達灕水・諸士伍猶綣綣然悵留之・無從也・謂不佞習將軍・請志其思於石・顧將軍爲國虎臣・有急則東西馳・直兩臂爾・其何去之思且邇・未之聞也・諸君無辱・皆蹙乎其容・羣起而控言曰・峴山有之・觀者至稱墮淚・幸不鄙爪士・敢固以請・予諾焉・

將軍姓童・名某・上世家楚安化・以從征某功予世秩・灕徙始安某所・今稱桂林衛人・幼穎敏・能治博士業・兼通武畧・工騎射・運槊趨捷・修幹善談吐・見者韙之・甫弱冠・以百夫長舉武科高第・數奉制府檄・過東土諸沿海阨塞・輒博詢能記其處・値西土亦以兵事・專設撫臣・遂從行間・擣數十危巢・皆最積功至督府僉事・佩征蠻將軍印・守粵西・天子方念關酋訌海上・而東人亦重苦倭將復來・亟欲得童將軍・於是遂從制臣請而東・是時粵東海上兵大率畫爲二三・而內控以二門・二門皆當會郡城下・西出則厓門・而廣海扼之稍堅・惟東出則虎頭門・自扶胥黃木而下・渼灝際天・雖南頭參將遙制之・不足固扃鑰・廼首請制臣就虎頭門設總使專守之・復於近郊請置中權二部水軍・備策應・增募陸兵二營・與前四營兵爲六・仍大治海艘・巨者上施樓櫓・旁列木爲城・中闢一門・從城內操舟・而置堞以通候望・次則艉民烏艚而差小・又次則急舸諜報・衝鋒走險皆用之・而領於二部水軍・自是內地實堂戶・嚴中路・若矯首然・而東西二路亦可臂指使也・倘所謂先聲卻敵者此乎・

暇闢文院於幕府旁・興至輒賦詩・或楷草大書・其盤薄飛動・皆得諸劍術・嘗校定籌海編・中多胡尚書禦倭方畧・而諸藩外域・亦皆有圖紀・增益諸近事以復・制府蕭公大稱之・近又作圖説二則・專著東土諸水陸阨塞・葢得諸今昔所聞見者・故有味乎其言之也・至所由得士伍心・則本於明習・而寛厚持大體・初至・當校閱無論羸弱窳墯・不敢望尺藉・諸若舞劍者・舞盾者・干盾角者・運矛槊石戈者・手飛鞭飛錘者・超距者・張拳相鬥格者・稍不如教法・輒指摘再

試・皆驚謂將軍技藝工甚・益勉爲之・顧不數數以軍法峻繩下・有過或榜箠叱汰而已・尤嚴陰訐中傷之禁・諸邏卒持旗刺事・戒毋下諸營・以杜苛求・標兵遠事薪水・數與民家生得失・請自出力就外郭・當幕府之前・開小城門・兵民便焉・標下官生向多寄粮營中・爲懇復雜流之粮・以不煩諸營・而營伍輒按期給餉如其數事・歲一往南頭視汛・有以爲請者・輒語曰・吾武夫敢違璽書哉・顧東土邇不足於歲・吾行而士伍隨屬・則聚食多・民必苦糴貴・而士伍亦安得獨飽・是交費而海旁且易驚也・聞者始知其一意休養矣・法曰・視卒如嬰兒・可與赴深谿・藉令驅以蹈難・有不願得一當者乎・

於是諸控言者復曰・語有之・壯士一飯・投醪挾纊猶稱惠焉・矧彼休養厚・敢愛其力・顧關奝東封海上・或可旦夕無虞・烏所效尺寸以報將軍・懷德謂何・吾儕得借公言・請亟鐫之以繼峴首・令觀者將謂武臣主威斷・鮮去後思・其思之自童將軍始・

黎邦炎　字君華・號岱輿・民表子・隆慶辛未進士・授臨川知縣・薦徵稽勳司主事・歷官至江西參政・邦炎文人而饒幹畧・宰臨川時・勦花園寇・官江西參政時・勦黃梅寇・皆聲威卓著・著有南秀堂稿・阮藝文畧注・佚・

賀章新渠先生陞別駕序

撫於大江之西爲劇郡・統轄六邑・臨川附在郡郭・中多士大夫・卽鉅卿要公・類恂容爽氣・未見持議有司短長者・而民風相沿・鄙朴脆靡・易於指使・士人往往願出其地・郡有督賦督捕二判府・督賦職在催科・體要而事逸・督捕職在綫緝・端叢而政擾・故督捕之官・貴威嚴剛斷・赫然振布者・殊異督賦者主於煦煦撫字・于常賦外・一切漫無所事也・然居則重門峻宇・出則乘駕擁騶・喜則温怡・怒則箠叱・至以公務還往・縣長吏必郊迎肅躬・以時參候・其下則望塵而跽・唱衙而入・士大夫有所投謁・必聽守隸通刺・稟諾而後始見・與太刺公踵輿抗席・其官亦稱尊榮也已・

江東新渠章翁・爲督撫捕三年也・宣威政流・而剛嚴果斷・廷無滯獄・已嘗視篆臨川・幽伏畢徹・而吏胥不能肆其奸・收徽不能恣其巧・剔蠹鋤梗・四郊肅戢・固明時通才也・炎始至・得代章憲式・承心竊念・感獲師資翁者爲多也・頃以大比掄士・備員棘院・而翁又下視邑事彌月・諸棼糾不可爬梳者・悉力剸理・催科細瑣之務・又以辱煩・常賦之登・十五六矣・比還・得解翁勞・整頓一新・而胥吏卒隸・輒見其奪氣改容・進退跼蹐・信赫赫振布・明威在目也・夫撫爲劇郡・翁以通才治之・上之靡不知翁・而銓衡者必蔽於遠觀・僅拘拘常算以王官佚之・則所謂待通才者・果如是耶・或者曰・王官閑曹・一旦剖郡府尊榮赫焰之迹・而遽處散逸當高之地・翁似拂矣・噫嘻・是未知通才者飄瓦虛舟塵土軒冕也・

夫君子視其身如器・雖其待置・置之紛則勞・置之靜則保・能必在人哉・賈生出傅長沙・至今人共惜天下後世詎止一賈生耶・漢東平憲王語帝・爲善最樂・相傳以爲美談・意當時必有賢傅左右輔導東平・而史冊無所攷見也・翁第往哉・使荆人共羨國有賢傅哉・炎時將事考績行矣・無能操計

留翁下視邑事・使臨之復蒙休澤也・祖道供觴・殷勤展別・異時轉還舊邑・追維前此兩得藉翁師資之益・不增重感念耶・

送陳博國歸瓊序

聖王大封同姓・時庸展親・恒愼選輔導俾樂爲善・以崇重藩翰・其爲恩至渥・爲後世慮至深遠也・自漢以來・寖失其初・以賈生之通達・董子之近似・使之相於長沙・相於江都・奚不可者・顧以絳灌之見忌・大臣之嫉遠・始爲之左遷於二國・去祖宗親睦宗族・審擇藩輔之意遠甚・廼董子正誼明道・不知計功謀利・故能兩相驕主・無幾微不平見於言面・若賦鵩弔汨如賈生・至今讀之・想見其怏怏侘傺・令人有追咎漢廷大臣之意・

元山陳先生秀出瓊莞・其通達治體・有儒者氣象・與賈董相近・始訓於閩之古田・赫然有聲也・而起復訓於臨川・亦復有聲如古田・時方以六館之選期之・今年季夏有敎授代國和川之命・僉以爲與長沙江都不異・然予往道雁門・登夏屋見句注之阨塞・與盧龍飛狐・並爲北方首除印封・我祖宗封建於代・隘阨胡虜・永衞本根・俾之不得抗孙飲酪於茲・代有力焉・必輔導得人・致□王以賢聞・然當可一面・非元翁爲之敎授不可・然則是命也・如長沙之賈・而不出於絳灌之忌・如江都之董・而不由於廷臣之嫉・獨以西北之絕徼・袤極於東南之海島・不啻萬里而踰蹤・脫榮名不竢北山之移文來趣・遂賦歸去・則國家擇藩臣之深意・士人高不仕之竦節・具見之矣・

且予齠年時・曾聞尊翁老先生・以明經魁癸酉・親老故拜化州學正・文學醇雅・志行高古・前後受知於董學魏莊渠歐陽嗚道二公・如兩程全書・兩漢書皆其所校正者・後服釋補寧州・擢桂平大尹・宦轍所至・每著賢聲・至於書公署有曰・寧瘠已以肥民・不殺人以媚上之句・其平生氣節・大率類此・故先生得於庭訓有年・如仕止久遠之學・奚容予復贅於翁行耶・爰書之以壯行李・

陳　履　原名天澤・字德基・號定菴・東莞人・隆慶辛未進士・初授蒲圻令・移知休寧・俗靡輕俠健訟・履一以長厚儉約化之・歷仕蘇州海防同知・內擢戶部郎中・以課績・復擢廣西副使・因病乞歸・結社浮邱・與南海郭棐・棐弟棨・陳堂・姚光泮鄧于蕃楊瑞雲陳大猷王學曾金節・番禺張廷臣黃志尹梁士楚黃鍪・東莞袁昌祚鄧時雨凡十六人・著有懸榻齋稿・阮志注未見・案懸榻齋稿・今東莞陳氏刊行・陳伯陶跋言全集已佚・其子孫兩次采輯而成・所刊詩文各一卷・其文亦未全載・蓋非完帙也

與吳軍門書

某聞之・治亂猶治絲也・急之則棼・防患猶防水也・弛之則潰・是故謀國者・必善操縱之術・馭民者必酌寬猛之宜・恒以此也・恭惟公撫茲百粵・恩威遠播・海波不揚・某與海濱之民・樂觀昇平・謳歌鼓舞・其爲慶幸・實不容言矣・奈何去年以來・民情大變・鳩集黨類・造爲舟船・倡言盜珠・公行無忌・有司知而不一禁・鄉里懼而不敢言・遂至轉相效尤・不可勝計・某當耳聞目擊・深切隱憂・蓋以此流毒皆無賴・上昧國法・下忘身家・見利必爭・遇捕必拒・固其勢之所必至也・當此之際・處之爲難・若將憤其跳梁・訓

兵剿捕・則恐鯨奔豕突・四潰而不可收・若以胡越相視・付之罔聞・則恐法度紀綱・一頹而不復振・私心計度・誠不知其可也・

比者乃聞閣下獨運神謀・傳檄島中・開誠撫馭・導其歸路・畀之生全・行見威命所宣・靡如風草・不煩片甲・不費斗糧・返赤子於潢池・奠蒼生於袵席・甚偉畧也・非明公廟算之勝・其誰能爲・雖然・愚生之見・竊以爲此可以紓急於目前・而未可以杜患於日後也・昔人喻之詳矣・火烈而人畏・故鮮死焉・水柔而人狎・故多溺焉・今日瀕海之民・玩視法禁而不之顧・亦云狎矣・推求其故・此豈有他哉・蓋前歲之爲此者・有不貲之獲・而無詰責之及也・所獲不貲・則歆艷者衆・詰責不及・則嚴憚者希・誰不相率而爲之乎・誠使嗣今一於姑息・則將來之患・吾不知其所終矣・昔者先王有赦過宥罪之仁・亦有明罰敕法之義・二者之用・未始偏廢・誠達權救變之道也・伏願明公存心體國・加意安民・請於解網之餘・大申跋扈之禁・懲其尤者一二・以警其餘・斯釁蘖不至於復萌・而制禦庶幾無失策矣・某晩劣小生・非達時務・第憂在桑梓・輒獻其愚・伏惟明公留神圖之・幸甚・幸甚・

上三閣下言水災書

卑職待罪府僚・奉職無狀・天降霪雨・害於農田・疾首痛心・莫知所措・謹以一方異常之變・萬民危急之情・爲閣下陳之・切見本府地方・自本年五月之初・連雨半月・河水泛濫・田畝皆盈・至二十七日以後・驟雨經旬・晝夜不絕・一州七邑・在在皆然・高下田疇・盡成大浸・又值海潮初汎・潦漲難消・加以颶風激爲巨浪・官塘墟岸・傾倒無遺・禾苗則浥爛成泥・花豆則根株俱腐・生意盡絕・計無所施・甚者廬舍漂流・老羸陷溺・民間賣男鬻女・骨肉流離・號哭之聲・徹於天地・似此災異・殆數十年來所未有也・卑職責專守土・目擊民艱・上之不能消變於未然・下之不能拯救於無溺・鰥曠之罪・夫復何辭・第當天災流行之秋・而求免黎庶死亡之患・則惟廟堂之上・大賜矜憐・普施賑恤之恩・亟下蠲貸之令而已・何則・水旱之患・自昔有之・然或值於恆豐久稔之餘・或見於賦輕徭薄之地・則民雖不免於饑餒・尙可未至於死亡・今以本府之事勢言之・則大異於此・蓋吳地賦稅之重・十倍他方・百姓困於徵輸・膏脂罄竭・非一日矣・又以頻年荒歉・穀不豐登・十室九空・逃移相繼・猶且積逋不貸・上供不除・如火煎膏・不盡不止・閭閻愁苦之狀・殆難以言悉矣・當此之際・即使遂遇有秋・猶恐凋敝已深・遽難蘇息・況重以墊溺之大變乎・前此萬曆七年・災傷最重・然彼時猶在秋月未已・根牢盡力・車戽之餘・尙且十一・今則插蒔甫畢・生意希微・驟被潦淹・一掃而盡・是今日之患・比之萬曆七年殆尤甚也・事變至此・尙何望哉・

惟望閣下以裁成輔相爲心・以百萬生靈爲念・主持國議・大沛皇仁・勿爲桑梓之故而引嫌・勿牽司農之計而曲順・務將見徵正賦破格大蠲・庶民命可藉以少延・而地方可賴以安堵矣・萬一拘泥常格・輕視大災・止將一二存留・聊塞陳請・則民窮已極・他變從生・將來廟堂之憂・恐不細

也・情蹙詞迫・不知所裁・死罪・死罪・

都閫雲臺潘君疏刻序

歲甲午冬余始祗役西粵・尸兵防焉・于時雲臺潘君式襄閫政・余得朝夕與之周旋・觀其爲人・蓋敦禮樂・說詩書・而忠孝大節・尤其所兢兢也・余是用喜交公懽而猶憾其晚云・乙未夏君以入賀所・余乃遲於蒼梧・期與觴別・君顧謂余曰・自吾之涉仕路也・未嘗一日離吾粵人・今帝畿萬里而遙・弗克以尊人往・計必扶侍還里・而後趣詣于朝・程則嚴矣・不敢以宴・余輒義而已之・

是冬余抱狗馬病・乞骸骨歸・無何・君已拜命專閫於五羊矣・相與道故・懽如桂林時・君間出二疏示余・皆先是入賀時所建白也・其一言武科之專顯秩者・宜以課最・予之貤恩・其一言武臣之值親終者・宜視文臣俾之終制・二疏亹亹無慮千數百字・大都明天親之一本・推人子之至情・述先聖之訓謨・稽昭代之令甲・旁引博喩・詳哉其言之也・一時士林見者・無不咨嗟感嘆・韙其所言・九列縉紳・爭識君面曰・何其篤彝倫・達典禮也・噫・非君之忠孝性成・其誰有此・藉令二疏卽行・微獨介胄之士・曉然知天經地義之常・且也仰賴聖明・著之爲令・使凡元戎制帥・起家世勳・與夫邁迹自武科者・於其親也・生得以膺封爵之榮・沒得以守通喪之制・則孝道終始・克完無虧・皆聖天子浩蕩之恩也・由是中外武臣・感發思奮・移孝爲忠・爭以其身爲國家・備腹心效干城者・將彬彬矣・得士之報・豈其微哉・

乃廟堂公卿・止於徒是其言・而未相與亟行其議・此何以故也・孟子有言・心之所同然者・理也・義也・理義之悅我心・猶芻豢之悅我口・信斯言也・君之二疏・其果理耶義耶・非耶・如知其爲理爲義・猶不心悅而必行之・如同然何・抑謂此二議者・先朝未之有行・一旦自君創而言之・難以遽就・相機酌會・必得當而後圖之・廟堂之見・其或有在乎・未可知也・易曰・觀其會通而行其典禮・君之二議・典禮孰大焉・擧而行之・是在紀綱世道者・觀其會通爲耳・余竊爲君跂而望之・

送紹蘭王君擢大理節推序

紹蘭王君敎崇之明年・嶺海陳生始來治崇事・甫入境・王君逆之・陳君問士風焉・王君曰・崇才藪也・余所覩士・斐然有文・顧人人自雄・而靡有遜節・激厲裁抑・俾之玉成・在所率也・其惟明公乎・陳生然王君言・相與申約・凡士篤行誼者・嗜文藝者・請籍其狀白督學旌之・以爲士的・其反是者・亦請籍其狀白之・以俟詘罰・於是士無長幼・服王君敎惟謹・一時文行之盛・甲于嘉禾・陳生曰・王君眞師儒哉・模範一彰・士習丕變・卽蘇湖之敎・又何加焉・藉令君入秉鈞衡・出握憲度・其所陶化於宇內・將蒸蒸乎若風草也・獨謂士乎・

未幾王君典文于滇・得士多雋賢・聲愈籍籍起・遂擢滇之大理司刑以行・陳生曰・此一擢也・司銓之意・詎其微哉・夫敎以淑民・仁之施也・刑以一衆・義之則也・避造物焉・生殖震耀・各惟其時耳・然敎以仁達・非義則流・刑以義肅・非仁則孝・二者之用・其致一歟・王君敎崇有年所矣・言無

詭異．行無苟難．率厥典常．惟易惟簡．然而上奉矩度若畫一焉．飭行敦倫．修詞講藝．惟君之從無或二者．此何以故哉．仁昭義立．有身教矣．濟濟多士．若之何違之．書有之曰．明于五刑．以弼五教．刑期于無刑．又曰．上制百姓于刑之中．以教祗德．由此言之．教刑交相爲用不章章乎．

君茲行也．誠以教案士者．教演民焉．民愚而神曷不率．俾卽不獲已而或用刑．亦將欽恤恒存．得情勿喜．則謂君之刑罰．卽君之教化．誰曰不然．吾見南詔之民．咸有祗德．醇厚成俗．用不犯于有司．刑措之風將于是乎在．今天子神聖御宇．哀矜元元．思得明允之賢．以需燮理．蓋汲汲也．異日海內司理．有以淑問而膺殊擢者．其必君乎．其必君乎．於是僚友王子廖子劉子謂陳生之言可贈也．遂請書之爲王君別．

送羅大夫擢南太僕卿序

江右羅大夫貳大理之明年以望．晉南太僕卿．既受命．戒舟將南．一二僚友謀所以別大夫者．念山子曰．大夫雅負巍望．所至能于其官．異時守銓曹．督夷館．佐藩臬二冏卿．聲皆爝然．今則明愼庶獄．追踪張于．故大理於九列稱得人焉．甚哉大夫之重茲署也．顧亟擢以去．曷其忘諸．復齋子曰．大夫粹德和氣．若春溫然．薦紳中每以不及仰大夫爲己病．乃予並立辰采．有餘幸矣．顧響合而遄違．澤麗而隨睽．賢之云遠．傷如之何．紫山子既乃歎曰．二君於是乎善用情矣．重其位．故綿思於同寅．善其交．故愴意於遡別．蓋厚道也．

雖然．余聞之忠臣不域位而効勤．通士不暱友而苟愛．如大夫者．可獨使之光吾署．裨吾僚哉．昔舜之方登庸也．賓門宅揆．惟帝命之．舜不能爲一職留仲山甫．城東方吉甫送之．亦祗美柔嘉稱匪懈已矣．未嘗悵然於其往也．二君乃欲私大夫乎．國家今際熙洽．裔夷賓庭．庶幾哉唐虞之世．然朗識之士或隱憂焉．謂宜儆無虞．防僭猾也．夷考令甲．則典莘牧．給騎乘．佐大司馬六師之用者．惟太僕．而承平以來．馬政漸弛．大非祖宗之舊已．剔蠹舉墜．非老成體國者其誰能爲．故茲政也．大夫昔貳於北．而今掌於南．當宁簡命之意居可知矣．又安得以大理淹耶．詩有之曰．仲山甫徂齊．式遄其歸．大夫亦姑南耳．鼎鉉之付．殆可朝夕計也．二君何憂而去且遠耶．於是念山子復齋子咸謂紫山子之言爲韙也．遂相與序以其語爲大夫別云．

送同年安文二君之官序

陳生曰．余讀崔氏洹詞．至五吏篇．形容吏治之患．纖悉且備．未嘗不廢書歎曰．有激哉其言之也．夫吏奉天子命以食於民．舉百里之廣．萬家之衆．朝夕奔走．以服役於吏．吏得南面臨之．此其責亦隆矣．少知體國者．誰不奮自砥礪以行其志．何至於洹詞之云．吾是以知崔氏之言有激也．雖然不觀鴟梟．不知鸞鳳之祥也．不觀豺狼．不知騶虞之仁也．不觀酷吏．不知循良之惠愛也．不受命於朝．出宰百里．誠知所謂五吏者．罔上虐下．爲國斂臣．有一於此．非直不齒於時．卽百世而下．猶羞稱之．如此其不以臣節自完．而忍自昏墊以速官謗者．蓋鮮矣．故深文練法．苛也．

徵苛則必思平。飭外修舉。僞也。徵僞則必思眞。逢顏逆向。佞也。徵佞則必思正。暴徵橫斂。賊也。徵賊則必思寬。巧徵竊取。貪也。徵貪則必思廉。吏人人然。將寰宇內外循良比肩。而張季卓茂延壽張堪之傳。不得顓美於前矣。然則謂崔氏之言爲世吏之藥石也。豈不可乎。

嵩安束君。文軒連君。士之翹楚者。仁恕而明敏。質直而有文。余得雅於觀政之日久矣。茲並授縣令以行。余知其有意於循良也。因擧崔氏之論。爲之平騖而高之。二君默然以思。躍然以起。若有取於吾言也。余廼起拜手曰。聖天子勵精在上。思得宣化興理之士。以□下士。太宰寅奉德意。操衡握權。授任惟才。無不宜者。異時綜覈吏治。登崇循良。有以五善者稱。首被召命者。必二君也。君行矣。請以予言爲之左劵。

送林大夫奉使歸省序

自林大夫之爲計曹郎也。恪其職業。能於其官。朝之縉紳譽之。無間言者。頃遭時艱。國用空匱。大司農日與其屬籌之。嵩目腐心。靡有成畫。林大夫獨曰。夫財猶水也。塞則滯。決則流。流而不已則竭。方今之財用何如哉。國鮮儲峙。民無蓋藏。公私索然。稱俱竭矣。財竭用詘。雖有智者。計將安施。其爲祛積蠹乎。乃條擧浮冗之費可酌損者。歲數十萬。請於上汰之。章寢不報。然一二識者。無不嘖嘖推遠猷云。

未幾。淸源榷司事竣請代。大司農以大夫往。疏於朝。有成命矣。大夫顧欲將母。祈緩行。其僚二三大夫私謂之曰。吾聞孝親者必篤其情。忠君者必共其命。吾子身郎署而心庭幃。情則篤矣。然君命不宿。若之何遲之。大夫謝曰。君之言信也。然吉有至情焉。昔先文恪棄祿。家慈盡傷於懷。日夕撫吉。提耳而誨之曰。孺子念之。前考奕世載德。爲國藎臣。生有令名。沒有遺範。海內之所共聞也。孺子其夙夜以思。勉紹先緒。庶早有譽。以毋損其家聲。若徒席餘休。竊祿秩。役志溫飽而已。豈惟未亡人羞之。抑孺子何以見爾考於地下。吉佩斯訓。惟是日兢兢然。凛如臨淵。恐或失墜。今預朝籍。業既有年于茲。無論烏鳥之私。耿耿不置。卽吉所奉職狀。家慈固將聞之。藉令不一瞻庭幃。遄往于役。則共上之命得矣。如慈懷何。如是二三大夫。請於大司農而兪之。則相率而詣余曰。夫林生也。始以使事往。而因以首覲行。幸滋甚矣。吾儕比肩而仕。式如弟昆。若以義言。夫人則母等也。祈弟頌德。有同情焉。惟先生貺之一言。宣示其義。俾得藉乎以往。起居萱庭。豈惟林生。吾儕實受嘉貺。

余喟然曰。諸君子之言。厚之道也。余不佞。何足以裨大夫。然亦竊有聞焉。世貴之子。人寵之。己則易之。世賢之子。人重之。己則難之。何則。其望之者異也。林氏三世。四爲上卿。而皆爲時具瞻。聞望不替。賢德之威。蔑以加矣。獨世貴乎。堂構之承。箕裘衣紹。大夫固且肩之。自非志行不羣。何以勝此。大夫行矣。奉天子之使命。以承懽於慈顏。而又服母氏之訓言。以克念於先德。諸君子所以期大夫。所以自期者。宜不出乎此也。若夫純德懿行。協符坤貞。婦順母儀。丕垂彝敎。介茲福履。申祐自天。則於赫龍

章所以寵錫於夫人者・至矣備矣・諸君子欲頌且祝・又何加焉・大夫行矣・

仁泉亭記

仁宇徐君之治松陵也・政教覃敷・膏澤淪洽・庶姓樂業・四封晏然・一時長令之良・莫與爲並・於是協氣交暢・呈爲嘉休・垂虹之陰・泉湧平地・淸冽不滓・民飲而甘之・僉曰・徐君仁德之徵也・故稱仁泉云・丙戌之秋・余再以貳郡至・適徐君膺召詣闕・遂攝松陵・間以公餘問俗郊外・一二父老懽然余從・盤桓垂虹浮玉之間・達於泉所・胥告余故・因挹泉而酌焉・余竊嘆曰・感孚之理・豈其微哉・吾聞政之漸民也・猶水之行地也・不可壅也・政壅則閼・水壅則墊・是故善治水者・因勢以利導・善治民者・因政以行仁・其致一也・徐君之政・不可殫述・大都秉度端軌・布惠宣慈・起敝維風・興利除害・仁義之澤・日津津然下于其民・莫或閼也・無論當代・即古昔所稱卓魯・何以加諸・徐君今茲六年・士咀其仁・民啜其惠・德施之普・直與震澤俱涵泓已・甘泉之應・豈虛致乎・徐君既陟柱史・猶然不忘吳民・日且抗章於廷・以蠲卹請・於戲・民所沾被・詎有涯哉・邑之父老・既甃石治泉・以利汲者・又思搆亭立碑・以識永懷・余故習知徐君・且善斯民之能懷仁也・乃爲之記・

憲副樂華鍾公傳

公諱繼英・字樂華・別號心瞿・先世由汴遷浙之霅川・有廸功郎諱亮者・始家莞之茶園・閱十七世而至于公・莞之言故家者・蓋首稱焉・曾祖永亮・祖志琛・皆世積忠厚・號爲善人・父本成・席累葉豊積・家饒于貲・能睦族親憐・不靳施于宗黨姻舊・有貧乏者・輒捐貲周之・生八子・公其季也・公生而穎秀・識者知其不凡・年十五失怙・母劉孺人督敎之・勵志嗜學・宗老藩參公雲瑞甚奇之・謂必亢宗・弱冠補郡庠弟子員・讀書羊城・同郡僉憲趙公勳見其文輒驚嘆曰・曠世才也・遣二子締文字交・以資麗澤・郡守謝公彬試諸生・第居最・于是名藉藉起郡校中・嘉靖戊午以詩魁于鄉・乙丑成進士・選讀中秘書・同館士見公談藝暨所著作・多遜以爲不可及・公于儕輩亦每以文行相切劘・間或嬉虐・必正言規之・有忠告風焉・

隆慶丁卯改河南道監察御史・甫入台・遂毅然以天下爲己任・時穆皇帝登極・初御經筵・公首上疏・乞日進廣章以裨聖學・未幾巡視北城・獨持風裁・無所阿狥・故相夷陵・嘗以私憾欲甘心・一武弁與太學生者・以意授公・公曰・有是哉・殺人媚人・吾不爲也・用是忤夷陵意・遂深啣之・是冬奉命巡鹺長蘆・起曰・攬轡澄淸吾志也・比按部・憲度凜然・所至理枉伸寃・多所昭雪・中丞龐公尙鵬以西台獨步稱之・適穆皇帝集宦者千人演武大內・名曰內操・公慨然曰・內廷非肄武地・且閹人之職・止于掃除・今令習弄凶器・將焉能用之・遂上疏・請端習尙以肅宮禁・語極剴切・親識多爲公危・公曰・吾官以言爲職・知盡言而已・他何知焉・而疏竟留中・而內操事亦報罷・一時元老相與嘆咤・謂有回天之力云・尋又疏請推廣聖心・隆繼述以成大孝・亹亹凡數百言・大畧以護聖躬・禮聖后・導皇子爲當今急務・上嘉納

之・他如乞恩宥言官・宏聖量以廣忠益・乞優禮大臣・崇國體以繫輿情・先後之疏・不一而足・皆侃侃正論云・

巡鹾事竣・念母劉孺人春秋高・乃以疾請告・圖便歸省・會有督學南畿之命・疏上不報・乃奉璽書・疾馳過家壽母而後就道・南畿故稱才藪・督學使者鮮克當士心・公既至・秉誠盡慎・冀羅眞才・試士必天日自矢・質之神明・凡所甄拔・皆藻鑑精確・無一不協人望者・行部所至・必令有司察貧士厚恤之・士有遭搆陷者・尤加意直白・務爲周全・諸生吳夢熊・宜興名士也・公校藝嘗置諸首・比邑歲祲・惡少羣起剽掠・吳有莊僕因被掠・格賊殺之・惡黨起訟・詞連于吳・當事者不之察・竟文致大辟・公曰・吳生文行並優・非殺人者・廉其寃而出之・吳益奮勵力學・後領丙子鄉薦・連捷春官・皆公所玉成也・其培植士類大率若此・庚午冬・公以試事勞瘁・且日念劉孺人・乃以疾請疏再上・得予告歸・朝夕承歡孝養備至・癸酉今上嗣位・劉孺人拊謂之曰・天子初登大寶・政教一新・兒當出事明主・毋眷眷膝下爲也・公奉慈命・趣裝還朝・復補御史・侍經筵・嘗被綺幣之賜・尋上疏乞推聖心・及時圖治・以倍基業・疏內事難直言・多隱詞諷之・上覽奏・有旨詰問・諸縉紳皆危之・省中有一二公・私相謂曰・糾緝公禁・黃門責也・而言出御史台・鍾君脫有不虞・吾黨當伏闕死諍・毋令左孺獨有聲往牒也・公隨以疏陳說・上意頓解・一時朝士謂公能以誠意感動人主云・

是歲某月劉孺人以壽終・公聞訃・哀毀幾絕・既奔歸・與諸兄共襄大事・三年之內・恒守苫塊・跬步不移・鄉人謂縉紳居喪之嚴蓋百年僅見也・丙子服闋・起復補河南道・上疏條議考察事宜・皆切中肯綮・部院韙之・九月遷廣西提學副使・于時當路主行新法・專欲沙汰諸生・嚴選貢士・一時督學使者・競爲操切以迎合之・公獨持正・不同學政・有體□貢士・稍務寬恕・不忍責備文義・絕其進身・於是當路嗛其往往異己也・諷銓部創爲品第督學之例・置公於殿・公曰・易稱君子見幾而作・不俟終事幾・若此其容一朝居乎・卽日投牒撫按・不待報・遽解組歸・大學士蘭谿趙公時在東粵聞之・歎曰・新法舉世奉行・鍾君獨明己意・無異乎其冰炭也・第聞西粵士子有師保父母之戴・如人心何・已而西粵撫按會題有提學副使臣某文行修飭考校謹嚴・士習奮興・職司無議・遽以疾去・輿情惜之・乞准病痊錄用・示朝廷優遇儒臣之意・疏上・銓部不爲題覆・竟擬聽調・蓋當路實主之也・

公歸・杜門掃軌・絕意天下事・興至或垂綸理蔬・聊以自適・同志有過訪者輒呼僮命酌・盡歡而罷・里閈高之・厥後宗戚故舊・謂公年方及艾・正宜報效朝廷・不宜躭戀林泉以孤羣望・粵之直指使者・暨諸藩臬大夫・亦多貽書與公・相與勸駕・公因念先朝作養之恩・未報萬一・何以忌者當路・故不得已也・引避禍機・實非意也・今明天子在上・宰輔得人・若之何負之・遂于壬午冬十一月詣闕候調・癸未四月補授湖廣按察副使・公雅有清譽・久淹外僚・朝之縉紳見者多爲稱屈・公應之曰・吾聞君子素位而行・苟能居位行志・無志不可・何擇中外哉・受牒南行・將入楚受事・而登途病作・遂不果行矣・公既抵家・楚巡撫李公江移檄趣公・且貽之書曰・聞公以淸恙・欲還新命・於珍攝道體得矣・如

一路失福星何・尋與按院會疏・題稱臬臣某先後歷任並著芳聲・年力正當有爲・才猷實可濟世・乞准病痊赴部除補・庶人才不致永棄云・其見重於仕路・大率類此・

公養痾十年・深居簡出・一切世務不入於心・家庭之間・恒以道德勗勉諸子・未嘗一語及私・迨病革・呼其配楊孺人暨六子至榻側・索筆書完字於掌以示之・遂正寢而逝・逝之日・霧靄大作・咫尺不辨人馬・移時乃霽・識者謂公正氣不散云・時萬歷辛卯十月二十八日也・公爲人慷慨倜儻・見義必爲・高才能文・而善自韜晦・未嘗露才揚己・炫其所長・家積故饒・仕復通顯・然而終身儉素・不事紛華・非公服不用綺紈・非速客不設兼味・居官按部所至・見供具侈靡・必斥去之・平生未嘗自治垣屋・曰・先人舊廬是蔽風雨可矣・居台中能以直諫事上・先後奏章多毀不存・比謝病・嘗歸著式穀備一書・以訓諸子・皆道德理論之言・可以垂世者也・

陳　瑾　字崑潤・東莞人・隆慶辛未進士・初授漳州推官・薦擢工科給事中・歷官至南太僕少卿・瑾官給諫時・嘗劾尚書王崇古・又疏救同官郭維賢・皆卓著風節・其海防八議敷陳剴切・粵民尤利賴之・著有莞石集・藝文畧注未見・

海防要務策

竊惟廣東海洋浩渺・寇盜無常・東起潮州・西盡瓊廉・原設水寨・以備防守・在潮則有柘林・在惠則有碣石・在廣則有南頭・在高肇則有恩陽・在雷則有白鴿門・在瓊則有白沙・在廉則有烏兔・烏兔近裁革矣・而六寨猶存・給以官船・領以分管總管・船非不豫・兵非不備・當事臣工・非不殫心經理・然或不能銷寇孽於未萌・而擒盜賊於卒至・此其故何哉・海洋廣濶・其分布難周也・海澳險阻・其巨艦易壞也・信地空虛・其姦宄易乘也・兵粮虛冒・其軍旅未充也・器具缺少・其急用未濟也・接濟潛通・其盜源未塞也・招撫緩師・其兵威未奮也・督率乏人・其查覈未嚴也・臣生長海濱・灼知梗槩・備員漳州・曾涉海洋・紀功廣東・防海機務・諮詢詳悉・今欲議行整刷・臣有所知・不敢隱默・謹條陳海防八事・以效一得之愚・伏乞勅下兵部再議・如果臣言不謬・併行廣東參酌採用・則海防亦未必無小補云・

一量地廣狹以置船多寡・夫各府封疆不同・而各寨廣狹亦異・即如南頭一寨・東至大星・西至廣海・省城門戶係焉・原置寨船六十集・視諸寨獨多・加之誠是也・本寨之船・分爲信地三哨・一巡佛堂門・一巡大星・一巡廣海・分之誠是也・但廣州地方遼遠・哨探未周・如船在佛堂門・則佛堂門有備矣・設寇由鷄公頭潛入新安・恐佛堂門之兵未之知也・船在大星・則大星有備矣・設寇由大鵬潛入大步屯・恐大星之兵未之知也・船在廣海・則廣海有備矣・設寇由十字門潛入香山・由松柏門潛入新會・恐廣海之兵未之知也・南頭寨地方之曠遠類如此・若柘林寨・則東起柘林澳西至神前港・其中大城蓬州海門靖海諸所在焉・饒平澄海潮陽惠來諸縣在焉・海之曠遠・不減南頭・而寇之淵藪・獨倍他寨・南澳向爲賊巢・河渡門號爲寇窟・乃若寨船止四十隻・與他寨同焉・豈知自柘林以至神前・千有餘里皆其信地・哨船泊在柘林・則柘林以下・皆寇乘虛而入境者也・哨船移泊神

前・則神前以上・皆寇之乘間而竊發者也・近設南澳兵船・可謂據險握樞・一定而不可易者・而河渡門乃商船往來之衝・凡寇之搶船掠人・接濟聚黨・皆在於此・即海寇林道乾回洋・首泊其地・明效大驗・安可置而不講也・白沙寨則統轄瓊州・四圍皆海・周環數千里・清瀾諸所累被賊陷・樂會諸縣曾遭寇殃・賊衆我寡・强弱不敵・又安能不坐失事機哉・近以烏兔寨之設・止爲廉州諸池・乃行裁革・而以船二十隻增入白沙寨・夫白沙之船固增矣・而復撥二十隻輪流看守海安・兼哨珠池・夫既哨珠池・又安能守信地哉・是白沙寨之船雖增・猶未增也・兼以崖州淩水萬州樂會抵連外洋・使哨船弛備・海寇突至・其何以禦之・至於碣石寨・則東起甲子門・西至平海所・界在南頭柘林二寨之間・白鴿門恩陽二寨・亦東連南頭寨・南抵白沙寨・此三寨也・地方稍狹・策應有援・雖各置船四十隻・似難稱寡・臣無論已・而南頭柘林白沙三寨・尚宜酌量海澳・添造官船・務足分布港門・毋致疎畧・而河渡門一港・尤不可不增柘林之船・以分布防禦者也・寨船既增・海澳鱗集・即有海寇無罅可入・又奚自而劫掠哉・或謂添船添兵・糧餉恐不足・臣愚以爲不然・廣東頻年大征山寇・餉且足用・今山寇俱已蕩平・別無所費・各營兵可以相機量減・能減二營之兵・即可以剩一寨之餉・故不必增餉・而餉自足也・且海濱貧民・倚海島爲生・饑不得食・則潛出劫掠・乃其故態・若多置哨船・則兇悍無藉者・皆得投兵就食・既爲兵必不爲寇・又未必非潛消寇孽之微權也・

一量海淺深以置船大小・夫廣東六寨信地・各有港門可以避風泊船・但港門有淺深・灣澳有險易・港深而易泊者・無論船隻大小・皆可駐劄・若港門淺狹・則利於小船・而不利於大船耳・六寨之中・水深可泊者・在南頭則有屯門佛堂門・在柘林則有東山下河渡門・在恩陽則有神電馬騮門・港澳既深・即有颶風驟發・船易入港・用大船以禦敵・誠爲上策・若白鴿門信地・惟北隘頭可以泊船・其港亦淺・兼以巡哨錦囊永安二所・往來洋中・俱有沙行・大船恐未利也・白沙寨信地・惟清瀾可泊大船・而白沙萬州諸港俱淺・鬼叫門亦有沙行・大船恐難入也・此二寨猶有可泊之地・卒遇颶風・壞船猶少・至若碣石衞一寨・殆又甚焉・碣石信地・惟白沙湖頗可泊船・然湖中泥濶・湖尾淺狹・僅可容十餘船耳・以碣石衞則海石嵯岈・船易衝磕・以甲子門則港門甚淺・船易涸頓・一遇颶風・大船不能入港・累被覆滅・夫以船之被風覆滅・豈能遽爾造補・而本寨之信地・未免空虛・惟其地之空虛也・海寇倏至・如入無人之境・孰從而禦之・故甲子門屢被寇刼・竟無一兵與之較勝負焉・非其兵之退怯・敵之者無其船也・今於碣石白沙白鴿門三寨・須酌用三號四號之船・卒遇颶風・可以入灣泊・其船常存・則其威常振耳・或謂三寨海寇要衝・而小船不利於戰・然與其必用大船而屢被衝破・孰若多置小船而振耀兵威・小船多即與大船相當・況所謂小船者・非若小哨馬之類也・惟其可以入港而已・

一就寨修船・以固守信地・夫廣東海澳濶漫・寇盜叵測或乘機嘯聚・或順風倏至・若澳無兵船・則縱橫刼掠・接濟私投・不旬日而聚黨跳梁・强不可制・伺兵船復集・勢已

無及・惟澳有兵船・則蜂屯蝟集・棋布星列・非獨外寇不敢犯・卽內地有蓄異謀者・亦將顧忌兵威・而不敢動・此其勢使然耳・先年六寨借用民船・可暫不可久・故信地空虛・盜賊尤熾・近改官船・與福建事例相同・船常在寨・甚可經久・但往歲寨船俱掣回省城脩整・各寨信地並無船集防守・又何海寇之不結黨也・南頭一寨・附近省城・掣之猶可言者・柘林碣石二寨・遠在東路・恩陽白沙白鴿門三寨遠在西路・順風俱有八九日之程・若遇逆風・卽一二月不能到・計其脩理往來之期・動經數月・萬一寇至・將何以禦之・往往地方失事而無船克敵・正坐此也・今改議三年一修・亦計量及此耳・臣愚以爲各寨之船・宜在各寨修之・卽三年亦不必掣也・各寨俱有港澳・俱有修船・油釘藤麻之類・隨處足用・若防汛已畢・卽可就近修理・何必掣回省城・惟白沙一寨屬在瓊州・瓊州無桅・而省城之桅難以過海・勢必回省替換耳・若白沙寨船隻間有一二壞桅者・方許駕回省城・換桅修理・或回至恩陽附近更換・苟非桅壞・不必回省・夫各寨之船・既不離信地・則沿海之澳・不至空虛矣・

一・查革虛冒以振飭軍旅・照得廣東寨船大號者兵七十名・二號者兵六十名・三號者兵五十名・四號者兵四十名・哨馬則二十五名・兵有多寡・隨船有大小也・惟其可以駕船禦敵而已・乃將領有嗜利者・每船虛兵三四名・哨官見將領之虛冒・亦欲虛兵二三名・藉口於紙筆使用之費・捕盜見哨官之虛冒・亦欲虛兵一二名・藉口於香燈燂船之需・又以跟隨人役冒頂兵餉・招募老弱・尅減月糧・彼此扶同・互相欺隱・海上遠涉・孰從而知之・或司道點閱・則僱人應答・或掣名不到・則假托私逃・計一船之兵・十分已虛其二・而實在駕船者幾何人哉・計實在之兵・老弱將居其半・而奮勇禦敵者・又幾何人哉・夫兵已虛矣・老弱已雜處矣・又於無事之時・各兵登岸過半・船上看守乏人・或颶風驟發・無兵護船・船必破壞・或海寇突至・無兵應敵・敵必縱橫・故兵船之懦弱而不振・凡以其虛冒使然耳・今宜責任守巡及海防官・督理本府兵船・常至海旁查覈・嚴禁虛冒・使兵皆足數・揀汰老弱・使兵皆勇壯・或有逃亡事故・限一日內申明扣餉・召人補額・毋得隱匿支粮・如果有香燈燂船等項費用・雖明白議處・亦無不可・惟虛冒則不可耳・船泊在澳・不許各兵登岸偷閑・爲將官者亦無得身先登岸・以爲人望・近日撫按諸臣・已屢行申飭・但恐海上虛兵・仍其故態・如再有前弊・許撫按查參重處・則將領畏法而兵不虛冒矣・

一・預置器具以防備急用・夫船以槓椇爲主・槓椇缺則船壞而無用・兵以戎器爲貴・戎器缺則兵怯而無威・故必槓椇完固而後爲完船也・戎器充足而後爲強兵也・六寨船隻槓椇一年一小修・三年一大修・已爲定例・但海洋不測・一時颶風驟發・船不及入港・槓　損壞亦常事耳・如偶折桅柁・則船不能駕撐・損失椗纜・則船不能灣泊・關係非細・故捕盜無銀修理・姑將船隻收泊港內・不敢出洋・實無如之何・不得已兵將和同・私減兵數・冒支月餉銀兩・徐而修之・此通弊也・方其未之脩理・船泊港中不堪督駕・兵數不足・不堪禦敵・忽有盜賊・束手無策・有船與無船同耳・今於各船槓椇・果將被風損壞・而哨捕人員原無侵欺冒破情弊・海防官宜卽查明・缺則補之・毋徒棄船港中・置於無用之地・若所

費不多・則量出官銀與之修理・不必拘小修大修之例・或有船隻被風打破・亦宜速行造補・以免信地空虛・海洋鹹水・船易生蛆・艕板必爛・將官尤宜按月朔望潮汐之期・責令捕兵將船燂洗・庶乎船可堅固・而駕撑久長・至於軍器火藥・隨船大小・支給多寡・各有定數・然須多置預備・然後兵將有所恃而無恐・又宜令捕兵不時點檢・毋致濕爛・洋中放銃耀威亦兵家常事・其銃砲或有爆裂・即當查換・其火藥或有缺用・即當支給・但新造銃礮之時・須鑿記年月・分別官物・以防私換耳・

一・嚴禁接濟・以杜絕寇源・照得海寇所賴者・船也・船上所賴者・槓椇兵器也・彼海邊刼掠・不過布帛米穀而已・擄人取贖而已・至於船上器具桅椗硝磺之類・皆船所急用・烏得而有之・惟海邊姦民・潛與相通・利其財物・賤貨而價倍・則以兵器通・槓椇通・故賊船得修理・而逋寇倖偷生耳・若各有司地方・嚴加禁革・毋致接濟之貨得以下船・各澳兵船嚴加巡緝・毋致接濟之船得以出海・則海上無一年不修之船・亦無半年不壞之槓椇・桅柁折則船爲虛器・風篷爛則寸步難移・此船已棄之無用矣・船隻以漸而散・固其勢使然也・語云・海邊無接濟・則港上無姦細・正謂此耳・或謂海邊生民・商販捕魚・無日不出海・兵器槓椇亦其護船之物・人藏其心・不可測度・烏得而知之・又烏得而禁之・但接濟者・能出沒海洋・而不能隱其往來之迹・能欺瞞官府・而不能欺其鄰里之人・如其貨將何往・船將何之・雖三尺童子能辨之・但鄉隣狥情而不欲言・或畏禍而不敢言耳・官府果能設法禁戢・有出首得實・不惜重賞・隣里容隱・嚴加重治・則其視吾身之利害・又有甚於視鄉人之利害・其事未有不發露者也・

一・嚴禁招撫以奮揚兵威・夫所謂撫者撫其黨而散之也・渠魁殲決・禍根芟夷・徐而撫其脅從・殘黨散歸・編氓撫之・誠是也・非謂聽其聚黨而雄據一方也・往歲廣東寇盜叢興・烽火旁午・有司懼吾兵之弛・而無與猗戱・故從權而撫之・據險聚黨・負固不散・陽稱效順・陰出刼掠・其爲害猶故也・即如林道乾向已就撫矣・據河渡門以爲巢・聚黨數千以爲衛・集船數十以爲威・或遇本船販鹽・則每船取銀四五十兩・名爲買水・或遇白船捕魚・則每船納銀七八兩・名爲抽稅・百姓以其既招・而畏禍不敢言・官司以其既招・而隱忍不肯發・猶癰疽積毒・久則必潰・致貽今日之禍耳・非特林道乾爲然・就招之寇皆然也・撫而復叛・叛而復撫・海濱頑民・又何憚而投賊也・廣東之有海寇・正坐此弊耳・夫海寇易發・其實易滅・海寇難擒・其實難久・蓋海洋廣濶・萬里渺茫・惟其與兵爭勝負・可一鼓而擒之耳・若避兵開洋・任風飄蕩・賊船可往・兵船不可往・故曰擒海寇難也・使兵船聯絡・而海澳不空虛・軍旅嚴整・而哨兵不懦弱・來則擊之・毋令其登岸・得以刼掠・見則追之・毋令其灣泊・得以接濟・在此既無所掠・在彼又無所容・船壞而不能修・食乏而不能繼・海洋飄泊・將何所之・非國外之遠逃・必海中之殲滅而已・又何必招撫爲也・

一專任海防・以嚴覈軍務・夫將官之統兵海上也・虛兵尅餉・苟且偷安・乃其積習・若無以查覈親督・則海洋之欺隱・何由悉達・兵將之利病・何由周知・總兵衙門間嘗差遣

旗牌等官至寨振飭・但彼輩皆嗜利者流・得厚賂則囘稱兵將精强・不如願者・則駕言兵將廢弛・徒恣科歛・無裨實用・甚哉哨官之不可遣也・整飭之寄・原在司道・而專理之職・當在海防・司道一方重寄・難以屢出海濱・惟同知職任海防・可以常廵邊海・且其出身科目・廉恥之節・向上之心・乃其素所蓄積・若海防官實心任事・不以別委分其心・常在海旁駐劄・親身督理・則海寇卒至・必不敢逗留觀望・分布廵哨・必不敢潛住港澳・船上之兵・必不敢登岸偷閑・哨兵之數・必不敢虛名冒餉・船隻破爛・可卽查申造補・槓椇損壞・可卽驗明替換・兵器不足・可卽查數支給・哨兵逃亡・可卽扣募頂補・北風汎發・必率兵以防北・南風汎發・必率兵以防南・老弱者無所容・接濟者有所憚・又何患兵威之不振也・故撫按當責成於司道・而司道當責成於海防・若海防果能常任海邊・振勵軍旅・地方輯寧・歲終優叙・以酬其勞・則人懷奮勵・而海洋有賴矣・

廣東文徵改編本第三册終

點　校　順德　孔天培
　　　　開平　許憲安
總　校　惠陽　許衍董